SV

László Darvasi
Die Legende von den Tränengauklern

Roman

Aus dem Ungarischen von Heinrich Eisterer

Suhrkamp

Die Originalausgabe erschien 1999 unter dem Titel
A könnymutatványosok legendája
bei Jelenkor, Pécs

Die Übersetzung berücksichtigt nachträgliche Änderungen des Autors.
Sie wurde gefördert vom Literarischen Colloquium Berlin mit Mitteln
des Auswärtigen Amtes und der Senatsverwaltung für Wissenschaft,
Forschung und Kultur Berlin.

Satz: TypoForum GmbH, Nassau
Druck: sachsendruck GmbH, Plauen
Printed in Germany
Erste Auflage 2001

1 2 3 4 5 6 – 06 05 04 03 02 01

Die Legende von den Tränengauklern

Für Miklós Mészöly

Wir sehen ein verblichenes Männergesicht, die Zeit bestreut es mit Silberstaub. Sie tut uns den Gefallen und beläßt es gnädig bei dieser Komposition. Denn wir starren es lange an, stark blinzelnd, und unsere Wimpern zittern. Der Schlaf in unseren Augen verwandelt sich in schimmernden Staub, er rieselt silbrig, wo immer wir hinkommen. Wir kommen ja viel herum. Nebelschwaden, Wachposten, Sümpfe voller Blutegel, der Körper eines Mädchens halten uns nicht auf. Wir spielen mit dem Fleisch, wir bringen die Seele zum Lachen. Die Sprache der Menschen vermeinen wir zu verstehen. Zum Fenster ihres Herzens sehen wir herein. Wir sind viele, so viele wie nötig. Unsere Sehnsüchte sind aber bescheiden. Daß es sein werde, wie es noch niemals war – mehr wollen wir nicht. Dennoch verleihen wir unserer Phantasie keine Flügel. Wir lassen ihr nur freien Lauf, wie dem Herzschlag. Schmerzen soll, was schmerzen darf. Das Erzählen schmerzt nicht. Nur spüren wir, während die Worte blühen, den bitteren Honig der Schwermut auf unserer Zunge. Dieses Gefühl ähnelt durchaus der unbeherrschten Natur des Wetters. Es regnet, es regnet nicht. Die Blätter rauschen, sie rauschen nicht. Der Himmel strahlt, er strahlt nicht. Nur die Bäume, die Gräser verraten den Wind. Doch warum Traurigkeit hochsteigt, wissen wir nicht. Wir reisen in der Einöde von Worten und Sätzen. Und nicht der Weg und auch nicht unsere Laune wird dieser Reise ein Ende setzen. Vielleicht wird es nur eine winzige Träne sein.

Und das wird dann auch gerade genug sein.

Aber man muß auch fragen, wer der Bruder des Menschen ist. Wir sehen einen großen, struppigen Kopf mit versonnen blickenden, nußbraunen Augen. Schwarz und kräftig sind seine Bartstoppeln. Groß und gelb seine Zähne, wie bei einem Lipizzanerfohlen. Der junge Mann ist von ebenmäßigem Wuchs, angenehm ist es zu sehen, wie er über seidige Wiesen, distelbewachsene Hänge, über die von sächsischen Meistern gehauenen Treppen der Stadt hinaufeilt. Ein tapferer Kuruze in den besten Jahren ist er, ein sogenannter Kriegsmann. Indes sehen wir ihn auch als Säugling. Und das ist mehr, als ihn nur zu sehen – sagen wir es stolz heraus: Dieses Kind gehört uns. Doch auch das stimmt nicht ganz. Denn wovon kann der Mensch behaupten, daß es ihm zur Gänze gehöre, außer der Last der Strafe? Sagen wir es anders. Sagen wir es so, daß wir uns diesem schwermütig blickenden Jungen mit dem großen Kopf und dem Soldaten, der aus ihm geworden ist, nah fühlen. Er ist ja unser Verwandter! Unser Fleisch und Blut! Aber nicht wie ein Onkel, der ein Abenteurerleben führt, der weitgereiste Bruder unserer Mutter, der stets Geheimnissen nachspürt und in schwülen Sommernächten unerwartet hereinpoltert, aber niemals sagt, woher er gekommen ist und wohin er morgen und übermorgen aufbrechen wird. Der Ärmel seines Mantels riecht fremd, bei flackerndem Kerzenschein speist er ausgiebig und hastig, trinkt gierig roten Wein, der ihm am Hals hinunterrinnt. In morgendlichen Nebel gehüllt, zieht er weiter. Der Junge mit dem großen Kopf ist nicht diese Art Verwandter. So wenig wie ein Cousin mit brennenden Augen, nach dem sich Herren in Traueranzügen und mit weichen Schnurrbärten noch nach Jahrhunderten erkundigen, denn unser junger Mann angelt auf ewig im Trüben der Rebellion nach dem Goldfisch der Freiheit. Und er ist auch nicht verwandt wie ein Vater! Unser teurer, guter Vater, dessen Handflächen wir fürchten, wie wir seine Umarmungen, seine brummenden Darmwinde, den schweren Dunst seiner Achselhöhlen lieben. Wir lieben es, wie er sein Hemd zu Boden schleudert und sein Pferd striegelt, so zärtlich, wie er uns nie berührt hat. Und ach, wie hassen wir ihn, wenn er unsere Mutter neckt, tätschelt und unter großem Geknurre herumschubst, bis sie schließlich beide am Mostfaß lehnen und keuchen, als gäbe es uns gar nicht. Als würde schmerzen, was doch so guttut. Unser Verwandter ist von anderer Art. Wer also ist er? In seinen braunen Augen leuchtet und wärmt kein besonders heller Verstand.

Das einzige Kind des Landwirts Josef Pillinger aus Balaszentmiklós und seiner Frau Susanna unterscheidet sich nicht besonders von den anderen Findelkindern auf dem herrschaftlichen Gut des wunderlichen Baron Absolon Demeter. Angelo, der welsche Knecht, unterrichtet ihn im Italienischen. Rudica, die rumänische Magd, steckt ihn gelegentlich unter ihren Rock und läßt ihn erst wieder unter den schweren Falten hervorschlüpfen, nachdem auf die wilde Sturmflut des Fleisches feenhafte Stille, zufriedene Ebbe gefolgt ist. Der Herr Baron läßt ihn auch an anderen Wissenschaften teilhaben, woraus er reichlich Nutzen zieht. Bereits als Kind bestaunt Fränzchen Pillinger tagelang die am Himmel dahinziehenden Wolken, die rastlosen Käfer auf der Erde, winzige Grashalme, verreckte Fischlein. Er kommt ins Grübeln – wie jeder, der lebt. Und wenn er nach der Natur der Dinge fragt, sind diese Fragen nicht tiefschürfender und raffinierter als bei anderen Menschen. Wir bekennen also, daß dieses Kind, das einmal ein schwermütig blickender Ungar mit großem Kopf werden wird, unser Bruder ist. Nicht unser ungestümer kleiner Bruder, auch nicht der ernsthafte große, sondern alle beide zugleich. Trotzdem ist es nicht einerlei, wer nun der Bruder des Menschen ist. Der Bruder des Menschen ist jener, der wir selbst hätten sein können. Der Bruder des Menschen ist jener, den unsere Mutter genauso liebt und hegt wie uns. Der Bruder des Menschen ist jener, der uns sieht, dessen Blick die unendliche Ausdehnung der Zeit in einem fort durchdringt, dem Licht der Sterne gleich, das die entlegenen Landstraßen der Himmelswelt durchreist.

Im Jahre 1541 erobert der türkische Sultan Suleiman der Große die prächtige Stadt Buda. Vergegenwärtigen wir uns, was das bedeutet, wie viele Nuancen und Spielarten von großem und kleinem Unheil. Nach langem und bedächtigem Grübeln wird der Nebelheld Bálint Homonnai-Nagy nicht weit von dem geschäftigen, glücklichen Lager der Türken erklären, daß das Elend ebenso groß ist wie der Herr. Und sobald er es ausspricht, bereut er es auch schon, doch auch das gibt ihm nur recht. So winkt er seinen Leuten, und sie reiten unverrichteter Dinge in den schmutzigen, sich von Esztergom her ausbreitenden Nebel.

»Weiter!« rufen die Männer von Hauptmann Bálint Homonnai-Nágy.

»Los, weiter!« widerhallt es jenseits des Nebels.

Vergegenwärtigen wir uns, was danach mit Buda geschieht.

Bei Tagesanbruch sind die Straßen der Stadt vom langgezogenen Ruf des Muezzin erfüllt. Die düsteren Schritte der Janitscharen klopfen auf dem Pflaster. Der türkische Statthalter blickt zum Fenster hinaus und gestattet mit einem leichten Kopfnicken dem Licht zu verströmen. Die Läden und duftenden Marktbuden öffnen sich. Von hektischem Treiben erfülltes, gottfernes Leben erwacht in den Höfen der Händler und in den Zollhäusern. Vor den Geschäften nimmt lautstarkes Feilschen seinen Anfang, vor den Barbierstuben blitzen die Rasierklingen. Alle möglichen Trommelchen und schnarrende Flöten erklingen. Im Staub der Straßen sitzen Affen mit Halsbändern und kauen an Wal- und Haselnüssen. Eine zahnlose alte Kobra wiegt sich träge zu falschen Dudelsacktönen. Schon lange werden auf den Märkten keine praktischen Dinge mehr angeboten, sie würden keinen Käufer finden. Südfrüchte, feine Tücher, golddurchwebte weiche Stoffe, Saffianleder, silberne Kelche, von griechischen Schmieden gefertigt, tiefleuchtende jüdische Schmuckwaren, goldene Halsketten und Ohrgehänge, allerlei Samen und Kräuter, Riechsalben, Seide für Gesichtsschleier, rote und gelbe Pantoffeln warten auf Kundschaft. Werkzeug zum Bauen, Ausbessern, Flicken findet sich kaum. Ein Stück weiter, in der Budenreihe, werden in großen Mengen lebendige Kleintiere feilgeboten. Vor dürftigen Bretterverschlägen stapeln sich Hühnerkäfige. Beleibte Derwische liegen im Staub und betteln. Ausrufer durchstreifen die Stadt auf der Suche nach entsprungenen Sklaven. Und wenn wir plötzlich im Schatten eines Standes einen namenlosen türkischen Händler erblicken, der kleine schwarze Steine verkauft, unter mehrmaligem Rufen, daß sie aus den Augen eines lebendigen Menschen gerieselt seien, werden wir von Staunen ergriffen.

Oh, jetzt auch das noch!

Sogar mit Tränen werden Geschäfte gemacht!

Aber wir sehen auch einen einfachen Pinsel mit blauen Borsten. Er wird in einem bemalten, mit Seide ausgeschlagenen Kästchen angeboten. Ein Wunderding, wiederholt sein dicker, schwitzender Verkäufer und lächelt uns breit an. In den krummen Gassen der Budaer Burg, wo einst die Pflastersteine mit den vornehmen Schritten üppiger Edeldamen spielten, liegen nun Tierkadaver herum. Herrenlose Hunde verrichten ihre Notdurft an den Mauern. Und wenn wir der Stadt den Rücken kehren und auf der ersten besten Straße ins Innere des eroberten Landes aufbrechen, wird es uns nicht wundern, am Wegrand die verstümmelte Leiche eines Türken zu entdecken. Doch sehen wir weiter. Bei einem kleinen Dorf macht dann die Straße eine Biegung, auf den Schobern in den Höfen jagen kreischende Bälge einander nach, mageres Vieh nagt an sonnenbeschienenen Strünken. Noch lange hören wir das Gekrächze der Hühnchen. Und wenn ein unbehagliches Gefühl uns nach einer knappen Viertelstunde dennoch umkehren läßt, finden wir das Dorf abgebrannt und geplündert, und es gibt dort keinen Menschen mehr, der berichten könnte, auf welche Art und Weise geschah, was geschehen ist. Plötzlich sehen wir, daß das Land größer geworden ist. Länger und breiter, das Blau des Himmels ferner gerückt. Doch nicht der Reichtum breitet sich auf der Erde aus, das Elend gedeiht in erlesenster Form. Vergegenwärtigen wir uns nur die Hungersnöte, die hierzulande schneller heimisch werden als ein zurückgekehrter Wanderer. Nach dem Abzug der türkischen und kaiserlichen Truppen wühlen die Landwirte im Mist von Pferden und Ochsen nach Gerstenkörnern. Die Knochen von verendeten Pferden, Ochsen und Schafen mahlen sie zu Mehl, und über dem daraus gebackenen Fladenbrot schlagen sie das Kreuz, wie sie es beim Weizenbrot tun würden. Aber es geschehen noch schrecklichere Dinge. Ruchlose Menschen stehlen vielerorts Kinder, um ihren Hunger zu stillen. Doch das Fleisch von Kindern ist zugleich süß und sauer, süß und bitter, wer davon ißt, findet sein Lebtag keine Ruhe mehr und wird sich in der Stunde seines Todes nicht an den Namen seiner Mutter erinnern. Am Straßenrand spielen Welpen mit Kinderknochen. Der Staub der Erde nimmt Menschengestalt an, bis ihn der aufkommende Wind davonträgt. Anderswo aber baumelt der Leichnam eines Erhängten im Abendwind.

Doch weiter, immer weiter!

Vergegenwärtigen wir uns die Kriege, vergegenwärtigen wir uns die Pest.

Vergegenwärtigen wir uns die Flatterhaftigkeit der ungarischen Frauen. Wie sie mit den Wimpern ihrer Augen, mit dem Rot ihrer Wangen, mit dem Zucken ihrer Hände das begierige Augenspiel der Türken erwidern, sich mit ihnen einlassen und Bettgenossinnen von Steuereintreibern und Janitscharenhauptleuten werden!

Vergegenwärtigen wir uns die erbärmliche Lage des Scherzes.

Vergegenwärtigen wir uns den Fall des Bauernburschen Gergely Kultsár, der es sich, trunken vielleicht nicht nur vom lauen Wind, an einem strahlendhellen Tag herausnimmt, den von Narben gezeichneten, immer verdrießlichen Hauptmann der Janitscharen anzulächeln. Er wird sofort von den Türken gepackt, davongeschleppt und beschnitten.

Vergegenwärtigen wir uns, daß in den nördlichen und östlichen Teilen des Landes, wo der Türke noch nicht herrscht, die christlichen Diener Gottes sich im Namen Jesu gegenseitig umbringen und ins Elend stürzen. Der Reformierte sagt, daß es nirgends ein verabscheuungswürdigeres Wesen gibt als den Papisten. Der Papist aber sagt, daß die Ketzer Luther und Calvin auf den Scheiterhaufen gehören. Und wenn hier versprengte Kuruzen katholische Mönche zu Tode prügeln, erleiden dort calvinistische und lutheranische Geistliche Furchtbares – Gefängnis und Verbannung bis ans Ende aller Tage.

Vergegenwärtigen wir uns, daß viele an Mohammed zu glauben beginnen und seine Lehren verkünden. Sie schlingen sich einen Turban um die Stirn und hüllen sich in ein Laken. Andere suchen seltsam geformte Steine und gewundene, uralte Bäume am Rande von Senken auf und unterhalten sich mit Dämonen und bösen Geistern.

Man kann auch den juristischen Spezialfall der Wasserleichen als Beispiel nehmen. Ein bevorzugter Platz ist beispielsweise die Sumpflandschaft von Algyő oder Tápé. In dieser Gegend wächst auch die Wassernuß, das junge Schilf schwankt im Wind, der sich von den südlichen Karpaten bis hierher verirrt hat, Tümpel und Altwasser dampfen und werfen Blasen. Bald tropft wilder Honig, bald rinnt er nur das Schilfrohr hinab. Manchmal schwimmt die Wasserleiche allein, sie dreht sich im Kreis, winkt, ruft den am Ufer Stehenden zu.

»Die Nächsten seid ihr!«

»Komm, schwimm mit mir, mein Freund!«

Ein andermal macht eine Wasserleiche Jagd auf eine andere. Sie wirbelt hinter ihr her in einen Strudel, reißt sie mit sich in einen flachen Flußarm, und wenn die Frau das Männchen einholt oder das Weibchen den Mann, dann halten sie sich in der breiten Theißbiegung bei Abád in den Armen wie ein Liebespaar. Oder sie schwimmen in Gruppen, wie die Vogelscharen im Himmelswasser, wenn sie am Ende des Sommers fortziehen müssen. Manch eine Wasserleiche ist mit einem sichtbaren Mangel unterwegs. Der einen fehlt ein Fuß, eine andere hat ihren Kopf eingebüßt. Einige schwimmen in zwei Teilen. Voran treibt der Oberkörper, ein wenig später kommt der Rest.

Den Steuereintreiber interessiert das nicht.

Wenn in einem sanfteren Bogen der Theiß ein Leichnam an einer sich im Wasser schlängelnden Weidenwurzel hängenbleibt, muß man sich überlegen, ob es lohnt, ihn herauszufischen, ihn, während man das Zugtier im Zaum hält, auf den Wagen zu hieven, um ihn mit zugehaltener Nase in die Stadt, ins Dorf zu transportieren, und ob es Sinn hat, den Fall zu melden. Ibrahim Ersurumli, der blonde Kadi, erhebt auf jeden Menschenkadaver eine Steuer, desgleichen sind Feuermachen, Heiraten, Geburt und Tod steuerpflichtig. Man kommt auf die Welt, um Steuern zu entrichten. Und wenn der Steuereintreiber einem winzigen Gehöft seinen Besuch abstattet, wird ihm ein äußerst stiller Empfang zuteil. Tritt der Steuereintreiber in den hinteren Raum, so atmet er den süßlichen, Brechreiz hervorrufenden Geruch des verwesenden Körpers tief ein und wirft einen Blick auf das ausgestreckt daliegende Kind. Der Hausherr ergreift mit sanfter, an Unbotmäßigkeit grenzender Entschlossenheit seinen Arm. Und als ob ihn alle Furcht verlassen hätte, blickt er dem Türken in die Augen.

»Es ist nicht gestorben, es ruht sich nur aus«, sagt der Landmann.

Mit steinhartem Gesicht sieht der Steuereintreiber auf.

»Wenn es erwacht, kommst du zu mir und erzählst mir seinen Traum!«

Deshalb stochern viele nur an den Wasserleichen herum und

stoßen sie dann in die Strömung zurück. Sollen sie von Fischen gefressen und vom Wasser in ihre Bestandteile zerlegt werden. Und wenn Fischersleute von feinerer Sinnesart sie doch herausziehen, erledigen sie die Beerdigung heimlich, ohne Priester, ohne Gebet, und sehen zu, daß auf dem morastigen Boden des Überschwemmungsgebiets nicht der kleinste Hügel zurückbleibt. Uns ist nicht nach Lachen zumute, wenn wir sagen, daß den Wasserleichen in ihrem eigenen Land noch nie ein so bitteres Schicksal widerfahren ist. Sie irren in den Wassern und in den verschlungenen Gäßchen der Schilfwelt umher wie die ruhelosen Juden, Ahasvers Kinder. Und was einem letztlich den Garaus macht, kann niemand erahnen. Verdorbenes Wasser, heimtückische Krankheiten, eine tückische Klinge oder Altersschwäche.

Oder der Scharfrichter.

Überdies muß gesagt werden, daß die Geschichte niemals das ist, als was sie erscheint. Anders als Sonne, Mond, Erde und Sterne. Anders als Wolken und plätscherndes Wasser, eine aus dem Erdreich hervorsprießende Wurzel, ein wildes Tier im Dschungel, ein reißender Fluß, ein stummer Fisch im See, ein Kranich, dessen Schritte so groß sind wie die eines Menschen. Die Geschichte ist nicht von dieser Art. Denn Gras, Wolke, Licht streifen frei umher. Frei streift der unsichtbare Wind umher, der am Zittern der Blätter, Haarbüschel, Zweige dennoch sichtbar wird. Frei ist der Stein, das Feuer. Nur der Mensch ist in ständiger Unruhe. Er ist nicht frei. Er tut nur, was er tun darf. Er geht dorthin, wohin man ihn gehen läßt, von einer Geschichte in die andere.

Nehmen wir als Beispiel den Brief jenes deutschen Bürgers, der im Jahre 1541 zu Papier bringt, daß Suleiman der Große nach der Einnahme von Buda achtzig reichgekleidete Gefangene zerstückeln ließ, nur um seinem kleinen Sohn ein Vergnügen zu bereiten. Diese Behauptung ist wahr und auch wieder nicht. So verhält es sich auch mit dem Menschen und der Geschichte. Wäre er frei, bräuchte er sie nicht. Doch er ist nicht frei. Auch wenn er zuweilen so tut, als ob er es wäre. Er gibt sich Zerstreuungen hin, er amüsiert sich. Spielt mit seinen Tränen. Bringt andere zum Weinen. Weint über sich selbst. Im übrigen ist es auch Tradition, daß wir weinen wie schon unsere Urgroßväter. Unsere Tränen sind wie die ihren. Auch wir vergraben unser Gesicht in den Händen, und auch wir glauben, daß die Tränen nur wahr sind, wenn das Herz durch den Spiegel der Augen weint. Das ist unser Erbe. Deshalb können wir sagen, daß wir auch dann von den Tränengauklern wüßten, wenn sie nie erwähnt worden wären. Wenn von der Bühne der Zeit statt Wehgeschrei nur das Knirschen zusammengebissener Zähne zu uns gedrungen wäre. Wir wüßten auch dann von ihnen, wenn kein einziges Stück Papier, kein Fossil, Kodex, Jahrbuch, keine Memoiren, kein Tagebuch oder Reisebericht, ja nicht einmal ein einziger Gedanke von ihrem Wirken berichtete. Lassen wir es gut sein. Hören wir die Zeugen. Aber nicht, um Gewißheit zu bekommen. Nur damit unsere Stimmung sich hebt.

Im unseligen Jahr 1657 greift György Rákóczi, Fürst von Siebenbürgen, trotz der Warnung des türkischen Großwesirs Mehmed Köprülü in den schwedisch-polnischen Konflikt ein. Obwohl doch der greise Großwesir, dieser des Lesens und Schreibens unkundige, aber um so gerissenere Albaner, dem siebenbürgischen Fürsten heimlich einen Stambuler Spiegel gesandt hat. Dieser war nach den Anweisungen eines einzigen blinden Meisters von hundert sehenden Handwerkern gefertigt und geschliffen worden. Sie hatten nur nachts, wenn das Licht, die Seele der Spiegel, schläft, arbeiten dürfen. Dieser Stambuler Spiegel hatte die Eigenschaft, seinen Besitzer, und sei er in die prächtigsten Gewänder gehüllt, als erbärmlichen Habenichts erscheinen zu lassen, wenn er es so verdiente. Fürst Rákóczi starrt lange in den blinden Spiegel. Er zeigt ihn, als wäre ihm absolut nichts mehr auf dieser Welt geblieben. Weder Geld noch Hoffnung, selbst von Gott scheint er verlassen. Der Fürst dankt für das Geschenk und läßt es an einen geheimen Ort bringen. Möglich, daß er es zerbrechen, vergraben, in einen Brunnen werfen läßt. Fürst Rákóczi glaubt nicht daran, daß der

Spiegel des Großwesirs richtig sieht, so wie ein Spiegel sonst das Wahre und Künftige durchaus verläßlich erkennt. Mehmed Köprülüs Spiegel ist ein verlogener, niederträchtiger Spiegel! Der Fürst glaubt seinen eigenen Sehnsüchten. Die Versuchung könnte nicht größer sein. Von schwedischer wie von polnischer Seite wird ihm durch geheime Gesandte die polnische Krone versprochen. Eine polnische Krone! Als Antwort auf das Verbot Großwesir Mehmed Köprülüs bricht Fürst Rákóczi in goldenen Stambuler Mänteln, kostbarem Zaumzeug und mit hungrigen Waffen nach Polen auf. Es ist Winter, der Weg führt durch eisige Wasser und schneebedeckte Felder. Das Heer der Siebenbürger Ungarn ist hochmütig und beutehungrig. Nicht Ordnung zu schaffen und zu regieren kommen sie, sondern um zu rauben und zu plündern. Allerorten stöbern sie nach Gold und Silber. Sie verwüsten die polnische Erde, zerstören polnische Hütten und polnische Gutshöfe. Polnische Leichname scharren sie aus dem Bauch der polnischen Erde, durchsieben Asche und Gebeine, um Gold, Silber oder Edelsteine zu finden. Dabei warnt der Himmel Fürst Rákóczi mit unheilverkündenden Zeichen. In Krakau wird ihm ein glänzender Empfang bereitet. Doch als er auf dem Marktplatz vom Pferd steigen will, schlägt er vor den Augen des versammelten Krakauer Rates mit solcher Wucht rücklings hin, daß die Goldfeder auf seiner Mütze entzweibricht. Die polnischen Adeligen wissen sofort, daß György Rákóczi niemals ihr König sein kann. Der Himmel hat es soeben verboten. Natürlich auch Großwesir Köprülü, der unterdessen dem Khan der Tataren eine Botschaft sendet. György Rákóczi sei ein eingebildeter und schwacher Charakter und werde für die Krimtataren leichte Beute sein. Das polnische Abenteuer nimmt ein schimpfliches Ende. Die Polen beginnen einen Guerillakrieg gegen die Ungarn. Auch die Tataren fallen in Polen ein, doch nur, um den Siebenbürgern nachzusetzen. Fürst György Rákóczi kann mit knapper Not fliehen, doch seine Truppen bleiben auf polnischem Gebiet, in Hinterhalte gelockt, müde und krank. Um sie herum bellen und heulen die vom Morast der Erde bis zu den Wolkenfetzen stürmenden Tataren, wie aus dem Zwinger ausgebrochene glückliche Himmelshunde. Die Gefangenen werden auf die Halbinsel Krim getrieben, die zu Tode gepeinigten Menschen dürfen auf der zweiten Hälfte des Weges mit ihren Füßen den Boden nicht berühren, damit das glückselige Reich des Khan nur nicht durch ein Stolpern geschändet werde.

Hier, in der tatarischen Steppe, wird sich der ungarische Soldat György Jánossy vor dem hundeköpfigen vornehmen Tataren Bahaj zu Ungarn bekennen. Er wird ihm von der süßschwarzen Erde erzählen, von den leichten Fesseln der Frauen und von der Traurigkeit, die sich mit den Silberbändern der Flüsse windet, und weil er so schön erzählt, wird sich im klugen Hundekopf Bahajs jedes Wort festsetzen und aufblühen.

Unterdessen wächst in Siebenbürgen die Unzufriedenheit bis zum Himmel. Patrizier, Grundbesitzer und das einfache Volk rebellieren. Selbst das Geheul der Hunde ist anders, wenn über Weißenburg der güldene, schwere Honig des Mondes verrinnt. Und es geschah, was geschehen mußte, und es geschah sogar noch ein wenig mehr. Türkische und tatarische Horden verwüsten Siebenbürgen. Weißenburg steht in Flammen. Und eine der unverschämt auflodernden Flammenzungen fährt sogar Gott übers Gesicht. Fürst Rákóczi wird von den Ständen nicht nur entthront, auch seine gesamten Besitzungen innerhalb und außerhalb Siebenbürgens werden im Mai 1659 konfisziert. Es ist das Jahr, als eine Frau aus Balaszentmiklós, Susanna, einem Kind das Leben schenkt. Auf die Nachricht von der Konfiszierung hin entbrennt György Rákóczi in heilloser Wut. Er ist nun schon in das Besatzungsgebiet abgedrängt und gezwungen, seine Pferde im faulenden Wasser des Berettyó westlich von Debrecen zu tränken. In seinem Zorn spuckt Rákóczi aus, exakt sechsundsechzigmal. Dreiunddreißigmal in Richtung des hocherhabenen Himmels, weitere dreiundreißigmal auf die teure Heimaterde. Dann läßt er Alarm schlagen und nimmt die eben erst zusammengetragene Balaszentmiklóser Erdfeste im Handstreich und läßt sie in Brand stecken. Die Bewohner werden verschleppt.

Dieses selten erwähnte Kriegsereignis trägt sich am Zwölften des Monats Juli im Jahre 1659 zu. Die Sonne brennt erbarmungslos, die Steppe ist trocken wie die Hölle. Wo Himmel und Erde sich berühren, zittert die heiße Luft, als würde die dem Schöpfungsakt folgende Resignation noch andauern. Das Heer zieht in Richtung Osten. Müde knarren die Räder. Unterwegs kommt das Kind zur Welt, an das wir in dieser Geschichte unablässig denken wie an unseren Bruder und dem wir treu folgen. Doch wir folgen ihm nur so lange, als es die Dinge gestatten. Wir kennen weder die Großartigkeit des Anfangs noch das stille, zur Ruhe gehende Glück des Endes. Denn immerfort fließt Blut, und es fließt auch weiter, wenn wir die Augen fest verschließen. Aus dem Kind wird ein Jüngling, aus dem Jüngling ein Mann. Und in dem glücklich-traurigen Jahr 1686, in dem Buda zurückerobert und unsere Geschichte enden wird, könnte er bereits über siebenundzwanzig Erdenjahre Rechenschaft ablegen, wenn er bereit wäre, auch nur über irgend etwas Rechenschaft abzulegen. Drei Monate lang wird die Burg von Buda lodern und donnern, Herzog Karl von Lothringen und der letzte türkische Statthalter von Buda, Abdurrahman, der Albaner, von dem freilich nicht mit Bestimmtheit gesagt werden kann, ob er wirklich Albaner ist, werden einander schöne Briefe schreiben. Drei Monate wird die Belagerung dauern. Verloren ist, wer verlorengehen muß. Zutage kommt, was zutage kommen muß.

Jener Budaer Bürger, der 1541 die Grausamkeiten Sultan Suleimans des Großen zu Papier brachte, ist der Welt kein Unbekannter. Stephan Peer, ein geschickter Handwerker seiner Zeit und hervorragender Färber, ist ein etwas dicklicher Mann in vorgerücktem Alter, der seit seiner Geburt zufrieden in der Stadt Buda lebt. Von Schauergeschichten oder tatsächlichen Gefahren ließ er sich niemals aus der Ruhe bringen. Auf seinem rotbackigen Gesicht erscheint häufig ein Lächeln, das Menschen von unerschütterlicher Arglosigkeit eigen ist, die dessen ungeachtet im geheimsten Winkel ihrer Seele dennoch die bittere Bestürzung über die Sinnlosigkeit des Lebens mit sich tragen, nur daß diese Bestürzung noch keine Gelegenheit gefunden hat, sich im wirren Netz der tagtäglichen Wünsche und Befriedigungen Geltung zu verschaffen. Lange kämpft der nüchterne Verstand gegen diese geheime Neigung seiner Seele an. Meister Peer liebt seine Gemahlin aufrichtig. Mit anderen Frauenzimmern läßt er sich selten, eigentlich so gut wie nie und nur in Ermangelung von etwas Besserem ein. Seine Kinder wimmeln um ihn herum wie Küken. Sie sind behende wie der Wind, auf ihren Gesichtern leuchtet Gesundheit und grenzenlose Lebenslust. Stephan Peer färbt Tücher. Das hat schon sein Vater am Hof des vielbetrauerten Königs Ludwig getan und auch sein Großvater, noch zur Zeit des steinharten Königs Matthias.

Meister Peer ließ sich auch durch die verlorene Schlacht von Mohács im Jahre 1526 nicht davon abbringen, in Buda zu bleiben. Sobald die schreckliche Nachricht mit schweren Schlägen die Donau hinaufrudert, bricht in der Stadt Panik aus. Der König ist gefallen! Dieser und jener Magnat ist tot! Gott ist tot! Zu Hunderten flüchten die Bürger auf überladenen Fuhrwerken. Deutsche und ungarische Handwerker und Handelsmeister bringen sich in Sicherheit, nur die jüdische Gemeinde von Buda wartet mit entschlossener Ruhe ab. Ihr Vorsteher Josef ben Schlomo wird mit einem Totenhemd bekleidet, er soll die Schlüssel der Stadt dem Sultan persönlich überreichen. Josef ben Schlomo und seine zahlreichen Begleiter treffen in Földvár auf das türkische Heer. Hier überreicht er die Schlüssel Suleiman, der sie mit unbewegtem Gesicht entgegennimmt. Sie werden später in einen mächtigen Felsen eingeschmolzen, der aus den Schlüsseln all jener Städte besteht, die der prächtige Padischah im Namen Allahs unter seine Herrschaft gebracht hat. Es ist keineswegs sicher, daß die Juden von Buda richtig gerechnet haben. Noch im September beginnt ihre Deportation in die Türkei. Selbst diese unheilvollen Ereignisse beeindrucken Meister Peer nicht. Als die für die Säuberungen zuständigen türkischen Beamten bei ihm eindringen, lächelt er gutmütig und bietet ihnen dampfenden Kaffee an. An dieses bittere und doch so genußvolle Getränk hat ihn einer seiner türkischen Diener gewöhnt. Die Beamten machen große Augen, trinken schweigend ihren Kaffee und behelligen Meister Peer nie wieder. Dann verschwindet der Türke aus der Burg und aus der Stadt. Ruhigere Zeiten brechen an, sofern wir den Nachrichten kein Gehör schenken.

Im Sommer des Jahres 1540 kippt das labile Gleichgewicht des Friedens. János Szapolyai, der ungarische König, stirbt. Oben in der Burg beraten Pater György, Bálint Török, István Werbőczy, Péter Petrovich fieberhaft über das weitere Schicksal Budas. Soll die Stadt an Kaiser Ferdinand übergehen, wie es das Abkommen von Wardein vorsieht, oder an den Säugling János, den Sohn des Königs? Sie entscheiden sich schließlich für letzteres. Von alldem erfährt Meister Peer dadurch, daß die unter der Burg stehenden kaiserlichen Truppen, die Söldner Leonhard Felschs, vertrieben werden. Anscheinend macht Meister Peer sich nicht die geringsten Sorgen. Der Winter geht vorüber, vielleicht ist er nicht ganz so streng wie sonst. Meister Peer färbt seine Tücher, und sollte es uns so vorkommen, als hätte er in den letzten Monaten häufiger zur Weinflasche gegriffen, liegen wir wohl nicht ganz falsch.

Im Frühling taucht General Roggendorf vor den Mauern der Burg auf, um Kaiser Ferdinand zum rechtmäßigen Herrn von Buda zu machen. In diesen Tagen begeben sich deutsche Bürger der Stadt im Schutze der Dunkelheit zu Meister Peer. Er möge zu ihnen halten, so ihre einzige Bitte. Sie stünden auf der Seite von Königin Isabella, deren erklärter Wille es sei, die Stadt unter deutsche Oberhoheit zu bringen. Meister Peer wird nicht bleich. Seine Hände zittern nicht. Nur sein Atem riecht nach Wein. Er blickt der Reihe nach in die entschlossenen, erwartungsvollen Gesichter, sein Blick wandert zu den oberen Ecken des Raumes, dann kratzt er sich am Bauch und beginnt leise zu sprechen. Er läßt die Budaer Bürger wissen, daß er gerne für jedermann Tücher färbe, wenn sie sich auf Preis, Farbe und Qualität einigen könnten. Wende man sich nur vertrauensvoll an ihn. Ja, man könne ihn ruhig aufsuchen, denn einen besseren Färber finde man in Buda nicht. Und dann erhebt sich der Leib von Meister Peer ganz leicht, gewissermaßen als Zeichen, daß er Wichtigeres kaum sagen könne, und läßt sich wieder auf den Eichenholzstuhl nieder. Er lächelt arglos. Im Schein der Kerzen leuchten seine Wangen rot. Grußlos und stumm verlassen die deutschen Bürger Meister Peers Haus. Dann öffnet der Meister eine neue Flasche und läßt noch einen halben Liter die Kehle hinunterfließen. Er schüttelt sich, rülpst laut. Mit beiden Fäusten reibt er sich die Augen. Es ist doch keine Taufliege hineingeraten?!

Einige Tage später wird der Verräter Franz Báchy, ein Schreiber, der die Leute des kaiserlichen Generals Roggendorf durch den Friedhofsgarten der Frauenkirche in die Stadt hat einlassen wollen, auf dem Budaer Markt gevierteilt. Pater György hat die Hinrichtung angeordnet, beim Tod des Schreibers ist er selber anwesend. Doch ist es nicht der unglückselige Verräter, dessen Anblick ihn fesselt. Vor kurzem hatte einer seiner zuverlässigen Leute gemeldet, daß in der Gegend von Balaszentmiklós eine Hexe lebe, die sich sogar in einen Vogel verwandeln könne. Darüber gerät der Pater ins Grübeln, als würde er die Nachricht nicht recht begreifen. Warum krampfte sich sein Magen plötzlich zusammen, als er von diesem Unfug hörte? Warum begannen seine Hände zu zittern? Warum befiel ihn diese Reizbarkeit? Er schüttelt den Kopf, beginnt die Menge zu beobachten. Sein stechender, unerbittlicher Blick bleibt an einem rotwangigen, bärtigen Gesicht haften. Nach der Kleidung des Mannes zu urteilen ein wohlhabender Bürger, ein fremdsprachiger, doch ortsansässiger Handwerker. Wahrscheinlich ein Deutscher, ganz sicher sogar. Pater György kann auf seinem Gesicht keinerlei Enttäuschung ausmachen, auch keinen Schmerz. Erneut schüttelt er sein Haupt und macht sich auf den Weg zurück in den Palast, um sich wieder den Angelegenheiten des Staates zuzuwenden und zu retten, was zu retten ist. Nichts ist zu retten. Die Tage von Buda sind gezählt. Genau fünfzehn Jahre sind seit der verlorenen Schlacht von Mohács vergangen, als der Türke endgültig des Hin und Hers überdrüssig wird. Er marschiert einfach in die Budaer Burg ein und nimmt zahllose vornehme ungarische Herren gefangen. An diesem Trauertag streift auch Meister Peer ziellos durch die Stadt.

Es ist der neunundzwanzigste August 1541. Genau an der Stelle, wo einige Monate zuvor der Schreiber Franz Báchy den Märtyrertod gestorben ist, erblickt er einen jungen türkischen Soldaten, der eine weiße Spitzhaube auf dem Kopf trägt. Sein langer Mantel wird von einem Gürtel zusammengehalten, seine eng an den Waden anliegenden Stiefel sind aus feinem, gelbem

Leder. Dieser Janitschar ist fast noch ein Kind, gewiß noch keine zwanzig Jahre alt. Ihm sprießt gerade erst der Flaum. Sein Blick ist offen und neugierig, vermutlich hat er erst wenig, doch voller Erregung getötet. Auf seiner schönen braunen Haut spiegelt sich die Sonne. Der Janitschar sieht sich auf dem Markt um, dreht und wendet sich, und sein Blick trifft mit jenem von Meister Peer zusammen. Sie starren einander an. Im Grunde könnte man sagen, daß Meister Peers Arglosigkeit ihr Spiegelbild gefunden hat. Die Unschuld blickt die Unschuld an und sieht nichts anderes als den Tod, nur den Tod. Die Lippen des Janitscharen öffnen, seine Gesichtsmuskeln spannen sich, und er bricht in ein blubberndes, aus der Tiefe kommendes Lachen aus. Mit seinem langen krummen Stock klopft er auf die Pflastersteine des Marktes. Er lacht so sehr, daß er sich die Tränen abtrocknen muß. Meister Peer erbleicht. Das ist der Augenblick, in dem sich all seine Gutmütigkeit und Arglosigkeit in nichts auflöst. Wie ein Betrunkener stakst er nach Hause. Es wird Nacht, vor Schmerz bemerkt er es nicht. Auf den Wellen der nächtlichen Straßen schaukeln weiße Turbane. Das wirre Sternenlicht läßt die Spitzen der türkischen Speere aufblitzen. Auf Wehgeschrei sind Hilferufe die Antwort. Ein Unglücklicher wird gerade ausgeraubt, dann wird ihm die Kehle durchgeschnitten. Wer zu lange auf der Straße verweilt, wird hinterrücks erdolcht und ausgeplündert. Meister Peer wacht und trauert. Mit der Ausübung seines Handwerks ist es vorbei. Für die Türken kann er keine Stoffe färben. Er öffnet eine weitere Flasche. Einen guten Tokajer, nur alles rasch austrinken, alle Flaschen leeren, denn morgen oder übermorgen schleppt es ohnehin irgendeine Janitscharenhorde fort. Zwar dürften diese Heiden nicht trinken, ihr Gott verbietet es ihnen ja, sie tun es aber trotzdem. Er, Stephan Peer, weiß nur zu gut, daß der Türke trinkt, wenn er kann: Er trinkt nicht, er säuft. Sein türkischer Diener, wie der getrunken hat! Und während er mit schwer werdender Stirn lauscht, wie seine Frau leise schnaufend schläft und wie seine Kinder sich in ihrem leichten Schlummer regen, blitzt plötzlich ein schreckliches Bild vor seinen Augen auf. So schrecklich, daß es ganz unzweifelhaft wahr sein muß.

Der Färber sieht, daß Sultan Suleiman sich auf dem ungarischen Königsthron breitgemacht hat, hochmütig wie ein Fels. Neben ihm, auf einem vergoldeten Kinderstuhl, sein kleiner Sohn, der Erbe des Reichs. Sofern ihn nicht einer seiner Neider mit einem Hundeschwanz erdrosseln läßt, wie es bei diesen Völkern Brauch ist. Die goldbereiften Finger des Sultans zausen das Haar des Kindes. Schöne, lange Finger. Weiß und gepflegt. Nubische Sklavinnen haben diese Fingernägel mit ihren Orangenmündern behaucht, um ihnen diesen Glanz zu verleihen. Die Hand erhebt sich. Die feingliedrigen Finger legen sich aneinander. Der Sultan winkt sachte. Langsam sinkt die Hand zurück zwischen die Locken des Kindes. Zehn Gefangene werden von den Eunuchen vorgeführt. Es sind Christen aus Buda. Die Folter beginnt. Gemäß dem Befehl des Sultans soll die Tortur möglichst schmerzhaft sein, der Zeitpunkt des Todes aber soweit wie möglich hinausgezögert werden. Die Unglücklichen sind vornehme und wohlhabende Bürger. Nach der Folter werden sie zerstückelt. Zehn Opfer sieht der Färber auf dem Bild, als er jedoch im Morgengrauen darüber nachsinnt, neigt sein Gerechtigkeitsgefühl dazu, ihre Zahl auf fünfzig zu schätzen. Ein schmerzliches Rot ergießt sich über den Himmel von Buda, Tränen schießen dem Mann in die Augen. Er sucht Schreibzeug und Papier hervor, beginnt zu schreiben, schön und bedacht. Zur Sicherheit führt er achtzig gefolterte Budaer Christen an. Gerade legt er die Feder nieder, als heftig an das Tor des Hauses gepocht wird. Stephan Peer erstarrt. Als ob es ein Pochen seines Herzens gewesen wäre! Kommen sie, ihn zu holen? Werden sie ihn ausplündern? Wird man ihn tatsächlich verschleppen? Von seiner Familie trennen?

Langsam schlurft er zum Tor. Jeder Schritt wird zur Ewigkeit. Er preßt sein Ohr an die Bretter des Tors. Unterdrücktes Sprechen, Flüstern ist zu vernehmen. Gott steh mir bei, da sind mehrere draußen. Eine ganze Armee vielleicht? Erneut wird ans Tor geschlagen. Diesmal schon ungeduldiger. Todesbereit nestelt Stephan Peer an der Verriegelung. Das Tor springt auf. Seltsame Gestalten, wie aus einem unliebsamen Traum entsprungen, stehen vor ihm. Eins, zwei, drei ... zu fünft sind sie. Flüchtlinge? Stephan Peer reibt sein leichenblasses Gesicht.

»Ihr seid hier falsch, meine Herren ... in diesem Haus ...«

Eine der Gestalten beugt sich vor und unterbricht ihn.

»Haben Sie viel getrunken, Meister?«

Stephan Peer zuckt mit den Achseln, räuspert sich.

»Ich vertrage einiges, mein Herr.«

Der Fremde lächelt und schüttelt den Kopf.

»Macht nichts. Wir haben Arbeit für den Meister.«

Und schon treten sie zurück, alle fünf. Ein klappriger Wagen steht auf der anderen Seite des Gäßchens. Seine Besitzer dürften viel unterwegs gewesen sein. Sie haben ihn reichlich strapaziert, über Stock und Stein gehetzt, nicht geschont. Sosehr auch Stephan Peer seine Augen anstrengt, er hat nicht die geringste Idee, was er mit der wackeligen Konstruktion zu schaffen haben könnte. Doch der kleine Jude springt zum Wagen und beginnt mit ausladenden Gesten zu erklären.

»Hauptsache, es sind viele Tränen drauf! In den prächtigsten Farben!«

Begeistert tätschelt er die Plane.

»So ungefähr hundert Tränen! Aber es können auch tausend sein!«

Eine schwarzgesichtige Gestalt stellt sich vor den enthusiastischen Juden.

»Es reicht ein einziger Tropfen«, sagt er leise.

»Darauf haben wir uns geeinigt«, murren auch die anderen.

Der kleine Jude ist sichtlich beleidigt.

»Dann soll die Träne wenigstens groß sein«, flüstert er wütend.

»Das wird sie, sehr groß sogar«, beruhigt ihn der Schwarzgesichtige und wendet sich Stephan Peer zu, dessen bleiches Gesicht purpurrot anzulaufen beginnt.

»Malen Sie eine Träne auf die Plane, Meister!«

»Aber eine ganz besonders blaue«, fügt der Jude hinzu.

Und da Meister Peer vor Überraschung immer noch reglos verharrt, winken ihm auch die anderen.

»Jetzt gleich, Meister!«

»Fangen Sie an!«

»Zögern Sie nicht!«

Der Jude ergreift erneut das Wort.

»Nehmen Sie Ihr blauestes Blau!«

Stephan Peer versteht selbst nicht, warum er nicht protestiert. Er ist ein gefragter Färber, ein Meister der erlesenen Farben und wertvollen Stoffe. Wenn es überhaupt jemanden gibt, der in dieser wilden und unberechenbaren Welt über die Bedeutung feinster Nuancen Bescheid weiß, dann ist er es. Doch eine grobe, zerschlissene Plane anzustreichen, ein solches Ansinnen ist ihm in seiner ganzen Berufslaufbahn noch nicht untergekommen. Was für ein Unterschied besteht zwischen dem Färben feiner Tücher und dem Anstreichen einer Plane? Sicher kein geringerer als zwischen Jesus und Mohammed. Er geht in seine Werkstatt zurück, wählt unter seinen Tuben und Gläsern das blaueste Blau aus, nimmt Nadel, schnurdicken Zwirn und einen abgenutzten Pinsel. Zuerst bringt er die Wunden und Risse der Plane zum Verschwinden. Dann beginnt er zu malen, sorgfältig, auf jeden Pinselstrich achtend.

Der Morgen dämmert, die Straßen beleben sich. Neugierige blicken den zu zehnt patrouillierenden Janitscharen nach. Verschüchterte Juden, erschütterte Ungarn, wortkarge Deutsche, die Wut in ihren Fäusten eingesperrt. Es sind eher die ärmeren Stadtbewohner, die geblieben sind. Habenichtse, denen die Türken ohnehin nichts mehr wegnehmen können. Während alldem malt Meister Peer gehorsam, dann und wann erbleicht er und läuft im nächsten Moment wieder feuerrot an. Bisweilen blinzelt er über die Schulter. Jene fünf sitzen im Schatten, sprechen kaum. Ab und zu geht ein Türke mit weißem Turban an ihnen vorüber, aber es ist, als wären sie gar nicht da. Und auch er, Stephan Peer, scheint gar nicht vorhanden zu sein. Bekannte eilen wortlos vorüber, ohne ihn eines Blickes zu würdigen. Nanu, was geht hier vor? Meister Peer schlägt sich an den Kopf, ob er nicht etwa träume. Tatsächlich, es tut weh, also träumt er nicht. Aber nein! Ein Traum kann es trotzdem sein, denn auch Träume können weh tun. Zwischen zwei Pinselstrichen schaut er wieder zu seinen Auftraggebern hinüber. Wie seltsam ihre Augen sind. Wie eigenartig ihr Blick! Einmal springt der kleine Jude auf. Mit bedeutungsvollen Schritten eilt er zu Stephan Peer und verfolgt die Bewegungen des Pinsels.

»Dort ist das Blau etwas blaß«, fuchtelt er.

»Und was belieben die Herren mit dieser tränenbefleckten Plane anzufangen?« fragt Stephan Peer.

»Wir werden Schausteller«, antwortet der Jude stolz. Der Färber zuckt mit den Schultern. Schaustellern, in diesen lausigen Zeiten? Wo ein ganzes Land zugrunde geht? Eine halbe Heimat?

»Womit machen denn die Herren ihre Kunststücke?«

»Mit unseren Tränen«, sagt der Jude und setzt sich wieder zu seinen Gefährten.

Die Sonne steht hoch am Himmel, als der Färber fertig zu sein scheint. Es fällt ihm schwer, mit der Arbeit aufzuhören. Ein seltsames Gefühl. O was für ein komisches, kribbelndes Gefühl! Als hätte er diesen gewaltigen Tropfen Träne liebgewonnen. Er wundert sich sehr. Zupft sich am Bart, kratzt sich am Bauch, rülpst einige Male. Sein Gesicht wird feuerrot. Dabei ist es doch nur ein Tränentropfen! Erneut beginnt er ihn anzumalen.

»Die Stelle dort war vollkommen in Ordnung!« tritt der kleine Jude zu ihm.

Wütend stampft Stephan Peer auf.

»Wer ist der Meister, Sie oder ich?«

»Sie sind es«, schüttelt der Jude den Kopf, »aber Sie arbeiten für mich!«

»Ich weiß sehr wohl, für wen ich arbeite! Aber es ist noch nicht fertig. Nicht blau genug. Hier und hier! Gemalt werden muß!«

Der Jude setzt sich zu den anderen und lächelt zufrieden. Meister Peer späht heimlich zu ihnen hinüber. Sie lächeln! Was gibt es da zu lächeln? Sie sollen aufhören damit! Es wird Nachmittag, bis Meister Peer nun wirklich fertig ist. Genaugenommen würde er auch jetzt noch malen, doch sein ganzes Blau ist aufgebraucht. Wohl hat er dem Tränentropfen heimlich noch ein wenig Sonnengelb, Karmesinrot, Bärenbraun, ja sogar Teufelsschwarz beigemischt, einzig und allein, um weitermachen zu können, um Zeit zu gewinnen. Es ist bereits spät am Nachmittag. Der Tropfen wird immer dunkler.

»Ist das auch sicher Ihr blauestes Blau?« nörgelt der kleine Jude hinter dem Wagen. Meister Peer antwortet nicht, gibt bloß einen Wink mit den Augenbrauen. Nun aber berührt ihn der Schwarzgesichtige an der Schulter.

»Die erste Darbietung ist für Sie, Meister.«

Mit einem Mal sieht Meister Peer, wie die Männer mit den seltsamen Blicken zu weinen beginnen. Du lieber Gott, was für ein Weinen das ist! Der eine weint Blut, der andere Honig, ein dritter schwarze Steine, o weh, der vierte weint Eis, und dem fünften rieseln kleine Spiegelstückchen aus den Augen. Gott steh mir bei! Ist es ein Zauber? Teufelswerk? Stephan Peer sieht bestürzt zu. Jetzt ist er leichenblaß. Doch die fünf machen keine langen Kunststücke. Sie besteigen den Wagen und machen sich auch schon auf den Weg. Das Fuhrwerk läßt das kleine Gäßchen hinter sich, holpert über Sandhaufen, herumliegende Lumpen, zusammengeworfene Steinbrocken. Dann rumpelt es zur Stadt hinaus und biegt in die Landstraße der Zeiten ein.

Stephan Peer fackelt nicht lange. Noch am selben Tag kauft er von einem armenischen Bekannten einen Wagen. Für die Plane besorgt er sich gute Farbe. Sie kostet ihn ein Vermögen, aber darauf kommt es jetzt nicht an. Es wird Abend. Trotzdem verdunkelt er die Fenster seiner Werkstatt und malt die Träne auf die Plane des Wagens. Die gleiche wie für die Tränengaukler oder für wen auch immer. Vor Morgengrauen läßt er das Notwendigste zusammenpacken. Zum ersten Mal in seinem Leben verprügelt er seine Frau, sie soll keine Umstände machen. Die Kinder füttert er mit schnapsgetränktem Brot, damit sie bis morgen, übermorgen ruhig bleiben. Zeitig brechen sie auf. Doch auf dem Wagen des Färbers leuchtet schon blau der Tränentropfen. Die Ahnung Meister Peers bestätigt sich. Er gelangt glücklich aus der Stadt. Der türkische Wachposten im Tor von Buda hält ihn nicht einmal an. Als würde niemand an ihm vorüberfahren, obwohl doch Meister Peer kreidebleich wird, als der Wagen gerade im Tor einen gewaltigen Ruck vollführt. Doch der Wächter verharrt unbeweglich. Als würde er nichts hören, nichts sehen. Meister Peer blickt lange nicht zurück, um sein Glück nicht zu strapazieren. Vormittags kichert er bereits lauthals und kneift seine Frau. Sein Gesicht rötet sich wieder, sein Atem riecht nach Wein. In der Gegend von Weißenburg werden sie von einem Trupp plündernder Ungarn überfallen. Ein paar bettelarme, übelriechende Haudegen mit Kot am Hintern. Auf kleinen Pferden, mit großen Schwertern und leeren Herzen streifen sie durch die Gegend. Sie metzeln Stephan Peer nieder, auch seine Frau, die sie zuvor noch vergewaltigen. Die vom Schnaps betäubten Kinder treiben sie zusammen, um sie bei Gelegenheit zu verkaufen. Selbst wenn sie es bemerkt hätten, wäre es den ungarischen Soldaten unverständlich geblieben, warum der nach Wein riechende, dicke Deutsche einen schäbigen, blauen Pinsel umklammert hält, während ihm der leichte Stich ins Herz dringt.

Die rumänische Schaustellerin trägt den Namen Nußknacker, Irina Nußknacker. Das heißt Spargator de Nuci. Sie zählte das Geld auf rumänisch, sie fluchte rumänisch, und auf rumänisch flehte sie zu Gott. Irina war schön, weil sie unglücklich war. Die Unglücklichen sind immer schöner. Obwohl man wiederum nicht behaupten kann, daß Glück häßlich macht. Irina kommt in einer hoffnungslosen und entlegenen Gegend zur Welt, die zwar nicht weit von einem als Meer geltenden Gewässer entfernt ist, doch wo die Sonne jeden Morgen zweimal aufgehen muß, damit die Menschen hoffen können. Irgendwo an der Grenze zwischen Moldawien und der Walachei wird das Mädchen geboren, das sich einer seltsamen Beschäftigung verschrieben hat.

Im 7108. Jahr nach der Erschaffung der Welt wird Irina Nußknacker Schaustellerin, das heißt im Jahr 1600 nach Christi Geburt, als in der Walachei Mihail Vitéz, in Moldawien Ieremia Movila herrschen. Sie wird Schaustellerin, weil sie ihre Augen niemals gleichzeitig schließen kann. Denn Schausteller wird, wer auch im Schlaf die eine Hälfte der wirklichen Welt sieht, während er von der anderen Hälfte nur träumt. Die Rede ist nicht von jenen nichtswürdigen Seelen, die Bären tanzen, nicht von den Dahergelaufenen, die Hunde springen lassen, die mit stacheligen Stöcken und falschem Zucker Tiere dazu bringen, sich zum schnarrenden Pfeifen des Dudelsacks auf dem Boden zu wälzen oder sich im Kreise zu drehen.

Irina Nußknacker war eine Schaustellerin ganz anderer Art. Das Mädchen zeigte Kunststücke mit seiner Vulva.

Im 7108. Jahr nach der Erschaffung der Welt, genauer im Monat Mai, zieht der Woiwode Mihail gegen den Woiwoden Ieremia in den Krieg. Und damit er es sich auch nicht anders überlege und um die Kampfeslust ja nicht zu verlieren, stellt er professionelle Denunzianten an, die ihm während des Feldzugs ausgesuchte Schmähungen und Beleidigungen an den Kopf werfen. Die Denunzianten leisten ganze Arbeit. In Irinas namenlosem kleinen Dorf an der Grenze zwischen Moldawien und der Walachei ahnt man nichts von dem nahenden Krieg. Zuerst wird es von den Männern des Woiwoden Ieremia und seinen weißhaarigen polnischen Söldnern verwüstet, dann fallen die Soldaten des Woiwoden Mihail mit nicht minderer Grausamkeit ein. Die Männer des Woiwoden Mihail töten die Getöteten nochmals und rauben die Ausgeraubten nochmals aus. Die Männer des Woiwoden Mihail haben die Grausamkeit von den Ungarn gelernt und weiterentwickelt.

Wie die Sonne zweimal hinter den Horizont sinkt, so ereilt auch die Grausamkeit dieses Land zweimal. Zur Zeit des Gemetzels sammelt Irina Pilze und Kräuter im nahen Wald. Vielleicht aber starrt sie gar nicht aus diesem Grund das Laub vom vergangenen Jahr und die jungen Knospen an. Vielleicht ist Irina ja nur aus dem Dorf gelaufen, um zu träumen, wie immer, wenn sich ihr Herz bis zum Überlaufen mit Traurigkeit gefüllt hat. Dann klammert sie sich an einen Baum, reibt ihren Schoß an seinem Stamm und summt leise, damit es im Himmel nicht allzu laut zu hören ist, das Lied vom Glück. Legt sich auf heiße Felsbänke und hält ihr Gesicht in die Sonne. Es ist ja einerlei, wie das ist, was ist. Schließlich schlendert Irina in das zweifach zerstörte Dorf zurück. Das Mädchen weint nicht, als es die Ruinen, die rauchenden Trümmer und die Toten erblickt. Ihre Familie, Vater und Mutter, ihre kleinen Geschwister sieht sie hingestreckt, den Leichnam des falschen Bojaren Ion Cataran natürlich auch, der sein Gesicht noch im Tod ihr zuwendet. Irina weint nicht, kein einziges Tröpfchen netzt den Spiegel ihrer Augen. Auch ihre Wimpern zucken nicht. Ihr Gesicht wird nicht vom Schmerz verzerrt. Nur ihr Herz wird hart.

Irgendeine fremde und unbewegliche Substanz bildet sich darin. Die Leichen, auf die sie stößt, gräbt sie fein säuberlich ein. Ein ganzes Dorf schaufelt Irina unter die Erde, irgendwo an der Grenze von Moldawien und der Walachei. Danach hält sie inne und betrachtet die kleinen Grabhügel.

Was hat sie nach alldem hier zu suchen?

Für wen und warum sollte sie noch bleiben?

Und Irina macht sich auf den Weg, um Schaustellerin zu werden. Singend wandert sie auf den Spuren von Räuberbanden, plündernden Horden und dichtet undeklamierbare Verse. Steine tritt sie niemals zur Seite, sondern steigt über sie hinweg. Über den Weg herabhängende Zweige biegt sie behutsam zur Seite. Roggenfelder, Weingärten begrüßt sie mit einem Lächeln. In die Sonne blickt sie nicht mit weit geöffneten Augen. Auch der Mond kann ihren Blick nicht bannen. Bäche und Bergquellen verunreinigt sie nicht, und Flußwasser trinkt sie nur, wenn sie durstig ist oder ihre Kehle brennt. Waldfeen grüßt sie zuvorkommend und läßt sich von ihnen geduldig umschnüffeln und betasten. Ihre Darbietungen zeigt sie in ungeraden Jahren in Moldawien, in geraden in der Walachei. Alsbald muß sie von überall fliehen. Bald flüchtet sie in den Himmel über Bukarest, bald in die Tiefen der Tropfsteinhöhle von Sutschava. Auch die Flüsse Ojtoz, Moldova und Olt wiegen sie auf ihren Rücken. Ein Jahr hindurch schläft sie, zwei Jahre lang wacht sie. Irina kann so gut sein, wie sie will, es ist keine Zeit, in der die Frau mit ihrer Vulva Kunst machen kann. Zu dieser Zeit sind Glasbeißer, Eisenbieger, Feuerschlucker und Tanzbären gefragter als Mösenzauber. Manchmal wird Irina für eine Hexe gehalten. Man verflucht sie. Verfolgt und schändet sie. Hetzt Hunde und Bären auf sie. Die Hunde lecken den Gram aus ihren Augen, und Wunder über Wunder, sie sehen sie lachen! Die Bären wohnen ihr bei, und Wunder über Wunder, sie sehen ihre Freude! Aber daß sie glücklich wäre, sehen auch sie nicht. Irina Nußknacker glaubt unerschütterlich, daß ihre Möse alles bricht, die Schale der Nuß, Mandeln, Holzkugeln, Glasstückchen, Nägel, den überheblichen Stolz der Männlichkeit. Es ist sogar das einzige, woran sie noch glaubt. In einer Bürgerstadt in den Karpaten bricht sie einmal einem deutschen Marktaufseher, der falsche Groschen unter ihrem Rock sucht, den Daumen. Auch ein Soldat des Generals Giorgio Basta vergewaltigt sie, doch der Unglückliche bleibt für immer verkrüppelt, und noch im Grab tut ihm sein Schwanz weh.

Was hat Irina davon?

Das Leben hat sie umsonst bekommen, nun gibt sie es wieder zurück. Denn es ist die Schale der Einsamkeit, die nicht aufgebrochen werden kann. Wie schließlich auch der ungarische Prophet Georg Weihnacht dank einer winzigen kleinen Nuß zu dieser Einsicht gelangte. Auch Irina legt Hand an sich, so wie jener Judas Ischariot, der das Leben verraten hat, Jesus Christus, unsern Herrn und Gott.

Es ist ein Vormittag im Juli des Jahres 1611. Ein schöner Tag. Schön, weil er genauso ist wie die anderen. Strahlend und warm, und was sich bis jetzt verschlimmert hat, verschlimmert sich auch weiterhin. Am Vormittag zeigt Irina auf dem Markt von Buda ihre Kunststücke. Sogar eine grüne Nuß knackt sie mit ihrer Vulva. Einen deutschen Eisennagel verbiegt sie. Türkische Glaskugeln läßt sie zerplatzen. Dabei sieht sie die Männer mit unbewegtem Gesicht an. Türken, jüdische Wechsler, Armenier, ein paar Christen – deutsche oder ungarische Knechte. Weiter hinten steht ein Kesselflicker im Schatten einer dreckigen Holzbude, ein Zigeuner. Starr blickt Irina die Männer an und fragt leise:

»Ach, wer würde es nur wagen, mich zu lieben?«

Niemand antwortet.

Sogar der riesenhafte türkische Zahlmeister schlägt die Augen nieder. Aber auch der Zigeuner macht sich mit dem Roßhaar zu schaffen, das er plötzlich bei der Hand hat.

»Liebt mich, nur ein einziges Mal!« hört man, aber auch diesmal bleibt die Antwort aus.

Unglückliche Menschen sterben nicht sofort. Die winzige Wolke ihres Unglücklichseins verharrt über dem erkaltenden Körper, sinnt nach und zieht Bilanz. Gewiß, wir sprechen von der Seele. Auch Irinas Seele schwebt dort neben ihrem erhängten Leichnam. Und diese Seele liest ihren eigenen Namen, den der Schatten des Körpers, der einmal der ihre gewesen ist, in den Staub zeichnet. Es ist Abend, oder vielmehr Nacht. Nun beginnt sie den klapprigen Wagen anzustaunen, der vom Wiener Tor her kommend an der Ecke des Marktes einbiegt. Er nähert sich langsam, es gibt ja keinen Grund zur Eile. Schließlich hält er mit lautem Ächzen an, genau vor dem Baum, an dem Irinas Körper hängt. Der Marktaufseher fällt beim Anblick des Geschehens entsetzt auf die Knie. Mit zittriger Stimme, sich hastig verbeugend und den Kopf gegen die Erde stoßend, fleht er zu Mohammed, die Vision von ihm zu nehmen. Aus dem Wagen steigen, einer nach dem anderen, fünf seltsame Männer, und es ist, als wäre es der Satan in fünf verschiedenen Gestalten.

Sie weinen. Blut, Glut, Steine, Spiegelstückchen und Eis weinen sie, während sie den Leichnam des Mädchens abschneiden und vorsichtig in den Wagen legen. Sie steigen hinterdrein, und der Wagen fährt davon. Nur der Strick baumelt noch an Irinas Todesbaum. Der Marktaufseher blickt auf, und nun ist er sich sicher, daß er es mit Teufeln zu tun hat. Das bärtige Gesicht eines Juden schaut ihn düster an, die blaue Plane zur Seite schiebend. Und indes dieser Jude schaut, blitzt, wie Luzifers Stern am Firmament der Hölle, in seinem häßlichen Mund der Goldzahn auf.

Und weil die wirklich Unglücklichen nicht sofort sterben, fährt auch die unruhige Seele des Mädchens auf dem Wagen mit, neben den fünf Gauklern und dem ausgekühlten Leichnam. Auf der langen Fahrt werden nicht viele Worte und noch weniger Bewegungen gemacht. Oft ist der Weg zu Ende, trotzdem geht es weiter. Schnee fällt und die Sonne brennt auf sie nieder. So erreichen sie die Grenze zwischen Moldawien und der Walachei, wo Irinas Dorf bereits wieder aufgebaut worden ist, weil wer in dieser Gegend geboren wird, zweimal geboren wird. Es ist Nacht. Oben blinzeln die Sterne, als könnten sie nicht glauben, daß ihr Licht auch von diesem Land aus gesehen wird. Unweit des winzigen Dorfs, es umfaßt nicht mehr als ein paar Häuschen, hält der Wagen mit einem schmerzlichen Ächzen an. Es ist dunkel, wie in der Tiefe verlassener Brunnen. Nicht einmal Hunde heulen. Nur der Windhauch seufzt im Schlaf zwischen den Blättern und zählt die Namen der verschwundenen rumänischen Kinder auf, die sein großer Bruder, der blindwütige Wind der nördlichen Karpaten, vor einem, vor zwei, vor hundert Jahren mit sich gerissen hat. Auch Irinas Seele weiß, daß sie heimgekehrt ist. Jetzt weiß sie bereits, daß dieser mit einer Träne bemalte Wagen sie dorthin zurückgebracht hat, wo einmal ihr Zuhause war und wo sie als kleines Mädchen herumtollte. In jene Erde kehrt sie zurück, in die ihr erstes Blut sickerte und auf die sie vom falschen Bojaren Ion Cataran, ihrer ersten und einzigen Liebe, niedergezerrt wurde. Die fünf Männer neben dem Wagen strecken ihre eingeschlafenen Glieder. Sie sind ernst und stumm und heben das Grab aus. Vielmehr nur drei von ihnen, denn der Jude mit dem Goldzahn zeigt ihnen bloß, wie es zu tun sei. Ein anderer aber, aus dessen Augen die Spiegelstückchen gerieselt waren, sitzt abwesend auf der aufgeworfenen Erde und summt irgendein türkisches Liedchen. Als sie dann fertig sind, legen sie sich alle fünf hinein. Sie probieren das Grab aus, es soll ausreichend tief und breit sein. Es soll bequem sein. Dann setzen sie sich ringsherum und warten auf den ersten Sonnenaufgang. Auch zwischen Moldawien und der Walachei geht die Sonne auf, doch sogleich wird es wieder Nacht. Nun, da die Dunkelheit hereingebrochen ist, legen sie Irinas Leichnam in das Grab und streicheln der Reihe nach ihr Gesicht, damit sie in Frieden ruhe und endlich glücklich sei. Sie streuen und scharren Erde auf sie. So begraben sie Irina Nußknacker zwischen den zwei Sonnenaufgängen, die nur einen einzigen Augenblick umspannen, dennoch aber das Zuhause des Mädchens sind und bleiben werden, solange die Welt sich dreht.

Nein.

Wir wissen ja, daß in diesem Land alles zweimal geschieht. Wie wir auch rechnen, immer kommen wir zu dem Ergebnis, daß Irina nur einmal geboren worden ist. Und das bedeutet nichts anderes, als daß sie noch einmal geboren werden, noch einmal leben wird, und wir haben die Hoffnung, daß das nächste Leben glücklicher sein wird als dieses, dem der Strick das Ende bereitet hat.

Am einundzwanzigsten Januar 1621 muß auf dem Hauptplatz von Prag der frisch gefallene Schnee nicht weggekehrt werden, weil er von der sich auf dem Platz drängenden Menschenmenge zertreten wird. Soeben wird die Hinrichtung des Wittenberger Professors Jan Jesensky dargeboten. Der Professor vertrat in Deutschland die Auffassung, daß es dem medicus sehr wohl erlaubt sein müsse, die menschliche Haut aufzuschneiden, desgleichen die darunter befindlichen Sehnen und Fasern, um in der versteckten Struktur der Fleischbündel die wahre Ursache des Todes zu finden. Denn die sterbliche Hülle legt, solange sie nicht verwest ist, Zeugnis ab. Deshalb ist die Sektion ein notwendiges Verfahren! Ein wissenschaftliches, das heißt gottgefälliges Verfahren! Jedoch eine nicht eben gern gesehene Anschauung zu dieser Zeit. Aber nicht in dieser Annahme besteht die Todsünde Jan Jesenskys. Des Hochverrats wird er im Halbdunkel der Arkaden des Kaiserhofes bezichtigt. Und die nicht einmal zu Ende gesprochenen, doch auch so mit schweren Anschuldigungen beladenen Sätze und halben Worte bereiten ihm einen furchtbaren Tod. Nicht auszuschließen, daß etwas Wahres an den Meldungen der Spitzel ist, denen zufolge der Professor nur darauf wartet, eines schönen Tages auch über dem Leichnam von Kaiser Ferdinand das Skalpell blitzen zu lassen. Er wird gefangengenommen, kein anderes Urteil kann ihm zuteil werden als ein schrecklicher Tod.

Schweigsam sind die Menschen an diesem Morgen im Januar, auf dem Hauptplatz von Prag, am Tag der Hinrichtung. Vorläufig. Das Volk kommt aus Alt-Prag und Neu-Prag, aber auch die umliegenden Dörfer schicken das eine oder andere Fuhrwerk, die Auserwählten haben den Auftrag, aufmerksam zu beobachten und zu Hause alles zu berichten. Und zu berichten gibt es gewiß genug! Die Darbietung nimmt ihren Anfang. Der Scharfrichter ist ein ganz junger Mann. Seine Bewegungen sind nicht nur flink und geschwind, sondern auch gekonnt. Als der vor Angst beinahe bewußtlose, am ganzen Leib zitternde Professor auf das Podium gezogen wird, tritt er hinzu, drückt ihm den Kopf in den Nacken und steckt ihm mit einer einzigen Bewegung eine eiserne Maulsperre in den offenen Mund. Wie einem herrschaftlichen Schoßhund, dem der schmerzende

Zahn gezogen wird. Wer in der Nähe steht, kann die Zunge des Professors sehen, wie der Scharfrichter sie aus der Mundhöhle herauszieht und einige Momente innehält, um das Fleischstückchen gründlich zu begutachten. Der Professor verfügt über eine außergewöhnlich dicke und lange Zunge. Trotzdem genügt ein rascher Schnitt, um sie von der Mundhöhle zu trennen, weder Gott noch die Hölle sollen sein Wort jemals weitersagen. Ein Raunen geht durch die Menge, das in Wien selbstverständlich für ein Zeichen der Furcht gehalten wird. Der Professor röchelt. Blut sprudelt aus seinem Mund und besudelt die Umstehenden. Nun binden die Gehilfen des Scharfrichters den Ärmsten auf eine schmale Bank.

Es folgt die Zeremonie der Enthauptung. Der Hieb des Beils wird so fachgerecht durchgeführt, daß der abgetrennte Kopf des Professors um ein Haar vom Podium heruntergerollt wäre. Einer der Henkersknechte verhindert es, doch nicht mit der Hand, die wäre zu spät gekommen, sondern indem er behende auf ein Haarbüschel tritt. Der Scharfrichter packt das Haupt bei den Haaren und zeigt es der die Hinrichtung beaufsichtigenden kaiserlichen Behörde, danach der Menge, die zischt und seufzt. Als nächstes folgt die Vierteilung der sterblichen Überreste, ein einigermaßen blutiges, aber nicht weniger interessantes Ereignis. Danach wird Graf Schlick, der Gefährte und Freund des Professors, exekutiert. Das ist ein schon weniger spektakulärer Vorgang, zudem zeigt der Graf auch nicht mal richtige Furcht. Er läßt sich die Augen nicht verbinden, seinen Kopf neigt er selber unter das Schwert, obzwar die in der Nähe des Podiums stehenden Leute beteuern, daß der geköpfte Körper sich noch erhoben hätte, wenn die Henkersknechte ihn nicht mit vereinten Kräften niedergehalten und auf das Brett gedrückt hätten. Ein Glück, daß wenigstens Kutenauer und Susitzky, an die Mauer des Rathauses genagelt, sich in Zuckungen winden, eine gut sichtbare und äußerst interessante Attraktion. Aus ihrem Wehgeschrei bilden sich Eiszapfen. Von den Figuren, die von dem mächtigen, auf den Platz blickenden Rathausturm grüßen, zeigt jetzt nur der Tod fröhlich den Lauf der menschlichen Zeit an. Er dreht sich, nickt und schüttelt glücklich die Sandhuhr in seiner Hand. Die drei anderen, die mit

Jesensky in gleichfalls geheimer Verbindung standen, werden gerade vom Platz gefegt. An den Borsten der Besen schillern schwer die Bleiknöpfe, dumpf schlagen sie auf der Haut und den empfindlicheren Wölbungen des Rückens auf.

Auch Konrad Rakonczay, ein deutscher Flugblatt-auctor, drängt sich durch die Menge. Er reibt sich die Handschuhe und ist außerordentlich zufrieden, wieder ein Thema zu haben, eine Geschichte, bei der etwas herausspringt. Nicht daß die Zeit an blutigen Ereignissen und großen Lektionen arm wäre. Aber das hier ist doch aufregender als das Abmurksen von gewöhnlichen rebellischen Adeligen, denn Doktor Jesensky ist nicht nur eine anerkannte und allgemein beliebte Figur, sondern auch ein kluger Mensch. Und es stößt immer auf größeres Interesse, wenn die Weisheit als wenn die Unwissenheit erniedrigt wird. Dies denkt der deutsche Flugblattverfasser, als er heftig angerempelt wird. Gereizt blickt er zur Seite. Und gewiß hätte er auch etwas Unfeines gesagt. Die bissige Bemerkung lag ihm schon auf der Zunge. Doch Konrad Rakonczay sagt kein einziges Wort. Er schluckt die Zurechtweisung hinunter. Ein seltsamer Mann steht neben ihm. Ganz entzündet und vom Schlaf verklebt sind seine Augen. So daß er womöglich gar nichts sieht. Der arme Kranke. Aber auch Krankheiten gibt es mehr als genug auf dieser Welt! Andererseits verfolgt auch dieser Mensch aufmerksam die Hinrichtung. Ein dunkles Gesicht mit kräftigen schwarzen Bartstoppeln, die Haut auf Stirn und Backenknochen mit Schnittwunden und Kratzern übersät. Und so rot und üppig sind seine Lippen, als wären sie mit Schminke gefärbt und weich gemacht worden. Konrad Rakonczay hüstelt und wirft erneut einen verstohlenen Blick auf seinen Nachbarn. Dieser erwidert ihn, als ihm gerade der Schlaf aus den Augen rieselt. Aber wie Honig ist er, bei Gott, wie Honig!

»Was quält Sie, mein Herr?«

Konrad Rakonczay blinzelt verständnislos. Was will dieser Mensch?

»Warum antworten Sie nicht?« fragt, sich vorneigend, der Fremde.

»Nicht ich werde gequält«, erwidert Konrad Rakonczay unwillig. Er ruckt heftig mit den Schultern und will sich abwenden.

»Haben Sie Mitleid mit ihnen?« deutet der Fremde jetzt auf die Unglücklichen.

»Ich werde über sie schreiben.«

»Warum denn, mein Herr?«

»Das ist mein Beruf.«

Der Fremde nickt, lächelt. Unversehens nimmt er Konrad Rakonczays Hand, zieht den Handschuh herunter und träufelt das Sekret seiner Augen in die offene Hand. Konrad Rakonczay packt ein solcher Ekel, daß er beinah ohnmächtig wird, doch der Griff, der sein Handgelenk umfaßt, ist ungewöhnlich kräftig. Eine solche Kraft hat er noch nie gespürt. Das dunkle Gesicht ist dicht an seinem und lächelt ihm erbarmungslos in die Augen.

»Kosten Sie«, befiehlt der Fremde.

Der entsetzte Flugblatt-auctor beugt sich wie gebannt über seine von der widerwärtigen, gelblichen Augenflüssigkeit besudelte Hand. Und wundert sich, daß er trotzdem davon kostet. Und schmeckt, daß es süß ist. Oh, sehr süß sogar! Wie Dattelhonig! Dickflüssiger, gesunder Honig, von der besten Sorte.

»O mein Herr!« ruft er hingerissen und wittert schon ein neues Thema. Darüber kann man schreiben! Ein Eskamoteur, dem Honig aus den Augen fließt! Wieviel Geld sich mit diesem Thema verdienen läßt! Konrad Rakonczay wird erneut angerempelt. Ein Raunen geht durch die Menge, und die hinten sind, drängen die vor ihnen Stehenden. Die Überreste des Professors werden vom Podium getragen. Kutenauer erfüllt die Luft mit solchem Wehgeschrei, als sei er Christus auf dem Berg Golgatha. Man müßte ihn darauf aufmerksam machen, daß Prag nicht Jerusalem ist! Der Nachbar des Flugblattautors nimmt erneut die honigbenetzte Hand. Rasch hat er ein Feuerzeug hervorgeholt, und so geschwind, daß jener nicht mal widersprechen kann, steckt er den Honig in Brand.

Fünf winzige Kerzenflammen, so brennt der Honig auf Konrad Rakonczays Handteller.

Fünf winzige Flämmchen!

Der Flugblattschreiber erstarrt. Was für ein Kunststück ist das! So etwas hat er nun wirklich noch nie gesehen. Dabei hat er schon von so vielem berichtet. Gut, manchmal hat er auch die Vorstellungskraft zu Hilfe gerufen und etwas dazuphantasiert, doch das da, wer könnte sich so etwas ausdenken! Und wer ist dieser Mensch? Doch nicht der Teufel? Aber der Fremde drängt sich bereits energisch durch die Menge. Konrad Rakonczay will die Sache nicht auf sich beruhen lassen, denn wenn es der Teufel war, wird er respektvoll danken und dieses flammende Dingsbums zurückgeben. Wenn er es aber nicht war, so müßte man ein Geschäft mit ihm abschließen. Mit Menschen darf man Geschäfte machen. Mit dem Teufel nicht. Also zwängt auch er sich durch die Menge, tritt auf Füße, stößt Schultern zur Seite. Seine brennende Handfläche hält er vor sich hin. Um die erstaunten, entsetzten Blicke der Leute kümmert er sich nicht. Nur den Fremden, den muß er einholen. Dieser hat schon die Ecke des Platzes erreicht. Ein seltsames Gefährt wartet an der Seite des Rathauses. Ein klappriger Planwagen. Der Fremde wendet sich noch einmal um.

»Sie brennen, solange Sie es wollen«, schreit er. Als ob ein Jude im Kaftan sich aus dem Wagen nach ihm strecken und ihn hinter die blaue Plane heben würde. Konrad Rakonczay steht verloren da, in seinem Handteller flackern die fünf winzigen Flämmchen.

»Sie brennen, solange Sie es wollen!« hallt der Satz in ihm nach.

Als der Wagen das Stadttor erreicht, lebt auch Kutenauer nicht mehr. Auf dem Platz zerstreut sich langsam die Menge. Das Spektakel ist zu Ende, zugrunde gegangen ist, wer zugrunde gehen mußte. Nur Konrad Rakonczay steht dort, an einen Säulenschaft gelehnt, und starrt fasziniert in seinen Handteller.

»Sie brennen, solange Sie es wollen«, hört er immer wieder. Er wird keine Flugblätter mehr verfassen. Im Gasthaus »Zu den Drei Kronen«, wo er in den Tagen vor der Hinrichtung ein komfortables Quartier gehabt hatte, wartet man vergeblich auf ihn. Seine Reisekiste verbleibt dort, um schließlich in den Besitz der Herbergsleute überzugehen. Eine Unmenge von vollgekritzeltem Papier und Gedrucktem, Schreibwerkzeug, Tinte, ein Vergrößerungsglas, Knöpfe, wertloses Zeug. Und Zeit seines Lebens, das nach der Prager Hinrichtung allerdings nicht mehr sehr lange dauern wird, flackern in der Hand von Konrad Rakonczay die fünf kleinen Flammen. Abends, morgens, immer. Fünf kleine Flammen, wie Leuchterblumen. Nun kann aber der Mensch nicht lernen, mit Wundern zu leben. Denn Wunder sind nicht dazu da, mit uns zu leben, von Tag zu Tag, von Minute zu Minute.

Genaugenommen verhungert Konrad Rakonczay. Wenn dieser Tod auch weder schrecklich noch furchtbar ist. Ungenannte gute Leute finden ihn auf einem der vom schmelzenden Schnee bedeckten Hügel oberhalb des Hradschins. Umherziehende Zigeuner, knochenarm. Sie scheuchen ihre quietschenden Murkel weg, beruhigen die jaulenden Hunde. Was für ein seltsamer Toter ist das! Besser wäre es gewesen, ihn nicht zu finden, singend, tanzend, die Rassel schwingend an ihm vorbeizuziehen! Der Klügste von ihnen, der schnauzbärtige, im Kesselflicken unübertroffene Stammesälteste, spricht Zauberworte und Beschwörungsformeln in seiner Zigeunersprache. Konrad Rakonczays weitgeöffnete, reglose Augen starren auf die fünf flackernden Flammen in seiner Hand. Und der Flugblattautor lächelt. Und die guten Leute, die ihn gefunden haben, begraben ihn, bleich und mit Grauen im Herzen, den Blick auf die fünf kleinen Flammen geheftet. Sie durchsuchen und entkleiden ihn nicht einmal, was doch nur selbstverständlich gewesen wäre. Während sie Erde auf ihn werfen, wird ihr Entsetzen immer größer. Die fünf kleinen Kerzen leuchten selbst dann noch unter der Erde, als sie am Kopfende die Grabtafel aufpflanzen. Nach einigem Grübeln kerbt der Älteste auf tschechisch nur hinein, was ihm bekannt war:

»Hier ruht ein Mensch.«

Soviel man weiß, wurde Rabbi von Buda Efraim ha Kohen in der Stadt Wilna geboren, was nicht unbedingt wahr sein muß, aber warum soll es andererseits auch nicht wahr sein. Einer anderen, nicht nur hartnäckigeren, sondern dem Herzen Jizchak ben Judas auch wohlgefälligeren Legende zufolge blüht der Geburtsort des Rabbi irgendwo im südlichen Grenzgebiet zwischen der windigen Ukraine und dem vor Nässe triefenden Polen, solange die Leute dort ungesäuertes Brot und bittere Kräuter in die Sederschüsseln legen können, solange die Chanukkalämpchen und Sabbatkerzen ihr Licht werfen, das Buch Haggada oder Esther gesummt werden darf und nicht blutige Funken über den rauchenden Trümmern des Gebetshauses tanzen.

Zu jener Zeit, da Efraim ha Kohen geboren wird, können ukrainische und litauische Bauern auf den Straßen, die nach Warschau führen, häufig schwerbeladene, sich mühsam dahinschleppende Fuhrwerke sehen. Und sie wissen auch ganz genau, was für Arten von Reichtümern im Innern der Wagen durchgebeutelt werden. Teure Tücher und feine Stoffe sind auf dem Weg nach Warschau, Salben und hautnährende Pflaster, seltene Arzneien für die Schönheit. In geschlossenen Töpfen befördern sie Schmalz und Honig, in eisenbeschlagenen Fässern Met und Rotweine, erlesene Schinken und gewaltige Rippenstücke. Den ukrainischen und litauischen Bauern ist auch bekannt, daß sich diese überladenen Fuhrwerke im Besitz von jüdischen Händlern und Steuereintreibern befinden. Und wenn sie sich schließlich den Schimmel der täglichen Arbeit aus den Stirnfalten waschen und nach dem sonntäglichen Kirchgang einen trinken gehen möchten, so sehen sie auch dort nur, daß der klumpfüßige Jakob Rubicev den Wacholderschnaps ausschenkt, wohl auch auf Kredit, jedoch niemals vergißt, die Schuld neu zu berechnen und zu verzinsen. Auch die litauischen und ukrainischen Bauern rechnen, mit immer schwerfälligeren Fingern schieben sie die abgegriffenen Groschen hin und her, denn sie wissen, daß die Zeit gekommen ist und der mürrische Steuereintreiber schon morgen an den Türstock hämmern wird, jener wortkarge Jeremias Raám, dessen zwei schwarze Stiefel von zwei schwarzen Bulldoggen so lange abgeschleckt werden, bis der Glanz des Leders auch in die dunkelste Ecke und in den hintersten Dachbodenwinkel hineinfunkelt und die versteckten Mehlsäckchen und Eierkörbchen zum Vorschein bringt. Die ukrainischen und litauischen Bauern rechnen, ob noch genug Geld bleibt für den morgigen Tag, für das Begräbnis, für Saat, für Schnaps, für den Pfaffen. Eines wunderschönen Tages schließlich zählen sie nicht mehr, die ukrainischen und litauischen Bauern.

Der furchtbare Sendbote des Himmels heißt Bogdan Chmelnizki. Wenn er irgend etwas auf dem Erdenrund zu genau ins Auge faßt, fängt dieses Ding augenblicklich zu glosen an. Seine Mutter war außerstande, ihn zu wiegen, denn kaum daß sie ihn auf den Arm nahm, hatte sie das Gefühl, ihre Knochen würden zu glühen beginnen. Sein Vater schlägt ihn niemals, weil den Tod kann man nicht verprügeln. Dem jüdischen Höfling, dem es nach seinem hübschen kleinen Vermögen gelüstet, wird Bogdan Chmel mit der Kraft seines Gedankens den Garaus machen. Der polnische König wird regelmäßig von überirdischer Schwäche ergriffen, wenn er ihn anblickt. Deshalb läßt er die Intrige zu, und so kommt es, daß Bogdan Chmelnizki an einem bitteren Morgen vom polnischen Königshof vertrieben wird. Rache schwört er nicht, das ist unnötig. Seine Kosakenbrüder in Saporoschje nehmen ihn auf, trösten ihn tagelang mit Bärenblut und brummen ihm wilde ukrainische Lieder ins Ohr. Auch sie wissen, die ukrainische Erde hat es ausgeplaudert, daß Bogdan Chmel kein Engel ist, doch sein Charakter ist engelsgleich.

Ganz zu Beginn des Jahres 1648 schließt der Hetman seine ernsten braunen Augen, und erst im grünen Gleißen des Frühlings gestattet er ihnen wieder zu sehen. Was er sieht, ist weit schöner noch als die bunten Zwiebeltürme der Traumstadt Kitjesch. Der Hetman sieht den Frühlingswind, doch mitnichten so, wie jeder andere einfache Sterbliche das wogende Grasmeer, das sich krümmende Geäst oder das mit Kinderwölkchen schäkernde Haarband betrachten würde. Im Blick des Hetmans hat der Wind Menschengestalt, das Auge des Hetmans ist Glut, sein Herz Stein, sein Gedanke wie der hundertzackige Stern von Tschernobyl.

Heißa, hurra, hurra!

Er lacht, der Hetman, er hält sich den Bauch vor Behagen, läßt sich von seinen Leuten die Zehen massieren, mit groben Steinen den Rücken kratzen. Dann bittet er um Wasser aus der Tiefe des Dnjepr, beißt einen Brocken, so groß wie ein Rippenstück, aus der Luft, salzt ihn mit schwarzer ukrainischer Erde, und die Mahlzeit beginnt, denn er ist hungrig, wie nur einer, der lebt. Hej, Brüder, er ist es ja, den der Wind zeigt! Gewiß, gerade ihn, Bogdan Chmelnizki, dessen Auge Glut, dessen Herz Stein und dessen Gedanke wie der hundertzackige Stern von Tschernobyl ist.

Zu jener Zeit ist Efraim ein klardenkender und vielversprechender Jüngling. Mit der Gesundheit des Rabbiners des Dorfes, des alten Mikhel, steht es nicht mehr zum besten, und die Glaubensgemeinde hegt keine Zweifel, daß sein Nachfolger niemand anderer als Efraim ha Kohen werden kann, der sich nicht nur im Handeln von Demut und Frömmigkeit leiten läßt, sondern der auch bei der Auslegung der Gesetze nicht seinesgleichen hat. Achtundzwanzig Jahre ist er, als Bogdan Chmelnizki mit aufgerissenen Augen die endlosen Reihen der strammstehenden Kosaken entlangblickt.

Was für eine fürchterliche Windarmee!

Was für ein schreckliches Luftregiment!

Meine teuren Kosaken aus Saporoschje!

Ihr, die ihr die Ukraine liebt!

Achtundzwanzig Jahre ist Efraim, als der Spiegel des Himmels zerspringt und das gurgelnde Berditschewer Todesröcheln auch im letzten jüdischen Herrenhaus von Lemberg deutlich zu hören ist. In einem rein jüdischen Dorf in der Nähe von Nemirow bleibt niemand am Leben, und von Glück sagen kann nur, wer auf der Stelle stirbt, wer eine Lanze, Pike oder in Jauche getunkte Heugabel ins Herz bekommt, denn nichts ist entsetzlicher, als von wildgewordenen Windkosaken gepeinigt zu werden.

Es ist Sommer, der heiße und windige Monat Tammus.

Oh, Tammus!

Wie es schon Ezechiel in der Schrift verkündet!

Beim Nordtor des Tempels des Herrn saßen Frauen, die den Tammus, die verlorene, aber wiederauferstehende Gottheit, beweinten.

Doch in der Vision Ezechiels spricht der Herr noch anderes:

»Aber du wirst noch größere Greueltaten sehen!«

So spricht der Herr in der Vision Ezechiels, und nun ist Sommer, der Monat des Tammus, und das Grauen läßt nicht auf sich warten. Rabbi Mikhel sieht schon lange keine Traumbilder mehr; doch eines heißen Vormittags hinkt er zu Efraim, der sich gerade über das kühlende Wasser neigt: er habe im Traum alle Gebote der Tora auf einmal vernommen. Als hätten sie tausend Posaunen auf einmal geblasen. Efraim erstarrt, dann tritt er langsam von dem Bottich zurück.

»Alle auf einmal, Rabbi?«

»Alle sechshundertdreizehn Mikwas!«

»Und was ist der Sinn dieser Botschaft?«

Der Alte wischt sich die kalten Schweißtropfen vom Gesicht.

»Ich bin seither etwas schwerhörig, Efraim«, sagt er und kratzt sich. Anfangs glaubt Efraim, den Rabbi habe das vorgerückte Alter seines nüchternen Denkvermögens beraubt, ein närrischer Wind habe hinter seiner Stirn Einzug gehalten. Doch merkt er bald, daß er sich gründlich geirrt hat. Die ärmeren Juden der Siedlung, die im östlichen Teil wohnen, behaupten anderntags hartnäckig, Rabbi Mikhel sei bei ihren Häusern vorbeigewandert und habe selbstvergessen singend das Dorf verlassen. Die Bewohner des von Apfelbäumen bestandenen höher gelegenen Ortsteils wiederum wollen beschwören, daß der Rabbi noch den Schopf des stummen kleinen Sohns des Schächters Jeremias ben Jelizek gepuschelt habe, bevor er in die schlechtere der nach Dorgonjesch führenden Straßen eingebogen sei. Zu diesem Zeitpunkt war allen bereits klar, daß der Rabbi ratsuchend direkt zu Gott aufgebrochen ist. Einige Tage vergehen. Die Ängstlicheren hören schon die Hufe der Kosakenpferde unweit des Dorfes stampfen. Andere weinen und beten, einige vertrauen schwere Leinensäckchen und verschlossene Kästchen der Erde an. In den folgenden Tagen geht das Gerücht, der Rabbi sei gestorben. Litauische Bauersleute, ukrainische Banditen hätten ihn unterwegs niedergemetzelt.

Nach genau sieben Tagen und sieben Nächten kehrt Rabbi Mikhel zurück. Schon schreiben die Flammen von Lauban Romane auf die Bäuche der am Himmel fliehenden Wolken. Der Rabbi ruft die Leute zusammen, wendet ihnen sein von der Sonne gegerbtes Gesicht zu und beginnt mit müder Stimme zu sprechen.

»Gott hat mich angehört«, hebt er an, doch weiter kommt er nicht. Die völlig verstörten Menschen lassen ihn nicht sprechen.

»Hast du ihm gesagt, daß ich fünf kleine Kinder habe, Rabbi?« schreit, sich nach vorn drängelnd, eine Frau.

»Ich habe es ihm gesagt, Marja.«

»Hast du ihm gesagt, daß Abraham Levi mir Geld schuldet und ich jeden Tag auf seine Rückkehr warte?!« brummt es von der anderen Seite.

»Ich habe es ihm gesagt, Nathan.«

»Hast du ihm gesagt, daß ich meine Tochter Rebekka morgen vermähle?«

»Auch das habe ich ihm gesagt, Jeremias!«

»Und was hast du Gott nicht gesagt, Rabbi?« wirft mit einem Mal der junge Efraim ein und bereut es auch schon. Er war zu ungeduldig gewesen. Der alte Mann tut durch die Nase einen tiefen Atemzug.

»Wie sagst du, Efraim?«

Kein Zweifel, die in der Nähe Stehenden sehen ganz genau, wie die Augen des Rabbi lachen. Der Alte seufzt und beginnt erneut zu sprechen. Nach einigen nicht ganz verständlichen, sich langsam dahinwälzenden Satzgefügen, gründlichem Räuspern, Naseputzen und unangenehmem Krächzen erklärt er schließlich, daß sein Weg zwar lang und äußerst peinvoll, jedoch dessen ungeachtet erfolgreich gewesen sei, denn Gott habe ihn nicht nur angehört, sondern es sei auch gelungen, eine Abmachung mit ihm zu treffen. Und weil auf das Wort Abmachung erneut ein Murren anhebt, trocknet sich Rabbi Mikhel mit dem Saum seines Kaftans die zerfurchte Stirn und gibt den Leuten endlich ein Zeichen.

Gott wird dem Dorf beistehen.

Er wird es vor den Kosakenhorden, vor russischen und polnischen Gewalttätern verbergen.

Da schweigen die Menschen, wie die Erde, auf der sie stehen. Der Wind treibt trockenes Laub von der Synagoge bis zu ihren Füßen. Plötzlich erscheint ihnen der Rabbi groß und mächtig.

»Wo wird uns Gott verstecken, Rabbi?« fragt jemand.

»Doch nicht im Himmel, Rabbi?« fährt eine unbekannte,

höhnische Stimme dazwischen, deren Besitzer auch später, in den leidvollen Jahren der Wanderungen, nicht ausfindig gemacht wird. Keine Unruhe entsteht, nicht einmal Zischen ist zu hören. Die Menschen wenden sich langsam ab. Lieber sehen sie zu Boden, betrachten die Grasbüschel und die sorglosen Käfer.

»Dürfen wir uns im Himmelreich verstecken, Rabbi?« – abermals wird die höhnische Frage gestellt. Rabbi Mikhels Augen blitzen, er niest, räuspert sich. Wieder kann jemand sein Lachen nicht unterdrücken.

»Werden wir vielleicht auf der Jakobsleiter hinaufsteigen, Rabbi?«

»Meine Beine kennen den Weg«, sagt der alte Mann leise, und auf einmal wirkt diese Anwort selbstbewußt, denn wenn der Rabbi mit Gott selbst gesprochen hat, dann muß er offenbar auch wissen, wo sich das Himmelreich befindet. Vielleicht denken die Dorfbewohner deshalb so, weil man das, was man glauben kann, auch glauben muß. Ist nicht dies das Fundament aller Hoffnung? Der Weg zwischen dem Möglichen und dem Nötigen, der manchmal in einem einzigen Augenblick zurückgelegt werden kann, für den aber ein andermal ein ganzes Menschenleben nicht ausreicht? Die Dorfbewohner atmen freier.

»Haben wir richtig verstanden, Rabbi, du hast eine Abmachung getroffen?«

»Das habe ich gesagt?« hüstelt der Rabbi.

»Gott wird die Bewohner des Dorfes im Himmel verbergen?«

»Gott hilft«, murmelt der alte Mann. Mehr sagt Rabbi Mikhel nicht, er stützt sich nur auf seinen Stock, denn sein Fuß schmerzt ihn sehr, auch in seinem Rücken sticht es, und zu allem Überfluß quält ihn auch noch ein Schnupfen.

Beklommen gehen die Menschen heim. Die Hoffnung ist keine leichte Bürde, und jene Lösung, welche die rätselhaften Worte des Rabbi verhießen, hätte offensichtlich einer näheren Erläuterung bedurft, gleichwohl haben die Dorfbewohner das Gefühl, daß die Lösung zu finden nicht Sache des Rabbi, sondern eben ihre Aufgabe sei. Sie packen wortlos zusammen. Ihre Häuser verriegeln sie nicht einmal, vor die Tore rollen sie keine Steine, auf dem Türpfosten lassen sie keine Mesusa zurück. Tags darauf, im Morgengrauen, brechen sie auf. Gehorsam, aber mit unruhigen Herzen folgen sie Rabbi Mikhel, der vor ihnen mit seinem kurzen Stock in den Straßenstaub pocht. Efraim ha Kohen blickt bei der schlimmen Wegbiegung von Dorgonjesch noch einmal zurück und wischt sich verärgert die Tränen aus den Augen.

Er sieht ganz genau, was er sehen soll.

Beim ersten Haus des Dorfes hält eben der Wagen mit der blauen Träne.

Die Dorfbewohner wandern durch Wälder und Niederungen, in entlegenen und unbekannten Gegenden, wo die Worte nicht gedeihen könnten, sondern ausbleichen würden wie eine vergeblich gezeichnete Sonnenscheibe. Schwärme von Mücken verscheuchend schlingen sie die geschmacklosen Knödel und den Bohnenbrei hinunter. Unter einigen brillanten Regenbogen ziehen sie hindurch, ein andermal suchen sie am Samstagmorgen ihre Siebensachen zusammen, was zwar das Gesetz verbietet, doch das Gesetz ist nun der kurze, auf die Straße klopfende Krummstock Rabbi Mikhels, der keinen Widerspruch duldet und dem man unverzüglich folgen muß. Im Umkreis feindlicher und stummer Städte, in unermeßlichen Steppen und an steilen Berghängen verbringen sie die Nacht. Der Sinn ihres Lebens verlagert sich in ihre Beine, in ihre Anstrengungen. Mit der Zeit werden ihre Gebete wie Gewächse, die sich an Felswänden emporranken. Und eines Tages, nach monatelanger Wanderung, kommen sie endlich an.

Sie sind wieder da und stehen unruhig am Rande des Dorfes.

Verstört starren sie auf die Ruinen. Rabbi Mikhel räuspert sich. Was ist geschehen, wo waren Himmel und Himmelreich, das geht den Menschen durch den Sinn. Es stimmt zwar, daß unterwegs das Kind der stillenden Rebekka gestorben ist, doch alle anderen sind zurückgekehrt, nur das Himmelreich, das haben sie ganz gewiß nicht gesehen. Trotzdem stellen sie dem Rabbi keine Fragen. Ihre Häuser nehmen sie wieder in Besitz. Nach einigen Wochen aber machen sie sich von neuem auf den Weg, Richtung Himmel, wie sie sagen, auf der Flucht vor einem neuen entsetzlichen Verhängnis, denn beunruhigende Nachrichten von den Untaten polnischer Freischärler treffen ein.

Sie brechen auf und kehren wieder heim.

Die Brunnen werden neu gegraben, die Synagoge wird wieder mit Holz verkleidet, das Bad mit einem neuen Dach versehen, die Wunden der Häuser werden versorgt. Nach Monatsfrist ergreifen sie vor russischen Truppen die Flucht.

Sie brechen auf und kehren wieder heim.

Nun glauben manche, den Weg in den Zuflucht gewährenden Himmel alleine finden zu können und nicht weiter auf die Hilfe des alten Rabbi angewiesen zu sein. Diese Unbedachten brechen früher auf als die anderen. Ihre Leichname, mit durchtrennter Kehle und von wilden Tieren angenagt, werden im nahen Sumpf gefunden. Ein andermal erklärt Reb Levi, daß er nicht vor den Tataren fliehen und in seinem Häuschen bleiben werde, denn er hege eine andere Hoffnung in seinem Herzen. Bei ihrer Heimkehr lebt auch Reb Levis Familie nicht mehr, seine fünf Kinder, seine Frau sind hingemetzelt, und sein Blut hat dunkle Spuren hinterlassen am Stamm des Baumes vor dem Haus. Die Menschen fliehen vor kalt blickenden Schweden und plündernden Ungarn, vor Griechisch-Orthodoxen und Katholischen, Mohammedanern und Ungläubigen, sie fliehen vor Feuer und Wasser. Auf diese Weise bewegen sie sich von der Erde auf den Himmel zu, unentwegt den größten Gefahren ausweichend und ohne sich zu fragen, wie lange diese Wanderung schon dauert.

Und schließlich ist auch das Jahr gekommen, in dem nur noch der Rabbi und Efraim zurückkehren. Nichts ist von der Dorfgemeinde übriggeblieben, soviel ist sie gewandert und geflohen. Am Rande des Dorfes, den Rücken an eine zitternde junge Birke gelehnt, liegt der Rabbi im Sterben. Efraim ha Kohen wandert durch die rauchenden Trümmer. Dreck und Schlamm, Fäulnisgestank, Tod überall. Efraim ha Kohen schüttelt den Kopf. Mit einem Mal kommt ihm in den Sinn, was in der Schrift über das Kommen des Messias zu lesen ist.

Die Wartenden und die Guten, die Frommen und die Weisen, die Demütigen und die Reinen gehen in der Welt verloren! Die Schamlosigkeit wird gewaltig sein! Im Tempel wird Unzucht nisten! Überall werden die Landbewohner von Stadt zu Stadt wandern und nirgends Erbarmen wecken, indes die Weisheit der Schriftgelehrten zur Bitternis wird, denn die

Söhne erheben sich gegen die Väter, die Töchter gegen die Mütter!

Das ist also das Jüngste Gericht.

Efraim ha Kohen vernimmt seltsame Laute und blickt auf. Der Wagen steht neben der verfallenen Synagoge. Davor laufen seltsame Gestalten hin und her, essen, trinken, kein Wort fällt. Efraim ha Kohen bleibt vor ihnen stehen und kann lange den Blick nicht abwenden. Sie sind zu fünft, und es sieht ganz so aus, als ob sie weinten. Als ob sie ihren Spaß daran hätten, Tränen zu vergießen. Sonderbarere Tränen sind kaum jemals auf die ungarische Erde getropft. Das sind ja gar keine richtigen Tränen! Dem einen rieselt Eis, dem anderen rieseln schwarze Steine, einem dritten quillt Honig aus den Augen. Und der kleine, abgerissene Jude hat das Gesicht voller Blut. Wer ist dieser Mensch? Ein Taschenspieler? Ein Magier? Oder womöglich der Messias?

»Wir haben dir einen Brief mitgebracht, Efraim«, sagt Aaron Blum und fischt das abgegriffene Papier auch schon aus den Tiefen seines Kaftans hervor. Der Gaukler schmatzt, als hätte man ihm nie beigebracht, manierlich zu essen. Efraim ha Kohen starrt den Brief an. Ungläubig schüttelt er den Kopf. Das kann nicht wahr sein! Man beruft ihn als Rabbi nach Buda. Die jüdische Gemeinde von Buda bittet ihn, sich an ihre Spitze zu stellen!

Eine Viertelstunde später bleibt Efraim ha Kohen einige Meter vom Leichnam Rabbi Mikhels stehen. Sein verschleierter Blick folgt den zeremoniellen, obgleich etwas nachlässigen Bewegungen des kleinen Juden, der die Beerdigung besorgt. Nachdem alles vorbei ist, steigt er auf den Wagen und hört noch die Frage, die ihm Rabbi Mikhel aus dem Himmel stellt, wohin er zu guter Letzt doch noch gelangt ist.

»Weißt du, Efraim, auf wie vielen Dingen die Welt beruht?«

Efraim ha Kohen nickt im Dunkel des Wagens.

»Auf der Tora, auf dem Gottesdienst und auf der Ausübung der Liebe.«

Sowie er dies ausspricht, empfängt er einen kräftigen Stoß, und der jüdische Gaukler hält ihm ein appetitliches Stück Schweinefleisch unter die Nase.

Den stummen Teufel von Ödenburg hat ein Mensch geschnitzt, im Jahr 1664, ein paar Tage vor Weihnachten. Ignác Arnót ist ein ungarischer Meister der Holzschnitzkunst. Er verrichtet kleinere wie größere Arbeiten, Balkenbolzen fertigt er ebenso wie Babylöffel mit bemaltem Stiel. Ein kräftig gebauter, zu Schwermut neigender Mann. In krassem Widerspruch zu seinem Wesen, zu seinem tagtäglichen Seelenzustand sind seine Finger flink und geschickt und flattern wie Vögelchen über dem weißen Fleisch des Holzes. Einem Verwandten der kaiserlichen Familie liefert er kleine Möbelstücke, Kinderstühlchen, eine Wiege, mit Schlössern versehene Kleiderkisten. Hin und wieder kommen sogar Leute aus Preßburg zu ihm, obwohl man dort mehr als einen Holzschnitzer finden kann. Auch für die mächtige Familie Wesselényi hat er schon Federschalen und Binokeletuis angefertigt. Die Familie Pálffy hat für ihr Töchterchen verschließbare Schatullen bei ihm bestellt. Wohlhabende Bürger, Juden, Deutsche und Ungarn aus Ödenburg oder Eisenstadt fahren in der Kutsche bei ihm vor. Von jenseits der Donau suchen ihn slowakische Landwirte auf, dieses oder jenes Werkzeug würden sie benötigen. Arnót macht alles. Doch Arbeit und Ehre allein stellen ihn nicht zufrieden. Und wenn er das Gefühl hat, daß der Zustand der Welt absolut nicht in Ordnung ist, daß es zuviel Schlechtes gibt, daß das Böse immer mehr Macht über die Ereignisse und das menschliche Leben gewinnt, liegt er offenbar nicht ganz falsch. An einem von Licht durchfluteten Vormittag sieht er den Teufel auf dem Tor sitzen. Sein Quastenschwanz reicht bis zur Erde, er summt leise und feilt sich die Krallen. Arnót sind solche Zeichen nicht neu. Regelmäßig bringen calvinistische Ketzer den Holzschnitzer um seine Nachtruhe, indem sie mit glühenden Worten Gottlosigkeiten hersagen, zum Beispiel seine Heiligkeit den Papst verleumden. Dann erwacht er schreiend und schweißgebadet und kann kein Auge mehr zutun.

Noch andere unglaubliche Dinge widerfahren ihm.

Einige Jahre zuvor kam ein hundeköpfiger Tatar in seinen Hof. Wie still er war, wie seltsam! Vor Überraschung fuhr Meister Arnót zu arbeiten fort. Der Tatar stand nur da und sah ihm zu, den Blick auf die flinken Finger des Meisters gerichtet.

Weiß wie Schnee flogen die Späne. Und plötzlich hielt der hundeköpfige Tatar seine dunkle Fratze in die Späne, ächzte leise und stöhnte ab und zu tief auf. Er verschwand, wie er gekommen war. In seiner Angst senkte Ignác Arnót den Kopf. Als er ihn wieder hob, war das Ungeheuer verschwunden. Seitdem weiß er, daß er nicht phantasiert.

Arnót ist einer jener Menschen, die sich nur von schlimmen, unheilvollen Ereignissen wirklich beeindrucken lassen. Jede Unannehmlichkeit, alles Schlechte hält seine Erinnerung fest, für das Gute und Angenehme dagegen hat er keinen Blick. Als sei es selbstverständlich, daß die Sonne strahlt und man mit einem Fläschchen Wein draußen im Hof sitzen und sich an herumfliegenden Käfern, schwebenden Marienfäden, Vogelgezwitscher, an einem erfolgreichen Geschäft erfreuen kann. Solche Augenblicke kann er niemals so richtig genießen. Selbst auf der leckersten Frucht sucht er den Abdruck der Finger, die sie vom Baum gerissen haben. Für einige Tage unterbricht er die Arbeit. Er stellt sich in das Tor seines mit Holzscheiten und Latten vollgepackten Hofes und stößt Seufzer aus. Wie jemand, dem etwas weh tut. Tut es auch, und ob ihm was weh tut. Er verschränkt die Arme vor der Brust. Seine Frau sagt kein Wort, denn nichts kann Arnót zu solchen Zeiten aus dem Netz der Traurigkeit befreien. Besser ihn in Ruhe lassen, an ihm vorbeigehen, als wäre er gar nicht da. Der Blick des Mannes ist unverwandt auf die Schneehauben der Alpen gerichtet. Bei klarer Sicht gleißen die weißgetünchten Gipfel, als könnte man sie mit den Händen greifen. Die Luft ist klar. Kein Wölkchen hat sich hierher verirrt. Bisweilen aber weckt eine Kleinigkeit den Zorn der Berge, und der Wind erhebt sich und rast aus ihrem lila Bauch wutschnaubend bis Weißenburg, reißt Scheunen und Kinder mit sich fort. Arnót nimmt eine Woche lang kein Werkzeug in die Hand. Dann seufzt er tief und greift nach Hobel und Beitel, als wollte er bis ans Lebensende nichts anderes mehr tun als arbeiten.

An einem strahlenden Wintertag hält ein verwittertes Gefährt vor seinem Haus. Es ist der Dezember des Jahres 1664, kurz vor Weihnachten, das Land liegt unter einer dicken Schneedecke. Arnót hat mehr als genug zu tun, ein Auftrag jagt den nächsten, und alles soll prompt geliefert werden. Der Holzschnitzer hält mit der Arbeit inne und betrachtet neugierig die abgerissenen Gestalten, wie sie in aller Ruhe vom Wagen herunterkraxeln, sich recken und strecken, ächzen, ihre Knochen knacken lassen und kindisch im Schnee wühlen. Der eine ist mit Sicherheit ein Jude. Nicht einen Augenblick kann er seinen Mund halten. Der dunkle Typ dort sieht ganz ungarisch aus. Der Koloß mit den roten Lippen und verklebten Augen ist sicher irgendein Südslawe und der Tolpatsch so ein zum Türken gewordenes Individuum. Wie kommen die hierher?! Fünf so gegensätzliche Gestalten auf einem Wagen! Sicher Räuber, Bösewichter!

Der Dunkle ruft lächelnd zu Arnót hinüber.

»Es gäbe eine Kleinigkeit zu tun, Meister.«

Arnót hat auch schon bemerkt, daß die Räder des Wagens reparaturbedürftig sind. Die Speichen haben sich gelockert, einige hält nur mehr der gute Wille an ihrem Platz. Keine umfangreiche, aber eine wichtige Arbeit. Ungeachtet dessen nicht seine Sache. Selbst Stuhlbeine schnitzt er nur für vornehme Leute aus Wien und Preßburg, für keinen geringen Preis. Die fünf Gestalten sehen ihm nicht danach aus, als würden sie im Geld schwimmen. Die würden, denkt Arnót, eher welches mitnehmen als bringen. Wenn sie jemanden brauchen, kann ihnen ein x-beliebiger Stellmacher helfen, der in Ödenburg leicht zu finden ist. Auch eine Fahrt nach Preßburg wäre nicht vergeblich. Der Schwarzhaarige richtet erneut das Wort an ihn.

»Wir zahlen mit Kunststücken, Meister.«

Arnót macht große Augen.

»Fahrendes Volk, ach so ist das!«

»Und mit einer Geschichte, dann aber mit keinem einzigen Tränentropfen mehr«, sagt der kleine Jude und tritt in den Hof. Arnót starrt sie verwundert an, diese komischen Gesellen. Er wird das Gefühl nicht los, einem fremden Willen zu gehorchen. Plötzlich wendet er sich um, geht ins Haus und gibt seiner Frau Anweisungen. Sie soll Wein bringen, Striezel, Griesbrei. Er holt sein Werkzeug hervor und macht sich unverzüglich an die Arbeit. Die fünf seltsamen Gestalten wuseln um ihn herum, stapfen durch den Schnee und verschlingen unter Gelächter und sich gegenseitig anstoßend den Striezel von Frau Arnót. Der kleine Jude steht nur herum und hält Arnót bei der Arbeit auf.

»Soll ich also erzählen, Meister?«

»Ist es gut oder schlecht, was Sie sagen wollen?« Arnót hämmert an der Achse des Wagens.

»Das hängt davon ab.«

»Wovon hängt es ab?«

Der kleine Jude wühlt in seinem Bart. Seufzt, schnieft.

»Ich fange lieber an, ja?«

»Wie Sie meinen«, zuckt Arnót mit den Achseln, während er eines der Räder in Schwung versetzt.

»Wie allseits bekannt, ist der Golem in Prag gemacht worden...«, beginnt der kleine Jude mit weitgeöffneten Augen.

»Was ist ein Golem?« wirft Arnót ein.

»Ein zum Leben erwachter Mensch aus Lehm, Meister«, flüstert der Jude. »Ein gewisser Rabbi Löw, ein gelehrter und weiser Mann hat ihn gefertigt. Wir nehmen an, daß der Golem im Jahr 5352 gestorben ist, Sie würden 1592 sagen. Interessiert Sie der Tod des Golem?«

Arnót erstarrt. Er legt die hölzernen Bolzen nieder und richtet sich auf.

»Was wollen Sie eigentlich sagen?«

»Ich erzähle lieber weiter.« Der kleine Jude tritt zur Seite. Bis zu den Knien versinkt er im weichen Schnee. Arnót mißt ihn mit stechendem Blick, schüttelt den Kopf, dann setzt er seine Arbeit fort.

»Es begann damit, daß Kaiser Rudolf eines Tages Herzog Berthier rufen läßt. Dieser wiederum läßt Mordechai Meisel und Isaak Weisl rufen. Rabbi Löw soll unverzüglich hinauf in den Hradschin kommen. Als die kaiserliche Botschaft dem Rabbi Löw überbracht wird, entweicht seinem Blick eine weiche Wolke. Er nickt. Seine Augen glänzen, wie in der Mitte der Torakrone der Efeu.«

»Wie glänzten seine Augen?« Arnót sieht abermals auf.

Doch der kleine Jude redet selbstvergessen weiter.

»Rabbi Löw nimmt Isaak Konen und Rabbi Sinai mit, zu dritt trotten sie zum Hradschin hinauf. Ich behaupte nicht, daß sie auf dem Weg vom Pöbel angespuckt wurden, aber es könnte so gewesen sein. Doch damit nicht genug! Auch Schläge und Tritte haben sie vermutlich einstecken müssen, und ich liege wohl nicht ganz falsch, wenn ich auch ein, zwei Steine in ihre Richtung fliegen sehe.«

»Haben sie nun gespuckt, oder haben sie nicht gespuckt?« Arnót wirft dem kleinen Juden einen wutentbrannten Blick zu, als wolle er ihm mit dem Hammer, den er umklammert hält, im nächsten Moment den Schädel einschlagen. Der andere schnauft tief und spuckt in den Schnee. Schön und rot ist seine Spucke. Als hätte er es auf der Lunge. Dafür kann er aber ganz schön tief Luft holen. Ungerührt fährt er fort.

»Im Hradschin wird der Rabbi von Herzog Berthier erwartet. Während der Herzog mit ernsten Worten den Wunsch des Kaisers vorträgt, steht dieser hinter einem Brokatvorhang, doch Rabbi Löw kann auch so die Atemzüge vernehmen. Und es bleibt Kaiser Rudolf nichts anderes übrig, als hervorzutreten. Er kniet nieder und verspricht Rabbi Löw, der Synagoge und den Prager Juden die Pogrome zu ersparen, falls der Rabbi den Golem verschwinden läßt.«

»Der deutsche Kaiser kniet vor einem Juden?!« Arnóts Gesicht verzerrt sich.

»Der Golem war nötig, weil Ostern vor der Tür stand. Am häufigsten werden die Juden zu Ostern mißhandelt. Wie Sie sehen können, hatte der Golem die Aufgabe, die an den Juden begangenen Verbrechen aufzuklären.«

»Es reicht«, knurrt der unbeholfenste der Gefährten, jener, der wie ein Türke aussieht. Arnót hat den Eindruck, daß auch die anderen dieser Meinung sind, genug erzählt, der Jude täte besser daran, mit seinem Geschwätz aufzuhören, und sie könnten weiterfahren. Wilde Zuckungen beginnen den Kaftan des kleinen Juden zu beuteln, der seine Kameraden mit wütenden Blicken durchbohrt und nun erst recht weiterredet.

»An jenem Nachmittag suchen Jaakob Katz, er ist Rabbi Löws Schwiegersohn, und Jaakob Sosson den Rabbi auf. Jaakob Katz beginnt eine ernsthafte Diskussion darüber, ob es ihm als einem Cohen erlaubt ist, sich in der Nähe eines Toten aufzuhalten. Rabbi Löw beruhigt ihn. Das Leben der Puppe ist kein Leben im göttlichen Sinn und sein Tod kein Tod, deshalb kann ein Cohen sich neben ihr aufhalten. Der Mensch aus Lehm wird auf einen Tisch gelegt. Das gefiel dem Golem nicht sonderlich, doch was konnte er tun. Geheimnisvolle Sprüche flüsternd, töten ihn die drei Männer. Einer der Sprüche lautete zum Beispiel so ...«

»Wir müssen weiter, Aaron!« wird er unterbrochen.

»Laß mich zu Ende erzählen, Vuk!« fleht der kleine Jude.

»Ich habe verstanden«, sagt Arnót mit finsterem Gesicht. »Wir sind quitt. Und auf eure Kunststücke kann ich verzichten.«

»So sehen Sie das, Meister?« fragt daraufhin der Schwarzhaarige.

»So sehe ich das«, knurrt Arnót.

Er wünscht die fünf Gestalten zum Teufel.

»Aber die da sollten Sie bei Gelegenheit einpflanzen«, – der Schwarzhaarige läßt eine Handvoll Körner aus seinen Augen rieseln. Oder sind es Steinchen? Entgeistert starrt der Holzschnitzer auf das obskure Geschenk. In diesem Moment tritt seine Frau aus dem Haus. Der Schwarzhaarige beginnt breit zu grinsen. Er geht auf sie zu, faßt sie sachte, aber entschlossen am Arm und zieht sie zum Wagen. Vorsichtig schlägt er die Plane zur Seite. In der Tiefe des Wagens, wo es wundersamerweise überhaupt nicht kalt ist, nicht einmal der Atem in der Luft steht, schlummert zwischen bunten venezianischen Lumpen ein kleines Kind. Fünf Jahre mag es sein. Ein Gesicht mit Grübchen, eine herzige kleine Stirn, der Kopf vielleicht etwas größer als gewöhnlich, struppiges Haar. Mit einem Mal hebt es den Kopf und blickt Frau Arnót ernst in die Augen. Betroffen starrt die Frau das Kind an. Die Wimpern des Kleinen zucken, sein strubbeliger Kopf sinkt zurück auf die Lumpen. Er schläft weiter. Frau Arnót heftet ihren Blick auf den Schwarzhaarigen.

»Mein Gott, ist er für mich?«

Der Schwarzhaarige lächelt. »Der ist schon zu groß für Sie, liebe Frau.«

Aus ihrem Blick quillt eine Träne. Nur eine einzige, dicke Träne. Doch in ihr liegt die ganze Traurigkeit des Lebens. Sehnen und Sehnen und wiederum nichts als Sehnen. Frau Arnót hat die Vierzig schon hinter sich, vergebens betete sie zum Herrn, zur Jungfrau Maria und zu den anderen Heiligen, kein Wunder hat sich in ihrem Schoß ereignet. Sogar mit Heilkräutern und heidnischen Beschwörungen hat sie es versucht. Sie wurde krank, Schüttelfrost und Fieber peinigten sie, aber schwanger wurde sie nicht.

»Auch so einer wäre mir recht, sehr sogar«, flüstert Frau Arnót.

»Die Zeit ist noch nicht gekommen«, sagt der Dunkle und fängt Frau Arnóts Tränentröpfchen mit seinem Handteller auf. Dann betrachtet er es. Ein Lächeln erscheint auf seinem Gesicht, und er nickt ernst. Den Tropfen aber wirft er, wie eine Perle, zurück in das sehnsüchtige Auge der Frau.

Nach Abfahrt des Wagens finden Herr und Frau Arnót tagelang keinen Schlaf. Der Frau gehen die Worte des Schwarzhaarigen nicht aus dem Kopf.

Die Zeit ist noch nicht gekommen!

O mein Gott, was hat dieser Satz zu bedeuten?

Er kann doch nur bedeuten, daß die Zeit, wenn auch noch nicht jetzt, einmal doch kommen und der Kelch des bitteren Wartens voll sein wird, und dann ... dann ... ach, das wagt Frau Arnót nicht mehr zu denken, um ihr Glück nicht aufs Spiel zu setzen, dem Schicksal nicht auszuplaudern, was noch nicht ist. Sie seufzt tief und wälzt sich im Ehebett schwerfällig auf die Seite. Der Mann neben ihr schläft gleichfalls nicht. Sein Blick leuchtet wie Glut in dem kleinen Zimmer. Er denkt intensiv nach. Und seine Gedanken beginnen immer mehr Gestalt anzunehmen. Arnót weiß, daß nichts zufällig geschieht. Alles hat einen Grund und eine Ursache. Wenn sich eine Fliege auf seine Nase setzt, ist auch das kein Zufall, es hat eine Bedeutung, die es gründlich zu erwägen gilt. Auch diese Geschichte des Juden über den Menschen aus Lehm ist nicht zufällig hier, bei ihm, erzählt worden und nicht zufällig kurz vor Weihnachten. Er setzt sich im Bett auf. Welcher Tag ist heute? Luciatag! Er zündet eine Kerze an. Seine Frau schweigt, sie denkt, ihn habe wieder die höllische Schwermut befallen. Mitnichten. Arnót hat sich noch nie in seinem Leben so stark gefühlt, noch nie zuvor ist er von solch grenzenloser Arbeitslust beseelt gewesen.

Rasch kleidet er sich an und geht in die Werkstatt. Die Fenster verdunkelt er sorgfältig, die Ritzen stopft er zu, nicht einmal das Tageslicht soll Einlaß finden, wenn es Morgen wird. Holzschnitzmeister Arnót macht sich an die Arbeit.

Der Sinn der Erzählung des Juden ist folgender.

Die Welt wird vom Bösen beherrscht. Es gibt Krieg, Hungersnot, Unglück. Vergebens hofft die Menschenseele, vergebens ist sie gut, sie wird von den Unholden verdorben. Alles zerfällt und alles ist formlos. Wenn nun aber dem Bösen eine verführerische Form gegeben wird, schlüpft es unfehlbar hinein. Und dann kann man leichter mit ihm umgehen. Er, Arnót, ist dazu bestimmt, den Teufel zu schnitzen, um seine Seele gefangenzunehmen und zu vernichten. Arnót ißt nicht und trinkt nicht, er macht die Nacht zum Tage und arbeitet. Seine Frau darf nicht einmal die Nase zur Tür der Werkstatt hereinstekken, der Holzschnitzer hat es strengstens verboten. Sie hört sein irrwitziges Gehämmer, sein Schreien und Seufzen und eine Art Schnauben. In solchen Momenten scheinen sich erschrekkende tierische Laute in seine Stimme zu mischen. Schwefelgestank schlägt Frau Arnót in die Nase. Die Werkstatt zittert und dröhnt, als hätte sich die Hölle unter ihr aufgetan. Und als ahnten die vielen Auftraggeber, daß sich im Hause Arnót seltsame Dinge zutragen, holen sie ihre Sachen nicht ab. Kein Mensch zeigt sich in diesen Tagen an dem abgelegenen, schneebedeckten Ort in der Nähe von Ödenburg. Frau Arnót stellt sich jeden Vormittag vor die Werkstatt und ruft ihren Mann, die Antwort ist immer dieselbe:

»Stör mich nicht, stör mich nicht!«

Am Morgen des Dreiundzwanzigsten wird es plötzlich still. Eine furchteinflößende und lastende Stille, die das Menschenherz erschaudern läßt. Frau Arnót trommelt verzweifelt an die Tür der Werkstatt.

»Ignác«, flüstert sie. »Ignác!«

Aber es kommt keine Antwort.

»O mein Gott!« sie ringt die Hände.

Da öffnet sich mit einem Mal die Tür. Ein abgemagerter, graugesichtiger Mann blinzelt ins Licht. Großer Gott, es ist Arnót! Was ist nur mit ihm geschehen? Sogar seine Haut ist grau geworden, sein Mund gelb und sein Haar mehr rot als schwarz. Ein krauser, häßlicher Bart ist ihm gewachsen, und er stinkt nach Schwefel. Arnót schenkt dem entsetzten Blick seiner Frau nicht die geringste Beachtung. Er schleppt alle möglichen Hölzer und Latten in die Mitte des Hofes und übergießt alles mit Schnaps. Und mit zerstreutem Gesicht entzündet er den Scheiterhaufen. Als stünde eine Hexenverbrennung bevor. Plötzlich packt Arnót seine Frau am Arm und zerrt sie gewaltsam in die Werkstatt. In der Mitte des Raumes, mit einer Decke verhüllt, steht eine Figur. Arnót reißt die Decke weg. Seiner Frau bleibt vor Grauen das Herz stehen. Denn es ist das Abbild des leibhaftigen Höllenteufels, des garstigen Luzifer, das dort steht, ein schwarzer Teufel aus Holz, mit Hörnern und Hufen, mit abscheulicher und haßerfüllter Visage, als warte er nur darauf, lebendig zu werden.

»Der wird nicht lebendig«, schüttelt Arnót entschieden den Kopf, als hätte er die Gedanken seiner Frau erraten. Er holt tief Luft und tritt an den Teufel heran, der gleich groß ist wie er. Aug in Auge schlingt er seine Arme um ihn. Ihre Gesichter kommen sich ganz nahe, das gepeinigte Menschengesicht und die scheußliche Fratze eines Teufels. Kraftvoll umfaßt Arnót sein Geschöpf. Und damit der Huf des Teufels die Erde nicht berührt, hebt er ihn an, tritt mit ihm hinaus ins Freie und schleppt ihn Schritt für Schritt unter Aufbietung all seiner Kräfte zum Feuer. Wie Christophorus, der Riese, vor Zeiten Christus getragen hat. Arnót ist kein Riese, aber ein starker Mann. Auch wenn zehn in grauenhafter Dunkelheit verbrachte Tage seine Kräfte angegriffen haben. Seine Frau beobachtet ihn zitternd. Plötzlich bleibt Arnót stehen. Er stöhnt, als hätte er starke Schmerzen. Langsam beginnt er zu wanken, als könnte er seine Last nicht mehr tragen, als würde er gleich in den Schnee stürzen. Frau Arnót kann sehen, daß es ein wahrhaftiger und verzweifelter, zu allem entschlossener Kampf ist. Dieser vermaledeite Holzteufel will um jeden Preis in den jungfräulich weißen Schnee hinunter, auf die Welt treten, seinen dreckigen Huf auf die Erde setzen, Arnót hingegen hindert ihn unausgesetzt daran, unter fürchterlichen Anstrengungen hält er ihn, während er sich allmählich auf das Feuer zubewegt.

Noch zehn Meter. Arnót brüllt. Noch fünf Meter! Er bleibt erneut stehen und schwankt. Es sieht ganz so aus, daß es gar nicht der Holzschnitzer ist, der ihn festhält, sondern umgekehrt der Holzteufel Arnót gepackt hat und ihn grausam drückt. Arnót heult und wimmert. Neben dem Feuer stürzen sie nieder und bleiben im Schneematsch liegen, auf der aufgeweichten, morastigen Erde. Da erhebt sich der Teufel. Reckt seine Glieder. Lebendig, er könnte gar nicht lebendiger sein. Arnót liegt im Schlamm. Der Teufel beäugt ihn aufmerksam, mit vorgeneigtem Oberkörper. Dann stiert er in die rotgelben Flammen. Die Frau weicht bis zur Bretterwand der Werkstätte zurück und preßt ihre Schultern gegen die Latten. Der Teufel beachtet sie nicht. Er schreitet um das Feuer, um dann unversehens hineinzuspucken. Die Flammern lodern auf. Nicht nur in die Höhe lodern sie, auch in seitlicher Richtung, über den im Dreck liegenden Arnót hinweg auf sein Haus zu. Wie ein gewaltiger ausgestreckter Arm. Schon brennen die Balken, die Wände, die Fensterrahmen und die in den Lehm gefügten Heubündel. Ein roter Teppich liegt über dem Schilfdach. Knackend jammert das Holz. Auf allen vieren flieht Arnót aus der Hitze. Dort beben sie nun in der Mitte des Hofes, er und seine Frau, einander umschlungen haltend. Am Nachmittag ist von Arnóts Anwesen nur noch ein Haufen Glut übrig. Nichts ist ihnen geblieben. Gerade mal die Kleider, die sie am Leib tragen. Nicht einmal ein Federkiel und nicht ein einziges Geldstück. Ihr Zittern verebbt langsam. Sie starren den Teufel an, der sich grinsend in der glosenden, rauchenden Asche wälzt und badet. Er bemerkt sie gar nicht. Und nun bläst Arnót das letzte Flämmchen aus, das noch über den Trümmern der Werkstatt tanzt. Er seufzt tief auf und reibt sich die Augen. Sie klammern sich aneinander und brechen in Richtung Osten auf. Nach einigen Schritten läßt der Holzschnitzer die Schultern seiner Frau los und wühlt in seinen Taschen. Arnót braucht nicht lange zu suchen. Er hält seiner Frau die geöffnete Hand vor ihr müdes, verquältes Gesicht. Sind das nicht die Körnchen, die ihm der dunkle Gaukler gegeben hat?

»Die Zeit ist noch nicht gekommen«, fällt ihr wieder ein.

Ihr Gesicht erhellt sich, und sie erwidert das Lächeln des

Mannes, der einmal der Vater ihrer Kinder sein wird, wenn der bittere Kelch des Wartens geleert ist.

Fürst György Rákóczi genießt den Anblick der ruchlosen, die Balken verschlingenden Flammen. Es ist das Jahr 1659, für manche ein Unglücksjahr, andere wiederum kommen in ihm zur Welt. Ein feiner Wind verbläst die Aschenflocken, in neckischer Stimmung treibt er sie bis nach Böszörmény, um sie von dort wieder zurückzublasen. Den Bewohnern der Siedlung von Balaszentmiklós befiehlt der Fürst zur Strafe, mit ihm zu ziehen – jenen paar zerlumpten, unterernährten Familien, die von kaiserlichen Truppen, umherstreifenden Kuruzen oder Tatarenhorden noch nicht vertrieben wurden und die sich nicht von der Erde trennen wollten, auf der sie mit krummen Säuglingsbeinen ihre ersten Schritte getan haben. Melancholisch blickende Menschen mit großen Köpfen. Die Männer sind mürrisch, ihre Haut ist braun. Unter den Nägeln ihrer klobigen Finger bildet der Dreck schwarze Halbmonde, schreiben haben sie nie gelernt, singen können sie hingegen von selbst, summend und laut ächzend, wie die Weidenhaine der Umgebung, wenn sich der Wind im dichten Laub verirrt. Die Brüste der Frauen hängen wie nasse Säcke. Ihr Schoß kennt kein Glück, in ihrem Blick duckt sich Unterwerfung.

Balaszentmiklós war einmal, Balaszentmiklós ist nicht mehr.

Balaszentmiklós war einmal, Balaszentmiklós wird wieder sein.

Der Aufbruch der kühnen Krieger geht gemächlich vonstatten. Gerade ertönt der Befehl zum Abmarsch, als man mit Erstaunen und Bestürzung Fürst Rákóczi vom Pferd springen und ins Gestrüpp rennen sieht. Der Weidenhain folgt hier dem winzigen Wässerchen Tinóka mit Lust und Stolz, grad so, als säumte er das Ufer der Donau. Unter den Soldaten wird es still, und während sie warten, wächst mehr und mehr ihr Unverständnis. Aber da kommt der Fürst auch schon zurück. Man hört die Zweige knacken, während er durchs Gebüsch bricht. Wie ein rabiates Wildschwein. Und als er wieder vor seinen Leuten steht, sehen sie ihn höchst ergrimmt. Lila und rot ist sein Gesicht, um seinen Bart schwirren Blutsauger. Er knurrt vernehmlich vor sich hin und dreht sich dauernd um.

»Wir vergessen hier was«, sagt er und schüttelt wütend den Kopf. So ist es, er irrt sich nicht. Sobald die Soldaten des Fürsten davonziehen und die Wagen der Dorfleute weinerlich knarrend mit ihnen, tritt ein seltsames Individuum aus seinem Versteck zwischen den Weiden.

Eine Frau? Eine Bettlerin? Eine Erdfee?

Sie wendet ihr verdrecktes, runzeliges und geschändetes Gesicht nach der fortziehenden Streitmacht, starrt den stolzen Recken und den Leuten aus Balaszentmiklós nach, obwohl sie doch gar keinen Blick zu haben scheint.

»Tuututuu«, summt sie.

»Tututu!«

Dann zieht sie sich in das Wäldchen zurück, und ein paar Minuten später zittern nicht mal mehr die Zweige, nur Aschenflocken schweben noch über dem trüben Wasser des Tinóka.

Fürst Rákóczi zieht gen Osten. Hinter den sandigen Hügeln von Fegyvernek meldet ihm einer seiner Leute, daß im letzten Wagen eines der Weiber aus Balaszentmiklós in den Wehen liegt. Der Fürst wird neugierig, er reitet nach hinten. Ein Mann mit großem Kopf, auch er Landwirt aus Balaszentmiklós, hebt gerade sein Neugeborenes in die Höhe, man hat es ihm herausgereicht. Der Vater schreitet zu Fuß neben dem Wagen einher. Er hält einen anscheinend gesunden Knaben mit großem Kopf unter den Himmel. Hand, Fuß, Spatz, an dem Kleinen ist alles, wo es hingehört. Er brüllt auch schon, aus vollem Hals. Die Hebamme schleudert die blutverschmierte Schlange der Nabelschnur an den Wegrand, wo sie sogleich von den Hunden in alle Richtungen gezerrt wird. Herr György Rákóczi, der weder polnischer noch ungarischer König geworden ist, nickt düster. Ein Mensch ist geboren worden. Dann wirft er einen Blick zurück auf Balaszentmiklós, wo dünner Rauch sich zu den kringeligen Wolken emporschlängelt. Doch da glaubt er in einiger Entfernung einen Wagen zu erkennen, der ihnen folgt. Ein Wagen?! Was für Machenschaften sind das schon wieder? Der Fürst stößt einem seiner braven Männer die Faust in den Rükken, ob auch er es sieht.

»Ich sehe es, mein Fürst«, sagt der Soldat mit geröteten Augen. Er weiß, daß ein Ja immer weniger schlimme Folgen hat als ein Nein.

»Du weinst, elender Hund?« fragt sanft der Fürst.

Der Soldat, ein erfahrener und kluger Mann, blickt erneut in die Ferne.

»Mir tränen nur die Augen, gnädiger Herr«, erwidert er zögernd.

»Machst du das etwa zum Spaß, du Hund?« erkundigt sich der Fürst.

»Das sind gar nicht meine Tränen.« Der Soldat betastet sein Gesicht.

»Wessen Tränen denn sonst?«

»Nur die Traurigkeit ist meine«, zuckt er mit den Achseln.

»Das ist allerdings wahr«, nickt Fürst György Rákóczi und richtet seinen Blick wieder in die Ferne. Der Wagen kommt, er folgt ihnen beharrlich. Soll er doch, wenn es ihm Spaß macht.

Aber es ist nicht der Fürst, dem der Wagen folgt.

Und die fünf Gestalten darauf haben nicht mehr viel mit dem erlauchten Fürsten zu schaffen. Sie folgen dem Kind, das gerade zur Welt gekommen ist und einstweilen mit seinem Gebrüll dem lieben Gott die kostbare Zeit stiehlt. Dem Fürsten hingegen folgt bereits der Tod. Keuchend ist er ihm auf den Fersen, verdunkelt seine Träume, spricht zu ihm an strahlenden Vormittagen und nimmt ihm das gebratene Rippenstück aus der Hand, um es den Hunden zum Fraß vorzuwerfen.

Noch am Ende desselben Jahres verliert Rákóczi in Siebenbürgen dreitausend Mann seines Fußvolks. Nach der Schlacht trennen die Türken den Leichen der Ungarn die Köpfe ab, um sie mit Stroh auszustopfen. In diesem Zustand transportieren sie die kläglichen Reliquien nach Stambul, um den Sultan zu erfreuen. Als Antwort läßt Rákóczi bei Dés den Soldaten eines kleineren türkischen Trupps Nasen und Ohren abschneiden. Wieder wird es Frühling, er ist um nichts schöner als sonst. Der türkische Kommandant von Buda tobt. Die Soldaten Rákóczis, vom Acker geholte Bauern und Mannschaften der Grenzfesten, machen ihrer Unzufriedenheit Luft, sie wollen nach Hause. Bei Szászfenes kommt es am 22. Mai zum entscheidenden Gefecht.

Die Niederlage ist unvermeidlich. Auch György Rákóczi trägt in der Schlacht eine schwere Wunde davon, sie schmerzt ihn mehr, als sie es ihrer Schwere nach müßte. Nicht einmal im gedemütigten Polen hat der Fürst gelernt, daß nichts so weh tut wie die Verletzungen der Seele. Wunden können heilen, aber der wahre Schmerz verheilt nicht und klingt nicht ab, nur der Tod bringt Linderung. György Rákóczi wirft sich im frisch gemachten Bett hin und her und redet wirr. Er scheint polnischen Dienern königliche Befehle zu geben, seine polnischen Generäle in den Kampf gegen hundeköpfige Tataren und verräterische Kosaken zu führen. Wein erbricht er, Schnaps würdigt er keines Blickes. Man setzt ihm zartes Forellenfleisch, Wachteleier und Champignons vor. Doch nur der Schmerz läßt seine Lippen zittern. Die Bader dürfen ihn mit ihren fiebersenkenden Salben nicht anrühren. Wenn sie ihm nur in die Nähe kommen, knurrt er wie ein zorniger Bär. Die Diener binden Lappen um die Räder des fürstlichen Wagens und spannen die sanftesten Pferde vor, die im Lager zu finden sind. Der Verletzte wird nach Wardein gebracht. Unterwegs geht mehrmals bitterer Regen auf sie nieder. Der Schmerz, der den Fürsten peinigt, wird immer unerträglicher. Am Siebenten des Monats Juni, man schreibt das Jahr 1660, brechen die Augen des Fürsten György Rákóczi. Nicht an der eiternden Wunde, nicht an der Blutvergiftung, der Herzschwäche, den nässenden Abszessen stirbt er, sondern an den unaufhörlichen, grauenvollen Schmerzen, die seine Seele quälen.

Josef Pillinger, Landwirt aus Balaszentmiklós, und seine Frau Susanna sind im Gefolge des sterbenden Fürsten nach Wardein gelangt. Sie wären besser nie gekommen. Die beiden Habenichtse treten in die Dienste des Stadtkommandanten István Takács, sie säubern Tiere und Ställe, schleppen Dünger und Stroh, denn darauf verstehen sie sich. Nachts lauschen sie dem Geschrei des Kindes, und wenn es absolut nicht mehr auszuhalten ist, öffnet die Frau das Steckkissen und drückt ihre blutig gebissene Brustwarze in das Mündchen. Der kleine Erdenbürger, Fränzchen mit Namen, saugt die Muttermilch mit weit geöffneten Augen, würgt sie zuweilen wieder heraus und schert sich nicht um die politische Lage, nicht um die Konflikte, Ränkespiele und Praktiken der Mächtigen, die das Land zugrunde richten. Er weiß nicht, daß die Anhänger der Feudalherren György Rákóczi und Ákos Barcsai einander in den Haaren liegen und sich ankläffen, während Großwesir Mehmed Köprülü kurz vor einem Wutausbruch steht. Die Steuern sind noch nicht da. Die Steuern sind noch nicht da. Die Steuern sind noch nicht da. Und wie das so ist, wenn der Tribut an das Reich ausbleibt – der Türke kommt selbst, um ihn zu holen, und nimmt dreimal soviel mit, wie er ursprünglich haben wollte.

Kaum einen Monat nach dem Tod des Fürsten wird Wardein von den fünfzigtausend Mann des Generalissimus Pascha Ali eingeschlossen. Das Heer ist geradewegs aus Konstantinopel gekommen. In ganz Siebenbürgen breitet sich die bedrückende Nachricht aus, es habe unterwegs kein einziges Mal Rast gemacht und würde sogar bis Wien ziehen, wenn der Sultan dies wünsche.

Generalissimus Pascha Ali wird von dem Janitscharen Aga Hasan begleitet. Im türkischen Lager weiß man nicht, obgleich viel darüber gerätselt wird, welchen von beiden der größere Siegeswille beseelt. Für alle Fälle haben beide ihren Harem mitgebracht. Nachdem der Aufmarsch abgeschlossen ist, schickt Aga Hasan einen goldumrandeten, schneeweißen Brief in die Stadt, in dem rabenschwarze Buchstaben die an Zahl geringen, dafür aber um so entschlosseneren Verteidiger zur Kapitulation auffordern. Falls die Wardeiner freiwillig ihre Tore öffnen, dürfen sie ihr Vieh und ihre Häuser behalten, wenn nicht, wird man ihnen bei lebendigem Leib die Haut abziehen, sie pfählen und schließlich in siedendem Öl braten. Gott sei ihnen gnädig, man wird sogar von ihnen essen. Die Verteidiger wissen, die Worte Aga Hasans sind nicht nur ernst gemeint, sondern auch aufrichtig, dennoch lautet ihre Antwort nein. Unter keinen Umständen werden sie die Tore freiwillig öffnen! Das ehrwürdige türkische Heer täte besser daran, abzuziehen und sich gegen seine wahren Feinde zu wenden, denn bei Wardein handle es sich nicht um einen solchen. Die Stadt sei ein treuer und ergebener Untertan. Ach, wen interessiert das jetzt noch? Die Türken errichten in der Sankt-Franz-Straße eine Schanze und stellen auf dem am Stadtrand gelegenen Weinberg, den die Einheimischen Sankt-Peter-Berg nennen, genau zwölf Kanonen auf. Von dem alten Kirschbaum, der auf der Kuppe des Hügels in die Höhe ragt, essen sie zuerst die Früchte samt Blättern herunter und hissen dann auf seinen kahlen, skelettartigen Ästen die blutrote Fahne des Sultans. Sie flattert und knattert im Wind, als könne sie von ganz Siebenbürgen aus gesehen werden. Obwohl doch die Verteidiger der Burg, diese paar hundert Bürger und Studierte, jedesmal die Augen niederschlagen, wenn ihr Blick auf den Weinberg des heiligen Peter fällt.

Drei Tage schon dauert die Belagerung von Wardein. Der Italiener heißt Angelo, ein eher jung als alt zu nennender Mann. In seinem linken Ohr glänzt ein verkupferter Ring, die Welschen ziehen sich gern Ringe durch den Körper. Seine Haut ist dunkel, in der dichten, schwarzen Behaarung seiner Brust nehmen nicht selten Läuse Quartier. Früher war er ein hochgewachsener und wohlgebauter Mann, die strenge Sklaverei hat ihn gebrochen, seine Hände zittern, sein Rücken ist krumm, und in seinem Kreuz lauert das Andenken an vergangene Hiebe, das vor Unwettern stechend schmerzen kann, wie damals, als sie sich Angelo nach dem erfolglosen Fluchtversuch vorgenommen hatten. Angelo ist einer der vielen Dutzend Diener des Pascha Sejdi. Der Pascha mit den blauen Augen hat sein Lager am Ufer des Flusses Körös aufgeschlagen, er will auf die Nähe des Wassers nicht verzichten, denn er liebt es, sich im Spiegel des Flusses zu bewundern. Angelo ist mittlerweile ein treuer Diener seines Herrn. An Flucht wagt er nicht einmal zu denken, höchstens träumt er von ihr, denn die Träume kann selbst Mohammed nicht verbieten. Er ist mit Waffenputzen beschäftigt, oben auf dem Sankt-Peter-Weinberg. Gegen den Stamm des alten Kirschbaums gelehnt, pfeift er leise vor sich hin, an den Ausgang der Belagerung verschwendet er keinen Gedanken, dergleichen hat er schon gesehen und wird es aller Voraussicht nach wieder sehen. Die dort in der Burg werden alle zugrunde gehen. Zahlt es sich aus, für ein paar behauene Steine und verwinkelte Gäßchen zu krepieren? Zahlt es sich aus, für einen Gott draufzugehen, dessen liebste Beschäftigung die Bestrafung der Guten und die Erhöhung der Bösen ist?! Mit einem Mal huscht es wie eine Wolke über sein Gesicht. Heilandszack, was ist denn das? Doch da hat es sich schon eine seltsame Kreatur neben ihm bequem gemacht. Angelo blickt verwirrt in das dunkle Gesicht des Fremden. Diese Gestalt ist sicher kein Türke, auch keiner aus dem Lager. Aber wer dann? Steine rieseln ihr aus den Augen und fallen leise prasselnd auf die Schwerter, auf die verzierten Griffe, die Angelo vor sich ausgebreitet hat. Der Diener seufzt, als wäre ihm sogar diese Arbeit zu schwer, dabei hat er früher jahrelang Kamelscheiße unter den Tieren Pascha Sejdis hervorscharren müssen. Im Laufe seiner langen Sklaverei hat er gelernt, daß das kluge Wort das späte Wort ist. Der Fremde sieht zur belagerten Festung hinüber, steckt sich einen Grashalm zwischen die Lippen und beschattet mit der Hand seine Augen.

»Die Armen«, sagt er plötzlich.

»Das kann man wohl sagen«, nickt Angelo.

»Vielleicht müssen sie alle sterben«, sagt der Fremde.

»Mein Herr, sind Sie Hellseher?« fragt Angelo, während ihm eisiges Entsetzen ans Herz greift. Wenn das hier nur ein einziger der Spione des Lagers zu sehen bekommt, läßt ihm Pascha Sejdi ein Wespennest in den Mund stopfen, wie jenem bosnischen Gefangenen, der einmal ausplauderte, daß der Pascha gar nicht mit blauen Augen geboren worden ist, sondern nur in seiner Kindheit zu lange in den Himmel gestarrt hat.

»Möglich, daß sie die Burg dem Erdboden gleichmachen«, sagt der Fremde.

Angelo versucht zu retten, was zu retten ist.

»Pascha Sejdi ist sehr weise. Aga Hasan spricht und schreibt die Sprache der ungläubigen Ungarn. Pascha Ali ist sehr stark.«

»Wissen das auch die Grashalme?« fragt der Fremde. Angelo fegt die schwarzen Körner von den blitzenden Waffen. Seine Stimme klingt schrill.

»Es ist nicht die Sache der Grashalme, sich um den Krieg zu kümmern. Die Sache der Grashalme ist, vorhanden zu sein, wenn die Tiere Pascha Sejdis hungrig sind. Mein Herr, Sie täten besser daran, sich ein Versteck zu suchen. Die Leute Pascha Sejdis mögen so dunkle Gesichter nicht.«

Da fällt sein Blick auf die Weinstöcke. Oh, allerheiligster Mohammed! Kaum einen Steinwurf von ihnen entfernt sitzt Brazina, einer der Diener. Der Spion der Spione! Ein Teufel mit tausend Ohren! Ein Dschinn, eine schwarze Seele, die sich mit Dämonen gemein macht. Brazina muß alles gehört haben. Angelo bricht der Schweiß aus. Der Fremde steckt sich neuerlich einen Grashalm in den Mund. Wieder blickt er versonnen zur Burg hinüber, sein Arm schnellt vor.

»Die Kronprinzenbastei«, sagt er in fast gelangweiltem Ton. »Und das dicke Bauwerk ist die Bethlenbastei. Zwischen beiden erstreckt sich der Burggraben, nicht breit, aber tief. Auf seinem Grund lauert heimtückischer Schlamm, wenn du deinen Knöchel da eintauchst, ziehst du ihn nie mehr heraus. Du springst ins Wasser, schwimmst hinüber und läßt dich gefangennehmen. Sie werden hinter dir herfeuern, und drüben auf der anderen Seite werden sie dich für einen Spion halten. Das mußt du wissen. Sie werden dich einer Untersuchung und einem Verhör unterziehen. Vielleicht schlagen sie dich auch.«

Der Fremde überlegt einige Augenblicke.

»Nein. Es ist besser, du weißt es. Sie werden dich mit Sicherheit schlagen und foltern. Entweder du kommst mit dem Leben davon oder nicht. Auch das mußt du wissen. Wenn du zugrunde gehst, hast du es verdient. Wenn nicht, mußt du den Menschen finden, der in der belagerten Festung auf dich wartet.«

Angelo hört entgeistert zu. In seiner Hand blitzt der hochgeschätzte ägyptische Dolch Pascha Sejdis auf. Mit seiner Fingerkuppe streicht er über die Schneide. Er schaudert. Der Spion der Spione scheint nun weniger weit entfernt. Um die Ecken von Brazinas Mund spielt ein spöttisches, verächtliches Lächeln. In diesem Moment hat der italienische Diener eine Erleuchtung. Ein einziger Blick genügt, um ihn in Wallung zu bringen, seinen gedemütigten Rücken, sein gebrochenes Rückgrat durchzustrecken, um sein Herz zu veranlassen, das Blut frisch durch seine Adern sprudeln zu lassen und ihm in Schultern und Leibesmitte das Gefühl unbegrenzter Kraft zu verleihen. Es ist ihm egal, ob Brazina zuhört oder nicht. Aufgeregt fragt er:

»Ein Mädchen wartet? Und wirklich auf mich?«

Lange Jahre hat Angelo das Wunder der Liebe nicht mehr erfahren. Zumindest nicht so, daß ein anderes menschliches Geschöpf daran beteiligt gewesen wäre. Einmal hatte er der letzten Haremsdame Pascha Sejdis, einem schmalbrüstigen kleinen Mädchen aus Wien, versehentlich zugelächelt und war dafür ausgepeitscht worden.

»Ein Mädchen!« ruft Angelo aus, und wieder erschauert er, aber diesmal vor Glück. Seine Knie beginnen zu zittern. Plötzlich erhebt sich der Fremde. Er spuckt den Grashalm aus und klopft seine abgetragenen Kleider ab. Die kleinen schwarzen Steine wirbeln durch die Luft. Er sagt kein Wort. Schon geht er davon, als wäre es das Natürlichste von der Welt, sich im türkischen Lager frei zu bewegen, wo immer man will. Angelo ruft ihm nach.

»Wann soll ich denn los?«

Der Fremde wendet sich um, wieder regnet es schwarze Steinchen.

»Jetzt«, sagt er und tritt knapp neben dem reglosen Brazina in das Blättermeer der Weinreben. Angelo erhebt sich traumverloren. Er stolpert los, hält jedoch gleich wieder inne. Blinzelnd stiert er zur belagerten Stadt hinüber, über der blau der Rauch des Schießpulvers steht. Er sieht einen schönen Turm. Zwischen den zertrümmerten Mauern, in den verwinkelten Gassen wütet das Feuer, die Flammen verschlingen die Balken und Schindeln, die brüchigen Wände der Häuser. Wo Mauern und Dächer schon zum guten Teil niedergebrannt sind, qualmt schwarzer Rauch. Eingebrochene Ziegeldächer, Türme, auf den Bastionen wie Käfer geschäftig umherlaufende Menschen – von hier aus, wo die Kanonen abgefeuert werden, ist das alles Dekoration.

»Dort wartet ein Mädchen auf mich!« murmelt Angelo. Seine Kräfte kehren zurück. Er blickt sich um. Brazina liegt immer noch im Schatten der Reben. Angelo schlendert zu dem Spion der Spione, der als Ungar geboren und eines schönen Tages, wie man sagt, zum Eunuchen geworden ist. Brazina meldet dem Pascha sogar das, was er nur träumt. Gesenkt sein Blick, schlaff seine Schultern. Als sei er in tiefen Schlaf gesunken, so nimmt er sich aus. Auch das ist sein Privileg. Wo und wann immer er will, darf er ein Nickerchen machen, ja sogar schnarchen. Manchmal liegt er tagelang reglos da, totenbleich. Bei einem Misthaufen oder neben den schönen Stiefeln seines Herrn, wie ein Hund. Dann ist er wieder tagelang verschwunden. Doch seine Meldungen zeugen davon, daß er im Lager war und alles gehört hat, was die Soldaten gesprochen, selbst was sie einander zugeflüstert, ins Ohr geraunt haben. Ein gefürchteter Spitzel ist Brazina, einer der allerbesten. Angelo weiß, Brazina schläft auch jetzt nicht. Er sieht durch die geschlossenen Lider, er hat den schwarze Steinchen verstreuenden Fremden gesehen und jedes Wort gehört, das sie gesprochen haben.

»Ich habe dich immer bewundert, Brazina.« Angelo läßt sich neben ihm nieder.

Langsam öffnet der Spion die Augen. Ein kalter und blauer Blick, gewalttätig aufeinandergepreßte Lippen. Keine Antwort. Das ist ein schlechtes Zeichen.

»Ich finde es seltsam, Brazina, daß du Ungar bist und trotzdem zu ihnen hältst.« Angelo sieht zum türkischen Lager hinüber. Jedermann erfüllt seine Aufgabe. Die Schüsse donnern in rascher Folge. Niemand schenkt ihnen Beachtung. Er wirft wieder einen Blick auf Brazina, der stumm bleibt, nur seine Augen leuchten blau. Angelo wägt die Möglichkeiten ab. In seiner Hand blitzt der ägyptische Dolch Pascha Sejdis. Brazinas Hände liegen gefaltet in seinem Schoß. Die Fingernägel sind schön, in der prallen Vormittagssonne sprühen sie Funken, als hätte er noch nie mit ihnen getötet. Angelo weiß, diese Fingernägel sind wie aus Eisen. Sie haben schon mehr als einmal Augen ausgekratzt, mehr als eine Kehle durchgeschnitten. Brazina schärft sie an Steinen. Trotzdem ist er, Angelo, im Vorteil. Nein, ist er nicht. Der von der Aussicht auf Liebe trunkene Welsche überschätzt seine Fähigkeiten. Seine Hand will zustoßen, aber in dem Augenblick, als die Ader an seinem Hals anschwillt, bläst Brazinas Visage sich auf, und eine Handvoll gedüngter Erde, die der Spion in seinem Mund bereitgehalten hat, klatscht Angelo in die weit geöffneten Augen. Der Spion wälzt sich zur Seite und entgeht Angelos Stich. Der Italiener fällt mit dem Gesicht auf die Erde. Blind, als wäre er so geboren. Der Dung verätzt ihm die Augen. Der nächste Moment wäre jener, in dem Brazina seinen Kopf zurückbiegen und mit einer einzigen Bewegung seine Kehle durchtrennen würde. Der Spion springt auf, verliert aber das Gleichgewicht. Mit den Armen in der Luft rudernd schwankt er. Gerade lang genug, daß Angelo sich auf den Rücken drehen kann. Der Spion erstarrt sekundenlang in der Luft, seine Beine berühren den Boden nicht mehr. Hilflos stürzt er nieder. Er fällt auf Angelos Dolch, dessen Spitze nach oben zeigt. Zweifellos ist Brazina auf irgend etwas ausgerutscht. Eine höchst verwunderliche Entwicklung, wenn wir uns die Trockenheit des Wetters vergegenwärtigen. Angelo jedoch verschwendet keinen Gedanken an die mögliche Ursache von Brazinas Gleichgewichtsverlust, auch nicht an die kleinen schwarzen Steine, auf denen man tatsächlich ausrutschen kann, wenn man unvorsichtig ist. Der Spion röchelt, in seiner Brust zittert das Mordwerkzeug, ein hochgeschätzter ägyptischer Dolch. Angelo reibt sich die beißende Erde aus den Augen, er sieht, daß Brazina ihm nicht mehr gefährlich werden kann. Zur Sicherheit stößt er den Spion in die Seite. Brazina antwortet nicht. Er unterhält sich gerade mit dem Tod. Vorbei an den Kanonen und den Zelten der Schanzer läuft Angelo den Hügel hinunter auf die Burg zu.

Josef Pillinger und seine Frau Susanna sitzen im Halbdunkel der Borloger-Scheune und sehen einander an. Zwischen ihnen auf dem Heu das Kind. Nach langem und bitterlichem Weinen ist es endlich eingeschlafen. Selbst der Kanonendonner stört es nicht. Josef Pillingers Blick ist unbewegt, wie der seiner Frau. So zu schauen sind nur die Leute aus Balaszentmiklós imstande. In diesem Blick liegt keine Liebe, auch keine Verliebtheit. Nur jene Verbundenheit, die fast schon nicht mehr menschlich ist, weil sie wortkarg, weil sie stur und ohne Lächeln, aber trotzdem so unverbrüchlich ist wie die Erfahrung, daß, wer als Mensch geboren, einmal sterben wird. So wie ihr Leben war, ist es nicht weiter der Erwähnung wert. Erde, Mühsal, Zusammengehörigkeit, Verkriechen vor den Horden,

den Tataren und plündernden Ungarn. Der Hunger ließ sie bittere Erde essen, der Durst aus dem schlammigen Tinóka trinken.

Was war für sie das Gute unter dem Himmel?

Woran durften sie glauben?

Daß es einmal leichter sein wird, daß die Vorräte nicht mitten im Winter zu Ende gehen, daß einmal nach der Ernte nicht gleich der Eintreiber vor der Tür steht?

Konnten sie glauben, daß es einen Gott gibt?

Konnten sie an Engel und Teufel glauben, an das Gute und an das Böse?

Keiner von ihnen könnte das behaupten. Sie sitzen mitten in einem entsetzlichen Krieg und wissen nicht, was denken. Hierher gehören sie? Oder eher nach Hause? Sie sehen einander bloß an und antworten nicht. Über ihnen fliegen pfeifend und die Luft zerfetzend die Kanonenkugeln. Der Stall mit den Tieren erbebt, laut ächzt die Borloger-Scheune, in der nun Pferd, Rind und Schaf zusammengepfercht sind. In einer der benachbarten Straßen schlägt ein Geschoß ein, gräßliches Krachen ist zu hören, Dachziegel zersplittern, Balken zerbersten, Steinbrocken und Eisenstückchen fliegen durch die Gegend, Äste von Bäumen und Knochen von Menschen zerschmetternd.

»Allah, Allah!« kommt es vom besetzten Stadtteil herüber.

»Jesus, Jesus!« schreien die Leute des Stadtkommandanten István Takács.

Feldzeugmeister Ali bel Bedenzi läßt sein größtes Geschütz laden und zielt auf die Stadt. Sein dunkles Gesicht verkrampft sich. Als würde jedes Haar seines Bartes einzeln schmerzen. Oh, Allah, Allah! Etwas greift nach seinem Herzen. Der Feldzeugmeister versucht zu seufzen, er kann nicht. Die Luft bleibt ihm im Hals stecken. Schließlich feuert er die Kanone ab. In dem Moment, als die Kugel das Kanonenrohr verläßt, zuckt das Auge von Susanna, der Frau aus Balaszentmiklós. Die Kugel steigt, über die Schanzen und die Wassergräben hinweg, überfliegt die winkeligen Gassen, und wenn wir gut aufpassen, sehen wir auch ihren Schatten dort unten dahinhuschen. Nicht ohne Grund zuckt Susannas Wimper. Ein Tränentropfen verirrt sich auf ihr Gesicht. Josef Pillinger hört das charakteristische Pfeifen, diesen unverwechselbaren, schrammenden Ton, der das Nahen eines schweren, tödlichen Gegenstandes ankündigt. Auf Susannas Gesicht blinkt die Träne. Josef Pillinger tut einen tiefen Seufzer. Im türkischen Lager seufzt auch Feldzeugmeister Ali bel Bedenzi.

In diesem Moment werden die Balaszentmiklóser von dem Geschoß zerrissen.

Ein mächtiges Stück des Daches wird abgerissen, Steinbrokken und dichter Staub wirbeln durch die Scheune. Die Tiere scheuen und zwängen sich, übereinander hinwegtrampelnd, durch eine Öffnung ins Freie, die in die Wand des Stalles gebrochen ist. Der Gestank von Schwefel, Rauch und Tod vermischt sich. Der Kleine erwacht. Neugierig staunt er den Henkelkorb an, der halb über ihn gestürzt und ihn vor den Splittern und den herumfliegenden Trümmern geschützt hat.

Es herrscht Stille, nur Staub nieselt, dann ermüdet auch er.

Ein Lamm zappelt in der nächstgelegenen Ecke. In seiner Seite klafft eine Wunde, groß genug, daß ein Metzger seine Faust hätte hineinstecken können. Das Kind wirft seinen Kopf hin und her. Gerade daß es unter dem Korb hervorsehen kann. Ein interessantes Spielzeug ist der abgerissene Schilfhalm, der von der Decke herunterhängt und vom Luftzug hin und her geweht wird. Der Kleine folgt der Bewegung, wendet sich nach links und rechts. Was für ein struppiges und starkes Köpfchen! Zu Schwermut neigende Augen. Und eine Armlänge entfernt die zwei Leichname, seine Mutter und sein Vater, die in ihrem Blut schwimmen. Erneut kracht es am Dach. Ein vagabundierender Windhauch hat sich eingefunden, mehr braucht es nicht. Das losgelöste Schilfbündel stürzt mitsamt dem Lehmschutt herab und bedeckt sorgsam die zwei Balaszentmiklóser Leichen. Der Staub senkt sich nieder. Das Kind niest. Und noch einmal. Nur so wie ein Kätzchen und gar nicht mal lauter. Auf seinem Gesicht glänzt eine Träne, nur eine einzige. Noch vor ein paar Augenblicken war sie zögernd seiner Mutter Gesicht hinabgeronnen.

»Allah, Allah«, kann man plötzlich hören.

»Jesus, Jesus«, kommt sogleich die Antwort.

Mit einem Mal jauchzt das Kind auf. Seine Lippen lassen sein kleines blasses Zahnfleisch sehen, es brabbelt und brummelt. Es fühlt sich prächtig. Auch das Wetter ist schön. Die Borloger-Scheune ist erfüllt vom kostbaren Licht Gottes.

Der Vizekerkermeister Péter Szilágyi wird von entsetzlicher Sorge gemartert. Wo treibt sich seine einzige Tochter herum, die leichtsinnige Katalinka? Fünfzehn Jahre alt, aber wie das Feuer, so ist sie. Und jetzt die wilde Kanonade der türkischen Bestie! Er hatte das Mädchen und ihre Mutter, seine Frau Kristina, beschworen, aus der Stadt zu fliehen, solange es noch nicht zu spät war. Aber sie haben nicht gehorcht. Sich gesträubt, die störrischen Esel! Getobt und geschrien haben sie. Und sich auf den Boden geworfen! Ihr Platz sei hier, bei ihm. Von zwei Seiten umklammerten sie seine Schenkel. Dem Vizekerkermeister Péter Szilágyi tat diese verteufelt große Anhänglichkeit wohl. Dabei hat sich jeder Mensch von gesundem Verstand davongemacht, keine tausend sind in der Stadt geblieben. Nun ja, die Liebe ist mächtig, mächtiger noch als die Burg von Wardein, dachte der Mann. Dann nickt er, gut, sie können bleiben. Wenn er gewußt hätte, daß Katalinka ein anderes Gefühl als die Liebe zum Vater bewegt! Er würde mit Sicherheit Mutter und Tochter Richtung Neumarkt gejagt haben. Mit einem Tritt hätte er sie fortgescheucht!

Katalinka ist so wahnsinnig verliebt wie unser Spiegelbild, von dem wir ein Leben lang nicht genug bekommen können. Ihre Liebe gilt dem fahrenden Scholaren Boldizsár Somolyai. Der junge Herr ist gerade aus Holland zurück. Er hat fast soviel Wissenschaft in seinem Hirn wie ein gelehrter Professor. Ein schöner Mann. Jung! Wohlriechend! Als ob seine Stirn immer von Tau benetzt wäre. Auch Boldizsár Somolyai hat sich zum Bleiben entschlossen, wie so viele Wardeiner Studierte, die Seite an Seite mit den Soldaten in wenigen Tagen das Handwerk der Artilleristen, blitzschnelles Mauern und das Versorgen von Wunden erlernt haben. Am ersten Tag der Belagerung senden die zwei Verliebten einander Botschaften – mit ihren Augen.

»Was möchtest du von mir, mein Lieber?« zwinkert Katinka.

»Ich möchte so gerne!« blinzelt der Scholar.

»Du möchtest bloß?« trotzt das Mädchen.

»Ich will um jeden Preis«, blinkert Boldizsár Somolyai.

»Du bist ungeduldig!« zuckt die Wimper Katinkas.

»Nur wie das Wasser, das in süße Tiefen stürzt.«

»Und im Tal, was wird aus diesem Wasser?« – so das Auge von Katinka.

»Ein kleiner blauer Teich, mit einem munteren Goldfischlein drin.« Boldizsár Somolyai reißt die Augen weit auf und murmelt etwas.

»Was soll ich mit einem Goldfisch?« Katinka wendet sich trotzig ab.

»Der Goldfisch wird von einem Hecht verschlungen«, – so der Scholar.

»Ist es ein schöner Hecht?«

»Der schönste!«

»Und groß?«

»So wild wie geschickt!«

Den dritten Tag liegt die Burg unter Beschuß. Katinka Szilágyi und Boldizsár Somolyai drücken sich in der Schöngasse an eine Hauswand und sehen, wie die Feuerkugel die Borloger-Scheune trifft, wie sie die entsetzlichen Verwüstungen anrichtet. Sie sehen, wie die wildgewordenen Tiere ausbrechen. Ein irrsinniges Schaf torkelt auf die jungen Leute zu, die sich aneinanderklammern. Es steht da und glotzt sie an. Katinka hat solche Angst, daß sie naß wird zwischen den Schenkeln.

»Dieses Schäfchen will uns sagen, daß sie nicht zum zweitenmal auf dieselbe Stelle schießen werden«, flüstert Boldizsár Somolyai, obwohl er auch brüllen könnte, bei dem gewaltigen Getöse ringsum. Bleich nickt Katinka Szilágyi, weil sie hören will, was er flüstert. Nun führt der Studiosus seine Liebste an der Hand in die Scheune. Das Mädchen blickt verängstigt ins Halbdunkel. Der suchende Blick Boldizsár Somolyais ist zielstrebiger, er späht nach einem zum Hinlegen geeigneten Winkel. Das Kind unter dem Korb bemerken sie nicht, darunter hervorlugend kann es sie seinerseits gerade noch sehen. Wieder lächelt es, und sein blasses, winziges Zahnfleisch leuchtet auf. Der zum Liegen taugliche Winkel ist schnell gefunden. Nicht grob, eher mit sanfter Gewalt führt er Katinka hin. Na endlich! Boldizsár Somolyai küßt seine Liebste. Außer dem langsamen Strudel, dem wollüstigen Schneckenspiel des Zungenfleisches geschieht aber noch etwas anderes. Die Hand des Herrn Scholaren senkt sich auf Katalin Szilágyis Brust und beginnt sie zart zu reiben, geradeso, wie er es in Amsterdam einem portugiesischen Freund abgeguckt hat. Demnach ist die Verrichtung solchermaßen vorzunehmen, daß die Kuppe des Daumens auf der Brustwarze ruht und sie bearbeitet, in der Art, wie man die zartesten Körner von einem Maiskolben löst, indessen die übrigen Finger, ganz so wie Rippen eines Körbchens, das Fleisch der Büste umschließen, aber ganz gewiß sollen sie sich niemals waagrecht, sondern in den Dimensionen der Tiefe und der Höhe betätigen, das heißt die Wölbung in die Höhe ziehen, wie um sie vom Rumpf abzulösen, sie dann aber zurückschieben, als hätten sie es sich anders überlegt und wollten das Fleisch lieber wieder glättend an den Rumpf drücken. Das ist beim Streicheln der Brüste der Weg der Hölle und des Himmels, oder die sich ineinander verschlingende Logik des Vernichtens und des Erschaffens, die nun endlich auch im Land Siebenbürgen Verbreitung gefunden hat. Denn ficken ist leicht. Glücklich sein und vermöge des Fleisches Freude empfinden dagegen schwer, und wer in diesen Dingen die Wichtigkeit der Technik unterschätzt, der unterschätzt den Sinn des Lebens selbst. Das ist die wahre Freude, daß das in zwei Hälften Geteilte dennoch ineinanderpaßt. Auch Katalinka Szilágyi tut die kundige Betriebsamkeit der Handflächen wohl. Sich dem Kuß entziehend hebt sie ihr Gesicht dem Himmel entgegen, der sein Blau durch das demolierte Dach hindurch sehen läßt. Ihre vom Speichel glänzenden Lippen öffnen sich, sie verdreht die Augen, und die herausgestöhnte Luft stockt immer wieder auf halbem Wege.

»Allah, Allah«, trägt der Wind die Rufe der Türken herüber.

»Jesus, Jesus«, antworten die ungarischen Verteidiger, und vielleicht sollte auch Boldizsár Somolyai besser Schanzen verstärken und Gewehre abfeuern. Seine Hand jedoch gleitet abwärts und arbeitet sich geschickt durch die Rüschen und Falten des Kleides, bis sie die Stelle findet, wo die Schenkel zusammentreffen, und dort die Öffnung, die auch durch die dicken Stoffwülste hindurch heiß, erregt und nicht zuletzt aufrichtig erscheint.

»Mein kleines Pfläumchen«, säuselt der Scholar, worauf das Fräulein beleidigte, ernüchterte Augen machen will, bloß daß sie mit einem Mal von einem Gefühl durchströmt wird wie noch nie. Zwar hatte sie schon an sich herumgefummelt in sternlosen Wardeiner Nächten. Doch das war etwas anderes! Besser, die Sache wird von Männerfingern ausgeführt und nicht von dem unerfahrenen Mädchen an sich selbst, wenn im Herrenhaus alles still ist und nur die Eule nach Mäusejungen jagt.

»Allah, Allah!« wirbelt es von den Weingärten her.

»Jesus, Jesus!« tönt es von der Bethlenbastei.

Auf das weiche Stroh, wo eben noch Schaf und Ziege lagen, fällt nun Katalin Szilágyi, und wenn wir sagen, daß diesen Fall Herr Studiosus Boldizsár Somolyai vermittels seiner überlegenen Körperkraft herbeiführt, so sagen wir es ganz richtig. Doch den Rock zieht Katalinka Szilágyi selbst bis zur Hüfte hoch, um dann eigenhändig das Geschlecht des Herrn Studiosus Boldizsár Somolyai zu berühren. Auch diese Bewegungen verdeutlichen, daß man die Handlungen der Liebe zwar erlernen kann, manchen dieses Wissen jedoch gegeben ist wie die Fähigkeit zum Atemholen. Katalin ist verliebt und überaus jung. Dennoch weiß sie an dem Membrum virile herumzufingern, so daß im Nu ein Zweig daraus wird, aus dem Zweig aber ein Ast, schön stark, vielleicht ein wenig krumm, gleichwohl himmelweisend und steinhart. All das sieht das Baby, und es gefällt ihm außerordentlich, wie Kindern flinke und spielerische Bewegungen gefallen. Es sieht eine weiße Mädchenhand, die ein Ding hält, das erheblich größer und dicker ist als ihre Finger, so geschickt, als hätte sie es schon oft getan. Hat sie aber keineswegs. Es ist das erste Mal. Dem Kind unter dem Körbchen gefällt das. Es lächelt unentwegt, gluckst vielleicht auch mal vor Vergnügen.

»Allah, Allah!« wirbelt es von den Weingärten her.

»Jesus, Jesus!« kommt die Antwort.

Zwischen der Kronprinzen- und der Bethlenbastei stürzt sich Angelo ins Wasser. Bloß hat er sich einen höchst auffälligen Platz für seine Flucht gewählt. Sich zu verstecken, bleibt ihm keine Zeit. Die Leute von Vizekerkermeister Péter Szilágyi zerren ihn aus einer Kasematte. Im Verlaufe des wilden Gerangels büßt der Italiener seinen Ohrring ein, was ihn maßlos erzürnt. Er schlägt und tritt um sich, einen der ungarischen Soldaten beißt er in die Hand. Mit ein paar Ohrfeigen wird er zur Räson gebracht. Angelo vergißt sogar, warum er eigentlich geflohen ist. Er sabbelt und haspelt in seiner Muttersprache, daß ihn nicht mal der Scholar versteht, der schon in Rom gewesen ist. Die Leute von Vizekerkermeister Szilágyi machen sich von neuem über ihn her. Das bringt Angelo mit einem Schlag wieder alles ins Gedächtnis zurück. Er wird zahm und blinzelt gefügig. Doch innerlich kocht er. Auch verflucht er den Augenblick, der ihn mit dem Fremden zusammengeführt hat. Ein Mädchen würde auf ihn warten? Handschellen, das Loch und elendes Verrecken! In äußerster Verzweiflung beginnt er die Namen der Jungfrau Maria und Christi herzusagen und zerrt an seiner von dreckigem Wasser und stinkendem Schlamm triefenden Hose herum.

»Christus, Christus!« schreit er und hat auch schon seinen Riemen in der Hand. Die braunen Augen des Herrn Vizekerkermeister Péter Szilágyi weiten sich, als werde er Zeuge eines Wunders. Obwohl es sich doch keineswegs um ein Wunder handelt, sondern um den Schwanz eines Christen. Der Entsprungene ist nicht beschnitten. Und wenn er nicht beschnitten ist, kann er im türkischen Lager tatsächlich Gefangener gewesen sein. Das Problem liegt woanders. Denn wie Péter Szilágyi die Gestalt so betrachtet, kommt er nicht umhin festzustellen, daß trotz Lebensgefahr und kalten Wassers, trotz all der Hiebe und Knüffe der Schwanz steif und bereit steht zur Tat. Er ist nicht beschnitten, reckt sich jedoch in die Lüfte. Der Anblick gibt auch Szilágyis Leuten zu denken. Und alle denken sie, daß doch eine Arglist im Spiel sein könnte. Sie verständigen sich flüsternd. Derlei Flüchtlinge soll man besser binden, ins Loch stecken, morgen aber, oder noch in der Nacht, gründlich ins Verhör nehmen. So geschieht es. Angelo plumpst hart auf das

Stroh der Gefängnisgrube und starrt in die Dunkelheit, aus der leise Geräusche dringen. Er verflucht den Augenblick, in dem er sich zur Flucht entschlossen hat. Zornentbrannt stößt er mit dem Kopf gegen die kalten Steine. Ab und zu greift er aber doch in seinen Schoß. Denn sein Schwanz steht unerschütterlich, wie ein Pfosten.

Süß schlummert das Kind in der Borloger-Scheune. Über ihm der umgestürzte Korb. Es hat einen schönen Traum, Speichel rinnt aus dem kleinen Mund. Neben ihm stößt der Herr Scholar Boldizsár Somolyai immerzu in die glühende untere Hälfte von Katalinka Szilágyi. Behaglich wälzen sie sich im glitschigen, warmen Heu. Doch nur mehr als Fleißaufgabe, als da capo der Wonne. Mehrmals sogar haben beide jenes grenzenlose Erlebnis der Freude genossen, wenn das Fleisch im Fleisch die Großartigkeit und das Wunder der Schöpfung preist. Gott hat seine Sache ja doch gut gemacht. Was tut die Wollust so gut.

Ein Befehl von Aga Hasan trifft ein, für heute ist genug geschossen worden. Feldzeugmeister Ali bel Bedenzi sieht es anders. Noch ein Schuß, den will er Allah selbst weihen. Noch einmal läßt er seine Lieblingskanone abfeuern. Die kluge Feuerkugel fliegt – bis zur Borloger-Scheune. Kaum ein paar Meter neben den glücklichen Verliebten schlägt sie ein. Die Bruchstücke reißen dem Herrn Scholaren Boldizsár Somolyai den Kopf ab, während ein handtellergroßer Splitter Katalinka Szilágyi in die Seite dringt und sich in ihr Herz bohrt. Es kommt ihnen nicht zu Bewußtsein, daß sie sterben. Dabei sterben sie. Sie sind tot und werden es von nun an sein in Ewigkeit. Indessen das Kind, dem auch jetzt kein Leid geschehen ist, friedlich weiterschläft.

Langsam wird es dunkel. Über der Borloger-Scheune erscheint die weiße, schadenfrohe Visage des Mondes. Der Wind legt sich, an der westlichen Hälfte des Himmels versickert langsam das Blut. Das Kind schlägt die Augen auf, als Leute an der Scheune vorbeieilen.

»Katinka Szilágyi, meine Tochter«, hört es.

»Deine Mutter ruft dich, Katinka!«
»Dein Vater ruft dich, Katinka!«

Lustlos betrachtet Pascha Sejdi den reglosen Körper Brazinas. Seine himmelblauen Augen werden vom Schwarz des Ärgers übergossen. Sein bester Spion ist dahin! Wo findet er jetzt jemanden mit einem so scharfen Gehör? Solange Brazina ihm diente, hatte der Pascha das Gefühl, daß ihm selbst die geheimen Orte der Welt zugänglich waren, die Welt übelwollender Dschinnen und böser Geister. Ob ihn der Sultan hat umbringen lassen? Sollte die Hand des Prächtigen bis hierher reichen? Allerdings hat man auch die Flucht des Dieners gemeldet, der die Waffen putzen sollte, so ist am wahrscheinlichsten, daß er es war, der Brazina mit dem ägyptischen Dolch durchbohrt hat. Dieser blöde dreinblickende, feige Italiener?!

»Meine Tochter, Katinka Szilágyi!« hört Pascha Sejdi den herzzerreißenden Ausruf, der über das Wasser und die Basteien hinweghallt, das türkische Lager hinter sich läßt und die Sorge bis zu den Nadelwäldern Siebenbürgens trägt. Pascha Sejdi versinkt in Gedanken. Was wohl die Ungläubigen da für ein Gebet sprechen? Wäre Brazina am Leben, er könnte es sagen. Der Pascha ruft nach einem Dolmetscher. Er schließt die Augen, und sowie er sie wieder öffnet, steht der Dolmetscher vor ihm. Ein alter Mann, aus Esztergom gebürtig. Als erstes erblickt er den reglos daliegenden Brazina, er denkt, daß die Zeit des Spions abgelaufen ist, weil er etwas Falsches gesagt oder getan hat.

»Mein Töchterchen, Katinka Szilágyi!« hört man von neuem.

»Was sagt er?« blickt Sejdi in das runzelige Gesicht des Dolmetschers.

»Er betet zu einer Heiligen«, blinzelt der Alte.

»Wie heißt sie?«

»Die heilige Katinka Szilágyi.«

»Wie ist sie zu einer Heiligen geworden?« dreht Pascha Sejdi an seinem Bart.

Abermals wirft der Alte einen Blick auf den reglosen Brazina. Er verbeugt sich. Dann beginnt er langsam zu sprechen. Nur seine Augenbrauen sträuben sich.

»Katinka Szilágyi war die Tochter eines Christen. Viele wollten sie zur Frau nehmen, weil ihr Vater so reich war wie die Scheibe der Sonne am Mittag. Als ihr Vater verarmte, wollten sie immer noch viele heiraten, weil das Mädchen überdies schön war. Auch als ihr Vater wieder zu einem kleinen Vermögen kam, wollten viele Katinka Szilágyi heiraten, weil sie fleißig war. Menschen, Teufel und Engel hielten um ihre Hand an. Fürsten, Feldherrn und weithin berühmte Goldschmiede. Doch sie erwählte sich keinen irdischen Bräutigam. Jesus Christus wurde ihr himmlischer Verlobter.«

Der Dolmetscher verstummt.

»Sprich weiter!«

»Es gibt kein Weiter«, der Alte senkt den Kopf, um ihn sogleich wieder zu heben. »Ausgenommen vielleicht, daß das Mädchen hinkte.«

»Hat sie stark gehinkt?« fragt Pascha Sejdi.

»Nur ein wenig«, flüstert der Dolmetscher.

»Und warum hat sie gehinkt?«

»Sie wurde so geboren.«

»Und was ist der Sinn dieser Legende?« fragt Pascha Sejdi.

»Daß die Burg, gleich dem Willen der heiligen Katinka Szilágyi, niemals in die Knie zu zwingen ist, Herr.«

Der Pascha richtet seine kalten blauen Augen auf den alten Mann, ohne ihn zu sehen.

»Katinka, mein Töchterchen«, kommt abermals von der Burg herüber.

Mit einer Handbewegung schickt Pascha Sejdi den Alten fort. Zuerst soll er gefoltert, seine Augenbrauen haarweise ausgerissen werden, am Schluß kann man ihn enthaupten. Mit unbewegtem Gesicht verläßt der Dolmetscher das gewaltige Zelt, ein Bein leicht nachziehend. Er hinkt, wenn auch nur ein wenig.

Der Pascha wartet, bis man ihn allein gelassen hat, dann beugt er sich über den regungslos daliegenden Brazina und zieht ihm sein hochgeschätztes ägyptisches Messer aus dem

Leib. In diesem Augenblick klappen Brazinas Augenlider hoch. Der Spion blickt in die blauen, staunenden Augen seines Herrn und lächelt.

»Ich war drüben, Herr.«

Pascha Sejdi nickt.

»Ich freue mich, daß du zurückgekehrt bist.«

»Ich bin dein treuer Diener, Herr«, sagt Brazina.

Pascha Sejdi schweigt. Der schöne Dolch blitzt in seiner Hand.

»Soll ich erzählen, wie es dort ist?« fragt Brazina plötzlich, er setzt sich auf und begräbt seine Beine unter sich. Pascha Sejdi reinigt den Dolch. Er nickt. Und Brazina beginnt mit leiser, surrender Stimme von der anderen Hälfte der Welt zu erzählen, von jenem geheimnisvollen Bereich, den man auf der ganzen Welt Tod, Vergänglichkeit, Hölle und Himmel nennt.

Über der Borloger-Scheune plündern Wolken das grinsende Halbrund des Mondes. Triefäugige Sterne blinzeln ihr Licht zwischen die versengten, verwundeten Balken. Im Traum raschelt eine Maus. Die Augen des Kindes öffnen sich. Unter ihm sind Urin und Exkremente aneinandergeraten. Sein Magen ist leer. Es ist hungrig und durstig. Es friert auch. Schnarrend beginnt es zu weinen, aber nur so, als würde der Wind mit einer leichten Stalltür spielen. Außer dem Sternenhimmel wird nichts und niemand Zeuge dieser Anstrengung. Genausowenig wie einer anderen Anstrengung. Der gewaltigen Anstrengung der Spermien des Herrn Scholaren Somolyai, wie sie zappeln und strampeln und vorankommen in der auskühlenden Materie, in Katinka Szilágyis sterblicher Hülle.

Es ist Nacht.

In einer der Kasematten der Burg kann Angelo endlich die Fesseln von seinen wunden Handgelenken lösen. Er zischt ein wenig durch die Zähne, doch nur wie der Wind, der durch ein Loch bläst. Aufs neue tritt bleierne Stille ein. Nun befreit er seine Beine, leiser als das Geräusch einer krabbelnden Maus. Fast lautlos brummelt er vor sich hin. Solche Leiden wegen einer Frau! Gibt es überhaupt eine Weibsperson, die so viel Angst und Schmerz wert ist? Angelo streckt seine steif gewordenen Beine, macht vorsichtig Turnübungen mit seinen Armen, um ja keinen Lärm zu erzeugen. Er schleicht sich zur Türe seines Kerkers. Durch die Ritzen nimmt er die Schatten der Wächter wahr. Sie sind zu zweit und unterhalten sich. Angelo versteht ihre Worte nicht. Er weiß, vorläufig kann er nicht viel unternehmen. So zieht er sich hinter die Tür zurück und wartet den Tagesanbruch ab.

Da am Vortag die türkischen Kanonen nicht einmal bei Sonnenuntergang geschwiegen haben, entschließt sich Vizehauptmann Máté Balogh am frühen Morgen, seine Leute auszuschikken, die in den am schwersten in Mitleidenschaft gezogenen Gassen und Teilen der Burg nach Verletzten und Toten suchen sollen. Zu diesen gehören auch die Schöngasse und der Borlogerweg. Zwei Studiosi, die gestern den ganzen Tag an schweren Gefechten teilgenommen haben, gehen zur Borloger-Scheune. Auch in der Nacht haben sie wenig geruht. Herr Scholar Farkas und Herr Scholar Korondi werfen herabgestürzte Balken zur Seite und buddeln zwischen umgestürzten Mauern und Steinen, spähen in Spalten, lauschen, graben und scharren. Seit Tagen führen sie einen lebhaften Diskurs.

»Sie sind mindestens zu dritt«, so Herr Scholar Farkas.

»Sie gehen einem Gerücht auf den Leim, Verehrtester«, der Herr Scholar Korondi hebt eine schwere Latte hoch.

»Mein Großvater mütterlicherseits hat erzählt, daß er ihren Wagen in Prag gesehen hat, als Doktor Jesensky sein Leben lassen mußte.«

»Und ich weiß von meinem Vater, daß man Tränen nicht glauben darf«, repliziert Herr Scholar Korondi.

»Den Tränen braucht man auch nicht zu glauben.« Herr Scholar Farkas tritt mit dem Fuß gegen die Trümmer.

»Woran glauben Verehrtester dann?«

Dem Herrn Scholaren Farkas bleibt die empörte Antwort im Halse stecken. Er hat zwischen den Trümmern den Kopf von Boldiszár Somolyai erblickt, die Augen sind offen, der Mund weit aufgerissen. Als hätte er gerade etwas Wichtiges mitteilen wollen, als ihm der Tod das Wort abschnitt. Als nächstes stoßen sie auf den blutverschmierten Rumpf, dann auch auf den Leichnam der armen Katinka Szilágyi. Die Augen des Mädchens sind geschlossen. Im Augenblick des Todes war ihr Gesicht von überirdischer Glückseligkeit überströmt gewesen, und es will jetzt den Herrn Scholaren Farkas und Korondi ganz so scheinen, daß dieser Glückseligkeit selbst die Fäulnis des Todes nichts wird anhaben können. Sie laden die Leichen auf den Karren. Einige Momente verweilen sie in ihrer Betrachtung. So zugrunde gehen! Auf so häßliche, so sinnlose Weise! Ach, was ist schon ein Menschenleben wert! Hierauf treten sie wieder in die Scheune, wo sich gewiß noch weitere menschliche Leichen befinden.

»Man muß sich vor Augen halten«, führt Herr Scholar Farkas den ausgesetzten Diskurs fort, »daß der Mensch nicht glaubt, woran er glauben will.«

»Ich weiß«, nickt Herr Scholar Korondi. »Der Mensch kann nur an das glauben, woran zu glauben man ihm gestattet.«

»Genau darum geht es«, der andere richtet sich auf. »Ich glaube nicht daran, daß es die Tränengaukler gibt oder daß es sie nicht gibt. Es ist auch einerlei, ob sie zu dritt oder zu sechst sind. Ich glaube an ihre Traurigkeit, die gibt es, wie das Leben und den Tod.«

Die Ahnung hat sie nicht getrogen. Es finden sich in der Borloger-Scheune noch mehr Menschenleichen. Das Paar aus Balaszentmiklós wird aus dem blutigen Dreck gegraben. Beide sind steif und äußerst tot. Den Säugling jedoch bemerken die Studiosi nicht. Schon verlassen sie die Scheune, ziehen den Totenkarren hinter sich her und setzen ihren Diskurs fort. Vielleicht ist es auch ein viel zu gutes Versteck, dort unter dem Henkelkorb. Auch hat der Kleine keine Stimme mehr, nur noch eine Art Gesumm kommt aus seiner Kehle, ein belangloser kleiner Käferlaut. Er ist dem Tode bereits näher als dem Leben. Doch davon weiß er nichts. Nur das kleine unwissende Tier in ihm weiß es, das kämpft, begehrt noch immer auf gegen Kälte und Hunger. Immer langsamer treibt sein kleines Herz das Blut durch die Adern, immer leiser wird sein Klopfen. Der Tod huscht in die zertrümmerte Borloger-Scheune und läßt sich neben dem Kind nieder. Er hebt den Korb an und betrachtet lange das lila Gesicht des Knaben. Er lächelt nicht, der Tod kann ja nicht lächeln. Er nickt bloß.

Und wartet.

Es ist Vormittag, der vierte Tag der Belagerung, und der Türke beginnt von neuem mit dem Beschuß. An Angelo denkt niemand mehr. Das plötzlich einsetzende Kanonenfeuer ist der Grund dafür, daß die Wachmannschaft und jeder wehrfähige Mann wieder auf den Basteien erscheint. Gegenüber auf dem Weinberg bellen wild die Kanonen. Donner wird mit Donner beantwortet. Angelos Zelle erzittert, laut kracht es in den lehmverputzten Mauern. Drüben, im türkischen Lager, streichelt Ali bel Bedenzi seine Lieblingskanone. Dann läßt er sie abfeuern. Die kluge Feuerkugel fliegt und reißt ein beachtliches Loch in das Dach von Angelos Zelle. Der Gefangene reibt sich die Augen. Er staunt den klaffenden Spalt an und sieht, daß er kein Gefangener mehr ist. Durch das Loch zieht er sich hinauf und ist nicht wenig überrascht, daß er ganz ohne Angst durch die engen Gassen und an den Basteien der belagerten Burg entlangspaziert. Frauen und Männer mit mädchenhaften jungen Gesichtern eilen an ihm vorbei. Diesem blutet der Kopf, jenem fehlt ein Arm. Da liegt ein dem Aussehen nach älterer Mensch, unter ihm eine gewaltige Blutlache. Dort schleppt ein junger Mann Schießpulver in einem großen Korb. Angelo verläßt sich ganz auf seinen Instinkt, der ihn bei Frauengeschichten noch nie betrogen hat. Um die Belagerung schert er sich nicht. Er sucht das Mädchen, das auf ihn wartet. Der Dunkelhaarige hat es ja gesagt. Vor der zerschossenen Scheune stutzt er. Sein Herz pocht heftig, seine Hand zittert, seine Rute ragt in die Höhe, daß es schon fast schmerzt. Angelo drückt sich an die Mauer und wartet eine weitere Explosion ab. Dann rennt er durch die Staubwolke hindurch und schlüpft in die Scheune.

»Mein Mädchen!« flüstert er.

»Rosenblümchen!« sagt er etwas lauter.

Stille. Angelo lächelt breit, sein schlechter Zahn kommt zum Vorschein.

»Hast du dich versteckt, Engelchen?«

»Ich finde dich, Engelchen!«

In vorgebeugter Haltung und sprungbereit stöbert er zwischen den Trümmern. Stille. Warum rührt sich nichts? Ein Schulterchen, eine Haarlocke, ein Fuß könnte sich aber wirklich rühren.

»Sag doch wenigstens was!«

Keine Antwort. Verbittert stiert Angelo in den Schutt, auf die blutbesudelten Trümmerhaufen. Draußen toben wie besessen die Waffen. Und in diesem Moment entdeckt Angelo den Tod. Er sitzt neben einem Korb. Sein Blick ist abwartend.

»Was hast denn du hier zu suchen?« fragt Angelo, doch der Tod antwortet nicht, weil es nicht zu seinen Gepflogenheiten gehört, Erdenbürger einer Antwort zu würdigen. Er erwidert nur den Blick, mit zusammengezogenen, drohenden Augen.

»Wessen Tod bist du, sag schon? Na scher dich fort!« knurrt Angelo.

Der Tod wird richtig wütend. Er ist es nicht gewohnt, so von oben herab, dreist und ohne eine Spur von Angst angeredet zu werden. Langsam erhebt er sich von seinem Platz. Er tritt auf Angelo zu, doch den Italiener erschreckt er nicht. Schließlich geht es um Liebe! Das Mädchen hat ihn hier erwartet, nun hat sich der Tod eingefunden und es offenbar verschreckt. Klar, daß sich die arme Kleine verborgen hat. Sie zittert in einer Ecke, zähneklappernd, und hat längst vergessen, daß ein Verliebter zu ihr kommen soll.

Der Tod geht um Angelo herum und ist sehr aufgebracht. Hoppla, er greift ja sogar an. Nur daß ihm im Moment des Angriffs etwas furchtbar Hartes Einhalt gebietet. Bekanntlich ist auch der Diamant nur gewöhnliche Kohle. Was ist denn nun eigentlich der menschliche Körper? Viele Liter Wasser, Blut und Gewebe, verborgene Metalle, auch Kalk, viel weiche, zerbrechliche und leicht verderbliche Substanz. Und dennoch zuweilen hart wie ein Diamant. Der Tod bleibt einfach an Angelos aufragender Rute hängen, und das ist so schmerzhaft und so erniedrigend, daß er auf der Stelle die Borloger-Scheune verläßt. Angelo treten vor Schmerz Tränen in die Augen. Hat ihn dieser unverschämte, flegelhafte Tod etwa in den Schwanz geschnitten?! Er massiert sich die brennenden Lenden. Mit einem Mal sieht er das Körbchen und darunter etwas Weißes. Das Mädchen? Wie es da wohl Platz gefunden hat? Angelo zieht den Korb zurück und spricht lange kein einziges Wort.

»Davon war nicht die Rede«, sagt er endlich.

Der Kopf des Säuglingsmenschen ist bereits gänzlich lila. Er lebt noch, doch offenbar nicht mehr lange. Ein sterbender kleiner Erdenbürger. Entsetzlich! Lächerlich. Wie von Sinnen schüttelt Angelo seinen Schopf. Plötzlich vernimmt er vorsichtige Geräusche. Der Tod ist also zurückgekommen, von neuem schleicht er sich lauernd heran. Heilandszack! Angelo wirbelt herum. Doch nicht der Tod ist zurückgekehrt. Ein benommenes Lämmchen sieht ihn sanft an, wie Gott, der helfen will. Das Euter des herrenlosen Tieres ist prall gefüllt. Angelo macht große Augen, dann spuckt er in die Hände und wäscht sie gründlich mit Speichel, er zieht das Tier zu sich heran, preßt aus dem prallen Euter ein wenig Milch und träufelt sie dem Kind in den Mund. Er wiederholt die Prozedur. Und auf einmal schlägt es die Augen auf. Es beginnt zu brüllen, was ein gutes Zeichen ist. Denn dazu gehören Kraft und Wille, und wo es Kraft und Willen gibt, gibt es auch Leben. Angelo hebt das Kind in die Höhe und verzieht das Gesicht. Der Geruch des Lebens, der Geruch von Scheiße. Man müßte es säubern. Als Angelo mit dem Kind aus der Scheune tritt, sieht er auf einmal den Schwarzhaarigen neben sich, der ihn in diese Lage gebracht hat. Er würde ihn mit einigen ungeschliffenen Worten bedenken, doch etwas hält ihn zurück. Angelo macht sich gar keine Gedanken mehr darüber, ob das Ganze nun Zauber, Traum oder eine Chimäre ist. Gehorsam trottet er der seltsamen Gestalt hinterher, den Feuerkugeln, den wild herumfliegenden Brokken und Splittern schenkt er keine Beachtung. Ungarn mit flammenden Haaren laufen neben ihm. In ihrem Blut schwimmende Frauen reißen kreischend an ihren Schürzen. Eine Brandbombe flitzt zwischen seinen Beinen hindurch. Vor ihm explodiert eine Granate. Ihre Splitter hört er pfeifen, fühlt sie jedoch nicht. Das brüllende Kind wäscht er gleich zweimal im Burggraben. In weggeworfene Lumpen, die er gefunden hat, wickelt er es ein. Dann spricht der Fremde, der neben ihm sitzt:

»Franz Pillinger.«

Angelo wirft einen Blick auf das Kind und nickt:

»Franz Pillinger.«

Der Fremde kratzt sich am Scheitel.

»Sag mal, Angelo, möchtest du gern König sein?«

Angelo hat keine Ahnung, wie er aus der belagerten Burg hinauskommt. Vielleicht steigt er bei der Kronprinzenbastei ins Wasser, vielleicht bei der Veresbastei. Er weiß nicht, wie er durch das türkische Lager kommt, durch die Linie der Artillerie, durch die feuernde Phalanx der Janitscharen. Auf einmal bemerkt er Brazina. Der Spion der Spione sitzt in der Nähe der Verpflegungszelte, mit dem Rücken an einen Zwetschenbaum gelehnt. In seinen Händen blitzt der hochgeschätzte ägyptische Dolch Pascha Sejdis. Angelo versteht nicht, wieso er mit der allerselbstverständlichsten Ruhe an ihm vorübergeht. Doch die Ruhe ist berechtigt. Brazina sieht nicht einmal die Staubwölkchen, die Angelos Schritte aufwirbeln. Kraft einer besonderen Einwirkung ist er blind oder zerstreut, wer weiß das schon. Immer weiter trägt Angelo das Kind, drückt es an sich und spürt seine Wärme. Es lebt, mehr und mehr lebt es. Auch strampelt und zappelt es schon. Langsam entfernen sie sich aus dem Lärm des Krieges. Verwüstete Obstgärten, zertrampelte, geplünderte Gemüsebeete, niedergebrannte Gehöfte und kleinere Wiesen lassen sie hinter sich. Alles ist still, nur die Vögel lärmen im dichten Laub. Da erblickt Angelo einen Wagen. Ein seltsamer Wagen, eine große Träne ist auf seine Plane gemalt. Der Schwarzhaarige faßt Angelo plötzlich an der Schulter.

»Südlich von Bistritz, nördlich von Kronstadt lebt der wunderliche Magnat Elemér Kornis. Zur Zeit heißt er jedenfalls so. Sein Besitz ist so groß, daß er oft selber nicht weiß, wo er endet. Wenn du dort ankommst, nennt man diesen Mann vielleicht schon Baron Demeter Absolon. Kann sein, daß du dich unterwegs verirrst. Räuber plündern dich aus, wollen dir ans Leben, sie würden dir sogar das wegnehmen, was dir nie gehört hat. Der Sturm zaust dir die Wimpern. Bären greifen dich an. Unter deinen Füßen bricht die Straße weg. Aber wenn du bis zu dem wunderlichen Magnaten Elemér Kornis gelangst, der dann schon Demeter Absolon heißen wird, wendet sich dein Schicksal zum Besseren. Und paß auf das Kind auf!«

Der Schwarzhaarige lächelt. Dann begibt er sich mit entschlossenen Schritten zum Wagen und verschwindet hinter der zurückfallenden Plane.

Und schon rumpelt der Wagen davon, als sei er nur ein Traumbild gewesen.

Im November des Jahres 1664 umschmeichelt schönes Herbstwetter die Menschen in Csáktornya. Allmorgendlich gehen die vornehmen Herren auf die Jagd. Das Lärmen stolzer Hörner und begeisterter Treiber zerbricht die Stille der Weidenwälder am Ufer der Drau. Mit wildem Geschrei reizen und hetzen die einheimischen Bauern die Tiere des Waldes vor die Gewehrläufe der Edelleute. Die ersten Fröste haben die Blätter der Bäume bereits zu Tode erschreckt. Das laue Strahlen der Sonne ist bloß Zugabe, unverhoffte Gunst. Ihr traut ohnehin niemand, auch wenn gefütterte Dolmane abgeworfen und die Hemdsärmel bis zu den Ellbogen aufgekrempelt werden. Denn das abgefallene Laub wird tiefer, wie die Zeit. Und auf den Wind zu achten, hat natürlich niemand Gelegenheit. Der Wind ist wie ein leichtfüßiger Spion. Er huscht von Baumstamm zu Baumstamm, und wenn er aus einem Gestrüpp hervorweht, läßt er feuchte und tödliche Kälte hinter sich zurück. Die Ärmel werden zurückgestreift, die Dolmane wieder angelegt. Die Kälte flüstert. Bis zum Morgengrauen des Achtzehnten stellt der Wind unentwegt seine Fragen, dann hört er auf, wie jemand, der alles weiß, rührt an kein Blatt mehr, es genügt ihm, zu warten.

Im Herrenhaus von Csáktornya ist der wunderliche Baron Demeter Absolon aus Siebenbürgen der neueste Gast. Einige seiner Diener und Begleiter werden im Dorf einquartiert, doch der Diener Angelo und das Kind mit dem großen Kopf und dem versonnenen Blick an seiner Seite werden in den Schloßhof befohlen. Angelo nimmt die Entscheidung seines wunderlichen Herrn verdrossen zur Kenntnis. Er ist gar nicht erfreut, daß er im Herrenhaus bleiben muß. Im Dorf würde sich noch eher ein Weibsgeschöpf finden, hier besteht nicht die geringste Aussicht. Angelo hat sich seit der Belagerung von Wardein kaum verändert. Höchstens ist seine Haut dunkler geworden, auf seiner Stirn haben sich die Falten vermehrt, und zwischen den Büscheln auf seinem Kopf zeigen die schneeweißen Stellen größere Bereitschaft, sich zu verbünden. Dennoch macht er den Eindruck eines kräftigen Mannes. An seiner Seite das unbeholfene Kind, unser Bruder. Aus dem unwissenden Säugling ist ein gleichermaßen zu Traurigkeit und zu selbstvergessenem Spiel neigendes Bürschchen geworden. Er liebt es, unbekümmert herumzulaufen, mit Holzschwertern zu fuchteln und Kaninchen und Spatzen zu quälen. Die ganze Neugierde und Verspieltheit seiner gerade fünf Erdenjahre kann sich nun im Herrenhaus von Csáktornya austoben. Er rennt herum wie ein junges Fohlen, kreischt voller Inbrunst, fordert den Fliederbusch, die Zweige der Eiche zum Duell.

Dieser verteufelt große Drang zur Selbständigkeit gefällt Angelo nicht so richtig, doch er läßt das Kind gewähren, soll es sich die Hörner abstoßen. Dann wird es auch nachdenken über die Welt, nicht nur in ihr herumrennen. Außerdem kann Angelo sehen, wie sehr dem Kind der illustre Herr von Csáktornya, Miklós Zrínyi, gefällt. Der zugleich Dichter und Feldherr ist und klüger als General Montecuccoli. Angelo hat sich nicht getäuscht. Dort läuft das Kind dem Grafen Zrínyi vor den Beinen herum, guckt ihn mit großen Augen an, vielleicht wartet es auf ein Streicheln, vielleicht auch nur auf ein Augenzwinkern. Als dächte es voll Bewunderung, daß es außer Demeter Absolon noch nie einen so schönen Ungarn gesehen hat. Dem Kind gefällt die ebenmäßige Statur des Grafen. Sein gewelltes Haar, das auf die breiten Schultern fällt. Die starke Hakennase. Sein Blick zerknackt womöglich Kieselsteine. Es gefällt dem Kind, daß der Graf Ruhe ausstrahlt wie der für den Winter gewappnete Wald, daß er den Kelch immer bis zum Rand mit Wein füllt, doch nur ein paar Schluck trinkt und den Rest auf die Erde kippt. Große rote Flecke markieren seinen Weg. Doch das schert ihn nicht. Er geht bloß auf und ab im Herrenhaus, in angestrengtes Nachdenken versunken. Zuweilen führt er einen Schlag in die Luft und stößt dabei eine Drohung aus. Oder er beobachtet gedankenverloren die Wolken, und jene, die von Südosten her über Csáktornya hinwegziehen wollen, befiehlt er mit seinem Blick zurück. Graf Zrínyi ist unruhig. Ob er nun Wein trinkt oder ihn verschüttet, es macht ihn nicht friedlicher. Eines Nachmittags bückt er sich zu dem vom Herumlaufen erhitzten Kind.

»Ich sehe, du läufst gern, Pfundskerl.«

»Ja, Herr Graf«, keucht Fränzchen Pillinger.

»Wirst du mit mir bis Brasilien laufen?«

»Was ist denn das für ein Tier, Herr Graf?«

»Ein großes«, zieht der Graf die Luft durch die Nase und wendet sich ab.

János Csintalan ist seit Urzeiten Knecht des Grafen Zrínyi. Ein bereits greiser Mann, der nur noch ißt und so gut wie keinen Nutzen mehr bringt. Von morgens bis abends hockt er in einer Ecke des Hofes. Sein Gesicht hält er dem ermattenden Licht entgegen, und meistens kreisen seine Gedanken um längst Vergangenes. Die Gegenwart ist nicht mehr seine Zeit. Der Graf läßt ihn, wer weiß, warum, in Ruhe. Soll der alte Csintalan machen, was ihm gefällt. Jene bildhafte Rede über Brasilien, die das Kind nicht verstehen kann, hört der Knecht nicht zum ersten Mal. Er weiß, daß Brasilien auf der anderen Seite des Meeres liegt. Ein leeres Land. Frei. Öde. Erde, Bäume und der Himmel. Und ein, zwei Schwärme wilder Vögel vielleicht. Brasilien ist im Besitz des spanischen Königs. Man muß ihn um ein Stückchen Brasilien bitten, es ist ohnehin so groß, denkt Graf Zrínyi, und man muß hinlaufen, denn dort kann man frei leben. Das ist der Sinn der Rede. Denn auf der heimatlichen Erde kann man nicht frei leben. Der Deutsche, der Türke, der Tatar lassen es nicht zu. Wie traurig! Wie lächerlich! Denn der Sinn der Rede ist, daß es ja doch kein Brasilien gibt. Daß man nicht davonlaufen kann. Man muß bleiben. Und hier verrecken, wenn es im Himmel so geschrieben steht. Auch János Csintalan winkt das Kind zu sich.

»Ein wunderschönes Land hier, Junge«, sagt er. »In diesem Land kann alles geschehen, dennoch ändert sich nichts. Im Frühling hat man im Wald einen flüchtigen Tataren gefangen. Er hatte einen Hundekopf, trotzdem war er ein wunderschönes Geschöpf, er glich dem Einhorn, auf dem Feen und Jungfrauen reiten. Ach Kind, so etwas Schönes habe ich noch nie gesehen. Dabei war der Tatar schon so krank, daß er nicht mal mehr beißen und kratzen konnte. Aber seine Augen! Dieser Blick! Wie ein Verliebter! Dieses Land ist schön, weil es selbst das Herz eines blutrünstigen, hundeköpfigen Tataren betören kann.«

Der Junge versinkt in Nachdenken. Dann läuft er wieder davon.

Auch am Morgen des Achtzehnten bricht man zur Jagd auf. Die vornehmen Herren bleiben lange fort. Der Himmel ist ein leichter Schleier, ein bißchen zerschlissen, wie das Glück nach einem Streit. Das Kind spaziert im Hof herum und zählt die vom Grafen zurückgelassenen roten Flecken. In einem Heft sieht es eine Zeichnung, einen hundeköpfigen Tataren, mit traurigen Hundeaugen. Aber es bewundert auch die Herrin des Hauses, die schöne Maria Sophia Löbl, deren Wimpern am einen Auge größer und schimmernder sind als an dem anderen. Herr Baron Demeter Absolon hat ihr die verschiedensten eigenhändig zusammenexperimentierten Salben und Schönheitsmittel mitgebracht, und ihre kleine Hand küßte er auf eine Weise, daß Maria Sophia Löbl bis über beide Ohren errötete. Die Gräfin bemerkt die schmeichelhafte Aufmerksamkeit des Knaben und lächelt. Sie tritt zu ihm, ihre leichte Vogelhand läßt sich, wie auf ein Nest, auf die dichten Drahthaare nieder. Plötzlich schwindet das Lächeln aus ihrem Gesicht, leere Angst bleibt zurück. Unbewegliche Augen, die starre, feingeschwungene Nase, erbleichende, zusammengepreßte Lippen. Ein Zittern geht durch ihr Gesicht. Lange stehen sie so, Maria Sophia Löbl und das Bürschchen mit dem großen Kopf. Die Gräfin gräbt ihre Finger in sein Haar, und als sie ihn endlich losläßt, bleibt ein Knäuel in ihrer Hand. Ihre Augen verengen sich, sie kommt dem Gesicht des Knaben ganz nah. Ihr Atem ist wie Eis.

»Der Graf hat in der Nacht einen Traum gehabt. Er hat geträumt, daß der deutsche Kaiser und der türkische Sultan nebeneinander ihren Darm entleeren. So dicht, daß sie sich berühren. Und aus ihrer Scheiße wurden Schlangen. Dann wischten sich Kaiser und Sultan lachend gegenseitig den Hintern ab.«

Der Kleine lauscht entsetzt.

»Weißt du, was der Sinn dieses Traumes ist?« fragt Maria Sophia Löbl. »Du weißt es nicht«, sagt sie und lächelt wieder. Als würde sie mit ihrem Blick ein Stückchen aus dem Himmel reißen.

Es ist Abend geworden, als die Kutsche durch das gähnende Tor des Herrenhauses hereinrollt. Graf Miklós Zrínyi hat bereits seine Seele ausgehaucht. Seinen Leib hält ein andrer Gast, Miklós Bethlen, als sei es ein hünenhaftes, schlafendes Kind. Die Gräfin betrachtet den Leichnam. Sie erteilt leise Befehle. Man soll das Blut vom Gesicht des Grafen abwaschen, seinen Leib mit Waldkräutern parfümieren, ihm sein weißes venezianisches Hemd anlegen, seine blanken Stiefel und den blutroten Dolman aus Samt. In vollkommener Starre wartet die Gräfin, erst als man fertig ist, beginnt sie zu schreien. Trauerfackeln flackern, wie Gedanken von Gespenstern. Bestürzte Diener kommen und gehen, während Maria Sophia Löbl, der man die Brust mit beruhigenden Substanzen gesalbt und Blutegel angesetzt hat, vor Trauer noch immer nicht bei Verstand ist. Die Diener halten sie mit festem Griff. Demeter Absolon tritt hinaus unter den sich verdunkelnden Himmel und flucht leise. Angelo sitzt neben ihm und wartet geduldig auf die Anweisung zum Aderlassen. Als die Diener einen Moment unachtsam sind, gelingt der Gräfin die Flucht. Auf dem Weg zum Mörderwald holt man sie ein und bringt sie nach Hause. Angelo hatte unterdessen das Gefühl, als würde vor der wie von Sinnen davonhastenden Gräfin ein Gespensterwagen durch die Dämmerung rattern. Bei allen römischen Heiligen! Wie kam ihm doch dieser Wagen bekannt vor!

Vom Schluchzen ergrauen die Wimpern der Gräfin, immerzu fleht sie nur um Licht. Baron Demeter Absolon, nach dem Aderlaß etwas ruhiger, erklärt ihr vergeblich, daß Gott selbst zuweilen an der Jagd teilnehme, doch wann, verrate er niemals im voraus.

Ohne jeden Übergang zerfließt die Nacht über dem Herrenhaus. Und wie auf einer Art himmlischem Hühnerhof werden droben die glitzernden Sternenkörner ausgestreut. Drinnen im Ratssaal liegt aufgebahrt Graf Zrínyi. Seine Augen sind geschlossen, und die qualvolle Unruhe, die ihn seit Tagen gepackt hat, ist bereits auf seinem Gesicht gefroren. Dort bleibt sie auch, als man das geronnene Blut abwäscht, und dem Knaben mit dem großen Kopf und dem schwermütigen Blick, der diese Ruhelosigkeit anstarrt, fällt auf, daß er ihr Gegenstück auf dem Gesicht von Maria Sophia Löbl gesehen hat, am Nachmittag, als die Gräfin in sein Haar faßte und Andeutungen über den türkischen Sultan und den deutschen Kaiser machte. So klein ist das Kind noch, daß es den hohen Herren, die bleich um den Leichnam herumstehen und schaudernd die Blicke auf die launischen Risse des Estrichs heften, nicht einmal bis zur Hüfte reicht. Von Zeit zu Zeit gehen sie hinaus in den Vorraum, nehmen stumm einen Schluck aus den Weinkelchen, starren die Mauern an, in denen sich plötzlich die Spalten, Löcher und Risse vermehrt haben, dann kehren sie, als könnten sie es nicht glauben, weil sie es nicht glauben wollen, zu dem Leichnam zurück, um sich doch zu überzeugen, wovon man sich nicht oft genug überzeugen kann. Anwesend sind der junge Adelige Pál Zichy, der verehrte Herr Vitynédi, Hauptmann Miklós Guzics, ein Jüngling namens Majláni, der junge Guzics, Miklós Bethlen und Herr Baron Demeter Absolon sowie Angelo. Lauter treffliche, großartige Ungarn. Na, und natürlich ist auch das Kind mit dem großen Kopf und dem versonnenen Blick dort. Niemand ermahnt es, obwohl es schon längst nicht mehr hier sein dürfte. Aber die Herren beachten es nicht. Der Knabe nähert sich dem Toten. Er betrachtet das reingewaschene Gesicht, die weiß leuchtende Hand und den Leib, der auch so, auf dem Totenlager, Würde ausstrahlt. Eine Abschürfung verläuft oberhalb des Ohres, an der Schläfe, eine weitere unten im Gesicht, auf das geschlossene linke Auge zu. Und rechts am Hals der gähnende Krater, die tiefe und furchtbare Wunde, die den Grafen das Leben gekostet hat. Hätte der Blick des Kindes Worte, würde er jetzt sagen, was für ein seltsames Tier doch der Tod ist. Der Blick des Kindes hat jedoch keine Worte. Außerdem ist der Tod kein seltsames Tier. Er winselt oder liegt in unserem Hof faul auf dem Bauch, wie der Schatten der Sonne. Der Tod ist unser Hund, ein kluges und treues Geschöpf. Es begleitet uns auf unseren Wegen, bewacht unseren Hof. Und wenn die Stunde schlägt, legt er sich neben uns und schleckt die Maskerade der Freude und des Kummers von unserem Gesicht. Alle Tränen leckt er aus unserm Blick, nur noch die Ewigkeit soll in unsere Augenhöhlen einziehen können.

Angelo phantasiert nicht, als er die Gräfin auf den Wald zulaufen, die Diener sie einholen und zu Boden ringen sieht. In der Tat rattert ein Wagen vor ihnen her. Dann ist er verschwunden. Nur Angelo hat diesen Wagen schon gesehen. Er weiß auch, wann und warum er ihn gesehen hat, doch warum er ihn in diesem Moment sieht, weiß er nicht. Über dem Herrenhaus von Csáktornya schreiben die Trauerfackeln düstere Zeilen in den Nachthimmel. Im Dickicht aber flackern andere Feuer. Am Rande einer versteckten kleinen Lichtung steht der klapprige Wagen. Auf seiner Plane leuchtet blau eine Träne in die Herbstnacht. Das Fell eines gewaltigen Wildebers liegt im Gras, groß genug, einen Teppich abzugeben. Das Gesicht des Keilers ist abstoßend häßlich, und gestünden wir den Tieren einen Charakter zu, würden wir die Züge dieses Tieres sicherlich als böse bezeichnen. Ob das Schicksal einen Charakter hat? Auf dem mächtigen Hauer des Ebers braune Spuren von Blut. Dieses Blut ist noch vor wenigen Stunden in den Adern des Grafen Zrínyi geflossen. Reisig und trockene Zweige nähren das Feuer, von dem die Lichtung erhellt wird. Aufgeschnitten, portioniert und auf Spieße gesteckt das Fleisch des Tieres. Ringsherum machen sich drei Gestalten zu schaffen, zwei andere hocken am Feuer. Sie werfen Zweige in die Flammen und nehmen die fieberhaften Bemühungen der anderen nicht zur Kenntnis. Von ihren Gesichtern ist eindeutig Abscheu abzulesen.

Sie weinen, alle fünf.

Wenngleich auf ganz verschiedene Art.

»Pfui«, sagt angewidert eine der am Feuer sitzenden Gestalten, während sie einen Blick auf das bratende, purpurnen Saft ausschwitzende Schweinefleisch wirft. Obwohl doch auch ihr

Blut aus den Augen schäumt. Ihr Nachbar nickt nur, ohne die Augen zu öffnen. Es scheint, als würden kleine Spiegelchen unter ihren niedergeschlagenen Lidern hervorgleiten. Unter ihren Stiefelsohlen grinst der Schädel eines Hundes.

Das Fleisch wird langsam gar, hat eine rotbraune Farbe angenommen. Und der Duft verströmt im Wald wie der Traum und umtanzt den Rumpf der Bäume. Von den fünf Männern essen nur drei. Einem von ihnen rieseln schwarze Steine aus den Augen. Strenggenommen ißt er auch nicht, er frißt eher, mit beiden Händen stopft er die Portionen der anderen in sich hinein. Als ob er genau das wollte, die Tragödie auffressen. Danach sitzt er lange da, die Hand auf den Bauch gedrückt, und rülpst heftig. Aus seinem Mund läuft rosafarbener Saft das stoppelige Kinn hinunter, auf den verschlissenen Dolman. Die Visage des Wildschweins scheint ihn anzugrinsen. Der Mann, der so unglücklich gefressen hat und aus dessen Augen schwarze Steinchen rieseln, liegt völlig darnieder. Sein Gesicht ist fahl, in kalten Perlen steht ihm der Ekel auf der Stirn. Nun trottet der Unbeholfenste, der nichts gegessen hat, hinüber zu seinem kranken Gefährten und haucht ihm in den Mund. Mehr braucht es nicht. Schon übergibt er sich und brüllt, als wolle er daran sterben. Auf dem Himmelsgewölbe zerbricht bereits der Spiegel der Nacht, doch er kotzt immer noch. Der Morgen bringt Heilung. Das Licht, das schmerzt, aber doch Arznei ist. Es läßt ihn alles vergessen. An diese peinvolle Nacht wird sich der Schwarzhaarige erst wieder erinnern, als ihn eine Erdfee mit Namen Brachvogel-Borbála mit in ihr Bett nimmt und sich ihm hingibt.

Der Vater von Luigi Escapolo Firabolla ist ein erfahrener Meister im Arsenal von Venedig. Der alte Handwerker gehört zu den wenigen, die gleichermaßen vom Bau eines bucentoro oder borfonata etwas verstehen. Michéle nennt man den alten Meister, ein Blick auf ein schaukelndes Schiff genügt ihm, schon kann er sagen, was an ihm falsch gemacht worden ist. Seine Hand hat so viel gearbeitet, daß er sich einen Nagel, der in sie gedrungen ist, ohne Schmerz und ohne die Spur einer

Wunde aus dem Fleisch ziehen kann. Er arbeitet nicht nur viel, sondern auch gut, trinkt Rotwein, weil es gut ist, zu trinken, jedenfalls besser, als nicht zu trinken. Nur die Liebe ist noch besser. Viel und gut zu trinken und dazu noch verliebt sein, das ist eine so himmlische Möglichkeit unseres Erdendaseins in diesem gottverfluchten Jammertal, daß man darüber am besten kein Wort verliert, wird sie doch ohnedies nur ein paar Unwürdigen zuteil. Der arme Michéle kennt nur die Liebe zum Alkohol. Er sucht Nutten auf, um sich das bißchen Freude zu verschaffen, auf das ein Mann nun doch ein Anrecht hat.

Die Mutter von Luigi Escapolo Firabolla ist von Beruf Freudenmädchen. Daß Luigi geboren werden konnte, grenzt dennoch an ein Wunder. Nicht weil seine Mutter Dirne ist. Mitnichten. Vielmehr wegen seines Vaters. Huren gibt es zu dieser Zeit in Venedig gerade zweimal soviel, wie Wellen die algenbewachsenen Fundamente der Rialtobrücke lecken. Dem Wanderer, den sein Weg und seine gute Laune hierherführt, gehen die Augen über angesichts der phantastischen Symbiose von glänzendem Reichtum und Unzucht. Das Freudenmädchen Maria liebt Michéle, den ordentlich angeduselten Schiffsbaumeister, nur einmal mit Erfolg. Das bedeutet nichts anderes, als daß Michéle nur ein einziges Mal jenen Akt vollführt, für den er die schmutzige Hand der Hure Maria mit so vielen Groschen füllt. Bei jener herausragenden Gelegenheit gerät das Mädchen ins Staunen.

Gelungen!

Sieh einer an, der Alte hat ins Ziel getroffen!

Marias Staunen vermischt sich mit Lauten der Anerkennung. Wollüstig stöhnend reagiert sie auf das jämmerliche Keuchen des alten Mannes, auf die schleppenden Bewegungen seiner Hüften. Hat ihn der alte Waffenschmied doch wirklich reingebracht. Allerhand! Als dann Michéle auf ihr ermattet und nur mehr sein nach Wein stinkender Mund in das struppige Haar des Mädchens schnauft, denkt Maria wieder an das, woran sie auch sonst immer denkt. Noch acht Monate, dann wird so viel Geld beisammen sein, daß sie endlich heim nach Mantua reisen kann, zu ihren lieben Schwestern, zu ihrer Familie. Das Elend wird ein Ende haben, man wird sie achten, und die Kavaliere werden vor ihr den Kopf zum Gruße neigen. Rosensträuße wird sie bekommen, Pralinen! An dergleichen denkt ein Freudenmädchen während der Arbeit oder an gar nichts, selbst wenn sie vor Vergnügen quietscht. Maria will dieses beschissene Venedig nicht mehr sehen.

Wenn wir jetzt unsere Augen schließen und sie nach einer kurzen Weile wieder öffnen, können wir sehen, daß auf der Welt gerade acht volle Monate vergangen sind. Venedig hat sich nicht verändert, und auch die arme, sehnsüchtig träumende Maria ist immer noch dort. Michéle ist seinem Leberleiden erlegen, einige Gehilfen begraben ihn, seine ihm teuren Werkzeuge streuen sie in das Wasser des Hafens. Seit jener einzigen erfolgreichen Vereinigung sind genau acht Monate vergangen, doch Maria bemerkt erst jetzt, daß sie in anderen Umständen ist. So klitzeklein und unbedeutend ist der Buckel auf ihrem Bauch. Sie bricht spontan in Tränen aus. Aus dem Weinen wird Verzweiflung, schließlich packt sie ein solcher Haß, daß sie krank wird. Dem Kind schenkt sie aber doch das Leben und verflucht dabei die Welt.

Der Kleine, auf den niemand gewartet hat, erhält den Namen Luigi Escapolo Firabolla. Kaum ein Kilo wiegt er bei seiner Ankunft, und Zeit seines Lebens werden es nie mehr als dreißig sein. Ansonsten ist er ein gesundes Kind und würde keine Probleme machen. Wenn er bloß nicht so winzig wäre! Im Freudenhaus ist es absolut nicht üblich, Neugeborene zu behalten und aufzuziehen. Für Huren und Priester ist ein Kind eine Strafe Gottes. Noch in der Nacht lassen Marias Kolleginnen den Kleinen zu Wasser, wie es die Ägypter mit Moses getan hatten. Den Mutterkuchen werfen sie ihm hinterher. Der Korb schwimmt durch die Kanäle von Venedig. Luigi wird nie vergessen, daß das Leben mit schrecklichen Schmerzen und gleich darauf mit wunderbarem Schaukeln begonnen hat.

Man weiß nicht, wer ihn gerettet hat und auf welche Weise und in welcher Absicht es geschah. Denn weil er ein Zwerg ist, will ihn niemand. Er wird weder Mutter noch Vater haben und auch ein Zuhause erst nach langen Jahren. Luigi wächst im venezianischen Bettlerasyl auf. Er bekommt zweimal so viele Tritte und dreimal so viele Püffe ab wie seine gleichaltrigen, jedoch doppelt so großen Schicksalsgenossen. In der Nähe des Bettlerasyls treffen Verschwörer und Abenteurer ihre Abmachungen. Angenehm weiche Mäntel wehen bisweilen an dunklen Ecken, während ihre Träger Goldstücke in fordernde Hände zählen. Auch mit dem Wimmern von Nutten, ihrem gurgelnden Keuchen treiben die Wellen der Kanäle häufig ihr Spiel. Es lohnt nicht, sich nach hinabgefallener Brotrinde zu bücken, die Ratten haben sie schon beiseite geschafft. An diesem Ort, wo Schuld nicht Schuld, das Böse nicht das Böse ist, der Tod aber genauso gefürchtet wird wie in den glänzenden Palästen oder im Arbeitszimmer des Dogen, wächst Luigi auf.

Eine Gondel gleitet über das Wasser.

Schwarz wie die Trauer.

Nicht einmal das Platschen der Ruder ist zu vernehmen.

Ein entsetzliches, unter dem schwarzen Holzdeck hervorblickendes Gesicht beobachtet die Fenster des stolzen Venedig. Es vermerkt die Träume, die des erlauchten Dogen und der Vornehmen im Großen Rat ebenso wie jene von Luigi Escapolo Firabolla, dem zwergenhaften Findelkind. Dabei träumt Luigi gar nicht. Er wirft sich bloß mit aufgerissenen Augen auf seiner armseligen Lagerstatt hin und her und denkt, daß er genug gelebt hat und am besten daran täte, sich bei Tagesanbruch, unter den süßen Glockenklängen des Ave Maria, zu ertränken.

Geradewegs in den Canale Grande!

Ich, ein dreckiger kleiner Zwerg?

Dann erst recht in den Canale Grande!

Das grauenerregende Gesicht nickt lächelnd in seiner schwarzen Gondel.

»Komm, mein kleiner Zwerg, bette deinen traurigen Körper in meine Arme.«

Luigi sitzt auf dem Rand der Matratze.

»So soll es sein, Mütterchen Tod. Ich komme schon, ich komme.«

Noch hat die Nacht ihre Kraft nicht verlassen, doch Luigi bricht bereits auf. Sein Herz ist schwer, seine Gedanken düster. Gerade überquert er den vom Mondlicht glitzernden, ausgestorbenen Hauptplatz, als einer der geflügelten Löwen auf den

Steinsäulen des Platzes aus der Höhe herabplumpst und vor ihn hinkollert. Luigi erstarrt, und sein ganzes Bemühen gilt dem Versuch, nicht an das Wunder zu glauben. Nicht daß er nicht an Wunder glauben und sie nicht lieben würde, doch wie die meisten Menschen liebt er sie eher aus der Ferne. Überhaupt ist es viel besser, über Wunder zu sprechen, als in ein Wunder verwickelt zu sein.

»Was klein ist, bleibt auch klein«, sagt Luigi ängstlich.

Der Löwe brüllt auf. Sein Steinauge blitzt, als wäre es ein Diamant. Allerdings stinkt er nicht wenig. Folglich lebt er.

»Wie soll ich dir glauben, mein Herr?« fragt der Zwerg.

Ein Sausen in der Luft, mehr ist es nicht. Blut quillt, einige Tropfen glänzen purpurn auf Luigis Gesicht. Das wilde Tier springt auf eine Ecke des Platzes zu. Dort glaubt Luigi einen Planwagen zu erkennen. Doch diese Wendung der Ereignisse und all das, was im nächsten Moment geschieht, ist jetzt schon so unwirklich, daß der Zwerg die von den Krallen verursachten Schmerzen vergißt. Er reibt sich die Augen, zwickt sich und zittert wie Espenlaub bei einem Erdbeben. Der Steinlöwe stößt seinen großen, dicken Kopf mehrmals gegen den Wagen. Dabei läßt er ein lautes Knurren hören. Doch nicht wütend, eher flehentlich. Wie eine große Katze. Unter der sich schwerfällig hebenden Plane krabbelt ein schmollender kleiner Jude hervor.

»Na du weißt ja sehr genau, was dir zusteht«, brummt er und hält dem Raubtier sein Gesicht hin. Ausgiebig schleckt der Löwe es ab, so lange, bis der kleine Jude der Sache überdrüssig wird.

»Jetzt aber genug. Marsch auf deinen Platz!« ruft er und gibt dem Tier einen kräftigen Stoß. Der Löwe knurrt, doch er gehorcht und springt zurück auf die Säule. Bevor er sich niederlegt, streckt er seine steinernen Beine. Luigi sieht genau, daß seine Schnauze blutig ist. Der Zwerg zittert nicht mehr. Abermals flutet der Schmerz durch seinen Körper. Wie unerträglich das brennt! Und plötzlich denkt er, wie sehr er das Leben liebt. Sein kleiner Körper wird von Liebe durchströmt, er hebt die Hand zum Gesicht, seine Finger betasten den Kratzer. Ach, wie glücklich er sich fühlt in diesem Augenblick! Doch nein, das ist schon zuviel! Luigi lächelt nicht, denn er hat noch niemals im Leben gelächelt. Seit dieser Begebenheit steht er sozusagen in geheimer Verbindung mit dem Steinlöwen, den er in schweren Momenten aufsucht. Dann blickt das Tier über ihn hinweg, als sähe es ihn nicht. Doch Luigi weiß, daß ihr Bündnis endgültig und unauflöslich ist. Der brennende Schmerz in seinem Gesicht erinnert ihn immer daran.

Anfang Dezember 1664 trifft der siebenbürgische Baron Demeter Absolon mit seinem Gefolge in Venedig ein, um dann weiter nach Westen zu reisen. Der Baron hatte gespürt, daß es ungehörig gewesen wäre, sich länger im Hause Zrínyi aufzuhalten. Am Tag nach der Tragödie läßt er packen. Doch beim Abschied küßt er die Hand der Witwe mit solcher Glut, daß Maria Sophia Löbl rot wird bis unter die Haarwurzeln und sich nach der Abfahrt des Barons den Zeigefinger der rechten Hand bricht, um die Scham zu lindern, die ihre Seele martert.

Der wunderliche Baron steht am Hafen und läßt seinen Blick schweifen. Einige venezianische Damen halten inne und mustern eingehend seine stattliche, aufrechte Gestalt und den langen Schnauzbart, der bis auf die Brust herabhängt. Eine leichte Brise kräuselt das blaugrüne Wasser. Das Meer strahlt, als hätte man es neu eingefärbt. Hundert und nochmals hundert Schiffe wiegen sich auf den friedlichen Wogen. Im Gasthaus »Zum Weißen Löwen« nimmt er Quartier. Er hat ein großes Bedürfnis nach Ruhe. Seine Laune ist nicht die rosigste. Erst vor wenigen Tagen hat er den Leichnam Graf Miklós Zrínyis gesehen, den ein wildgewordener Eber tödlich verwundete.

Staatstrauer!

Was für eine tragische Geschichte!

Arme Maria Sophia Löbl!

Auch das Kind mit dem großen Kopf, Fränzchen Pillinger, ist im Gefolge von Baron Demeter Absolon, an der Seite des Dieners Angelo. Ächzend schleppt Angelo die schweren Reisetruhen, die mit Kleidern und Nahrungsmitteln gefüllten Körbe. Es ist keineswegs das Gewicht der Truhen, unter dem der Diener schwach wird. Niemandem sagt er etwas davon, am allerwenigsten seinem Herrn. Er ist heimgekehrt, auf seine teure Heimaterde! Was wird er jetzt tun? Soll er weiter Baron Demeter Absolon dienen oder verschwinden, entfliehen? Aber was wird dann mit dem Kind? Wer wird Fränzchen Pillinger unter seine Fittiche nehmen? Madonna! Madonna! Wo ist das Kind! Schon rennt Angelo vor den Gasthof, wo alles mögliche Volk spazierengeht, Straßenräuber und Beutelschneider, Freudenmädchen und Abenteurer mit schlechten Zähnen und liederlichem Lächeln. Vergebens drängt er sich durch die Menge, quetscht falsche Bettler und herumstolzierende Gecken aus, niemand weiß von dem Kind, dessen Kopf groß, dessen Schopf struppig und dessen Blick schwermütig ist.

Getreu seiner Gewohnheit hat sich der kleine Pillinger selbständig gemacht. Solch eine prachtvolle Stadt hat er noch nie gesehen. Wunderschön die jahrhundertealten Steine, das glitzernde Wasser, die in den Kanälen schaukelnden mächtigen Galeeren, und dann der Himmel, der Himmel! Der Duft des Salzes! Wie ein Traum. Unter den Gewölben werden nie gesehene Gewürze verkauft, Datteln, rote ägyptische Äpfel, Bananentrauben, Ananas. Auf einer der gewaltigen Galeeren rudern halbnackte Menschen, stumm wie der Tod. Obwohl es doch ein Wintermonat ist, ganz eindeutig ein Wintermonat! Das Kind winkt ihnen so lange, bis einer von ihnen mit seinem Ruder zurückwinkt. Er gelangt auch zum Dom von San Marco, dessen Decke mit kleinen Steinchen bepflastert ist und auf dessen Boden marmorne, aufblühende Rosen und singende Vögel glänzen. Auf dem Altar prunkt eine Säule aus Alabaster. Stolze Brücken und plätscherndes Wasser allerorts! Oh, und dann noch dieser Fischgeruch! Der Duft von gebratenem Kürbis, Butterstriezel, gekochten Teigwaren mit Käse! Das Kind dreht sich hin und her, es flimmert ihm vor den Augen. Knatternde Segel, verschiedenstes seltsames Volk, Schwarze, Gelbe, weißhaarige Nordländer. Doch mit einem Mal steht der Zwerg vor ihm, der Luigi Escapolo Firabolla heißt und dem das Gesicht weh tut. Sie sind genau gleich groß.

»Wollen wir Freunde sein?« fragt das Kind. Zum ersten Mal in seinem Leben entfährt Luigi Escapolo Firabolla ein Lachen.

Dann erschrickt er vor dieser Kühnheit. Er schlägt sich die Hand vor den Mund und blinzelt um sich, als hätte er den Fürsten von Venedig selbst zum Teufel gewünscht. Doch die Gondeln gleiten genauso über das Wasser wie zuvor. Unverändert schwebt der Duft der frisch gebratenen Speckseiten und Keulen in der Luft, knallt unter den Schritten der Wache des Großen Rates der Stein. Wenn er gelacht hat, dann hat er eben gelacht. Wen geht das was an?

»Wir können nicht Freunde sein«, sagt Luigi mutlos.

»Warum nicht?«

»Weil du groß wirst und ich klein bleibe.«

»Und ein Kleiner kann nicht der Freund eines Großen sein?«

»Das ist unmöglich«, sinniert Luigi.

»Und ist es sicher, daß ich groß werde und du klein bleibst?«

Der Zwerg hat genug von der Fragerei. Doch im nächsten Moment spürt er dieselbe Wärme wie damals, als ihn der Steinlöwe gekratzt hatte. Er berührt die Narbe in seinem Gesicht. Tief blickt er in die großen, schwermütigen Augen des Kindes.

»Ich verrate dir mein Geheimnis«, flüstert er.

Der Knabe setzt sich auf einen Stein, schlägt die Beine übereinander und sieht Luigi aufmerksam an. Im Hause Baron Demeter Absolons hat er ähnliche Bewegungen gesehen, wenn Magnaten in Staatsangelegenheiten verhandelten. Man muß ordentlich sitzen, wenn von Geheimnissen und ernsten Dingen die Rede ist.

»Ich plane, die beste Gondel der Welt zu bauen«, erklärt Luigi. »Es wird die beste Gondel aller Zeiten. Eine Zwergengondel. Aber jetzt komm.«

Die Sonne geht unter. Luigi führt das Kind an der Hand. An Nutten und in Mäntel gehüllten, zweifelhaften Gestalten vorbei zwängen sie sich durch dunkle Gäßchen, laufen über unheilverkündend knarrende Stege. Unter ihnen die Tiefe, schmutziger Schaum, wogender Dreck. Auf einem in Halbdunkel getauchten Platz machen sie halt, wo seltsame Gestalten warten. Man könnte sie auch für Verbrecher halten, wegen ihres abstoßenden Äußeren und ihrer abgetragenen Kleidung, trotzdem hat das Kind keine Angst. Seinen struppigen Kopf in die Höhe reckend, sucht es den Blick dieser Menschen und sieht selbstvergessen in sie hinein. Unendliche Traurigkeit erkennt es in diesen Augen. Der Zwerg rennt zu einer dunklen Hauswand und kommt schon wieder zurück, ein großes Faß vor sich herrollend. Sie steigen darauf, klammern sich aneinander und umarmen sich. So können sie gut sehen, was der Grund der Ansammlung ist. Eine Commedia wird vorbereitet, aber nicht so eine, wie sie der Doge oder die Herren des Großen Rates besuchen und wo vornehme Damen Beispiele der neuen Mode poetischer Gewänder vorführen. Keines der Spektakel, für die monatelang Musiker und weltberühmte Sänger ausgewählt werden, von deren Stimmen sich der Wind in der Lagune von Venedig legt. Herr Monteverdi hat mit dieser Darbietung nichts zu tun! Keiner der vielen Menschen auf dem Platz spricht ein Wort. Kein Applaus und auch kein Zischen. Mit festem Griff hält Luigi die Schulter des kleinen Ungarn. In der Ecke des Platzes steht ein Wagen, auf dessen Plane in lebhaftem, fast leuchtendem Blau etwas gemalt ist. Am ehesten könnte man das Geschmiere noch als Tränentropfen bezeichnen. Die Plane des Wagens wird hochgeschlagen, und schön der Reihe nach treten fünf Männer vor das Publikum. Sie geben keinen Ton von sich. So still ist es bereits, als würden Steine auf ihren Herzen liegen. Die fünf Gestalten stehen da, den Blick starr auf die Zuschauer gerichtet. Und als der Abendwind von weit her, vielleicht vom Meer, gedehntes Rufen auf den kleinen Platz trägt, beginnen sie auf einmal zu weinen. Dem ersten rieseln kleine, schwarze Steine aus den Augen, dem zweiten Honig, dem dritten Eis, dem vierten Spiegelstückchen, einer struppigen Gestalt hingegen Blutstropfen. Nicht länger als ein paar Minuten dauert die Darbietung. Dann tritt der mit einem Kaftan angetane, krumme Jude vor und geht mit einem kleinen Hut reihum, wortlos und sich ständig verneigend. Doch nicht nur Geld wird hineingeworfen. Ein angenagter Apfel, ein Knopf aus Knochen, Seide, die geklaute und bereits leere Börse einer venezianischen Dame.

»Plötzlich waren sie einfach da. Voriges und vorvoriges Jahr sind sie nicht gekommen, heuer schon zum zweiten Mal. Es sind die Tränengaukler«, erklärt Luigi und läßt endlich die Schulter des Kindes los, dessen Augen vor Schmerz bereits in Tränen schwimmen. Luigi bemerkt es.

»Es war schön, nicht wahr, Kind?«

»Sehr schön sogar.«

Angelo entdeckt den Knaben auf dem Hauptplatz. Es ist schon tiefe Nacht. In voller Pracht erglänzt der Blumengarten der Sterne, scheinheilig grinst der Mond. Das Kind steht allein in einer Ecke des Platzes und starrt einen Steinlöwen an. In seinen Augen glänzen Tränen. Angelo sagt kein Wort. Er nimmt den Knaben bei der Hand und führt ihn ins Gasthaus. Der Zorn des Baron Demeter Absolon ist nicht zu besänftigen. Er verabreicht dem Kind eine schallende Ohrfeige.

»Du reißt aus?« röchelt Baron Absolon.

»Alles wissen willst du?« brüllt er.

»Man muß nicht alles wissen!« hämmert er gegen die Wand.

»Man muß nicht alles wissen!«

Der Baron trifft eine Entscheidung. Morgen tritt das Kind die Heimreise an. Nach Hause mit ihm, zurück nach Siebenbürgen! Soll es lieber unterwegs verlorengehen als bei ihm. Und um seiner Entscheidung Nachdruck zu verleihen, erklärt er mit Donnerstimme, daß Angelo, der stumpfsinnige Diener, den Knaben heimbegleiten soll, wenn er schon nicht auf ihn aufpassen kann.

Luigi ist es ernst mit seiner Zwergengondel. Seit Jahren tut er nichts anderes mehr als beobachten. Er besichtigt die Sehenswürdigkeiten der Stadt. Natürlich weiß er nicht genau, wodurch eine Gondel vollkommen wird. Die Vollkommenheit ist eine seltsame Sache, entgegen der verbreiteten Auffassung keine unerreichbare. Luigi untersucht alles aufmerksam, was in Venedig schön oder häßlich ist. Er betrachtet Schattenspiele unter Torbögen, abgenutzte Steinbänkchen, zwischen Ziegeln darbende Moospolster. Die herrlichen Ornamente des Rathauses nimmt er in Augenschein, die aus Steinen zusammengesetzten Vögel und glänzenden Rosen im Dom von San Marco, Karfunkelsteine, Becher aus Achat, kalt glühende Kamutsteine und

Türkise, schimmernde Einhornhirsche, das Messer des heiligen Markus, mit dem er das Ohr des bösen Malchus abschlug, das Bild der Heiligen Jungfrau, das der Evangelist Lukas eigenhändig gezeichnet hat, das Langschwert des Skanderbeg, das Wehrgehänge von Attila, dem Hunnenkönig, die goldene Trense seines Pferdes, all diese Dinge betrachtet der Zwerg wieder und wieder. Vor dem Stückchen der Dornenkrone Christi, das im Dom aufbewahrt wird, bleibt er lange stehen. Er sieht Reliquien, verwachsene Fingernägel von Heiligen, heilige Stoffteilchen und noch heiligere Holzsplitter. Er ist so oft Zeuge, wie die prächtigsten Larven und Faschingsmasken angefertigt werden, daß er schließlich selbst in die Zunft der Maskenhersteller hätte eintreten können. Waffenschmieden sieht er in ihren Werkstätten bei der Arbeit zu. Und weil kleine Menschen nur wenig Platz brauchen, schleicht er sich eines Tages sogar in das Opernhaus ein und sieht Monteverdis *Orfeo*, dieses wundervolle Spektakel, das in Arkadien und in der Unterwelt spielt. Wenn Fasching gefeiert wird, konstruiert er Stelzen und kleidet sich als Mensch von normaler Größe. Er gibt acht, wie es ist, wenn der Sturm des Meeres nicht bei der Mole und den Bretterwänden der Befestigungen haltmacht, sondern in die Kanäle dringt und zerstörerisch über Venedig hinwegfährt. Er sieht, wie Kavaliere errötenden Edeldamen den Hof machen. Wie sie sich nach gelungener Unterhaltung in die Gondel setzen, wie die Dame die gierige Hand des Herrn unter ihren Rock zieht und sich dann über den Wasserspiegel neigt, um die eigene Wonne zu sehen und zu genießen. Aber auch wilde und schamlose Geschlechtsakte sieht Luigi, die vollzogen werden, während in der benachbarten Gasse eine singende Prozession das Allerheiligste vor sich herträgt. Wie kleine Mädchen und Jungen verdorben werden, sieht Luigi, und wie betrunkene Nutten sich mit Schweinen und Hunden herumwälzen.

Eines Tages hat Luigi Escapolo Firabolla das Gefühl, alles gesehen zu haben, was man in Venedig sehen kann. Und Venedig ist die Welt. Was es hier gibt, gibt es überall. Und was es hier nicht gibt, gibt es auch in anderen Weltgegenden nicht. Luigi ist sehr müde geworden. Denn wer alles weiß, ist sehr müde. Er klaut eine Flasche schlechten Likörs, streckt sich auf seinem elenden Lager aus, nuckelt das süße Getränk und schläft ein. Wie ein glückliches, sattes Kind. In der Tat ist er wie einer, der noch wachsen könnte, morgen oder übermorgen. Sein kleines Gesicht fällt zur Seite. Nicht einmal die Laute der Ratten stören ihn. Blinzelnd erwacht er am nächsten Morgen. Er reibt sich die Stirn, seufzt. Plötzlich begreift er, was passiert ist. O weh, er hat alles vergessen, was er bisher gesehen, gelernt und erfahren hat. Denn er kennt nichts auf der Welt, nicht das Geringste! Nur noch an ein Eines erinnert er sich – an die winzige Wunde, die ihm der Steinlöwe zugefügt hat! Luigi ist glücklich wie eine Blume. Endlich kann er den Bau der besten Gondel der Welt in Angriff nehmen, die einzige Zwergengondel!

Verloren starrt Angelo in die Landschaft. Weit und breit nur lehmiger und zusammengesackter Schnee, kahle Bäume, kahle Hügel. Manchmal taucht ein Tier, das an eine Ziege erinnert, auf den Kalksteinhängen auf, wühlt zwischen den winterlichen Strünken, dann wird es durch irgend etwas aufgeschreckt und flieht mit eleganten und geschickten Sprüngen. Hoch oben kreist ein wilder Vogel, zuweilen läßt er sich ein wenig herab und schwebt unbeweglich im Wind, beobachtet die winzigen Regungen der Winterlandschaft. Karlstadt haben sie im Rücken und sind jetzt irgendwo vor Zagreb, der vielerfahrene welsche Diener und der kleine Franz Pillinger, den der Baron angebrüllt hat, daß er nicht alles wissen müsse. Das Kind steht vor dem bepackten Pferd und hält ängstlich den Zügel umklammert.

»Entweder wir verirren uns oder nicht«, sagt Angelo.

Er sammelt Zweige und Äste, wählt sie umständlich aus, trotzdem qualmt das Feuer nur und wärmt nicht. Zerstreut kaut Angelo an einem trockenen Fleischstückchen, trinkt einige Schluck Wein. Das Kind sieht ihn mit großen warmen Augen an.

»Ich darf nicht heimkehren, nicht wahr?« sagt Angelo zu ihm. Der Blick des Kleinen verrät Unsicherheit, wie sie nach dem prachtvollen Venedig in eine so unwirtliche und öde Gegend geraten konnten, zwischen düstere Berge, wild dahinjagende Flüsse und sich entlang kurviger Bergstraßen auftürmende, palastgroße Felsen. Das versteht das Kind nicht, ganz und gar nicht. Angelo trinkt abermals. Sein Adamsapfel vollführt mächtige Sprünge. Auch dem Kind gießt er ein wenig Wein in den Mund, damit dem Unglücksraben warm wird. Er nimmt es auf den Schoß, krault sein dichtes Haar.

»Hab keine Angst«, sagt er. »Wenn du Angst hast, weißt du weniger.«

Es war wirklich nicht schön von ihrem Herrn, daß er sie nach Hause gejagt hat. Der Baron ist eine wunderliche, unbedachte Seele. Irgendwo in London oder in Amsterdam wird ihm einfallen, daß niemand da ist, der ihn zur Ader läßt. Niemand kann das so geschickt wie Angelo. Gelegentlich hatte er das Gefühl, daß der Baron allein deswegen sein Blut in Wallung brachte, damit er ihm etwas davon abzapfen konnte. In seiner Wut hat er sie ohne Überlegung davongejagt. Jenseits der Grenze Venedigs hätte Angelo gehen können, wohin er wollte, zurück in seine Heimat, geradewegs nach Rom, dann aber sah er das Kind an, sah in seine Augen und dachte, daß er nicht einfach irgendwohin gehen konnte. Es gab nur eine einzige Möglichkeit – Siebenbürgen, das herrschaftliche Absolon-Gut, das sich irgendwo südlich von Bistritz und nördlich von Kronstadt erstreckt. Und das nahm er ihm ein wenig übel, dem Kind, das seines war, dem er sich zugehörig fühlte und mit dem er fünf schnell verfliegende Jahre im Gesindehaus des Absolon-Guts verbracht hatte. In den härtesten Jahren seiner türkischen Gefangenschaft und in der schönsten Zeit als Diener in Ungarn hatte er immerzu daran gedacht, daß er noch einmal die Glokken von Rom hören müsse, wie sie über der in praller Mittagssonne badenden Stadt brausen und dröhnen. Und näher als jetzt würde er der heimatlichen Erde nie wieder sein. Langsam löst sich das Kind aus seiner Umarmung und setzt sich zurück an seinen Platz. Es sieht zu, wie Angelo schon die zweite Flasche trinkt. Der Wein macht ihn schwindelig.

Das Elfenreich erstreckt sich vom Fluß Reka nach Osten. Eine blasse, männliche Fee mit schimmerndem Haar entdeckt die beiden Fremden. Auf ihrem schmalen Gesicht zerfließt ein Lächeln. Sie liebt die Kinder ja so sehr! Sie sind so leicht! So köstlich ist ihr Fleisch! Lachend und spielend kommen sie in die Feenwelt. Während solche Wesen wie dieser braune, haarige Koloß es gewöhnlich mit der Angst zu tun bekommen. Sie schlagen ein Kreuz und brüllen, wenn ihnen ein Feenmädchen über den Weg fliegt. Aber die Kinder lachen und greifen nach der ausgestreckten Feenhand, führen über Felskämmen und schillernden Seen einen Tanz auf, als wären sie selbst als Feen geboren. Die Fee fliegt lächelnd zu ihren Geschwistern und überbringt die Nachricht, daß sich zwei Fremdlinge in ihr Reich verirrt haben, morgen wird sich ihre Zahl um zwei vermehrt haben. Und wenn der Frühling ins Land zieht, müssen im Wald zwei Blätter mehr sprießen, denn die Blätter der Bäume sind in dieser Gegend das Zuhause der Feen, auf ihnen schlafen sie, ermüdet von Tanz und Zeitvertreib.

Angelo trinkt schon wieder. Er kehrt nicht heim, dann kehrt er eben nicht heim.

Ach, wozu immer Sehnsucht haben nach irgendwas. Unruhig steht das Kind auf.

»Bist du traurig?«

»Ich bin traurig«, sagt Angelo.

In diesem Augenblick lodert das Feuerchen auf. Eine große, gelbe Flamme züngelt in die Höhe. Es wird warm, als sei der Frühling gekommen. Angelo lacht auf. Und wundert sich. Denn ihm ist, als hätte gar nicht er gelacht. Auch der Knabe lächelt, weil er sieht, daß sich die Sorgenwolken binnen eines einzigen Augenblicks von Angelos Gesicht verzogen haben. Er beginnt um das flackernde, knackende, funkensprühende Feuer herumzuhopsen. Das Pferd ist unruhig, es zerrt am Halfter und schnaubt heftig. Sogar die Decke wirft es ab. Mit einem Satz steht eine Fee hinter Angelo und haucht ihm ins Genick. Der wirbelt herum, sieht aber nur ein weißes Wehen, als sei ein Stück eines Schleiers fortgeblasen worden. Er schüttelt den Kopf und setzt von neuem die Flasche an den Mund. Ein anderes Geschöpf, eine weißhaarige Fee mit blauen Wimpern, nimmt sie ihm aus der Hand und tut einen kräftigen Zug. Ihr Gekicher ist das Spiel von tausend Schellen in dem kahlen Wald. Angelo springt auf und versucht, sich die Flasche zurückzuholen. Es gelingt ihm nicht. Die Feen werfen sie hin und her, der Wein, o Wunder, fließt dennoch nicht aus. Angelo sind sie nicht unbekannt. Sie sehen überhaupt nicht bedrohlich aus mit ihren schönen Flügeln, an ihren Hand- und Fußgelenken haben sie Schellen und kleine Glöckchen geknüpft, geflochten hat ihr Haar die eine, frei flattern läßt es die andere, Mädchen, aber auch Männer sind unter ihnen. Plötzlich spürt Angelo, daß sich sein Körper in die Lüfte erhebt. Sein Fuß berührt den Boden nicht mehr, und das ist gut, sehr gut, auf einmal hat er den Wunsch, daß auch das ums Feuer herumspringende Kind mit aufsteigen möge. Das geschieht auch, und das Gesicht des Knaben zeigt den Ausdruck höchsten Erstaunens. Mit weit aufgerissenen Augen guckt er den emporsteigenden Angelo an und beginnt, mit ausgebreiteten Armen ebenfalls vom Boden abzuheben.

Doch in diesem Augenblick passiert etwas.

Durch das lichte Gezweig der Sträucher brechen zwei seltsame Gestalten. Die eine ist ein schwerer Mann mit rotem Gesicht. Flammender Honig rinnt aus seinen Augen. Kleine Eisstückchen rieseln aus den Augen des anderen. Ohne auch nur einen Moment zu zögern, springen sie hinzu, umklammern die Beine des Kindes, das die Feen schon gepackt haben und in die Höhe ziehen. Die Feen halten es an den Armen fest, während diese beiden seine Knöchel nicht loslassen. O weh, sie reißen es noch entzwei! Jetzt wirft der mit den verklebten Augen flammende Tränen auf die Feen. Sein Gefährte schleudert mit seiner freien Hand gefrorene Tränen unter sie. Wie Hühner, wenn der Fuchs über sie herfällt, flüchten sie kreischend. Erst aus sicherer Höhe gestikulieren und drohen sie. Das Kind plumpst zurück auf die Erde, aus seinem Gesicht ist das Leben gewichen. Bleich, mit geschlossenen Augen, liegt es im Morast. Aus dem Gestrüpp tauchen drei weitere Gestalten auf. Ein kleiner, mit einem Kaftan bekleideter Jude fuchtelt zornig in Richtung der lärmenden Feen.

»Dreiste Bande!« keucht er wütend.

Sein Gefährte fuchtelt mit den Armstümpfen gen Himmel.

»Ich gebe euch gleich Kinder, ihr Unverschämten!«

Der Schwarzhaarige untersucht das Pferd und beruhigt es.

Der mit den verklebten Augen hebt das Kind hoch und träufelt ihm Honig zwischen die Lippen. Es schlägt die Augen auf, sieht aber nichts, nur seine Wimpern zittern und senken sich langsam wieder.

Unten auf der holprigen Straße steht der Wagen mit der blauen Träne. Der kleine Jude kauert sich nieder und untersucht die Räder, rüttelt an ihnen und klopft sie besorgt ab. Der Dunkle nickt resigniert, während er das Pferd vorspannt.

»Du hast recht, Aaron, diese Straße hat sie ziemlich mitgenommen.«

Doch ihr Gefährte, dem zuvor die Eisstückchen aus den Augen gerieselt sind und der mitgeholfen hat, den Feen das Kind zu entreißen, entgegnet ärgerlich:

»Gute Straßen sind das! Woanders sind sie auch nicht besser!«

»Wir müssen einen Handwerker auftreiben«, der kleine Jude blickt auf.

»Am besten einen Holzschnitzer«, sagt der Dunkle und lächelt.

Der mit Schlaf in den Augen hat das Kind bereits in der Tiefe des Wagens untergebracht. Sie nehmen ihre Plätze ein und brechen auf. Zuerst fahren sie in nördlicher Richtung, auf die Stadt Ödenburg zu, von dort werden sie das Kind auf das Besitztum des wunderlichen Barons Demeter Absolon zurückbringen.

Vielleicht wissen sie es, vielleicht auch nicht, die Fee folgt ihnen bis zum fröstelnden Stadtrand von Zagreb. Sie schwingt sich von Ast zu Ast, und sie ist wirklich ganz anders als ihre Gefährten. Ihr Gesicht ist nicht so bleich, ihre Haut nicht so fahl, ihr Windesleib von dichtem, schwarzem Haar bedeckt. Sie weint bitterlich, diese Fee, unglücklich und verloren schluchzt sie. Und ihr Weinen plätschert vor dem Gesicht des Kindes, die ganze Fahrt über, selbst dann noch, als Wochen später überraschte Diener die großen Eichentore des Absolon-Herrenhauses vor dem klapprigen Gefährt auftun.

Sie sind zu fünft, soviel ist sicher.

Die einen nennen ihr Weinen eine einzige Geschichte, ohne Anfang und Ende und ohne einen Lidschlag lang Rast. Man sagt, daß zwischen Rostock und Fiume, München und Kiew kein Ort zu finden sei, den sie nicht mit ihren Tränen begossen haben. Die Einheimischen hängen es lieber nicht an die große Glocke. Andernorts vergißt man sie einfach. Hier erinnert man sich nur an ihren Schatten, dort pflanzt man Pappeln in die Spuren ihres Wagens, als Zeichen, das sie einmal zurückbringen soll. Es kommt auch vor, daß sie zur gleichen Zeit in Rosenau und Temesvár gesehen werden, was von den ortsansässigen Chronisten schriftlich und mit Eid bekräftigt wird. Warum sollen wir auch den kritzelnden Chronisten von Gölzstadt mehr Glauben schenken als trunksüchtigen Steuereinnehmern aus Tivorno?

Goran Dalmatinac, Peter Schwarzenstein, Zoran Vuković, Aaron Blum und Franjo Mendebaba sind die fünf Männer auf der Landstraße der Zeiten. Auf die Plane ihres Wagens hat ein bedauernswerter Deutscher aus Buda eine gewaltige, himmelblaue Träne gemalt, damit es auch für Wegelagerer und Söldner offenkundig sei, daß es sich nicht lohnt, den Künstlern des Weinens den Weg zu versperren, schließlich besteht der ganze Reichtum dieser fünf aus ihren Tränen. Und was kann schon ein Wegelagerer, ein Soldat Allahs oder ein kaiserlicher Söldner mit dem zauberischen Wasser der Augen anfangen?

Der Tinóka ist ein sogenannter Seitenarm der Theiß, er folgt der Straße nach Debrecen bis zu jenem einarmigen Baum mit dem schwarzen Stamm, dort nimmt ihn der Fluß mit einer leichten Biegung zu sich. Zwischen Tinóka und Theiß lebt eine so reiche Wasserwelt, als ob Wasser und Erde nicht das geringste vom Niedergang des Landes ahnten. Vielleicht ahnen sie ja wirklich nichts. Der von wilden Horden entfesselte Wirbelsturm verliert sich über dem Meer der Riedgräser. Heerscharen von Wasservögeln, summenden Blutsaugern, Blutegeln, Fröschen und Nattern leben in dieser Gegend. In den Teichen und seichten Altwassern plätschern Fische mit blutroten Flossen. Auf dem Grund liegt reglos ein beleibter, schnauzbärtiger Wels, eine Wildente verdauend. Zander und Hecht klatschen gegen die Oberfläche. Wasserläufe trüben sich und werden wieder klar. Von grünen Lianen, seidigen Pflanzeninseln versüßte schwarze Erdbuckel erheben sich aus der Wasserwelt, hier und da die graue Asche einer Feuerstelle, an den Blättern sich neigender Weiden picken die Wasservögel. Überall ragen Pappeln, Erlen und Eichen in den Himmel. In den Weidenhainen schwillt üppig das Halbdunkel, auf samtigen Wiesen grüßen einander die Pilze mit ihren fleischigen Hüten.

Dieses Gebiet, das sich seit Jahrhunderten im Besitz des Bala-Geschlechts befand und schon einmal von den Tataren, dem schrecklichen Volk aus dem Totenreich, heimgesucht wurde, fällt 1551 unter türkische Oberhoheit. Im darauffolgenden Jahr ziehen die Paschas Ahmed und Ali mit zwanzigtausend Soldaten in die Gegend von Balaszentmiklós. Binnen eines Tages haben die Türken am Ufer des Tinóka die Erdfeste errichtet. Vom frisch aufgeschütteten Hügel aus ist das blaßgrüne Band der Weidenhaine entlang der Theiß und der ausgefranste Rand des Himmels zu sehen. Bei klarer Sicht denken sie sich in der Richtung von Jászberény, Hatvan und Erlau auch große, lila Berge an den fernen Horizont. In den nächsten Jahren wird die Burg weiter verstärkt und mit Steinen, harten Holzbalken und schwerem Lehm befestigt. Nachts, wenn sie nach mühseliger Arbeit heimlich Wein oder vergorene Stutenmilch trinken, hören sie den Vogel, sie hören jemanden weinen in der unendlichen ungarischen Dunkelheit.

Brachvogel, ein Brachvogel!

Wovon er wohl singt?

Bisweilen scheint seine Stimme traurig, dann wieder recht fröhlich.

So wird Balaszentmiklós immer wieder die Heimstätte von allerlei tatarischen und türkischen Horden, die die Gegend ausplündern, brandschatzen und verheeren. Und sie tun es nicht nur aus Notwendigkeit und zum Vergnügen, sondern schließlich auch aus purer Langeweile. Im Jahr 1555 ist es der Wardeiner Bischof Mátyás Zeberida leid, daß der Dizdar von Szentmiklós in seinen über alles geliebten Biharer Dörfern wütet. Für einige Tage spricht er seine Soldaten frei von der schrecklichen Sünde des Fluchens. Dann erklärt er die Absolution für nichtig. Die Männer empfinden solchen Haß, daß manche Blut und bittere Galle speien. Der Bischof lächelt bedeutsam. Er läßt seine Hunde die Kotze auflecken. Am nächsten Tag sprengen die Truppen des Bischofs bis nach Balaszentmiklós, verschleppen die Bewohner samt ihrem Vieh und brennen von den zweiundzwanzig Höfen einundzwanzig nieder. Einen lassen sie stehen, wie er war, mit Akazienhonig übergossen, mit all seinen Bäumen, Sträuchern, Hecken und den gerade im Freien arbeitenden Unglücklichen, dem Landwirt, seiner Frau und den Kindern, damit der Vorbeikommende sehe, welch schöne Blüten die Macht von Bischof Mátyás Zeberida treibt. Der Anblick erheitert auch einen in der Nähe streifenden türkischen Trupp. An einem einzigen wolkigen Vormittag essen sie von dem Anwesen den Honig herunter, die Toten verbrennen sie. Wenn honigtriefende menschliche Leiber brennen, so ist das, als würde auf dem von Sternen blühenden Firmament das Halbrund des Mondes selbst Feuer fangen. Entsetzlich. Tagelang bläst in der Gegend kein Wind. Auch der Vogel ist nicht zu hören, der gute Brachvogel. Und wenn es einen Wanderer von Westen, Osten oder Süden hierher verschlägt, so spürt er beklommen und mit schmerzender Seele, daß sich im Himmel etwas zusammenbraut. Das Gefühl trügt nicht.

Um das Jahr 1570 setzt der Erlöser seinen Fuß auf die bittere Erde von Balaszentmiklós. Es ist ein außerordentlich starker Mann, der herrliche Reden hält. Er heißt Georg Weihnacht. Laut Meinung seiner Anhänger, die sie ihm aber nie offen zu sagen wagen, ist er der Ungar mit dem schönsten Namen aller Zeiten. In Wirklichkeit heißt er allerdings László Szécs, der Schwarze Mann. Georg Weihnacht schweigt tagelang, verbiegt stumm und mit kummervollem Antlitz Eisenstücke, beginnt aber dann so schön zu sprechen, daß das verbogene Eisen sämtlich wieder gerade wird, krumm bleiben nur die Stücke, die sich seiner Güte nicht würdig erwiesen haben. Mit den Fingern bricht er Hufeisen und Nägel entzwei, und wenn Blut quillt, verdirbt es ihm nicht die Laune. In seinem Lager ertönt die Trommel häufiger als die Nachtigall, demnach ist er wirklich ein Heiliger. Wer ihn zu schmähen wagt, wird mit dem Gesicht zur Hölle in eine Kalkgrube geworfen. Georg Weihnacht nennt sich einen Mann Gottes, einen Propheten und Heiligen, der dazu berufen ist, den Türken in einen winselnd fliehenden Hund zu verwandeln. Entsprechend würdevoll erwählt er seine Gefolgsleute. Der Anwärter kniet vor ihm nieder und wird von einem lockeren Faustschlag niedergestreckt wie das Rind vom Schlachtbeil. Wer wieder zu sich kommt, ist der Gefolgschaft würdig, wer nicht, den verscharrt man und scheißt auf sein Grab.

Im Mai des Jahres 1571 findet Georg Weihnacht keinen Schlaf. Das bedeutet, daß er die Festung von Balaszentmiklós einnehmen muß, dann darf er das Ziel seiner Sendung verraten. Sechshundert ausgewählte Rebellen schickt er gegen die armselige Erdfeste. Zuvor verabreicht er jedem einzelnen eine Ohrfeige, um sie dann mit den aufmunternden Worten zu entlassen, die Erdwälle der Burg würden einstürzen wie einst die Mauern von Jericho. Der Türke weiß alles. Seit Wochen spionieren Leibeigene aus Balaszentmiklós und Fegyvernek um Georg Weihnachts Lager herum. Der Türke weiß sogar, daß die sechshundert Auserwählten schon beim Aufbruch rot im Gesicht sind, nämlich dort, wo der Prophet sie geschlagen hat. Erst nehmen die Türken die verzückten sechshundert Mann von Weihnacht unter Kanonenfeuer, um sie dann niederzumetzeln wie unwissendes Vieh. Indessen sterben die sechshundert glücklich, denn sie gehen mit dem Bewußtsein, gesiegt zu haben, ins Jenseits ein. Der türkische Kommandant der Erdfeste hält wohlweislich geheim, daß beim Ansturm der ungläubigen Horde die südliche Mauer der Befestigung geborsten ist und von selbst einzustürzen begonnen hat. Denn auf ein Wunder muß man noch länger warten. Wunder stellen sich immer auf andere Weise ein, als man es von ihnen erwartet. Die Wahrheit ist, daß sie manchmal auch zu spät kommen, wofür es keine sinnvolle Erklärung gibt. Der Kopf Georg Weihnachts fällt in der Stadt Debrecen. Nicht, weil er den Debrecener Richter, der sich mit einem Verrückten ohnehin nicht auf Diskussionen einlassen kann, zu einem überflüssigen Glaubensstreit zwingen würde, sondern weil er für den Rest seiner Truppe mehrere mit

Fleisch, Brot und Weinfässern beladene Fuhrwerke fordert. Der Kopf von Georg Weihnacht ist entsetzlich schwer. Zweimal so schwer, glauben selbst seine Feinde, wie der Johannes des Täufers. Weit rollt der abgeschlagene Kopf des Propheten, und als er an einem Maulwurfshügel hüpfend zum Stillstand kommt, ist sein anklagender, vorwurfsvoller Blick direkt auf Balaszentmiklós gerichtet.

Einige Tage später schlägt ein seltsamer Trupp am Ort des weltberühmten Gefechts von Balaszentmiklós sein Lager auf. Noch ist die Erde an manchen Stellen dunkel vom vergossenen Blut, doch die Leichen von Georg Weihnachts Schar haben die Türken bereits in eine Grube geworfen. Ein stattlicher Soldat reitet an der Spitze des Haufens. In einem solchen Soldaten ist sogar die Scheiße stolz, sagt man in dieser Gegend. Sein Name ist Bálint Homonnai-Nagy. Seiner Abstammung nach gehört er dem niederen Adel an. Noch anno 1514 ist er ein treuer Soldat György Dózsas, als ein aus Bauerngesindel und heruntergekommenen Adeligen rekrutiertes Kreuzzugsheer sich gegen die eigenen Herren wendet, Landsitze und herrschaftliche Güter ausplündert und unzählige Schandtaten verübt, wie die ungarische Erde sie bisher nicht gekannt hat. Die nach Scheiße stinkenden Horden der Kreuzfahrer ziehen über vornehme Damen und kleine Mädchen mit Porzellanstirnen hinweg. Nach der Niederschlagung des Aufstands beschlagnahmen die Hohen Gerichte bei zahllosen Gottesstreitern bestürzende Requisiten, Ohrläppchen edler Damen und Herren, Nasen, Finger- und Fußnägel. Das hätten sie alles zur Erinnerung und als Unterpfand mitgenommen, gestehen die Aufständischen. Die Ruchlosen werden ohne Urteilsspruch im Speichel tollwütiger Hunde ertränkt. Die furchtbarste Rache wird am Bauernkönig György Dózsa geübt. Er wird auf einen Feuerthron gesetzt, seine ausgehungerten Leute nagen an seinem Fleisch, mit glühenden Zangen zwickt und durchlöchert man seinen Leib, auf das Haupt wird ihm eine Feuerkrone gesetzt.

Bálint Homonnai-Nagy verirrt sich mit seiner kleinen Schar vor der verhängnisvollen Schlacht von Temesvár. Erst am nächsten Tag erreicht er den Kampfplatz. Die Erde ist ausgekühlt und schimmert schon weiß von den in Massen wartenden Würmern. Hunde zerren an den Leichen der Aufständischen, in ihre Augenhöhlen hacken Krähen und Eulen. Es herrscht Stille, wie unter einem gewaltigen Woilach. Der Wind, der über ihnen bläst, hat blutige Flügel. Lange sieht der Kreuzfahrer mit unbewegtem Blick vor sich hin. Dann läßt er seine Leute schwören, bis in alle Ewigkeit für Wahrheit und Freiheit zu kämpfen, mit niemals erlahmender Kraft auf die nichtswürdigen, das Volk schindenden Magnaten einzuschlagen. Schließlich führt er sie in den milchweißen Nebel, der bei Sonnenuntergang eingefallen ist und bereits zitternd über der Ebene von Temesvár steht.

Gut ein halbes Jahrhundert später also taucht der Trupp von Bálint Homonnai-Nagy wieder auf, diesmal auf den Balaer Feldern. Der Hauptmann betrachtet kopfschüttelnd die Spuren der weltberühmten Schlacht von Balaszentmiklós, das Blut der Soldaten Georg Weihnachts, die zerbrochenen Schwerter, Kleiderfetzen, menschliche Überreste.

»Sind wir womöglich zu spät gekommen?« fragt er fast unwillkürlich. Seine Leute antworten nicht. Sie lieben ihren Herrn und fürchten seine Kraft. Doch nicht weit von ihnen steht auch ein Wagen, das mitgenommene, vielgereiste Vehikel der Tränengaukler. Einer von ihnen, es ist Peter Schwarzenstein, tritt zu dem Hauptmann.

»Sie sind zu spät gekommen, mein Herr.«

»Sehr viel zu spät?« fragt Bálint Homonnai-Nagy mit Donnerstimme.

»Nicht mehr als sonst auch.«

Zerstreut knetet der Hauptmann die in seine Hand gefallenen schwarzen Steinchen. Sein Blick ist nun wieder hart, verklärt.

»Hilf, György Dózsa!« ruft er aus und schwingt sich auf sein Pferd. Seine Leute folgen ihm augenblicklich.

Die Tränengaukler sehen ihm nach, wie er seine kleine Schar in den milchweißen Nebel führt, der sich mit der Dämmerung ausbreitet und dessen Schwaden bereits über die Trümmer von Balaszentmiklós ziehen.

An dem Abend, als Hauptmann Homonnai-Nagys Haufen in der Gegend auftaucht, meldet ein Soldat namens Ali Kargizi dem türkischen Kommandanten der Erdfeste, ein seltsames Gefährt kutschiere auf der Feldflur von Balaszentmiklós herum. Der Wagen sei mit einer großen Träne bemalt, mindestens vier Gestalten würden darauf reisen, es könnten aber auch sechs sein. Allerdings seien sie keine Spione. Mit einem von ihnen, Franjo Mendebaba, habe er sogar einige Worte wechseln können. Dieser Mendebaba habe ihm versichert, sie seien bloß Schausteller. Schließlich erzählt Ali Kargizi, wie dieser Mensch sein Kunststück vorgeführt hat. Geweint habe er und in seinen Tränen habe Ali Kargizi auf einmal das Antlitz eines lebenden Menschen erkennen können.

»Und wessen Gesicht?« fragt Jusuf Boradschi, der Kommandant der Festung von Balaszentmiklós.

Der Soldat lächelt bescheiden.

»Dein weises und schönes Gesicht, guter Herr.«

Ali Kargizis Kopf fällt am Morgen des nächsten Tages, noch vor dem Gebet. Das Weintrinken ist den Soldaten Mohammeds verboten! Betrunken zu phantasieren ist aber bereits eine Todsünde, ein unverzeihliches Vergehen. Jusuf Boradschi beugt sich über Ali Kargizis vom Rumpf abgetrennten Kopf. Die Augen sind noch offen.

»Siehst du immer noch mein Gesicht, du Hund?« zischt er.

Jusuf Boradschi ist der letzte nennenswerte Kommandant der Festung von Balaszentmiklós. Auch ihn kann nur der Wind erwürgen in einer schwülen Sommernacht. Lange, sehr lange ringen sie. Noch in der Burg von Szolnok hört man den Kampfeslärm. Dann kommen magenkranke, Schaum und Blut spukkende Spahi nach Balaszentmiklós. Der Tatar läßt sich schon lange nicht mehr blicken. Es gibt nichts mehr zu erbeuten. Ist es ein Wunder, daß Balaszentmiklós im Jahr 1596 in Trümmern liegt? Das Zentrum der Gegend wird daraufhin der Ort Mezőtúr. Die einst blühenden Bala-Felder liegen brach, der Türke verstreut erst den Kameldreck längs der Straßen, dann gibt er die Parzellen in Pacht, und was er an Geld dafür bekommt, zählt er nicht mal, so wenig ist es. Nässe durchdringt die rußigen Lehmziegel und Lehmmauern, die Erde nimmt sie langsam auf.

Die Erlösung läßt noch immer auf sich warten. Menschen wohnen keine mehr in der Gegend. Nur die weit aufgerissenen Augen des Propheten Georg Weihnacht leuchten unter der Erde wie entflammte Goldmünzen. Elende Hügelchen bezeichnen die Stellen, wo sich die kleinen Gehöfte befunden hatten. Unkraut wächst auf ihnen, auf Klettenblättern sonnen sich Eidechsen und Nattern. Es gibt niemanden mehr, der sich erinnerte, und allmählich gibt es auch nichts mehr, woran man sich erinnern könnte. Das umgestürzte Minarett auf dem Erdwall der Burg sieht aus wie ein urweltliches Ungeheuer ohne Kopf und Beine. Nur sein Rumpf liegt ausgestreckt, verwitternd, berstend hier und dort. Nach und nach überwächst und erstickt es der Efeu, Würmer und Nagetiere, Hasen und wilde Vögel quartieren sich ein. Und dann stürzt in einer wenig denkwürdigen Dämmerstunde das Badehaus mit seinen zwei Kuppeln in sich zusammen. Nichts verfällt, die Erde nimmt nur an sich, was ihr gehört.

»Truutuu«, weint der Vogel.

»Truutuu«, weint eine Frau über der Zerstörung.

Erde ist ihr Gesicht, Erde ihr Leib, und dennoch ist sie schön, als wäre sie die Mutter unserer Mutter.

Im Dezember des Jahres 1657 beginnt der ungarische Gefangene endlich zu reden. Er legt ein umfassendes Geständnis ab, und etwas Schöneres hat der vornehme Tatar Bahaj nie gehört. Der gefolterte ungarische Gefangene spricht, während er selbst nicht weiß, aus welchem Abgrund des Wissens seine Worte aufsteigen. Obwohl er sie doch kennt, denn er spricht sie ja aus. Vor Freude beginnt Bahaj zu bellen. Daran ist nichts Erstaunliches. Der vornehme Tatar hat einen Hundekopf. Sein Hals ist lang, wie bei einer Giraffe, aus seiner Stirn ragt ein Horn, seine Ohren sind groß und bunt wie die Fächer von Wiener Hofdamen. Sein Kopf ist mit Narben und Bißspuren übersät und sein Auge so dunkel, daß man zu Recht glauben könnte, in diesem Blick sei die Sonne untergegangen und die Nacht verströme sich aus ihm, von der Wolga bis zur Weichsel. Einmal träumte Bahaj, er sei ein direkter Abkömmling des heldenhaften Tamerlan, der sogar den türkischen Sultan gefangennahm, was nur durch die Kraft Allahs, zumindest nicht ohne seine nachhaltige Unterstützung, möglich war. Obwohl Bahaj felsenfest von der Wahrheit seines Traumes überzeugt ist, hält er ihn geheim, um seine Hoheit den Khan nicht zu irritieren. Vielleicht ist der Traum nicht ganz zutreffend. So viel steht jedoch fest, daß auf der Welt zweihundert seiner Milchbrüder und -schwestern leben, während er selbst nur ein einziges Kind hat. Um so stolzer ist Bahaj auf dieses Kind, das zur Zeit des Verhörs gar kein Kind mehr ist, vielmehr ein junger Mann, an dessen Kinn sich bereits der Bart kräuselt. Hundekopf hat er zwar keinen, doch auch er bellt, wenn ihm eine unerwartete Freude zuteil wird. Im Alter von drei Jahren und drei Monaten war dieses Kind bereits fähig, einer Taubenmutter durchs Herz zu schießen, einen tollen Hund zu erwürgen und einen randvoll mit Menschenblut gefüllten Kelch zu leeren.

György Jánossy ist in tatarische Gefangenschaft geraten, als der Fürst von Siebenbürgen György Rákóczi in Polen einfiel und mit Unterstützung des schwedischen Königs Karl das stolze Warschau demütigte. Die Tataren hat bis dahin noch niemand gedemütigt. Man konnte sie besiegen, ihre Herzen und ihre Zungen durchbohren, ihre auf dem Kampfplatz zurückgebliebenen Leichen anspucken. Doch ihre geballten Fäuste, in denen sie das Geheimnis ihrer Zukunft hielten, konnten selbst im Tod von niemandem geöffnet werden. Im Sommer 1657, als die Mücken in Wolken schwärmten, die so dicht waren, daß einige sich in Felsbrocken verwandelten und mit einem dumpfen Knall auf das Herz der polnischen Erde stürzten, gerieten ungefähr fünftausend Elitesoldaten in einen Hinterhalt der Tataren. Tagelang wurden sie angebellt, schließlich auf tatarisches Gebiet, nach Moldawien, verschleppt. Doch sie mußten weiter, bis auf die Halbinsel Krim. Die wichtigsten Offiziere wurden in die Festung Tschufut Khalek gebracht, die sich über Bachtschissaraj erhebt und über der nur der auserwählte Geiervogel des Khans kreisen darf, doch selbst der muß jedes Jahr neu um Erlaubnis bitten.

Hauptmann György Jánossy bekleidet keinen besonderen Rang, zudem ist er noch sehr jung, kaum zwanzig Jahre alt.

Einer der fünfzig gefangengenommenen Vizehauptleute. Dennoch wird Bahaj, der hundeköpfige Tatar, beim Inspizieren der Gefangenen auf ihn aufmerksam. Warum, bleibt ein Geheimnis. Den Grund für seine Wahl flüstert Bahaj nicht einmal der Erde zu, damit ihn nicht etwa ein Staubkorn beim Khan denunziert. Die Tataren wissen, daß die Erde der größte aller Verräter ist. Bahaj grunzt auf, als er den jungen Ungarn sieht. Er beschnüffelt ihn gründlich, dann packt er ihn am Arm und starrt ihm lange ins Gesicht. Mit Brechreiz nimmt György Jánossy wahr, wie die roh hinuntergeschlungenen Fleischstücke im Magen Bahajs braten.

»Du wirst dein Geheimnis verraten!« kläfft Bahaj.

Der ungarische Hauptmann grübelt, was wohl der Hundeköpfige von ihm will. Er wird gefesselt und auf stinkendes Stroh gestoßen. Zu seiner Bewachung sitzen zehn oder doch eher elf Tatarenkrieger um ihn herum. Ihre Blicke glühen so stark, daß es nicht richtig Nacht werden kann. Trotzdem schlummert György Jánossy ein, zum einen, weil er vom Marsch entsetzlich müde ist, zum anderen, weil er solche Angst hat, daß er nicht wach zu bleiben wagt. Seine Angst ist nur zu berechtigt. In der stahlgrauen Morgendämmerung des nächsten Tages wird er von gräßlichem Heulen geweckt. Starke Hände packen ihn und schleppen ihn auch schon fort. Die gelbgesichtigen Tataren bringen ihn zu Bahaj. Der Hundeköpfige sitzt bekümmert auf einem todschwarzen Stuhl, der eigentlich aus reinstem Gold ist, nur daß ihn der vorsichtige Bahaj, um nicht beim Khan denunziert zu werden, nachts mit Stutenblut bemalt, wenn er bei Tag darauf zu sitzen gedenkt. Hauptmann Jánossy kann nichts anderes denken, als daß es der Hundeköpfige war, der ihn gestern angebellt hat. Er wird doch nicht irgendeinem gottverfluchten Geheimnis hinterherschnüffeln? Aber sicher! Allerdings wird das Geheimnis, denkt Hauptmann Jánossy, in ihm keinen Bestand haben, weil er es sogleich vergißt. Bahaj wiederum bellt laut auf, dann gibt er ein Zeichen. Das Verhör beginnt. Die Tortur ist grauenhaft und dauert Tage. György Jánossy bereut, geboren zu sein. Es reut ihn, daß seine Mutter auf die Welt gekommen ist, er bedauert sogar, daß es einen Gott gibt, der so etwas zuläßt. Von den siebenhundertsiebenundsiebzig möglichen Varianten des Verhörens erprobt Bahaj zweihundertzweiundzwanzig. An einem einzigen Tag wendet er der Reihe nach fünfundfünfzig Foltermethoden an, trotzdem spricht der Gefangene nicht. Er knirscht nur mit den Zähnen, und die Augen treten ihm hervor. In seiner Pein scheißt er sich voll und wiederholt immer dieselben Worte.

»Ich weiß es nicht! Ich weiß es nicht! Ich weiß es nicht!«

Bahaj sieht ein, daß er auf diese Weise nichts erreicht. Er gönnt sich eine Ruhepause. Seine niedrige Hundestirn lehnt er gegen die spiegelglatte Wand des Ostwinds. Er denkt angestrengt nach. Es dämmert schon, als er endlich begreift, daß weitere Versuche sinnlos sind. Er muß die siebenhundertachtundsiebzigste Variante des tatarischen Verhörs erfinden. Und weil Bahaj Ideenreichtum und Ausdauer besitzt und mit dem Glück nicht auf Kriegsfuß steht, erfindet er die siebenhundertachtundsiebzigste Variante. Damit ihn niemand bei seinen Überlegungen stören kann, läßt er sich für drei Tage und drei Nächte lebendig begraben. Als man ihn ausgräbt, spuckt er voller Glück die Erde aus. Dann gießt er mit versonnenem Gesichtsausdruck einige Liter Kumyß hinunter und trifft unverzüglich seine Anordnungen. Aus Rattenzungen läßt er eine Pastete backen und einen Moorfrosch in Iltisdrüsen, würzt sie mit einfacher gemahlener Hundemilch, versetzt das Ganze mit abgestandenem Blut und streut Heuschrecken, Grillen, halbverdaute Mandeln, Sonnenspäne und blitzende Windstreifchen darüber. Dann mischt er Nacht und Mittagssonne hinein. Die Speise ist fertig. Und es ist, als hätte sie ein Gesicht und das Gesicht Augen, die ihn anschauen, während er sie schweigend verzehrt. An diesem Tag legt er sich beruhigt zu Bett, nun muß er nur noch träumen. Aber was er träumt, darf er nicht einmal sich selbst verraten. Er läßt einen Korb neugeborene Hasen neben sich stellen, im Schlaf schlingt er ab und zu einen hinunter, um seine in Aufruhr geratenen Eingeweide zu beruhigen. Gutgelaunt wacht er auf. Seine Leute schickt er weg, damit sie ihn nicht belauern und beim Khan denunzieren. Dann geht er zu dem gepeinigten, todmüden Hauptmann György Jánossy. Er stößt ihn zu Boden und bindet in fest. Der fassungslose Ungar redet sofort, als ihm Bahaj ins Gesicht scheißt. Die folgenden Worte brüllt der ungarische Vizehauptmann György Jánossy:

»Feuriger Donnerblitzstrahl!
Du Ausgeburt einer Hündin!
Elender Hundskopf, tatarischer als die Tataren!
Du niemals und niemand!
Du immer und alles!
Daß der Wind deine Augen rauswehe, daß der Wind deine Ohren zuwehe, daß der Wind deine Zähne zerwehe, daß der Wind deinen Schwanz verwehe!
Rauhreif bedecke dein Herz, das vom Satan geschissene!
Daß alle Steine der Himmel dich erschlagen, zerquetschen, zerstückeln!
Der Gram zermalme dich!
Geh abermals zugrunde!
Noch als Leichnam bist du böse!
Dreckiger Hundskopf, du beschissene Scheiße!
Daß eine falsche Sonne dich von innen verbrenne!
Schwarze Trauer meiner Seele, schwarzer Tau, schwarzes Blut!
Kumpan des Teufels, Soldat der Hölle, Dreck!
Du peststinkende Bestie!
Scheiße!
Schwanz!
Schwarzer Eiter der Seele!
Eiskalter Glibber, du!
Du gefrorene Traurigkeit!
Du bist Aas!
Du bist Tod!
Du bist gar nicht!
Du bist gar nicht!
Du bist gar nicht!«

Bahaj lauscht verzaubert. Die Schlingpflanze der Worte wikkelt sich um sein Herz und drückt es mit noch nie erfahrener, dennoch bekannter Kraft, so daß er auf einmal zu Boden stürzt und zu jaulen und zu weinen beginnt. So etwas Wundervolles hat Bahaj noch nie gehört. Worte, Worte, wunderbare, liebkosende, teure Worte! Man kann es auch einfacher ausdrücken. Bahaj mißversteht jedes einzelne Wort des Hauptmanns Jánossy und verliebt sich. Was für ein Land, was für eine Erde, wo solch wundervolle Worte gedeihen?! Von nun an schläft Bahaj nicht mehr. Wenn er dennoch einschlummert, jault er im Schlaf und kratzt die Erde neben seinem Lager blutig. Er magert ab, bis er einem kranken Ast gleicht. Sein Sohn sieht mit starrem Entsetzen, wie der stolze und mächtige Mann, der sein Vater gewesen ist, zu nichts wird. Ein elender Tag nach dem anderen stößt die Brocken der Zeit vor sich her. Bahaj sitzt vor seinem Zelt und glotzt vor sich hin. Sogar die vorgeschriebenen Gebete vergißt er. Wenn seine Diener ihn fragen, aus welcher Richtung er dem Wind zu wehen befehle, zuckt er mit den Achseln. Schließlich entscheidet er sich. Seinen zweihundert Milchbrüdern und -schwestern läßt er ausrichten, daß sie eine Zeitlang auf ihn verzichten müssen. Sein Vermögen verkauft und verlost er. Was er besonders liebt, Häutemesser, Bärenzahn, Traumpulver, streut er den Vögeln hin. Eines Morgens hebt er seinen großen Sohn in die Höhe, sachte, um ihn nicht zu wecken. Vorsichtig wirft er ihn hoch bis zum Himmel. Ismail fällt mit wolkigem Gesicht zurück. Bahaj zieht den Wolkenschleier auf seine Augenlider, den Rest küßt er ihm in den Mund, streichelt sein Gesicht und bricht auf.

Er kommt nach Ungarn, wie ein gewöhnlicher Wanderer, abgerissen, seine schleppenden, müden Schritte mit einem krummen Stock stützend. Wie der Wind wandert er, launisch und glücklich. Und kann gar nicht genug bekommen von all dem, was er erlebt. Jedes einzelne Wort des ungarischen Gefangenen sieht er bestätigt. Am Ufer der Donau erwärmt er sein Herz mit Steinen und Baumstämmen. An dieser Stelle läßt der große Strom ein Bächlein namens Csele zu sich. Bahaj sieht Tier- und Menschenleichen im Wasser treiben. Längs der Theiß zählt er hundeförmige Wolken. Wochenlang badet und wälzt er sich im gefrorenen, winterlichen Sand von Kecskemét. In der Nähe von Szeged verdirbt er sich mit einer unreifen Pflaume den Magen, er bellt, er lacht vor Wonne. Im Norden, wo Berge den Himmel ritzen, findet er hinter jedem Abhang ein aus Stein erbautes Städtchen. In Sintava sieht er am Burgtor die Knochen eines Riesen aufgehängt. Er kann nicht ruhen, ehe er diese Knochen berührt hat. In Teplitz badet er in warmen Quellen. An den Hängen der Berge stampfen Bergwerke, die Tiefe der Erde spendet Gold, Silber und Kupfer. Auf deutsch und slowakisch wird er angeschrien, man hetzt ihn, bewirft ihn mit Steinen. Nicht weit von Tokaj sieht er, wie Weinfässer die sacht abfallenden Weinberge hinunterrollen, wie sie auf Wagen geladen werden, die sich mit ihnen auf den Weg nach Polen machen. Der Duft des Mostes macht ihn trunken. Der Duft des Brotes macht ihn satt. Vom Geruch geräucherten Specks wird ihm übel, aber auch das ist gut. Im Süden herrscht Ödnis. Tagelang wandert Bahaj, doch nur stachelige, vertrocknete Stengel und trauernde Erdhaufen an der Stelle einstmaliger herrschaftlicher Häuser richten das Wort an ihn.

»Tuutuu«, hört Bahaj einmal.

Er wendet sich um, und sein kluges Hundegesicht wird von einem Lächeln verschönt. Eine aus Erde geknetete Frau steht vor ihm, auf Erdbeinen, die Erdhüften wiegend, mit Erdaugen zwinkernd.

»Trutuu!«

Weiter wandert Bahaj, wie das Blut im Körper zirkuliert er durch das Land. Im Frühling des Jahres 1664 wird der völlig entkräftete Tatar von den zuerst verblüfften, dann aber vor heller Begeisterung jubelnden Treibern des Grafen Miklós Zrínyi aufgegriffen. In Csáktornya erzählen noch alte Ackerknechte, daß einmal ein entflohener indischer Tiger von Venedig bis an den Dorfrand gestreunt sei, doch auch von ihm hat man nur die Abdrücke seiner Tatzen gesehen und die Wunden, die er beim Schleifen und Schärfen seiner Krallen den Baumstämmen zugefügt hat. Doch ein richtiger hundeköpfiger Tatar hat die Weidenwälder entlang der Drau noch nie betreten. Zuerst hetzen ihn die Treiber Graf Zrínyis mit ihren Spürhunden. Schließlich werfen sie ein Netz über ihn. Der Tatar wehrt sich weniger als ein Grashalm, der aus der Erde gerissen wird.

Graf Miklós Zrínyi wundert sich nicht im mindesten, als ihm der eigenartige Fang vorgeführt wird. Der Graf ist ja nicht nur Feldherr, sondern auch Poet. Er trinkt einen halben Becher Wein, die andere Hälfte kippt er auf die Erde. Lange grübelt er über den blutenden, jämmerlichen Bahaj nach. Und während er ihn ausgiebig betrachtet, schreibt er Verse, im Kopf und auch auf welligem Papier.

Im Monat des heiligen Ivan trifft der Kölner Verleger Johannes Hoffman in Csáktornya ein. Sichtlich ein steinreicher Mann. Seine Fingernägel sind mit Goldstaub überzogen. Der Deutsche bietet märchenhafte Summen für Bahaj, den man, wie er sagt, in ein Land bringen müsse, wo die Wissenschaft mehr Möglichkeiten habe. Bahaj solle von Professoren der Medizin untersucht werden. Johannes Hoffmans geheimer Plan ist es, den hundeköpfigen Bahaj auszustellen und noch mehr Geld zu verdienen. Graf Zrínyi übergibt ihm schließlich Bahaj, für den er keine Verwendung mehr hat – die Dichtung über ihn ist bereits fertig. Sowie der arme Tatar erfährt, daß er aus Ungarn weggebracht werden soll, denkt er mit letzter Kraft an den Tod und stirbt tatsächlich. Johannes Hoffman schäumt vor Wut. Er verflucht die betrügerischen Ungarn – und die Tataren gleich mit. Das Geld sieht er nicht wieder. Er läßt die Leiche zurück und kehrt heim nach Köln. Graf Zrínyi veranlaßt, daß Bahaj heimlich im Wald von Csáktornya bestattet wird. Sogar ein Gebet läßt er für ihn sprechen. Das Grab wird von einem Mann namens János Csintalan geschaufelt, der von da an zu keiner Arbeit mehr zu bewegen ist.

Im Jahre 1664 beschäftigen sich zwei Wissenschaftler an zwei verschiedenen Enden Europas mit den gleichen Berechnungen. Die Gelehrten haben Aufträge erhalten, die offenbar dem gleichen Zweck dienen, sie sollen untersuchen, welches Wetter in den drei Sommermonaten des Jahres 1686 zu erwarten sei.

Welche Regenfälle werden das Antlitz der Erde durchweichen?

Welche Stürme werden an den Kronen der Bäume zerren?

Wie wird die Sonnenscheibe flammen, glühen?

In welcher Weise wird das Mondlicht das Wasser des Meeres heben und wieder zurückfluten lassen?

Wird der Aasvogel der Pest wüten?

Wird es eine Hungersnot geben?

Die Berechnungen beider Männer konzentrieren sich auf das von umherziehenden türkischen und tatarischen Heeren bedrängte Ungarn.

Im Brennpunkt dieser Berechnungen steht eine Stadt, die einmal wunderschön war, aber inzwischen – auch wenn der Weltreisende und Spion Evliya Çelebi etwas anderes behauptet – nur mehr eine Karikatur ihrer selbst ist.

Buda heißt die Stadt, die Deutschen nennen sie Ofen.

Bei dem einen der Zeitrechner handelt es sich um den Franziskanerpater Fra Gabriele de Gautieri de Nizza, der an einem lauen Morgen seine Berechnungen begutachtet. Er hat das untrügliche Gefühl, der Lösung ganz nahe zu sein. Einige einfache Operationen sind noch auszuführen, dann kann er mit erhobener Stirn vor seine Auftraggeber treten, weil er nicht nur weiß, welches Wetter nach zwanzig Jahren in der Stadt Buda herrschen wird, sondern selbst seine kühnsten Behauptungen beweisen kann. Fra Gabriele de Gautieri de Nizza nimmt ein Blatt zur Hand, auf dem unentbehrliche Aussagen über Beschaffenheit, Lage und Bewegungen der über der Burg liegenden Wolkenschicht festgehalten sind. Da entdeckt er in der linken Ecke des Blattes, im sogenannten Himmelssektor, einen schwarzen Punkt. Es scheint ein zufällig dorthin geratener Tintenspritzer zu sein. Der Fleck wächst mit rasender Geschwindigkeit. Einige Augenblicke später sieht der Franziskanerpater, wie über einer in Trümmer geschossenen, noch immer in Flammen stehenden Stadt schwarzer Regen zu fallen beginnt. Und dieser schwarze Regen stinkt auf charakteristische Weise. Darüber wäre noch mehr zu sagen. Ein ganz und gar bekannter Gestank ist es, über Latrinen und Senkgruben kann man ihn riechen. Auf Lebendige und Tote, triumphierende Sieger und zerschmetterte Verlierer, auf Unversehrtes und Zertrümmertes fällt der schwarze Regen gleichermaßen. Bleich starrt der Pater auf das Papier. Seine Lippen sind aufeinandergepreßt. Er knetet seine langen, dünnen Finger.

Was ist geschehen?

Was war das?

Wessen Regen ist über Buda niedergegangen?

Fra Gabriele de Gautieri de Nizza beantwortet die Frage

nicht, obwohl er durchaus etwas darauf zu sagen wüßte. Er beschließt, die Vision für sich zu behalten. Mit keinem Wort verrät er seinen Auftraggebern, was im eroberten Buda zu erwarten ist. Wenn es eintrifft, ist es ohnehin egal. Wenn nicht, war alle Besorgnis überflüssig. So beginnt der Pater neuerlich zu rechnen. Doch am Ende jeder Berechnung fällt der schwarze Regen.

Der andere Zeitrechner ist Gonzales, der berühmteste spanische Feuermeister aller Zeiten. Zumindest hält er selbst sich dafür, und er hat Grund zu dieser Annahme. Mehr als eine Legende rankt sich um seine Person. In einem brennenden Haus sei er zur Welt gekommen, in Flammen, weswegen ihn seine Mutter bis zu seinem dritten Lebensjahr mit brennender Muttermilch genährt habe. Einer anderen Legende zufolge soll er jahrelang in einem glosenden Haus gelebt haben, das niemals zu Asche wurde, so daß dem Feuer schließlich nichts anderes übrigblieb, als ihn als Bruder anzunehmen. Gonzales wirkt im hispanischen Compostella, dem »Feld der Sterne« genannten Wallfahrtsort. Das kleine Fenster seines Arbeitszimmers blickt auf das Grab des heiligen Jakob. An einem lauen Morgen, der sich durch nichts von anderen unterscheidet, taucht in Gonzales' geheimgehaltenen, mit mehrfachen Schlüsseln gesicherten Gleichungen ein seltsames Gebilde auf: ein Wagen mit einer gemalten Träne an der Seite, ein stark ramponiertes Gefährt. Sein Knarren läßt die Buchstaben und Ziffern auf Gonzales' weichem, arabischem Schreibpapier verrutschen. Striche, Punkte und Linien suchen sich beim Herannahen des Wagens neue Plätze im komplizierten Labyrinth der Zahlen. Erzürnt betrachtet Gonzales die Verwüstung. Was war das? Wem gehört dieses elende Vehikel, das sich in seine Berechnungen verirrt hat? Wie ist es möglich, daß ein mit einer Träne geschmückter Wagen in den Bereich des Feuers gerät, wo doch die Tränen seine grimmigsten Feinde sind und die beiden nicht nebeneinander bestehen können? Und während er Flammen speit, denkt er verzweifelt daran, daß er jetzt noch mal ganz von vorne anfangen kann! Doch nachdem er die letzte Glut in hohem Bogen ausgespuckt hat, beruhigt er sich und faßt den Entschluß, seinen Auftraggebern eine Botschaft zu übermitteln.

Die Berechnungen müßten mit einer gründlichen Sicherung versehen werden, eine solche zu gewährleisten sei er außerstande. Denn wer über das Feuer nachdenkt, darf sich nicht mit Reisigsammeln abgeben. Der Feuermeister verleugnet sich nicht. Er schreibt seinen Auftraggebern einen wunderschönen Brief. Die Buchstaben stehen so lange in Flammen, bis die Adressaten sie gelesen haben.

Farkas Jancsó heißt der Zwerg, und vorerst ist er keiner. Er kommt zur Welt wie jeder andere Mensch auch. Aus Blut und Schmerz flutscht er ans Tageslicht, anno 1664 in der weitläufigen, staubigen Stadt Debrecen. Physiognomie und Körpermaße sind durchschnittlich. Ein schönes Kind, zumindest nicht häßlicher als andere. Bis zu seinem achten Lebensjahr wächst es wie jeder andere kleine Knirps in dem Partium genannten Niemandsland heran. Diese Gegend zwischen Ungarn und Siebenbürgen ist berühmt dafür, daß nicht einmal der Wind gern über sie hinwegbläst; wenn sein Weg ihn hierherführt, duckt er sich zwischen das dahinziehende Vieh, um sich zu wärmen. Bis Debrecen reicht der ausgestreckte Arm des Fürsten von Siebenbürgen, und seine Hand hat man gefälligst mit Steuern zu füllen. Der Arm des Sultans reicht gleichfalls bis hierher, auch er will Steuern. In diesen Jahren spaziert zuweilen eine seltsame Gestalt durch die nächtlichen Straßen von Debrecen. Selbst im zerstreuten, trügerischen Licht des Mondes kann man deutlich sehen, daß der Mann so bleich ist, als wäre er nicht mehr am Leben. Johannes Calvin, sein unsterblicher Geist, kehrt aus dem Jenseits zurück, weil es ihm nicht in den Kopf will, warum gerade hier, am Ende der Welt, seine Sätze, Thesen und Ideen auf so fruchtbaren Boden gefallen sind. Nach einer Stadt wie Debrecen hat sich Johannes Calvin ganz und gar nicht gesehnt. Deshalb taucht er bisweilen in den ausgestorbenen Straßen auf, und auch jenen muß recht gegeben werden, die ihn vor Wut schäumen und Schmähungen ausstoßen sehen oder das Glitzern von Tränen in seinen traurigen Augen zu erkennen vermeinen.

Farkas Jancsós Vater ist einer der tüchtigsten unter den trefflichen Debrecener Fleischermeistern und außerordentlich stolz auf sein Kind. Er zeigt ihm den Gebrauch des Schlachtbeils, wie man Ochsen und Pferde richtig am Kopf trifft, schnell und fachgerecht Schweine schlachtet. Und dieser große und beleibte, gütige und lebensfrohe András Jancsó sieht beglückt, daß sein Kind Neigung besitzt, den Beruf des Vaters weiterzuführen. Er weiß mit dem Fleisch umzugehen, ganz gewiß! Wie geschickt hantiert er mit den noch warmen Herzen geschlachteter Schweine! Wie behende ordnen seine kleinen Finger die Innereien! Wie er die gewaltigen Rindsschultern dreht und wendet! Leider kommt es nicht so, wie András Jancsó denkt. Aus dem Kind wird kein Fleischermeister, wie sein Vater und Großvater einer war. Aus dem Kind wird Velemir Pep, den manche für den garstigsten Zwerg der Welt halten werden, und es ist gut möglich, daß sie sich nicht irren.

Der Holzschnitzer Ignác Arnót und seine Frau treffen in den ersten Frühlingstagen des Jahres 1665 in Szeged ein. Die Steppengebiete sind noch mit Eis überzogen, und zwischen den kahlen Ästen der Pappeln läßt sich der Morgennebel zu keinem Spiel des Lichts verleiten. Aber ein richtiger Winter ist es doch nicht mehr, nur eine letzte Anstrengung des Frosts. Herr und Frau Arnót werden von einer Karawane wohlhabender Armenier bis nach Szeged mitgenommen. Die Armenier können sich von Wien bis Belgrad frei bewegen und Handel treiben, nicht nur in den vom christlichen Kaiser kontrollierten Provinzen, sondern auch dort, wo die Soldaten des prächtigen Padischah das Himmelsgewölbe mit der Kraft ihrer Blicke halten. Höchstens vor vagabundierenden Freischärlern müssen sie sich in acht nehmen, die sich heutigentags Kreuzfahrer nennen und so gottlos sind, daß sie selbst den armen Jesus Christus ausplündern würden, wenn er das Pech hätte, ihnen in die Hände zu fallen. Aber sogar sie kann man mit einem bewaffneten Geleit im Zaum halten, oder wenn es durchaus nicht anders geht, dann mit Geldsäckchen, griechischen Stoffen und Tüchern, einigen etwas heller glitzernden Ohrgehängen. Bald hat der Mensch Glück, bald steht er vor Gottes niedergeschlagenem Auge, allen möglichen teuflischen Zephiren ausgeliefert. Die Armenier stoßen nahe der Stadt Raab auf das Ehepaar Arnót, das sich, vom Frost gepeinigt, auf der verschneiten, unwirtlichen Straße dahinschleppt. Als hätten sie keine Ahnung, wohin ihr Weg führt. Der Karawanenführer setzt sie unverzüglich auf einen der Wagen, gibt ihnen zu essen und Palinka zu trinken. Er sieht starr in ihre gefrorenen Blicke und stellt keine Fragen. Die Fahrt ist lang und ereignislos. Immer wieder wird der Schnee aufgewirbelt über eisigen Gräben, an heimtückisch rutschigen Abhängen entlang rattern die Wagen. Sie lassen Tata, dann die Burg von Komorn hinter sich. Wie die Donau aussieht, möchte man meinen, sie könnte auf der Stelle zum Ozean werden, wenn sie nur wollte. In Esztergom verweilen sie einige Zeit, später auch in Erlau und Szolnok. Von dort wenden sie sich mit einer leichten Biegung in Richtung Cegléd. Ihren Mitreisenden schenken sie kaum Beachtung, weil diese keine Veranlassung dazu geben. Der Alte redet nicht viel, seine Frau noch weniger. In ihre Lumpen gehüllt sitzen sie in der Tiefe des Wagens, in ihren Blicken schimmert weder das Licht des Behagens noch des Sehnens. Nur die Hand des Mannes hebt sich zuweilen im zitternden Halbdunkel und beginnt vor seinem Gesicht zu schweben, als wäre sie ein Vöglein. Seine fünf Finger strecken sich in fünf verschiedene Richtungen, um eine langsame, sich allmählich beschleunigende Wellenbewegung zu beginnen. Die Händler stellen keine neugierigen Fragen. Sie gewöhnen sich daran, daß die beiden Alten bei ihnen sind, daß sie das Essen annehmen, das man ihnen anbietet, und sich nicht beklagen, wenn sie vom mittäglichen getrockneten Fleisch, von den runden, weißen Brötchen nichts abbekommen.

Der Trupp ungarischer Soldaten stellt sich der Karawane irgendwo zwischen Cegléd und Kecskemét in den Weg. Auch sie sind Kreuzfahrer, aber irgendwie anders als jene, die heutzutage auf dem Herzen Ungarns herumtrampeln. Nur ein paar Dutzend Reiter sind es. Als wären sie vor ihnen aus dem morgendlichen Nebel erstanden. Ihr Anführer ist ein Hauptmann mit herabhängendem Schnauzbart, breiten Schultern und klugem Blick. Ein Bild von einem Mann. Der Führer der Armenier, ein schlauer und vielerfahrener Greis, schwenkt den Geleitbrief.

»Der deutsche Kaiser hat ihn unterschrieben, und der türkische Kaiser auch, guter Herr!«

»Und György Dózsa, hat der ihn unterschrieben, du Hund?!« ruft der Soldat zornig.

Der Alte erstarrt. Er schielt auf den abgegriffenen Geleitbrief. Dann sieht er dem Krieger direkt in die Augen.

»Du meinst György Dózsa, guter Herr?« fragt er vorsichtig.

»Szapolyai wohl nicht, du selten hündischer Hund!«

Der Alte überlegt. Dann hasardiert er.

»Der hat ja auch unterschrieben.«

»Wer?« faucht der Soldat.

»Zugegeben, nur mehr schwer zu erkennen. Ein wenig verblichen.«

»Was ist verblichen?« schnappt der andere nach Luft.

»Na, der Fingerabdruck von diesem Szapolyai«, nickt klug der alte Armenier. Da bekommt er eine so gewaltige Ohrfeige, daß sich eine Narrenschelle in seinem Ohr einnistet, die ihm bleiben wird, solange der Atem des erhabenen Himmels hinter sein Herz dringt.

»Weißt du denn nicht, wer György Dózsa ist, Elender?« tobt der Soldat.

»Nein, ich weiß es nicht.« Der alte Mann fällt weinend auf die Knie.

Zwischen den Lippen des Soldaten tritt schöner, weißer Schaum hervor. Und nicht wenig.

»Na allerhand, das nächste Mal weißt du es, sonst erwürg ich dich mit deinen eigenen Gedärmen!« brüllt er.

Als habe er plötzlich die Ruhe wiedergewonnen, setzt er leise hinzu:

»Ich verstehe keinen Spaß, Armenier.«

»Wie meintest du, Herr?« fragt der Alte, aber er bekommt keine Antwort.

Schon galoppiert die kleine Schar davon. An ihrer Spitze läßt der stolze ungarische Held sein Pferd springen. Schnee wirbelt über die Ceglèder Hügel, kreiselt und stiebt, als würden Eisfeen darin tanzen. Du schließt und öffnest die Augen, siehst aber nur mehr eine träge Krähenschar auf der Landstraße des

Himmels vorüberziehen. Auch sie wandern nach Süden, krächzend, den Himmel verdunkelnd. Und plötzlich hast du die Gewißheit, daß dort oben die wirren, traurigen Seelen verlorener Menschen ziehen, auf endlosen Wegen durch das Reich der Lebenden, wo sie nie, nie wieder ein Zuhause finden können.

Die Armenier fragen auch nicht, warum das Ehepaar Arnót kaum eine Wegstunde von Szeged entfernt seine Sachen zusammensucht und ohne zum Abschied zu winken auf der Straße stehenbleibt wie zu Stein gewordene Heilige. Menschen, die über solche Entfernungen Handel treiben, wundern sich nicht über das, was geschieht. Auch darüber, was nicht geschieht, machen sie sich nicht viel Gedanken. Einen Blick zurück wirft der Führer der Armenier aber doch. Er würde gerne den zwitschernden Vogel aus seinem Ohr verscheuchen, doch der Unverschämte ist nicht abzuschütteln. Dort stehen die zwei Alten auf der von der Schneeschmelze und den auflebenden Wässern klingenden Szegeder Feldflur. Und die Hand des alten Mannes schwebt vor seinem Gesicht, als wäre sie ein Vöglein.

Ignác Arnót siedelt sich in der sogenannten Unteren Stadt an, nicht weit vom Csöpörke-Bach. Sie sind bettelarm, wie die Sonne. Trotzdem kommen sie rasch zu Haus und Garten. Die türkische Behörde stellt Arnót mit ungewöhnlicher, zu einigem Gerede Anlaß gebender Bereitwilligkeit den Gewerbeschein aus. In der Unteren Stadt erzählt man sich, der Kadi habe Arnót ohne alles Werkzeug, ohne Beitel oder Raspel in ein Zimmer gesperrt; als er es Stunden später wieder öffnete, sei der Alte zwischen schön geschnitzten Holzgegenständen gesessen und habe den Kadi mit unbewegtem Gesicht angeschaut, der ihn dann für das Kunststück reichlich entlohnte. Von diesem Geld habe Arnót das Anwesen und sein Häuschen gekauft, erzählen jene, die alles wissen. Nach anfänglichem Widerstreben treten die Szegeder immer häufiger über die Schwelle von Arnóts Anwesen. Wüßten sie über das Vorleben des Meisters Bescheid, würden sie seinen Hof nicht aufsuchen, keine geschnitzten Holzschüsseln, sanft schaukelnden Wiegen, schmucke Kerzenleuchter, Pfeifenrohre, Teller oder Becher bei ihm bestellen. Doch sie wissen nicht Bescheid. Arnót bewahrt tiefes Stillschweigen darüber, daß er nur wenige Jahre zuvor den Teufel geschnitzt hat. Zwar hat er ihn als stummen Teufel geschnitzt, weil er vergaß, ihm einen Mund zu machen, aber das schreckliche Wesen existiert, irgendwo auf der Welt. Und es ist nicht besiegt und gebändigt, wie Arnót sich ausgemalt hatte, sondern triumphiert. Wenn das Unheil auf der Welt zunimmt, denkt Arnót zuweilen während des Schnitzens, dann hat auch er dazu beigetragen. Daß ein anständiger Christenmensch so etwas tut! Entsetzlich! Aber gibt es gar keine Hoffnung auf Vergebung? Manchmal befällt ihn ein kaum bezähmbarer Drang, jemandem von seiner Sünde zu erzählen. Beichten, sich aussprechen, das wäre das Richtige. Nur bei wem?! Unter den hiesigen Franziskanern gibt es einen, der ihm zusagt. Ein Mönch mit schmalem Gesicht und klugem Blick, sein Haar lichtet sich schon ordentlich, wie bei philosophisch veranlagten Menschen. Bruder Felix heißt er. Auch sein Zuname ist seltsam. Was für ein interessanter Name, Felix Potári. Nicht selten umgibt ihn eine Wolke Palinkaduft. Ihm wird Arnót vielleicht einmal sein Geheimnis verraten. Aber nicht jetzt. Er wartet noch.

Im Hof gestapelt, in gut gedeckten Schuppen vor Regen geschützt, lagern die aus fernen Ländern herangeschafften Hölzer. Ulme und Pappel, Fichte und Linde, Birke und Eiche, alles, was man braucht und was sogenannte Mangelware ist in diesen verworrenen Zeiten. Denn leider gibt es in der Region nur Zwetschenbäume im Überfluß. Es ist auch seltsam, daß in dieser mit gut schnitzbaren Holzarten nicht eben reich gesegneten Gegend ein solcher Meister tätig ist. Bewohner der Unteren Stadt, die sich nun doch für die Sache interessieren, wissen gerade so viel, daß Ignác Arnót aus der Umgebung von Ödenburg in den weit entfernten und entlegenen Süden gekommen ist, über die Grenze, durch ausgebeutete und entvölkerte Dörfer, bis zu ihnen nach Szeged, unter die Oberhoheit des Sultans. Mehr ist auch ihnen nicht bekannt. Allmählich behandeln sie das Ehepaar Arnót wie Alteingesessene, dieses wiederum tut nichts, was das labile Gleichgewicht der unerwarteten Zusammengehörigkeit stören könnte. Sie arbeiten fleißig, und wenn die Einheimischen in den Augen der vom Markt oder vom

Fischverkäufer heimgehenden Frau Arnót dennoch Tränen sehen, dann unterlassen sie es, sie darauf anzusprechen, fragen nicht, wo es ihr denn fehle, fordern sie nicht auf zu erzählen, was sie bedrückt, die Einheimischen stellen keine Fragen, denn jeder hat seine eigene Not und sein eigenes Elend, jedem steht es frei, davon zu sprechen oder nicht. So sind die Zeiten. Sogar die Neugier wird von der Vorsicht in Zaum gehalten, die Vorsicht ist ein Erfordernis der Zeit, wie die Tugendhaftigkeit. Nur ist es eben viel leichter, vorsichtig zu sein, als tugendhaft zu bleiben.

Im Sommer 1665 kehrt Baron Demeter Absolon von seiner Rundreise durch Europa zurück. Schon Wochen vorher weiß man auf den Absolon-Gütern von seiner Ankunft. Erst erscheint eine weiße Taube über dem Herrenhaus. Langsam und würdevoll zieht sie ihre Kreise, damit auch der letzte Diener sie mit seinen verschlafenen Augen gut erkennen kann. In ihrem Schnabel das Grün eines taufrisch abgerissenen Brennesselsprosses. Die Taube kreist so lange, bis ihr das Herz stehenbleibt. Dann purzelt sie hinunter in den Staub, und man muß sehr aufpassen, daß sich nicht die immerzu hungrigen Köter des Herrenhauses über sie hermachen. Die Diener rupfen den Vogel, kochen aus seinem Fleisch eine Suppe, gerade einen Fingerhut voll, Baron Absolon Demeter wird sie sogleich nach seiner Ankunft zu sich nehmen. Kaum daß die Taubensuppe zubereitet ist, erscheint wieder ein Vogel, diesmal ein Rabe. Dort sitzt er auf der mächtigen Eiche im Hof, ein Sonnenstrahl spielt mit einem blitzenden, großen Schlüssel in seinem Schnabel. Es ist der Schlüssel jenes Kellers, der als unerschöpfliches Lebensmittellager des Absolon-Herrenhauses dient. Der Rabe wartet auf den Gesang des Dienstmädchens Rudica. Und nachdem Rudica das Lied beendet hat, das, wenn in der Walachei gesungen, in Moldawien schöner klingt, hingegen in Moldawien angestimmt, in der Walachei dem menschlichen Ohr angenehmer ist, läßt der Vogel den Schlüssel in den Staub des Hofes fallen und fliegt davon.

Endlich können die Diener die schwere, eisenbeschlagene

Tür auftun, um dann stundenlang Lebensmittel ans Tageslicht zu befördern. Unter Ächzen und Stöhnen rollen sie Tokajer Weine hinauf, den Palinka tragen sie in Literflaschen, Mehl und Käse, getrocknete und geräucherte Rippenstücke, Würste, Salami, Rosinen, Teigwaren, Mohn und Nüsse schleppen sie in dicken Säcken, saure Gurken und Kraut in bauchigen Flaschen. Es kochen und braten die Köche, als hätten sie seit der Schöpfung nichts anderes getan. Im Absolon-Herrenhaus nimmt ein wahrhaftes Bacchanal seinen Anfang. Rotwein fließt in Strömen, der Duft von Kuchen und Fleisch breitet sich aus, weithin tönen Flöten und Sackpfeifen, von quirligen Brüsten lösen sich die Bänder der Mieder, plumpe Männerfinger graben sich in die honigspendende Mitte zwischen den Schenkeln der Frauen. Die Hunde raufen nicht um die hingeworfenen Knochen, es gibt genug davon.

Nach seiner ersten längeren Peregrination war Baron Demeter Absolon im Herrenhaus stumm und zurückhaltend und mit umständlicher Zuvorkommenheit empfangen worden. Soll doch der Himmel erblinden! Höchstpersönlich bearbeitete er das niederträchtige, aus Haar und Herzen stinkende Gesinde mit der Peitsche, brüllend, er sei kein heimkehrender und neidischer Odysseus, daß man ihn mit feistem Schweigen, mit in Stummheit gebetteten zitternden Herzen empfangen müßte! Ihn sollen Ausgelassenheit und bacchantische Gelage empfangen, weil man ihn lieben müsse, ob er nun hier sei oder in Venedig scheiße oder in London dem lieben Gott die Zeit stehle! Die Diener hatten keine Ahnung, wer zum Teufel der heimkehrende Odysseus war. Eines aber hatten sie sich von diesem Tag an gemerkt: Wenn Taube und Rabe sich über dem Herrenhaus zeigen, dürfen sie essen und trinken, soviel in ihre Eingeweide hineinpaßt. Drei Diener sind infolge des maßlosen Fressens und Saufens bereits verschieden. Na und? Die übrigen haben selbst ihre Gräber schon vollgekotzt. Einige vergessen sogar zu stottern, welche Krankheit doch höchst verbreitet ist im Absolon-Herrenhaus. Schließlich trifft der Herr Baron ein. Dort steht seine schwere, stattliche Gestalt in dem mit Bändern, grünen Zweigen und Blumen geschmückten Tor, und die betrunkenen Diener brechen in wildes Gejohle und Gebrülle aus.

Dann wird es, dem strengen Verbot zum Trotz, auf einmal still. Der Baron sieht mit blitzenden Augen in die Runde, er blickt wie der Tod. Seine Brauen zieht er zusammen. Nein so was, pfui Teufel. Ist was passiert? Besonders viel Zeit bleibt aber nicht zum Nachgrübeln. Plötzlich bricht ein Schrei aus ihm hervor. Als hätte ihn der Schlag getroffen. Er erhebt ein solches Gebrüll, daß sich oben das Fenster des Himmels unverzüglich öffnet und der Herrgott seinen struppigen Kopf heraussteckt. Ärgerlich reibt er sich die schlaftrunkenen Augen, wer von seinen irdischen Ebenbildern es wagt, ihn so wüst in seiner Ruhe zu stören. Er besänftigt sich erst, als er aus den heraufdringenden Lautkaskaden heraushört, daß es sich um Baron Demeter Absolon handelt, den wunderlichen siebenbürgischen Magnaten. Gott mag den Baron. Er ist nicht nur sein Ebenbild, sondern in gewisser Weise mehr als das. Nach dem fürchterlichen Gebrüll wagt sich aus dem Schatten des Schweinestalls ein Bürschchen mit großem Kopf hervor. Aber das ist ja unser Bruder, Fränzchen Pillinger, den man aus Venedig nicht ohne Grund auf der Stelle nach Hause gejagt hat. Was zwar tatsächlich geschehen ist, aber wie ist es nun eigentlich geschehen?! Fast hätten ihn im Wald am Reka-Fluß Feen, adriatische Windmädchen und Sturmknaben geraubt. Um ein Haar wäre er zu einer Fee geworden. Ach, der arme Diener Angelo, der ihn doch bis zum Tor des Absolon-Herrenhauses hätte führen sollen! Das Kind ist dann von irgend so einem mit einer blauen Träne bemalten Wagen aus dem Süden mitgenommen und bis nach Ödenburg gebracht worden und schließlich noch durch das ganze habsburgische Ungarn und das zur Einöde gewordene türkische Herrschaftsgebiet bis zum Absolon-Herrenhaus, das irgendwo zwischen Bistritz und Kronstadt liegt, wenn es überhaupt irgendwo liegt.

»Eine Fee namens Angelo sendet eine Botschaft«, brüllt der Baron dem Kind zu, das große Augen macht. Groß ist sein Kopf und schwermütig sein Blick. Was für ein Irrsinn, poltert der Baron immer noch, daß er seinen treuen Diener als Fee gesehen habe, diesen langhaarigen, ewig den Weibern nachstellenden Welschen, der aber zur Ader lassen könne wie kein zweiter. Dort habe er zwischen den Zweigen geschwebt, wie ein dummer Windesflor, und mit dieser nervtötenden, widerlichen Feenstimme eine Musik fabriziert.

Aber was für eine Botschaft?

»Ihren Inhalt habe ich vergessen«, knurrt der Herr Baron und zuckt mit den Schultern, als wolle er zu verstehen geben, daß Feen ohnehin nur konfuses Zeug schwatzen. Das Kind bleibt im Staub stehen, unbeweglich und enttäuscht, die Diener sagen noch kein Wort, sie fürchten jetzt seinen Blick. Ihr Herr gießt die Taubensuppe hinunter, gleich darauf schließt er sich ein. Nicht einmal das fortdauernde Gelage beehrt er mit seiner Anwesenheit, obwohl er doch zumindest vor die Schwelle des mit Fackeln erleuchteten Festsaals zu treten und hineinzuspukken pflegte, wo seine Schäfer, Verwalter, Handwerker und Söldner, alle möglichen lumpigen Diener sich mit Gebratenem vollstopfen und Wein in sich hineinschütten. Aber nein. Jetzt nicht einmal das. Die sich hemmungslos Vergnügenden glauben zu wissen, daß er nicht mehr aufbrechen, in ferne Gegenden reisen wird, was manche höchst bedauerlich finden, andere wieder lächeln darüber. Bei Ankunft ihres Herrn haben die Diener aber auch noch etwas anderes gesehen, was nun zum Gegenstand des heftigsten Disputs wird. Irgend so ein Kästchen hat der Baron mitgebracht. Vergoldet und beschlagen, nicht gerade groß, aber offenbar verwahrt es einen Schatz. Also doch riesig. Und als ob der Baron wollte, daß die Leute sehen sollen, er hat ein Geheimnis, bleibt er, während er das Kästchen aus dem Wagen ins Haus trägt, im mit Pferdedreck übersäten Hof stehen, bestaunt es brummelnd, hält das aufblitzende Kästchen gegen das Licht, schüttelt es vorsichtig, knurrt und drückt es an sich, als wäre es ein brünstiges Weibsgeschöpf.

Was mag wohl in dem goldbeschlagenen Kästchen sein? Sicher keine silbernen Taler, Gold und Edelsteine. Baron Absolon macht sich einen Dreck aus Geld. Das kann er sich leisten, er hat ja genug davon. Vielleicht birgt es eine geheime Schrift, die endlich den Sinn und Zweck des menschlichen Lebens erhellt? Mitnichten. Zwar ist gesagt worden, daß man nie aufhören soll, nach dem Sinn des Lebens zu forschen, Demeter Absolon ist jedoch so entsetzlich klug und weise und seine Kenntnisse über das Leben sind so gewaltig, daß er einer solchen welterklärenden Schrift höchstens zum Auswischen seines Arsches bedarf. Ob das Kästchen vielleicht ein Haarbüschel, einen Fußnagel oder den löchrigen Zahn eines Heiligen enthält? Pfui Teufel! Auf Reliquien spuckt der Baron, er mißachtet Dinge, die vom Menschen sind, aber übermenschlich verehrt werden sollen. An Heilige glaubt er weniger als an sprechende Hunde oder von Zeit zu Zeit erscheinende Heilige Jungfern. Im übrigen gibt er Wanderpredigern und mörderisch blickenden Ketzern bereitwillig Quartier. Papist, Kalvinist oder Wiedertäufer, alle können zu ihm kommen, selbst heimliche Bogumilen und weißrasierte bettelnde Derwische jagt er nicht davon. Mit manchen setzt er sich zum Trinken nieder, und wenn der Gast dem Wein zuspricht und bereit ist, die Nacht durchzudiskutieren, was ungefähr bedeutet, daß er das nur für seltene Momente aussetzende, durchdringende Gebrüll über Gott, Schicksal, Erlösung und Seele erträgt, dann kann es ihm wohl ergehen, denn er braucht nur hin und wieder zustimmend zu nicken, na sicher, und ob, er sehe das ganz genauso, während er den Speck und die Rippenstücke, die Quarkstrudel oder Mohnbeugel in sich hineinschlingt. Wie die Völlerei im Absolon-Herrenhaus auch verläuft, der Disput nimmt immer die gleiche Richtung. Er dreht sich um das Kästchen. Es war nicht zu übersehen, daß es der Baron von Herzen liebt. Nicht ohne Grund schließt er sich im hintersten Zimmer ein und schiebt jeglicher Neugierde einen Riegel vor, indem er dicke Pferdedecken in die Fensterrahmen hängt und die Löcher und Spalten mit Lumpen verstopft. Pfui Teufel! Soll doch der Himmel erblinden!

Was ist in dem goldbeschlagenen Kästchen?

Das Gelage geht seinem Ende entgegen. Der letzte Morgen verbrennt sich selbst über dem ermatteten Absolon-Herrenhaus. Vom Brummschädel gequälte Landvögte reihern lethargisch im Staub. Um sie herum geraten Hunde aneinander, für sie ist die menschliche Kotze eine besondere Delikatesse. Andere fangen Schwalben, um sie auszunehmen, zu rupfen, zu trocken und zu zermahlen und dann die Reste mit dem letzten Becher Wein hinunterzuspülen. Das beste Heilmittel gegen den gräßlichen Kater. Andere wieder saufen Krautsaft oder Gurkenwasser. Einige Frauen gehen den gewundenen Absolon-Pfad zum Absolon-Bach hinunter, um ihre rot angeschwollenen Vulven und ihre fleckiggedrückten Brüste im forellenreichen Wasser zu kühlen. Junge Reit- und Hundeknechte machen sich bei den Ställen zu schaffen, der eine schrubbt ein Pferd ab, ein anderer kämmt den Schwanz mit großer Sorgfalt, ein dritter schleppt Pferdescheiße, fluchend, glücklich. Anderes Menschenvieh hat sich ebenfalls an die Arbeit gemacht, reinigt die Abtritte und Steinwege, Wasserspeier und Hecken. Der Schmied beschlägt Pferde, dort drüben müht sich der Böttcher mit entzweigeschlagenen Fässern, Brotteig aus diesjährigem Getreide kneten die breithüftigen Frauen der Bäckerei. Es werken die Glasbläser, die Wolkenzähler, die debilen Düngerträger und die kahlnackigen Chronisten, niemand faulenzt, alle arbeiten. Die ganze Welt. Egal. Es gibt ohnedies nur eine einzige Frage.

Was birgt das goldbeschlagene Kästchen?

Mit gemessenen Bewegungen macht sich Rudica schön. An ihr hat das wüste Gelage keine Spuren hinterlassen. Ihr mächtiges, schönes Gesicht strahlt im Licht der aufgehenden Sonne. Sie blickt vor sich hin, lächelt zerstreut. Dann greift sie nach oben, streckt sich behaglich und fängt ein herumstreunendes, sich zu tief hinunterwagendes Wolkenkind. Sie zieht es vor ihr Gesicht und wischt sich damit ab. Fränzchen Pillinger taumelt zwischen den lauten Scheunen und den stampfenden Werkstätten, als wäre auch er betrunken. Ist er nicht. Noch ist er zu klein, um seine Zunge in Wein oder Palinka zu stecken. Aber auch er hat gesehen, wie Baron Absolon bei seiner Ankunft das Kästchen gegen das Licht der Sonne hob. Und während das Dienervolk mit dem blinden, aber alles verschlingenden Wurm der Neugierde kämpft, bemächtigt sich seiner eine ganz andere Art von Gefühl. Das Kind kämpft mit den Tränen. Um nicht von ihnen übermannt zu werden, beginnt es ungestüm auf und ab zu rennen, um dann lange zu keuchen, klettert auf Bäume, plumpst zurück in den Staub. Geraume Zeit kann Fränzchen Pillinger den Blick nicht von einer Ameise abwenden, wie dieses nadelspitzengroße Lebewesen mit einer riesigen Krume zu einem klitzekleinen Spalt unterwegs ist. Er sieht die unglaubliche Anstrengung. Und er sieht sie nicht nur, er spürt sie auch, mit seinem Herzen, mit seiner Seele.

Zwei Menschen auf dem Landgut wissen, was sich in dem Kästchen befindet. Der eine ist Fränzchen Pillinger, noch ein unwissendes Kind, welches das Geheimnis nicht mit Worten und nicht mit Gedanken weiß. Denn was das Herz weiß, ist immer mehr wert als das Wissen des Kopfes. Das Wissen des Herzens besteht nicht aus flüchtigen Gedanken. Die andere Seele ist Rudica. Auch sie weiß nicht mit Worten, was in dem Kästchen verwahrt ist. Mit ihrem Tod weiß sie es, denn auf dem langen und bitteren Weg, den sie von Buda bis zur Grenze Moldawiens und der Walachei im Wagen der Tränengaukler zurücklegte, hat sie erfahren, was sie wissen mußte.

Was also ist in dem Kästchen? Diese Frage hält die Diener auch nach der Beendigung des Festes und dem Beginn des arbeitsreichen Alltags in Atem. Der Gutsherr tritt auf die Loggia hinaus, mit seiner mächtigen Hand beschattet er seine Augen und brüllt nach Rudica. Ein andermal läßt er den Knaben holen. Aber auch ihnen sagt er nichts. Er glotzt sie bloß an mit seinen schönen, rotgeäderten Augen, um dann auf dem Absatz kehrt zu machen und zurück ins Haus zu stürzen. Alles ist wie früher, dennoch ist der Baron verschlossener und mißmutiger als sonst. Es ist der Beginn eines langsamen, doch unaufhaltsamen Niedergangs. Irgendein Gift frißt sich in die harten Mauern, die Fasern der Pflanzen, in die Bewegungen der Menschen. Und was wäre das augenfälligste Zeichen des beginnenden Verfalls wenn nicht ein Ereignis, für das es in der Geschichte des Absolon-Gutes bis dahin kein Beispiel gab.

Ein Reitknecht, Péter Iglódi, hat einen teuflischen Plan ersonnen. Das geheimnisvolle Kästchen zu stehlen reicht ihm nicht. Das teure Leben des Herrn Barons will er auslöschen. Seinem Plan zufolge wird er sich in der Nacht, wenn der Himmel mit seinen Sternenblumen selbstvergessen glänzt und der Mond sein Licht sanft auf das Absolon-Hügelland träufelt, wenn der Mensch die Größe und die gewaltige Kraft spüren könnte, von der er nur ein winziger, gleichwohl selbständig handelnder Teil ist, in einer Nacht wie dieser wird er sich in das Zimmer seines Herrn schleichen und ihm einen Dolch ins Herz stoßen. Beziehungsweise zur Sicherheit zwei. Hierauf wird er das Kästchen an sich nehmen und von da an der Herr auf den Iglódi-Gütern und im Iglódi-Herrenhaus sein. So geschieht es. Oder wenigstens fast.

In der Nacht wird der Baron davon aufgeschreckt, daß jemand einen Darmwind entweichen läßt. Vielleicht drücken wir uns zu vornehm aus. Es war eher ein Furz, ein Pups von der ernster zu nehmenden, männlicheren Sorte. Baron Absolon grübelt im Halbschlaf. Nicht er hat dermaßen volltönend gefurzt, daß auf der Spitze seines Schnurrbarts des Schnarchens süßer Rhythmus ins Stocken geraten ist. Er hätte ja, wie er es tüchtig zu tun pflegt, doch er hat nicht. Wenn nicht er, so war es jemand anders. Donnerwetter, hier hat doch jemand so gewaltig gefurzt wie ein Berg. Folglich ist er nicht allein im Zimmer.

Holla!

Brr!

Pfui Teufel!

Péter Iglódi, dem das Reiten an diesem Tag die Gedärme entsetzlich durcheinandergeschüttelt hat, kann sich nicht bemeistern. Seine überflüssigen Winde läßt er mehr als einmal aus seinem Darm entweichen. Gleich nach dem ersten Fist setzt sich Baron Absolon im Bett auf, nach dem zweiten rappelt er sich bereits hoch, nach dem dritten aber hat er den erbärmlichen Iglódi bei der Wolle gepackt und spuckt ihm den gesamten in der Nacht angesammelten, in der Kehle kratzenden Schleim in die Augen. Der Himmel erblindet. Iglódi fällt auf der Stelle in Ohnmacht.

Wie einen jungen Hund zerrt ihn der Baron hinaus in die Mitte des Hofes und brüllt so lange mit seiner sonoren, bis zur Ortstafel von Debrecen schallenden Stimme, bis alle Knechte und Diener, Handwerker und Schreiber, Hofmeister, Winzer und Schäfer, sämtliche auf dem Gut zu findenden elenden Nichtsnutze dort unter dem in ungebrochener Ruhe strahlenden Himmelszelt stehen. Nun brüllt der Gutsherr von neuem, was, versteht er offenbar selber nicht ganz. Eine Bedeutung mochte die Artikulation trotzdem haben. Der verehrte Herr Rebezár nickt heftig, daß er sogar versteht, was gar nicht zu hören war. Der Baron schließt sich mit Iglódi in ebenjenem Raum ein, in dem er den Dieb ergriffen und wo er auch das goldbeschlagene, geheime Kästchen verborgen hat. Die Leute bleiben draußen auf dem Hof und treten pfeiferauchend von einem Bein auf das andere. Sie wissen, jetzt müssen sie warten. Es dämmert, dann wird es Morgen, ein ganzer Tag vergeht und noch eine Nacht als Dreingabe.

Und wieder graut der Morgen. Endlich erscheint der Baron, er treibt Iglódi vor sich her. Der Reitknecht hat schwarz umränderte Augen. Eine seltsame Veränderung ist mit ihm vorgegangen. Er kann sich kaum mehr auf den Beinen halten, das Licht der Seele strahlt nicht mehr aus seinem Blick. Auf einen Pfiff ihres Herrn hin bringen die Leute den Galgen und stellen ihn auf. Der Baron hebt den Dieb eigenhändig auf den hölzernen Schemel und legt ihm die Schlinge um den Hals. Dann stellt er sich auf die Zehenspitzen und küßt Iglódi zu Tränen gerührt auf die aschfahlen Wangen.

»Gute Reise, du Mensch!«

»Danke, Herr Baron«, stottert der eingespeichelte Iglódi.

»Der Himmel sei mit dir!«

Und dann tritt er den Schemel unter Iglódi so heftig weg, daß das Möbel den aus allzu großer Nähe gaffenden Rebezár trifft, der seit diesem Ereignis hinkt, wenn auch mancher nicht versteht, warum mit dem linken Fuß, wo ihn doch der Schemel am rechten getroffen hat.

Allein die Frage ist nach der Hinrichtung, wenn man so will, noch brennender.

Was enthält das goldbeschlagene Kästchen?

In der Nacht verschwindet Iglódis Leichnam spurlos. Einer der Schweinehirten entdeckt Wagenspuren im Staub. Sie kommen vom Absolon-Nadelwald und führen wieder dorthin zurück. Er eilt zu seinem Herrn, stotternd, haspelnd meldet er es. Der prügelt ihn zum Dank für seine Aufmerksamkeit, dann beginnt er mit plärrender Stimme zu lachen, niemand weiß, warum. Rudica schläft zwischen zwei Lämmern in der Scheune und lacht gemeinsam mit ihrem Herrn. Sie lacht so fürchterlich, daß die Lämmer unter ihren Achseln ersticken. Und auch Fränzchen Pillinger fängt an zu lachen, während er den Stiefel auf dem lahmen Bein des verehrten Herrn Rebezár poliert.

Ob es wohl wahr ist, daß das geheimnisvolle, verschlossene Kästchen der Fürst von Siebenbürgen Gábor Bethlen persönlich am Gipfelpunkt seiner Macht, im Zenit seiner Regentschaft hat anfertigen lassen? Wenn ja, hat der Fürst große Weisheit unter Beweis gestellt. Während seiner Herrschaft konnte kein fremder Söldner seinen Fuß auf siebenbürgische Erde setzen. Nicht einmal sie zu besabbern gestattete er ihnen, obwohl doch so oft Phalanxen tatarischer oder türkischer, deutscher oder moldawischer Heere bei den Grenztafeln antraten; wie oft versuchten sie in das Land Fürst Bethlens wenigstens hineinzuspucken, doch der Karpatenwind blies ihnen den bitteren, giftigen Speichel immer zurück ins Gesicht. Ein Zeitgenosse meinte, es wäre besser gewesen, Fürst Bethlen wäre gar nicht geboren worden, weil seine Regierungszeit gar zu wundervoll gewesen sei. Es gibt eine Schönheit, auf die nur mehr Trauer, Elend und Trostlosigkeit folgen kann, und dann soll es lieber keine so große Schönheit und keinen so großen Reichtum geben. Ob es stimmt, daß der Fürst nach seinen Siegen das goldbeschlagene Kästchen immer mit sich nahm und sich im verstecktesten Winkel seines Weißenburger Palastes einschloß, um tagelang nicht mehr aufzutauchen? Ob wahr oder nicht, ist einerlei. Nach Bethlens Tod nimmt György Rákóczi I. seinen Platz auf dem Fürstenthron ein und müht sich zähneknirschend, das Ansehen und die Größe seines Vorgängers zu wahren. Doch schon sein Sohn, György Rákóczi II., ist dazu bestimmt, in den Stambuler blinden Spiegel zu blicken und alles zu verlieren, was seine Vorgänger mit Blut, Schwert und Gerissenheit erworben haben. Wohin das Kästchen gelangte, wer es in seinem Besitz hatte, während Siebenbürgen an den Rand des Verderbens geriet, weiß man nicht. Nun aber befindet es sich auf dem Gut Demeter Absolons und ist sein ängstlich gehüteter Schatz.

Rudicas erster Name war Spargator de Nuci, das heißt Nußknacker. Irina Nußknacker. Sie kam irgendwo an der Grenze zwischen Moldawien und der Walachei zur Welt und wurde Akrobatin, bevor sie sich am letzten Julitag des Jahres 1611 neben einem Budaer Besestan erhängte. Armes, armes Mädchen! Mit der Vulva darf man keine Kunststücke machen, die nur von Traurigkeit handeln. Irinas Leichnam, der kaum etwas wog, brachten die Tränengaukler nach Hause. Sie waren es auch, die sie in dem Dörflein begruben, von wo sie einst aufgebrochen war. An der Grenze von Moldawien und der Walachei geschieht indes alles zweimal. Die dortigen Völker wissen genau, daß es nicht genügt, das Böse einmal umzubringen, denn wenn es einmal gestorben ist, wird es auferstehen, dann muß man es von neuem gut behandeln und es schließlich von neuem umbringen, damit es für immer und ewig verschwindet. Wer in dieser Gegend zugrunde geht, kann damit rechnen, daß er nochmals sterben wird. Wer in dieser Gegend geboren wird, kann damit rechnen, daß er noch einmal geboren werden muß, wie kläglich, grausam und entbehrungsreich sein Leben auch gewesen sein mag. Einige Jahrzehnte nach ihrem Tod wird Irina neu geboren, allerdings heißt sie nun bereits Rudica. Ihre leibliche Mutter ist eine bitter dreinblickende, langsam denkende Frau, sie versteht die Sprache der Tiere besser als die Reden der Menschen. Ihre Gedanken verwahrt sie in einer uralten Pelzmütze. Man erzählt sich, der erste rumänische Schäfer habe diese Mütze getragen, als er seine Herde in diese Gegend trieb. Jedoch sei ihm die Kopfbedeckung an der Grenze zwischen der Walachei und Moldawien von einem schrecklichen Sturm davongeweht worden. Deswegen weiß man nicht, wem sie gehört, den Moldawiern oder den Walachen. Jedenfalls verweilt die Mutter Rudicas mit ihren Gedanken häufig in dieser Pelzmütze. Diese Gedanken erzählen nichts über Rudica, aber viel von zwei stattlichen, großartigen Männern. Denn beide können der Vater des Mädchens sein.

Einer von ihnen ist der moldawische Woiwode albanischer Abstammung Vasile Lupu, ein geschworener Feind des walachischen Woiwoden Matei Basarab. Aber möglicherweise ist der walachische Bojar Matei Basarab der Vater Rudicas, dessen geschworener Feind der aus Albanien stammende moldawische Woiwode Vasile Lupu ist. Es ist ja einerlei. In Rudica lodert dieselbe Seele zum Himmel wie in Irina Nußknacker. Aber ihre Körper und ihre Charaktere unterscheiden sich ungemein. Rudica wird geboren wie das satte Grün des Frühlings. Und war Irina schmächtig, so ist Rudica ein Berg aus Fleisch und Blut. War Irina schweigsam und eigensinnig, so ist Rudica redselig wie die unbändigen walachischen Bäche. Und während Irinas Haut weiß und widerwillig leuchtete wie Sauermilch, ist die Rudicas rosig und voll von süß butternden Wärzchen und honigspendenden Hautblüten. Ist Irina niemals geliebt worden, weil das Männervolk vor ihrer Vulva zitterte, so ist Rudicas mächtiger Leib Gemeingut auf dem Besitztum Demeter Absolons, und der Baron ist noch nie in Zorn geraten, wenn er das Stottern eines Dieners oder Nichtsnutzes hörte.

Kundige, vielgereiste Scholaren behaupten zu dieser Zeit, daß der Koitus auch für das Weib gut sein kann. Pfui Teufel! Mit großer Kühnheit sagen sie noch mehr als das. Der Koitus ist nur dann richtig ausgeführt, wenn er auch für das Weibsgeschöpf gut ist. Kühn, das ist schon sehr kühn. Soll doch der Himmel erblinden. Ernsthafte, gelahrte Herren, würdevolle Professoren in großer Zahl erregen sich über diesen Humbug. Was für eine Ausschweifung des begehrlichen Geistes?! Die Sache wäre nicht nur dem Mann wohlgefällig? Nun ist es tatsächlich so, lenken die Studierten ein, daß es für das Weib nicht immer gut ist. Aber ganz gewiß, setzen sie dennoch hinzu, ist es möglich, daß es gut ist. Für das Mannsbild ist es wegen seines Schwanzes gut, klarerweise. Darüber herrscht Einigkeit. Raus mit dem Samen, und fertig. Aber auf welche Art und Weise kann es für die Frau gut sein? Die Brustwarzen drücken und reiben, den Hintern mit beiden Händen ordentlich packen, das behagt dem Frauengeschöpf. Warum würde es sonst ständig seufzen, wie das Morgengrauen, warum seine Augen bis zum blinden Weiß verdrehen. Aber doch am wichtigsten bei dieser Angelegenheit ist indes das körperliche Gebilde, das die alten Griechen Klitoris genannt und in hohen Ehren gehalten haben. Das Schlüsselchen zur Wonne hat die kluge Hand des allmächtigen Herrn ordentlich zwischen die roten Fleischmuscheln gefügt. Miron oder so ähnlich heißt der rumänische walachische Studiosus, der zuerst davon stottert, daß an der Grenze von Moldawien und der Walachei ein kräftig gebautes Mädchen lebt, Rudica mit Namen, das einen so mächtigen und verspielten Kitzler hat, daß er an Größe einem durchschnittlichen männlichen Glied um nichts nachsteht. Fröhlich baumelt er zwischen den beiden gewaltigen Schenkeln des Mädchens. Zuweilen wird er steif und reckt sich in die Höhe, nur eben zeugungsfähiger Samen schießt keiner aus ihm heraus. Wenn er doch irgend etwas absondert, ist es am ehesten flüssigem Gold oder dem Rotz von Kindern ähnlich. Himmeldonnerwetter! Pfui, pfui Teufel. Soll doch der Himmel erblinden! Bulgarische Wüstenverkäufer, kaiserliche Kuriere in Nebelmänteln, Salzbetrüger aus Dés, auf Vipernhaut schlafende türkische Spitzel, Bukarester Windzähler und Schattenwoiwoden, ruthenische falsche Messiasse, alle, alle stottern von ihr.

Baron Demeter Absolon läßt sich soviel wie möglich über Rudica erzählen, so lange, bis er wirklich daran glaubt, daß es so ein Geschöpf gibt. Dann überlegt er ein bißchen, um schließlich einen Maler holen zu lassen. Hierauf steht er zwei Tage lang mit steifem Rücken und versteinerter Miene vor der Leinwand des Meisters. So ungeduldig ist er, daß der Künstler sogar nachts arbeiten muß. Diener leuchten ihm mit ihren Fackeln. Als das Bild fertig ist, prüft es der Baron gründlich und ist so zufrieden, daß ihm Tränen in die Augen treten. Tritte bekommt der Maler aber doch, wegen der zweitägigen unbequemen Bewegungslosigkeit. Der Bote Elemér Rebezár kann reisen, an die Grenze zwischen Moldawien und der Walachei. Und es geschieht, wie es geschehen soll.

Ein paar Wochen später schiebt Rudica die Ziege, die sie gerade hatte melken wollen, vorsichtig zur Seite. Sie wischt sich die Hände in ihrer Schürze ab und hebt das Gemälde in die Höhe, um es zu betrachten. Auf der Leinwand die imposante Gestalt Baron Demeter Absolons. Das Mädchen seufzt auf, wie die Erde, wenn etwas sehr Schönes auf ihr geschieht. Rudica hat noch kein Gemälde zu Gesicht bekommen, wie auch? Und wo hätte sie solch einen wunderschönen Mann wie Baron Demeter Absolon sehen können? Wohl wahr, Irina Nußknacker hatte eine Liebe, den falschen Bojaren Ion Cataran, der ebenfalls neu geboren wurde und sein erbärmliches Leben im Dorf fristete, Rudica aber kümmerte sich nicht im geringsten um ihn. Zwar zerrte sie ihn hin und wieder zu Boden und stopfte ihn unter ihren Leib, aber das tat sie mit jedem anderen auch. Weil vielleicht einzig die Liebe nicht neu geboren wird, an der Grenze von Moldawien und der Walachei. Das ist gewiß ein Irrtum. Rudica staunt das Abbild Baron Demeter Absolons nur so an.

Ein wirklich schön gemaltes Bildnis.

Baron Demeter Absolon steht stolz auf der Loggia seines Herrenhauses. Auf seinem Kopf eine pelzgesäumte Mütze mit einer tausendfarbigen Pfauenfeder, die in einer vergoldeten Fassung steckt. Sein Bart sorgfältig durchgekämmt. Sein roter Dolman reicht gerade bis zum Knie und ist mit vergoldeten Knöpfen geschlossen, dazu noch ein breiter Ledergürtel, mit dem der Gutsherr einmal ein gereiztes Wildschwein totgepeitscht hat, das ihm in den Absolon-Nadelwäldern zwei gute Diener umgebracht hatte. Über dem roten Dolman trägt er eine zobelgefütterte, grüne Husarenjacke mit schwarzem Pelzkragen. In seiner Hand blitzt ein Schwert, ein so schönes und stolzes, daß nur ein einfältiger Betrachter nicht bemerkt, daß man mit ihm schon getötet hat.

»Einen so schönen und ungewöhnlichen Menschen habe ich noch nie gesehen«, sagt das Mädchen nach langem Schweigen zu Elemér Rebezár, dann zieht sie den vor Überraschung hicksenden und leichenblassen Boten an sich, zerrt ihn vorsichtig, um ihm keinen Schaden zuzufügen, ins Gras und vergewaltigt ihn. So aufgeregt ist Rudica, daß sie unterwegs auch den übrigen Angehörigen des Gefolges mehrmals Gewalt antut. Die Männer finden sich schließlich mit den sich ständig erneuernden, jedoch ganz und gar nicht groben Ausbrüchen Rudicas ab. Bei Máramaros werden sie von flachsblonden, stachelig gestimmten jungen Szeklern aufgehalten. Sie stinken nach Palinka und ziehen junge Vögel unter ihren Achseln. Lautstark fordern sie Zaumzeug und mit Schätzen prall gefüllte türkische Wolken. In einem unglücklichen Moment erblicken sie Rudica, die sie mit schräg gelegtem Kopf sanft anlächelt. Sie fordern auch sie. Das ist ihr Verderb. Ihren Anführer begattet Rudica äußerst schnell. Die übrigen flüchten, wie die Ratten, auf den giftgrünen Farnen des dichten Waldes leuchtet indes das Weiß des auf ihrer panischen Flucht verschleuderten Gamets. Rudica spürt sie der Reihe nach auf und tut ihnen der Reihe nach Gewalt an. Später berichtet Rebezár dem Baron stotternd, nicht jeder der Szekler habe das Liebesabenteuer überlebt, wer aber doch, stottere seither häufig.

Wenn der Winter in der Absolon-Region Einzug hält und es mit trägen Flocken zu schneien beginnt, steht Rudica lange im Hof und läßt sie einzeln in ihren gewaltig aufgerissenen Mund schweben. Zu solchen Zeiten rasiert sie sich am Ufer des Absolon-Baches. Aus dem Eis längs des Ufers bricht sie scharfe Stücke und scheuert sich mit ihnen das Kinn, den Rücken, die Hüften. Bisweilen singt sie eine ganze Krähenschar vom Himmel herunter, dann verüben die ausgehungerten Hunde des Absolon-Herrenhauses ein wildes Gemetzel im Schnee. Sie geht hinauf bis zum Absolon-Nadelwald, fängt Wölfe, um sie an Ort und Stelle mit bloßer Hand zu erwürgen und zu häuten. Die noch warmen Felle wirft sie lachend den Dienern hin. Einmal hetzt sie zum Spaß einen menschenfressenden Bären zu Tode. Im Sommer bricht sie glühende Steine aus den Felsen am Bach, mit denen sie sich den Leib abreibt. Aus dem warmen Morgenwind knüpft sie sich ein Tuch und schreitet durch das Herrenhaus wie eine Königinmutter. Oft belauscht Fränzchen Pillinger sie beim Waschen und Baden am Bach und schläft hernach mit den Steinen, die den Duft Rudicas eingesogen haben und ihn nun bewahren, solange die Welt besteht.

Einmal will Baron Absolon das fast zwei Meter große rumänische Mädchen mit dem schwarzen Schnurrbart entlassen. Soll doch der Himmel erblinden, so schlimm war die Sache gar nicht. Vielleicht war diese Laune des Gutsherrn darauf zurückzuführen, daß Rudica beim Spielen mit dem Vieh einige frisch gesetzte Salbeisträucher umgeworfen hatte. Salbei kann der Baron haben, soviel er will. Aber wann wird er wieder eine Rudica bekommen?

Der Baron brüllte im Haus, ohne herauszukommen. Lächelnd schlenderte Rudica zu ihm hinein und bat ihn mit ihrer baßgeigentiefen, erdbeerduftenden Stimme, ein paar Minuten mit ihm allein sein zu dürfen. Der Baron blinzelte argwöhnisch, wie einer, der über die Maßen gelobt wird. Das Mädchen ließ ein paar Erdbeeren aus ihrem Lächeln tropfen und drehte und wendete sie in ihrem Mund. Dann gab sie ein lautes Röcheln von sich. Sogleich verdrückten sich Rebezár und noch einige stinkfaule Schäfer aus dem Raum. Und als kaum ein Stündchen später der Baron auf die Loggia hinauswankte, konnte man erkennen, daß er nicht bei Sinnen und sein Gesicht so gerötet war, als sei es auf beiden Seiten mehrmals geschlagen worden. Der Gutsherr erweckte den Eindruck, als sei er in seine Einzelteile zerlegt und wieder zusammengesetzt worden, im Prinzip richtig, jeder Körperteil war an seinem Platz, aber tüchtig malträtiert, mehrmals hin und her gewendet und begrapscht. Der Baron hat einen benommenen Blick. Sein Mund öffnet sich zögernd, Speichel tropft auf seinen schönen, vielgekämmten Bart. Hinter ihm dunkel die mächtige, glückliche Gestalt Rudicas. Nach drei Tagen verlangt er erstmals zu trinken, nach vier zu essen, und erst am fünften Tag wagt er, einen Arzt rufen zu lassen, den er heimlich bittet, ihn zu untersuchen, aber nicht nur sein Geschlecht, sondern der Reihe nach sämtliche Körperteile, vielleicht sind sie doch nicht ganz an ihrem Platz. Nach Beendigung der Untersuchung macht ihm der Doktor bleich die Mitteilung, es sei gut möglich, daß der Baron fortan stottern werde. Der verehrte Herr Rebezár entscheidet eigenmächtig. Er läßt den Doktor auspeitschen und anschließend in Ziegenmilch baden, um sich schließlich am Tor des Absolon-Hauses mit einem gelinden Tritt in den Hintern von ihm zu verabschieden.

Der Doktor irrt sich. Der Leib Demeter Absolons ringt das Leiden nieder, und einige Tage später strahlt er bereits wieder im Vollbesitz seiner Kräfte und in alter Pracht auf der Loggia des Hauses. Im Grunde interessiert das Dienervolk auch jetzt nicht, was Rudica alles mit dem Baron angestellt hat und wie sie es angestellt hat. Rudica kann jeder haben, auch der letzte Schweinehirtenjunge, obgleich gesagt werden muß, daß sie ihre Liebeskunst nicht jedem Dahergelaufenen restlos erschließt.

Auf dem Gutshof lebt auch ein Hund, ein gewaltiger schwarzer Köter, seine Zunge hängt in den Staub, er versteht Ungarisch, Deutsch, sogar Rumänisch, aber wenn er bellt, wozu er sich übrigens nur selten hinreißen läßt, tut er es in einer fremden und verruchten Sprache. Es ist der Lieblingshund Baron Absolons. Die Katze fängt er mit Leichtigkeit und läßt sie nur ein einziges Mal knacken. In hohem Bogen fliegt das getigerte Kätzchen, der Hund blickt ihm nicht einmal nach, kuscht sich auf die Erde. Nur wenn Rudicas mächtige Gestalt im Hof erscheint, erhebt er sich winselnd. Fränzchen Pillinger kennt den Grund dieser Angst. Eines Tages bemerkt er, daß das Mädchen Baron Absolons Bracken unter ihren berüschten Rock befiehlt und mit dem Rücken gegen den Stamm des Nußbaums gelehnt mit tiefer Stimme gurgelnde Laute von sich gibt. Ihre kräftigen Hände klammern sich an ihre gewaltigen Brüste. Wie Wasser, unter dessen Spiegel große, stumme Fische schwimmen, so kräuselt sich und zittert ihr Rock. Unsichtbar jault der Hund. Und dann nach einem Seufzer, der den ganzen Baum erzittern läßt und sich anhört wie das Aufbrausen des Absolon-Gipfels, der in der Nähe emporragt und immer eine Schneehaube trägt, fliegt das Tier unter dem Rock hervor und bleibt leblos auf der Erde liegen.

Sie beide, Fränzchen Pillinger und Rudica, sind Verwandte. Denn wer auch nur einmal auf dem Wagen der Tränengaukler reist, sei er tot oder lebendig, erkennt seinen Schicksalsgenossen im unsäglich verschlungenen irdischen Geschehen. Sie wissen um ihre Verwandtschaft, sie wissen auch, daß Verwandtschaft sich nicht nur auf das Blut gründet, sondern auf die tief in den Geschichten wirkende Schicksalhaftigkeit. Ja, ist es denn nicht einerlei, welche Richtung die Geschichten nehmen? In den kalten Himmel oder unter die Erde, wenn alles mit rechten Dingen zugeht. Die Geschichten von Rudica und Fränzchen Pillinger haben sich durch das Eingreifen der Tränengaukler getroffen. Für ein paar Augenblicke haben sie sich miteinander verflochten, so daß sie sich weder auf den Himmel noch auf die Erde zubewegen können, sondern nun zwischen dem Oben und dem Unten festhängen. Wer einmal auf dem Wagen der Tränengaukler gereist ist, weiß, wovon wir sprechen. Wer nicht auf ihm gereist ist, dem werden wir vergeblich davon erzählen.

So ist also unserem Bruder zwar etwas bange, aber das reifende Verlangen siegt dennoch über die Angst, und eines Tages wirft er endlich einen Blick zwischen die Schenkel der mit den Lämmern schlafenden Rudica. Na sicher, es geschieht in der Johannisnacht.

Ach Gott, soll doch die Welt erblinden!

Das schöne Gesicht des Dienstmädchens schimmert im Dunkel der Scheune. Rudica schläft, atmet schwer, knurrt und gurgelt im Schlaf. Bei Mannsbildern nennt man diese Art des Atemholens Schnarchen. Unter dem Stoff ihrer Weste erheben sich die Brustwarzen. Vorsichtig greift der Knabe hin. Hart wie eine Nuß. Rundum das Brustfleisch weich und unendlich. Er fingert am berüschten, blumengemusterten Rock. Eines der Lämmchen unter Rudicas Achseln beginnt unruhig zu werden, seufzt auf, dann schläft es weiter. Der Knabe schlägt langsam den Rock zurück. Es lohnt nicht, der fragwürdigen Tauglichkeit der Worte anzuvertrauen, was Fränzchen Pillinger in diesem Moment sieht. Das Mondlicht sickert durch die Bretter der Scheune, und in dem lauwarmen Halbdunkel ist Rudicas Schoß eher zu erahnen, als zu sehen. Allein, wer sehen will, der sieht. Damit verhält es sich ungefähr so wie mit dem geheimen Kästchen, dessen Inhalt Baron Absolon vergebens den Augen Unwürdiger preisgäbe. Sie würden sehen und doch nicht sehen. Und so verhält es sich auch im Falle von Rudicas Vulva. Wir erzählen also nicht, was Fränzchen Pillinger sehen kann. Wir erzählen bloß, was er sagt.

»Leben«, flüstert das Kind der Vulva zu.

»Tod«, haucht die Vulva zurück.

»Tod«, nickt lächelnd das Kind.

»Leben«, saftet die Vulva.

»Tod«, brummt trotzig der Knabe.

»Tod«, züngelt die Vulva.

»Leben«, lacht das Kind.

»Leben«, lacht die Vulva.

So streiten sie, unterhalten, widersprechen sie sich die ganze Nacht hindurch. Und es ist nicht von Bedeutung, ob der Kleine ahnt, daß die zwei schwarzen Augen Rudicas während alldem weit offen und glücklich im Dunkel der Scheune strahlen.

Anderntags hebt der Baron das Kind in die Höhe und beschnuppert es. Dann setzt er es wieder ab und gibt ihm kräftig eins hinter die Ohren. Soll doch der Himmel erblinden! Pfui Teufel! Gurgelnd und unter lautem Geröchel lacht der Gutsherr. Schüttelt seinen dicken Kopf. Seine Haarbüschel fliegen wie aufgescheuchte Spatzen. Er hört, daß bei der Werkstatt der Glasbläser auch Rudica lacht. Wie das Quietschen, wenn sich der erhabene Himmel um die eigene Achse dreht. Niemand und nichts soll erblinden! Nein wirklich, so schön lachen diese beiden, daß schließlich auch der Knabe durch seine Tränen hindurch lächeln muß.

Der einzige Sohn des vornehmen Tataren Bahaj erfährt von einem verirrten Vogelschwarm, daß mit seinem Vater etwas passiert ist. Ein erwachsener, auf dem Höhepunkt seiner Kraft stehender Mann ist er bereits, seine Kindheit hat sich im barmherzigen Nebel des Vergessens verloren. Der letzten Nachricht zufolge hat sein Vater sich auf den Weg in ein fernes Land namens Ungarn gemacht. Mit Hilfe seiner unzähligen Vettern und sonstiger diplomatischer Beziehungen erreicht Ismail, der in den Leib der Hure Ungarn gesteckte große Zeh des Khans zu werden. Man gibt ihm eine an Zahl geringe, jedoch grimmige Streitmacht. Und weil er begabt ist, läßt er das Gerücht verbreiten, der Khan habe die Soldaten im Traum ausgewählt, was nicht wahr ist, aber wahr sein könnte, darum glaubt es der Khan auch selbst. Ismail wird Aga auf der Seite der Türken, welche Sippschaft er von Herzen verachtet und verabscheut, wie die Türken ja von jedem Tataren von echtem Schrot und Korn verabscheut werden.

Der Aga läßt Ende der sechziger Jahre in der Erdfeste von Balaszentmiklós Quartier nehmen. Eine unwirtliche Landschaft ist das. Vom Glück weiß hierzulande nur das alles überwuchernde Unkraut. Und das gelbe Adonisröschen, das im Frühling die Ufer heimtückischer Moore bedeckt. Hierzulande gibt es von allem weniger als im Morgenland. Der Wind bläst anders, die Erde dröhnt anders, und auch die Gewässer sind verschwiegener. Manchmal denkt Ismail, er hätte besser gen Morgen ziehen sollen, zu seinem ersten Oheim, der am Ende der Welt die Sonnenscheibe an einem aus Pferdedärmen geflochtenen Seil hinter sich herschleppt. Doch hat sich nun mal die Spur seines Vaters in dieser elenden Gegend verloren. Überall in Ungarn riecht Ismail den bitteren, doch seinem Herzen so teuren Duft seines Vaters. Entsetzlich, unerträglich! Wie konnte das geschehen? Was hat den alten Bahaj so verändert, daß er loszog und alles aufgab? Unter den Dienern gingen die verschiedensten Gerüchte um. Einer von ihnen flüsterte Ismail ins Ohr, ein Nebelzauberer vom Ural habe Bahaj aufgesucht und ihm die Geschichte dieses Landes erzählt. Ein anderer habe ein magisches Lied von diesem Land gezischt.

Ismail weiß nicht, wie lange er gezwungen sein wird, in Balaszentmiklós zu bleiben, aber ihm graut bei dem Gedanken, den Rest seines Lebens hier zubringen zu müssen. Aber eines Tages, welcher Tag genauso ist wie alle anderen, erhält er eine Nachricht. Im Sommer des Jahres 1670 herrscht glühende Hitze. In Wolfsfelle gehüllte Spione melden, daß sich zwischen den Balaer Erdhügeln ein verderbtes Weibsstück verbirgt. Diese Nachricht wäre an sich nicht besonders interessant. Doch das Weibsstück kann sich auch in einen Vogel verwandeln.

Ismail glaubt den Spionen nicht. Nur ist der Zweifel ein wirksameres Gift als die Gewißheit. Noch stehen die Mauern der verfallenden Häuser, aus denen zuletzt Fürst Rákóczi die Bewohner verschleppt hat. Keine Menschenseele wohnt mehr dort. Oder hält sich doch jemand versteckt zwischen den verlassenen Gemäuern, den Ziegeln, von denen der Verputz abbröckelt, zwischen den von Käfern aufgeworfenen Erdhäufchen? Den ersten Zuträger läßt Ismail verstümmeln. Die Lieblingsbeschäftigung des Aga. Einige Tage später träumt er jedoch, daß die Zunge, die er aus dem Mund des Spions hat herausschneiden und in die Erde einer Dotterblume genannten gelben Pflanze hat setzen lassen, auch ohne ihren Besitzer von dem rätselhaften Weibsstück summt. Ismail schlägt Alarm. Zuerst durchstreift er raubend die Gegend, soweit es in diesem elenden Landstrich noch etwas zu rauben gibt, dann zählt er, wie viele Büschel Schilfrohr, aus Erde gewebte Hemden, aus

Wolken gewirkte Hosen, aus Rapsblüten geflochtene Körbe in seinen Besitz gelangt sind. Wirklich nicht viele. Die geringe Beute verdirbt dem Tataren nicht die Laune. Er schickt seine besten Leute aus, das Frauentier zu suchen. Vergeblich. Dabei haben sie doch einige Siedler aus Nordbala und Fegyvernek mit glühendem Eisen verhört. Ismail ist über den Mißerfolg erst bestürzt, dann erstaunt.

Was für eine Hinterlist, was für ein Zauber ist das?

Wer erkühnt sich, ihm Widerstand zu leisten?

Dann ordnet er an, daß abgerichtete Hunde ausgehungert und gequält werden. In ihre Tatzen läßt er die Hälfte des tatarischen Mondes brennen, damit auch die Tiere Begierde haben nach dem, was sie aufspüren sollen. Der Mond der Tataren ist kleiner und bescheidener als der türkische. Aber so blaß wie der Mond der Christen auch wieder nicht. Ismail läßt die Hunde los. Sogar der Wind heult mit ihnen, aber das Frauentier finden auch sie nicht. Nun bricht Ismail allein auf, damit ihn der bis in seine Zehen kribbelnde Wille zu der Frau führe. Er wandert durch dichte und klebrige Nächte, durch wie Glas funkelndes Licht. Später glaubt er sich daran zu erinnern, daß des Himmels Blau auch unter ihm leuchtet, die Wolken sich auch vor ihm türmen. Nur das glitschige Ufer des Tinóka wandert Ismail wohl mehr als einmal ab, indessen er auf Riedgras und Pflanzenbüscheln über fette Frösche und sich windende Nattern trampelt und ekstatisch die Wolken der Blutsauger von seinem Gesicht scheucht. An einer Stelle strömt das Wasser des Tinóka zugleich vorwärts und zurück, ganz als vollführe er ein Kunststück. An diesem Ort wird Ismail jedesmal von Schwäche erfaßt. Der Zauber legt sich auf sein Herz. Und als er hinkommt, findet er, die er gesucht hat.

Dort steht sie, ihm gegenüber. Ein üppiger Frauenleib, ein halb tierisches, halb menschliches Wesen. Vielleicht sogar schön, denkt Ismail. Er wiegt sein Haupt, vielleicht doch nicht. Zottiges, schwarzes Haar. Bammelnde Zitzen. Breite Hüften, hartnäckiger Blick. Das Gesicht rot, von Blutsaugern zerfressen, die Hände wund vom Röhricht, zerschlissene Lumpen. Aber eine Frau. Weibsperson! Und Brachvogel-Borbála beginnt mit einem Mal zu singen.

»Sonne und Mond, meine schönen Geliebten!
Vor sengendem Wind schützt keine Vogelklage.
Meine Geschwister sind Nebel, Moor und die
  Stimmen der Nacht.
Schände mich jeder, jeder soll mich schänden.
Auch das Leben soll mich schänden!
Auch der Tod soll mich schänden!
Ich Märchen, ich glühend, ich so schön!
Auf meinem Bauch soll die Mondkeule stampfen!
In meinen Schoß bohre sich das Licht der Nacht!
Heiß und süß ist der Sternensamen!
Strahlendes Licht, der Honig meiner Schenkel!
Bei Tag, in finstrer Nacht klingende Saiten.
Ich bin nur, wenn ich schmerze!
Ich bin nur, wenn ich weine!
Ich bin nur, wenn ich sterbe!
Ich bin ein Vogel, über dem brachen Land.
Huu!
Ooh!
Tutututu!
Wofür soll ich mein Blut hergeben?
Wem gebe ich meinen glühenden Schoß?
Grab unter mir, Maulwurfjunges, wenn ich weine!
Flieg über mir, schwarzer Engel, wenn ich weine!
Mein Leib ist Blut und Lehm, Staub und Asche.
Hinweg! Hinweg!
Husch! Husch!
Tutu!
Trutuu!«

Der Sinn des Gesangs ist folgender:

»Sieh mich nur an, Tatar! Der Blick des Männchens verweilt mit Behagen auf dem Marmor meiner Haut. In den Falten meines Fleisches sammelt sich der Schweiß zu Seen und fließt weiter. Meine Brust ist ein Riese, wie der Fladen des Mondes, am Morgen aber hart von den Träumen. Mein Leib trotzt der Zeit. Mein Leib trotzt dem Verfall. Tatar, trotzdem kann mich jeder schänden! Unter meiner Achsel wachsen lange Zotten, ich flechte sie zu einem Zopf, wie deine Brüder ihr Haar. Die

Stimme des Brachvogels ahme ich nach, tu-tuuuuuuu, tuuuuuu, tuuuuu! Gefällt dir das, Tatar? Sieh nur, wir leben auf unwirtlicher Erde, wo der Wind vertrocknete Stengel vor sich hertreibt. Auf dem Geröll blühen gelb wilde Blumen, und mit vielerlei Gräsern und Brennesseln überwachsene Erdhügel verraten die Lage der Friedhöfe. Bei der Spur des Rehs findet sich nicht die des Schweins, sondern die des Wolfes. Und wenn wir die Steuereintreiber mit Räubern verwechseln, wollen wir uns nicht empören. Es raubt und plündert, wer kann. Manchmal hebt ein heimtückisches Brausen an, der Himmel schlägt Wellen, das Flußwasser ergießt sich über die Gegend und verschlingt wie ein hungriges Tier die kleinen Gemüsegärten der Menschen. Es gibt nichts Erschütternderes als das Wehgeschrei eines jungen Kalbes in der schmutzig brodelnden Strömung. Dann kommt Trockenheit, vor Schmerz bekommt die Erde Risse. Ob mich Morgengrauen und Abenddämmerung gleichermaßen fürchten? Frag mich nicht, Tatar. Meiner Natur und Herkunft nach gehöre ich zu jener Sippe von zweifelhaftem Ruf, zu deren verrufensten Gestalten ein ungarischer Edelmann namens Vata zählt. In meinem Blut tönt der Gesang von Lautenspielern, Wahrsagern, kahlrasierten Schamanen, vom Mohn in Ekstase versetzten Hellsehern. Ganz wie in deinem, Tatar! In meinen Träumen sprechen die Pferde. Die Bäume reichen bis zum herabhängenden Bauch des Himmels. So wie in den deinen, Tatar! Meine Ururgroßmutter ist die Wahrsagerin Rasdi, die von einem ungarischen König ins Gefängnis gesteckt und so grausam behandelt wird, daß sie in der Zelle ihre eigenen Füße verzehrt. Im Gestrüpp, das rings um das Dorf wogt, blinzeln meine Verwandten mit brennenden Augen, während der Dorfpriester rauchfaßschwenkend das Tedeum singt. Siehe, Tatar, auch ich bin mit sechs Fingern geboren.«

Ende, das ist alles. Borbála schweigt atemlos.

Sie hält ihre Hand vor sich hin. So viel hat sie ihr ganzes Leben noch nicht gesprochen. Sie hat selber nicht jedes Wort verstanden, sie weiß nicht einmal, warum, aus welchem Grund dieses langatmige und umständliche Geständnis aus ihrer Kehle hervorgebrochen ist. Es ist ja einerlei. Was sie gesagt hat, hat sie gesagt. Entweder wird es auch danach Morgen, oder es bleibt eben Nacht. Was Borbála natürlich nicht weiß: Das, was sie sich als sinnvolle Worte und zusammenhängende Sätze denkt, gleicht eher dem Schnauben des Wildes, einem Winseln und wimmernder Vogelklage.

»Trutu!« hat der Tatar gehört.

»Tutuu!«

Ismail tritt näher zu Borbála. Blickt sie fest an. Zieht ihre sechsfingrige Hand zu sich heran. Blickt noch einmal auf. Seine Mandelaugen blitzen wie die Schneide einer Klinge. Dabei ist es ein Lächeln, ein zufriedenes und grausames. Das Ganze ist nur eine einzige rasche Drehbewegung. Nur wie das Knacken eines Zweigleins, wenn ein wildes Tier durchs Unterholz huscht. Borbála kichert in ihrem Schmerz, schüttelt ihre Hand, dreht sich im Kreise. Ismail ergötzt sich an dem abgebrochenen Finger, der sich vor Schmerz reckt, als könne er immer noch gen Himmel zeigen. Borbála erstarrt, doch dann packt sie den Tataren plötzlich bei seinen schwarzen, fettigen Haaren. Sie reißt sein Gesicht zu sich und beißt den Höcker unter dem Auge, den immer lächelnden Muskel heraus. Wer auch nur einmal von einem menschlichen Gesicht gekostet hat, weiß genau, daß Borbála das feinste Stück aus Ismails Lächeln herausgebissen hat. Ohne zu kauen, schluckt sie das Fleisch hinunter. Ismail ist außer sich. Sein Gesicht ist blutüberströmt. Er traktiert das garstige ungarische Weib mit den Füßen, tritt ihr in den Bauch, packt sie an der Kehle, sie soll kotzen, auf der Stelle. Borbála erbricht nicht, aber sie verdreht die Augen, und im Weiß des Augenspiegels laufen rote Risse bis unter ihre Stirn.

Sie stirbt auch dann nicht, als Ismail, nachdem er sich ein wenig beruhigt und sein blutiges Gesicht verbunden hat, mit der Faust zwischen ihre Schenkel schlägt und auf tatarisch flucht. Dumpf prasselt die Faust auf den Bauch, den Unterleib, aber Borbála wird nicht einmal krank, es tut ihr bloß lange weh. Und was weh tut, ist gut. Ismail kehrt zitternd in die Erdfeste von Balaszentmiklós zurück. Mit einem Pfiff ruft er seinen Lieblingsbluthund zu sich, um dann einen Monat lang durchzuschlafen, wie immer, wenn er sehr traurig ist. Dann träumt er davon, daß süße, weiße, gekräuselte Wolken in seine Augen schweben.

Der Debrecener Nußbaum wurde von Georg Weihnacht, dem Propheten, gepflanzt, mit jener Nuß, die er niemals hat aufbrechen können. Eisenstab, Hufeisen, Zimmermannsnagel, nichts auf der Welt, was seine Hand umfassen konnte, vermochte der fürchterlichen Kraft des rumänischen Propheten aus Nagybánya zu widerstehen. Ein Bauernspion hatte ihm die Nuß aus dem Sumpf von Balaszentmiklós gebracht. Sein Haar war gelb, seine Augen schimmerten grün wie frisches Wasser aus dem Brunnentrog. Etwas Unverwüstliches, Keckes war in seinem Blick. »Dieses Körnchen soll ich Euch bringen, mein Herr«, verbeugte sich der Bursche, mehr sagte er nicht – auch nicht, als György Weihnacht ihn lebend, mit dem Kopf nach unten eingrub. Vergebens mühte sich der Prophet, er konnte die Nuß nicht aufbrechen. Er bat die Dämmerung um Rat, sprach zum Morgenrot, aber die Welt gab keine Antwort. Von da an legte Georg Weihnacht die Nuß nicht mehr aus der Hand, er hielt sie sogar noch zwischen seinen mächtigen Fingern, als seine geohrfeigten Soldaten längst gen Westen gezogen waren, um die Burg von Balaszentmiklós zu stürmen. Der Prophet unternahm einen letzen Versuch. Er grub den Burschen aus und erweckte ihn mit einem Klaps zum Leben.

»Wer schickt diese Nuß?« fragte er.

»Ich habe im Tod einen Vogel gesehen«, flüsterte der Bursche.

»Was für ein Vogel war das, der durch deinen Traum geflogen ist?«

»Ein Brachvogel.«

Der Prophet wendete sich verächtlich von dem Unglücklichen ab. Er sah die Staubwolke seiner Truppe über den nach Buda führenden Fahrweg schweben. Wieder warf er einen Blick auf die Nuß. Doch wenn László Szécs die Nuß hält, dann sieht sie Georg Weihnacht an, und wenn umgekehrt, ja dann umgekehrt.

Nach dem weltberühmten Szentmiklóser Gefecht entschließt er sich, auf weitere Versuche zu verzichten. Man muß die Nuß der Erde übergeben. Offenbar war das der Wille des Herrn. Einen starken und mächtigen Baum will er aus ihr wachsen lassen, welcher die Leute später an den Propheten erinnern würde. Georg Weihnachts Todesurteil ist bereits verkündet, der hochehrwürdige Stadtrat von Debrecen gestattet indes, daß der in Eisen gelegte Mann noch ein Loch neben dem Blutgerüst scharrt. Der Gefangene darf nicht nur seine Hände, sondern auch seine Zähne gebrauchen. Er verbeißt sich geradezu in die Erde. Schließlich läßt Georg Weihnacht die Nuß in das Loch fallen, und László Szécs spuckt ihr nach, damit das zarte Bäumchen auch in jahrzehntelanger Trockenheit nicht darben muß.

Aus der Nuß wird in der Tat ein stolzer und mächtiger Baum. Nicht nur hundert, fünfhundert Jahre könnte man ihm zuschreiben. Und der Herr hat auch etwas mit ihm vor. Von einem seiner dicken, steil aufragenden Äste stürzt Farkas Jancsó, das Kind des Debrecener Fleischers András Jancsó. Zum Zeitpunkt des Unglücks ist Farkas gerade acht Jahre alt. Das Kind würde gerne schon so groß und stark sein wie sein Vater. Es möchte Ochsen mit einem einzigen Hieb des Schlachtbeils niederstrecken, Schweineblut fließen lassen, mit wippenden Rippenstücken auf der Schulter einherschreiten. Quälenden Verdruß bereitet es ihm, daß sein Körper klein und unbeholfen ist. Wie eine eilends vollgestopfte Reisetasche, so ist sein Herz angefüllt mit Sehnsucht und Ungeduld. Von hoch oben möchte er die Welt betrachten, denn wenn es die Höhe nun schon einmal gibt, muß man sie auch kennenlernen. Allein, es gibt auch die Tiefe. Die Strafe für das Kind wird sein, daß es später den Leuten nur unter ihr bartstoppeliges Kinn wird blicken können und sein kleiner Leib dort endet, wo bei anderen Mannsbildern der Schwanz baumelt.

Am Tag des heiligen Joseph sitzt er draußen unter dem Baum. Es ist sein liebster Zeitvertreib, er weiß selbst nicht, warum. Vergebens verbietet es die Mutter, der Kleine nimmt jeden Tag Reißaus und kommt hierher, von wo die Türme der Stadt noch zu sehen sind. Er träumt, weil es so gut ist, zu träumen. Auch er wird Fleischermeister, so wie sein Vater und sein Großvater.

So und auch so lasse ich das Fleisch durch die Luft fliegen. Ich fange es auf, drehe es hin und her.

Plötzlich blickt er auf. Klagt da nicht ein Vogel in der Ferne, ruft schmerzlich in den Wind?

»Tuutuu!«

»Tututu!«

Obwohl doch der Brachvogel am frühen Vormittag, wenn noch der Tau glänzt, nicht gern weint. Brachvogel, das heißt närrischer Vogel.

Das Kind klettert auf den knospenden Nußbaum und lauscht. Oder hat der Vogel vielleicht vom Baum aus gerufen? Auf einmal wird es still. Wie wenn die Welt in schweres, schwarzes Leinen gewickelt und auf den Dachboden verfrachtet wird, weil sich niemand mehr für sie interessiert. Er steigt höher, in eine noch schwerere, noch drückendere Stille. Und diese Stille zieht ein in sein Herz und lockt ihn immer weiter hinauf. In diesem Moment gibt es auf der ganzen Welt keinen größeren Baum. Möglich, daß das tollkühne, ungeduldige Kind soeben den Weltenbaum erklimmt. Mit geweiteten Augen steigt es höher und höher, bis es endlich in jene geheime Region gelangt, wohin sich Feen und müde Geister nach großen nächtlichen Festlichkeiten zurückziehen. Hier strahlt das Licht schon vorsichtiger. Doch immer weiter steigt es, denn es spürt, es ist oben im Himmel, wo sich die Sonne aus seinem linken Auge erhebt und im Spiegel seines rechten Auges knisternd verlöscht, wenn die Dämmerung kommt. Es spürt, daß seine Zähne Sterne sind und funkensprühend von ihrem zeitlosen Leben in der kosmischen Gesellschaft erzählen. Ein einziger Moment ist es bloß. In der Tiefe kreischt der Vogel auf.

»Tuutuu!«

»Tututu!«

Das Kind starrt in die Luft, als würde es einen Zauber sehen. Dabei sieht es keinen. Es sieht gar nichts. Nur seine Beine sind unter ihm weggerutscht, in eisigem Schrecken klammert es sich an einen schwachen Ast. Und nach einigem lautlosen und unentschlossenen Gebaumel stürzt es mit kreisrunden Augen und zusammengepreßten Lippen in die Tiefe, wie ein Mehlsack, aus dem der Gehilfe des Müllers noch nichts geklaut hat. Wie lange der Fall dauert, ist unwichtig. Einmal ist er zu Ende. Wumm, patsch. Ob es einen Gott gibt? Das Kind liegt lange im zarten Frühlingsgras. Durch das Geäst des Baumes staunt es den Himmel an, wie schwer der plötzlich geworden ist. Dort, auf seiner Brust ruht die ganze Last. Der Vormittag vergeht, die Mittagszeit trollt sich, auch der Nachmittag packt schon seine Siebensachen. Um die Zeit der Abenddämmerung rappelt sich Farkas Jancsó von der ausgekühlten Erde auf. Doch er heißt nicht mehr Farkas Jancsó, sondern Velemir Pep.

Wer ist berufen, zu sagen, wie ein neuer Name in unser Leben tritt?

Velemir Pep, Velemir Pep, was ist denn das für ein seltsamer Name. Ungarisch ist er nicht. Die Dunkelgesichtigen vom Balkan kreischen ihn mit schriller Stimme, wenn sie jemand zu ewigem Leben beleidigen wollen.

Velemir Pep!

Velemir Pep!

Er bringt seine Kleidung in Ordnung, fegt sich die Erde aus dem Gesicht und trottet nach Hause. Er heißt Velemir Pep. Seine flinken Beine wirbeln keinen Staub auf. Leise weint jemand im Himmel, aber Gott kann es nicht sein, weil man das Weinen hört. Die Mutter schüttelt sein Gesicht, kräftig, verzweifelt.

»Wo warst du, was hast du gemacht, was ist mit dir passiert, Farkas Jancsó?«

Das Kind blickt starr mit großen, runden Augen. Wie seltsam ist dieser Blick! Auf einmal schaudert Frau Jancsó zusammen.

»Ich heiße Velemir Pep. Vielleicht ist in mir die Zeit durcheinandergeraten«, sagt das Kind und zuckt dabei mit den Schultern.

Die Mutter erbebt. Noch nie hat sie bei ihrem Sohn diese hohe und pfeifende Kopfstimme gehört. Und sobald sie an diesem unheilvoll fortschreitenden Frühlingsabend eine Kerze entzündet und das Kind aufmerksamer abtastet, kann sie überdies erkennen, daß sein Gesicht von Falten, häßlichen Runzeln und tiefen Furchen durchzogen ist, als wäre er auf einmal älter als seine eigenen Eltern geworden. András Jancsó schnaubt laut, als er von der Arbeit kommt und sein Blick auf ihn fällt. Seine kalbsblutbefleckte Schürze schleudert er in eine Ecke der Küche. Er kann sich nicht vorstellen, daß mit seinem Sohn irgend etwas Schlimmes passiert. Er nimmt ihn auf den Schoß und schüttelt ihn kräftig durch.

»Du wirst groß, du wirst schön, und du wirst der Meister des Fleisches sein!« schreit er.

»Ich werde groß, ich werde schön, und ich werde der Meister des Fleisches sein!« schreit das Kind, und András Jancsó packt plötzlich das gleiche Grauen, wie wenn er stinkendes Fleisch zu Gesicht bekommt. Das Kind quiekt wie ein Schwein unter dem Messer. Der Vater schnauft schwer, er nimmt sich zusammen. Nicht umsonst ist er Metzgermeister. Zwar entwischt ihm zuweilen ein gestochenes Schwein, aber schließlich geht es doch zu Boden. Er streichelt den Kopf des Kindes.

»Schon gut, das wird wieder«, knurrt er.

Dann kommt aber alles ein wenig anders. Zuerst wächst eine nußgroße Knolle unter den Schulterblättern des Kindes. Kaum zu bemerken. Aber wenn Frau Jancsós warme Hand darauf zu liegen kommt, ja dann läßt eisige Furcht ihr Herz erstarren. Lange wagt sie ihrem Gemahl kein Wort davon zu sagen, danach ist es schon überflüssig. Die Beule wird immer größer. Erst wenige Jahre sind seit dem schrecklichen Sturz vergangen, und dem Kind ist ein plumper Buckel aus seinem Rücken gewachsen. Auch sein Gesicht und sein Körper sind ganz die eines Fünfzigjährigen. Leberfleckig und runzelig, wie schlechtes Schreibpapier, die Haut schwabbelig. Sein Wachstum ist endgültig zum Stillstand gekommen. Nur seine Stimme pfeift, wie die Pfeife eines betrunkenen Türken. András Jancsó, der großgewachsene, rotbackige Metzger, blinzelt ihn voll Ekel an, wenn er ihm über den Weg läuft, um dann nach ihm zu treten. Selbst die Mutter kann ihn nicht mehr ertragen. Sie haben ihm das Haus verboten, er muß in der Scheune schlafen. Regnet es in Strömen, wird nur er klatschnaß. Wenn eisiger Wind über die Stadt hinwegfegt, hinterläßt er nur unter seinen Lumpen ein Andenken. Brennt die Sonne nieder, ist er es, der von jedem Strahl gepeinigt wird. Gassenjungen und Händlersöhne verspotten, treten und quälen ihn.

Mit dieser bitteren Entwicklung würde sich Velemir Pep ja noch abfinden. Er hat eine gewisse Demut, wie ja auch die in ihrem Wachstum steckengebliebenen Menschen friedfertiger sind und nur mit ihresgleichen aggressiv und grausam wie die Normalgewachsenen. Wenn sie ihn nicht lieben, dann lieben sie ihn eben nicht, denkt er achselzuckend. Sollen sie ihn ruhig verabscheuen! Auch er würde sich nicht mögen, hätte er ständig seine Physiognomie vor Augen. Mit einer anderen Folge des Unfalls aber kann er sich nicht aussöhnen. Seit er den Buckel hat, hört er den Schlag seines Herzens nicht mehr.

»Wo ist mein Herz?... Ach... Wo ist mein Herz?« schreckt er von seinem dürftigen kleinen Lager hoch, doch er hört kein Klopfen, nur peinigende Leere fühlt er, als ob sich die Nacht in seinem Körper breitgemacht hätte, ohne Mond und Sterne. Er denkt, daß es ohne Herz kein Leben gibt. Keine große Weisheit, das ist ihm wohl bewußt, doch wenn man sie am eigenen Leib erfährt, kann sie so schmerzhaft sein wie die Verhörstühle der Inquisition. Fast am selben Tag, an dem ein venezianischer Leidensgenosse die vollkommenste Gondel der Welt in das sich sanft kräuselnde Wasser des Canale Grande gleiten läßt, gräbt Velemir Pep neben dem Nußbaum eine Grube.

Wessen Herz nicht schlägt, der kann auch nicht lieben.

Ob jemand lebt, der nicht liebt? Er lebt nicht! Dann ist ja er, Velemir Pep, gar nicht lebendig. Nichts anderes ist er als bloß eine tote Seele. Die Toten gehören unter die Erde. Deswegen hassen ihn die Menschen und grausen sich vor ihm. Nicht sein Aussehen und seine Stimme schreckt sie ab, sondern daß er nicht mehr lebt! Die Lebenden lieben die Toten nur dann, wenn diese ihren Frieden haben, nicht zurückkommen und nicht herumgeistern. Er aber wandelt ziel- und zwecklos unter ihnen, stört sie, bringt die Zeit in ihnen außer Tritt und erinnert sie in einem fort an ihren künftigen Tod! O weh, o weh! Wird ihn drüben die Hölle erwarten oder der Himmel? Letzten Endes ist es ja einerlei. Noch mehr leiden kann er nirgendwo. Er glaubt nicht, daß man in Luzifers Küche mehr von der Kunst des Schmerzenbereitens weiß, als der Mensch an seiner eigenen Spezies erprobt. Schon gar nicht vertraut er darauf, daß sich sein Schicksal zum Besseren wenden könnte. Es gibt keine andere Lösung, er muß sich aus dem Leben zurückziehen. Und wenn er unter der Erde ist, könnte es vielleicht sogar geschehen, daß man auch ihn liebgewinnt, wie es bei ordentlichen, in Frieden ruhenden Toten üblich ist, und dankbar an ihn zurückdenkt.

Er greift also zum Spaten und trottet an den Schauplatz der

Tragödie, zum fürchterlichen Nußbaum, der auf der Feldflur steht, als dürfte er bis ans Ende aller Zeiten dort stehen. Viel braucht er nicht zu graben. Die Grube ist für ein Kind bemessen, kaum anderthalb Ellen lang und nur eine Elle tief. Er seufzt und nimmt sorgsam seinen Platz darin ein. Dann lauscht er, wie die Erde herabrieselt. Käfer jagen einander in den Furchen seines Gesichts, Würmer schlingen sich um seine Finger, Schnekken kriechen auf seinen Leib, über ihm das strahlende Blau des fernen Himmels. Er strahlt genauso wie nach dem schrecklichen Sturz. Er betrachtet die langsam treibenden Wolken, den Flug der Vögel, das behagt ihm. Es gibt nichts Besseres, als sterben zu können, wenn man sterben will. Groll oder Bitterkeit verspürt er nicht. Ein einfaches, ehrliches Glücksgefühl ergreift von ihm Besitz. Es kommt ihm nicht in den Sinn, daß es unmöglich ist, ohne Herz glücklich zu sein. Er schließt die Augen. Langsam nähert sich sein Leben dem Ende. Velemir Pep, dieses garstige Geschöpf, nimmt Abschied von seinem kurz bemessenen Erdendasein. Und wie er eben daran denkt, was für ein großartiges Gefühl es ist, daß er nun glücklich verlassen kann, was ihm nur Bitterkeit und Elend beschert hat, fällt ein Schatten auf sein kleines, runzeliges Gesicht. Er schlägt die Augen auf. Dahin ist das Glück, dahin die tödliche Zufriedenheit. Ein ernstes, gefrorenes Gesicht fixiert ihn. Ärgerlich stützt sich der Zwerg auf die Ellbogen.

»Ich heiße Velemir Pep«, pfeift er, »und wenn ich Sie schön bitte, mein Herr, würden Sie mich wohl begraben? Sie müssen wissen, ich lebe nicht mehr.«

»Du lebst nicht?« nuschelt der gefrorene Mund.

»Ich habe mein Herz verloren!« pfeift Velemir Pep.

Doch der Mann mit dem gefrorenen Gesicht, dessen Augen höchst seltsam sind, als hätte er gerade sehr viel geweint, läßt sich auf die Knie nieder und hebt Velemir Pep flugs aus der Grube. Der Zwerg hat nicht einmal Zeit, Luft zu holen. Der Fremde stellt ihn vor sich hin und tastet ihn mit seinen zwei mächtigen Händen ab. Auf dem Rücken des Zwerges, ausgerechnet auf dem Buckel halten die entsetzlichen Hände inne. Im nächsten Moment beginnen sie ihn mit solcher Kraft zu drücken, daß Velemir Pep die Luft wegbleibt.

»Was machst du, mein Herr?! Am Ende bringst du mich noch um!«

»Du lebst also, häßlicher, kleiner Mensch?« nuschelt jener.

»Ich lebe nicht, ich bin bloß hier, und ich bin am falschen Platz!«

»Du wolltest ja gar nicht sterben«, behauptet der Fremde.

»Ich darf nicht wollen, was längst passiert ist?!«

»Du willst unter die Erde?«

»Wenn mein Leben mir gehört, dann gehört auch mein Tod mir!« pfeift Velemir Pep. Der unerträgliche Ton läßt auch den Fremden mit dem gefrorenen Gesicht zusammenzucken. Er erhöht den ohnehin schon unerbittlichen Druck seiner Hände. Dem Zwerg stockt der Atem. Nachzudenken ist er im Schraubstock der schrecklichen Finger bereits außerstande, er stöhnt und winselt wie ein zwei Tage alter Welpe. Schließlich dreht ihn der mit dem gefrorenen Gesicht vorsichtig um und legt sein Ohr an den Buckel. Lange horcht er. Der Zwerg hat inzwischen genug und beginnt herumzuzappeln.

»Ich verstehe dich nicht«, lärmt er unangenehm.

Doch dann reißt er die Augen auf. Hinter dem Fremden steht ein anderer Mann, in zerlumpten Kleidern. Velemir Pep hätte ihn für einen heruntergekommenen Türken halten können, aber irgendwie ist er doch keiner. Eher so eine südliche Spezies, die den einen Tag zu Mohammed betet, den anderen immer noch Jesus beweint. Glänzende Augen funkeln in dem zerknitterten Gesicht, das von einem schütteren Bart umrahmt wird. Der Blick des Mannes ist wie ein Spiegel. Man kann auch hineinsehen. Velemir Pep nähert sich ihm.

»Willst du wirklich hineinschauen?« fragt jener.

»Wieso, was werde ich denn sehen?« keift Velemir Pep.

»Deinen Todfeind, du erzhäßlicher kleiner Mensch.«

»Na, da bin ich aber wirklich neugierig!«, brüllt Velemir Pep und bewegt sich. Das Spiegelgesicht des Mannes beginnt zu strahlen. Aus diesem Strahlen blickt dem Zwerg ein wunderschönes Frauengesicht entgegen. Zwar sind auch in Debrecen die Frauenzimmerchen nicht eben häßlich, doch solch eine Erscheinung hat Velemir Pep noch nie gesehen! Sie lächelt, wie eine Frühlingswiese. Wie ein warmes Streicheln, so ist ihr Nikken. Auch Velemir Pep lächelt und nickt zurück. Wen interessiert es, daß sie sein Todfeind ist, bei dieser Schönheit?! Aber der Mann mit dem gefrorenen Gesicht macht der Darbietung ein Ende.

»Horch doch mal an meinem Ohr«, sagt er ernst. Velemir Pep steckt sein Ohr widerwillig zu dem des Mannes. Ein kleines Herz hört er darin klopfen.

»Dein Herzschlag, Velemir Pep.«

»Ich habe ein Herz, und ich habe einen Todfeind!« brüllt glücklich Velemir Pep. Der Fremde macht sich schon wieder auf den Weg. Hinterdrein wackelt auch sein Gefährte, der Spiegelgesichtige. Doch Velemir Pep geht den Dingen gern auf den Grund.

»Und womit verdienen die Herren für gewöhnlich ihr Brot?« brüllt er ihnen nach.

»Wir sind Tränengaukler«, wendet sich der Fremde um.

»Hat man damit sein Auskommen?« fragt Velemir Pep schlau.

Doch Franjo Mendebaba gibt keine Antwort. Auch Goran Dalmatinac wischt sich wortlos die gefrorenen Tränen vom Gesicht. Neben einem klapprigen Wagen treten sie von einem Bein aufs andere. Auf dem Gefährt ist eine gewaltige blaue Träne zu erkennen. Mit einem Mal wird die Plane hochgeschlagen, und ein bärtiger, kleiner Jude im Kaftan tritt vor den Wagen.

»He, Velemir Pep, bist du schon mal in Venedig gewesen?« fragt er.

»Welcher Teufel hat Sie denn geschickt?« pfeift der Zwerg.

»Macht nichts, Velemir Pep, einmal wirst auch du hinfahren!« schreit eine andere Gestalt aus vollem Halse. Groß ist sie, wie ein riesiger Sack. Und es scheint, als tropfe ihr Honig aus den Augen. Er ist es ja, Zoran Vuković!

»Warum soll ich ausgerechnet nach Venedig reisen?« schreit auch Velemir Pep.

Eine dunkle Gestalt von tatarischem Aussehen beugt sich aus dem Wagen. Schwarze Steine rieseln aus seinen Augen, wie Körner aus einem löchrigen Sack.

»Stellst du gern viele Fragen, Velemir Pep?«

»Warum fragen Sie?« Aber der Wagen rumpelt bereits davon. Eine Staubwolke auf der Straße nach Buda. Dann nicht mal mehr das.

Die Tränengaukler waren hier.

Die Tränengaukler sind wieder fort.

Der arme Velemir Pep schüttelt seinen kleinen, häßlichen Kopf, als wollte er aus einem absurden Traum aufwachen.

»Hurra, ich habe ein Herz!«

»Hurra, ich habe einen Todfeind!«

»Hurra, ich reise nicht nach Venedig!«

Angestrengt sinniert er über der Grube. Was für seltsame Gestalten, ein wenig wie er sind sie. Als ob sie lebten und doch nicht lebten. Von Venedig haben sie gesprochen! Ausgerechnet er soll dorthin gelangen, wo er doch bis jetzt nicht mal über den Schatten dieses vermaledeiten Baumes hinausgekommen ist. Der Zwerg stutzt, hebt sein häßliches Gesicht. Er beginnt den Baum anzustaunen, seinen wuchtigen, stolzen Stamm, die giftgrünen Blätter, die mächtigen Äste. Und spürt dabei, wie sein Herz klopft und schlägt, wie es musiziert. Selbstvergessen steht er vor dem Baum und weiß, daß es der größte der Welt ist. In fliegender Hast holt er Axt und Säge. Der Vormittag peitscht mit seinem Licht, wie ein gestrandeter, kapitaler Breitling. Velemir Pep macht sich an die Arbeit. Er beginnt den Nußbaum zu fällen. Unerbittlich schlägt er auf den massiven Stamm ein, als wäre es sein schlimmster Feind. Er ißt nicht, trinkt nicht. Regenwasser träufelt in seinen Mund, sein eigener Schweiß. Am siebenten Tag kracht es dann laut im Stamm.

Ob es etwas zu bedeuten hat, gerade am siebenten Tag?

Er tritt zurück, blickt in die Höhe, mustert das zitternde Laub. So sehr schwankt der Baum in der Himmelsluft, daß nur mehr ein zwirnsfadengroßes Kräftchen zugunsten seines Stehenbleibens entscheidet. Velemir Pep hat es nicht eilig. Er entdeckt einen Spatzen auf einem schräg aufragenden Ast, vielleicht auf demselben, von dem er einige Jahre zuvor abgestürzt ist. Puh, was für ein hohes Krächzen! Velemir Pep blinzelt dem Spatzen zu, dem kleinen grauen Spielzeug, das dort auf dem Ast schaukelt und zwitschert.

»Kleiner Spatz!« pfeift er unversehens, und der Vogel huscht auch schon davon.

Der Baum antwortet mit einem schmerzlichen Krachen. Aber er steht immer noch, als hielte er seinen Tod für unmöglich. Schwache Windfetzen beschleunigen sein Schicksal. Abermals kracht der Baum, aber nicht mehr entrüstet und nicht mehr ungläubig, sondern so fassungslos und mit dem jäh erkennenden, aus der Tiefe der Wurzeln aufsteigenden Schmerz, den nur jene Dinge der Welt kennenlernen, die nach einem Leben in der Illusion der Ewigkeit auf einmal dem Grauen der Vergänglichkeit ins Auge sehen müssen. Es gibt keine Ewigkeit, hat es nicht gegeben und wird es nicht geben. Der Stamm kracht, schwankt von neuem. Schon scheint er zu stürzen. Doch nein. Gerechter Himmel! Nicht und nicht. Billig gibt dieser Baum seine Rinde, sein Laub, seine Kraft, sein Leben nicht her. Irgendwie ist der Stamm wieder ins Gleichgewicht geraten. Was für eine Sturheit! Er steht wieder, stolz und mächtig. Als ob der Wehlaut, das Krachen ein Trug, eine vorübergehende Übelkeit gewesen wäre. Als ob dort in seinem Stamm nicht die weiße, tödliche Wunde wäre. Velemir Pep ist der Sache überdrüssig. Wer sterben muß, der muß sterben. Und wer leben soll, der soll leben.

»He du, Baum!« quiekt er.

Das ist wahrlich mehr, als der Nußbaum ertragen kann. Erneut durchläuft ihn ein Zittern, dann fällt er langsam, unter lautem Krachen Richtung Südwesten. Der Himmel verdunkelt sich, der Wind steht still, und aus der Erde steigt bitteres Wehklagen auf.

Seine Ahnung hat Velemir Pep nicht getrogen.

Im Moment, da der Baumstamm samt seiner Laubkrone zu Boden stürzt und Nester, zerbrechliche Zweige und Blätter in der Umgebung verstreut, ist er bereits winzig und kümmerlich, nicht größer und nicht höher als er, der häßliche Zwerg. Tot liegt er neben der kleinen Grube. Velemir Pep zieht den zwergenhaften Nußbaum in sein Grab und wirft Erde darauf. Doch er begräbt ihn nicht so, wie er es mit sich selbst machen würde – er schaufelt, als handle es sich um die Leiche seines Todfeindes. Sein Gesicht ist verzerrt, jeder Scholle zischt er etwas zu.

»Halte ihn gut, mein Bröckchen!«

»Laß ihn nie wieder wachsen, mein Klümpchen!«

Der Prophet sieht selbstverständlich aus dem Jenseits herüber. Die zwei schwarzen, rotgeäderten, im Fett schwimmenden Augen von Georg Weihnacht treten vor Zorn und vor Scham hervor. Es ist nun mal das Verhängnis der Propheten, daß ihre himmelstürmenden Werke von Gnomen, Zwergen und allerlei Gesindel in den Dreck gezogen werden. Und weil das Diesseits das Paradies der Zwerge und Kümmerlinge ist, kann es den Propheten auch gar nicht anders ergehen.

Verdammte Scheiße, elende Welt!

Beschissenes, verdammt beschissenes Leben!

Du läßt es zu, daß der dreckige Alltag, die Zwerge siegen!

Die Scheiße läßt du wachsen, die Perlen aber verkommen!

Du läßt es zu, daß sich Liliputaner in den Fußspuren der Könige suhlen!

Brrr, brrr!

Pfui Teufel!

Franz Pillinger ist schon mal in Venedig gewesen. Auf einem versteckten Plätzchen der Lagunenstadt hat er die Tränengaukler gesehen, ein trauriger Zwerg hat ihn hingeführt. Viele Jahre ist es her, trotzdem kommt ihm die Darbietung häufig in den Sinn. Des öfteren steigen Erinnerungen in seiner Seele auf, wie er auf dem Boden des altersschwachen, knarrenden und von den heftigen Stößen der Räder durchgeschüttelten Fuhrwerks liegt, das sich auf dem Weg der Unendlichkeit zu befinden scheint. Manchmal sind es einschmeichlerische jiddische oder entrüstete türkische, manchmal ungarische, dann wieder serbische und kroatische Worte, die unter die Plane, in die von menschlichen Ausdünstungen erfüllte Dunkelheit dringen. Ab und zu hält der Wagen mit der blauen Träne. Tagelang verweilt er am Rande eines Städtchens oder auf einer unwirtlichen Hochebene. Ein andermal geschieht es, daß der Knabe einen seltsamen Laut vernimmt. Sein Herz schlägt heftig, er weiß selber nicht, warum. Das könnte ein Brachvogel sein! Als würde er dort über dem Wagen flattern. Als würde er um jemanden weinen.

Truu!

Trutuu!

Auch an den aufgebahrten Leichnam des armen Grafen Zrínyi, der im Wald von einem wildgewordenen Eber aufgespießt worden war, erinnert sich das Kind noch gut. Es war vielleicht der erste Tote, den Fränzchen Pillinger zu Gesicht bekommen hat, er wird ihn nie vergessen. Und gut erinnert er sich an Maria Sophia Löbl, die Gemahlin des Grafen, die so sehr um den Toten trauerte, daß sich unter ihrem Rock die Erde auftat und sie schließlich in die Arme des hochwohlgeborenen Demeter Absolon stürzte, wo wenn schon nicht ihr Leib, so doch vielleicht ihre Seele Ruhe fand. Ach, und was ist mit dem armen Angelo, der sich beim Reka-Fluß in eine Fee verwandelt hatte?

Schließlich hat er ihm ja eine Botschaft geschickt!

Mit dieser Nachricht war der Herr Baron von seiner letzten Reise heimgekehrt, nur hatte er vergessen, worum es in der Botschaft ging. Macht nichts! Wenn er ihm eine Botschaft schickt, bedeutet das offenbar, daß Angelo ihn nicht vergessen hat. Mag er auch ein unbedachter Luftikus oder eine blindwütige Sturmesfee sein, so erinnert er sich doch an ihn, und wenn ein gütiger Himmel es will, werden sie einander einmal wiedersehen.

Fröhlich fauchend arbeiten an Wochentagen die schindelgedeckten Glashütten auf dem Herrensitz Absolon. Die Glasöfen kommen nie zur Ruhe. Ausnehmend hübsch sind im Herrenhaus die gläsernen Trinkflaschen, des weiteren verfertigen die Meister die verschiedensten üppig verzierten Trinkgläser und Teller, schlanke Glaskannen, ja sogar Bierkrüge. Holzfäller sind mit ihren schweren Fuhrwerken in den Absolon-Nadelwäldern unterwegs, um Brennholz zu beschaffen. Aber auch unermüdliche Töpfer sind auf dem Gut zu finden, ihre Kunstfertigkeit steht dem Können der weithin berühmten Töpfer von Csík um nichts nach. Sie formen aus der klebrigen Masse vornehmlich Becher und Humpen, Tongefäße mit blauer und gelber Glasur. Einige Familien, die christlichen Sekten angehören, sind darin führend. Griechische Händler aus Kronstadt und Hermannstadt suchen häufig das herrschaftliche Gut Demeter Absolons auf, für sie hat der Baron eine besondere Vorliebe. Wenn ihm zu Ohren kommt, daß sie die Grenzen seines Besitzes überschritten haben und die »griechische Kompanie« anrückt, schief lächelnde und weit spuckende Menschen, die aus den Worten ihrer Heimtücke wahrhaftig Stricke zu knüpfen vermögen, dann setzt er unverzüglich zu einem ungestümen Tänzchen an und rollt eigenhändig Weinfässer in die Werkstätten der Handwerker.

Nicht selten läßt der Baron seinen Blick auf Fränzchen Pillingers großem, struppigem Kopf ruhen. Ab und zu packt er eines der unbotmäßigen Haarbüschel und reißt es dem Knaben aus. Dann winkt er einen Diener zu sich, gibt ihm einen Tritt und läßt ihn mit einer gnädigen Handbewegung wieder an seine Arbeit gehen. Es arbeiten die Glasbläser, die Weber, die Faßbinder! Es arbeiten die Glasbläser und die Weber, die Faßbinder und die Gerber, die Sämänner und die Hirtenjungen! Der Baron steht daneben und sieht ihnen mit schief gelegtem Kopf zu, er lächelt wie der blaue Tag. Der buschige Schnauzbart zittert.

»Ihr verdammten Hurensöhne!« lobt er seine Leute.

Er spaziert am Ufer des Absolon-Baches entlang, stochert in seinen Zähnen, räuspert sich geräuschvoll und spuckt zuweilen in das forellenreiche Wasser. Er baut sich in der Mitte des Hofes auf und uriniert, ein Liedchen trällernd. Der Diener, der den Weg seines ins Selbstgespräch vertieften Herrn kreuzt, weiß nie, was sein Lohn sein wird, ein Fußtritt oder eine empfindsame, feuchte Umarmung. Baron Absolon ist auf seinem Besitztum wahrhaftig so etwas wie Gott selbst. Nicht von ungefähr ist er ein Günstling des Himmels. Unberechenbar, der allwissende Gebieter über Ereignisse und Schicksale. Vor allem aber ist es seine Lebensweise, an die sich niemand gewöhnen kann. Seine Weisheit ist grob und unbarmherzig. Seine Fehler sind schön. Seine Irrtümer sind bestechend, seine Liebe beschwerlich, leidenschaftlich und selbstsüchtig. Sein Haß reizt zum Lachen, ist aber tödlich. An einem Tag könntest du schwören, er werde so oder so sein – das genaue Gegenteil wird er sein.

Wenn du ihn nicht lieben willst, wirst du einen sündigen, liebenswerten Trottel in ihm sehen. Mitleid überfällt dich. Würdest du ihn aber lieben, ist er hassenswert und kleinlich. Mit einem Wort, Baron Demeter Absolon ist so wie das Schicksal.

»Man muß nicht alles wissen«, knurrt er den Knaben Pillinger an. Er macht sich mit einer neumodischen Verrücktheit zu schaffen, abscheulich stinkenden Blättern, dem Tabak. Soll doch die Welt erblinden! Aber der Baron ist ja sogar imstande, das Getränk Kaffee, diese ätzende schwarze Brühe, in sich hineinzugießen. Es wird ihm von den griechischen Händlern geliefert, direkt aus dem Herzen von Stambul, behaupten sie. Bekanntlich ist der Kaffee die schändliche Sucht der Türken. Frevel! Gift! Wenn in Bulgarien oder Mazedonien eine Lieferung abgefangen wird, zieht man den beleibteren griechischen Händlern die Haut ab, vielleicht haben sie ja vergiftete Kaffeebohnen darunter gesteckt, aus Rache, damit nach ihrem Tod aus jener Erde, die ihr Blut vergossen hat, verderbenbringende Kaffeesträucher wachsen. Kein Mensch weiß warum, aber der Baron liebt den Kaffee genauso wie den Wein. Rätselhaft.

»Man muß nicht alles wissen«, pafft der gnädige Herr.

Dann richtet er tagelang kein Wort mehr an das Kind, das unerwartet eine seltsame Empfänglichkeit für diesen eher nur gefällig klingenden als wirklich ernst zu nehmenden Satz entwickelt.

Man muß nicht alles wissen.

Man muß nicht alles wissen.

Aber schließlich ist doch auch allseits bekannt, daß der Mensch sein elendes Leben aus den Ziegeln und dem Staub des Wortes aufbaut. So ist das seit hundert Jahren, und so ist das seit Millionen von Jahren. Aus dem Schweigen ist noch nie irgend etwas entstanden. Die Tugend liegt im Satz, genauso wie die Sünde im Satz liegt. Und so ist dieses Nichts von einem Sätzchen, dem zufolge man nicht alles wissen muß, trotzdem ernst zu nehmen.

Auch über die Schafe von Rudica macht er sich zuweilen Gedanken. Jede Woche müssen einige ihr Leben lassen, so sehr drückt sie das Mädchen in ihren heißen, verworrenen Träumen. Dann freuen sich die Schäfer des Hauses Absolon, denn das bedeutet kostenloses Schafsfleisch für sie. Der Knabe verrät niemandem, daß er weiß, wer die Leiche des unglücklichen Reitknechts Iglódi vom Galgen genommen und weggeschafft hat. Na klar. Pfui Teufel. So ein großes Geheimnis ist das wirklich nicht. Die Tränengaukler haben ihn mitgenommen, natürlich, Schausteller besorgen ja häufig den Transport von Toten. Auch Iglódi haben sie nach Hause in sein Dorf gebracht und in die kalte Erde gebettet. Seitdem verwest er, und nur seine Gebeine leuchten in der Dunkelheit.

Soll doch die Welt erblinden.

Pfui Teufel!

Es gibt kein Erbarmen.

»Man muß nicht alles wissen«, sagt der gnädige Herr.

Fränzchen Pillinger ist kein einfältiges Kind mehr. Letztlich versteht er, was der Satz im wesentlichen bedeutet. Was man aber doch weiß, das muß man auch ganz genau wissen. Alle unsere Kräfte und unseren ganzen Ehrgeiz müssen wir dareinsetzen, das Mögliche zu wissen und niemals mehr zu wollen als das.

Die Vernunft ist knapp bemessen.

Gut, pfui Teufel.

Eines Tages zeigt der Baron dem Kind einen Sterbenden. Mit dem alten Glasbläser Sebestyén geht es zu Ende. Lange und schwer hat er gelitten, nun ist er bereits ohne Bewußtsein. Sie haben ihn zur Ader gelassen, gebadet, ihm Dünnschiß verschafft, ihn fasten lassen und mit Wunderkräutern behandelt, alles vergeblich. Sein Körper pumpt keine Luft mehr. Er rührt sich kaum noch.

»Den Tod hast du schon gesehen, du Kind, das hier ist aber was anderes«, flüstert der gnädige Herr und neigt sich zu den haarigen Nasenlöchern des sterbenden Hüttenarbeiters. Aufmerksam blickt er in die sich weitende und verengende Öffnung hinein. Seltsam, pfui Teufel, hm, sehr seltsam. Der Baron blinzelt in den dunklen Tunnel der Nase, als ob es darin außer Rotz und geronnenem Blut noch etwas anderes zu sehen gäbe. Gibt es vielleicht sogar. Befriedigt hebt er den Kopf und zwinkert sich den Schlaf aus den schönen, rotgeäderten Augen.

»Dort ist sie, gleich wird sie kommen«, sagt er.

Rasch beugt er sich wieder hinunter. Fränzchen Pillinger versteht, daß der gnädige Herr die Seele meint. Klügere Leute behaupten, daß die Seele sich nicht immer in ihrem Gefängnis, dem leicht verderblichen Körper, aufhält. Manchmal verläßt sie ihn, man spricht davon, daß sie sich auf Wanderschaft begibt, manchmal wird sie jemandem auch aus dem Leib geprügelt. Aber wo befindet sie sich in solchen Fällen? Wo treibt sie ihr Unwesen? Und was ist denn das für eine Gefangenschaft, wenn die Seele sich frei bewegen und aus dem Körper treten kann, wann und wie es ihr beliebt? Aber es ist keine Zeit mehr, Gedanken nachzuhängen. Die Brust des Glasmachers Sebestyén hebt sich unheilverkündend. Seine Augen weiten sich, sein Blick ist in diesen Sekunden ganz so, als würde er unerträglich viel sehen. Blasen blutigen Schaums treten aus den Mundwinkeln. Und dann passiert etwas. Das Ewige und das Vergängliche trennen sich voneinander, was, ach wie könnte man es auch anders ausdrücken, eine wundervolle Sache ist.

Wenn das Leben davongeht.

Die Seele will ihre sterbliche Hülle verlassen.

Und dieses bläulichweiße, von Feen getragene, einem Windesflor gleichende Etwas, das aus den Nasenlöchern des Sterbenden herausschlüpft und nach oben davonhuschen will – der Baron packt es mit den Zähnen wie ein Hund. Hoppla hops, schon quetscht er es in seiner Hand. Das Kind staunt nur so und meint zu träumen. Soll doch die Welt erblinden! Aber so was können doch nur fahrende Sänger, Zauberer und Magier! Doch wie dröhnendes Erz und lärmende Pauken tönt nun die eingefangene Seele in der Faust des Barons. Zuerst kann man ein Winseln und Gequietsche vernehmen, wie von einem Glasschwein des Paradieses. Dann Laute wie das Keuchen, Röcheln, Summen von Schamanen und Magiern. Irres Kreischen, aus dem tiefsten Schlund der Hölle. Ganz wie die tiefe Stille einer verlassenen Kirche ist es. Regen, Donnergrollen, Blitzestöne. Wie Schnee fällt, wie er nur fällt in einer Winternacht. Fast schon kann Demeter Absolon die Faust nicht mehr ballen. Als ob der sintflutliche Himmel donnerte, als ob alle Kriege der Welt auf einmal ausbrechen würden. Der gnädige Herr zittert, sein Gesicht rötet sich, beinahe platzen die Adern auf seiner

Stirn. Soll doch die Welt erblinden! Dann kann er nicht mehr. Er brüllt noch lauter als die gefangene Seele und öffnet die Faust. Nur ein empörtes Huschen vor dem lila angelaufenen Gesicht des Barons – und futsch. Pfui Teufel. Es war eine Seele da, jetzt ist keine mehr da. Weg ist sie. Wohin ist sie? Baron Absolon keucht ermattet. Sein Gesicht gewinnt langsam seine gesunde Farbe zurück, irgendwo zwischen Rot und einem schmutzigen Blau. Er räuspert sich, spuckt aus.

»Siehst du? Man kann sie einfangen«, sagt er zufrieden und zwinkert. Schau an, seine gute Laune hat er bereits wieder. Das Kind aber blickt zum Himmel hinauf, und es weiß nicht, ob das, was es sieht, Wirklichkeit oder Einbildung ist. Über ihren Köpfen ist ein kleines Stück des Himmelsgewölbes geborsten. Dann tut sich noch eine Öffnung in Form eines Fensters auf, und Gott der Herr in höchsteigener Person steckt seinen struppigen Kopf heraus und reibt seine schlaftrunkenen Augen. Sowie er die stattliche, philosophische Gestalt des wunderlichen siebenbürgischen Magnaten Demeter Absolon erblickt, muß er lächeln. Der Baron steht bereits auf der Loggia und fingert mit seinem Tabak herum. Auch er blickt nun zum Himmel, und bevor er ins Haus tritt, zwinkert er dem Herrgott zu.

»Man muß nicht alles wissen«, sagt er.

»Du bist mir vielleicht ein Halunke, Demeter«, lacht der Herr.

»Ich bin nach dir geraten«, bohrt der Baron in der Nase.

»Das schützt dich nicht vor der Macht des Lebens«, so der Herr.

»Aber es beruhigt«, spuckt der Baron aus.

»Und macht unglücklich«, sagt der Herr, danach verstummt er für einige Zeit.

Jahraus, jahrein empfängt der Baron die verschiedensten Gesandtschaften. Einmal sind es die Mitstreiter der Wesselényi-Verschwörung, die in Siebenbürgen Unterschlupf suchen, oder die Boten des Fürsten Apafi, dann wieder die Abgesandten des türkischen Hofes. Selbst die Kuriere der Kamarilla des Kaiserhofs überbringen ihm Briefe. Auch Franzosen suchen ihn auf, die überaus vornehmen und zumindest ebenso ruchlosen Vertrauensleute des Sonnenkönigs. Wenn Siebenbürgen zwischen den Diktaten und Erfordernissen der großen Politik hin- und herschwankt wie das zerbrechliche Zweiglein einer von Gewitter und heimtückischen Winden zerzausten Eiche, so ergeht es auch dem Absolon-Besitztum nicht anders. Doch die Taktik von Baron Demeter Absolon scheint sich zu bewähren.

Er verspricht allen alles.

Mit stumpfen, rotgeäderten Augen nickt er bedeutungsschwer. Ständig füllt er die Weinbecher der Gesandten, traktiert sie mit gewaltigen Mengen von Gebratenem, daß dann aber eine der geweckten Erwartungen sich erfüllt oder ein Versprechen eingelöst wird, kommt nicht vor. Wiewohl die Anschuldigung, daß ihn das Schicksal der Welt im allgemeinen und von Siebenbürgen im besonderen nicht interessiere, böswillig und ungerecht ist. Starrt er doch tagelang in seine Wolken oder studiert den Vogelflug, und wenn seine Holzfäller einen spionierenden Fremdling auf den Absolon-Feldern aufgreifen, dann erwürgt ihn der Baron eigenhändig und dreht ihm obendrein noch den Hals um. Und schickt ihn, gehüllt in eine stinkende, zerlumpte Wolke, dem Anstifter zurück, irgendeinem kaiserlichen General oder einem Beg des Sultans.

Im Jahre 1672 bricht in Moldawien ein gewaltiger Aufstand los. Besitzlose Leibeigene und an den Bettelstab gebrachte Kleinbojaren richten ein Blutbad unter den hoffärtigen griechischen Händlern und reichen Bojaren an. Die Stadt Iasi stecken die Aufständischen mit ihrem Atem in Brand und plündern sie mit ihren Blicken aus, bekanntlich die schrecklichste Art von Raub, das Auge kann ja wesentlich mehr rauben als die Hand. Als die Heerscharen des Großwesirs Achmed Köprülü in Moldawien eintreffen, ist der Thron des Fürsten Gheorge Duce bereits ein rauchender, ins Selbstgespräch vertiefter Haufen glühender Asche. Rudica bricht in Tränen aus, als sie die Nachricht hört, die ihr rumänische Bettelstudenten bringen. Rotwangig kommen sie an, bis sie Rudica alles erzählt haben, stottern sie, entkräftet, und noch monatelang zittern sie vor jedem Stuhlgang. Doch nur aus dem einen Auge Rudicas fließen beim Hören der Schreckensnachricht Tränen. Mit dem anderen sieht sie unentwegt die Walachei.

Es sind bereits die Jahre unheilverkündender Veränderungen. Eine Zeit des Niedergangs folgt. Baron Absolon wird launisch, wie einer, den es sehr danach verlangt zu lieben, der dann aber entdeckt, daß dort, wo das Herz zu sein pflegt, irgendeine fremde Materie den Takt trommelt. Manchmal werden die Diener von seinem grauenvollen Gebrüll geweckt. Rudica legt sich auf ihn mit ihrem mächtigen, warmen Leib und beruhigt ihn. Baron Absolon ist den einen Tag sanft und aufmerksam wie ein Bräutigam, verwöhnt das Mädchen und läßt es in allem gewähren. Anderntags brüllt er mit Schaum vor dem Mund, sie soll ihm Bälger gebären, kleine Absolons, die er zuerst Kornis nennen wird. Viele kleine Kornise will er auf dem Hof sehen! Rudica lächelt nur sanft und sagt nichts. Schließlich schlendert sie zurück in die Scheune, als hätte sie das Geschrei sehr ermüdet. In der Nacht darauf erdrückt sie kein einziges Lamm. Sie tut es nicht, denn sie findet keinen Schlaf. Tränen netzen ihre Wangen, während sie mit der Faust auf ihren Schoß einschlägt. Nur sie weiß es, unfruchtbar, tot ist ihre Gebärmutter.

Eine besondere Marotte des Barons ist es, seine Bäche und Flüsse in den Wintermonaten nicht zufrieren zu lassen. Leibeigene wie auch ärmere Edelleute müssen an den Ufern das Eis aufbrechen. Der verehrte Herr Rebezár springt mit seinem schmerzenden Hinkebein auf dem Eis herum und verflucht die Mutter, die ihn geboren hat. Wer sich widersetzt oder sich der Arbeit zu entziehen versucht, der wird aufs Eis genagelt. Im übrigen läßt der Baron Knechte aus fingierten Gründen hinrichten. Monatelang blüht und gedeiht auf dem herrschaftlichen Gut Absolon das Leben. Als sei es eine Insel des Glücks und der Menschlichkeit in jenen unheilvollen Zeiten. Zuweilen gibt es sogar unbeschwerte Tanzvergnügen, und selbst Rebezár, der doch seit der Hinrichtung des Reitknechts Iglódi hinkt, schwingt das Tanzbein. Wer sich aber gegen eines der strengen, den Tapferen angemessenen herrschaftlichen Gesetze vergeht, dem wird eine gerechte Strafe auferlegt. Vielleicht begnadigt man ihn auch, und seine Schuld wird ihm auf der Stelle vergeben. Das Leben auf dem Gut ist von Überfluß, Freuden und Mäßigkeit geprägt. Wer katholisch sein will, ist katholisch. Wer den Lehren Calvins folgen will, kann es tun. Auch die Anhänger Luthers haben es unter dem weiten Himmel des Besitztums gut. Sogar einige anabaptistische Familien werden geduldet. Aber auch den Juden läßt Baron Absolon gewähren, obgleich er Emil Israel, der für seine Beziehungen zu den griechischen Händlern Rede und Antwort stehen muß, manchmal an seinem gelockten Bart reißt. Der großgewachsene, sanfte Jude duldet die Anfälle des Barons. Seine Familie war noch vor den Soldaten Bogdan Chmels nach Süden geflüchtet.

Seine jüngste große Reise führt Baron Absolon nach London. Von dort bringt er jene Rindsblase mit nach Hause, die zu werfen und besonders zu treten ein solches Vergnügen bereitet. An fröhlicheren Tagen spaziert der Baron mit der Blase in der Hand hinaus auf die Wiese hinter dem Herrenhaus. Die Diener wissen bereits, was kommt. Mit großem Gebrülle versetzt der Baron der Blase einen Tritt, sie steigt auf bis zum Himmel, stößt gegen das Fenster Gottes, um dann hübsch wieder auf die Erde zurückzufallen. Die Diener keuchen hinterher, um sie dem Baron zurückzubringen.

Der Baron unterrichtet das Kind. Zwar verdrischt er es ab und zu, doch nie so derb und erbarmungslos wie die Knechte. Denn Fränzchen Pillinger und Rudica sind Verwandte, also sind sie, der schrullige Magnat und das versonnen blickende Kind mit dem großen Kopf, es ebenfalls. Aber was hat Demeter Absolon mit den Tränengauklern zu tun? Offensichtlich könnte der Inhalt des goldbeschlagenen Kästchens darauf Antwort geben. Doch das Geheimnis des Kästchens ist hartnäckig, wie das Wachsen des Grases. Der Baron nimmt mehrmals Anlauf zu einer belehrenden, aufklärenden Rede, kommt jedoch jedesmal ins Stocken. Er beginnt mit Ausführungen über den Dresdner Anatomiesaal, in dem die Gerippe von Tieren herumstehen, zum Zwecke eingehender Betrachtung. Bald ist er dessen überdrüssig. Ein andermal fängt er an, über Fernrohre zu sprechen, diese verzwickten Apparaturen, die für den, der in sie hineinblickt, die Sterne in solcher Nähe glänzen lassen, daß er sie mit seinen tolpatschigen, ungewaschenen Händen herunterreißen zu können glaubt. Mitunter wiegt sich die Erinnerung des Barons in London auf den Wellen der Themse. Am nächsten Tag erzählt er bereits von Rom, kommt auf den Petersdom im Vatikan zu sprechen, wo auf dem Grab des Namensgebers das demütige Licht von 100 Lämpchen flimmert. Häufig erwähnt er die herrliche Sophia-Moschee in Stambul. Desgleichen die Statue des heiligen Georg in Prag, wie dieser den Drachen durchbohrt. Mit glühendem Eifer nimmt er die Erörterung der Pariser Sorbonne in Angriff, wo die Wissenschaft blüht wie im Mai auf den Absolon-Ländereien der Klatschmohn. Er beginnt die Knochen eines im Stadttor von Preßburg aufgehängten Riesen zu erklären. Plötzlich geht er zur Anatomie der Universität Leyden über, wo Leichen zu rein wissenschaftlichen Zwecken aufgeschnitten werden. Er spricht von der Erfindung John Dollonds, dem Vergrößerungsglas. Wie aufregend und spannend das jeweilige Thema auch ist, alsbald verschließt ihm die schlechte Laune den Mund. Er verstummt, spuckt aus, gibt dem Kind einen Tritt, schickt es spielen. Doch zuvor beugt er sich zu ihm und blickt ihm mit seinen geäderten, ernsten Augen direkt ins Gesicht.

»Man muß nicht alles wissen«, röchelt er sanft.

Das Kind nickt verständig mit seinem großen Strubbelkopf.

Man muß nicht alles wissen.

Dann, an einem lauen Sommermorgen, rüttelt der Baron den Knaben, als wäre er ein leichtes Kissen. Im Absolon-Gebiet kann die Morgendämmerung wunderschön sein. Ein mächtiger, im Sonnenlicht schimmernder Dunstschleier ist über die Landschaft gebreitet. Auf den Blättern der Bäume der Tau, wie verstreute Perlenketten. Der Baron und der Junge stapfen das Absolon-Hügelland hinauf. Das Kind schläft beinah noch, immer wieder stolpert es über einen Stein oder ein Grasbüschel.

Auf einer Lichtung macht der Baron endlich halt.

Hier soll es sein!

Und mit einem Mal sieht der Knabe, wie Baron Absolon seinen bestickten Umhang und seinen Dolman auf ein Ästchen hängt, seinen ledernen Bärentötergurt öffnet und den Lederriemen an seiner Hose aufknöpft. Pfui Teufel! Soll doch der Himmel erblinden! Fränzchen Pillinger macht große Augen. Was um alles in der Welt hat der Baron vor? Dabei ist das so klar wie Kloßbrühe: Demeter Absolon, der wunderliche siebenbürgische Baron, gedenkt sich zu entleeren.

»Man muß nicht alles wissen«, stöhnt er.

Sein Gesicht rötet sich vor Anstrengung. An seinen Schläfen und auf seinem dicken Stiernacken schwellen die Adern an bis zum Platzen. Er ächzt und furzt so gewaltig, daß die zwitschernde Spatzenschar auf dem unweit grünenden Birklein entsetzt aufflattert. Endlich hält Demeter Absolon die Zeit für gekommen. Seine großen Hände langen nach hinten und ziehen das Fleisch seines Gesäßes mit solcher Kraft auseinander, daß die Sonne, die soeben zwischen dem Laub der Bäume hervorkommt, wohl oder übel geradewegs in das Loch seines Arsches hineinscheint. Der After Baron Demeter Absolons ist schön und rosafarben, abgesehen von einer jener rötlich aufblühenden, ringeligen Gefäßerweiterungen, die, wenn nicht gepflegt und behandelt, bei jedem Scheißen die Qualen einer Geburt heraufbeschwören. Auf alle Fälle ist die Kraft und Seriosität der Ringmuskulatur deutlich zu sehen. Kein Zweifel, daß dieses Arschloch seinen Besitzer noch nie im Stich gelassen hat.

Erinnern wir uns, wie der Arsch eines Mannes beschaffen ist. Denn über den Hintern der Frau, ihren Arsch, ihre Pobacken, ihren Steiß, wie auch immer wir es nennen, brauchen wir keine Worte zu verlieren. Pfui Teufel! Der Weiberarsch ist schön. Nicht weil er an sich schön wäre. An sich wäre auch der Arsch der Frau nicht schön. Auch das ist uns wohl bewußt. Der Arsch der Frau ist auch dann schön, wenn er im Grunde häßlich wäre. Wenn er voluminös oder flach, einem Faß ähnlich oder schrumpelig, wenn er von Pickeln, Furunkeln, Pockennarben oder Warzen verunziert ist. Pfui Teufel! Soll doch der Himmel erblinden! Vom Arsch des Frauengeschöpfs kann man nicht behaupten, daß er von abstoßender Häßlichkeit wäre, denn es sitzt nicht nur auf ihm, benützt ihn nicht nur für den Stuhlgang, nicht nur, um Darmwinde geräuschvoll entweichen zu lassen, es hat ihn nicht nur, um ihn zu wiegen, mit ihm zu wackeln oder ihn tanzen zu lassen! Der Arsch des Frauengeschöpfs gehört nicht nur ihm allein! Soll doch der Himmel erblinden! Soll er nicht. Schön ist, was auch jemand anderem gehören kann. Der Arsch des Mannes gehört nur ihm allein. Der Männerarsch ist eines der komischsten Dinge der Welt, besonders während des

Koitus, wie er sich auf und ab bewegt, wie die zwei Backen sich zusammenziehen und ausdehnen.

Nun aber schnell zurück zu Baron Demeter Absolon, der in diesem besonderen Augenblick mit beiden Händen hinter sich greift und mit einer einzigen Bewegung sein schweres, fleischiges Gesäß auseinanderzieht.

Es strahlt die aufgehende Sonne.

Zuerst entweichen in Gestalt einer blauen Wolke die Darmwinde, dann beginnt sich bedächtig das Exkrement herauszuschlängeln. Wie die Schlange des Paradieses, so windet es sich. Und dann scheint es die Form eines jener Bauwerke anzunehmen, wie sie als ungeheure Schöpfungen in den Wüsten der Berber stehen. Die Pyramiden! Oder war der Turm zu Babel so beschaffen? Die stolze Burg Jerichos? Der gewaltige Koloß von Rhodos? In vielen Farben schillert und prangt die Scheiße. Doch auf dieser Welt wird ihr keine Ruhe beschieden sein. Baron Absolon Demeter seufzt, greift nach einem Klettenblatt, um sich abzuwischen, richtet sich auf und zieht die Hose hoch. Sein zerstreuter Blick fällt auf Fränzchen Pillinger, dann auf das Exkrement. Er lächelt. Vielleicht darüber, was denn das für eine Welt ist, hierzulande. Was ist das für ein Land, wo wir leben, wo derbe und strebsame, zur Rührseligkeit und Bosheit gleichermaßen fähige Völker leben?

Was ist denn das für ein Land, Bürschchen?

Soll doch die Welt erblinden!

In diesem Land kann sogar die Scheiße fliegen!

Sie kann aufsteigen, ohne Flügel, aus eigener Kraft!

Wer könnte leugnen, daß Wunder immer eine Lösung enthalten, die eine gut durchgerührte Mixtur aus irdischen und himmlischen Sehnsüchten darstellt. Wo Brotvermehrung nötig ist, wo die Heilung von Besessenen und Aussätzigen, wo die Auferstehung von Toten nötig ist, dort wird das Wunder entsprechend ausfallen. Hier wiederum besteht das Wunder darin, daß die Scheiße sich in die Lüfte erhebt.

»Nirgendwo sonst auf der Welt«, röchelt Baron Demeter Absolon leise, fast erschüttert, obgleich keinesfalls sicher ist, daß sich in dieser Feststellung die endgültige und unantastbare Wahrheit widerspiegelt.

Die Scheiße aber steigt tatsächlich auf und fliegt davon.

Franz Pillinger glaubt zu träumen. Jedenfalls weiß er jetzt, was bisher nur der Arsch des Barons wußte.

Auf der weiten Feldflur von Debrecen gibt es kein Laubwerk mehr, das Velemir Pep mit seinem Schatten aufhalten könnte. Keine Elternhand und kein stützender Freundesgriff hält ihn zurück. Der Zwerg gräbt den Nußbaum ein und wird ein richtiger Fahrender. Ein Wanderer aus Leidenschaft. Zu dieser Zeit ist er kaum zehn Jahre alt, und wenn er im Morgenlicht wie fünfzig aussieht, dann am Abend wie fünfundsechzig. Auch seine Gedanken sind reifer als die eines zehnjährigen Kindes. Velemir Pep macht sich auf den Weg und weiß selbst nicht, wohin und warum. Manchmal sieht er die wunderschöne Frau vor sich, seinen Todfeind. Und die wunderschöne Frau lächelt und nickt. Velemir Pep nickt verzaubert zurück. Kann er sich etwas Schöneres wünschen? Wer hat schon einen so bezaubernden Todfeind? Obgleich ihm niemand Lektionen erteilt, was infolge seiner Größe und seiner schwer erträglichen Natur auch gar nicht möglich wäre, bringt ihm der größte Lehrmeister, das Leben, doch mancherlei bei. Ausgenommen vielleicht das, was das Bauernvolk während ausgiebigen Nasenbohrens Zufriedenheit, das bleiche Heer der Philosophen hingegen die Weisheit des Seelenfriedens nennt. Der unzufriedene Mensch, selbst ein so winziger wie Velemir Pep, ist ein getriebener Mensch. Woher soll er auch die Ruhe nehmen, wenn er in seinem entlegenen Winkel der Welt schon die Nacht, die strahlenden Sterne gesehen hat? In der nächsten Nacht will er genau das gleiche woanders beobachten. Manchmal hört er die Frage des kaftantragenden Gauklers.

»Bist du schon mal in Venedig gewesen, Velemir Pep?«

Der Zwerg schüttelt entsetzt den kleinen, häßlichen Kopf. An so vielen Orten ist er gewesen, in so vielen Städten, Herzogtümern und Königreichen, warum soll denn gerade Venedig so wichtig sein?

»Was für ein Wunder Gottes gibt es denn in Venedig?«

»Weil nur Venedig die Welt ist?«

Die Zwergenhaftigkeit hat aber auch ihre Vorteile. Fuhrwerke, Reisewagen nehmen ihn eher mit als einen Menschen von normaler Größe. Er ißt und trinkt weniger, nur stellt er ungewöhnlich viele Fragen, was man duldet oder auch nicht. Mit der Zeit lernt er, daß er während der Fahrt nicht ständig überflüssiges Zeug reden darf. Wenn er nur nickt oder den Kopf schüttelt, kommt er besser voran. So bereist er schließlich ganz Europa. Er kennt den Unterschied zwischen einer holländischen Druckpresse und einer deutschen Flugblatt-Maschine. Er weiß, daß die Veinhagener weißen Rosen die schönsten Blumen auf dem Erdenrund sind, schöner noch als die holländischen Tulpen, die im Laufe ihrer Geschichte gerade so viel Elend wie Glück gebracht haben. Nur daß die Chronisten über ersteres weniger berichten. Den Galliern ist es verboten, aus den Brunnen der Londoner Straßen zu trinken, denn das würde eine Erniedrigung der Gallier gegenüber den Engländern bedeuten. Einmal marschiert er in Lothringen mehrere Tage in so hohem Gras, daß dieses Meer der Halme seinen Samen selbst einem normal gewachsenen Menschen auf den Scheitel streuen würde. In Lissabon lernt er Kaffee kochen, das wird ihm später noch zugute kommen. Ein Jahr lang ist er Akrobat in Spanien. Wohlweislich verrät er nicht, daß er auch mit Fleisch Kunststücke machen kann, lieber jongliert er mit brennenden Holzscheiten. Und einmal, als ihr Wagen beim Grab des heiligen Jakobus de Compostella vorbeirollt, kann er nicht verstehen, warum ihnen ein vornehmer Herr, ausgesuchte Beleidigungen brüllend, mit vor Zorn flammenden Haaren hinterdreinläuft. Eine der Tätigkeiten Velemir Peps ist seine Anstellung als Vogelscheuche in der Normandie. Einmal aber schleudert man ihn von einem nach Brasilien segelnden portugiesischen Schiff in die Wogen des Ozeans. So muß er sich an Land kämpfen, weil die portugiesischen Matrosen, die zu dieser Zeit den Ruf genießen, Weltmeister in der Kunst des Küssens zu sein, auf keinen Fall dulden können, daß eine so unerträgliche Gestalt mit ihnen in die Neue Welt reist. Auch nach Prag kommt er, wo seit dem Wirken von Professor Jesensky das Öffnen der Leichname in der Medizin immer größere Verbreitung findet. Zwar wurde der Professor hingerichtet, sein Geist lebt indes weiter.

Ein geheimer Zirkel tschechischer Professoren der Medizin hat den Eid geleistet, im Falle daß sich mit einem österreichischen Adeligen ein Rendezvous auf dem Seziertisch ergäbe, diesem das Herz in den Arsch einzunähen. Wenn sie es überhaupt einnähen und nicht auf den Misthaufen werfen. Immer häufiger bohren sich Seziermesser in Leichen, und im holländischen Leyden sieht der Zwerg einmal selber eine Sektion. Vielerlei Arten von Tätigkeiten verrichtet Velemir Pep. Einige mit Lust und Laune, andere zähneknirschend, daß aber einmal ein Spion aus ihm werden würde, hätte er denn doch nicht gedacht. Mal ist er hier, mal dort anzutreffen, bis ihn das Jahr 1678 wieder auf ungarischer Erde sieht.

Einige Tage nachdem das beflügelte Exkrement des Barons im Blau des Firmaments entschwunden ist, geschieht im Herrenhaus etwas Entsetzliches. Soll doch der Himmel erblinden. Baron Absolon läßt Rudica ohne besonderen Grund auspeitschen. Das Mädchen hat nicht einmal Salbeiblüten zerpflückt. Keine Schafe erdrückt. Mit fürchterlicher Kraft zerrt er sie aus der Scheune. Rudica hinterläßt eine Blutspur im Staub. Der Baron weiß nicht, daß das Mädchen seit kurzem jede Nacht mit der Faust auf ihren Bauch einschlägt. Baron Absolon bemerkt das Blut nicht, denn blutunterlaufen sind schon seine Augen, und die ganze Welt schmort jetzt für ihn in blutigem, brodelndem Saft. Sich im Staub des Hofes wälzend vergewaltigt er das Mädchen.

»Ich liebe dich, ich liebe dich«, brüllt er.

»Ich liebe dich, ich liebe dich, teurer Herr«, quietscht das Mädchen. In seinen Armen trägt er die ohnmächtig gewordene Rudica auf die Loggia. Gemeinsam verbringen sie die Nacht. Doch am Morgen läßt erneut fürchterliches Gebrüll den trüben Spiegel des Himmelsgewölbes zerspringen. Vögel fallen vor Schreck zu Boden. Die Hetzhunde zerreißen sie nicht, von solchem Entsetzen sind sie gepackt. Am Zaun verharrt reglos ein Rehbock, sein Herzschlag hat ausgesetzt. An den Haaren schleift der Gutsherr Rudica auf den Hof, dort peitscht er sie aus.

»Ich liebe dich, ich liebe dich«, brüllt er.

»Ich liebe dich, ich liebe dich, teurer Herr«, quietscht das Mädchen.

Soll doch der Himmel erblinden! Endlich ist der Baron müde vom Dreinschlagen. Er gibt den lumpigen, nichtsnutzigen Dienern einen Befehl. Sollen nun sie auf das Mädchen einschlagen. Aber bloß nicht sanft, bloß nicht vorsichtig! Voll Wut, Zorn und Haß sollen sie es tun!

»Warum, gnädiger Herr?«

»Weil es mir so gefällt!«

»Wo soll ich sie schlagen, mein teurer Herr?«

»Überall, Rindvieh!«

»Wie lange soll ich sie schlagen, o Himmel?«

»Solange du lebst, Hund!«

Einen der Diener packt er bei seiner warzigen Nase und zerrt ihn zu sich heran.

»Warst du schon mal verliebt, du Dreckstück?« brüllt er ihm ins Gesicht. Der Diener stottert. Er stottert übrigens sonst auch, aber jetzt tut er es noch dazu aus Angst.

»Ich glaube, ich war schon mal verliebt, guter Herr.«

»Dann mach es!«, er drückt ihm die Peitsche in die Hand. Und dieser nichtswürdige, aus geschissenem Lehm zusammengefügte Mensch tut es wirklich. Er schlägt das Mädchen, weil er schon mal verliebt war. Dann würde er auch schon aufhören, aber der Baron tritt ihn ins Gesicht, schlag zu, Hund, schlag zu, zerhacke, zerstückle ihr Fleisch.

»Schlag sie, weil du lebst!«

In Rudicas schönen Augen blüht die Gnade.

Sie weint nicht, nur ihr Leib verfärbt sich vom Blut.

Und sie klagt nicht, nur gleicht sie mehr und mehr einem Gemälde.

»Ich liebe dich, mein Herr«, haucht sie noch, und da entschwebt ihre Seele auch schon. Der Baron hascht vergebens nach ihr. Niemals mehr wird sich Rudica aus eigener Kraft regen. Bewegungslos liegt sie da. Wie ein kleiner Berg in der Mitte der Welt. Der Gutsherr verbietet, sie anzurühren. Er untersagt, sie wegzuschaffen und zu beerdigen. Der eine Hund will sich winselnd neben sie legen. Betrunken jagt ihn Baron

Absolon mit Fußtritten davon. Selbst die lila Fleischfliegen wagen es nicht, sich auf sie zu setzen, so schön ist Rudica. In der Abenddämmerung kommt der Wagen mit der blauen Träne, sie zu holen. Langsam rollt er durch das Tor des Guts. Peter Schwarzenstein beugt sich zu dem im Staub hockenden Pillinger herab. Er faßt ihn am Kinn und läßt etwas Schwarzes aus seinen Augen rieseln. Der Gutsherr steht auf der Loggia, er stiert sie bloß an. Unter Aufbietung all ihrer Kräfte heben Goran Dalmatinac und Zoran Vuković den Leichnam des Mädchens in die Wagenmitte. Wer an der Grenze von Moldawien und der Walachei geboren ist, kann zweimal auf dem Wagen der Tränengaukler reisen. Und womöglich beide Male als Toter.

Der Verfall ist nunmehr unaufhaltsam. In den darauffolgenden Wochen verkommt alles, was nur verkommen kann. Am Himmel machen sich düstere, unbewegliche Wolken breit und werden vom Unglück der Menschen noch fetter. In Scharen entlaufen die Diener. Familien schleichen sich unter dem Schutz der Dunkelheit davon und nehmen alles mit, was nicht niet- und nagelfest ist. Mit schweren Fuhrwerken ziehen Töpfer und Glasbläser fort. Eine Glashütte geht in Flammen auf, vielleicht kein Zufall. Jemand raubt das Lebensmittellager aus. Niemand fragt mehr, was sich in dem goldbeschlagenen Kästchen befindet. Vielleicht ist sogar in Vergessenheit geraten, daß es ein solches Kästchen gibt. Auch die letzte Jammergestalt geht, der verehrte Herr Rebezár hinkt zum Tor hinaus, und wiewohl er zurückblicken will, gelingt es ihm nicht, seinen Kopf umzuwenden.

Mit dem Tod Rudicas sind auch die letzten Bande zerrissen zwischen einer demütigen, aber besonnenen, durch die Bewohner des Guts vertretenen Kraft und der übersteigerten, Absolon-Gefühl genannten Leidenschaft, deren Übereinstimmung doch blühende und glückliche Jahre in die Welt gebracht hatte. Manche wagen einfach nicht zu bleiben. Andere wollen nicht. Wieder andere laufen frohen Herzens davon. Schließlich bleibt nur Baron Demeter Absolon zurück – und der Knabe Pillinger. Knackend zerbricht eine Schindel auf der Scheune, vernehmlich das Kratzen des Holzwurms in den betagten Balken. Die

Mäuse fiepen, benagen alles. Wildschweinfamilien verirren sich in den Hof. Rehe weiden neben den Brunnen, wo der Erde ein giftgrüner Bart sprießt. Dicke Bären schlafen in der Werkstätte der Glaser. Im Luginsland ein Habicht. Es kommt auch vor, daß eine Bande Strauchritter durch das wackelige Tor des Gutes sprengen will. Ihr Führer reißt erschreckt sein Pferd zurück. Dann machen sie wortlos kehrt. Der Baron sitzt in eine Decke gehüllt auf der Loggia, ab und zu wischt er sich den herabgerieselten Putz von der Schulter. Er trinkt aus einer Weinflasche. Nein, er säuft. Schließlich hat er selbst zum Aufstehen keine Lust mehr und pinkelt im Sitzen.

Franz Pillinger ist kein kleines Kind mehr. Er hat schon einiges gesehen auf der Welt, Scheiße und auch Perlen. Jetzt zum Beispiel glaubt er, daß das wichtigste Ereignis seines Lebens das ist, was sich vor seinen Augen abspielt. Nicht das an Wasserlabyrinthen überreiche Venedig, nicht die Feen des Flusses Reka, die Glasbläserei, der Gebrauch des Schwertes oder die Kunst des Schreibens, nicht diese Dinge sind das Wichtigste. Sondern das, was er gerade sieht! Denn man muß nicht alles wissen, aber das hier schon, das hier unbedingt: auf welche Weise nämlich all der Reichtum und die Schönheit, die doch Schweiß und Blut und Anstrengung so vieler Menschen erfordert haben, untergehen. Der junge Pillinger sieht, daß selbst Baron Absolon verrottet. Er verströmt einen kräftigen Gestank. Wenn er sich von seinem Stuhl erhebt, stolpert er in den Winkeln des Herrenhauses herum. Doch meist erhebt er sich lieber nicht.

Baron Absolon kippt am Tag des Propheten Elias vom Stuhl. In der Ferne tobt ein Unwetter. Blitze zucken, klangvoll rauscht der Regen. Doch über dem Herrenhaus türmen sich stumm die vormittäglichen Gewitterwolken. Aus der Hand Baron Absolons rollt die halbleere Weinflasche in den Staub. Der rote Saft fließt aus, als wäre er Blut. Der wunderliche siebenbürgische Magnat liegt im Sterben. Mit Rotwein gemischter Schaum rinnt ihm aus dem Mund. Er röchelt gewaltig und tritt so heftig in die Gewitterwolken, daß oben das Gewölbe davon erdröhnt. Als jedoch das Bimbam verklungen ist, kann man hören, daß jenseits der Wolken jemand weint. Der Herr weint um seinen Diener, ähnlicher als der war seinem Ebenbild in dieser verfluchten

Gegend noch niemand gewesen. Es ist nicht leicht, mit einem so mächtigen Leib zu Rande zu kommen wie dem des Baron Absolon. Franz Pillinger schleppt ihn in das hintere Zimmer, wo der Baron zu ruhen pflegte. Er sitzt an seinem Bett und wartet, was soll er sonst tun. Sie essen nicht oft, alles ist aufgebraucht. Mit zunehmendem Hunger geht der Junge auf die Jagd, wagt sich aber nicht weit über die Absolon-Nadelwälder hinaus, in der Furcht, während seiner Abwesenheit könnte dem Baron etwas passieren. Ratten huschen ins Zimmer, sie bleiben und piepsen bei Tag und bei Nacht. Lange starrt ein Hirsch durch das Fenster. Wild nagt an den Pfosten und an den Stämmen der Bäume im Hof.

Der Baron liegt im Sterben.

Franz Pillinger wartet, sonst kann er nichts tun.

Man muß nicht alles wissen, aber den Tod, den muß man kennen. Sich die Stirne reibend tritt er zum Fenster. Ruinen und Verfall allerorts. Ein lautes Röcheln des Barons. Franz Pillinger wirbelt herum, starrt den aufgerissenen Mund des Sterbenden an. Wie war das doch? Von ihm, dem sterbenden Gutsherrn, hat er gelernt, wie man die Seele abpassen kann, welche die Essenz des menschlichen Lebens ist. Er tritt wieder an das Bett seines Herrn. Langsam beugt er sich zu seinem Mund und horcht. Er hört sie ganz genau. Ungeduldig harrt sie ihrer Entlassung. Sie möchte heimfliegen aus dem Gefängnis des Leibes, wo die Kraft nicht mehr ausreicht, sie zu halten. Und als sich die Augen Baron Demeter Absolons zum letztenmal öffnen, entdeckt Franz Pillinger eine zaudernde Träne im trüben Spiegel des Blicks. In dem Moment dann, als der Baron sich anschickt, seinen letzten Atemzug zu tun, neigt er sich ganz nah an die von blutigem Schaum benetzten, lilafarbenen Lippen. Beinahe berührt er sie mit den seinen und schnappt gerade noch die davonhuschende, eben entschwindende Seele, wie er es vor wenigen Jahren in der Sterbestunde eines Glasbläsers von dem Gutsherrn gelernt hat.

Sogleich erdröhnt denn auch der Himmel, die Erde bebt. Es ist, als weinten hunderttausend verlorene Kleinkinder aus der Tiefe des Weltgrabens. Als wimmerte ein einziges blindes Katzenjunges tief unten in einem Sack. Als würde mit Windkeulen,

Wolkenhämmern und grausamer Kraft auf das klopfende Herz des Himmels eingeschlagen. Als gäbe der Gesang der Gewässer die Gebete aller jemals Ertrunkenen wieder. Ein kleines Stückchen Seele reißt Pillinger, als wäre es ein leichter Schleier, mit den Zähnen ab. Rasch wickelt er es um seine Zunge, den Rest läßt er los. Hinweg, fort mit dir. Den Baron begräbt er nicht. Er geht im Hof auf und ab und denkt angestrengt nach. Dabei preßt er die Lippen zusammen, als ob man ihm ein geheimes Wort anvertraut hätte und ihm jetzt sogar das Öffnen des Mundes untersagt wäre. Er blickt um sich. Düsternis und Verfall. Ruinen und nochmals Ruinen. Stalltüren knarren, Knöterich und Mäusegerste wachsen mitten auf dem Hof, junge Winde spielen mit Laufdisteln. Der Morast schlägt schaumbekränzte Wellen. Ein Stück Mauer fällt herab, ein Holzgestell rottet in die Erde.

Kann es hier ein Bleiben für ihn geben?

Nein, kann es nicht.

Auf einmal fällt ihm etwas ein. Er eilt in die baufälligen Gemäuer. Lange braucht er nicht zu suchen, bald hat er unter der Pferdedecke das Kästchen mit dem goldenen Verschluß gefunden, das Gegenstand solcher Neugierde, so viel vergossenen Blutes und so zahlreichen Sündenfalls gewesen ist. Es glänzt in seiner Hand, er kann damit machen, was er will. Franz Pillinger holt tief Luft, und als ob das Seelenteilchen doch tatsächlich ein Schlüssel wäre, bläst er es in das Schlüsselloch des Kästchens. Der äußere Deckel springt sofort auf. Den inneren öffnet er bereits mit der Hand.

Soll doch der Himmel erblinden!

Pfui Teufel.

Aus dem glitzernden Inneren des Kästchens hebt er einen kleinen silbernen Wagen. Fünf Figuren schlüpfen heraus. Seltsame, trotzdem ganz durchschnittliche, winzig kleine Gestalten, wie sie die Erde zu Millionen auf ihrem Rücken trägt. Sie verbeugen sich artig. Schon beginnt die Darbietung. Der eine weint Blut, der zweite Eis, der dritte weint schwarze Steinchen, der vierte Honig und der fünfte Flammen. Genauso wie in Venedig. Und Franz Pillinger versteht, daß er jetzt erwachsen ist. Im knarrenden Tor des Herrenhauses steht auch schon eine Gestalt.

Er ist es, der junge Fürst.

Imre Graf Thököly, der König werden wird, oder Kaiser.

Er winkt Franz Pillinger mit einer ausladenden, freundlichen Geste zu. Der Bursche nähert sich ihm, neigt sein Haupt und überreicht ihm das Kästchen. Er legt es in seine Hände. Imre Thököly aber wendet sich ab und macht sich auf den Weg in die Welt. Franz Pillinger folgt ihm achselzuckend, als sei ihm nun schon alles gleich.

Der Wiener Bürger Jizchak ben Juda lernt noch in den sechziger Jahren des siebzehnten Jahrhunderts ein bleiches Mädchen mit flachen Hüften kennen, das später seine Frau werden wird. Die Leute haben zu Sara unbedingtes Vertrauen, vielleicht weil man sie noch nie hat lachen sehen. Dabei steht zu vermuten, daß das Mädchen im geheimen dennoch häufig lächelt. Als Jizchak ben Juda sie vor einem kleinen Schächterladen erblickt, spürt er sofort, daß nur dieses demütige Geschöpf mit dem lichtlosen Blick seine Frau werden kann.

»Wer wählen will, der wählt«, sagt er später einmal zu ihr.

»Wer gewählt wird, der wird gewählt«, antwortet Sara leise und wendet ihm ihr bleiches Gesicht zu. Das Mädchen ist ganz und gar nicht schön. Jizchak ben Juda kann nicht entscheiden, ob seine Wahl bescheiden, aber vertrauensvoll war oder nur ein Sichabfinden bedeutet, ein demütiges Hinnehmen des Schicksals.

Einige Wochen später sitzt der Händler stundenlang bei Saras Eltern, der Familie Weiß, der Gott dieses einzige Kind gegeben hat, wenn auch erst nach langem Flehen. Jizchak ben Juda nestelt an seinem Bart, von Zeit zu Zeit nimmt er einen vorsichtigen Schluck aus dem Schnapsglas, das man ihm hingestellt hat. Schließlich gibt er sich einen Ruck und kommt entschlossen zur Sache. In Ordnung, er nimmt das Mädchen zur Frau. So bald wie irgend möglich. Er verlangt nichts dafür. Um die Ernsthaftigkeit und die Aufrichtigkeit seiner Absicht zu unterstreichen, ist er überdies bereit, die Eltern des Mädchens im weiteren zu unterstützen. Die Alten hören verdrießlich zu, sie verziehen keine Miene. Nur Shlomo Weiß atmet immer schwerer.

»Und wie hoch ist das Bußgeld, wenn…«, fragt Shlomo Weiß, doch Jizchak ben Juda unterbricht ihn.

»Es wird kein Bußgeld geben! Wir brauchen keins.«

Noch vor einigen Jahren war Shlomo Weiß ein in der ganzen Stadt geschätzter Geldwechsler gewesen. Den höchsten Kreisen, den Familien von Baronen und Grafen, lieh er heimlich Geld. Doch infolge einer Pechsträhne, in der nur die Dummen und die mit Blindheit Geschlagenen keine Gesetzmäßigkeit sehen konnten, verarmte er binnen weniger Jahre völlig. Eine Feuersbrunst zerstörte sein Haus, seine Schuldner verschwanden oder wanderten aus, schließlich wurde er eines Nachts überfallen und ausgeraubt, und nur seinen schlecht schlafenden Nachbarn hatte er sein Leben zu danken.

Ob es stimmt, daß Armut Schande ist, weil sie mit Unfähigkeit gleichgesetzt wird?

Vor der Verlobung bringt ein nach eigener Aussage aus Amsterdam stammender Jude, er hat einen goldenen Schneidezahn, flammend rotes Haar und blutunterlaufene Augen, Saras Eltern eine beträchtliche Summe Geldes. Er steigt aus einem dieser verkommenen, klapprigen Gefährte, mit welchen fahrende Zigeuner und nichtsnutzige Schausteller den Verkehr der Welt behindern. Das schwere Geldsäckchen legt der Fremde behutsam auf den Tisch und entfernt sich, ohne auch nur ein Glas Wasser anzunehmen. Auf dem Gesicht von Shlomo Weiß treibt die Scham glühende Rosenblüten. Jizchak ben Juda bestreitet am nächsten Tag mit echtem Staunen in den Augen, etwas mit der Sendung zu tun zu haben. Der Händler lügt nicht. Eine böse Ahnung beschleicht ihn. Und dieses Gefühl bleibt wie ein Ewiges Lichtlein in seiner Seele zurück. Ob er will oder nicht, auch Jizchak ben Juda wird zu einem der Hauptdarsteller einer Geschichte, deren Triebfedern nicht die Vernunft und auch nicht die Sehnsüchte sind. Wer war dieser rothaarige Jude mit den blutigen Augen, der dem alten Weiß Geld gebracht hat? Warum hat er es ihm gebracht? Manchmal denkt der Händler, er kenne die Gestalt, vielleicht schon seit seiner Kindheit, wiewohl er von ihr erst durch die vage und stockende Erzählung des alten Weiß gehört hat.

Den armen Shlomo Weiß, Saras vergrämten Vater, macht das

Geldsäckchen ganz verrückt. Er zählt nur noch, als ob man durch Zählen den Dingen auf den Grund gehen könnte. Kann man eben nicht. Und diese bittere Frucht der Erfahrung muß Shlomo Weiß als alter und müder Mann vom Baum der Erkenntnis abreißen. Ausgerechnet in dem Moment, da sich wieder die Möglichkeit eines Aufstiegs böte. Er schüttet den Inhalt des Säckchens auf den Tisch, klingende und bimmelnde, metallen kichernde Goldgulden.

Shlomo Weiß zählt.

Sobald er fertig ist, sinnt er ein wenig nach, um mit zitternden Fingern wieder von vorne zu beginnen. Er nimmt ein Goldstück aus dem Häuflein, ein zweites, dann zählt er den verbliebenen Rest. Er zählt das rechte Häuflein, das linke, macht ein drittes, zählt auch das. In Gedanken subtrahiert er und addiert, multipliziert die Summe, berechnet die Zinsen, legt eine Reserve an, investiert, gewinnt und verliert, gewinnt erneut. Vor Müdigkeit wankend begreift er endlich, daß das Geld unzählbar ist. Nicht deshalb, weil hinter den Zahlen immer auch die zur Raserei treibenden Dämonen des Verlustes und des Gewinns miteinander wetteifern, sondern weil es Geld in Wirklichkeit gar nicht gibt. Man kann nur etwas lieben, was existiert. Geld kann man nicht lieben, denn das ist keine Liebe, wenn wir es anhäufen und horten, in eisenbeschlagene Truhen versenken, hinten im Garten, in Brunnen oder unter schweren Steinen verstecken. Das ist höchstens Bangigkeit, Selbstsucht, Furcht. Geld existiert nicht, weil es niemals das ist, was es ist. Als Shlomo Weiß an diesem Punkt angelangt ist, hebt er seine zerfurchte, schweißnasse Stirn. Er hört Schritte. Womöglich seine Frau? Nein. Der Blick des Alten fällt auf einen Fremden. Der rothaarige kleine Mann steht abermals vor ihm und lächelt. Aus seinen Augen sickert Blut. Der Mann weint Blut! Shlomo Weiß gibt ihm das Geldsäckchen zurück mit dem Gefühl, endgültig von einer schrecklichen Sünde befreit zu sein.

Am nächsten Samstag wird Jizchak ben Juda in der Synagoge zum Lesen der Tora aufgefordert. Als das freudige Ereignis der Eheschließung bekanntgegeben wird, erhebt sich auf der Empore der Frauen ein aufgeregtes Getuschel. Welch ein Glück für das Mädchen, diesen gutaussehenden und wohlhabenden Händler zum Gefährten ihres Lebens zu bekommen! Er trägt einen schön gewebten, mit bunten Streifen verzierten Gebetsmantel. An den vier Ecken des Tuches baumeln die Zizijot, die schmukken Schaufäden. Auf seinem Kopf prunkt das festliche Käppchen. Das Getuschel wird lauter, und oben von der Frauenempore prasseln auf einmal Nüsse und Mandeln auf Jizchak ben Juda nieder. Er lächelt scheu und senkt den Kopf. Ob Sara wohl auch geworfen hat? Plötzlich spürt er einen äußerst heftigen Schlag. Es pocht nicht, sondern knirscht in seinem Schädel. Vor Schmerz wird ihm schwindlig. Er macht eine haltsuchende Bewegung und wäre fast gestürzt. In der Synagoge ist es totenstill, vor Überraschung und Bestürzung vermischen sich die Atemzüge. Jizchak ben Juda bückt sich benommen und hebt einen faustgroßen Gesteinsbrocken vom Boden auf.

Was für ein Stein?

Aber es ist gar kein Stein.

Er glänzt wie ein Topas. Es könnte auch eine riesige, gefrorene Träne sein. Er würde gerne über diesen dummen Vergleich lachen, wenn die Situation nicht so absurd wäre. Das Blut beginnt unter seinem Käppchen hervorzurinnen und verdickt sich auf seinen Wimpern zu einem zarten Häutchen. Er hebt die Stirn und richtet den Blick langsam auf die verstummte Empore der Frauen. Niemand rührt sich. Die Blicke fließen ineinander, vereistes Lächeln auf bleichen Gesichtern dämmert zurück. Wie ein Verfolgter, so eilt er aus der Synagoge, um nicht den heiligen Ort mit seinem Blut zu verunreinigen. Allein, im letzten Moment geschieht es doch. Ein Blutstropfen fällt auf die Schwelle, die Ritzen saugen ihn ein, so daß er später weder vom Kantor, ja noch nicht einmal vom Rabbi bemerkt wird, nur Jonathan, der närrische Diener, kratzt zuweilen mit seinem Fingernagel daran herum. Gerade eben ist dieser Blutstropfen in die Welt gekommen, und das genügt bereits, um Leben und Schicksale so sehr zu beeinflussen wie Meeresstürme, Seuchen oder Kriege. Kann der Mensch wissen, wieviel Gewicht ein Blutstropfen hat? Wenn zum Beispiel Jizchak ben Juda wüßte, daß dieser Blutstropfen von nun an bis in alle Ewigkeit auf ihm lasten, die Bürde dieses Tropfens ihn so sehr drücken wird, vielleicht würde er seinem Leben sogar ein Ende setzen.

Zu Hause überdenkt er im Halbschlaf die Möglichkeiten. Welche Frau oder welches Mädchen hat auf ihn geworfen und warum wohl? Ist es denkbar, daß dieser Stein vom Himmel gefallen und eine Art Zeichen ist? Ein Stück von einem fernen Stern! Am Ende befindet er, daß es nichts Schlimmes bedeuten könne, zumindest nicht in dem Sinn, daß es Vorbote einer Heimsuchung, eines Unheils sei. Einige Tage später macht sich Jizchak ben Juda an den närrischen Synagogendiener heran, und eines Nachts, damit niemand Kenntnis von ihrem Vorhaben erhält, schleichen sie sich auf den Dachboden hinauf. Tatsächlich entdecken die scharfen Augen Jonathans im Dach der Synagoge einen merkwürdigen Riß, obendrein gähnt ein Loch in der Dachhaut. Kein Zweifel, der Stein ist vom Himmel gefallen. Der Händler betrachtet den seltsamen Gegenstand. Er steckt ihn ein. Na schön. Ist er eben vom Himmel gefallen.

Jizchak ben Juda vergräbt sich in seine Arbeit. Wenn er Zeit hätte, würde er vielleicht sogar Liebe fühlen, doch er vermag Sara trotz all seines Bemühens, seiner Entschlossenheit, seines Sehnens und seines Willens nicht zu lieben. Nachts schreckt er hoch, sein Körper badet in glühendem Schweiß, und seine Stirn ist so kalt wie die Wand eines Eiskellers. Seine Zähne klappern, der Tau des Schweißes perlt auf seiner Stirn, das Herz schlägt ihm bis zum Hals, und seinen Gedärmen entweichen stinkende Gase. Jizchak ben Juda sagt niemandem etwas von seiner Krankheit. Ohne jeden Grund fühlt er bisweilen einen solchen Schmerz, daß ihm Tränen in die Augen treten. Er kramt den Stein, der ihn am Kopf getroffen hat, unter seinem Kissen hervor und drückt ihn so lange, bis er Erleichterung verspürt.

Eines Tages erhält er seltsamen Besuch. Das Licht des frühen Nachmittags läßt das kleine Geschäft in einem Glanz erstrahlen, als würde sein Besitzer Schätze darin aufbewahren. Getreu seiner Gewohnheit untersucht er den Stein. Das Kupferglöckchen über der Tür klingelt, und ein kleingewachsener Mensch mit feuerrotem Haar platzt herein. Er bleibt in der Mitte des Ladens stehen und sieht sich ungeniert um. Als er zu lächeln beginnt, leuchtet zwischen seinen aufgesprungenen, trockenen Lippen schlechtes Gold. Aaron Blum macht keine großen

Umstände. Flink tritt er an den Jizchak ben Juda heran und packt, wie es Ostjuden vor dem Abschluß wichtiger Geschäfte zu tun pflegen, den Arm des vor Überraschung sprachlosen Händlers. Er lehnt sich über die Theke und beginnt mit verhaltenen, kaum verständlichen Worten Fragen zu stellen.

»Stimmt es, daß du auch gestern nacht wieder Tränen vergossen hast?«

Jizchak ben Juda schweigt bestürzt.

»Nun?« löchert ihn der kleine Mann.

»Es stimmt«, antwortet Jizchak ben Juda.

»Und bereust du deine Tränen?« forscht der andere.

»Ich bereue sie nicht«, sagt todesmutig der Händler.

»Kann ich das auch in Andalusien, Saloniki und Lemberg erzählen?«

»Wer sind Sie?« Jizchak ben Juda nimmt sich zusammen.

»Und weißt du, was mit deinen Tränen passiert ist?«

Am liebsten würde Jizchak ben Juda sein errötendes Gesicht mit den Händen bedecken, doch der Fremde hält seinen Arm umklammert.

»Also?«

»Sie sind auf meinem Gesicht getrocknet.«

Nachdenklich tritt der Fremde ein Stück zurück. Jetzt sieht es fast so aus, als wäre nicht das geringste vorgefallen. Als wäre der Rothaarige vor ein paar Minuten in das Geschäftslokal getreten und hätte seitdem kein Auge von den Gewürzdosen gelassen, ganz wie jemand, dessen Aufmerksamkeit allein von der Qualität der für ferne Länder bestimmten Stoffe, Saffiane und Tücher, Samte und Nesselgewebe gefesselt wird, der sie befühlt und beschnuppert und sie im Licht des Nachmittags gründlich prüft. In dem Augenblick, als Jizchak ben Juda zu einer Bewegung ansetzt, um sich aus seiner steifen Körperhaltung zu lösen, dreht er sich ruckartig um.

»Und hast du schon über die Geschichte von den Gerechten nachgedacht?« fragt er.

»Ich habe von ihnen gelesen.« Dem Händler wird immer beklommener zumute.

»Fortan wirst du auch an sie denken!« befiehlt der Tränengaukler Aaron Blum und wendet sich zum Gehen. Doch dann hält er abrupt inne. Sein Blick fällt auf das Kupferglöckchen über der Tür. Er wendet sich um.

»Denke an sie, Jizchak ben Juda! Denke jedes Jahr, jeden Monat, jeden Tag, jede Stunde und jede Sekunde einmal an sie.«

Da bimmelt das Kupferglöckchen.

Der Fremde ist fort.

Draußen knarren Wagenräder.

Es ist kühl in dem Geschäftslokal. Unheilvolles, raschelndes Halbdunkel zerfließt auf den soeben noch in Licht gebadeten Regalen, auf den Rücken der Schatullen und auf den Zylindern der Stoffballen. Wie wenn die bestürzende Einsicht dämmerte, daß im ständigen Wandel der Welt, im fleißigen Verstreichen der Minuten ja doch das Moment der Verderblichkeit der ausschlaggebende Faktor ist, daß all die Haufen von weichen Stoffen, die aus den blankpolierten Glasdöschen hervorglitzernden falschen Steine, die rasierklingenscharfen Messer, die Klingen, die Knäuel gefärbter Garne unablässig verderben und daß es keineswegs aus trauriger Resignation geschieht, sondern im Gegenteil, es zerreißt, zerschleißt, zerspringt und zerbricht voller Wonne. Jizchak ben Juda fühlt sich einer Ohnmacht nahe. Wer war dieser zänkische Pinkel, der ihn über die Sechsunddreißig befragt hat? Wie kommt dieser Wichtigtuer dazu, sich solche Dreistigkeiten herauszunehmen? Wie konnte er es wagen, an ihm herumzuzerren und die Luft mit seinem üblen Mundgeruch zu verpesten? Oder war es bloß eine krankhafte Einbildung? Er hatte ja rote Haare und flammende Augen! Jizchak ben Judas Blick fällt auf das rissige Holz der Theke. An der Stelle des falschen Steins, den er eben noch in der Hand gehalten und offenbar beim Hereinschneien des Wichtigtuers niedergelegt hatte, ist ein großer, nasser, dunkler Fleck. Der Stein, der ihn am Kopf getroffen hat, hat sich in eine gewaltige Träne verwandelt! Aber damit nicht genug! Dort, wo der Fremde seinen Arm gedrückt hat, ist sein Kaftan von Blut befleckt. Angeekelt starrt er vor sich hin und hört aus dem mächtigen blauen Tränenfleck eine himmlische Stimme, wahrhaftig ein Traum, eine Vision.

Sidduk.

Ein in Flammen stehender Wagen rollt durch die Straßen der

Mahalleh. Er erkennt die Stadt, dabei ist er noch nie dort gewesen, nur gehört hat er viel von ihr, denn er unterhält dort zahlreiche Geschäftsverbindungen. Buda ist es, Ofen! Über der Stadt streichelt der Wind eine pferdeschwänzige türkische Fahne. Aber der Wagen steht in Flammen! Auf seine Plane ist eine gewaltige Träne gemalt. Gerade hilft ein dümmlich blikkender Mann mit großem Kopf einem jungen Juden auf den Bock. Wer der Mann mit dem großen Kopf ist, weiß Jizchak ben Juda nicht. Er hat ihn noch nie gesehen. Auch weiß er nicht, wer der jüdische Junge ist, er spürt nur, daß er ihn gut kennt. Die Vision geht weiter. Das Budaer Ghetto brennt lichterloh, reihenweise stürzen die Häuser in sich zusammen, unter entsetzlichem Wehgeschrei gehen die Menschen zugrunde. In den Straßen morden christliche Söldner. Flugasche steigt zum rauchverhangenen Himmel. Die Synagoge wird geschändet. Schon entfernt sich der Wagen aus dem Gemetzel. In südöstlicher Richtung. Jizchak ben Juda sieht ihn durch eine kahle, entvölkerte Landschaft fahren. Mit einem Mal hält der Wagen an. Ein Flußufer. Zuletzt seufzt ein Vogel auf.

Tru-tu!

Tutu!

Im nächsten Moment steht der Wagen wieder am Rande des verwüsteten, brennenden Buda. Leer und bewegungslos. Nur seine zerrissene Plane weht sacht, von den Flammen schwarz versengt, doch auch so, trotz der Zerstörung, läßt sich das Blau einer Art großen Flecks erkennen, jenem ähnlich, der anstelle des Steins zurückgeblieben und aus dem die Vision entsprungen war.

Am Tag der Hochzeit wird die Braut von einer Gruppe schnatternder Jungfern ins Badehaus geführt. Sie werden von Musikanten begleitet, die melodiöse Tanzlieder spielen, und als die Mädchen längst nur mehr mit dem Notwendigsten am Leib in der schweißtreibenden Hitze hin und her laufen, schmettert die Musik immer noch. Sara wird von Badefrauen entkleidet. Sorgfältig tasten sie ihre Lenden und ihre Brüste ab, prüfen, ob ein körperliches Gebrechen, eine versteckte Krankheit vorhanden ist. Ihre Nägel werden säuberlich geschnitten und gefeilt, ihre Wangen rot gefärbt, ihre Augenbrauen schwarz nachgezogen, Hals und Nasenwurzel mit wohlriechenden Salben eingerieben. Hierauf wird sie sorgfältig angekleidet. Das Kleid hat Jizchak ben Juda geschickt. Es ist aus glänzendem Seidensatin genäht und verströmt einen solchen Duft, als hätte man es tagelang im Saft griechischer Honigmelonen einweichen lassen. An Saras Fuß schmiegt sich ein spitzer Schuh aus feinstem Leder. Und als das Mädchen über ihre eigenen Füße stolpert, lächelt es auf eine Weise, daß auch die Zusehenden in Verlegenheit geraten. Auf ihrem Kopf glitzert ein goldgesäumtes Tuch, um ihren sommersprossigen Hals ein Perlenkollier. So geleiten sie Sara zurück, die dieser seltsame, plötzliche Reichtum nicht wirklich verschönen kann. Verlegen, ein wenig taumelig tritt sie vor Jizchak ben Juda. Sie blickt um sich. Alle sind anwesend, die in der Wiener Mahalleh etwas zählen. Die Zelte haben sie, nach aschkenasischem Brauch, im Hof der Synagoge aufgestellt. In den tönernen Kerzenleuchtern wabern spielerisch die kleinwinzigen Flämmchen und schreiben heilige hebräische Worte an die Leinwand der Zelte. Auf den Tischen sind mit Honigkuchen gefüllte Schüsseln aufgereiht. Süßes und ungezuckertes Gebäck, vielerlei Früchte, Mandeln, Feigen, Orangenspalten, getrocknete Trauben füllen die Kelche. In Tonkrügen erwarten Wein, koscherer Schnaps und süßer Likör die durstigen Kehlen. Auch Striezel gibt es, mit Trauben, Mandeln, gebratenen Apfelstückchen.

Und als der Mann das Haupt der Braut bedeckt, nimmt ein glücklicher Tanz seinen Anfang. Es ist Abend, ein neuer Tag hat begonnen, und nicht irgendeiner. Die Gesichter der Männer röten sich, ihre Augen glänzen, sie zerschmettern Trinkgläser auf den Steinen im Hof. Aus Bechern mit Kupfergriffen schlürfen sie den Schnaps, aus glasierten Tongefäßen gewürzten Wein. Von Dingen ist nun die Rede, über die sie nur höchst selten zu sprechen pflegen. Jonathan, der Synagogendiener, lacht mit vollem Mund, er hat mehr getrunken, als ihm bekommt, doch jetzt verübelt ihm das niemand. Später setzen die Frauen mit strengen Bewegungen einen Rundtanz in Szene.

Jizchak ben Juda steht in seinem festlichen Kaftan inmitten der Gäste, er richtet seinen Blick nur selten auf Sara. Den Stoff hat er aus Amsterdam, den aus der Seide hervorglänzenden Zwirn aus Saloniki bringen lassen und doppelt dafür bezahlt, um auch ganz gewiß Glück zu haben. Das bleiche, mißmutige Gesicht von Shlomo Weiß beunruhigt ihn. Er überlegt, ob er den Alten ansprechen, ihn mit ein paar Worten trösten soll, aber dann läßt er es doch bleiben. Später tanzt er mit Sara, stolz, mit erhobener Stirn. Er wird sie niemals lieben. Und wie der Mann in die Augen des Mädchens blickt, liest er in ihnen, daß auch Sara sich darüber im klaren ist: Jizchak ben Juda kann selbst seine einzige Gefährtin auf Erden nicht so lieben, wie gewöhnliche Sterbliche oder die Einfältigen lieben können, weil das Licht der Liebe des zum Dienst berufenen Menschen gröber gewebt, bald blendend, bald geradezu verbrennend ist. Sara beugt sich zu ihm und lacht ihm zum ersten und zum letzten Mal in ihrem Leben ins Gesicht. Und Jizchak ben Juda, der Händler, denkt an die Sechsunddreißig, wie es ihm Aaron Blum, dieser nichtsnutzige Tränengaukler, befohlen hat.

Die Tränengaukler waren bereits vor dem Gewaltstreich György Rákóczis mehr als einmal in die Gegend von Balaszentmiklós gekommen. Auch als der Fürst die Erdfeste in Brand steckt und die Dorfbewohner verschleppt, holpert ihr Wagen über die Hubbel der Umgebung. Für einige Tage schlagen sie ihr Lager am Ufer des Tinóka auf. Sie fischen und kauen aromatische Gräser. Und natürlich weinen sie. Nicht für ein Publikum, sondern weil ihnen danach ist. Sie sprechen davon, was alles in dieser verwaisten Gegend geschieht und was hier alles noch geschehen wird. Vielleicht geraten sie auch in Streit, knuffen sich gegenseitig. Manchmal setzt es Ohrfeigen, warum auch nicht?! Sicher ist nur, daß sie sich schließlich darauf einigen, daß die Gegend zwar nicht verflucht, aber vom Schicksal auch nicht gerade sonderlich begünstigt ist. Hauptsächlich spricht Aaron Blum, aber das stört weiter keinen. Aaron Blum erzählt so gerne, daß er alles zweimal von sich gibt.

Doch auf wen warten die Tränengaukler?

»Tuutuutuu«, hört man vom Tinóka her die Vogelstimme.

»Trutuu!«

Sie sind nicht hergekommen, um Wurzeln und Samenkörner zu kauen, zu fischen und zu debattieren, sondern um zu werben und Liebeserklärungen zu machen, ein wenig aufgeregt, mit ungewohntem Herzklopfen. Natürlich tun sie tagelang so, als hätte sie nur der Zufall hergeführt. Doch wenn die Dämmerung hereinbricht und die Vogelstimme ertönt, zittern ihre Hände, verloren starren sie zu Boden.

»Truutuu«, lockt sie der Vogel Tag für Tag.

»Tuutuu!«

Die Zeit wird nichts anderes mehr tun als vergehen. Kein weiterer Aufschub ist möglich. Wer zu genierlich ist, wird nicht lieben. Wer feig ist, bleibt gleichfalls für sich. Die Tränengaukler verständigen sich mit ernsten, schönen und tränenlosen Blicken. Ein wolkenloser, blauer Vormittag strahlt in ihren Augen. Sie nicken und nehmen vor dem Ufergestrüpp des Tinóka Aufstellung. Wie jung und gutaussehend sie doch sind! Man darf getrost sagen, sie sind schön. Aaron Blum ist schön, ja selbst Franjo Mendebaba ist es! Und sie weinen nicht. Oh, sie achten sehr darauf, daß sie nicht weinen, daß kein einziger Tränentropfen ihre Augen verläßt.

Mit einem Male beginnt es.

Sie singen und vollführen dazu trippelnde Tanzschritte, soweit man in ihrem Falle von Tanzen sprechen kann. Es wäre übertrieben zu behaupten, daß ihre Gesänge in Melodieführung und Inhalt irgendeine Ähnlichkeit miteinander aufweisen würden. Die Lieder der fünf Männer unterscheiden sich wie ein Baum vom anderen. Aber jeder Baum wächst gen Himmel. Wenn wir sie zusammen sehen, haben wir einen wunderschönen Wald. So halten wir es jetzt mit diesen Gesängen.

Wir hören sie auf einmal, und wir hören jeden für sich.

Im Lied von Goran Dalmatinac entführen dünne und bleiche männliche Feen irdische Mädchen, kleine Jungfern aus Split, Krapina und Brizanin, denen die Eltern übelriechende Käse unter die Röcke stecken, um sie vor Alben und verderbenbringenden adriatischen Wasserhunden zu schützen. Vergebens. Die Feen beißen den Käse heraus und reißen die Mädchen mit sich, ihr Haar durchwirken sie mit Mondenschein, schmücken es mit Bändern und lehren sie singen und küssen. Doch dann geben sie die Mädchen der irdischen Welt zurück, von wo sie sie entführt haben.

Franjo Mendebaba singt in höchst eigenartiger Umdichtung die Sure des Korans, in welcher der Prophet die Maria, eine koptische Sklavin seiner Ehefrau Hafscha, verführt. In dem Gesang preist der Prophet die Schönheit von Marias Leib mit glühenden Worten, ihre Wangen vergleicht er mit Rosen, ihre Zähne mit Korallen, den Hügel ihrer Scham mit einer schneeweißen Kuppel. Gewiß nicht ohne Erfolg. Doch dann kehrt die Frau des Propheten, die gute Hafscha, unvermutet heim und ist keineswegs entzückt von dem, was sie sieht. Die Stimme Franjo Mendebabas legt in diesem Teil enorme Höhen und fürchterliche Tiefen an den Tag.

Im Gesang von Zoran Vuković bläst und wirbelt ein glühender Wind. Sanfte und mächtige Rusalkas bewegen sich darin, Feen auch sie. Aus ihren Wohnorten unter Wasser sind sie gekommen, aus den Tiefen von Seen und Flußbetten, vom Ende der Welt, von den Dächern des Himmels. Mit Tau netzen sie die Äcker, mit Tau netzen sie den Schoß der Mädchen, sie hauchen unter die Stämme der Bäume, sie hauchen in die Beinkleider der Männer.

Aaron Blum hat das Hohelied umgedichtet, wohl nicht willentlich, eher dank der Unschärfe seiner Erinnerung. Wo beispielsweise der Bräutigam singt, er sei schwarz, weil ihn die Sonne verbrannt habe, nichtsdestoweniger sehr schön – nun, an dieser Stelle läßt Aaron Blum das Schwarz weg, auf die Schönheit des Bräutigams kommt er dagegen mehrmals zurück. Er wirft sich in die Brust, läßt seine Stimme schwellen. Desgleichen dort, wo die Braut den Bräutigam mit einem starken Balken aus Zypressenholz vergleicht.

Im Lied von Peter Schwarzenstein tummeln sich rotgeflügelte Fischlein im blauen Wasser, auf dessen Spiegel Seerosen blühn. Auch ein Schwan zieht durch den Gesang, wird von einem Vogel der Wildnis verfolgt, ein Mädchen vernascht einen Quarkstrudel, auf ihren schwarzen Lackstiefeln funkeln genüßlich die Sonnenstrahlen.

So singen sie aus vollem Halse, fassen einander an den Schultern und hüpfen so stolz und würdevoll herum, als wäre dieses unbeholfene Getrampel ein richtiger Tanz. Ihre Bemühungen sind nicht vergebens. Endlich teilt sich das Grün des Gebüschs. Aus dem Gewirr junger Zweige und Blätter löst sich ein vielgeschändetes, schlammbedecktes Gesicht, und das wunderschöne Antlitz eines Weibsstücks kommt zum Vorschein. Vielleicht ist es gar nicht schlammbedeckt, das Gesicht. Vielleicht gar nicht geschändet. Vielleicht noch nicht mal wunderschön.

»Tuu, Tuuu«, nickt die Erdfee.

»Truu, truuu«, watschelt sie vor den Männern.

»Tuututtu«, säuselt sie.

Ich liebe euch, meine teuren Gaukler!

Aber es geht noch nicht, wir dürfen noch nicht, meine Lieben!

Ich werde euch eine Botschaft senden, ihr werdet sehen, meine Teuren!

Ungefähr das war die Bedeutung der Antwort, welche die Gaukler für ihren Tanz und für ihre Liebeslieder erhalten haben. Nicht viel, doch auch nicht wenig. Aaron Blum keucht enttäuscht und fingert an seinen rötlichen Peies. Der großgewachsene, träge Zoran Vuković steht nur da, starrt ins Gestrüpp, er scheint leise, aber wohltuend zu fluchen.

Am Ufer des Tinóka herrscht wieder Stille.

Nur ab und zu steigt der glückliche Ruf aus dem Dickicht.

»Tututu!«

Ihre Zeit ist abgelaufen, sie müssen weiter. Nachdem sie ihr Zeug auf den Wagen gepackt haben, spaziert Franjo Mendebaba noch einmal zurück zum Ufer. Er trottet hinunter zum Rand des schlammigen, lehmblumigen Bächelchens. Voller Sorge beugt er sich über das Wasser. Es hat den Anschein, als suche er sich selbst darin, seinen Blick von gestern, von vorgestern. Aber nein.

Das Wunder läßt auf sich warten.

Der kläglichste dieser Tränengaukler will ja nur sehen, wie das Rinnsal fließt. Franjo Mendebaba ist beruhigt, als er feststellt, daß das Wasser sowohl aufwärts wie abwärts rinnt und daß es dies sichtlich mit Freude tut. Er richtet sich auf und läuft dem Wagen hinterher. Zu behaupten, daß er läuft, ist nun doch übertrieben. Er watschelt eher, wie jener große arktische Vogel, der Pinguin. Mit lautem Ächzen rumpelt der Wagen über Sandhaufen, Erdbrocken und üppige Grasbüschel. Mendebaba wird von den anderen an den Haaren in den Wagen gezogen, denn jeder Stachel kann sich besser festhalten als er.

Brachvogel-Borbála wird nach den Schlägen Ismails nicht sofort krank, erst nach einigen Tagen beginnt ihr Schoß zu bluten. Vier rote Rinnsale entspringen zwischen ihren Schenkeln und fließen langsam in die vier Himmelsrichtungen. Es ist Sommer und glühend heiß. Gelb flammt der Horizont. Eines schwülen Morgens spricht der Mund der Erde.

»Ich bringe dir einen Wagen, Borbála!«

Darauf richtet auch der Mund des Himmels das Wort an sie.

»Männer lasse ich zu dir, Borbála!«

»Sie sind zu fünft!«

Borbála ist rot, wie Klatschmohn. Sie wiegt sich in den Hüften für Erde, Himmel und Wasser. Und natürlich auch für sich selbst. Den ganzen Tag kocht und brät sie. Sie sammelt Wurzeln, duftende Gräser und Enteneier, melkt sanfte Rehe und herrenlose Ziegen. Hasen und Tauben bittet sie um die schwächlichsten Jungen, von wilden Bienen holt sie sich Honig. Mit einem Hakenstock fängt sie Breitlinge. In ihrem Mund sammelt sie Harz, das lutscht sie, damit ihr Atem süßer werde. Sie salbt ihre Achselhöhlen, ihren noch immer brennenden Unterleib. Auf ihr Herz setzt sie einen fetten Blutegel, gegen die Aufregung. Ins Haar steckt sie sich eine Seerose, an Steinen, gekühlt mit Wassertropfen, feilt sie ihre Nägel. Als der Abendtau fällt, ist sie fertig.

Wie eine prächtige Braut.

Schön ist Borbála jetzt, sehr schön!

Sanfter als sonst bricht die Dämmerung herein. Bei der großen Biegung von Fegyvernek ertrinkt die blutrote Scheibe der Sonne zischend im Wasser der Theiß. Wie ein Kinderschal mit goldenen Knöpfen windet und legt sich dann säuselnd der Wind. Das dunkelnde Grün, das ausgebrannte Gelb breitet sich, dem festlichen Teppich eines großen Königs gleich, über die Feldflur. Mehr und mehr färbt sich die Landschaft violett.

Neben dem Abendstern nehmen die übrigen ihre Plätze ein, und in großer Ferne, wie eine mit der Hölle verbündete Londoner Kleiderfabrik, arbeitet knirschend und krachend das Universum. Ach, die Nacht scheint nicht vergehen zu wollen, die Welt scheint stillzustehen. Ein Saum schweifender Wolken versilbert das Licht des Mondes. Auf Blättern, Ästen, schwankendem Schilfrohr zerfließt das Mondgelb. Fledermaus und Kauz streichen durch die laue Nachtluft. Ein Ast knackt, bricht dort drüben. Ein Igel vielleicht? Oder ein Fuchs, ein Waldschwein? Wie lang noch dauert die Nacht, wie lange noch? Was nagt unter der Herzwurzel, was für ein Wurm, daß das Dunkel nicht weichen will?

Doch da graut auch schon der Morgen, deckenweich, weiß und leicht. Mit einem einzigen Klingklang entfaltet sich der Sonnenstrahl und hilft einem Tautropfen von Borbálas Wimper herunter. Die Erdfee schließt die Augen. Sie steht da im Strahlen des Morgens.

Es gibt keine Lüge, nur Traum.

Vor Borbálas Bretterbude steht der klapprige Wagen! Unter dem brennesselgemusterten, festlichen Kopftuch der Hexe haucht der Wind ein trügerisches Haarbüschel hervor. Die Weibsperson erschauert, sie blinzelt und tritt langsam näher.

Ein ernst blickender, stämmiger Mann steigt vom Bock herab. Er wischt sich schwarze, winzige Steinchen vom Schoß. Sie rieseln auf die Erde, später sprießen Bäume mit schwarzer Rinde aus ihnen. Eines der glitzernden, schwarzen Steinchen zerreibt der Mann sorgfältig auf seiner Handfläche. Die blutige Hand hält er Borbála vor ihr schönes Gesicht.

»Ist das deine Botschaft, schöne Frau?«

Peter Schwarzenstein spielt sich ein bißchen auf, aber dem schenkt Borbála jetzt keinerlei Beachtung. Mit verschleierten, glücklichen Augen nickt sie.

»Tutuu, tutuu.«

Peter Schwarzenstein tritt zum Wagen und schlägt die Plane mit der blauen Träne zurück. Der Goldzahn von Aaron Blum, der aus dem Dunkel des Wagens hervorlächelt, funkelt besonders hell. Franjo Mendebaba zwängt sich ins Freie. Goran Dalmatinac brummelt etwas vor sich hin. Zoran Vuković atmet tief durch und reibt sich die Hände. Schon haben sie sich dort vor dem Häuschen versammelt. Um Einlaß bitten sie nicht. Das wäre auch völlig überflüssig. Gemeinsam halten sie Einzug in Borbálas Verschlag. Der Tisch ist mit seltenen Delikatessen und Köstlichkeiten beladen. Die Tränengaukler zieren sich nicht lange. Einer trinkt schaumige Rehmilch, ein anderer nuckelt Wein aus der Flasche. Dieser bricht sich ein Stück vom harzigen Hefekuchen ab, jener lutscht an der braunen Brotkruste, der nächste bedient sich aus dem Korb mit den Vogeleiern. In Holzschüsselchen ist Akazienhonig aufgetragen. Aaron Blum fühlt sich so wohl, daß er zu erzählen beginnt, aber im Moment hat keiner etwas dagegen einzuwenden, soll er, wenn ihm danach ist. Jetzt geht es um etwas anderes! Denn mit Zähnen, Fingernägeln und ihrer Zungenspitze knüpft Borbála jedem von ihnen die Pluderhose auf. Alle fünf Tränengaukler nimmt sie sich an diesem heißen Sommertag vor, einen nach dem anderen. Sehr schön ist dieser vielfache Liebesakt. Allerdings erhebt Peter Schwarzenstein während der Vereinigung plötzlich wildes Geschrei.

»Oh, dieses Schwein!«

»Oh, dieses Waldschwein!«

Er meint den Keiler, der Graf Zrínyi zu Tode gespießt und dessen Fleisch sie gebraten haben, von dem aber nur Peter Schwarzenstein essen wollte. Wie wir wissen, war das kein Essen, sondern eine todtraurige Fresserei. Aber Brobála legt ihm ihre gewaltigen Brüste aufs Gesicht und lenkt seine Gedanken und Gefühle wieder ins rechte Gleis. Auch das ist zum Beispiel wahr, daß sich Franjo Mendebaba während des Liebesaktes entleeren muß. Borbála hilft ihm behutsam. Mit großen Klettenblättern und weichen Grasbüscheln säubert sie sorgfältig das Gesäß des Unbeholfenen. Und Aaron Blum erzählt dabei, er stöhnt laut, zappelt herum, sein Mundwerk steht keinen Augenblick still, auch wenn er selber nicht genau weiß, was er alles plappert, in Borbálas Fleisch, in die Winkel ihres Leibes hineinbrabbelt. Goran Dalmatinac tut, als sei er unzufrieden mit dem Verlauf der Dinge, nichtsdestoweniger dringt glückliches Geseufze und Gestöhne aus seiner Kehle. Zuletzt ist der hünenhafte Zoran Vuković an der Reihe. Richtig wütend macht er es. Borbála dankt ihm mit blubberndem Gelächter. Aufhören will er trotzdem nicht.

Ein Tag vergeht, wieder herrscht die Nacht. Das Universum nützt sich ab. Da erscheint plötzlich eine neue Seele blinzelnd auf der Welt. Ein Licht erhellt Borbálas Bauch, tausendmal kleiner, als die Flamme eines Kerzleins, doch ist darin Platz für Allah und Jahwe und für den Sohn Gottes samt dem rindigen Holzbalken, auf den man ihn genagelt hat. Brachvogel-Borbálas Achselhöhlenzopf wächst beträchtlich in dieser Nacht. Ihr vielgeschändetes, bitteres Herz füllt sich mit der Wärme der Liebe. Unter ihrem Herzen spürt sie das Licht des Himmels, obwohl dort nur ein kleines Flämmchen leuchtet.

Der Morgen ist noch ein Kind, doch die fünf Männer sind schon bereit zum Aufbruch. Ein weiter Weg liegt vor ihnen, nach Bulgarien. Aaron Blum erklärt Borbála den Zweck der Reise.

»Über dem bulgarischen Ort Wolkendorf ist eine sonderbare Wolke hängengeblieben. Manche meinen, sie gleiche einem sprungbereiten Leoparden. Andere bestehen darauf, daß es ein Elefant sei, obwohl sie noch niemals einen gesehen haben. Ob Elefant, Leopard oder Alligator, anfangs wurde die Wolke von den Einheimischen angebetet. Sie zeigten sie jedem Wanderer, er möge die Kunde von ihr verbreiten. Sie erfanden Legenden über sie, doch inzwischen sind sie vom schweren Wasser der Furcht erfüllt, sie könnte bis zum Jüngsten Gericht über ihren Köpfen verharren. Mit trockenen Augen sitzen sie in ihren Häusern und verlassen sie nur bei Nacht. Sie haben Angst und sträuben sich. Schütteln die Köpfe. Ach, das haben sie nicht gewollt! Nun höre, Frau, was ich dir sage! Wir holen die Wolke. Die Reise verspricht lang zu werden. Vielleicht dauert sie neun Monate und neun Tage. Trotzdem ist nicht sicher, daß wir ankommen, sondern nur, daß wir zu dir zurückkehren.«

Brachvogel-Borbála lächelt, wie das Gras.

Sie winkt den Tränengauklern, die auf die Straße nach Debrecen einbiegen, nicht nach. Ihr Blick ist verschleiert, ihre Wimpern beben, in ihrem Schoß verspürt sie einen seltsamen Schauer. Nach einigen Tagen kotzt sie mit solcher Macht, daß zwischen Bala und der Szalóker Furt der Wind sich legt und die verstreuten Wildgänsefedern erst wieder einsammelt, als Borbála zur Ruhe kommt. Von da an empfindet sie nur noch Glück, wenn ihre Hand auf ihren Bauch zu liegen kommt, und erinnert sich an keinen ihrer Schmerzen mehr.

Übrigens hat eine Frau in den Wehen keinen Drang zur Geschichte. Sie will nur herauskreischen, daß auch das Glück zuerst sehr weh tut, mehr nicht. Gewöhnlich weint sie nicht, ihr Auge ist trocken. Und wenn es sich bei der Balaszentmiklóser Borbála anders verhält, ist auch das nur die Ausnahme, die die Regel verändert. Sieben Tage und sieben Nächte liegt sie in den Wehen und weint. Mal rieselt schwarzer Stein, mal schäumt kaltes Blut, mal tröpfelt Dattelhonig aus ihren Augen, sie weint Spiegelchen und sogar Eisstückchen, obwohl doch die Augen der Kreißenden in der Regel trocken sind, weil die Ankunft eines neuen Menschen solche Schmerzen kostet. Mit den Wehen haben wir nun nichts mehr zu tun.

Aber die Nabelschnur! An sie denken wir allerdings viel. Daß man die immer wegwirft. Das heißt, ganz so ist es auch wieder nicht. In dieser Gegend graben sie den Mutterkuchen zusammen mit dem Fruchtwasser in den Misthaufen ein, wenn es ein Dorf oder Gehöfte gibt, wo Menschen leben. Der Mutter knüpft man ein dünnes Band um den Leib, es wird dem Kind übergeben, wenn es sieben Jahre alt geworden ist. Wenn die Nabelschnur, auch Nabelstrang genannt, nun doch nicht in die Senkgrube geworfen wird, sondern nur auf den Mist, zwischen Fäkalien und faulendes Gemüse, so müßte man sich anderntags schon freuen, wenn sie sich bewegt, immer wieder zuckt kraft des unaufgeforderten Spiels der Würmer.

Übrigens ist es auch im Eismond, Schewat oder Safar nicht viel besser. Schnee fällt, es friert, was gefrieren kann, allein die über dem ganzen Land liegende Eisdecke kann unter jedermann zerbersten. Kinder spielen am Rand der Spalten, sie stekken ihre Hände in die Löcher und kauern so lange, bis das Eis eine Krause um ihre Handgelenke wachsen läßt. Manchmal hält ein Wagen an der steilen Uferböschung. Atemgeräusche dringen unter seiner abgerissenen Plane hervor. Kaltes Blut,

Glut, Schnee, Flammen und Zeit weint, wer nicht anders kann. Ob die Seele gefriert, wie die andalusischen Rabbis sagen, wenn ihnen einer von den Sechsunddreißig in den Sinn kommt? Ob das Wasser des Augenspiegels gefriert? Was geschieht wirklich, und was ist bloß das tändelnde Licht eines Trugbilds? Die Bäume ragen natürlich stets bedeutungsvoller in den Horizont der Handlung als menschliche Wesen, die immerfort unter dem Himmel herumlaufen, als würden Glück und Unglück einen anderen Schauplatz bevorzugen. Wenn nun ein Zwerg die Nabelschnur über den niedrigen Ast einer Birke wirft und sie dort vergißt, gefriert sie bis zum Morgen, als sei sie ein gezeichneter Galgenstrick. Ein schönes Bild, und es besagt in dieser Gegend auch noch etwas anderes.

Die neun Monate sind gerade vorbei, da schillert der Blick der Tränengaukler erneut vor Borbálas Hütte und lockt die Blumen aus der Erde. Überall im weiten Umkreis tragen die Fliederbüsche fröhlich ihre Blüten. Federgras schwebt und schlägt elegante Haken über der gelb wogenden Wiese. Die Tränengaukler, sie sind wieder da! Doch warum wiegt nun das Glück so schwer? Borbála hält ihnen das in Lumpen gewickelte Neugeborene hin. Natürlich sind sie gekommen, um es zu holen, diesen Mamser, wie es Aaron Blum bei sich nennt. Gemäß dem Brauch fragt Borbála:

»Was gebt ihr dafür, ihr fünf, für das eine?«

Der Jude deutet ernst in die Höhe. Brachvogel-Borbála sieht eine kleine, zerschlissene Wolke, die am Himmel schwebt wie ein trauriges Tüchlein. Eine komische Wolke, beileibe.

»Dieses Geschenk haben wir dir mitgebracht«, sagt Franjo Mendebaba düster, als hätte man ihn soeben beleidigt.

»Aus der Wolkendorfer Wolke haben wir sie gerupft«, nickt Peter Schwarzenstein, während er sich bückt und die schwarzen Pflänzchen streichelt, die seit dem letzten Jahr vor Borbálas Verschlag gewachsen sind. Aaron Blum wühlt zerstreut in seinem zottigen Bart.

»Durch hundert wahre und ein falsches bulgarisches Märchen haben wir herausgefunden, daß die Wolke aus dem Bergsee stammt, in dem der bulgarische Fürst Asparuch sieben und einen halben Tag gebadet hat, weil sein Herz und seine Seele gleichermaßen ein kleines slawisches Mädchen begehrten. Er wollte seinen Leib kühlen, um von der Sünde abzustehen. Doch als er aus dem kalten Wasser stieg, befahl er sogleich den um den See tanzenden Vilas, das Mädchen vor ihn zu führen.«

»Er gab nur einen Wink mit den Augen«, schüttelt Franjo Mendebaba seinen Kopf.

»Es war gar kein kleines Mädchen«, brummt Zoran Vuković.

»Schon über zwanzig«, meldet sich Peter Schwarzenstein.

»Verheiratet war sie«, murmelt Goran Dalmatinac.

Borbálas lächelnder Blick springt von einem Tränengaukler zum anderen.

»Sie setzten das kleine Mädchen auf ein weißes Rehkitz und führten es zu ihm«, fährt Aaron Blum fort und schenkt den mißbilligenden Mienen seiner Gefährten nicht die geringste Beachtung.

»Den Rest kannst du selbst erraten«, unterbricht ihn Zoran Vuković. Brachvogel-Borbála versteht die gleichnishafte Rede. Sie lächelt, daß man byzantinisches Bleiglas auf ihrem Gesicht zerbrechen könnte. Aaron Blum stampft beleidigt mit den Fuß auf.

»Tu-tutuu!«

Die Hexe weint. Aber nicht so, wie es diese fünf können. Sie weint mit ihren eigenen Tränen. Denn was schmerzt, schmerzt jetzt nur sie allein.

Und die Tränengaukler machen sich wieder auf den Weg.

Sie kommen und gehen.

Wie immer.

Wann sie wiederkommen werden, wissen sie selbst nicht. Schwerfällig knarrt der Wagen. Borbála winkt ihnen auch diesmal nicht nach. Ihre Arme sind schwer, sie haben nichts mehr, was sie umarmen könnten. Das Kind wird auf der Fahrt mit den honigsüßen, mit Kamillensaft verdünnten Tränen von Zoran Vuković gefüttert. Die Tränengaukler sind unterwegs nach Süden, nach Szeged, wo ein Holzschnitzer namens Ignác Arnót einige Tage später träumt, daß ihn ein kleines Kind mein

Väterchen nennt. Der Alte schreckt hoch, starrt in das nach Nadelholz riechende Dunkel seines Hauses und atmet Kamillenduft ein, der so durchdringend ist, daß ihm Tränen in die Augen treten.

Auf einem Hügelchen vor der Stadt Ödenburg steht Velemir Pep, der weitgereiste Zwerg, und blickt sich aufmerksam um. Hier mag einmal ein Haus gestanden haben. Holzspäne und -reste, Bretter und Stangen allenthalben. Das Heim eines Holzschnitzers vielleicht. Ist er ausgewandert? Ermordet worden? Oder womöglich in Gefangenschaft geraten? Laut schnauft der kleine Mensch durch die Nase. Schließlich nicht seine Sache, was mit dem Hausherrn geschehen ist. Velemir Pep wäre jetzt eigentlich vierzehn Jahre alt. Ein Kind wäre er, wenn ihm das Schicksal Kindheit, Spiel und Unbeschwertheit gelassen hätte. Aber die Zeit ist in ihm durcheinandergeraten, und jetzt läßt sein Gesicht an mindestens fünfzig verlebte Jahre denken. Er trippelt auf dem Hügelchen herum, das ehedem das Haus des Holzschnitzers Ignác Arnót war. In seinem kleinen Buckel schlägt das Herz heftiger als sonst.

Er ist daheim, endlich daheim, in Ungarn!

»Servus, du Land, servus!« kreischt der Zwerg.

»Servus, du Erde!«

»Servus, ihr Menschen!«

Vor seinem Blick läuft langsam ab, was alles in der Heimat geschehen war, während er über die Herzen, die Rücken und die Weichteile anderer Länder trampelte. Velemir Pep sieht nicht das, was wir gesehen haben. Vor seinem Blick mischt sich im ganzen Land herrschendes Halbdunkel mit gleißender Weite, Menschenleiber, Wehlaute, Versprechen und Gekreische, Geständnisse und Verrat, abgerissene Geschichten wirbeln in seltsamer Unordnung durcheinander. Der Spiegel seiner Augen füllt sich mit Tränen, er schnieft leise. Er weiß nicht, daß er nicht allein ist, hat nicht die leiseste Ahnung, daß kaum einen Steinwurf hinter ihm der Wagen mit der blauen Träne steht. Zerstreut schwenkt der Wind die zerrissene Plane. Die fünf Akrobaten liegen vor dem klapprigen Gefährt im Gras und sehen Velemir Pep stillvergnügt zu. Sie nagen an Grashalmen, fangen Grillen, lüften ihre Füße. Und man könnte natürlich auch glauben, daß sie dem Zwerg weinen helfen. Warum auch nicht? Vielleicht ist es ja wirklich so.

Auch im Jahr 1671 wird es Pfingsten, kommt der Monat der Blütenpracht. Die Kinder Mohammeds wiederum sehen dem Fest des Sommeranfangs mit seinen fröhlichen Spielen und blutvollen Vergnügungen entgegen – na, und dem heimlichen Weintrinken. Wie gut kennen wir den Augenblick, wenn über Szeged das Sackleinen der Nacht zerreißt und der langsame Strom des Lichts sich auf die Welt ergießt. Anfänglich hat es nur Laute, keine Erscheinung, nur den teuren, leisen Klang, wie die unfreiwillig scheidende Sternenblume im schwarzen Garten des Himmels ihren Abschied beweint. Dann läuft von Osten her ein grauer Streifen über den Horizont, und der Bauch des Himmels beginnt zu bluten. So geht das Tag für Tag, seit die Welt sich dreht.

Dieser Morgen im Monat Mai des Jahres 1671 ist dennoch anders. Vom Minarett tönt der langgezogene Ruf des Muezzins. Seine Stimme schlägt hinüber bis zu den Eichenwäldern, die das Bett der Maros begleiten, dort ertrinkt sie blubbernd im Wasser des Csöpörke-Sees. Wie das kupferbeschlagene Fenster des Kadi in der Szegeder Burg, so sauber und strahlend ist die Welt. Auch glitzert der Tau, als hätte man in der Stadt Silberstaub verstreut. Keine verirrten Wolkenfetzen wandern über den Himmel. Und vielleicht hat dieser ungerufene Glanz sogar eine Musik. Alles ist in Ordnung. Aber wodurch ist dieser Morgen dennoch nicht so wie die anderen?

Unterhalb der Hexeninsel gluckert leise die Theiß, wie es ihre Gewohnheit ist. In scharfen Wendungen gleiten Schwalben über dem dahinziehenden Wasser. Der Möwenvogel stößt auf eine silberne Fischflosse herab, doch wie zum Spaß läßt er sie wieder fallen, um erneut zupacken zu können. Wie auch er es gewohnt ist. Imre Pekker, der hochbetagte Fischer, erhebt sich in seinem Kahn. Unter ihm werfen sich schnauzbärtige Karpfen und rotgeflügelte Breitlinge hin und her, als stünde er bis zu den Knöcheln in Silber. Mit Schwung wirft er sein Netz aus, um sich sodann, die Augen beschirmend, nach der Stadt umzuwenden.

Stolz ragt die Dschami der Burg und ihr schlankes Minarett in den Himmel. Allah kann zufrieden sein, wenn er es sieht, selbst, wenn er nur daran denkt. Früher lamentierte das Gebet der Ungläubigen zwischen den Mauern des Gebäudes, das sie irgendeiner Heiligen namens Elisabeth geweiht hatten. Damit ist es, Allah sei Dank, vorbei. Aus der Georgskirche ist inzwischen eine herrliche Moschee geworden. Auch im Stadtteil der Ungarn steht breit und klobig das schmucklose Gebäude einer Moschee.

Im Badehaus der Burg dampft das in der Nacht ausgelassene heiße Wasser. Kergis, der weißhäutige Badejunge, blickt vorsichtig um sich und läßt sich ins Wasser gleiten, totenbleich, die Augen dunkel umrändert. Zögernd betastet er unter Wasser seinen brennenden Hintern. Die zarten Schultern und der Rücken sind mit Spuren von Bissen und Schlägen übersät. Mit hängendem Kopf betrachtet der Junge das Wasser, er sieht, wie sein Blut darin zerfließt.

In den Frauengemächern erwachen allmählich die Ehefrauen des Pascha Achmed. Auch heute verzichten sie auf das Morgengebet. Mavlinka nimmt ihre Finger von den Brüsten Zerenkas, räkelt sich schlaftrunken und blickt zu Diamont hinüber, die erheblich jünger ist als sie. Das Mädchen liegt zusammengerollt in einiger Entfernung von ihnen, nur die Umrisse ihres Körpers sind in der verschleierten Ecke zu erahnen. Diamont hat sich in dieser Nacht in den Schlaf geweint. Womöglich deswegen, weil ihr Gebieter, Pascha Achmed, auch diesmal dem albanischen Badejungen Kergis den Vorzug gegeben hat? Wer weiß schon, warum Diamont so häufig Tränen in die Augen schießen, warum sie sich schniefend zur Wand dreht und sich heftig die Augen wischt, wenn die harten Schritte ihres Gebieters zu vernehmen sind. Die ganze Nacht konnten sie das tierische Wehgeschrei von Kergis mit anhören, wie er fleht, genug, es möge doch endlich genug sein. Diamont, gleichfalls noch ein Kind, glaubt, daß man die Liebe auch wollen kann, doch dieses Wollen kommt nicht dann, wenn es ihr gefällt. Die kleine Närrin wird sich doch nicht nach jemand anderem verzehren?

Mavlinka tritt, ihr langes schwarzes Haar umfassend, zum Fenster, zieht die Seide des Vorhangs zurück und blickt hinunter auf die Stadt.

Auf die blutroten Ziegelsteine der Burgmauer kriecht giftgrüner Efeu. An ihrem Fuß spielt feenhaftes Licht mit Brennesselbüschen, Disteln und vertrockneten Stengeln. Das Palánk-Viertel belebt sich. Auf der Sankt-Demeter-Straße, der Großen Straße und der Fischerstraße sind bereits Turbanträger unterwegs. Bektaschi-Derwische versammeln sich vor einem der Häuser, sie sind gestern bei Einbruch der Dämmerung angekommen, heute pilgern sie schon weiter. Pantoffel- und Dekkenmacher und fleißige Posamenter packen ihre Siebensachen. Es öffnen die Debaghkane, das heißt die Bäder, vor den Marktständen stapeln Händler Kisten voll Feigen und Orangen, mit Gewürzen gefüllte Säcke. In Mauerecken scharren Hunde im Abfall. Auch die kleinen Fenster der Medrese werden von den Dienern aufgetan, doch der Mekteb ist noch ruhig, desgleichen das Minarett.

Ibrahim Kopata steht vor seiner Schenke und rechnet gerade nach, wieviel Wein er gestern verkauft hat. Trotz seines Namens ist er kein Türke, sondern ein Grieche aus Adrianopel, der nur aus Ehrfurcht vor Allah einen türkischen Namen gewählt hat, als er in die Stadt zog. Kopata ist zur islamischen Religion übergetreten und hat sich beschneiden lassen. Sein Kopf ist geschoren, und er trägt keinen blauen Turban wie die griechischen Christen in Adrianopel. Freilich weiß niemand, daß er vor dem Schlafengehen, wenn es ruhig wird in der Schenke und der letzte Betrunkene auf die engen Gassen des Palánk-Viertels hinausstolpert, ein gemaltes Tafelbild hervorholt und mit Tränen in den Augen zu einem Heiligen namens Isa betet.

Schindelgedeckte ungarische Häuser säumen die Straßen der Oberen Stadt. In den Gärten strömt das Licht auf Setzlinge und Melonenblätter. Hinter den Gehöften wogt grün das Meer der Weinreben, und zwischen den Ranken schwellen schon die ersten Trauben. Ein Stück weiter, auf die Teleki-Hügel zu, zieht behäbig eine Rinderherde. Peitschen knallen, Hunde bellen wie toll und schnappen in die Weichen abschweifender Tiere. Der

Morgenwind scheucht die Fäden des Lichts zurück zur Unteren Stadt. Das Franziskanerkloster ist zwar eine ausgediente Ruine, aber es erfüllt seinen Zweck. Schon allein, daß es existiert und seinen Aufgaben nachkommen kann, gibt Grund zur Zufriedenheit. Daß der Heide noch nicht in seine Mauern eingezogen ist. Im Obstgarten der Fratres blühen Zwetschen und Pfirsiche, Äpfel und Nüsse. Und zwischen den Blüten runden sich bereits grüne Kirschen und Weichseln. Im Laub krächzt die Elster, der Specht hämmert in die Rinde. Amseln laufen unter den Sträuchern, zwischen blattreichen Samtblumen, duftendem Dill und Taubnesseln hin und her. Der Garten erstreckt sich gegen Nordwesten, in Richtung des Palánk-Viertels. Wo das Reich der heilkräftigen Pflanzen und der Obstbäume zu Ende ist, dort rinnt auch ein Wässerchen, der Csöpörke-Bach, der schließlich zu einem kleinen See anwächst.

Es schreit und lärmt bereits das Licht.

Also wodurch ist dieser Morgen anders?

Das ist hier die einzige Frage.

Der Holzschnitzer Ignác Arnót wird von einem beunruhigenden Laut geweckt. Schon in der Nacht war er hochgeschreckt, so ein intensiver Kamillenduft war ihm in die Nase gestiegen. Lange hatte er in steifer Haltung im Dunkeln gesessen und den Atemzügen seiner Frau gelauscht, um dann einen mächtigen Schluck vom selbstgebrannten Palinka zu nehmen und wieder einzuschlafen. Aber jetzt ist er wach, schwerfällig kriecht er aus dem Bett. Hat er richtig gehört? Der Muezzin hat gerufen? Es ist Morgen, ein strahlender. Dann hat er sicher gerufen. Aber woher kommt dieses verteufelte Strahlen? Arnót könnte schwören, wenn er noch Schwüre hätte, daß er das Fließen von Tränen vernimmt. Was für ein Unsinn! Kann man hören, wie Tränen fließen? Ausgeschlossen! Er mag Tränen ohnehin nicht, und aus gutem Grund.

Der alte Mann trottet ans Ende des Hofes und packt seinen Riemen aus. Während er ausgiebig seine Notdurft verrichtet und schläfrig und träge zusieht, wie der honiggelbe Harnstrahl ins Grün der Blätter prasselt, fällt ihm ein, daß er hier, in Szeged, auch einmal die Jungfrau Maria geschnitzt hat. Noch mehr als das. Er hat Tränen auf das schmerzensreiche Antlitz geschnitzt. Einige Tage später waren die Holztränen aufgetrocknet. Daran konnte er erkennen, daß er den Schmerz schlecht geschnitzt hatte.

»Während des Schnitzens hat es tatsächlich nicht weh getan«, brummt er mißmutig. Er zieht seine Hose zurecht. Auf einmal kommt ihm sein Traum in den Sinn. Ein kleines Kind sitzt auf seinem Schoß, reibt an seinen Bartstoppeln, bläst ihm Daunen vom Hals, zaust sein kräftiges Drahthaar. Das Mädchen atmet Kamillenduft, und seine Stimme läutet wie ein Schneeglöckchen.

»Väterchen, mein liebes Väterchen!«

Seine Gedanken rasen hin und her. Jetzt fällt ihm auch noch ein, daß gestern vormittag Milch durch das Hemdleinen seiner Frau gesickert war. Dabei ist sie schon über fünfzig! Schon wahr, einmal hatten sich in Ödenburg diese verfluchten Schausteller bei ihnen eingefunden, fünf seltsame Figuren, auf ihrem Wagen war eine blaue Träne zu sehen, sie haben ihnen ein Loch in den Bauch geschwatzt. Wenig später hat Arnót den Teufel, ihr entsetzliches Unglück, geschnitzt, seine Frau aber ist seither von irrwitziger Hoffnung erfüllt. Seit damals wiederholt sie ständig, der bittere Kelch des Wartens sei bald geleert, sie würden ein Kind haben, ganz gewiß würden sie das, es sei ihnen ja versprochen. Oh, das war ja gar kein Versprechen. Vielmehr eine Offenbarung!

»Da soll doch der Napfkuchen der Welt entzweibrechen!«

Auch der elende Himmel ist nichts anderes als ein gewaltiges Versprechen.

Mit seiner Frau redet Arnót nicht darüber. Zum Kindersegen bedarf es mehr als des Gebets, des Augenaufschlags und der Offenbarung, er hingegen hat offen gesagt in letzter Zeit kaum Veranlassung zu solch unbeirrbarer Hoffnung gegeben. Überdies ist er nicht der heilige Joseph und Frau Arnót nicht die Jungfrau Maria. Nichtsdestoweniger ist Milch durch das Hemdleinen gesickert! So war es, und nicht anders. Erstarrt hat Frau Arnót die warme Flüssigkeit angeblickt, einen Tropfen auf ihre Fingerkuppe rinnen lassen und davon gekostet. Sie zeigte es ihrem Mann. So süß war der Saft, als wäre die Sehnsucht nach einem Kind in ihrem alten, verdorrten Körper zu Sirup geworden. Arnót schüttelte kräftig seinen dicken Schädel und erklärte ihr, daß die Träume der Menschen alle möglichen Spuren in der Welt hinterlassen. Das Eiweiß des männlichen Gliedes, der Halbmond von Frauennägeln, die in Daunen- und Wolldecken abgebrochen sind, Blutstropfen auf Mädchenbettlaken seien solche Spuren, auch die Worte, welche die Menschen der Nacht zuflüstern und zustöhnen, und offensichtlich seien aus solchen Träumen auch der Vollmond, die Bäume und das erste handgeschriebene Buch auf der Welt zurückgeblieben. Hier verstummte Arnót, sagte weiter nichts, sondern verließ das Haus und ging zurück in die Werkstatt, bohrte und schnitzte das Holz, denn es gehorchte, anders als die Gedanken, stets seinem Willen.

Das war gestern nachmittag gewesen, und auch das ist vorübergegangen. Jetzt aber ist es früher Morgen. Der Holzschnitzer hatte nie daran zu denken gewagt, daß aus einem Traum ein Mensch geboren werden könne. Und schon gar nicht ein weiches, rosarotes Neugeborenes. Räuspernd trottet er auf das Haus zu, den bitteren Schleim seiner Kehle spuckt er aus. Ein schönes und akkurates Spucken, die Flugbahn könnte nicht mustergültiger sein. Laut klatscht es auf einem Klettenblatt. Der Alte wendet seinen Kopf in die Richtung. Da erblickt er zwischen den übermütigen Sonnengesichtchen der Kamillen ein kleines Häufchen. Zusammengewickelte Lumpen, schäbige Tücher liegen im taunassen Gras. Er tritt näher, bückt sich. Lange verharrt er so, denn er kann nicht glauben, was er sieht. Aus den Lumpen blinzelt ihm ein Kind entgegen! Ein verlorengegangener Putto, der geradewegs aus dem Himmel in das duftende Unkraut geplumpst ist. Als hätten ihn seine Geschwister beim Spielen fallen lassen. Das Kind beginnt zu schreien, dann aber erscheint unversehens ein Lächeln auf seinem Gesicht. Direkt in Arnóts runzeliges, argwöhnisches Gesicht lächelt es!

»Großer Gott, hilf!« flüstert der Holzschnitzer. Verzückt hebt er das Kind in die Höhe. Er taumelt mit ihm ins Haus, steht ratlos im Halbdunkel der Küche, schielt auf das Kruzifix über dem Herd. Auch das hat er irgendwann einmal geschnitzt. Wieder blickt er das Kind an. Dann holt er tief Luft und tritt in das Schlafzimmer und überreicht das Bündel seiner Frau, als sei es die natürlichste Sache der Welt, vom morgendlichen Urinieren mit einem Säuglingsmenschen zurückzukehren. Im Zimmer verbreitet sich intensiver Kamillenduft. Die Frau blinzelt, streicht über ihr mattes Haar, ihre Finger zittern über ihre Stirn. Sie seufzt tief und macht ihre Brust frei, die ist prall und straff, wie bei einer Zwanzigjährigen.

»Ich habe es gewußt«, flüstert sie. »Der bittere Kelch des Wartens ist geleert.«

Es ist bereits Vormittag. Ziellos geht Arnót im Hof auf und ab. Arbeiten kann er nicht. Konzentrieren kann er sich nicht. Ach, wie soll er auch jetzt imstande sein, zu bohren, genau zu messen, zu schnitzen? Bald eilt er ins Haus, bald durchmißt er den Hof mit rastlosen Schritten. In seine Gedanken vermag er keine Ordnung zu bringen. Wie ist geschehen, was geschehen ist? Wer hat ihnen das Kind gegeben und warum? Waren sie es, die fünf seltsamen Gestalten, derentwegen er in Ödenburg den Teufel geschnitzt hat? Auf deren Wagen eine blaue Träne gemalt war? Wer sind sie in Wirklichkeit? Und warum haben sie ihm geholfen? Warum gerade ihm? Doch wohin er auch blickt, die Welt gibt nur zur Antwort, daß Frühling ist, der Monat der Blüten, wenn der Staub der Erde sich dem Blau des Himmels verschwistert. Arnót steht am Rande seines kleinen Anwesens, in den Anblick eines schwarzes Baumes vertieft. Das dürftige Gewächs ist aus den schwarzen Steinen erwachsen, die der Gaukler aus seinen Augen hat rinnen lassen, noch in Ödenburg. Nachdem er in Szeged das Anwesen erworben hatte, hat er die Kerne eingepflanzt. Wie jemand, der weiß, was er tut. Dabei hatte er nicht die leiseste Ahnung, daß ein Baum daraus werden würde. Mit flinken Fingern betastet er den Stamm und die Äste des Baumes. Er kratzt sich am Scheitel. Aus diesem Baum kann man keine Wiege schnitzen. Als ob er aus Basalt wäre. Und trotzdem biegsam. Diesen Baum kann man nicht fällen, entästen, formen und biegen, dafür ist er nicht da. Wofür aber dann? Ach, zu viele Fragen. Müde richtet Arnót sich auf. Der laue Vormittagswind trägt ihm das Weinen eines Kindes zu. Er lächelt. Dann hebt er seine Finger an sein zerfurchtes, altes Gesicht, wischt sich die Träne aus dem Auge und zieht verlegen die Nase hoch.

Pascha Achmed hat entsetzliche Kopfschmerzen. Noch in Bosnien, wo er Allah und dem Reich des Prächtigen zuvor gedient hatte, haben es ihm lächelnde, wohlmeinende Menschen mit honigsüßen Worten vorhergesagt, daß ihn häufig der Kopf schmerzen werde, falls er nach Ungarn komme.

»Warum sollte ich Kopfschmerzen bekommen?« fragte er mit harmlosem Stolz. »Vielleicht weil sie mich auf den Kopf schlagen?«

»Wer würde das schon wagen, Herr?«

»Ich verstehe nicht«, zuckt Achmed unmutig die Achseln.

»Von den Gedanken wird dir der Kopf weh tun, Herr«, verneigten sich die Wohlmeinenden, »die dich in diesem seltsamen Land anfallen.«

Und es ist genau so gekommen, wie sie prophezeit haben.

Am Tag seiner Ankunft, sein nichtsahnender Blick fällt gerade auf das Szegeder Minarett, beginnt sein Kopf tatsächlich zu schmerzen. Und er schmerzt immerzu, vom ersten Tag an, bald unerträglich, als ob ein Stein hinter seiner Stirn wüchse und mit unbeirrbarer Erbarmungslosigkeit die Knochennähte sprengen wollte, bald dumpf, nicht stechend, ein Schmerz, der nicht attackiert, sich nur leise regt wie ein unglückliches, zu ewiger Gefangenschaft verurteiltes kleines Tier, so daß man von diesem halben Schmerz ganz ermattet und abstumpft, die Lust zu leben verliert und nur vor sich hin stiert, wie nicht recht bei Verstand. Mit Ärzten und Seelenzauberern hat er es schon versucht. Alles vergebens. Er denkt daran, dem Schmerz ein Ende zu bereiten.

»Im Namen Allahs, des Gnädigen und Barmherzigen«, sagt er.

Er steckt sich den Lauf seines vergoldeten Pistols in den Mund, sein Finger krümmt sich um den silbernen Abzug, allein, in diesem Moment läßt sich auf dem Sims des Fensters eine Turteltaube nieder. So ein graues Täubchen. Ihren kleinen Kopf zur Seite geneigt, betrachtet sie den Mann unverwandt. Auf einmal schämt sich der Pascha. Er begreift, daß Allah ihm eine Botschaft gesandt hat, sanft, aber mit schönen und verständlichen Worten. Der Mensch darf sich nicht selbst das Leben nehmen. Weder aus Verbitterung noch aus einem anderen Grund darf er sein Leben wegwerfen, denn es gehört uns nicht, es ist uns nur zum Gebrauch überlassen. Der Mensch muß leben, und wenn sein Leben voller Leiden und Beschwernisse ist, dann muß er es eben so vorübergehen lassen, denn vor Allahs weisem und gütigem Blick ist nichts ohne Grund. Ein Märtyrer darfst du sein, aber nicht schwach. Du darfst für Gott, dein Volk, für die Freiheit und für die Ehre sterben, aber nicht für dich selbst. Nach einer Weile läutete der Pascha, die Diener sollen unten in den Beeten des Rosengartens die totgeschossene Taube suchen, sie mit besonderer Sorgfalt präparieren, indem sie auch die letzte Flaumfeder einsammeln, und den Vogel dann in seinem Zimmer an die Wand hängen. Und wenn die Schmerzen unerträglich werden, tritt der Pascha vor den ausgestopften Vogel und blickt demütig in die glänzenden Knopfaugen.

Die laue Mainacht, als der Wagen der Gaukler auf dem Weg zum Arnót-Anwesen durch die Untere Stadt rumpelt, verbringt er mit dem Badejungen Kergis. Auch jetzt denkt er zuerst an Diamont, er könnte sich endlich einmal mit dem in Stambul gekauften jungen Mädchen vergnügen. Der Pascha lächelt mißmutig. Er hat drei Ehefrauen. Mavlinka und Zerenka sind Türkinnen. Seine dritte Frau ist dieses Mädchen, das er Diamont genannt hat und dessen richtigen Namen er nicht weiß und auch niemals erfahren wird. Die Liebe hat keinen Namen. Der Pascha hat die serbischen Frauen nie geliebt. Er fand, daß die Form ihrer Gesichter ein vergröberter Übergang zwischen der zurückhaltenden und demütigen östlichen Grazie und der blassen europäischen Hybris sei, ohne daß er sich darüber klar wurde, wie und zu welchem Ende diese Schönheit existiere, ob sie überhaupt gefallen wolle oder nur das eigene Strahlen sie mit Freude und Zufriedenheit erfülle. Er glaubte, daß in den Gesichtern serbischer Frauen die Bewegung der Schöpferhand unvollendet geblieben war. Ihre Leidenschaft ist zudringlich, ihr Kummer übertrieben mitteilsam, mit Bekundungen ihres Glücks sparen sie nicht, überdies sind sie unzuverlässig und trotz ihrer Offenheit geheimnistuerisch. Im Hafen von Saloniki wie auf der Athener Agora oder auf dem Belgrader Menschenmarkt hat er das eingehend beobachten können. Die Gesichter serbischer Frauen mochte Achmed nicht, weil sie, wie er dachte, all die zurückhaltende und weise Schönheit, die mit untertänigem Glanz aus dem Gesicht ägyptischer oder persischer Frauen strahlt und die auch sie bekommen haben, vergeuden. Diamont war ein serbisches Mädchen, dennoch hat sich der Pascha in ihrem Blick verloren.

Auf dem Menschenmarkt von Stambul hat er sie zum ersten Mal gesehen. Sie stand neben ihrem Herrn in der prallen Sonne und schaute in die Welt, als wüßte sie nichts von Unglück und Elend. Ihre Bekleidung war unvollständig, aus den ausgetretenen Sandalen leuchtete ihr wunder kleiner Knöchel hervor. Der Pascha blieb nicht vor dem Mädchen stehen. Er ließ seinen Blick flüchtig über ihr Gesicht gleiten und schlenderte zerstreut weiter, auf den brausenden Hafen zu. In dem zornig wogenden Grün des Wassers hatte ein Schiff von Mekkapilgern Anker geworfen. Eine gewaltige Menge feierte sie, die der Vergebung ihrer Sünden teilhaftig geworden waren, jedermann versuchte, das Kleid eines der zerknirscht und von der Seereise benommen an Land Gehenden zu berühren. Unerwartet kam es zu einer Schlägerei. Ein junger Mann lief brüllend an Achmed vorbei. Der Pascha sah, daß der Unglückliche sein abgeschnittenes Ohr in der Hand hielt. Achmed lächelte, im nächsten Moment aber überkam ihn der Ekel. Er begriff selbst nicht, warum er aus dem Trubel des Hafens zum Menschenmarkt zurückeilte und vor dem Mädchen stehenblieb.

»Du bist Serbin?« fragte er plötzlich. Das Mädchen antwortete nicht. Nur ihre Lippen öffneten sich, und für einen Augenblick blitzte das Weiß ihrer Zähne auf. Der Pascha verstand nicht, warum er das Mädchen so anstarrte, als sähe er nicht diesselbe Verkorkstheit, die er auf den Gesichtern serbischer Frauen immer zu erkennen meinte.

Und er verstand auch nicht, warum er anderntags zurückkehrte und was ihn am dritten Tag wieder dorthin zog. Immer länger verweilte er vor dem Mädchen, in wortloser Verlegenheit, an seinem Bart herumzupfend, er verstand nicht, warum er am vierten Tag früher als gewohnt aufstand, um noch vor der Ankunft des dunkelhäutigen Ägypters, des Besitzers des Mädchens, und vor dem Ruf des Muezzins auf den Menschenmarkt hinauszugehen, und warum er aufatmete, als er die hohe, hagere Gestalt des Ägypters und neben ihm seine Ware erblickte, schicksalslose Jungen, wer weiß wo geraubte Mädchen. Das Mädchen erwiderte den Blick des Pascha jedesmal. Achmed wurde sich mehr und mehr bewußt, daß sein Gesicht und sein Blick im unsicheren Licht dieses Blicks keinen Platz hatten. Traurigkeit überkam ihn. Und er dachte verzweifelt, daß eine Liebe, wenn sie keinen Namen, so auch keinen Sinn hat.

Der Ägypter lachte gurgelnd auf. Gerade hat er an den Füßen zusammengekettete bulgarische Kinder an vornehme Herren aus Konstantinopel verkauft, die nicht einmal soviel gehandelt hatten, wie es sich gehört. An besseren Orten ist das eine Beleidigung. In einem solchen Fall wird das Gesicht eines Händlers, der etwas auf sich hält, zu Stein, er zieht seine Ware zurück, sie ist nicht mehr verkäuflich. Wer nicht feilscht, ist verdächtig. Nicht so der Ägypter. Die Akschas blitzten in seiner Hand, auf seinem schwarzen Gesicht zerfloß das respektlose und verächtliche Lächeln, seine Schultern zuckten, mit seinem knochigen rechten Bein stampfte er auf. Das Mädchen sah den Ägypter, dann wieder Achmed an. Das war der Augenblick, der nichtige kleine Augenblick eines unterbliebenen Feilschens, in dem der Pascha Klarheit gewann über die vielen bedrückenden Fragen, die ihn während der vergangenen Tage gepeinigt hatten. Er begriff, daß das Mädchen nicht ihn sah, wenn es ihn anblickte, nicht den muskulösen Türken mit der glänzenden Haut, den Helden so vieler glorreicher bosnischer Gefechte, sondern einen anderen, irgendein geheimnisvolles und fernes Wesen, das ihr vielleicht den Tod bringen wird. Und wenn Achmed vor dem Mädchen stehenblieb und den Strahl seiner strengen, braunen Augen in die unwahrscheinlich großen Augensterne des Mädchens bohrte, wünschte er inständig, das Spiegelbild jenes anderen zu sehen. Lange Stunden standen sie einander gegenüber, reglos, ohne ein Zucken der Wimpern. Es wäre falsch, zu sagen, daß er sich an die Gesichtszüge des Mädchens gewöhnt hätte. Achmed wußte, daß man sich an den Anblick eines menschlichen Gesichtes so wenig gewöhnen kann wie an das Leben. Weil unter den ungezählten Dingen der Welt dieser Teil des Körpers – ein schamloser Spiegel der Leidenschaften, Freuden und Kümmernisse – das einzige ist, das sich in ewiger Veränderung befindet. An das Gesicht des Mädchens konnte Achmed sich nicht gewöhnen, aber er verirrte sich wieder und wieder darin, ahnte gewaltige Entfernungen und Tiefen, vor allem aber spürte er, daß er verloren war und sie einmal sein Tod sein würde. Er kaufte sie also, ohne zu feilschen, für den fünffachen Preis.

Und in jener Nacht, da der Wagen der Gaukler vor dem Haus der Familie Arnót steht, betrachtet Pascha Achmed die weiße Haut Diamonts, ihr offenes, unschuldiges Gesicht, aus dem auch jetzt besondere Hingabe leuchtet. Wie seltsam, wenn Achmed sie anschaut, lächelt sie nicht verlegen, senkt nicht den Kopf wie andere, sondern im Gegenteil, mit weit offenen, unbeweglichen Augen erwidert sie den Blick, wie jemand, dem sein eigenes Glück zuviel ist und der anderen gern davon abgäbe.

Von Schwäche erfaßt, zieht Achmed seine Finger vom warmen Schoß des Mädchens zurück.

»Gefalle ich dir nicht, mein Gebieter?« fragt Diamont mit bebenden Wimpern, wie man es ihr beigebracht hat, doch er antwortet nicht. Er steht auf und schickt seine jüngste Gemahlin mit einer knappen Bewegung fort. Noch keine vierzehn Jahre ist sie alt und von einer Serbin geboren, irgendwo in einem Belgrader Gäßchen oder in einer Karawanserei in Nisch. Sowie ihre Gestalt hinter dem schweren Vorhang des Eingangs verschwindet, schreit der Pascha nach dem Badejungen.

Der Morgen hat absolut nichts Außergewöhnliches für Achmed. Ihn peinigt stechender Kopfschmerz. Mit verzerrtem Gesicht schlürft er seinen ungezuckerten, mörderisch starken Kaffee. Er tritt vor das Täubchen an der Wand, streichelt den klugen Kopf des Vogels, das verschafft ihm Erleichterung. Vor dem Mittagsgebet meldet man ihm, daß im Schutz der Dunkelheit ein Wagen voll von Deutschen in der Stadt spioniert habe.

»Ist das sicher?« erkundigt sich Pascha Achmed.

»Wie der Bart Mohammeds, Herr«, verneigt sich der Spitzel.

»Wie die Pilgerfahrt nach Mekka, Herr«, nickt der andere.

Achmed wendet sich ab. Sein Kopf tut so weh, daß er glaubt, jeden Moment verrückt zu werden. Mit tiefer Stimme verlangt er nach dem Hauptmann der Stadtwache. Alsbald kommt der gedrungene Stambuler Türke gelaufen, mit einem Lächeln, das ewig zu sein scheint. Ein hervorragender Janitschar. Breitbeinig steht er vor dem Pascha.

»Habt ihr Deutsche gesehen, Ibrahim?«

»Das nicht, Herr«, lächelt jener.

»Was habt ihr dann gesehen?«

»Einen Wagen haben wir gesehen, Herr.«

»Was für einen Wagen, Ibrahim?«

»Einen ganz gewöhnlichen, Herr.«

»Weißt du, Ibrahim, wie sehr mir mein Kopf weh tut?«

»Nur die Plane des Wagens war auffällig, Herr.«

»So sehr, daß ich mich am Kopf eines anderen rächen muß.«

»Eine Träne war auf die Plane des Wagens gemalt, Herr.«

»Sag du, Ibrahim, wessen Kopf es sein soll!«

»Fünf Landstreicher reisen mit ihm, Herr, sie sind nicht gefährlich.«

Auf einmal breitet sich Stille aus. Die Spione blinzeln verlegen in der Ecke, das Lächeln von Ibrahim Galaburdi ist wie eine Blutlache, dunkel und fürchterlich. Allmählich verändert sich der Blick des Pascha. Er neigt sich langsam vor und spürt die unerschütterliche Gelassenheit, die der Leib des anderen ausdünstet. Er könnte auch etwas Grausames sagen, doch Achmed ist ein kluger Mensch.

»Nun?« fragt er.

Ibrahim Galaburdi lacht kurz auf.

Der Pascha wendet sich unwillig ab, doch er nickt.

»Gut, Ibrahim, es geschehe, wie du es willst.«

Ibrahim Galaburdi bricht zu seiner nachmittäglichen Kontrollrunde auf, gerade reitet er durch das Burgtor, als der Kopf von Kergis, dem Badejungen, mit einem einzigen sausenden Hieb abgeschlagen und mit einem Tritt in die Senkgrube der Burg befördert wird.

In der Unteren Stadt verbreitet sich unverzüglich die Nachricht, daß Frau Arnót ein Kind zur Welt gebracht hat, obwohl doch nicht einmal soviel wie ein weizenkorngroßes Leuchten von ihrer Schwangerschaft zu bemerken gewesen war. Wie alt sie bereits ist! Manche munkeln von Hexerei, doch die werden schnell von den Geduldigeren zum Schweigen gebracht, die genau wissen, daß sie nach einigen Tagen, wie es sich gehört, das Kind in Augenschein nehmen können. Bis dahin Übles zu verbreiten, also wirklich, gerade das ist Hexerei! Der Holzschnitzer kann die Hebamme Anna Mária Vass nicht davon abbringen, das Kind noch am Mittag desselben Tages, wie sie sagt, auf Verwünschungen und böse Winde zu untersuchen. Die Alte starrt das Neugeborene argwöhnisch an. Von links und von rechts betrachtet sie es, aber sie kann nur sehen, daß dieses Brustkind kein Neugeborenes ist. Es lebt nicht erst seit heute oder gestern. Vielleicht schon einen ganzen Monat. Ein Findelkind, nichts anderes. Oder sie haben es irgendwo gekauft! Oder vielleicht gestohlen?! Schon geht sie, um jedermann mitzuteilen, was für Klugheiten ihr eingefallen sind, aber sie wendet sich noch einmal um und holt unvorsichtig tief Atem. Vom durchdringenden Kamillenduft vergißt sie sofort, was sie sich alles zusammengedacht hat. Und wie sie aus dem Haus tritt, krächzt sie den versammelten Ehefrauen von Özséb Rababár, Ferenc Volford, Imre Kálmány, József Kocsanya, József Tikos, József Göttlich, József Tod und József Engel von nichts anderem, als was für ein schönes und gesundes Mädchen Frau Arnót zur Welt gebracht habe und daß der Mutter nichts fehle, sie sei zwar nicht mehr die Jüngste, aber trotzdem könne es bei Empfängnis und Geburt mit rechten Dingen zugegangen sein, sie sollten nur an die im Vorjahr zu Grabe getragene Panna Beluska denken, die noch als Großmama zwei Kinder zur Welt gebracht habe. Die Frauen nicken, blinzeln die Hebamme jedoch seltsam an. Von diesem Augenblick an bereitet sich die Gasse mit Begeisterung auf die Taufe vor. Als ob die Menschen inmitten der Frühlingsarbeit sonst keine Sorgen hätten. Die Hebamme hatte ihnen nicht in die Augen geblickt, als sie von dem Neugeborenen sprach, sondern laut geschnupft, ihr Blick war verschleiert gewesen, und wenn die Bewohner der Unteren Stadt all ihren guten Willen zusammennehmen und das Ereignis nicht für einen gewöhnlichen Kindersegen, sondern für ein Wunder halten, so nagt in der Tiefe ihrer Seelen dennoch der Wurm der Ungewißheit: was ist, wenn doch nicht, was, wenn

Arglist, Hexerei im Spiel sind, und weil Unsicherheit sich am besten dazu eignet, die Gedanken vom rechten Weg abzubringen, sind diese Gefühle drauf und dran, sich in aussprechbare Worte zu verwandeln, die krächzende Krähe des Urteils will sich schon von ihren Zungenspitzen heben, allein, der Duft des Säuglings, der durchdringende Kamillenduft, verströmt sich dann auf gleichfalls wunderbare Weise in ihrer Erinnerung, es spielt keine Rolle, ob sie das Kind gesehen oder bloß von ihm gehört haben, und der düstere Vogel der Ungewißheit wird in tiefere Regionen ihrer Seelen zurückgescheucht.

Am Abend bringt die Hebamme der Familie Arnót das Taufkleidchen, denn daß sie die Patin sein wird, ist selbstverständlich. Özséb Rababár findet sich mit einem rosa Schleifchen ein. Familie Engel schenkt mehrere Flaschen Palinka, die, aufgespart für schlechtere Zeiten, lange im hintersten Winkel ihres Gartens vergraben gewesen waren. Frau Volford näht die Daunendecke für das Kind, Familie Göttlich bringt das hineingehörende Glücksgeld, das Hufeisen und den Eisennagel, Familie Tod das Tauftuch.

Anderntags bei der Taufe ist der Himmel bewölkt. Das Volk hat sich bereits vor dem Haus der Arnóts versammelt. Die Männer stoßen an; unter Räuspern und mit geröteten Gesichtern trinken sie den Palinka, dann bricht der Zug zum Franziskanerkloster auf, wo Bruder Felix mit dem Taufwasser wartet. Sie biegen in das krumme Gäßchen ein, das zu dem Monasterium führt. Schon taucht das verfallene Gebäude auf und dahinter das wogende grüne Meer des Obstgartens, als eine Wolke über Arnóts Herz hinwegfliegt. Er lächelt, vielleicht ein Engel. Denn auch Engel gibt es! Oh, und wie es sie gibt! Sie fliegen einem gegen die Stirn und werden zu Gedanken. Diese Gedanken gelangen hinunter in die Hände, quartieren sich in seinen behenden Fingern ein, damit er mit dem Holz machen kann, was er nur will. Sein Herz klopft so gewaltig, daß er sich mit der Hand an die Brust fährt. Seine Handteller hält er an die Rippen gepreßt, sein Herz soll bloß nicht heraushüpfen, ach, ihm nicht aus dem Leib fallen. Und als ahnte er Böses, blickt er sich um. Hinter ihnen geht gelangweilt Ibrahim Galaburdi, der ewig lächelnde, gefürchtete Janitscharenhauptmann. Mit seinem kurzen Stock schlägt er so heftig gegen die Latten der Zäune, daß abgebrochene Fliederblüten vor seine krummen Beine in den aufgewirbelten Staub fallen.

Seit der Taufe betrachten die Menschen Arnót mit anderen Augen. Dem Holzschnitzer fällt auf, daß sie wenn schon keine Angst, so doch große Scheu vor ihm haben. Bei Rechtshändeln und Streitfällen versäumen sie nicht, seinen Rat einzuholen, als sei er eine Art Behörde, um dann das genaue Gegenteil zu tun. Nachbarn und Bekannte gehen eilig an seinem Haus vorbei. Mit steifem Lächeln grüßen sie ihn und beschleunigen ihre Schritte, und wenn sie doch einmal stehenbleiben, bestellen sie, die Hand am Zaun, die blinzelnden Augen zu Boden geschlagen, in hastigen Worten irgendein Werkzeug oder eine Gerätschaft. Meist bezahlen sie im voraus, und wenn nicht, dann stocken sie die Summe noch um einiges auf. Arnót arbeitet ohne Unterlaß. Seine leichten Finger zittern wie ein glückliches Vöglein über dem Fleisch des Holzes, das Gesicht des Alten jedoch ist unbeweglich. Frau Arnóts Zeit wird ganz von ihrem Kind in Anspruch genommen. Sie verjüngt sich zusehends. Bisweilen schwindelt ihr von dem Kamillenduft, der Holzschnitzer findet sie mit geschlossenen Augen hinter dem Haus liegend, in ihren Armen das babbelnde Kleine in seiner Kamillenwolke.

Und was sieht der Chronist, der Erzähler im Ungarn der siebziger Jahre des Jahrhunderts? Viel, aber nicht genug. In seinen Randgebieten sind die Sprünge im Gefüge des gewaltigen türkischen Reiches noch kaum zu spüren. Was in diesem Land einmal war, kann niemals mehr gänzlich vergehen. Hier gibt es alles von alters her, und was es gibt, ist schlecht. Gewohnheit wird Unterwürfigkeit, die Revolution Traumtänzerei, ein Freudenfest Zechgelage genannt. Es schneit, wenn es besser nicht schneien sollte. Oft verirrt sich der Wind wer weiß wohin, und wenn er endlich wieder auftaucht, reicht sein Schuldbewußtsein nur dazu, uns den Staub der Geschichte in die Augen zu blasen. Kein Wetter kann hierzulande so viel Schaden anrichten, daß nicht doch wieder ein guter Tag darauf folgen würde. Manchmal strahlt in diesem Land die Scheiße so stark, daß du an nichts anderes denken kannst, als daß auch sie einen vollen Tag unter dem Herzen gewohnt hat und vielleicht sogar fliegen kann, wozu sie in anderen Gegenden niemals imstande ist. Alles berührt in diesem Land alles, und wenn es eine Erklärung für die Ursachen zu geben scheint, liegt ihr meist nur historische Gelehrsamkeit oder poetisches Sentiment zugrunde. Hier ist die Ratio ihre eigene Karikatur. Du weißt nie, ob du im nächsten Moment lachen oder weinen mußt. Aus einem Furz wird eine Tragödie, man spuckt in dein Opferblut, dann wird es gesotten und verkauft. In diesem Land ist nicht das Warum der Dinge von Interesse, sondern das Mögliche, das wiederum niemals Wirklichkeit wird. Recht behalten kann nur, wer an der Zwangsvorstellung zugrunde geht, daß es auch anders sein könnte, als es ist. In diesem Land kann es niemals anders sein, als es ist. Die Engel Gottes bringen gelangweilt ihre Botschaften, sie sagen niemals zur Gänze, was man ihnen aufgetragen hat. Ganz zu Beginn der siebziger Jahre scheint das Blau des Himmels dennoch anders zu leuchten. Unruhe breitet sich landesweit aus, wie ein süßes Gift. Sie durchwogt das Land und appelliert an die Herzen auf ihrem Nachtgeschirr sitzender Magnaten wie an jene der zerlumpten Soldaten der Grenzfesten.

Eine Verschwörung ist im Gange, weil die Rebellion unentbehrlich ist. Der Palatin Wesselényi, die Herren Ferenc Frangepán, Péter Zrínyi und Ferenc Rákóczi wollen den Kaiserlichen den Herrscherhut herunterschlagen. Zusammen mit der Rübe, versteht sich. Große Herren sind es, und weise. Das Gute wollen sie nicht nur, sondern sie würden es auch hübsch tun, und in ihren Träumen hurt die Freiheit. Aber kann es denn anders werden, als es ist? Noch kein Jahr ist um, da werden Péter Zrínyi, Ferenc Frangepán und Ferenc Nádasdy auch schon von den kaiserlichen Henkern enthauptet. Der junge Fürst Ferenc Rákóczi muß so viel Buße zahlen, daß mit Geld beladene Wagen tagelang durch eines der Tore Wiens stadteinwärts rollen, wo ihnen sanfte Jesuitenpater den Weg zur Schatzkammer weisen.

Vergegenwärtigen wir uns auch, wie die Jünger des Ignatius

von Loyola anno 1671 am ersten Tag des Monats des heiligen Michael den protestantischen Priester Lőrinc Suri aus Komorn ins Jenseits befördern. Zuerst rasieren sie ihn, dann besprengen sie sein Haupt mit siedendheißem Blei, um schließlich seinen Leib in Pech und Schwefel zu tauchen und anzuzünden. Lőrinc Suri brennt wie eine Fackel. Auf heimatlicher Erde ist kein Mensch von rechter Gesinnung zu finden, dem der fürchterliche Schein nicht den Verstand erhellen würde. Die Menschen erinnern sich auch ein paar Tage an seinen fürchterlichen Tod, dann vergessen sie ihn endgültig. Andere protestantische Geistliche werden vergiftet, aufgespießt oder enthauptet. Wer vermöchte wohl angesichts solcher Ungerechtigkeiten sein Herz unter das Joch der Ruhe zu zwingen?

Die Kuruzen, welche die kaiserliche Macht als ihren Hauptfeind betrachten, nennen sich selbst rächende Panther. Im Frühherbst des Jahres 1672 gehen sie zum Angriff über. Erzittern soll alles, was deutsch ist, verrecken sollen alle Papisten! General Spankau, um diese Zeit Oberkommandant von Kaschau, kann aus dem Blutbad der weltberühmten Schlacht von Enyicke nur entkommen, indem ihn seine Diener an den Haaren davonschleifen. Jedoch was heute weiß erscheint, wird es nicht bis morgen ordentlich schwarz werden? Schlagen etwa nicht stockbesoffene Kuruzen den Jesuitenpater Berthold ans Kreuz, das sanfteste Lamm Gottes, das keiner Fliege etwas zuleide tat?! Unseren Herrn Jesus brechen sie vom Holzkreuz herunter, an seine Stelle nageln sie den unglückseligen Geistlichen, auf diese Weise ihren Spott mit der letzten Station des Leidensweges treibend, welchem Spott sie die Krone aufsetzen, indem sie den Stamm des Kreuzes mehrmals ankotzen. Der Pater versucht diesen schrecklichen Sachverhalt dadurch zu korrigieren, daß er sich gänzlich in die Rolle des Gekreuzigten hineinlebt. Zuerst verlangt er nach Essig, dann nimmt er mit dem wohltönenden Ruf ELI! ELI! LAMA SABACHTHANI! Abschied vom irdischen Jammertal, um schließlich – alle Zweifel zerstreuend – am dritten Tage von den Toten aufzuerstehen.

Die das Land überschwemmenden kaiserlichen Spitzel melden unablässig, daß die protestantischen Geistlichen die Rebellion verbreiten. Ob sie recht haben oder nicht, zutreffend ist, daß die Kuruzen nicht wenige katholische Priester und Ordensleute an Bäume nageln, einen von ihnen hämmern sie sogar, außergewöhnliche Geschicklichkeit unter Beweis stellend, an eine am Himmel dahineilende Wolke. Manchen Priester verprügeln sie mit dem Schwert, daß sowohl das Eisen bricht als auch das Leben entzweibirst. Wahr ist auch, daß die reformierten Gottesdienste viel lauter sind als die andachtsvollen katholischen Messen. Ist es da ein Wunder, daß im Jahr 1674 dreihundert protestantische Seelsorger vor den Preßburger Gerichtshof zitiert werden, sie sollen ein für allemal ihre Lautstärke mäßigen, andernfalls würden sie als Rebellen verurteilt und hätten schreckliche Torturen, Demütigungen und die Galeerenstrafe zu gewärtigen?

Die Lage bleibt gespannt.

Die Berichte der Spitzel werden nicht nur immer beunruhigender, sie weisen auch auf eine Gefahr hin, die an Bedrohlichkeit alles Bisherige übertrifft. Nicht um Kuruzenscharen oder ketzerische Ideen geht es. Seit Monaten senden armenische und türkische Spione dem Wiener Hof ähnliche Meldungen. Auf unerwartete und seltsame Weise treibt sich ein Ameisenschwarm von furchterregenden Ausmaßen auf des Landes Erde herum, zerfrißt Häuser, macht sich über Nahrungsmittelvorräte her, erwürgt schlafende Wachhunde, trinkt aus den Augen träumender Kinder die Tränen. Furchtbare Regenfälle setzen ein. Dann wieder glüht monatelang der Himmel. In Stambul kümmert man sich keinen Pißtropfen um diese Heimsuchungen. Ungarn ist weit, die Steuern treffen auch so ein, und wenn sie sich ein paar Jahre verspäten, ist das auch kein großes Unglück. In der Wiener Hofkanzlei beschäftigt man sich schon umständlicher mit den Berichten. So tritt der Kaiser gelegentlich auf seinen Lieblingsbalkon hinaus, blickt aufmerksam Richtung Ungarn und lächelt schließlich gnädig.

Im Jahre 1670 läßt der römisch-deutsche Kaiser Leopold I. am Fünften des Monats Juni kraft eines huldvollen Herrschererlasses viertausend Juden aus Wien vertreiben. Von genau hundertdreißig Häusern des Ghettos der Stadt nimmt man mit Tränen und zur Erde gemurmelten Gebeten Abschied. Die einflußreichen Oppenheimers beziehungsweise die schwerreichen Wertheimers packen sich ebenso fort wie die besitzlosen Kohens und Levis, in deren Händen Schiefer und Eisennägel die Zeugen von fleißiger manueller Arbeit sind. Nur ein paar Tage haben sich hingeschleppt, und schon nennt man die verlassene Synagoge Räuberhöhle. Spelunca latranum, Höhle der Banditen, so bezeichnet sie das Edikt des Herrschers. Halbwüchsige Burschen, Landstreicher und Säufer beschmutzen die Wände des Gebäudes, von denen der Verputz am Tag der Vertreibung abzubröckeln beginnt und nicht mehr aufhört, bis der erste Jude wieder in die Stadt zurückkehrt. Ratten quartieren sich in den Rissen der Kanzel ein, mit zurückgelassenen Gebetsquasten und Pergamentstückchen spielen ihre pfeifenden Jungen. Doch weil die Welt auch in ihrem größten Elend weit ist, können die Wiener Juden sich in ihr zerstreuen. Dieser übersiedelt in das hügelige Prag, jener in das reiche Brandenburg, in das klimatisch unberechenbare Berlin, jener in das ausgedehnte Preußen. Und als Kaiser Leopold nach vier rasch dahineilenden Jahren gezwungen ist, die Söhne Israels zurückzurufen, kehrt der Händler Jizchak ben Juda nicht mehr zurück. Er und seine Frau, die niemals lächelnde Sara, kommen nach Buda und ordnen sich rasch in den Alltag der Mahalleh ein. Der Händler spricht indes mit keinem über seine Vision. Niemandem verrät er, daß er den Stadtteil der Juden in entsetzlichen Flammen stehen und seine Bewohner hingemetzelt gesehen hat.

Im launischen Herbst des Jahres 1677 denkt Jizchak ben Juda am Tag nach Jom Kippur darüber nach, was wohl wäre, wenn er nach Wien zurückkehrte. Er lacht mißvergnügt auf. Dorthin zurückkehren? Oh, keinesfalls. In diese Stadt wird er niemals mehr zurückkehren. Ferne Rufe haucht der laue Donauwind ihm zu. Gestern hat die Versöhnung stattgefunden. Jizchak ben Juda hat noch den Klang des Schofars im Ohr. Er blickt zurück, in seine von Gerberlohe stinkende, von Gehämmer dröhnende Gasse. Eine türkische Patrouille kommt aus einem der engen, dunklen Gäßchen der Mahalleh. In diesem Moment erblickt er die schwere, respektgebietende Gestalt von Rabbi Efraim ha Kohen. Neben ihm her stolpert sein rothaariger Sohn, der unbeholfene Juda. Unweit, im Schatten eines wackeligen türkischen Schilderhäuschens, steht der krummrückige, meist stechend blickende Hijam ben Binjamin, der geschworene Feind des Rabbi. Die beiden sprechen seit Jahren nicht miteinander. Hijam begrüßt den Rabbi mit einer Bewegung des kleinen Fingers seiner leicht erhobenen Hand, jener senkt als Antwort seine grauen Lider und nickt kaum merklich, doch auch er spricht kein Wort. Der Hader hat eine lange und komplizierte Geschichte. Jizchak ben Juda kennt nicht jedes ihrer Kapitel, wovon er aber Kenntnis hat, genügt vollauf, um seine Seele mit unfruchtbarer Trauer zu übergießen. Unruhig hört auch er seit Jahren die Nachrichten über den Messias.

Jizchak ben Juda verkauft Stoffe, Knöpfe aus Horn und arabische Ohrgehänge auf dem Judenmarkt neben dem verkehrsreichen Wiener Tor. Eigentlich könnte er zufrieden sein. Zwar herrscht in Buda der Türke, doch die tüchtigeren Juden halten sich dank ihrer Handelsprivilegien nicht nur über Wasser, sondern werden sogar wohlhabender. Seit Jahren hat er keinen Grund zur Klage, doch seine Seele ist so schwer, als würde er Steine darin baden. Zuweilen besucht er Freunde in der Wasserstadt oder in der Nähe des Hafens, wo Salze, handgewebte morgenländische Tücher, griechische Früchte und eisenbeschlagene Weinfässer von den Frachtschiffen an Land gebracht werden. Ein andermal schickt er den notleidenden Brüdern ein paar Goldstücke nach Safed. Auch die ermatteten Gesandten des Heiligen Landes sitzen öfter an seinem Tisch. Manche von ihnen heißen Reb, andere nennen sich Levi, wieder andere Jakob oder Abraham, und während das nach Minze duftende Badewasser für ihre strapazierten Füße warm wird, erzählen die Wanderer von Palmen im Morgengrauen, von Hebron oder von den Massakern des Bogdan Chmel. Die Pilger von der anstrengenderen Sorte aber halten Reden darüber, daß sie Sabbatai Zwi, den Erlöser, gesehen haben.

Den Messias!

Dann bittet der Händler nach einigem Räuspern und verlegenem Kopfgedrehe den Wanderer mit sanfter Stimme, doch lieber von einer Stadt oder fernen Siedlung zu sprechen, wo er wirklich gewesen sei, er möge doch erzählen, was für Wege und Karawanen dorthin führten, wie es mit der Sicherheit der Reisenden bestellt sei, ob dort Brüder lebten, die den Glauben der Urväter bewahrten und auch im größten Elend die Bürde der Auserwähltheit trügen, und ob es denn einen unter ihnen gäbe, der so töricht und ruchlos sei, selbst das Gesetz, das Wort, der Buchstabe und der Name sein zu wollen.

Die Jünger von Sabbatai Zwi und Nathan von Gaza erbleichen. Wortlos erheben sie sich und machen sich zum Aufbruch bereit. Wenn sie weg sind, lüftet Frau Sara gründlich. Während der Berichte, die unter fanatischem Geflüster, ein andermal wieder von abstoßendem Schreien begleitet vorgetragen werden, dörrt Jizchak ben Judas Kehle aus, sein Magen zuckt in Krämpfen, und er bekommt unwiderstehlichen Durchfall. Auch nur den einfachsten Gedanken zu fassen ist er nicht imstande. Er sitzt, die Hände im Schoß, in der halbdunklen Tiefe seines Ladens oder nestelt an den krausen Büscheln seines Barts, antwortet den Kunden gereizt und mit heftigem Schulterzucken, und wenn ihn Sara darauf anspricht, rückt er mit allen möglichen absurden Krankheiten heraus, Nervenfieber, Halsfieber, Hüftleiden und Gallenkrämpfen, von denen er im Grunde seiner Seele ganz genau weiß, daß es sich dabei einzig um die Möglichkeit handelt, sie zu bekommen. Um so mehr jedoch beharrt er auf ihnen. Er legt sich zu Bett, nachts stöhnt er laut, bekommt nun wirklich Fieber und erbricht Schwarzes. Sogar seine Nachbarn sprechen kopfschüttelnd darüber, daß Jizchak mal wieder darniederliegt und es sich morgen nicht lohnt, wegen Perlmuttknöpfen, Paprikapulver oder Ohrgehängen seinen Laden aufzusuchen. Seit Jahren lächeln Nachbarn und Bekannte nachsichtig über seine Krankheit, weil sie nicht wissen, daß Jizchak ben Juda ohne jeden Zweifel tatsächlich leidet.

Für seine überraschende Genesung gibt es nun doch ein untrügliches Zeichen. Er setzt sich im Bett auf und fragt Sara nachdenklich, wer denn, welcher Rabbi gesagt habe, wenn die Gläubigen sich bei ihm nach dem zu erwartenden Wetter oder nach dem Wesen der Zinsen erkundigt hätten, welcher Rabbi stets dasselbe geantwortet habe, nämlich daß man auf die Erlösung noch einige Tage warten müsse? Immerzu stellt Jizchak ben Juda diese eine Frage, ohne indes eine Antwort zu erwarten. Langsam, auf jede Bewegung achtend, seine gepeinigten Glieder vorsichtig voreinander setzend, krabbelt er aus dem Bett, wäscht sich das Gesicht, kleidet sich an und geht in sein Geschäft, wo ihn alsbald ein Nachbarn behelligt, der gar nichts kaufen, sondern nur auskundschaften will, ob Jizchak ben Juda tatsächlich schon genesen ist.

Als Efraim ha Kohen und Hijam ben Binjamin zu geschworenen Feinden werden, lebt der Händler noch nicht in Buda. In diesen an Wirrnis reichen Jahren beginnt und beendet Hijam ben Binjamin im Bewußtsein der aufwühlenden Nachricht vom Kommen des Messias jeden seiner Sätze mit der Erwähnung von Jerusalems Namen. Hijam ist noch jung, heißblütig, seine Seele ungeduldig, und seine Worte eilen gewöhnlich seinen Gedanken voraus. Er versetzt die Gemeinde von Buda mit der Behauptung in Erregung, Jerusalem stünde mit weit aufgetanen Toren bereit, die Juden aufzunehmen. Ständig fängt er davon an, mit Schaum vor dem Mund und geweiteten Augen, daß man unverzüglich aufbrechen müsse. Die Zeit sei abgelaufen. Einige Familien machen sich auch tatsächlich auf den Weg, ohne sich umzusehen, ziehen sie durch das Tor der Mahalleh hinaus. Man hat nie wieder von ihnen gehört.

Bei anderer Gelegenheit erhebt Hijam ben Binjamin die Forderung, man solle nicht nur die in der Genisa aufbewahrten, abgenutzten, zerlesenen Bücher und Rollen sofort auf den Friedhof bringen und begraben, sondern auch die gegenwärtig benutzten. Man bedürfe ihrer nicht mehr! Das geschriebene Wort sei überflüssig, wenn sich das Wort des Gesetzes erfüllt habe! Man bedürfe des Messias, seines Wortes, und er sei gekommen! Sein Name sei Sabbatai Zwi! Und diese verstiegenen Forderungen sind erst der Anfang. Die Anhänger Hijam ben Binjamins, darunter rohe, ungehobelte und rotznäsige Aschkenasim als auch wohlgekämmte Bärte tragende Sephardim, feiern anfänglich heimliche, dann zunehmend lärmende Feste. Auch werden immer wildere Behauptungen verbreitet. Ist es wahr, daß im Schatten von Hijam ben Binjamins Haustor ein aus Toledo stammender Goldschmied namens Juan seine Lippen an den Mund des Arztes Moses gebracht hat? Ist es wahr, daß ein junges Mädchen namens Rebekka an einem Abend gleich mehrere Liebhaber hatte? Ist es wahr, daß die Mitglieder einer als Talmudisten getarnten Versammlung allmorgendlich den verbotenen Namen Gottes gebrauchen? Hijam ben Binjamin, dieser krumme Mann mit dem stechenden Blick, erklärt jedenfalls, das Böse sei nicht mehr das Böse, denn jegliches, womit der Mensch seine Erlösung beschleunige, stehe im Dienste des Heiligen. Die Sünde werde geheiligt, weil sie das allerhöchste Gute vorbereite.

Auch das Purimfest begehen die Anhänger Hijam ben Binjamins mit einem abscheulichen Gelage. In verzierten Kästchen verteilen sie diverse Geschmacklosigkeiten wie Katzenschwänze, verrußtes Glas und verschimmelte Nüsse unter den entsetzten, vor Bestürzung kalkweißen Mitgliedern der Glaubensgemeinschaft. Das Maß ist voll, als sie sich beim Maskenzug als ansässige vornehme Juden verkleiden, als wären sie nichtsnutzige Gaukler. Einzig David Mendelson, der kleine, flinke Schafwollhändler, hat den Schneid, ihnen entgegenzutreten. Als die Haman-Figur, die den Rabbi Simha ha Kohen, den Vorgänger von Efraim ha Kohen, darstellt, unter entsetzlichem Gebrüll und wildem Schofargeblase Feuer fängt, springt er hinzu und hält die Puppe, bis sie in seiner Hand zu Asche zerfällt. Augenblicke später bricht eine Schlägerei los. Nachher konnte niemand mehr sagen, wer sie begonnen und wer als erster etwas abbekommen hat, doch ein Obstverkäufer namens Jakob, wie jedermann weiß, ein sanfter und einfältiger Mensch, bleibt leblos, mit eingeschlagenem Schädel im Staub zurück. Später wird davon geredet, daß Hijam ben Binjamin aus dem Hintergrund, mit der Kraft seines Blickes den tödlichen Schlag begünstigt habe und daß der anonyme Mörder, wie Hijam ben Binjamin selbst, nichts anderes gewesen sei, als ein Werkzeug des Erlösers, der ausgestreckte Arm seiner Rache. Der Skandal ist ein letztes Signal für die Budaer Glaubensgemeinschaft. Man sieht keineswegs ein Zeichen und eine Botschaft des Erlösers in dem Todesfall, sondern einen Beweis dafür, daß es zur Wiederherstellung normaler Zustände eines neuen und energischen Rabbis bedürfe. Besonders in Anbetracht der schweren Krankheit von Simha ha Kohen, dessen Tage gezählt sind. Nach Wien und Prag, Amsterdam und Venedig schreiben besorgte vornehme Juden Briefe über den Zustand der Gemeinde. Dank einer geheimen Botschaft stoßen sie so auf die Person Efraim ha Kohens, der aufgrund seiner Befähigung und seiner Gaben zur Aufsicht und zur Leitung der Gemeinde nicht nur geeignet erscheint, sondern es mutet geradezu unerlaubt an, das Amt jemand anderem anzuvertrauen. Efraim hat außerordentlich viel mit den Sabbatianern gemein, indem er eine unversöhnliche Abneigung gegen sie verspürt. Das Licht seines Intellekts verirrt sich nicht zwischen den Sätzen des Talmud, dem Vernehmen nach hat er seit seiner Jugend besondere Begabung in der geistigen und moralischen Führung von Gemeinschaften gezeigt, überdies besitzt er eine tiefe Stimme, hat keine Schulden und ist noch unberührt. Über eines flüstern die Gläubigen von Buda indes nur in aller Heimlichkeit. Die Geheimhaltung ist überflüssig. Jedermann weiß, daß der angehende Rabbi schon einmal im Himmel gewesen ist.

Jizchak ben Juda wendet sein düsteres Gesicht wieder Richtung Donau. Auf der anderen Seite erstreckt sich die ärmliche, flache Stadt Pest. Kleine, schilfgedeckte Häuser, von Unkraut und Misthaufen übersäte Gäßchen, die von einem Erdwall umgebene Burg birgt einige Moscheen und Minarette, Medresen und Derwischkloster mit bröckelndem Verputz. Über eine Schiffsbrücke rollen mit Getreide beladene Wagen. Sicher die Steuer aus Szolnok oder Hatvan.

Jizchak ben Juda seufzt tief auf.

Auch er ist ein Kind jenes seltsamen Volkes, das mit dem höchsten Alter von allen prahlen könnte, wären nicht Prahlerei und Hoffart, wie auch der Rabbi von Polival seiner Gemeinde einmal deutlich gesagt hat, die lächerlichsten aller Sünden. Wie viele Jahre sind denn vergangen, seit die Welt Welt ist? Fünfzigtausend? Noch mehr? Wie sehr wir uns auch der unanfechtbaren Strenge der Zahlen anvertrauen, stets beschleicht uns das beunruhigende Gefühl, daß es dennoch einen tieferen Grund geben muß, warum gerade sie, die Juden, sich auf der mitunter ungeheuer blutigen, dann wieder lachhaft belanglosen Drehbühne der Geschichte gehalten haben, wo sich die Wechselwirtschaft der Völker, ihr Auftauchen, ihre Blütezeit und ihr Verwelken mit solcher Lust und verwirrender Üppigkeit zutragen. Wilde Hethiter, grausame Assyrer und Philister, tyrannische Ägypter und hochfahrende Römer, ungezählte unbesiegbar scheinende und sich doch im Labyrinth der Zeit verlierende Völker. Furchterregende Reiche wachsen zum Himmel, um schließlich zu jener Mistpille zusammenzuschrumpfen, die soeben ein Skarabäus unter ein Klettenblättchen rollt.

Die Juden aber gibt es immer noch! Nur weil Gott sie auserwählt hat? Oder weil sie es sind, die am demütigsten warten? Sowie der Messias, den sie hier Christus, dort Mohammed nennen, das Fenster der Erlösung bei anderen Völkern weit aufstößt und die wichtigste Möglichkeit des vergänglichen Menschenlebens sich gewissermaßen erfüllen könnte, da sagen sie leise, doch mit Jahrtausende durchdringender Entschiedenheit immerzu nein, nein, keineswegs, sie müßten noch warten und gerade in diesem Warten ihre Erfüllung finden. Weil Disziplin und Genauigkeit, die Vorväter, die Gesetze und der Respekt vor der Zukunft ihr wichtigstes Rüstzeug sind, wie bei den Komödianten die Tränen? Doch ob wohl jeder Jude dieser Meinung ist?

Auch Asher Lemlein aus Istrien?

Der Venezianer David Reubeni?

Shlomo Molcho, dessen Leib auf dem Scheiterhaufen zu Asche wurde?

Isaak Luria aus Safed?

Man müßte auch Hijam ben Binjamin befragen, der jetzt aus dem Schatten des türkischen Schilderhäuschens tritt und zögernden Schritts auf den Soldaten zugeht, als halte eine Vision ihn in Bann. Jizchak ben Juda weiß nicht, was er von dieser Veränderung halten soll, deren Augenfälligstes vorerst nicht ihre äußeren Anzeichen sind, sondern die geheime Ausstrahlung, die von einer Seele auf die andere übergreift. Der Händler wird unruhig. Seine Eingeweide krampfen sich zusammen. Die im Licht der Herbstsonne funkelnde Donau lenkt seine unruhigen

Gefühle in andere Bahnen, und er überläßt sich wieder dem Grübeln.

Dort, wo sie leben, flackert von Zeit zu Zeit die Feuerblume des Hasses auf. Dann lächeln sie sanft und lassen anderntags vielleicht ein wenig bei den Zinsen nach. Doch am ersten Tag der darauffolgenden Woche suchen einige ihrer einflußreicheren Ältesten die Hofkanzlei auf, um darzulegen, daß die Maßnahme, obgleich sie wahrhaftig nicht der zweckmäßigen und weisen Details entbehre, in summa dem Hof, das heißt seiner Majestät selbst, Schaden zufüge, weshalb sie, ohne ihren Worten besondere Bedeutung beizumessen, mit Ehrerbietung und Demut nun doch darauf hinweisen würden, daß sie es für richtiger hielten, wenn seine Majestät die Zinsen innerhalb von ein, zwei Wochen, natürlich ohne den Grundsatz des schrittweisen Vorgehens und des Feingefühls außer acht zu lassen, wieder auf das vorherige Maß anheben würden. So geht das. Nur der Weg des Lichtstrahls ist gerade, weil in ihm der Blick Gottes liegt. Oder sollten selbst des Lichtes Wege krumm sein?! Wie auch immer, die Erde hat noch kein Volk auf ihrem Rücken getragen, dessen Angehörige mit solch gesundem Selbstbewußtsein stolz gewesen, unterdes sie mit ihrer Stirn die Erde berührten.

Wenn du zum Beispiel David Mendelson in die Augen blickst, gerätst du richtig in Verlegenheit und weißt selber nicht, warum dein Blick die zarte Schulter deiner Frau sucht und warum du näher an sie heranrückst. So wie dieser kleingewachsene, behende Jude Frauen und heiratsfähige Mädchen ansieht, fangen ihre Röcke Feuer. Ob es wohl wahr ist, daß er besondere Macht über die weibliche Seele hat? Ist es wahr, daß einer, der sich die Seelen der Frauen zu eigen macht, auch über ihre Körper verfügen kann? Mit Sicherheit ist beispielsweise wahr, daß in David Mendelsons Haus, kaum daß die Kerzen der freitäglichen Dämmerstunde aufflackern, auch schon wildes Gehämmer, Bohren und Schnitzen zu hören ist. Oder phantasiert Josua Rabimek bloß und sucht ganz unnötig Rabbi Efraim ha Kohen auf, der die Sache einer Prüfung unterziehen soll? Der Rabbi lächelt nur, als hätte der rotbärtige Josua Rabimek eine Albernheit behauptet. Dabei ist die Verletzung der Sabbatruhe eine der größten Sünden. Der Rabbi weiß zu gut, daß auch er schon das Gesetz verletzt hat, als er mit seiner Gemeinde umherzog. Seit einigen Tagen geht Josua Rabimek mit seinen Anschuldigungen so weit, zu behaupten, armenische Händler würden Stein und Bein schwören, David Mendelson habe von getrocknetem Kamelfleisch gekostet und es habe ihm geschmeckt. Daran denkt Jizchak ben Juda und lacht auf. Getrocknetes Kamelfleisch hätte David Mendelson geschlemmt?! Er reibt sich die Stirne. Die türkische Patrouille führt gerade einen gefangenen Christen ab, einen jungen Mann, er zittert am ganzen Leib, und sein Gesicht ist weiß wie Kalk.

Und so beantworten die Juden Schikanen mit Reserviertheit. Wenn der natürliche Verkehr mit ihnen verboten ist und man sie verpflichtet, sich mit gelben Sternen und lächerlichen Kopfbedeckungen zu kennzeichnen, dann ist nichts Verwunderliches daran, daß auch die Ältesten der mit Diamanten handelnden Amsterdamer Sephardim ihren Brüdern den engeren Kontakt mit ihren christlichen Dienstmädchen streng verbieten. Eine wahrhaft dezente Formulierung. Man weiß ja. Das eine, die mit Stern und dummer Kopfbedeckung verfügte Ächtung, ist vergebens, und das andere, das gegen wallendes Blut und die Kraft der Natur ankämpfende Verbot, ist ebenfalls vergebens. Wie viele gefallene holländische Mädchen tragen wohl die Leibesfrucht jüdischer Jünglinge und ehrbarer Familienväter unter dem Herzen?

Die Welt ist so alt, wie sie ist, und auf die Frage, warum gerade die Juden durch Jahrtausende überleben, gibt es keine genaue und eindeutige Antwort, und es wird sie auch nicht geben. Ihre Geschichte ist ein seltsames Gemisch aus Untergang und Wiedererstehen. Zerstreuung und Ausschwärmen, Deportation und Heimkehr, Blütezeit und Pogrom folgen einander in der Zeit, während die Väter ihren Kindern durch die Jahrhunderte mit leiser, aber fester Stimme von einer Stadt erzählen, die ihre Bedeutung in der Geschichte des Volkes nicht dadurch erlangt hat, daß sie es aufgezogen und behütet hätte, daß seine Heiligtümer auf ihrem Boden errichtet wurden und sie die Vergangenheit durch Legenden von sagenhaftem Heldentum bereichert hätte, sondern indem sie selbst in den aussichtslosesten

Zeiten ein Versprechen bleiben konnte. Ein herzbeklemmendes, die Seele erquickendes, ewiges Versprechen!

Jerusalem!

O Zion, Zion!

Oder bestünde ihr Glück ebendarin, daß sie seit Jahrhunderten ohne eigenen Staat leben? Die übrigen Völker richten sich ja in der Geschichte ein, indem sie ihren Nachbarn zum Trotz all das erschaffen, was ihnen und nur ihnen allein Bedeutung verleiht. Und mit Grenzpfählen und selbstgeprägten Münzen, mit eigenen Gesetzen und alleiniger Vergangenheit verkünden sie ihre Identität und Treue, die sie der Vergänglichkeit der Zeit entgegenhalten. Die Belagerung Budas von 1589 kommt Jizchak ben Juda in den Sinn, als die Juden an der Seite der Türken die Burg gegen das christliche Heer verteidigten. Verachtung und Haß war ihr Los. Der im Zuge der Belagerung gefangengenommene Jonathan Mamas sprach zu einem vor Rachedurst keuchenden bayrischen Söldnerhauptmann:

»Wäre ich mit dir draußen gewesen, verehrter Herr, hätte auch ich gewiß hineingewollt. Mit aller Kraft und allen meinen Fähigkeiten hätte ich unseren gemeinsamen Nutzen erstrebt. Nur war ich eben drinnen, und so mußte ich unbedingt wollen, daß du draußen bleibst.«

Der feurige Spieß jedoch gelangte mit Leichtigkeit in den Hintern von Jonathan Mamas. Seine Qualen am Donauufer dauerten Tage, und da er nicht nur ein tapferer, sondern auch ein kluger Mann war, machte er vor seinem grausamen Tod die Feststellung, daß auf dem Grund wahren Leidens entsetzliche und grauenhafte Einsamkeit liegt. Wenigstens hatte es Jizchak ben Juda so gehört. Vielleicht wußte Jonathan Mamas vom aufgenagelten Jesus der Christen, der mit seinen letzten Worten nach Gott schluchzte. Nach dem Gott, der ihn, Jesu Feststellung zufolge, verlassen hatte. Offenbar erkannte Jonathan Mamas in seinem Todeskampf die Natur dieser Einsamkeit, dieses Schmerzes und dieser Verlassenheit, deren ganze Last ihm galt und von der Welt kein bißchen geteilt wurde.

Abermals seufzt Jizchak ben Juda schwer. Sie, die Juden, sind das Volk, das als erstes behauptet hat, daß im Himmel die Einsamkeit herrscht. Es gibt nur einen Gott, daher ist er einsam.

Jenes Volk, das sich von Generation zu Generation in eine Stadt zurücksehnt, die nur in der zweifelhaften Welt der Träume unerschütterlich glänzt. Jenes Volk, deren Schächter mit einem einzigen Schnitt die Kehle der Tiere durchtrennen und, während sie das Blut ausfließen lassen, die verbotenen einundfünfzig der hundertzehn Sehnen mit raschen und feinen Bewegungen herausschneiden. Dreierlei Dinge verbietet ihnen das mit den schweren Buchstaben des Himmels geschriebene Gesetz. Man darf keine Götzen anbeten, nicht Unzucht treiben und keinen anderen Menschen töten! Eher muß man sich selber umbringen lassen. Ein christlicher Denker hat über sie gesagt, sie seien einander Geschwister, während die übrigen Völker Familien bilden. Vielleicht stimmt das. Einmal sind sie einander wie Brüder und Schwestern, ein andermal wieder ganz und gar nicht. Oder wird der aus den blutdampfenden Steppen des Ostens flüchtende Aschkenasi, dessen Familie von aufgebrachten ukrainischen Bauern oder von den Windkosaken des gottlosen Bogdan Chmel niedergemetzelt worden ist, vom Leydener Diamantenhändler etwa nicht als lästiger Verwandter aufgenommen?

Jizchak ben Juda steht an der Brustwehr der Bastei und muß blinzeln. Der Wagen mit der blauen Träne fällt ihm ein. Wie Gift verströmt sich die Traurigkeit in seinem Körper. Es ist kein Beben mehr, schon eher ein Zucken, das ihn durchläuft, und er wäre sicher hingestürzt, hätte er sich nicht im letzten Moment an dem vorspringenden Sims der Brustwehr festgehalten. Sein Atem geht schnell. Dann kehrt seine ruhige Überlegung zurück. Erneut sieht er die Gestalt Hijam ben Binjamins. Der hagere Mann dort drüben schnappt ebenfalls nach Luft. Was ist mit diesem blindwütigen Sabbatianer geschehen? Mit einem Mal fällt Hijam ben Binjamin auf die Knie, langsam geht er zu Boden, wie ein mit feuchtem Sand gefüllter Sack, schon liegt er im warmen Staub. Schaum tritt ihm vor den Mund. Er schlingt seine Arme um die Beine des Rabbi, der neben ihn getreten ist und sich über ihn beugt. Blut fließt ihm aus den Augen, ganz genauso wie jenem Fremden, der vor einigen Jahren, noch in Wien, ungerufen in Jizchak ben Judas Laden trat und ihm die Kunde von dem Leiden brachte, das nunmehr sein Leben erfüllen sollte. Jizchak ben Juda stürzt auf sie zu. Schon ist er bei ihnen. Fast hätte er den Rabbi umgeworfen. Mit zitternden Fingern berührt er das Blut auf dem Gesicht Hijam ben Binjamins. Es ist kalt wie Eis! Ja, richtig! Ebenso kalt, wie dasjenige des seltsamen kleinen Juden in seinem Geschäft, der ihn mit allen möglichen sonderbaren Fragen bedrängte. Seitdem weiß Jizchak ben Juda, daß sein Leiden unheilbar ist und von Dauer, aber Gott ihn am Ende der Seelenpein zu sich erheben wird. Aber nicht darum geht es jetzt.

Siehe, drei Männer füllen das Bild, das wir im Herbst des Jahres 1677, einen Tag nach Jom Kippur, in der Mahalleh von Buda zu Gesicht bekommen. Jeder der drei steht in enger Beziehung zu jenen Gestalten, die in dieser verfluchten Gegend seit einiger Zeit Tränengaukler genannt werden. Efraim ha Kohen ist in ihrem Wagen aus der fernen, blutgetränkten Ukraine gekommen, um der Rabbi der Gemeinde von Buda zu werden. Er wird die Reise nie vergessen, den Körperduft der Gaukler, ihre, abgesehen vom Geplapper Aaron Blums, knappen, sich auf das Wesentliche beschränkenden Worte, die glühenden Blicke. Durch sie hat Jizchak ben Juda erfahren, daß er zu den leidenden Gerechten zählt. Er könnte es auch vergessen, könnte gegen die Auserwähltheit rebellieren, an der Tatsache änderte das nichts. Und in der vergangenen Nacht haben die Tränengaukler bei Hijam ben Binjamin an das Fensterkreuz gepocht. Eine erheiternde jüdische Visage glotzt dem mürrischen Blick Hijam ben Binjamins entgegen. Er war es, der rothaarige Aaron Blum mit den blutigen Augen, der aschkenasische Gaukler, der so gerne erzählt. Er nimmt den aus seinem Haus wankenden, schlaftrunkenen Hijam ben Binjamin bei der Hand und zieht ihn entschlossen zu einem Wagen, neben dem noch andere Gestalten warten. Aaron Blum schlägt die abgerissene, mit der blauen Träne bemalte Plane zur Seite.

»Sabbatai Zwi«, sagt er.

Auf dem Boden des Wagens liegt der Erlöser, Sabbatai Zwi, der in Smyrna geboren wurde und im albanischen Olgun seine Seele aushauchte. Und dies geschah eben gestern, ausgerechnet an Jom Kippur. Erschüttert blinzelt Hijam ben Binjamin auf das bleiche, tote Gesicht.

Der soll wirklich der Erlöser gewesen sein?

Der Messias?

Dieser Leichnam?

Er taumelt ins Haus zurück, während der Wagen auch schon wieder davonrollt. Der Sabbatianer konnte keinen Schlaf mehr finden, seitdem wandert er durch die Gassen. Und nun umklammert Hijam ben Binjamin unter blutigen Tränen die Beine Efraim ha Kohens und wird von Zuckungen geschüttelt, als hätte sich ein übler Wind in seinen Leib verwirrt. Ah, das ist kein Wind, nur Seelenschmerz. Der Rabbi weiß nicht, was tun, weitergehen will er nicht, aber Jizchak ben Juda versteht plötzlich alles.

»Rabbi, der Smyrnaer ist gestorben«, sagt er.

»Der falsche Messias ist gestorben, und der hier weiß es schon!«

Efraim ha Kohen zieht die Augenbrauen hoch, was bei ihm die Bedeutung einer ungeduldigen Frage hat.

»Heute nacht«, deutet Jizchak ben Juda auf den zuckenden, blutige Tränen vergießenden Sabbatianer, »hat er den Leichnam gesehen. Er will sagen, Rabbi, daß man ihn gebracht und ihm gezeigt hat. Er will sagen, daß es geradeso war, als hätte er einen verreckten Hund gesehen.«

»Woher weißt du das, Jizchak?« fragt ihn der Rabbi.

Jizchak ben Juda senkt sein Haupt.

»Ich möchte einmal mit dir reden, Rabbi«, antwortet er leise, unglücklich.

Das Sidduk, das er noch in Wien einige Tage vor seiner Hochzeit sieht, prägt sich Jizchak ben Juda genau ein. Schon bei der Hochzeit ahnt er, daß ihm Sara bald ein Kind, einen Sohn, schenken wird. Der Händler täuscht sich nicht. Das Knäblein erhält den Namen Abraham, und Jizchak ben Juda sieht das schrumpelige kleine Geschöpf zuweilen so unverwandt an, als sei es ein Wesen von einem anderen Stern. Die Beschneidung am achten Tag muß verschoben werden, so schwächlich ist das Kind. Jedoch nicht nur die seltsame Vision, die mit seinem Sohn und einem Mädchen mit Vogelstimme zusammenhängt, steigt wieder und wieder in Jizchak ben Judas von Schmerzen durchwühlter Seele auf. In jenen Tagen, als die Tränengaukler dem verruchten Hijam ben Binjamin den Leichnam Sabbatai Zwis zeigen, sieht Jizchak ben Juda zum Beispiel mehrmals flammende Häuser, zusammenstürzende Gebäude und sterbende Menschen. Das Sidduk kehrt immer wieder zurück, um ihn zu quälen. Der Händler sieht, wie Flugasche über die Dächer der Mahalleh gewirbelt wird. Buda sieht er in Flammen stehen.

Nach einem kurzen Moment des Schwankens entschließt er sich, niemandem etwas von dem Traum zu erzählen. Wozu Grausen verbreiten, wie es Jahre hindurch Hijam ben Binjamin tat?! Als nach Jom Kippur der Wagen der Tränengaukler in der Mahalleh auftaucht und die Leiche des falschen Propheten bringt, wird der Rabbi endlich von seinem Erzfeind befreit, von Hijam ben Binjamin. Jizchak ben Juda zweifelt keinen Augenblick, daß es sich tatsächlich um Sabbatai Zwis Leichnam handelt. Kaum ein Tag ist seit dem Tod des Propheten im weit entfernten, albanischen Olgun vergangen. Mit nüchternem Verstand ist nicht zu begreifen, wie ein Leichnam in dieser Zeit eine solche Strecke zurücklegen kann. Ein Wunder ist geschehen, und dafür sind die Tränengaukler verantwortlich.

Anderntags verschwindet Hijam ben Binjamin, der verstockte Sabbatianer. David Mendelson bringt die Nachricht. Hijam ben Binjamin hat sich jener Sekte angeschlossen, deren Mitglieder Doenmeh genannt werden und die dem Anschein nach treue Diener Mohammeds sind, in ihren fest verschlossenen Herzen jedoch weiterhin die Pflanze der Schwärmerei für Sabbatai Zwi hegen. Wie auch immer, in der Mahalleh von Buda hat jedenfalls das wundersame Erlebnis der Begegnung mit den Tränengauklern die Seelen zweier Männer verbunden. Efraim ha Kohen ist sogar in ihrem Wagen gereist, dem Händler Jizchak ben Juda haben sie, zumindest stellt er selbst es sich so vor, zuerst durch einen Zauber auf den Kopf geschlagen, um dann den Stein, der in der Synagoge sein Blut quellen ließ, in eine Träne zu verwandeln. Das ist viel, sehr viel sogar. Und zu diesen unglaublichen Ereignissen kommt noch die Botschaft von den Sechsunddreißig, ohne die, nun ja, die Welt gar nicht fortbestehen könnte.

Der Händler faßt den Entschluß, über die Gaukler Erkundigungen einzuziehen. Man muß in Erfahrung bringen, wer diese Leute sind, woher sie kommen und wohin sie gehen und warum sie gerade ihn mit allen möglichen schmerzlichen Botschaften stören! Vielleicht lügen sie! Führen ihn an der Nase herum, betrügen ihn, erlauben sich einen Spaß mit ihm! Warum soll ausgerechnet er, Jizchak ben Juda, ein einfacher Händler, einer der Auserwählten sein?! Was hat er getan, das ihn befähigen würde, derartige Bürden zu tragen?! In gelehrten Büchern beginnt er nach den Gauklern zu forschen. Einige Legenden findet er auch, mit denen er allerdings nicht das mindeste anfangen kann.

Er erfährt zum Beispiel, daß es gefährlich ist, wenn der Blinde den Blinden führt.

Er erfährt, daß die Christen Lucia als Schutzpatronin der Augenleidenden verehren.

Tobias heilt seinen erblindeten Vater im Beisein des Erzengels Raphael mit der Galle eines im Tigris gefangenen Fisches. Schön. Und?

Der Händler erfährt, daß bei einigen Völkern Leber und Galle der Quappe gegen Augenkrankheiten helfen.

Wiederholt liest er die Geschichten Rachels und Hiobs, die auf dieser Welt am meisten und am bitterlichsten geweint haben.

Er erfährt, daß ein Blick die Welt in Brand zu stecken und auch die wildesten Feuer zu löschen vermag.

Seine Bemühungen führen zu nichts. Was er erfährt, ist unnütz, rinnt fort, wie eine Träne. Er versucht es von einer anderen Seite, bemüht sich, den Weg der Gaukler zu rekonstruieren, ihre Wanderrouten, ihre bevorzugten Aufenthaltsorte. Ein Amsterdamer Bekannter teilt ihm mit, auch er habe von ihnen gehört und wisse, daß einer von ihnen Francisco heiße und Portugiese sei. Vor ein paar Monaten hätten sie vor der sephardischen Synagoge von Amsterdam eine Vorstellung gegeben. Ein anderer Bekannter schreibt aus Venedig, wo sich die Gaukler häufig aufhalten. Jedes Jahr tauchen sie dort auf, denn Venedig ist die Welt selbst. Einer ihrer heimlichen Verbündeten ist ein elender Zwerg, ein gewisser Luigi Escapolo Firabolla, der die vollkommenste Gondel der Welt erbaut hat, aber seither nur unglücklich und ohne Passagier am Kanal sitzt. Die Gondel ist nämlich eine Zwergengondel. Andere haben sie in Paris, Barcelona und Rom gesehen. Ein übergeschnappter galizischer Flüchtling singt seit Jahren von nichts anderem, als daß ihr Wagen hinter den im Blut watenden Söldnern Bogdan Chmels hergefahren sei. Aber das ist doch alles absurd! Jizchak ben Juda gurgelt aus vollem Halse. Das unbändige Gelächter scheint ihm gar Vergnügen zu bereiten. Tränengaukler! Was für ein haarsträubender Unsinn! Ein kluger Betrug, Windbeutelei. Aus Prag treffen Bücher ein. Er bezahlt gewaltige Summen, um von der Druckerei der Gemeinde einige Bände zu bekommen. Jizchak ben Juda schätzt der Vergessenheit anheimfallende Texte, die nur mehr den Gelehrten bekannt sind, er liebt es, vergilbte Schriftstücke zu studieren, den süßen Duft der in den Staub gedrungenen Zeit einzusaugen. Die Geschichte der Tränengaukler jedoch kann er weder in den heiligen Schriften noch in wissenschaftlichen Arbeiten, noch in unterhaltenden Büchern finden.

Eines Tages öffnet ein verwahrloster Zigeuner die Tür von Jizchak ben Judas Geschäft. Er hält ein Kästchen in Händen, ein altertümliches Kästchen mit Verschluß, den Verzierungen nach mochte es einem Christen gehört haben. Sein Vater habe es gefunden, auf der Feldflur von Prag, neben einem Toten. Bloß daß in der Hand des Toten eine Flamme züngelte, wodurch seinem Vater klargeworden sei, daß es sich um ein himmlisches Zeichen handle, das zwar nicht ihm gelte, aber das er bewahren und bei Gelegenheit demjenigen weitergeben müsse, für den es gedacht sei. Doch der Vater des Zigeuners irrte vergebens durch halb Europa, vergebens badete er in den Meeren des Nordens und des Südens, das Kästchen konnte er nicht weitergeben. Er fand den Glücklichen nicht, dem es zustand. Auf dem Totenbett schließlich vertraute er es seinem Sohn an, ihm, Mesdele, der es niemals geöffnet habe.

»Niemals?« warf der Händler ein.

»Niemals«, nickt Mesdele eilig.

Niemals hat er mit forschender Hand daran gerührt, obwohl seiner Natur kaum etwas heilig ist, getraut er sich doch ebenso in verpestete Brunnen hinabzusteigen oder aus den Mündern von Leichen Goldzähne herauszubrechen. Mesdele wußte, daß er an das Kästchen nicht rühren darf, daß er auf ein Zeichen warten muß, wie auch sein Vater gewartet hat. Und als er am Morgen jenes Tages nichtsahnend im Ghetto spazierenging, sprang ihm vor dem Mendel-Haus ein seltsames Individuum vor die Füße. Eine kaftantragende, rothaarige Figur, der, daß ihn doch der Devla hole, Mesdele lüge ganz und gar nicht, kaltes Blut aus den Augen tröpfelte! Ein kleiner Jude mit roten Augen und roten Haaren! Aber damit nicht genug! Dieser Rotäugige führte ihn, indem er seinen Arm umklammert hielt, zum Laden eines anderen Juden, um ihn bei der Tür hineinzustoßen. Also das heißt, hier hat er ihn hereingestoßen.

Düster sieht Jizchak ben Juda den schwadronierenden Zigeuner an.

»Wieviel willst du dafür haben?« fragt er, den Blick unverwandt auf das Kästchen gerichtet. Mit einem tiefen Seufzer bereitet er sich auf das Feilschen vor. Der Zigeuner schüttelt den Kopf.

»Der mit den blutigen Augen hat mich schon bezahlt, verehrter Herr«, verbeugt er sich beflissen auf der Schwelle und verschwindet.

Schon wieder diese kleine zänkische Gestalt mit den blutigen Augen! Alle Nachforschungen über die Tränengaukler sind vergeblich, die Spuren verwischen sich mehr und mehr, er findet sie nicht, sie aber senden ihm Botschaften! Was kann dieses Kästchen anderes sein als ein Zeichen?! Ohne besondere Besorgnis schlägt er die mit Schnallen versehenen Deckel zurück. Am Boden des Kästchens liegt ein zusammengerolltes Flugblatt. Jizchak ben Juda kann die deutsch geschriebenen, zittrigen Zeilen nur ein einziges Mal lesen. Sowie sein Blick beim letzten Wort angelangt ist, zerfällt das Schriftstück in seinen Händen zu Asche. Diese Worte hat er gelesen:

»Konrad Rakonczays letztes Flugblatt!

Wider das Wunder!

Verehrter Leser! Wisse er, daß die Wunder nur dazu da sind, den Menschen unglücklich zu machen. Sie führen ihn weg von der Wirklichkeit des Lebens, von der Natur und dem natürlichen Ablauf der Dinge und lenken seine Hoffnung auf Ereignisse, die einmalig und unwiederholbar sind! Der Mensch sehnt sich danach, zu leben und Erfolg zu haben. Wer kann in einem Haus wohnen, das er nur einmal, einen einzigen Augenblick lang gesehen hat?! Das Wunder ist die leere Hülle des Lebens! Der Mensch ist nicht fähig, sich mit der Einmaligkeit der Wunder abzufinden! Wieder und wieder will er sie erleben. Was unmöglich ist! Wunder wiederholen sich nicht. Verehrter Leser! Ich, Konrad Rakonczay, Flugblattautor, erkläre hiermit, daß ich glücklich bin, all dies vor meinem Tod mitteilen zu können. Noch einmal und zum letzten Male sage ich, wer in Ruhe und Frieden leben will, halte Wunder von sich fern! Dem Leser sei aber gesagt, daß ich von diesen Dingen allein aufgrund eines wundersamen Ereignisses sprechen kann. Vor einigen Tagen bin ich einem Menschen begegnet, der mit seinem Blick meine Hand in Brand gesteckt hat. Meine Finger brennen. Der Schreibstift in meiner Hand brennt. Das Papier, auf dem ich diese Sätze aufzeichne, brennt. Friede sei mit Euch! Konrad Rakonczay«

Jizchak ben Juda schüttelt fassungslos den Kopf. Was für ein Unsinn! Er streut die Asche des Schriftstücks vor die Tür seines Ladens, der Wind haucht sie sogleich über Buda hinweg. Aber er läßt die Sache dann doch nicht auf sich beruhen. Er hat einen Brief gelesen, den er nie mehr wird lesen können. Er hat Worte gesehen, die er nie mehr wird sehen können, aber weil sie so seltsam gewesen sind, wird er sich immer an sie erinnern. Wenn nicht auf Wunder, worauf können wir dann überhaupt vertrauen?! Eines Abends beugt er sich während der Mahlzeit zu Sara hinüber. Er will es nicht sagen, sagt es aber dennoch.

»Also wenn wir es recht bedenken, entsteht letzten Endes auch ein Wunder nur durch ein Wunder«, sagt er.

Seine Frau versinkt in Nachdenken.

»Zwischen Blume und Blume ist Erde, aber was findest du zwischen einem Wunder und dem nächsten, Jizchak?! Elend und Mühsal. Nun gut, ich will es dir erzählen. Ich war noch ein Kind, Jizchak, ein unschuldiges kleines Mädchen, das um einen toten Käfer weint. Das Geschäft meines Vaters ging gut, Not und Entbehrung kannten wir nicht, unser Leben war nichts als Gelächter und glückliche Umarmung. Es gab keinen Wunsch, den mir mein Vater nicht erfüllt hätte. Fünf Diener beeilten sich, den Befehlen meiner Mutter nachzukommen. Verstehst du, Jizchak?«

Er nickt.

»Und dann, an einem Vormittag, spielte ich draußen im Staub des Hofes. Plötzlich wurde es dunkel und kalt, als hätte man eine grobe Decke über die Welt geworfen. Im nächsten Moment, wie ich die Augen öffne, stehen sie vor mir. Wie in einer Vision! Auch ein Jude war unter ihnen. Ein rothaariger, unruhiger Kerl, ich glaube, so wie unser Mendelson, der Hummeln im Hintern hat. Bloß daß die Augen dieses Juden Blut weinten. Kaltes und schäumendes Blut floß über sein Gesicht. Und ich, das kleine Mädchen, trat zu ihm hin, berührte das Blut und hob die Finger an die Lippen. Verstehst du, Jizchak? Du verstehst, nicht wahr, daß ich diesen Geschmack, nie, niemals vergessen werde?«

Ihr Mann gibt keine Antwort. Er hat das Gefühl, wenn er jetzt etwas sagen müßte, ja dann würde er daran sterben.

Das Scheitern der Wesselényi-Verschwörung stachelt in den rebellischen Ungarn das wilde Tier des Hasses nur noch weiter an. Nicht weniger Wut und Rachedurst ruft hervor, daß die katholischen habsburgischen Machthaber protestantische Seelsorger als Galeerensklaven verkaufen. Die aufständischen Kuruzen nennen sich Panther, obgleich sie nie einen Panther gesehen haben und auch niemals einen sehen werden, höchstens sich im Dreck wälzendes Borstenvieh oder knochige, hungernde Rinder. Seit Jahren genießen sie den zweifelhaften Beistand des siebenbürgischen Fürsten Mihály Apafi und der Hohen Pforte. Für die mit ständigen Krisen kämpfende siebenbürgische Politik stellen sie eine schwere Belastung dar. Auch die Hohe Pforte rechnet nur dann mit ihnen, wenn es ihren Zielen dienlich ist. Der Franzose unterstützt die Kuruzenbewegung gleichfalls, nur ist es stets wahrscheinlicher, daß sein Geld ausbleibt, als daß es ankommt, ferner besteht eine bemerkenswerte Eigentümlichkeit der Zuwendung darin, daß sie dem Auge immer mehr erscheint, als sie sich in der Hand anfühlt.

West- und Oberungarn stehen unter der Herrschaft des Habsburgerreichs. Aus dem Bauch des Landes jedoch hat die Bestie des Halbmonds ein solch gewaltiges Stück herausgebissen, daß sie es weder zerkauen noch hinunterschlingen kann, sie hält es nur wie einen riesigen Knochen in ihrem fürchterlichen Maul und läßt es nicht los. Das Fürstentum Siebenbürgen ist um den Preis beträchtlicher Steuern die Hure des Prächtigen Padischah.

Es ist die erklärte Absicht der Kuruzen, die kaiserlichen Söldner aus Nordungarn bis zu den Weinbergen Wiens zu treiben. Und wenn es nicht anders geht, mit türkischer Hilfe. Es erscheint überaus fraglich, ob aus den Armen einiger tausend Männer ausreichend Kraft zur Übernahme der Herrschaft über die nördlichen Landesteile erwachsen kann. In kurzen Abständen erfolgen die Attacken der aus ihren Schlupfwinkeln hinter den Hügeln Siebenbürgens hervorbrechenden Aufständischen, die zweite Hälfte der siebziger Jahre sieht sie häufig auf den gewundenen, von Felsbrocken übersäten Straßen Nordungarns. Sie morden viel in dieser Zeit, mit Schießpulver, Eisen und mit bloßer Hand. In Leutschau, Kaschau, Käsmark und Preschau wird ihretwegen ohne Unterlaß getrauert.

Gegen Ende des Jahres 1677 erscheint im froststarren, rauhreifgeschmückten Lager der Kuruzen ein junger Mann mit blondem Schnurrbart. Er kommt geradewegs vom Absolon-Besitztum, das nicht mehr existiert. Auf dem Absolon-Besitztum weht ein versprengter, kalter Wind. Auf dem Hof sind kahle, nie mehr grünende Bäume steif gefroren. Wuchtige Balken und menschliche Schicksale modern in der Aasgeruch verströmenden Erde. Der junge Mann trägt ein verschließbares, goldbeschlagenes Kästchen unter dem Arm.

Er ist es, der junge Graf, Imre Thököly!

Imre Thököly wird 1657 geboren und ist bereits mit acht

Jahren Obergespan von Máramaros. Seine Vorfahren aus dem vergangenen Jahrhundert sind wortkarge, doch häufig ausspuckende Kuhhirten. Auch ihren Adel erlangt die Sippe in dieser Zeit, und weil es ihr nicht an begabten Menschen mangelt, ist ihr Aufstieg unaufhaltsam. István, Imre Thökölys Vater, beispielsweise ist bereits der größte Weintrinker Siebenbürgens, was zweifellos eine beachtliche Leistung darstellt. Ein Mann von hervorragenden Eigenschaften. Zeit seines Lebens hatte er nie an einem Kater zu leiden, er schaffte es immer, ihm zuvorzukommen. Im Jahre 1674 entsenden die Freischärler von ihrer Versammlung in Harsány einen Boten zu dem Fürsten von Siebenbürgen Mihály Apafi, er soll endlich den jungen Thököly zu ihnen lassen. Vorläufig flehen die Abgesandten vergeblich, auch wenn sie in ihrer Enttäuschung die Erde vollrotzen. Sie bewahren auch tiefes Stillschweigen darüber, daß ein klappriges Gefährt, aus dem seltsame Gestalten sie anblinzeln, der Fährte der Kuruzen folgt.

Eines Tages träumt der junge Graf, daß ein Panther mit seinem Herzen spielt wie eine Katze mit einem Wollknäuel. Nicht einmal Gott selbst hätte ihn jetzt noch zurückhalten können. Im Winter 1677 stößt er zu den Freischärlern und sucht in den ersten Wochen sämtliche Kuruzenlager auf. Er ist noch jung, kann im Stehen schlafen und mit geschlossenen Augen trinken, die Äste eines Baumes zählt er in wirbelndem Schneesturm und zähmt mit seinen Worten die Wölfe, so daß sie winselnd um seine Stiefel streichen. Den zerlumpten und ausgehungerten Soldaten spricht er von schlüpfrigen Frauenschößen, warmen, weißen Brötchen und Pullen voll Rotwein. Allerdings macht er niemals einen Hehl daraus, daß ihnen der Tod auf den Fersen sein wird, wenn sie ihm folgen.

Wo immer er sich zeigt, läßt man ihn hochleben.

Mit verhängnisvoller Geschwindigkeit bringen die aufgepeitschten Kuruzen im darauffolgenden Jahr Oberungarn in ihren Besitz. Doch auch die Pest wütet zu dieser Zeit bereits mit großer Lust in den Städten der Region. Bekanntlich zittern die Kaiserlichen vor dieser Krankheit wie vor nichts sonst. Bei den Kuruzen ist es ein beliebtes Thema, daß die papistischen Priester die Pest für den auflohenden Atem der Hölle halten.

Kein Wunder, daß die Kaiserlichen in diesen Monaten nur halb so oft Atem holen. Kein Wunder, daß die Angst ihnen die Kräfte raubt. Die Pest siegt, um sich dann getreu ihrer Gewohnheit zurückzuziehen. In ihrem Gefolge stoßen die Einheiten der Kuruzen vor und rücken in mehreren oberungarischen Städten ein. Die Siege haben jedoch keine ausreichende Grundlage. Am ersten November des Jahres 1678 erleiden die Aufständischen in der Schlacht von Barsszentkereszt eine Niederlage und werden wieder aus den Bergbaustädten verdrängt.

Nicht lange nach dem verlorenen Gefecht sehen wir Franz Pillinger und den braven Hauptmann György Jánossy, der inzwischen ebenfalls ein Soldat Thökölys geworden ist, im Lager der Kuruzen. Der Hauptmann schwärmt in solchem Maße für den jungen Fürsten, daß er einmal, zumindest erzählt man es sich so, mit seinem Schwert eine ungeschickte Wolke, die es gewagt hatte, ihren Schatten auf die Stirn Thökölys zu werfen, in Stücke haut.

»Ein Kummer quält Sie, Herr Hauptmann«, bemerkt Pillinger zerstreut, doch er bereut es auf der Stelle. Der alte Soldat schweigt mit zusammengebissenen Zähnen. Heftige Leidenschaften und Spannungen toben in Hauptmann Jánossys Brust.

»Wer nicht davon sprechen will, der schweigt«, nickt Franz Pillinger, der zwar noch ein junger Mann ist, aber mit dem Herzen schon viel gesehen hat. Im jüngsten Gefecht sah er, wie der Hauptmann es mit drei habsburgischen Söldnern gleichzeitig aufnahm. Zwei schlug er in die Flucht, den dritten beweinen nun seine Mutter, sein Weib, seine Bälger und sein Hund.

Uh, Hund?!

Von was für einem Hund ist jetzt schon wieder die Rede!

Hauptmann Jánossy blickt mürrisch auf.

»Ein hundeköpfiger Tatar hat mir ins Gesicht geschissen«, sagt er endlich und schnieft verdächtig laut. Pillinger nickt, die Geschichte ist ihm wohlvertraut. Es ist das ständig wiederkehrende, sich immer wiederholende Gesprächsthema des Hauptmanns, dem er zwar gerne entflohen wäre, nur hätte er nicht gewußt, wohin. Die Schande ist der treueste Hund. Vergebens hat sich György Jánossy durch Heldentaten sonder Zahl, tollkühne Handstreiche und tapferes Durchhalten ausgezeichnet, vergebens hat er in Kugelhagel und Gemetzel an der Spitze gestanden. Vergebens hat er als einzelner ein Dutzend Kaiserliche in den Abgrund getrieben, vergeblich den Geiern den Weg zu den Leichen gewiesen, vergebens jeden Tag in einem anderen Frauenschoß Vergessen gesucht, vergebens nächtens auf den nackten Leichnamen der Feinde geschlafen, die Glut der Schande brannte so beharrlich in seiner Seele, daß alle Hoffnung auf Seelenfrieden nur als ein schlechtes Trugbild erschien. Der Hauptmann wußte damals nicht, noch weiß er es jetzt, was in aller Welt der Tatar von ihm gewollt, warum er ihn gequält hat. Nur eines weiß er, daß sein Leiden Sätze auf den Spiegel des Himmels geschrieben und er es trotzdem erduldet hat. Daran ist nichts zu beschönigen. Der Mensch kann nicht ewig dulden. Auch ist nicht wahr, daß er alles aushält. Der Mensch hält eher weniger aus als mehr, und in dieser Hinsicht stellte Hauptmann Jánossy mit der ihm eigenen Widerstandskraft eine Ausnahme dar. Bis ihm die Puste ausging. Weil ihn der Hundeköpfige schließlich festbinden ließ und ihm ins Gesicht schiß. Nun also sagte er Dinge, vergessen wir nicht, das Antlitz voll Tatarenscheiße, wovon er jedes einzelne Wort sogleich bereute. Trotzdem konnte er seinem Herzen und seiner Seele nicht befehlen. Er hat das hundeköpfige tatarische Aas verflucht und verflucht es auch jetzt. Und er glaubt, daß der Fluch gewirkt hat. Irgend etwas flüstert ihm diese Ahnung ein. Und wenn eine Last das Herz des Hauptmanns bedrückt, dann liegt es daran, daß sich Fürst Thököly auch mit dieser unterweltlichen Völkerschaft regelmäßig verbündet, auf daß sie der Himmel, nein, lieber die Erde verschlinge.

Auch Franz Pillinger wird ein Omen zuteil. Nachdem er sich den Kuruzen angeschlossen hatte, brachte auch er die Feuertaufe, die man besser Bluttaufe nennen sollte, bald hinter sich. Bluttaufe bedeutet nichts anderes, als daß er mordet, selbst aber nicht abgeschlachtet wird. Ein belangloses Scharmützel am Fuße des Berezir, nicht weiter der Rede wert. Dennoch soll eines Schnittes Erwähnung getan werden, den ein anonymer kaiserlicher Dragoner den Lenden unseres Bruders zufügt. Im nächsten Moment bekommt der Dragoner das Eisen ins Herz. Pillinger hingegen sinkt in tiefes Staunen, daß es so ist.

Das Töten.

Wie ist es? Also im Grunde ist es gar nichts. Ein Stich, nichts weiter. Schon liegt der Körper vor ihm, langsam ist er zusammengeklappt, er zuckt bloß erleichtert, als er seine Seele ausrülpst. Wie ein Bild ist es. Fern, wenn auch ganz nah. Wie anders ist dieser Tod als jener, den er bei Baron Absolon gesehen hat! Doch er hat nicht viel Zeit zum Nachdenken. Wer im Krieg über den Tod philosophiert, wird bald seine Beute sein. Allein, auch der Dragoner hat, als sie aneinandergeraten sind, einen Schlag gegen ihn geführt. Die Spitze seines Schwertes pflügt vor Pillingers Bauch vorbei. Der bemerkt das nicht einmal, er ist auch noch so jung, und schließlich tut es gar nicht weh. Aber bei seiner Rückkehr ins Lager bemerkt er den handtellergroßen Blutfleck vorne auf seiner Hose. Er betastet sich, und wenn es auch nicht schmerzt, so fühlt er doch, daß etwas nicht in Ordnung ist. Mißvergnügt entblößt er sich neben einem wassergefüllten Zuber und untersucht sich. Nur mehr an einem zwirnsdünnen Hautfetzchen hängt seine Vorhaut! Das hat geblutet! In seinen Schwanz haben sie ihn geschnitten! Soll doch der Himmel erblinden! Pfui Teufel! Er kratzt sich am struppigen Schopf, ob das eine Schande ist, oder doch eher ein Glück. Alles andere, die erdbeerrote Eichel, die sich sanft schlängelnden Adern, die schweren Hoden sind ja heil geblieben. Jäh reißt er das Hautfetzchen ab und wirft es den Lagerhunden hin. Er versteht nicht, warum dabei ein warmes, verlegenes Lächeln über sein Gesicht geht. Ist doch auch dies ein warnendes Omen.

Levendel Pekić ist ein bodenständiger serbischer Einwohner von Buda. Er ist hier, in der von den Türken beherrschten Stadt, geboren und hat ganz und gar keinen Grund, sich zu beklagen. Von seinem Haus bietet sich ein schöner Ausblick auf die sich blau dahinwälzende Donau, auf die lange Holzbrücke und die flachen, grauen Häuser von Pest. Seit Jahren ist er einer der zuverlässigsten Spione des kaiserlichen Hofes. Deswegen halten ihn auch die Türken in Ehren, ihn zu fassen und zu entlarven liegt nicht in ihrem Interesse, so können sie ja genau wissen, welche Nachrichten durch die spatzenflügelgroße Bresche, die sein Spionieren in die gewaltige Mauer des Reiches geschlagen hat, nach dem christlichen Wien sickern. Unter anderem steht der Serbe mit Pater Jakab, einem Franziskaner aus Pest, in Verbindung, und ihre Meldungen, die über Tata und Raab nach Wien weitergeleitet werden, können zumeist auch von den Türken zu Protokoll genommen werden.

Zu Sylvester 1677 sendet Levendel Pekić eine wichtige Meldung nach Wien. Seine langen und gründlichen Nachforschungen hätten ergeben, wie viele Glocken in diesem Jahr einen Sprung bekommen haben. Diese und jene Glocken seien in Raab, Kaschau, Miskolc, Debrecen, Preschau und Preßburg geborsten, und die Verbreitung der Fälle würde mit Sicherheit auf eine das ganze Land bedrohende Gefahr hinweisen. Sollten jedoch nicht einmal so viele böse Vorzeichen ausreichen, so erwähnt Levendel Pekić, daß sich im Frühherbst desselben Jahres der Himmel über Veszprém aufgetan habe und in der Öffnung der heilige Michael auf dem Rücken eines Pferdes erschienen sei. Der Heilige habe kein Wort gesprochen, nur sein Pferd habe sich aufgebäumt, dann sei er verschwunden. O weh, was für ein Unglück, daß er nichts gesagt hat! Und wenn selbst das nicht genug ist, ja dann setzt Levendel Pekić – das Licht seines Namens möge hinter niedergeschlagenen Wimpern bleiben – die hochwohlgeborenen Wiener Räte davon in Kenntnis, daß sich die Tiere auch in dem an Wild und Vögeln so reichen Siebenbürgen seltsam verhalten. Wild und reißend sind Hund, Wolf und Fuchs. Häufig schmähen sie einander mit menschlichen Stimmen, auf sächsisch, rumänisch und ungarisch. Der Hase rammelt nur, doch wirft er nicht. Menschenfressende Bären trampeln wutschnaubend durch die Täler. Die wilden Tiere gewöhnen sich an den Geschmack von Menschenfleisch, die Menschen wiederum daran, einander zu verraten.

Die Vorzeichen sprechen für sich. Viel kann man nicht tun. Besonders nicht in einem Land wie dem damaligen Ungarn, das in Wahrheit niemandem gehört, folglich jeder es für sein Eigentum hält.

Ja, selbst die morgendlichen Kinderblicke deuten auf das Kommen der Pest hin. Die Pfeile der Pest sind schon in alle Richtungen verstreut und verbreiten den Tod. So oder so, ihr Raubzug wird keinen Teil des Landes verschonen. Levendel Pekić wird recht behalten, dennoch hat er keine Freude daran. Im Jahr achtundsiebzig zieht der Vogel des Schwarzen Todes durch das gesamte Komitat Komorn. Raab, Miskolc und Debrecen trauern und zittern. In diesem jammervollen Jahr verscheidet der Debrecener Fleischermeister András Jancsó, desgleichen seine geliebte Frau. Durch die ausgestorbenen Gassen von Debrecen eilen nur Pestärzte, Pestknechte und Leicheneinsammler, ohne Atem zu holen. Das Wegschaffen der Pestleichen wird gut bezahlt, mancherorts verdient man einen Gulden und fünf Denare mit dieser entsetzlichen Arbeit. Trotzdem gibt Velemir Pep sich zu so etwas niemals her. Vor dem Tod hat er keine Angst, keineswegs, niemals mehr wird er vor ihm Angst haben. Der Verzicht hat vielmehr einen praktischen Grund. Es findet sich niemand, der sich mit ihm zusammentun würde, und allein ist er nicht imstande, die Toten auf den Karren zu ziehen. Kinderleichen transportiert er aus Prinzip nicht. Das Kind ist ihm ein Verwandter. Kleiner Körper, großer Tod. Das wäre ja, als würde er sich selbst ins Massengrab bringen.

Wenn also 1677 der Atem des Schwarzen Todes erst ein, zwei Städte verseucht hat, so bläst er im darauffolgenden Jahr bereits durch das ganze Land. Nur die starrköpfigen Preßburger leugnen unablässig, daß es bei ihnen ernstere Probleme gäbe. Warum, ist mit gesundem Verstand nicht zu erfassen. Schwere Sorgen plagen den Magistrat von Ödenburg. Wie sollen sie den freien Handel zulassen, das unbehinderte Kommen und Gehen von vornehmen Herren, Professoren und gelehrten Medici, wenn sie nicht mit der gebotenen Genauigkeit wissen, wie es wirklich mit dem Nachbarn steht? Wütet nun die Pest in Preßburg, oder wütet sie nicht? Gibt es ihretwegen Tote, oder nicht? Unterdessen meldet Preßburg beharrlich, daß sie in seinen Mauern nicht wütet. Aber warum soll man das glauben?

Der ehrwürdige Ödenburger Magistrat beschließt, es müsse ein Abgesandter nach Preßburg geschickt werden. Der bricht auf und kehrt einige Tage später mit dem entschiedenen Protest des Preßburger Stadtrates wieder: Allerhandt hützige Fieber und Petetsche, meistens unter den gemeinen Leyten im Schwung gehe! Dieser Behauptung könnte man in Ödenburg sogar Glauben schenken, obzwar der Abgesandte inzwischen unter der Erde liegt. Allerdings konnte er die Krankheit auch unterwegs bekommen haben. Der Magistrat von Ödenburg greift zum äußersten Mittel. Man müsse sich eines Spions bedienen, wird nach einer durchdiskutierten, mehrfach verfluchten Nacht entschieden.

Zeitig am Morgen macht sich der Ödenburger Rat Leopold Kamuti auf den Weg, einen Spion aufzutreiben. Der Ärmste weiß nicht, daß er sich an die zweifelhafteste Unternehmung Ungarns macht, denn was der ehrwürdige Stadtrat höchstens ahnt, nämlich daß in Preßburg der Schwarze Tod bereits hechelt, das braucht dem gemeinen Volk nicht bewiesen zu werden, sein Bewußtsein ruht nämlich nicht auf der Darlegung von Beweisen, sondern auf der Kraft ausgesprochener und weitergeflüsterter Worte. Gaßaus, gaßein redet man in Ödenburg davon, daß Preßburg eine verseuchte Stadt ist. Braucht es noch mehr? Herr Rat Leopold Kamuti tobt. Alles in allem einen einzigen unternehmungslustigen Menschen hat er gefunden, der bereit wäre, in Preßburg zu spionieren, allein, es stellt sich heraus, daß dieser ein ausgemachter Narr ist, denn er redet beständig davon, er hätte einen Pestwagen mit einer aufgemalten Träne gesehen, fünf Reisende wären auf ihm gefahren, die hätten Blut, Feuer, Eis, Honig und Steine geweint. Herr Rat Leopold Kamuti ist niedergeschmettert. Feiges, beschissenes Volk nennt er die Ödenburger. Und weil auch die Mittagszeit schon fast vorüber ist und er an diesem Tag noch nicht das kleinste Fetzchen Fleisch zwischen die Zähne bekommen hat, manövriert er seinen gewaltigen Leib in die Gasse der Stiefelmacher. Eine neue Herberge hat seit einigen Tagen ihre Pforten geöffnet, sie trägt den Namen »Zur Schwarzen Gondel«. Wie wäre es, wenn er ihre Küche ausprobierte?

In dem Jahr, da unser Bruder, Franz Pillinger, der Kuruzenkrieger mit dem großen Kopf und dem versonnenen Blick, einen Schnitt an seiner Männlichkeit erleidet, das heißt nach der Kleinen Zeitrechnung der Juden im Jahr 438, treibt in Buda gleichfalls der Schwarze Tod die natürlichste aller Steuern ein, das menschliche Leben. Die Söhne Allahs schreiben noch 1088, und offensichtlich haben auch sie richtig gezählt. Die Christen wiederum sagen, daß sich diese Ereignisse im Jahre des Herrn 1678 zutragen. Dem Schwarzen Tod ist es einerlei, wer es ist, der den staubigen Sand der Zeit von einer Hand in die andere rieseln läßt, wie und von welchem Datum an er Tage, Jahre und Leben zählt. Die Pest verschont die Mahalleh von Buda nicht. Auch in der Judengasse macht sich das Grauen breit, als wäre es dort immer schon zu Hause gewesen. Die Wechselstuben sind geschlossen, die Talmudgesellschaften, die doch oft bis zum Morgengrauen dem Wohle von Geist und Seele dienten, halten keine Zusammenkünfte ab. Josua Rabimek spioniert ebenfalls nicht mehr vor dem Haus von David Mendelson. Schächter, Kürschner und Schankwirte haben ihre Arbeit im Stich gelassen. Auch im türkischen Geschäftsviertel sind die gedehnten Rufe der Verkäufer verstummt, die Buden mit Brettern vernagelt, die Ladentische verödet, gleich einer Wüste. Vor dem sonst so belebten Besestan scharrt bloß ein abgezehrter Hund im Dreck und knurrt hin und wieder die unverschämt pfeifenden Ratten an. Verschwunden aus dem Staub der Straße sind die Mewlewis, die sich im Kreise drehenden Derwische, die Feuerschlucker, die Wahrsager, die Schwertschlucker und die Wunderarzneiverkäufer. Nur die düsteren Schritte der Pestwache hallen auf den schartigen Steinen. Türkische Gesundheitsbeamte in Lederschürzen suchen mit der gleichen finsteren Leidenschaft ihre Opfer wie der Schwarze Tod. Wessen Äußeres verdächtig erscheint oder wer bereits von der Krankheit gezeichnet ist, den fangen sie ein, mit Netzen und Pfählen, wie einen geifernden, tollen Hund. Sie nehmen ihn mit, nie wieder wird man etwas von dem Unglücklichen hören. Seitdem die Seuche Achmed Bapamidsche, einen besonders angesehenen, fintenreichen hohen Beamten, samt seinen Kindern an einem einzigen sonnigen Vormittag hinweggerafft hat, wird mit noch größerer Strenge vorgegangen. Es genügt ein fiebrig glänzendes Augenpaar, ein geringfügiges Stolpern auf einer schadhaften Stufe, ein leichter, doch deutlich sichtbarer Schwindelanfall, und nicht der Schwarze Tod, sondern die Lederbeschürzten ziehen den Schlußstrich unter ein Dasein.

Jizchak ben Juda verläßt die Synagoge und hastet durch die ausgestorbenen Gassen, durch die menschenleere, von Grauen gepackte Stadt. Die Fenster mit Brettern vernagelt, Fleisch und Gemüse fault in großen Haufen, Ratten pfeifen ihm um die Füße. Innerhalb weniger Tage hat sich das pulsierende Leben der Mahalleh in nichts aufgelöst. Daheim wäscht sich der Händler sorgfältig die Hände. Er hält sein müdes Gesicht über die Räucherschale, dann beugt er sich über ein schwer atmendes, bleiches Kindergesicht. Aus den Augenschatten des kleinen Abraham starrt ihm der Tod entgegen mit fühllosem Blick.

»Gott ist mit mir und nicht mit dir«, spricht er dennoch zum Tod. Dann wendet er sich um und fischt aus den Falten seines weiten Kaftans das Orvietan hervor. Zu dieser Zeit das am ängstlichsten gehütete und für ungeheure Beträge gehandelte Mittel gegen den Schwarzen Tod. Erst nach längeren Bemühungen hat er es sich beschaffen können, natürlich mit Hilfe von David Mendelson, der Bote hat indes selbst die Pest bekommen und ist vielleicht schon verschieden. Jizchak ben Juda schweigt darüber, weil er hoffen will. Gebannt betrachtet Sara die Arznei.

»Du hast sie also gebracht?«

»Sie richten uns aus, wir sollen sie betend verabreichen.«

»Sonst haben sie nichts gesagt?«

»Man muß mit Fieber rechnen, sagen sie.«

»Wieviel Geld hast du ihnen dafür gegeben, Jizchak?«

»Soviel sie verlangt haben und noch die Hälfte dazu.«

Sara schlägt die Augen nieder und sagt nichts. Seit Tagen ringen sie wegen des reinigenden Rauchs nach Atem. Ihr Mann steht da und blickt starr auf das Kind, nicht einmal weinen kann er mehr. Sara sitzt in sich zusammengesunken vor dem Kinderbett. Die Arznei haben sie ihm eingeflößt. So groß ist bereits ihre Verzweiflung und ihr Schmerz, daß sie sich eine sofortige Wirkung erhofft hatten. Das Kind hatte jedoch nur aufgeschluchzt und sich von neuem hin und her zu wälzen begonnen. Schließlich hatte es sich auch erbrochen und irregeredet. Bisweilen hört man von der Straße her das Stampfen fliehender Füße, wildes Geschrei. Der dumpfe Fall eines Körpers, jemand röchelt. Dann wird es still. Jizchak fährt in solchen Augenblikken zusammen, als wäre er es, der geholt wird. Wenn jemand wüßte, daß sich das Übel in seinem Haus eingenistet hat! Aber es weiß niemand, nein, niemand kann es wissen, nicht einmal der Rabbi! Jizchak ben Juda massiert sich den Hals und wirft einen Blick auf seine Frau, die er nicht liebt. An einem stillen Sabbatvormittag hatte er sich eingestanden, daß ihn nur dieses Kind mit ihr verbindet, dieses Knäblein namens Abraham, für das er jetzt sein Leben gäbe, wenn man mit dem pestrauchenden Himmel einen solchen Handel abschließen könnte. Als gäbe es kein Erbarmen, so rauchen die pestvertreibenden Holzstäbchen. Vom ständigen Husten sind ihre Mandeln geschwollen, ihre Hände zittern, vom pausenlosen Beten sind ihre Zungen taub. Auch auf ihren eigenen Tod machen sie sich schon gefaßt.

Einige Tage zuvor hatte Jizchak ben Juda zusammen mit Efraim ha Kohen in der Stube des Rabbi gesessen. Es ist der Tag, an dem Sara die Schwellungen unter der Achsel des Kindes ertastet. Der erste Weg des Händlers führt ihn zum Rabbi, obgleich er nicht verrät, warum er gekommen ist. Mit keinem Wort deutet er den Grund seines unerwarteten Besuchs an. Efraim ha Kohen ist ein Mann von unwahrscheinlich mächtiger Statur, in seinem Gesicht zeichnen sich seit neuestem rot die Adern ab, auch auf seinen Händen sind rote Flecke sichtbar. Er läßt den Händler lange warten, vielleicht gerade um ihm zu verstehen zu geben, daß das, worüber er sprechen möchte, schon irgendwo und irgendwann Gegenstand einer Entscheidung war. Als Jizchak ben Juda dann vor dem Rabbi Platz nimmt, beginnt dieser ohne Umschweife zu sprechen.

»Wir Menschen können sie auch Agbar oder Magaba nennen. Sie geht mit Grind und Jucken einher. Auch die Tora erwähnt den bitteren, durch Fieber vernichtenden Schwarzen Tod. All das wissen wir von Kindesbeinen an. Desgleichen wissen wir, daß der Herr den Pharao mit schweren Schicksalsschlägen heimsucht, weil er Sara benutzt, als wäre sie nur die jüngere Schwester Abrahams. Wir kennen die Legenden, in deren Tiefen der Buchstabe des Gesetzes leuchtet. Die sechste der zehn ägyptischen Plagen ist der Schwarze Tod, als flüchtende Juden überall im Land der Sklaverei die Asche ihrer Öfen verstreuen und damit Eiterbeulen und Geschwüre bewirken auf allem, was lebt.«

Der Rabbi versinkt in Gedanken.

»Weißt du, daß wegen Korachs Aufruhr fünfzehntausend Menschen am Schwarzen Tod zugrunde gegangen sind?«

»Ich weiß es«, nickt der Händler und bemüht sich, seine Ungeduld zu verbergen.

»Mit Recht können wir Jeremias, Ezechiel und Habakuk in Verbindung mit dem Schwarzen Tod erwähnen, ist es so?«

»Es ist so, Rabbi.«

»Uns gehen dennoch nicht die fünfzehntausend durch den Sinn, obwohl wir nicht ermessen können, ob das viel oder wenig ist.«

»Wir können es nicht ermessen, Rabbi.«

»Mein Meister, Rabbi Mikhel, hat immer gelehrt, daß das Leben vom Tod lediglich durch ein Staubkorn getrennt ist. Ein einziges Staubkorn, Jizchak. Noch geringer ist indes die Entfernung vom Tod zum Leben. Ständig wurde der Rabbi von seinen Schülern mit Fragen bedrängt, wie denn das möglich sei. Wenn wir von einem Neugeborenen zum Grab unseres Vaters gehen, legen wir dann nicht den gleichen Weg zurück, wie wenn wir vom Grab unseres Vaters zu einem Neugeborenen gingen? Man sagt mir nach, ich sei schon einmal im Himmel gewesen. Ja, ist es denn nicht etwas ganz Ähnliches, zu fragen, ob die Entfernung von der Erde zum Himmel genauso groß ist wie vom Himmel zur Erde?! Rabbi Mikhel hat die Antwort verraten. Am Tag seines Todes rief er seinen ergebensten Schüler zu sich.« Der Rabbi räuspert sich umständlich, senkt den Kopf und hält einen Moment inne. »Mich«, sagt er schließlich und fährt fort.

»Wenn wir den Tod vom diesseitigen Ufer des Lebens anblicken, sagte Rabbi Mikhel zu mir, spüren wir die Entfernung, die Kraft des Staubkorns. Vom Ufer des Todes jedoch starren wir vergebens auf das Leben, nichts als den Tod sehen wir, nur dafür öffnen sich unsere Augen. Wir brauchen das Staubkorn. Das ist allein dadurch möglich, flüsterte Rabbi Mikhel, daß dieses Staubkorn Gott selbst ist. Dann starb er.«

Müde bricht Efraim ha Kohen ab. Plötzlich erhebt sich der Rabbi und neigt sich über seinen Gast, wie Abraham über den gebundenen Isaak.

»Ich weiß, was dich bekümmert!« ruft er aus.

»Woher, Rabbi?« sagt Jizchak ben Judas versteinertes Gesicht.

Sie hatten noch nie davon gesprochen. Den Rabbi hatte der Wagen der Gaukler nach Buda gebracht, und auch Jizchak ben Juda war mit einem von ihnen zusammengetroffen, mit dem nichtsnutzigen, alles mindestens zweimal erzählenden Aaron Blum, der ihm die Botschaft der Auserwähltheit gebracht hat. Efraim ha Kohen drückt den Händler an sich, als wäre dies in seinem Leben die letzte Gelegenheit, einen Menschen zu lieben.

Jizchak ben Juda wankt nach Hause. Wie ein getretener, aber glücklicher Hund. Wie von Sinnen murmelt er das Schma Israel. Im türkisch bewohnten Viertel brummelt er die vierunddreißigste Sure des Korans, und das Wörtchen Jesse beschwört wieder und wieder die Schrecken des Todeskampfes. Und es gibt auch einige Christen in der Stadt – um ein Beispiel zu nennen: Jizchak ben Judas Dienstmädchen Margit –, die den heiligen Sebastian und den heiligen Rochus anrufen. Nach seinem Besuch beim Rabbi streut der Händler die Strohhalme auf den Boden der Stube und stellt eine bemalte Holzschatulle auf den Tisch. Darin warten, vom Lufthauch sacht bewegt, die Daunen, die den Tod feststellen.

Höre, Israel, ach, höre Israel!

Seither hat sich die Lage nur noch verschlimmert, eines Nachts dachten sie schon, der Junge werde den Morgen nicht mehr erleben. Das Orvietan hat nicht geholfen. Das Kind litt am Fieber und wer weiß woran noch, an welchen Gesichten und Dämonen. Jizchak ben Juda hat seinen Sohn zum ersten Mal in einer Vision gesehen, er wohnte damals noch in Wien. Dabei war das Kind damals noch nicht einmal empfangen. Und jetzt müssen sie von ihm Abschied nehmen. Dieses Sidduk, daß der ungefüge Wagen mit der blauen Träne das Kind aus dem brennenden Buda herausholt, errettet, was für einen Sinn hat es dann gehabt? Oder wäre es doch nicht ihr Sohn gewesen? Mitnichten! Er hat das Kind so deutlich vor sich gesehen wie jetzt auch. Kein Zweifel, er ist es gewesen, Abraham. Und wie er sich so den Kopf zerbricht, tagaus, tagein zwischen den Zweifeln hin- und hergerissen, wird er an einem späten Nachmittag auf einen seltsamen Gesang aufmerksam. Gar kein richtiger Gesang ist es, eher ein gesangartiges Aufsagen gewisser sinnvoller, für einen Juden jedoch sinnloser Worte. Bei der Psalmodierenden kann es sich nur um Margit, die christliche Magd, handeln, vor der sie die Krankheit ebenso zu verheimlichen suchten wie vor den Nachbarn. Einige Augenblicke später überrascht der Händler das Mädchen, das in der Mitte ihres Zimmers kniend betet. Es verstummt und blickt starr zu ihm auf.

»Ich weiß es«, flüstert sie mit geweiteten Augen, »ich weiß, daß er die Pest hat.«

Der Mann antwortet nicht.

»Ich gehe fort«, sagt Margit und steht mit einem Mal auf. Ihre paar Habseligkeiten liegen zusammengepackt auf dem Lager. In dem halbdunklen Zimmer herrscht unwirkliche Ordnung. Wie an einem Ort, den man bereits verlassen hat.

»Wohin willst du?« brummt Jizchak ben Juda.

»Irgendwohin«, gibt Margit zurück.

»Aus Buda kommst du nicht heraus.«

»Ich gehe«, schüttelt das Mädchen den Kopf.

Jizchak ben Juda wendet sich um, liest mit fahrigen Bewegungen Geld in die Hand, wirft die Groschen in ein Leinensäckchen. Er versteht sich selbst nicht. Er versteht nicht, was er macht, warum er es macht. Das Säckchen wirft er Margit hin. Die Magd ist beleibt, ein großer Brocken, rot ihr Gesicht, als würde sie es jeden Morgen schminken. Mit ihren großen, dunklen, blauen Augen starrt sie auf das Säckchen, aus dem sich das Geld auf den Fußboden ergossen hat. Sie rührt sich nicht.

»Scher dich fort«, knurrt er.

Das Mädchen schaut nur, spricht nichts, neigt den Kopf langsam zur Seite.

»Na gut, ich bleibe«, sagt sie schließlich, als würde sie ihm damit eine Gefälligkeit erweisen. Trotz ihrer Dummheit lag in ihrer Ruhe etwas Dreistes, Unverwüstliches. Vielleicht war sie Jizchak ben Juda deshalb vor zwei Jahren auf dem Menschenmarkt aufgefallen. Noch am gleichen Tag hatte er sie dem anatolischen Türken abgekauft, der mit Wiener Menschenfängern in Verbindung stand.

»Bist du sicher?«

»Ich bin sicher.«

»Dann komm«, und Jizchak ben Juda ergriff keinen Widerspruch duldend den Arm des Mädchens. Er zerrt sie zu dem kranken Kind. Unter der schweißperlenden Stirn starrt ein glühendes Augenpaar sie an. Der arme kleine Abraham liegt in den letzten Zügen. Möglicherweise wird er den Morgen nicht mehr erleben. Margit starrt ihn an, wie jemand, den die Krankheit gerade eben ereilt hat. Unruhig kratzt sie sich, befühlt ihren Leib und schlägt die Augen auf und nieder.

»Bete«, befiehlt Jizchak ben Juda und nötigt das Mädchen niederzuknien. Sie läßt kein Auge von dem Kind. Verständnislos dreht sie den Kopf hin und her. Sie gehorcht aber doch.

»Allmächtiger Gott,
Herrscher des Himmels und der Erde,
gib uns den Schutz Deines Dieners und Märtyrers,
gib uns den Schutz des heiligen Sebastian,
auf daß er unseren Leib und unsere Seele vor dem
Schwarzen Tod bewahre,
auf daß er uns vor den Pfeilen der Pest bewahre,
vor den grauenhaften Krankheiten,
wir bitten Dich,
Gott Vater, Sohn und Heiliger Geist,
der Du bist von Ewigkeit zu Ewigkeit,
zu Dir flehen wir,
daß Du uns sendest den heiligen Rochus,
daß er uns heile,
daß er uns den Stachel der Pest aus dem Leib ziehe.
Amen.«

Seltsam. Während Jizchak ben Juda das fremde Gebet des Mädchens vernimmt, murmelt er ein eigenes. Nur Sara steht mit geweiteten Augen, starr vor Bestürzung in der Ecke des mit

Vorhängen verdunkelten Zimmers. Was macht ihr Gemahl?! Wozu läßt er sich hinreißen?! Hat der Kummer gar seinen Verstand getrübt?! Das Kind hat die Augen niedergeschlagen. Kein einziges Wort des Dienstmädchens versteht Jizchak ben Juda, allein, er spürt deutlich, daß dies jetzt nicht von Bedeutung ist. Nicht das Schma Israel kommt ihm über die Lippen, sondern ein lobpreisendes, so gar nicht zur Situation passendes Gebet, das mit dieser Strophe beginnt:

Freuet euch des Herrn, ihr Gerechten;
die Frommen sollen ihn recht preisen.
Danket dem Herrn mit Harfen;
lobsinget ihm zum Psalter von zehn Saiten!
Singet ihm ein neues Lied;
spielt schön auf den Saiten mit fröhlichem Schall!
Denn des Herrn Wort ist wahrhaftig,
und was er zusagt, das hält er gewiß.

Wer würde zu behaupten wagen, daß es Einfluß auf das Schicksal haben kann, wenn ein Jude und ein Christ gemeinsam beten?! Daß die sich wie wuchernde Schlingpflanzen miteinander verflechtenden Sätze vor jenem himmlischen Tribunal, das die Urteile und Freisprüche in der Sache des Lebens und des Todes fällt, etwas bewirken können? Die Sprache ist auch das Kleid der Hoffnung. Das höchste, ehrfürchtigste Vertrauen ist das Gebet. Obzwar zu diesen Zeiten eher der Feldscher Ansehen genießt. Kein Wundarzt verhungert, wo ein Krieg den anderen jagt. Doch was würde zum Beispiel Abu Sinna, der weltberühmte Chirurg, beim Anblick des mit dem Tode ringenden Knaben sagen? Im Buch, das auf alle andren Bücher seinen Schatten wirft, steht indes geschrieben, daß der kleine Abraham gesund werden soll.

An jenem bald still vor sich hinweinenden, bald mit seinem Blau prahlenden Vormittag, als sich das Kind im Bett aufrichtet und mit klarer, obzwar noch schwacher Stimme eine Dattel verlangt, treten Jizchak ben Juda unversehens Tränen in die Augen. Fast zerreißt es ihm das Herz, die Kehle ist ihm wie zugeschnürt, er schnappt nach Luft. Solche Tränen hat er noch nie geweint. Er hat das Gefühl, daß sie ein entsetzliches Gewicht haben und jeder Tropfen eigenes Leben, eigene Macht besitzt. Wäre er auch nur zu den einfachsten Rechenoperationen imstande, so wüßte er, daß ihm genau fünfunddreißig Tränen über das Gesicht kullern. Siebzehn aus dem rechten und achtzehn aus dem linken Auge. Vielleicht aber weiß er auch ohne zu zählen, daß der sechsunddreißigste Tränentropfen er selbst ist. Margit rennt kreischend aus der Küche, sie hatte gerade Brennholz gespalten. Sara greift sich an den Kopf und schüttelt ihn wie jemand, der seinen eigenen Augen nicht traut. Und Abraham wiederholt lächelnd seine Bitte.

»Väterchen, eine Dattel hätte ich gerne!«

In dem Moment, als das Kind sich aufsetzt und Jizchak ben Juda zu weinen beginnt, holpert ein armseliger Wagen über die kleinen, schadhaften Steine der Mahalleh von Buda. Wie er in die Burg gelangt, ist nicht bekannt. Vielleicht weil die Seuche oder heimlich gesoffener Wein die Aufmerksamkeit des Wachpostens hat erlahmen lassen, vielleicht weil die graue, abgerissene Plane des Wagens mit einer blauen Träne bemalt ist oder vielleicht weil den Träumen auch dort Zutritt gewährt wird, wo sonst nur dem Tod. Auf dem Bock des Wagens sitzt ein schnurrbärtiger Mann von tatarischem Aussehen, dem kleine, schwarze Steine aus dem Gesicht rieseln. Wie sie an dem Haus Jizchak ben Judas vorbeifahren, wird die Plane des Wagens zur Seite geschlagen. Ein bärtiger Jude starrt zum Haustor des Händlers hinüber. Blut schäumt aus seinen Augen, doch er lächelt. Aaron Blum haut dem armen Franjo Mendebaba ungestüm aufs Knie, was wiederum bedeutet, daß er bald erzählen wird. Zoran Vuković knurrt schlecht gelaunt. Goran Dalmatinac wiegt sein Haupt. Und als der Wagen zum Südtor hinausfährt, beginnt Blum mit der Geschichte von den Sechsunddreißig. Doch zuvor versetzt er dem Schenkel des hilflosen Franjo Mendebaba noch einen letzten Schlag, tritt dem vor ihm auf dem Bock sitzenden Peter Schwarzenstein ordentlich in den Rücken, rammt mit einer Drehung Goran Dalmatinac seinen Ellbogen in den Magen und steigt schließlich Zoran Vuković auf sein schmerzendes, entzündetes Hühnerauge.

»Wisset, meine Freunde, keine Generation ist auf dieser Welt, der nicht sechsunddreißig gerechte Menschen angehören würden. Diese Lamed-waw Zaddikim, die Gerechten, wissen meist selbst nicht, daß sie auserwählt sind. Gerade sechsunddreißig sind es, nicht mehr und nicht weniger. Würde auch nur einer von ihnen fehlen, versänke die Menschheit mit einem einzigen Wehschrei in ihrer eigenen Schuld. Die Sechsunddreißig stellen das Herz der Menschheit dar, sie nehmen wie ein unermeßliches Gefäß den gesamten Schmerz der Welt auf. Wisset, sie sind überall. Nur ihretwegen läßt Gott die Welt fortbestehen. Die bedauernswertesten Geschöpfe unter ihnen sind jene, die keine Ahnung haben, daß sie zu den Sechsunddreißig gehören. Für sie ist die Welt unsagbares Leid, Mühsal, die Hölle. Es kann geschehen, daß ihnen das Leiden die Seele im Leib gefrieren läßt.«

Goran Dalmatinac würde gerne etwas sagen, aber Aaron Blum blickt ihn mit seinen blutigen Augen auf eine Weise an, daß er es für ratsam hält, zu schweigen. Ein wenig Eis läßt er aber doch aus den Augen in seine Hand rieseln und zerreibt es gedankenverloren. Der andere fährt begeistert fort, natürlich bemerkt er nicht, daß Franjo Mendebaba schwerfällig ein wenig abrückt, weil sein Knie von den Schlägen des kleinen Juden ganz taub ist.

»Die Brüder in Andalusien zum Beispiel verehren einen Felsen von der Form einer Träne, den sie für die versteinerte Seele eines solchen unbewußten Zaddik halten. Ach ja! Wißt ihr, daß die gerechten Menschen in ihrem Schmerz auch zu Hunden werden? Manch einen unbewußten Lamed-waw, wenn er im Himmel ankommt, muß Gott tausend Jahre abreiben, damit er auftaut und bereit ist, über die Schwelle des Himmels zu treten.«

Aaron Blum verstummt. Aber nur für einen Moment.

»Fürwahr, meine Freunde. Also, wie ich gesagt habe, keine Generation auf dieser Welt, der nicht...«, und er redet und redet.

Als er endlich mit einem zufriedenen Seufzer die Geschichte beschließt, rumpelt der Wagen der Tränengaukler über die Feldflur von Tápé.

In diesen Minuten geht in Buda, in einem Haus des Ghettos, die Tür zum Zimmer eines Christenmädchens namens Margit auf. Das Knarren ist nicht einmal laut genug, um das in der

Ecke des Zimmers nagende Mäuschen aufzuschrecken. Nur der Fußboden gibt ein Ächzen von sich, als jemand vorsichtig ins Zimmer tritt. Das Mädchen starrt entschlossen hinter dem schwankenden Kerzenschein hervor, sagt jedoch nichts. Jizchak ben Juda bläst das Flämmchen aus. Er steht im Dunkeln und wartet. Als er hört, wie sich das Mädchen regt, tastet er sich langsam, aber entschlossen in ihre Richtung voran. Margit seufzt, unter ihrem Gewicht kracht das Bett. Langsam senkt sich Jizchak ben Juda auf sie nieder und wohnt ihr bei.

Auch Velemir Pep hat einige Tage zuvor in der Herberge mit dem seltsamen Namen »Zur Schwarzen Gondel« Quartier genommen. Wer weiß, seit wann es diese Herberge gibt, wie lange sie noch existieren wird, wie vielen Gästen sie Unterkunft gewährt und wie vielen nicht. Gut möglich, daß die Herberge in dem stillen Gäßchen der Stiefelmacher nur so lange geöffnet hat, wie Velemir Pep sich dort aufhält, und keine Minute länger. Vielleicht ist die Herberge »Zur Schwarzen Gondel« ein Traum. Vielleicht steht sie auch heute noch dort in Ödenburg, und in ruhigen Nächten dringen die Klänge fröhlichen Feierns aus ihren Mauern.

Vor dem Eingang tritt der Zwerg von einem Bein auf das andere. Er hat nicht genug Mumm, einzutreten. Zu oft im Laufe seiner langen Wanderschaft hat man ihn an solchen Orten davongejagt. Er seufzt bitter und will sich in trüber Stimmung gerade trollen, als das über der Tür hängende Zeichen schwankt und die Tür aufgeht. Ein kleiner Mann mit Schürze steht auf der Schwelle und mustert den Zwerg. Dann entfährt ihm ein staunender Ausruf, und er lächelt breit. Diesmal hat Velemir Pep Glück. Der Wirt, der ebenfalls nur über eine gerade noch annehmbare Körperlänge verfügt, hat Mitleid mit ihm und gibt ihm ein Zimmer zum halben Preis. Seine einzige Bedingung ist, daß der Zwerg nur zu bestimmten Tageszeiten sprechen darf. Für gewöhnlich darf Velemir Pep nicht sprechen. Er würde die übrigen Gäste vertreiben. Dabei gefällt ihm Ödenburg so gut. Die freundlichen Gassen des Städtchens, die

Bürgerhäuser mit den kleinen Augen, die hübschen Gärten hinter den blumengeschmückten Pforten. An lichten Vormittagen schimmern blau die Berge in der Ferne.

Dann aber, an einem fadenscheinigen Morgen, bekommt Velemir Pep Besuch. Der Ärmste wird von einem Schaukeln aus dem Schlaf geholt. Was für ein angenehmes Gefühl! Einmal hatte er ein Schiff besteigen wollen, aber man hat ihn heruntergeworfen. Und wie er im Halbschlaf so vor sich hin träumt, kommt ihm plötzlich der Gedanke, daß dabei doch nicht alles mit rechten Dingen zugehen kann. Er müßte im Bett liegen, unter der zu zwei Lagen gefalteten, warmen Decke. Statt dessen befindet er sich in der Luft und wird geschaukelt. Er reißt die Augen auf. Ach, du lieber Himmel! Eine kohlrabenschwarze Figur hält ihn auf dem Arm und wiegt ihn mit großer Hingabe. Etwas sehr Trauriges, Nachtschwarzes. Das soll ein Mensch sein? Allenfalls menschenähnlich, aber doch kein Mensch. Etwas ganz anderes!

»Wer zum Henker bist denn du«, flüstert Velemir Pep.

Der andere antwortet nicht. Velemir Pep betrachtet ihn und sieht, daß er gar nicht antworten kann, weil er keinen Mund hat. Wie stellen wir uns den Teufel vor? Mit Schwefelatem, Hörnern und einem Huf, der ständig in unseren Herzen klopft, Eis, Feuer und Wehgeschrei säumen seinen Weg. Velemir Pep glotzt den anderen an, schon sieht er, daß der wahrhaftig ein Teufel ist, wenn auch ein Teufel in Menschengestalt. Seine Visage hingegen ist schwarz. Wenn wir nicht wüßten, daß es sich um einen Soldaten der Hölle handelt, würden wir dieses Gesicht vielleicht sogar schön nennen. Allein, der Mund fehlt darin, an seiner Stelle gibt es nur ein glattes, fürchterliches Glänzen. Nicht daß es ihm unangenehm wäre, aber schließlich ist es ja doch der Teufel, in dessen Armen er schaukelt.

»Na laß mich mal hübsch ordentlich runter!« Der Zwerg ist des Gewiegtwerdens überdrüssig.

Des Teufels Augen runden sich vor Überraschung. Vielleicht hat er noch nie solch einen markerschütternden, nervtötenden Laut gehört.

»Laß mich runter, hörst du nicht!« schreit Velemir Pep.

Der Teufel senkt traurig den Kopf und bettet den Zwerg vorsichtig auf sein Lager. Er leistet weniger Widerstand als das Licht, wenn wir die Rollos herunterziehen. Keine Verführung, kein Verderben, keine Versuchung! Er breitet die doppellagige Decke über den Zwerg und zieht leise, als wäre er ein Lufthauch, die Türe hinter sich zu.

An diesem Vormittag stellt der Herbergswirt eine bis zum Rand mit Wein gefüllte Kanne auf den Ecktisch und winkt mit seinem kurzen Arm. Velemir Pep soll ruhig trinken. Das geht jetzt auf seine Rechnung. Er setzt sich dazu und hebt selbst den Becher. Und dann erzählt er ihm die Geschichte vom stummen Teufel von Ödenburg.

»Vor einigen Jahren lebte am Rande der Stadt ein Holzfäller. Oder Holzschnitzer. Egal. Er war ein widerwärtiger Mensch. In seinem ganzen Leben hat er keinen einzigen Baum gepflanzt, er stürzte sie immer nur um und spaltete sie.«

»Einmal habe auch ich einen Baum gefällt«, kräht Velemir Pep.

»Niemand mochte ihn«, fuhr der Wirt fort, »dennoch waren die Leute oft auf seine Erzeugnisse angewiesen. Weil er billig arbeitete. Aufgrund seiner versauten Seele und seines sündigen Charakters nahm er eines Tages das Angebot des Teufels an, ihn zu schnitzen. Dieser Baummörder machte sich tatsächlich daran, weil er ein schlechter Mensch und seine Seele verderbt war. Und weil er so schlecht war, machte er auch den Teufel schlecht. Er schnitzte ihm zum Beispiel keinen Mund. Hier liegt der Hund begraben!«

Der Wirt hält inne und nimmt einen Schluck Wein.

»Der Teufel wäre gut gelungen, wenn ihn ein guter Mensch geschnitzt hätte. Aber weil ein guter Mensch keinen Teufel schnitzt, ist der Teufel eben unvollkommen und außerdem zu traurig ausgefallen, und so kann er auch niemanden ins Verderben stürzen. Manchmal taucht er auf, wiegt ein kleines Mädchen, ein altes Weiblein, einen jungen Herrn, aber im Grunde ist er harmlos. So einen Versager von einem Teufel gibt es nicht noch mal auf dieser Welt!«

Am Nachmittag, Velemir Pep sitzt immer noch träumend an seinem Platz, geht mit einem schweren Knirschen die Tür der Herberge auf. Die ansehnliche Gestalt Leopold Kamutis erglänzt im Licht. Es ist der heißeste Wunsch des Ödenburger Rates, endlich einen Pestspion anzuwerben. Blinzelnd heften sich seine Augen auf den bei der Weinkanne sitzenden Velemir Pep. Langsam gewöhnen sie sich an das Halbdunkel. Ein kleiner Mensch vor einer großen Kanne. Und was für ein häßliches Gesicht! Ein tückischer, böser Blick! Diese Kreatur ist wie von Gott selbst zum Spionieren geschaffen. Schon ein wenig alt, aber vielleicht gerade deshalb brauchbar. Der Herr Rat vergißt, daß er eben noch hungrig war wie ein Wolf. Stimmt nicht. Wie zwei Wölfe. Er dirigiert seine Fleischmassen zu Velemir Peps Tisch und plumpst, keinen Widerspruch duldend, neben ihm auf die Bank. Es sieht ganz so aus, daß sie gleich unter ihm zusammenbrechen wird, doch ächzt sie nur laut und hält der fürchterlichen Last stand. Müde wischt sich Leopold Kamuti über die Stirn und seufzt. Dann bemüht er sich, dem Zwerg in die Augen zu schauen, ohne seinen Abscheu zu zeigen.

»Schwere Zeiten sind das.«

Der Zwerg reagiert nicht.

»Dabei ist doch dieses Preßburg so eine schöne Stadt!« säuselt der Rat gedankenverloren. Der Zwerg nippt an seinem Becher und schweigt. Der Herr Rat schnaubt entrüstet. Warum sagt der nichts? Ist er vielleicht stumm? Dann ist er ungeeignet, ob alt oder nicht! Hat jemand schon mal einen stummen Spion gesehen?!

»Man müßte sich in diesem Preßburg umsehen«, flüstert Leopold Kamuti, »man müßte darüber berichten. Ob es dort schöne Frauenzimmer gibt, wo man am besten absteigt und … und ob derzeit mehr Leute begraben werden als sonst.«

Nun blickt der Zwerg den Rat aufmerksam an.

»Ich heiße Velemir Pep, mein Herr«, beginnt seine Stimme zu schnarren und zu scheppern. »Gegen ein entsprechendes Entgelt sehe ich mir die Stadt Preßburg gerne an, ob es dort schöne Frauenzimmer, gute Herbergen gibt und ob man viel beerdigt oder die Friedhofserde in Ruhe läßt.«

Leopold Kamuti wird vor Grauen blaß bis zum Gesäß. Velemir Pep bereut schon fast, den Mund aufgemacht zu haben. Doch der Rat nickt.

»Genau einen Menschen wie Sie brauche ich, weil …«, und Leopold Kamuti hätte weitergesprochen, doch der Zwerg schneidet ihm das Wort ab.

»Was für einen Menschen?«

»Sie meinen, was für einen Menschen?« holt der Rat tief Luft.

»Na, was für ein Mensch bin ich denn?«

Der Rat überlegt. Sein voluminöser Magen knurrt gewaltig.

»Alle fragen, was für ein Mensch bin ich, was für ein Mensch bin ich. Ja kann man denn das so sagen? Kann man sagen, wer man ist? Ich denke, Sie sind begabt. Sie sehen aus, als wären Sie viel herumgekommen.«

»Ich habe auch einen Todfeind.« Der Zwerg trinkt einen Schluck.

»Na sehen Sie«, winkt Leopold Kamuti dem Wirt.

»Und ich bin noch nie in Venedig gewesen!«

»Unglaublich!« schlägt Herr Leopold Kamuti wuchtig auf den Tisch, weil er von solcher Wut gepackt wird, daß er unbedingt etwas schlagen muß. Die Weinkanne tanzt, der Becher des Zwergs kippt um. Vom Tischrand tropft der Wein, als wäre es Blut. Velemir Pep glotzt, aber er sagt nichts.

»Brechen Sie noch heute auf«, stößt Herr Leopold Kamuti leise und zähnefletschend hervor.

Der Zwerg nickt.

»Jetzt«, spuckt Herr Leopold Kamuti das Wort aus. »Sofort!«

Mit einem leisen Knarren schließt sich hinter Velemir Pep die Tür der Herberge. Der Rat starrt bleich vor sich hin. Mißvergnügt stochert er im gelben Meer des aus zwanzig Eiern bereiteten Rühreis. Er zerbricht sich den Kopf darüber, ob er imstande sein wird, den mündlichen Bericht des Spions anzuhören, wenn der von seiner Mission zurückkehrt.

Noch am selben Nachmittag stiehlt sich Velemir Pep durch das Stadttor von Preßburg, und er braucht keine langen Untersuchungen anzustellen. Offensichtlich hat der Schwarze Tod die Stadt in seinen Klauen. Abgesperrt einige Stadtteile, andernorts wird geräuchert wie von Sinnen. Vor aller Augen wandelt der Tod durch die Gassen. Hier nimmt er die Gestalt eines jungen Mädchens an, dort stolpert er als Greis um die nächste

Ecke. Wo Platz ist, wird begraben, wo keiner mehr ist, wartet man mit dem Einscharren. Leichenträger in Lederschürzen ziehen durch die Stadt. Sie sind es, die den Zwerg einfangen. Quiekend und schreiend, kneifend und beißend wehrt sich Velemir Pep. Die Preßburger Leicheneinsammler jedoch, die in den letzten Tagen soviel Sterben gesehen haben, lassen sich durch die ungewöhnliche Lautstärke kein bißchen anfechten. Fast schon empfindet der verdutzte Velemir Pep Dankbarkeit für sie. Dabei halten sie ihn mit harten Fäusten gepackt und schleppen ihn in eine gesperrte Straße. Endlich ist er auf Menschen gestoßen, die sich nicht vor ihm ekeln! Und schon purzelt er eine steile Treppe hinunter. Ein schwerer Plumps, aber er spürt keinen Schmerz. Oben knallt die Tür, ein Riegel rasselt, dann ist es still. Und finster ist es, entsetzlich und bedrückend finster.

»Einen schönen guten Abend«, grüßt er in möglichst harmlosem Ton. Keine Antwort. Vorsichtig tastet er in der Finsternis um sich. Seine Hand bekommt etwas Weiches zu fassen. Er weiß sofort, daß es sich um Fleisch handelt, um Menschenfleisch. Denn Fleisch erkennt er jederzeit. Fleisch wird Velemir Pep noch in der Hölle wittern. Er berührt ein Füßchen, schon gleitet seine Hand über einen kalten Bauch. Das ist ja ein Kind, das er betastet! Mit eisigem Entsetzen berührt Velemir Pep auch das Gesicht. Wie er es geahnt hat. Seine Finger befühlen eine kalte, starre Stirn, dann geraten sie zwischen geöffnete Lippen. Großer Gott! Er spricht ein Gebet, obwohl es nicht zu seinen Gewohnheiten gehört, mit Gott einen Diskurs zu führen. Seine Hand gleitet zurück und drückt dem Kind die Augen zu. Sie tastet sich weiter. Bald fühlt er einen struppigen Bart, einen halb gelösten weiblichen Haarknoten, bald einen Hosenbund, den Saum eines Unterrocks, eine zusammengekrampfte Faust, einen aufgerissenen Mund, ein schlaffes männliches Glied, totenstarre Brüste, zerfallende Schultern und Schenkel. Die Preßburger Leichenträger haben ihm einen gemeinen Streich gespielt. Sie haben ihn einfach so zum Tode verurteilt. In einen mit Pestleichen vollgestopften Raum haben sie ihn gestoßen.

Der Mond befreit sich für einen Moment aus der Gefangenschaft der Wolken und läßt sein Licht durch das Kellerfenster fließen. Der Zwerg späht um sich. Ein Körper liegt neben dem anderen, hier ist jeder tot, jeder ein Leichnam. In der Ecke liegt zusammengerollt ein Hund. Ach, wie viele Schicksale, wie viele unvollendete Leben sind hier für immer im Gefängnis des Vergessens eingeschlossen! Daß alle Sehnsüchte und Gedanken, die diese Menschen voneinander unterschieden haben, nun verlorengehen. Und wenn es auch eine Auferstehung gibt, wie gelehrt wird, dieses teure, gute Etwas, das man Leben nennt, den Schatten am Nachmittag, das Brummen eines Käfers, Bierschaum auf einem Schnurrbart, den Schmerz, na und natürlich Venedig, all das gibt weder Gott noch Teufel zurück, das ist vorbei, gewaltsam abgerissen, damit auf der Leichenbahre des Schicksals alles zusammenfault, was einmal schön und häßlich, warm und lebendig war. Velemir Pep hebt sein trauriges, kleines Gesicht. Er vernimmt ein Geräusch. Als rieselte Mohn aus einem löchrigen Leinensäckchen. Zögernd bewegt er sich darauf zu. Dabei muß er auf die Leichen steigen. Ein Kinderhandgelenk kracht unter seiner Sohle. Er geht auf die entfernteste Ecke des Kellers zu, anscheinend zieht es auch der Mond vor, sein Licht dorthin zu träufeln. Velemir Pep betet. Er sieht wieder diese Figur mit dem gefrorenen Gesicht, die ihn einst aus der Grube seines Todes gehoben und ihm gezeigt hat, wo sein Herz klopft. Velemir Pep zählt. Genau fünf Körper liegen in der Ecke! Mit angehaltenem Atem starrt er sie an. Peter Schwarzenstein erhebt sich als erster, dann der Reihe nach die anderen. Stumm verlassen sie den Keller, in tiefer und düsterer Trauer. Der mächtige Zoran Vuković öffnet die Tür. Vielmehr reißt er sie heraus. Aaron Blum blickt zurück. Aus seinen blutigen Augen glitzert aufrichtiges Mitleid.

»Bist du schon mal in Venedig gewesen, Velemir Pep?«

Der Zwerg glotzt die baumelnde, knarrende Kellertüre an. Das heißt ja, er ist wieder frei! Er zögert nicht länger, ein Sprung, dann noch einer, und schon steht er draußen unter dem Sternenblumenhimmel von Preßburg. Am Ende der Straße biegt der geheimnisvolle Wagen gerade um die Ecke, und als würden alle Gaukler hinter der Plane Schmuckstücke betrachten, so schillert etwas im Dunkel der Nacht.

Die erste Morgenröte findet Velemir Pep erneut auf den Pflastersteinen von Ödenburg. Lange rüttelt der Zwerg am großen Tor des Rathauses. Ein wütender alter Herr steckt seinen Kopf aus einem Fenster im ersten Stock. Velemir Pep erkundigt sich nach dem Herrn Rat Leopold Kamuti. Er tut es vergebens. Der Herr Rat hat in der Nacht Eier gekotzt, dann ist er schlicht und einfach gestorben. Innerhalb eines einzigen Tages hat ihn die Pest hinweggerafft.

Nach dem Spionageabenteuer kehrt Velemir Pep nach Debrecen zurück. Stumme Viehhändler befördern ihn bis zu seiner Geburtsstadt. Diese Leute zählen zu den geduldigsten unter den fahrenden Händlern. Ihre Mienen sind steif, ihre Gesten sparsam, und sie lachen nur in sich hinein. Dann verzerrt sich ihr Gesicht zu einer seltsamen Grimasse, und ihr gelbes, starkes Gebiß kommt zum Vorschein, allein im nächsten Moment erwecken ihre Wangenknochen den Eindruck, sie seien zu ewiger Bewegungslosigkeit verurteilt. Die Asche ihrer Pfeifen klopfen sie in ihre kräftigen Hände, um sie dann auf die Erde zu streuen. Diese überaus erfahrenen Menschen seufzen erleichtert auf, als Velemir Pep auf der Feldflur von Debrecen pfeifend von ihnen Abschied nimmt.

»Gott segne euch! Lebt wohl, lebt wohl, ihr Viehhändler!«

Er muß lange suchen. Wie ein kleines, hungriges Tier läuft er auf der Feldflur herum. Schließlich findet er den kleinen Hügel, die Grabstätte des Nußbaums eines Propheten. Ein armseliger kleiner Buckel auf dem Rücken der Erde. So groß wie er selbst. Er geht um das Hügelchen herum und lächelt voll Behagen. Wie einer, dem sehr wohl dabei ist, daß er lebt. Dann wandert er in die Stadt, und das Lächeln verschwindet nicht von seinem Gesicht. Er wundert sich sehr, daß er bei der Nachricht vom Tod seiner Eltern keinen Schmerz empfindet, er steht nur da vor dem gewaltigen Haus, blickt unverwandt in den wohlbekannten Hof, wo er seine Kindheit verbracht hat, als er noch wie die anderen Menschen war. Das Vermögen von András Jancsó haben Verwandte, Bekannte und Unbekannte an sich gebracht. Einige von ihnen lungern auf dem Hof herum.

Velemir Pep vergießt keine einzige Träne.

Er zieht weiter Richtung Südosten, seine Schritte wirbeln keinen Staub auf, so klein ist er, vielleicht weiß nicht mal die Erde, daß er ihren Rücken benutzt.

Kuruzen streifen durch die Umgebung von Debrecen. Der Fall des an seiner Scham geschnittenen Franz Pillinger ist ein beliebtes Thema im Lager. Ein Gegenstand der allgemeinen Belustigung. Gleichwohl brechen sie auch über anderes in Gelächter aus. Ein komisches kleines Geschöpf ist dem Wachdienst ins Netz gegangen. Von der Größe eines Kindes, aber doch keines, ein Blick in das Gesicht genügt, und es ist klar, daß man es mit einem Greis zu tun hat. Ein häßlicher Tieflandkobold vielleicht. Es erfordert keine besondere Vorstellungskraft, um einen Spion in dem Unglücklichen zu erkennen. Sie machen nicht viel Federlesens. Der Zwerg blinzelt nur. Er spricht kein Wort, was ihm zweifellos zugute kommt. Wenn er bei seiner Ergreifung schreit und jammert, stoßen sie ihm sogleich ein Eisen ins Herz, zerstückeln ihn und werfen sein Fleisch in die bodenlosen Brunnen von Hortobágy. Nun weiß auch schon der Zwerg recht gut, wann er sprechen darf und wann nicht. Die Lagerwache freilich will ihn aufknüpfen. Die Burschen sind an diesem Tag schon ordentlich bezecht. Sie haben auch Grund dazu. Reichlich Beute haben sie gemacht. Ach ja! Man könnte dem Spaß eine noch bessere Richtung geben. Man muß ja den Zwerg nicht gleich aufknüpfen. Soll zuvor der großköpfige Pillinger mit ihm spielen. Unter großem Gejohle wird der Bucklige mit Tritten vor Pillinger getrieben. Unser Bruder spuckt wütend nach ihnen, worauf sie wiehernd kehrtmachen und den Jux alsbald vergessen haben. Trinken und Vergnügung nehmen ihren Fortgang. Pillinger starrt dem Zwerg ohne Verwunderung in sein Greisengesicht. Velemir Pep beginnt Mut zu fassen. Er nickt ernst.

»Ich bin noch nie in Venedig gewesen!« schnarrt er.

»Ich schon«, verdüstert sich die Laune des anderen. Kälte greift nach seinem Herzen. Ja, wirklich, so lange hat er nicht mehr an jenen anderen Zwerg gedacht, der ihn einmal in Venedig beim Arm gepackt, durch alle möglichen Gäßchen geschleppt und ihm jene gezeigt hat. Wen? Nein, ihre Namen spricht er nicht aus. Er hat genug von ihnen! Er will sich nicht mit ihnen abgeben, denn er ist ein tapferer Soldat, ein Kriegsmann! Unter dem weiten Himmel und auf der weiten Erde möchte er leben! Und Baron Demeter Absolon, wie ist es ihm ergangen! Dabei war er so ein feinfühliger und weiser Mann! Wie ist es Rudica ergangen, dem wunderhübschen rumänischen Mädchen?!

»Ich rede gerne, verehrter Herr«, knirscht Velemir Pep.

Seine Stimme klingt, als würden Steine aneinanderreiben.

»Auch Dummheiten?« lächelt Pillinger.

»Es macht gar nichts, wenn etwas fürs erste unverständlich ist.«

Mit plötzlicher Leidenschaft denkt Franz Pillinger daran, diesen aufdringlichen kleinen Niemand aus dem Lager zu werfen. Doch gleichzeitig sieht er die schadenfrohen Mienen der Landser, die wieder zu ihnen herüberblinzeln. Arschlöcher! Schon allein deswegen hält er durch. Mit allen seinen Nervensträngen denkt er nach. Der da, blickt er in das Gesicht des Alten, will vielleicht Geld. Golddukaten, geraubten Schmuck. Von einem Kuruzen?! Ach was, wo soll er das herhaben?! Ihm sieht gar der weiße Arsch durch die Hose hervor, einzig sein Schwert ist von einigem Wert, das gibt er ohnehin nicht her.

»Manchmal höre ich einen Vogel«, brüllt der Zwerg.

Und nun beginnt Velemir Pep wie ein Wahnsinniger zu krächzen.

»Was machst du, garstiger kleiner Mensch«, röchelt Pillinger.

»Ich singe!«

»Mit was für einer Stimme?« schreit Pillinger, aber er spürt, daß sein Herz heftig zu schlagen beginnt.

»Mit der Stimme des Brachvogels.«

»Der Brachvogel!« stammelt der junge Mann entgeistert. »Der Brachvogel.«

Wie oft hat er diese Stimme gehört!

Was hat das wohl zu bedeuten?

Was ist das für eine Botschaft?

»Streichle meinen Buckel!« befiehlt Velemir Pep. Das ist zuviel. Einige Schritte weiter bekommt Hauptmann Jánossy von dem Geplärre des Zwergs Schüttelkrämpfe. Er hält es nicht mehr aus. Aus vollem Halse brüllt er nach der Wache, sie soll den Elenden aus dem Lager entfernen. Die Wachposten ergreifen Velemir Pep. Dann knüpfen sie ihn zur Sicherheit auf. Wer schon einmal einen Zwerg aufgehängt hat, der weiß, daß es zwar leicht aussieht, aber nicht ist. Velemir Pep lebt auch noch am nächsten Morgen. Er zappelt am Ast, umklammert das um seinen Hals geschlungene Seil und macht ein so gequältes Gesicht, daß sogar die hartgesottenen Kuruzen Mitleid mit ihm bekommen und ihn herunternehmen. Dabei bettelt er gar nicht um Gnade. Das gehört nicht zu seinen Gewohnheiten. Sowie sein Fuß wieder den Boden berührt, marschiert er mit solch zielbewußter Entschlossenheit zurück ins Lager, als würde er selbst zu den Panthern gehören. Wieder begibt er sich zu unserem Bruder, der in Gedanken versunken, ganz wie ein Poet, in die auskühlende Asche starrt und einen halbvollen Becher Wein zwischen den Fingern dreht. Er hat in der Nacht keinen Schlaf gefunden. Der Zwerg bleibt vor ihm stehen, Verachtung und Ekel im Gesicht.

»Ich habe Zeit gehabt, mir die Sache zu überlegen«, rasselt Velemir Pep. »Du bist noch ein junger Herr, und die Form deines Kopfes erinnert nicht von ungefähr an eine reife Melone. Wenn deine Spucke auf eine Steinplatte trifft, verschwindet sie nicht eher, als man den Stein weggerollt hat, das weiß ich wohl. Der Stein ist schwer, die Arbeit eine Sisyphusarbeit, des weiteren hast du keine Gewißheit, daß es Gerechtigkeit gibt. Ich frage zum letzten Mal, streichelst du meinen Buckel?«

Pillinger braucht gar nicht aufzublicken, um dem Zwerg ins Gesicht zu sehen.

»Gut, ich streichle ihn«, zuckt er mit den Achseln.

»Und ich rede gerne«, so Velemir Pep.

»Ich höre zu.«

Velemir Pep streckt sich im Gras aus. Zwischen die Zähne steckt er sich einen Grashalm.

»Es gibt eine Kunst, die ich beherrsche, Herr Soldat. Meine Kunst ist das Fleisch, daß ich so gut mit Fleisch werfen kann.

Aber nur stinkendes Fleisch taugt dafür. Das bereits grün ist, glitschig vom Saft und schon von den Fliegen angesabbert. Ich sehe den Schleier des Zerfalls auf ihm. Ich sehe, daß es sich nicht mehr erinnert, daß es einmal gelebt hat. Wie ein reicher Herr bin ich dann. Mein ist die Welt, mir gehören die Straßen, die kleinen Häuser, die stolzen Burgen, ein ganzes Dorf, mein sind Himmel und Erde und die Flüsse und die Wälder, zack, zack. Ich gehe, und hinter mir tropft der Saft, der rosige Kadaversaft. Ein Rinnsal bleibt hinter mir im Staub zurück, auf den Pflastersteinen, wie die Zeit, viele kleine Tupfen, zack, zack. Ich höre, wie ich gehe, ich höre die Schritte, meine Schritte. Niemand anders, nur ich, ich, ich. Und dann bleibe ich auf einem Burghof stehen, und die Sonne strahlt mir ins Gesicht. Ein weißer, geschlossener Platz und der verlassene Markt. Auf einmal ertönt ein Glockenschlag. Der Trost schlägt an das Trommelfell. Und dann zeige ich meine Kunst. Zack, zack. Ich hole das Fleisch hervor und gebe eine Vorstellung, den ganzen Tag, bis am Himmelstisch das blutige Gläschen umkippt.«

Velemir Pep verschnauft einen Moment. Er spuckt den Grashalm aus, seufzt tief, und schon fährt er wieder fort.

»Einmal habe ich eine Truppe von Schaustellern gesehen. Die hatten Schlangen und kleine afrikanische Affen. Sie hätten mich nach Brasilien mitgenommen, aber ich wollte nicht. Eine von ihnen, eine zwei Meter große, schnurrbärtige Frau, warf brennende Holzscheite zum Himmel. Da dachte ich, das mache ich auch. Aber nicht mit Holzscheiten, sondern mit Fleisch. Unterm Himmel ist immer Zirkus, Herr Soldat, wer weiß das nicht! Oder wart mal, wenn es keinen Zirkus gibt, sollte es ruhig einen geben! Aber ich, Velemir Pep, der elende, ekelhafte Zwerg, jongliere ausschließlich unter klarem Himmel. Mit Wolken nehme ich es nicht auf. Ich brauche einen Himmel so klar wie das Auge, wenn es traumlos ist. Mit fünf Fleischstücken jongliere ich oder mit sechs. Ich habe geübt, bis ich es konnte. Bloß der Wind soll nicht wehen, Herr Soldat. Der Wind verweht auch das Fleisch, das Jesulein hat gesagt, wie er es will, so bläst er. Das Jesulein hat es gesagt, daß der Wind in jedes stinkige Loch hineinbläst.«

Velemir Pep blickt plötzlich aus seinem Redefluß auf.

»Aber interessiert dich das wirklich, Soldat?«

»Es interessiert mich«, murmelt Franz Pillinger.

»Na schön. Sogar mit sieben Stück Fleisch habe ich schon jongliert, aber da schlief der Wind, die Luft vibrierte, als würde die Kraft auf Golddrähten über der Erde wandeln. Mit sieben Fleischstücken jonglierte ich auf einem Platz, und die Glocken läuteten dazu. Leichte Stücke mußten es sein, sieben Fleischstücke in der Luft, ein grünes Rippchen, ein Schenkelchen, ein Schwanzstückchen tanzen unter dem Himmel. Zack, zack. In solchen Momenten bin ich es, der alles bewegt, wie ein winziger Gott.«

»Wie ein was?«

»Wie ein winziger Gott!«

Auf einmal fühlt sich Pillinger ausgelaugt von dem pfeifenden Gelärme.

»Und wozu überhaupt Kunststücke?«

»Kunststücke macht man«, überlegt Velemir Pep, und das sagt er nun langsam und gedehnt, »weil der Himmel das Fleisch nicht haben will. Wer will es haben? Niemand, nur wenn er hungrig ist oder vögelt.«

»Wozu soll Fleisch sonst noch gut sein?« fragt Pillinger.

Der Zwerg zuckt die Achseln.

»Ach ja, das Fleisch ist doch ein Palast.«

»Oder eher ein Gefängnis«, sinniert Pillinger.

»Ganz recht. Einmal kam ich auf den Gedanken, mit Menschenfleisch zu jonglieren. Ja so irrsinnig klug bin ich«, lächelt Velemir Pep bescheiden. »Und ich würde jonglieren, bis sich dort oben auf einmal alles zusammenfügt, was ich getrennt geworfen habe, und als ganzer Mensch zurück auf die Erde fällt. Das wäre das Kunststück! Doch wer will schon ein solches Kunststück sehen. Sie vielleicht, Soldat?«

Pillinger schweigt, starrt grübelnd vor sich hin. Schön hat dieser elende Halbmensch gesprochen. Das Fleisch ist ein Palast! Hm. Es fällt ihm ein, daß es genügt, ein Weib anzusehen, und schon beginnt ihre Haut zu bibbern. Sogleich spreizt sie ihre Schenkel, und ihr Wille wird weich wie Kaschauer Hefeteig. Und wenn er, Franz Pillinger, auch vögelt, mit seinem Körper macht er niemals Kunststücke. Er stopft sein Fleisch nur so lange in das Fleisch der Frau, wie es gut für ihn ist. Und dann brüllt er auf wie ein trauriger Esel. Danach wird er ruhig, wie ein anständiger Mensch ruhig wird, wenn er seinen Samen verströmt hat. Das übrige zählt nicht. Höchstens sieht er noch träge zu, wie die Frau dieses lumpige kleine Keuchen aus sich herauskitzelt, wenn sie zu kurz gekommen ist. Damit ist dann alles in bester Ordnung. So streichelt er eben dem Krüppel seinen Buckel.

»Na, dann geh mal«, sagt er zerstreut.

Der Wache wirft er noch eine Bemerkung hin.

»Den braucht ihr nicht noch mal aufzuhängen. An seinem Hals ist zuwenig Platz.«

Wohl wahr. Um seinen haarigen Hals ist noch das abgeschnittene Seil geschlungen. So trottet er aus dem Lager und ist überglücklich, denn so viel hat er sein ganzes Leben noch nicht reden dürfen. Und Dankbarkeit ist eine große Gabe.

Einige Tage später wird Franz Pillinger klar, daß auch dieser Radau machende kleine Kerl irgendwie mit den Tränengauklern in Verbindung steht. So wie der gute Baron Demeter Absolon und die teure Rudica. Ein unangenehmes Gefühl beschleicht den Kuruzen.

Nein und nochmals nein!

Er will nichts mehr von ihnen hören!

Denn er ist Soldat, ein Mann des Schwerts!

Er schüttelt seinen großen, struppigen Kopf und knirscht mit den Zähnen.

Pillinger quält sich vergebens. Denn es scheint trotzdem ganz so, als würde in der Ferne ein Wagen rumpeln. Während er sich das von Menschenblut befleckte Schwert umschnallt, stößt Pillinger ein letztes Mal hervor:

»Schert euch zum Teufel!«

Der Zwerg ist Richtung Süden unterwegs, während ihm eine einzige Frage in seinem kleinen Kopf herumgeht.

»Bist du schon mal in Venedig gewesen, Velemir Pep?«

Bulgarien ist zu dieser Zeit ein so dünn besiedeltes Land, daß man jahrelang wandern muß, bis man auf eine bewohnte Ansiedlung oder eine Herberge stößt. Die Dörfer liegen nicht neben den Straßen, sondern in der Tiefe der Täler oder an versteckten Berghängen, um ja nicht den türkischen Truppen in die Quere zu kommen. Jedermann weiß, daß der Türke viel lieber hier aufmarschiert als in Persien, Ägypten oder im Kaukasus. Die bulgarischen Häuser sind mit Stroh gedeckt, der Rauch der Feuerstelle steigt durch eine Öffnung im Strohdach gen Himmel. Weizen und Reis gedeihen auf den entlegenen Feldern. Büffel und Rinder, Schafe und Ziegen nagen auf den Weiden die Stoppeln. Die Häuser gräbt man in die Erde. Aus Baumstämmen und Brettern werden sie zusammengezimmert, zusammengeknüpft mit kleinen, biegsamen Zweigen. Schön sind diese Häuser, aber recht kalt. Die aus fernen Regionen des Reichs, von jenseits des Bosporus einsickernden Türken bauen ihre Häuser auf mächtigen Steinen, vom Fundament springt der Balkon vor wie ein rabiates, plumpes Kinn. In den Häusern der Bulgaren ist die Schlafstätte der Männer immer eine halbe Elle größer als die der Frauen. Die Mädchen erwachen zweimal, aber nur einmal stehen sie auf. Und wenn sie nach dem ersten Augenöffnen ihre Wimpern erneut senken, haben sie unter der flauschigen Decke ihre schönsten Träume. Vielleicht träumen sie, daß sie mit Fürst Asparuch nackt in einem silbrig glänzenden See baden, und der Fürst ist ganz so wie Svarog, der schreckliche slawische Gott. O wie schön sind doch die bulgarischen Mädchen in solchen Augenblicken! Wenn ein Unberufener die Decke wegzieht von solch einem aufgeregt wogenden Leib und, die Beine zart auseinanderspreizend, dort hinblickt, wo die Schenkel zusammentreffen, bekommt der Glückliche ganz gewiß die Vereinigung von Anfang und Ende der Welt zu Gesicht.

Es gibt Augenblicke, in denen Bulgarien all seine Not und all seinen Jammer vergißt. Die laue, sanfte Seebrise vermischt sich mit den kalten Bergwinden und weht in heiliger Allianz auch aus den geheimsten Winkeln des Landes das Elend, den Nebel und die Aschenflocken der Armut fort. In feurigem Purpurmantel glänzt die Sonnenprinzessin. Der Himmel ist gar nicht blau, sondern weiß, und er liebt dich wie die Muttermilch. Und in diesem ungebetenen, blassen Glanz wird all der Reichtum wieder sichtbar, den es einmal in den bulgarischen Bergen und Tälern gegeben hat. Stolz aufragende, doch mittlerweile verwüstete Klöster und Paläste zittern im blauen Licht. Auch das Rila-Kloster steht so neben dem Drusljavica-Bach, wie es der von seinem Schnurrbart stinkende, zahnweh- und rheumageplagte Aristokrat Hreljo aus Blut, Lehm und Seele erbaut hat. Auf dem Sims der Sankt-Petka-Kirche zu Plovdiv sitzen fette Tauben in Reih und Glied, als seien sie aufgemalt. Im Hafen von Varna leckt das Meer an venezianischen und genuesischen Schiffen. Die einstmals achtundvierzig Kirchen von Nesebar tragen wieder stolz den strahlenden Himmel über der Stadt. In der Hauptstadt prangen die verdorbenen Fresken der Sophienkirche von neuem in tausend und abertausend Farben, und fast scheint der dumme Mensch beim Anblick eines kunstvollen Ikönchens nur darauf zu warten, daß der gekreuzigte Jesus sein Haupt erhebt und zu lächeln beginnt.

Es war nicht mehr als ein Augenblick.

Das Spektakel ist zu Ende.

Über Bulgarien bläst wieder ein kalter Wind, graue Wolken treiben graue Wolken vor sich her, und die Bäume schmerzt jedes Blatt. Die Felder geben die Schatten der Bauern nicht frei. Und diese Schatten haben Gewicht, eine Schwere. Denn der Mensch und sein Leben ist hierzulande von solcher Leichtigkeit, daß gar nicht Notiz von ihm genommen wird. Als stünden die Ackersleute schon seit Jahrhunderten zwischen den Furchen. Mit ihren Händen die Augen beschattend, mustern sie den Himmel, welche Überraschung er wohl an diesem Tag für sie bereithält. Die bulgarischen Bauern sind stur, es kommt vor, daß sie hundert Jahre auf bessere Zeiten warten. Während der Fronarbeit sehen sie oft schnell dahineilende Lichtpunkte. Diese Wunderzeichen sind ihnen ganz und gar unbegreiflich. Dabei ist die Erklärung einfach. Entweder sie sehen einen Pejk, das heißt einen der Boten des Sultans, die im Osmanischen Reich so schnell unterwegs sind, daß man es mit gesundem Verstand nicht begreifen kann. Die Pejks sind mit allerlei Dschinnen befreundet, daher ihre Schnelligkeit. Oder aber der bulgarische Bauer sieht einen ungarischen Kurier, der zwischen Wien und Stambul Botschaften befördert und überbringt und zuweilen mit fünf Messern verschiedener Herkunft im Rükken – es sind türkische, bulgarische, rumänische, serbische und Zigeunermesser – vor den deutschen Kaiser hinstürzt, während seine Hand das versiegelte Pergament der Botschaft umklammert hält. Die Kuriere sind etwas langsamer als die Pejks, sie erreichen aber ihr Ziel mit größerer Sicherheit. Die Pejks verirren sich des öfteren, wegen des zu Launen neigenden Spieldrangs der Dschinne.

Die bulgarischen Bauern stehen auf ihren Äckern und sehen, daß ein Janitscharenoffizier ihr Anwesen betritt. Sie wissen, wer dieser Mann ist, er kommt jedes Jahr einmal. Hinter ihm warten mit düsteren Gesichtern seine Untergebenen. Und die bulgarischen Bauern sehen, daß der Janitschar das Kind auswählt, das schönste vielleicht, das Blondschöpfchen, das immer dem Vater hinterdreingehüpft ist, wie ein kleines Hündchen, und das schon als Fünfjähriger mit der Schleuder auf Spatzen geschossen hat, o weh, der bulgarische Bauer sieht, wie ihm sein Kind genommen wird, trotzdem vergießt er keine einzige Träne, denn er weiß, würde er damit anfangen, könnte er niemals mehr aufhören. Die auf dem Balkan requirierten Kinder erzieht der Türke meist zu Delis. Die Delis sind jene furchteinflößenden Soldaten, deren Name die Bedeutung von Verrücktheit und besonderer Tapferkeit in sich vereint. In Kriegskleidern aus Löwen- und Tigerfell kehren sie in ihr Heimatland zurück. Jeder kennt die Geschichte, daß ein Bauer namens Babataj in dem Deli, der seine Heimat ausplünderte, trotz dessen Fuchsmaske seinen einzigen Sohn erkannte und ihn so lange mit stechendem und unwiderstehlichem Blick ansah, bis jener tot in den Staub sank.

Bulgarien ist auch das Land der Wunder. Im Juli des Jahres 1544, auf der Feldflur des Dorfes Wakereko, einige Katzensprünge und Muttermorde von Sofia entfernt, trugen Schlangen ein grausames Gefecht aus. Die größere Schar, die sich schließlich siegreich erwies, traf von Osten ein, die andere von Westen. Nach dem Verebben des Kampfes fanden die Einheimischen zahllose geköpfte Vipernleichen auf dem Schlachtfeld, wohin die Neugierde angeblich sogar Bajezid, den Sohn des Sultans, zog. Kein Wunder, daß die Bewohner von Wakereko nach diesem Ereignis durch lange Jahre Schlangenhäute trugen und des Abends Schlangenfleisch aßen. Auf die Erde dieses Landes setzt Velemir Pep, der abstoßend häßliche Zwerg, seinen Fuß.

Ein Vogel, der die Züge Asparuchs trägt, fliegt ihm vor das Gesicht.

»Wisse, kleiner Wanderer, ich bin Bulgarien!«

Ein andermal fährt Ivajlo, der Schweinehirt, in Gestalt eines räudigen Hundes zähnefletschend auf ihn los.

»Bulgarien bin ich!«

Ein Bär mit dem Aussehen von Marko Krali brummt aus dem Dickicht.

»Bulgarien bin ich, ich allein!«

Ja, selbst der Wind ist in diesem wunderschönen Land Untertan. Nicht selten modelliert er das Porträt des Sultans in das sandige Ufer von Flüssen und Bächen. Wenn auch am Ufer das Angesicht des Sultans wacht, die Wogen schwätzen dennoch von den sieben Stammesfürsten, von ihnen zwitschert der Vogel in den Zweigen, und fünfzehntausend blinde bulgarische Krieger beweint untröstlich das strömende Licht des Vollmonds.

Velemir Pep wird von dampfender Kamelscheiße in das Maritzatal geführt. Den rasch fließenden Strom überwindend, stößt er am anderen Ufer auf eine winzige Ansiedlung, zwischen traurigen Pappeln gelegen, auf eine Moschee und neben ihr eine Karawanserei. Als Velemir Pep durch das Dörfchen geht, ist es ganz einerlei, ob er schön oder häßlich ist, wo sein Herz schlägt, ob er Gutes oder Böses im Schilde führt. Nirgends eine Menschenseele. Es ist Mittag, und heiß. Schatten gibt es weniger als Dreck unter Kindernägeln. Ein altes Weiblein blinzelt aus dem Grün des Melonenfelds am Rand des Dorfes, dann ist auch sie verschwunden. Auf einmal kommen ihm auf der ausgestorbenen Straße berittene türkische Soldaten entgegen. Die örtliche Patrouille. Sie halten den Zwerg an, mustern ihn wortlos.

»Wenn du nicht so verdammt häßlich wärst, würde ich dich beschneiden«, ruft einer von ihnen. Velemir Pep glotzt nur.

»Du fragst jetzt mit deiner häßlichen Visage, woher ich weiß, daß du nicht beschnitten bist. Dein Gang verrät es mir!« erklärt der Türke zufrieden.

»Tu, wie es dir beliebt, Herr«, verneigt sich Velemir Pep und bemüht sich, seine Angst nicht zu zeigen. Vielleicht war das der Fehler. Der Türke springt von seinem Pferd. Mit dem Zügel in der Hand tritt er näher.

»Vielleicht wirst du schöner, wenn ich dich beschneide«, sagt er ernsthaft.

Velemir Pep entschließt sich plötzlich zu einem höchst gewagten Schritt.

»O Herr, es ist mein innigster Wunsch, beschnitten zu werden!« schreit er, indem er sich auf die Knie wirft. »O ja! Beschneide mich, Herr!«

»Allah Akbar! Allah Akbar!« brüllt Velemir Pep.

Der Türke starrt ihn entgeistert an. Hörst du, Heiliger, Prophet der Propheten?! Was für ein böser, rabiater Klang! Schauderhaft! Unerträglich! Plötzlich schnellt der Fuß des Türken vor. Mit blutender Stirn stürzt der Zwerg in den glühenden Staub. Lange bleibt er dort liegen. Etwas erquicklich Süßes sickert zwischen seine Lippen, das bringt ihn in die Welt zurück. Ein uraltes Frauengesicht hat sich über ihn gebeugt, und die leberfleckigen Hände träufeln ihm Melonensaft in den Mund.

Die Karawanserei ist ärmlicher und schmutziger, als es regelmäßig Reisende gewohnt sind, dafür aber umsonst. Velemir Pep betrachtet sie dennoch unzufrieden. Das Gebäude ist eine einzige, gewaltige Scheune. Anstelle von Fenstern lassen Schießscharten ein wenig Licht in das Innere, wo eine breite Holzbank rundum die Wand entlangläuft. Die Tiere werden von den Wanderern und den Treibern der Karawanen in die Mitte geführt. Der Zwerg findet Platz neben Reisenden aus Adrianopel. Laute, das heißt zufriedene Leute. In einer geheimen Stadt Bulgariens, wohin sie zufällig, wahrscheinlich aufgrund der weisen Fügung Allahs gelangt sind, haben sie glänzende Geschäfte gemacht. Diese Stadt findet sich auf keiner Landkarte, deswegen ist sie voll von liebeshungrigen bulgarischen Mädchen. Es ist prophezeit worden, diese Stadt werde noch in vierhundert Jahren bestehen! Ein wenig später diskutieren die

Händler darüber, wie viele Geliebte der Heilige wohl gehabt habe.

Der Zwerg ist entsetzlich müde. Alle Hoffnungslosigkeit der bulgarischen Erde zittert in seinen dünnen Waden. Auch sein Kopf schmerzt von dem Tritt des türkischen Soldaten. Die lauten Reden stören ihn nicht, das Schnauben, Aufstoßen der Tiere und das Gurgeln der Gedärme kümmern ihn nicht. Langsam schließen sich seine Augen. Er hört noch, wie mit einem schweren Knall das Tor der Karawanserei geschlossen wird, dann schläft er auch schon. Er träumt nicht, doch irgendwann schreckt er mit einem unbehaglichen Gefühl aus dem Schlaf. Es ist Nacht, die Menschen schnaufen und wälzen sich im Schlaf hin und her.

Nur ein einziges Augenpaar glüht von ferne, aus der gegenüberliegenden Ecke der Scheune, wie ein Licht, das vor Gefahr warnt. Velemir Pep schläft wieder ein. Dann erwacht er davon, daß ein starker Männerleib auf ihm lastet, sein Mund zugehalten wird und man ihm Gewalt antut. Niemals wird er das fürchterliche Keuchen und die Stöße vergessen, die seinem kinderpopogroßen Hinterteil widerfahren.

Am Morgen entläßt der Eigentümer der Karawanserei seine Gäste einzeln mit einer untertänigen Verbeugung. Mit honigsüßer Stimme ersucht er sie, auf dem Rückweg doch wieder bei ihm zu übernachten, denn eine so angenehme Karawanserei wie die seine gebe es im Reich des Prächtigen Sultans kein zweites Mal. Auf Velemir Peps Klage, man habe ihm in der Nacht Gewalt angetan, lacht er zuerst gurgelnd auf, um dann ein fürchterlich wütendes Gesicht zu machen. Er starrt den garstigen, kleinen Menschen an und versetzt ihm einen Tritt. Die Knechte bewerfen ihn mit faulem Obst und Gemüse, und er hat noch Glück, daß er Reißaus nehmen kann und nicht vom Scheitel bis zur Sohle mit geronnenem Blut eingeschmiert, nicht in die Maritza geworfen wird, die Hände an die Fersen gebunden, wie man es in dieser Gegend mit unzufriedenen Gästen zu tun pflegt.

Die großen Entfernungen haben Velemir Peps Füßen die Kraft geraubt. Er hat das Gefühl, sein Leben überdenken zu müssen, denn er hat ja schließlich seine Unschuld verloren. Er lungert am Ufer der Maritza, sieht traurig dem sich breit dahinwälzenden Wasser zu, fängt mit der Schnur seiner Hose Fische, brät sie am Spieß und sinnt darüber nach, wie er nun damit weiterleben soll. Na schön, letztlich kann er es ja auch für sich behalten. Was für ein Glück, daß es auf dem Loch im Männerarsch kein Häutchen gibt! Velemir Pep hält sich ungeachtet seiner Körpermaße für einen Mann, und obwohl er tatsächlich noch nie etwas mit einer Frauensperson gehabt hat, kennt er jeden Drang, jede Laune und alles Spielerische der Männlichkeit genausogut wie doppelt so große und erfahrene Menschen. Was für eine wunderschöne Frau wird doch sein Todfeind sein! Genug der Träumerei, vor allem muß er sich jetzt einmal kurieren. Denn der Zwerg ist krank. Blutig und glühendheiß ist sein Stuhl. Als ob sich ein Wurm in seinem Körper angesiedelt hätte und in seinen Gedärmen herumwühlte. Zuweilen schmerzt es so sehr, wie die Erde der Sonnenuntergang schmerzt. Er macht sich wieder auf den Weg und vertraut sich der Führung seiner Instinkte an. Das erste Dorf läßt er hinter sich zurück, allein um sich seine Ausdauer zu beweisen. Dann wäre er fast am Rand des Dorfes umgekehrt, aber der Schmerz in seinen Därmen mahnt ihn, nicht stehenzubleiben. Er überwindet namenlose, erst wenige Tage alte Flüsse und seit gestern in die Höhe ragende und morgen in sich zusammenfallende Berge. In niemals von Menschen betretenem Buschwerk verbringt er die Nacht, bis er schließlich vollkommen erschöpft im nächsten Dorf an der Tür eines Holzhäuschens rüttelt.

Der Ort heißt Wolkendorf.

Eine wesenlose Ortschaft. Solche armseligen Ansiedlungen findet man viele im damaligen Bulgarien, wo der Staub der größte Dichter und die Wolke das treueste Publikum ist. Ein paar Gestalten lungern im Herzen des Dorfes herum, das kaum Hauptplatz zu nennen ist, die Einmündungen dreier schlingernder Straßen beklagen sich hier bei ein paar schmächtigen Bäumen und Büschen. Im weiß wirbelnden Staub stehen Bauern und Handwerker, auch einige besser gekleidete Honoratioren, sie starren zum Himmel. Aus dem winzigen Haus, an dessen Tür Velemir Pep gepocht hat, tritt eine traurige, stille Frau. Schön und jung ist sie – und grauhaarig, wie jene bulgarischen Frauen, die sich schon auf das Trauern vorbereiten. Neben ihr hüpft ein vielleicht zehnjähriges Kind. Das Bürschchen bleibt stehen, späht ebenfalls in den Himmel. Die Frau hat bereits gegrüßt, so leise, wie Blätter fallen, aber sie stellt keine Fragen. Sie beugt sich zu dem Gesicht des Zwergs herab, der den Schatten eines Lächelns aus ihren Mundwinkeln huschen sieht. Schon liegt er auf der Holzbank vor dem Haus, sein kleines Pluderhöschen heruntergezogen. Die grauhaarige, schöne Frau braucht nicht lange in seinem Unterleib herumzufingern. Nach einigen feinen und geschickten Griffen zieht sie den sich wild schlängelnden, blutroten Wurm aus dem Loch des Arsches. Sie untersucht ihn aufmerksam, hält ihn gegen die Sonne, um ihn schließlich dem Wildvogel hinzuwerfen, der über dem steinigen, mit Mist übersäten Hof kreist.

»Ich habe die ganze Zeit an eine Stadt namens Venedig gedacht«, flüstert bleich Velemir Pep. Seine Stirne glänzt, er trieft von Schweiß, als wäre er im Regen gestanden.

»Es war ein türkischer Blutwurm«, nickt die Frau.

»Nein wirklich… Ein türkischer Blutwurm«, krächzt Velemir Pep.

»Die Krankheit der Unzüchtigen«, sagt die Frau mit unbewegtem Gesicht. Sie wischt sich die Hände ab. Der Zwerg nestelt an der Schnur seiner Hose.

»Na so was, ich verstehe das nicht«, schnupft er, sein Gesicht von Purpur überzogen. Aber die Frau lächelt freundlich. Ihre Hand streicht durch das Haar des Knaben.

»Er ist der kleine Drajan. Weißt du, auch er hat es einmal abbekommen«, sagt sie, »aber jetzt ist er wieder gesund und munter.«

Velemir Pep fühlt sich erleichtert. Ob es wahr sei, fragt er, daß Fürst Asparuch die eine Hälfte der Bulgaren in der Nacht, die andere Hälfte bei Tag gezeugt habe, weshalb Bulgarien das einzige Land der Welt sei, wo es niemals gänzlich dunkel, aber auch nie vollkommen hell werde, weshalb die Seele der Bulgaren weder für die größte Niedertracht noch für die größte Schönheit jemals ganz zu haben sei.

Die Frau streichelt gedankenverloren ihr graues Haar.

»Über unserem Dorf ist einmal eine Wolke hängengeblieben«, sagt sie.

»Es ist gut, wenn wir unsere eigene Wolke haben«, nickt ernst der Zwerg.

»Das hat sein Gutes«, sagt die Frau, ihre Hand ruht wieder auf dem Kopf ihres Sohnes. Dann gibt sie Velemir Pep ein Zeichen, er soll mit ins Haus kommen. Das Herz klopft ihm heftig in seinem Buckel. Die Frau lächelt, drückt den Zwerg auf die Bank, löst nochmals seine Hose und nimmt behutsam sein Geschlecht in die Hand. Sie bewegt es nicht, schüttelt es nicht, hält es nur vorsichtig.

»Bin ich wirklich so häßlich?« flüstert Velemir Pep.

»Sehr häßlich«, zuckt die Wimper der Grauhaarigen. Velemir Pep seufzt auf. Sein kleiner Körper spannt sich an, mit aufgerissenem Mund beginnt er zu keuchen, dann, als hätte er einen Schlag erhalten, durchläuft ihn eine gewaltige Zuckung. Das war es auch schon. Die Frau blickt in ihre Hand. Sie tritt vor das Haus und hält die Hand in die Höhe. Tauben kommen geflogen und picken ihr aus dem Handteller, als handle es sich um Weizenkörner.

»Siehst du«, sagt sie zu Velemir Pep gewendet, »du bist nicht ernstlich krank, wenn sie davon fressen.«

Velemir Pep wandert weiter. Aber er findet keine Ruhe, weil es absolut nicht seine Sache ist, Ruhe zu finden. Gelegentlich bleibt er vor einem einsamen Reiter stehen und spricht:

»Nein, mein Herr, ich bin noch nie in Venedig gewesen!«

Ein andermal läuft er streifenden Tataren hinterher.

»Mein Todfeind ist eine wunderschöne Frau!«

Manchmal, im geheimen, macht er Kunststücke. Fleischbrocken wirft er in die Luft, jongliert mit ihnen unter dem Himmel, als wären es brennende Holzscheite. Sechs Stücke blutigen Fleisches rotieren zwischen seinen Händen, wie die Himmelskörper oben, im schwarzblauen Welthimmel. Velemir Pep ist glücklich, er schlägt die Augen nieder und flüstert jedem Fleischstück zu:

»Ich bin noch nie in Venedig gewesen!«

Im Jahr 1683 reist er dann nach Belgrad, zu Fuß und auf Donaulastschiffen. Belgrad ist jetzt die wichtigste Stadt der

Welt, hat er gehört. Er wird nicht enttäuscht. Sultan Mehmed IV. liebt glanzvolle Paraden, die ebenso von seiner Macht wie von seinem Ruhm künden. Zu dieser Zeit träumt der Prächtige Padischah jede Nacht, daß der einfältige und mißgestaltete Kaiser Leopold mit seiner, des Sultans Lieblingsfrau den Beischlaf vollzieht. Der Traum ist in Wien bekannt, dennoch hegt man noch keine Befürchtungen. Kaiser Leopold macht in Petersdorf Jagd auf Rebhühner und Hasen, und sooft er einen Vogel durchs Herz schießt, verneigt er sich und bittet sein Gefolge um Verzeihung.

Es ist Mai, und das Gras ist seidiger als die Augenbrauen der serbischen Mädchen. Belgrad wiederum gleicht der Frau Welt, zwischen deren süßen Schenkeln der Ruhm des Propheten unaufhörlich verströmt. Am Hofe des Sultans spricht man davon, daß die Ankunft Deddschals, des Antichrist, unmittelbar bevorstünde. Sultan Mehmed erteilt den Befehl, er solle sich hüten, noch vor der Parade zu erscheinen. Kein Wort fällt mehr über den Deddschal. Velemir Pep trifft rechtzeitig ein. Sein häßliches kleines Gesicht darf dennoch nicht im Kreise der berittenen Zwerge lächeln, die den Sultan begleiten. Genau zweihundert beträgt ihre Zahl. Sie werden nach Himmelsrichtungen ausgewählt, je fünzig aus dem Süden, Norden, Osten und Westen werden von den geheimen Beauftragten des Sultans herbeigeschafft, die seit Jahren mit dieser Aufgabe betraut sind und nach deren Erfüllung mit durchgeschnittenen Kehlen als Opfer dargebracht werden. Freilich werden zuletzt auch die Zwerge hingerichtet. Hundert Zwerge sind Rechts-, hundert Linkshänder. Velemir Pep wird von niemandem herbeigeschafft und von niemandem gebeten, er kommt von selbst. Natürlich will man ihn nicht in die Schar der mit arithmetischer Genauigkeit ausgewählten Paradeteilnehmer aufnehmen. Der Zwerg weint, tobt und droht. In seiner Familie gebe es Dschinne und Zauberer, schreit er den hohen türkischen Offizier an, es koste ihn nur ein Wort, und die Donau fließt sofort stromaufwärts. Er wird ausgelacht, getreten, verprügelt. Aber weil kleine Menschen auch durch kleine Spalten hindurchkönnen, schlüpft er in einem unbewachten Augenblick in das mächtige Umkleidezelt, wo zweihundert Zwerge

Zwergenpluderhosen und Zwergenmäntelchen anprobieren. So etwas Schönes hat Velemir Pep noch nie gesehen. Verzaubert steht er da, aus der Traurigkeit in seinem Herzen erblüht eine Rose, der Buckel auf seinem Rücken wird leicht. Er schaut nur mit großen Augen und denkt daran, daß er schon so vieles in seinem Leben gemacht hat, aber noch nie in Venedig gewesen ist.

Einige Monate nachdem unser Bruder einen Schnitt an seiner Männlichkeit erlitten hat, im Mai des Jahres 1680, führt ein Chronist der Stadt Leutschau namens Kaspar Hain Klage über weiße Fledermäuse. Der *pieris brassicae*, gemeinhin Kohlweißling genannt, überschwemmt die Gegend. Südlich der Stadt haben Kuruzen ihr Lager aufgeschlagen. Verkatert schnarrt der Dudelsack, Wein fließt, Fleisch brennt auf einer Seite an, auf der anderen bleibt es blutig. Unser Bruder sitzt allein auf der klatschmohnbewachsenen Leutschauer Feldflur. Er läßt Insekten auf seinen nackten Armen landen, bläst in ihre leichten Flügel und lacht unbändig. Einfach nur so, aus Kraft, aus Entschlossenheit und aus Trotz. Er ist immer noch jung, man sieht es auch an seinem gelben Gebiß. Seine Kleidung ist nicht zerlumpt, aber sie zeigt die Geschmacklosigkeit des unsteten Lebens, in dem das Beutemachen die vorherrschende Art der Beschaffung ist. Einen Tagfalter haucht er sacht an, so daß er nicht davonfliegt, nur seine Flügel regen sich. Freilich gaukelt er schließlich doch davon. Ob es wohl richtig war, dem jungen Fürsten zu folgen? Hätte er sich nicht besser nach einem anständigen Beruf umsehen sollen? In Ackererde wühlen, Nägel einschlagen, Mauern hochziehen. Wie gut wäre es, jemanden zu lieben, so, wie man an seinen Kindern und seiner Frau hängt. Pfui Teufel. Er hätte einen Zaun, Tiere und stille Abende daheim. Wen oder was hat er denn jetzt?! Eltern hat er keine. Er weiß nicht mal, aus welchem Stall er kommt. Er weiß nicht, was die Welt von ihm hält, was das Schicksal mit ihm vorhat. Wäre es nicht das Vernünftigste, sich am Hintern einer Frau festzuklammern und ein Dutzend Murkel aus ihr herauszuschütteln, damit es um ihn herum auch welche gibt, die seinetwegen auf der Welt sind? Bis jetzt sterben sie nur seinetwegen! Pfui Teufel!

Im übrigen sind diese Überlegungen zwecklos. Im Lager Imre Thökölys hat er es gut. Er bekommt seinen Sold. Und wenn auch das Traktament des Fürsten sich gelegentlich verspätet, man kann rauben, stehlen, requirieren. Manche nennen sie Rebellen, andere Räuber, während sie sich selbst für gewöhnliche und freie, von Panthern träumende Ungarn halten. Da sitzt Pillinger auf der Leutschauer Feldflur und grübelt so lange, bis ihm schließlich sein Same in den Handteller rinnt. Unter dem zur Hälfte wolkigen Himmel bestaunt er, aus was für einem bißchen Kleister der Mensch entsteht. Und einer der arglosen Falter kommt zu ihm zurückgeflogen.

Dort kreist er über der Hand des jungen Mannes.

Setzt sich drauf.

Bleibt kleben.

Schon ist die Geschichte gefangen.

Pillinger verheimlicht seine seltsamen Gewohnheiten, seine häufige, von sogenannter Misanthropie keineswegs freie Melancholie, weil seine Gefährten ihn womöglich verspotten würden. Er tut gut daran, wenngleich vergebens. Der erfahrene Hauptmann Jánossy setzt sich des öfteren neben ihn ins Gras.

»Worüber denkst du nach, Junge?«

»Immer hat man mit dem Schwanz die Probleme«, nickt Pillinger.

Der Hauptmann blinzelt, schüttelt sein graumeliertes Haupt. Er ist ganz und gar nicht dieser Ansicht.

»Das Schlimme mit dem Menschen ist, daß er am falschen Ort scheißt. Daß er alles um sich herum verdreckt. Ärger als das Vieh.«

»Das Schlimme ist, daß wir von der Seele wissen, sie aber nicht verstehen.«

»Aber, aber, du mußt dich selbst lieben, Junge«, schnauft der Hauptmann durch die Nase. »Das Leben fängt damit an, daß wir uns selbst lieben. Wenn du dich wegen deines Gesichts verabscheust, wie kannst du dann andere lieben.«

Als die Kuruzen Leutschau einnehmen und durch die Stadt ziehen, wird Pillinger auf eine Frau aufmerksam. Ein Geschöpf mittleren Alters, vom Verwelken bereits angerührt. Aber wohlgeformt! Sie wiegt einen ziemlich großen Korb auf ihrer Hüfte, schreitet über das Pflaster und zeigt beim Anblick der Kuruzen keine Furcht. Sie blickt ihnen sogar in die Augen und senkt den Blick auch dann nicht, als sie von den Männern mit gräßlichen Angeboten bedacht wird. Doch auf einmal stolpert sie, als habe ein heimliches Zittern ihrer Beine sie geschwächt. Der Korb fällt zu Boden, stürzt um. Männerkleidung schleppt sie darin, Hemden und bestickte Westen, Reithosen. Die Frau packt sie hastig zurück in den Korb. Pillinger steigt vom Pferd und versperrt ihr den Weg. Seine Hand durchwühlt die Kleider.

»Wem gehört das Zeug?« fragt er leise.

»Jetzt niemandem mehr«, antwortet leise die Frau.

Pillinger blickt ihr nun tief in die Augen.

»Wo wohnen Sie, Gnädigste?«

»In der Straße der Weber.«

»In welchem Haus?«

»Im Haus von Schmidt.«

»Sind Sie seine Frau?«

»Ja.«

»Nach der Vesper klopfe ich dreimal ans Tor.«

Die Frau nickt und sagt kein Wort. Schon geht sie davon. Aber einmal sieht sie sich noch um. Wie seltsam ihr Blick ist! Er kann Tod bedeuten, oder auch Leben. Der Kuruze gerät für einen Augenblick in Verwirrung, daher lacht er blechern auf. Aber Angst hat er nicht.

Geduldig wartet er, bis die Dämmerung den Himmel mit Blut verschmiert. Auch das Aufblühen der Sterne wartet er ab. Im Laub der gewaltigen Pappeln, die das Lager umgeben, schlummert der Wind und brabbelt im Schlaf. Er bemerkt den Kuruzen nicht, der sich zwischen den Zelten davonstiehlt. Auf Umwegen erreicht er die Stadt, eilt durch die halbdunklen, vom Mondlicht klebrigen Straßen, findet schließlich das Haus der Familie Schmidt. Er rüttelt an der Tür, klopft dreimal. Alsbald öffnet sie sich. Die Frau steht vor ihm, Frau Schmidt. Ihr Gesicht ist weiß, in ihrem Blick umarmen sich Leben und Tod. Sie bittet den Mann ins Haus. Bis dahin sind weniger Worte gefallen als in einer Totenkammer. Pillinger legt das Fleisch und den als Geschenk mitgebrachten Stoff auf den Tisch. Die Frau nickt, sagt aber auch jetzt nichts. Plötzlich hebt Pillinger den Kopf. Er horcht. Da scheinen noch andere Leute im Haus zu sein. Pfui Teufel! Na sollen sie. Atem vermischt sich mit Atem, irgendwo ganz in der Nähe. Sein Instinkt sagt ihm jedoch, daß er nichts zu fürchten hat. So greift er nach dem Körper der Frau, zieht sie an sich. Keuchend strudeln sie in ein hinteres Zimmer, schon stürzen sie auf das ungemachte Bett. Während er über ihr ist und die Sache genießt, wird er auf einmal gewahr, wie die Frau unter ihm seufzt und keucht. Als sei etwas in ihr zerbrochen. Er hält ihr die Hand auf den Mund. Vergebens. Denn wer mit dem ganzen Körper seufzt, den kann man nicht zum Schweigen bringen.

»Ich komme morgen wieder«, knurrt Pillinger, als sie fertig sind. Die Frau nickt. Wie glanzlos ihr Blick ist! Um die Augen Runzeln. Er möchte noch etwas sagen, doch dann zieht er es vor, ohne Gruß ins Freie zu treten, und er geht davon, ohne sich umzusehen.

Andertags, wie Pillinger gegen Abend abermals durch die Straßen von Leutschau geht, hat er ständig mit dem beklemmenden Gefühl zu kämpfen, daß ihm jemand folgt. Nach jedem Schritt späht er hinter sich, doch er kann keine Seele erblicken. Verwirrt schüttelt er den Kopf. Er pocht an die Tür des Schmidt-Hauses, doch diesmal muß er länger warten. Schon meint er, vergebens gekommen zu sein. Dann hört er das Geräusch schlurfender kleiner Schritte. Mit einem leisen Knarren geht die Tür auf. Eine alte Frau steht vor ihm. Vielleicht die Mutter von Frau Schmidt, denkt Pillinger. Die alte Frau läßt ihn ins Haus. Er schweigt, darum bemüht, seine Verlegenheit zu verbergen. Drinnen mischt sich Atem mit Atem. Pillinger zögert ein wenig, dann akzeptiert er, was das Schicksal ihm zugedacht hat. Der Leib der Alten ist verdorrt und kalt, Pillinger fürchtet, ihre Knochen könnten unter seinem Gewicht zerbrechen. Aber sie weint dabei. Pillinger möchte ihr den Mund zuhalten, mit beiden Händen drückt er darauf, so daß er die Unglückselige fast erstickt. Doch das Weinen hört nicht auf.

»Morgen komme ich wieder«, sagt er, als es vorbei ist.

Die alte Frau sagt nichts, sie nickt nur.

In der dritten Nacht sieht er bereits die Schatten, wie sie in den Straßen von Leutschau hinter ihm herschleichen.

Wer folgt ihm?

Wer ist ihm auf den Fersen?

Warum haben sie ihn nicht schon umgebracht, wenn es Spione sind, Meuchelmörder mit vergifteten Dolchen? Sei's drum!

Leise klopft er ans Tor. Im Schmidt-Haus bleibt alles still, und als sich das Tor nach langer Zeit endlich auftut, blickt Pillinger in das zaudernde Gesicht eines Mädchens. Weitgeöffnete, traurige Augen. Blutlose, zusammengepreßte Lippen. Es ist gewiß nicht älter als vierzehn Jahre. Dann ist dieses Küken bestimmt die Tochter von Schmidt. Pillinger sieht in ihrem Gesicht die Greisin, sie mochte ihre Großmutter sein, und er sieht darin die Frau, wahrscheinlich ihre Mutter. So ist das also! Pfui Teufel. Soll doch der Himmel erblinden. Er deutet mit dem Kinn in Richtung des hinteren Zimmers. Das Mädchen senkt den Kopf und geht gehorsam voran. Dicht hinter ihr folgt Pillinger. Dann bedeutet er ihr, sie solle sich ausziehen. Sowie die Kleine fertig ist, streckt sie sich langsam und zögernd auf dem Bett aus, die dünnen Arme dicht am Körper, als würde sie sich in einen Sarg legen. Pillinger sieht, daß ihr Bauch unbefleckt ist. Ihre Zehen sind weich und fügsam. Unter ihrem Kinn wohnt Helligkeit. Die Haut ist rein und leuchtend. Zu dem Flaum ihrer Scham wurde noch nicht gesprochen. Pfui Teufel. Dann ist es jetzt soweit. Doch als sich Pillinger auf ihr niederläßt, beginnt sie zu wimmern, als ginge es ihr ans Leben. Sie wehklagt, während Pillinger sein Vergnügen an ihr hat. Mitnichten. In Wirklichkeit hat er kein Vergnügen an ihr. Vielmehr will er mit der Sache zu Ende kommen. Er tut es, rückt hin und her, stößt und schiebt seinen Leib in die wimmernde, unglückliche, trockene Körperwärme. Als er fertig ist, nimmt er das Kinn des Mädchens zwischen zwei Finger und zieht ihr Gesicht an seines.

»Ich komme auch morgen«, haucht er sie an.

Das Mädchen keucht nur, den Mund weit aufgerissen, und antwortet nichts.

Und Pillinger kommt auch am nächsten Tag. Als er durch die in Dunkel gehüllten, menschenleeren Straßen eilt, sieht er neben seinem eigenen Schatten noch weitere. Doch vergeblich wendet er sich immer wieder um, vergebens hält er die Augen offen, er kann die Lauernden nicht ertappen. Mit gezogenem Dolch tritt er in das Schmidt-Haus, wo ihn diesmal alle drei Frauen erwarten. Müde läßt sich Pillinger auf der Bank im Speisezimmer nieder. Er will gar nichts mehr. Was könnte er auch wollen? Es herrscht Stille. Ihm gegenüber sitzen die drei Frauen. Die Greisin schiebt ihm aufgeschnittene Brötchen hin, gebratenes Fleisch die Frau, verschiedene Käse häuft das Mädchen auf seinen Tellerrand. Sie sprechen nicht. Nicht einmal soviel, wie der Anstand gebietet. Pillinger gießt Wein in den Humpen, trinkt, mit langen, gierigen Schlucken, daß ihm der Rotwein das Kinn herunterläuft. Er wischt sich mit dem Ärmel über den Mund. Währenddessen stellt er in Gedanken das bittere Seufzen der Frau Schmidt, das stille Weinen der alten Frau und das beharrliche Wimmern des Mädchens nebeneinander.

Die drei Arten des Weinens ergeben nicht mehr als einen einzigen Satz. Und der aus diesem Satz erstandene Mann blickt ihm mit ernstem, nachdenklichem Gesicht entgegen. Pillinger weiß jetzt, was geschehen ist. Der Mann ist ein deutscher Handwerker, Paulus Schmidt, den einige Wochen zuvor ein paar betrunkene Kuruzen vor den Augen seiner Familie abgeschlachtet haben. Noch den Leichnam treten die besoffenen Panther mit Füßen, während im Hintergrund die drei Frauen zittern, die Mutter, die Ehefrau und die Tochter von Paulus Schmidt.

Pfui Teufel.

Wenn doch der Himmel erblindete!

Müde erhebt er sich. Er weiß, was er wissen muß, er kann gehen. Er verabschiedet sich nicht. Doch mit der Klinke in der Hand blickt er noch einmal zurück. Reglos sitzen die Frauen. Trauer in ihren Augen, Trauer auf ihren Schultern, Trauer unter ihren Händen, die auf ihren Schenkeln liegen. Und wie Pillinger das Haustor hinter sich schließt, vernimmt er ein Geräusch. Hat ihn jemand beim Namen genannt? Er wirbelt herum, greift nach dem Dolch. Vollkommen überflüssig. Ein paar Meter weiter hampeln die Tränengaukler. Niemand hat sie gebeten, niemand hat sie gerufen, dennoch sind sie da und machen ihr Spektakel. Es rieseln die kleinen schwarzen Steine, Blut schäumt kalt, Eis klirrt, Honig flammt, kleine Spiegel blenden. Franz Pillinger kläfft sie an, als wolle er beißen.

»Schert euch weg!«

Die mit Thököly verbündeten siebenbürgischen Armeen unternehmen 1681 einen neuerlichen Feldzug nach Ungarn. Wen sie umbringen, der stirbt, wen sie leben lassen, den ermorden sie später. Bei Böszörmény tötet Pillinger abermals einen Menschen. Der Bauer ist nicht gesonnen, ihm seine Ziege zu überlassen. Nicht der lächerliche Widerstand erbost Pillinger. Eher die Art, wie der Elende ihn anblickt! Seine Augen verströmen die gleiche unermeßliche Traurigkeit, die ihm so bekannt ist und der er entfliehen möchte. Aber nein! Möge der Rauhreif den Saum des Himmels überziehen! Soll doch der Himmel erblinden! Pfui Teufel. Nie wieder wird er ein Raub der beschissenen Schwermut, der verwünschten Traurigkeit sein! Nein und nochmals nein! Nur einen einzigen Schlag führt er. Mit blutüberströmtem Gesicht stürzt der Bauer nieder. Eine Zeitlang betrachtet Pillinger die Leiche, dann reitet er weiter, die Ziege läßt er zurück. Das Tier nagt gelangweilt an den blutgetränkten Stoppeln neben seinem Besitzer.

Einige Tage später wird er vom Pilz fast zu Tode gequält. Zumindest macht er ihn für das Zittern seiner Hände und Füße verantwortlich. Er spuckt schwarzen Schaum und fühlt sich so matt, daß er sich am liebsten mit Erde zudecken würde. Er weiß nicht, daß er sich in seiner Heimat befindet. Er weiß nicht, daß er hier als junger Erdenbürger das erste Mal losgeplärrt hat, daß von hier der siebenbürgische Fürst György Rákóczi seine Eltern bis ins belagerte Wardein verschleppt, von wo ihn schließlich ein italienischer Bedienter namens Angelo glücklich herausgeholt hat. Woher sollte er das auch wissen? Woher soll er wissen, daß die Ruinen von Balaszentmiklós, die sich aus dem Rücken der Einöde erhebenden Buckel, wo einmal Häuser gestanden haben, die Überreste von Scheunen und Ställen, der über der Gegend grollende, trockene, ferne Himmel, die mächtig aufragenden Pappeln und die üppigen Wiesen, das sich launisch windende, sandfarbene Wasser der Theiß seinen Atem immer noch bewahren?! Mit seinem Verstand weiß Franz Pillinger es nicht. Allein, seine Seele schmerzt, als sei sie entzweigerissen. Denn dort, wo wir geboren sind, bleibt immer etwas von unserem Atem zurück. Wohin wir auch gehen und was wir auch werden, Magnat, Galgenvogel, Geldsack oder bleichgesichtiger Studiosus, ein Fetzchen unserer Seele weint allezeit über dem Stück Erde, wo wir zum ersten Mal gebrüllt haben, weil wir leben, und das uns ganz alleine gehört. Das Schicksal kann uns hinspeien und treten, wohin es will, wir leben auch dort, wo wir geboren sind. Das kann man mit Tränen in den Augen sagen, man kann darüber in Wut geraten oder die Nase rümpfen, lauthals darüber lachen oder sich damit abfinden, egal, der Seele ist weder mit Geist noch Lust und auch nicht mit dem Vergessen zu trotzen.

»Tuutuu, tutuu«, weint nachts der Brachvogel.

»Tutuu«, antwortet leise der sich auf seinem Lager herumwälzende Pillinger und versteht nicht, warum er so aufgewühlt ist. Am darauffolgenden Nachmittag bleibt Hauptmann György Jánossy kopfschüttelnd vor dem Strohsack des schweißtriefenden, bewegungsunfähigen Pillinger stehen. Er beugt sich nieder und saugt die unangenehme Ausdünstung des jungen Mannes ein. Ein bitterer Geruch, Krankheitsgeruch. Der Hauptmann richtet sich auf, schüttelt den Kopf. Ist dieses schwerttragende Rindvieh schon wieder von seiner gottverfluchten Schwermut übermannt worden?!

»Tut es weh, mein Krieger?«

»Es tut nicht weh«, flüstert Pillinger.

»Mir hat einmal ein widerlicher Tatar ins Gesicht geschissen«, sagt Hauptmann Jánossy nachdenklich. »Das hat auch nicht besonders weh getan. Trotzdem bin ich fast daran zugrunde gegangen.«

Pillinger klappert mit den Zähnen. Ein Brachvogel bringt in seinem Schnabel das schwarze Band der Dämmerung, damit näht er das erkaltende Licht in einen schwarzen, gewaltigen

Sack, sodann scheint sich aus seinem Gesang der Sternenhimmel über die Landschaft zu breiten.

»Tututu!«

»Tru-tru!«

Was ist das nur, lieber, gütiger Gott, o weh, was ist das nur! Der stöhnende, schwerkranke Mann stützt sich zunächst auf die Ellbogen, um sich dann schnaufend aufzusetzen. Er zittert, wie ein schwankendes Schilfrohr. Mein Gott, hilf, auch dann, wenn es dich nicht gibt! Pfui Teufel. Ganz in der Nähe rumpelt ein Wagen. Pillinger schüttelt seinen großen, dicken Kopf. Er weiß es schon. Wohin ihn das Schicksal auch speit oder tritt, die Tränengaukler werden ihm stets auf den Fersen sein, werden ihn immer begleiten, weil sie etwas von ihm wollen, weil sie Pläne mit ihm haben.

»Schert euch fort«, keucht er und fällt zurück auf sein Lager.

Im darauffolgenden Jahr stapft er von neuem über die Erde des nördlichen Ungarn. Jeden Tag besteigt er ein anderes Weibsbild, er ist nicht wählerisch. Als wäre es Ehrensache, zwischen willige oder widerstrebende Frauenschenkel zu dringen. Er liebt es, sich den Bauch vollzuschlagen, zu saufen, alles in sich hineinzufressen, György Jánossy, sein Hauptmann, hingegen weiß, daß hinter dieser Zügellosigkeit eine noch viel schlimmere Neigung steckt.

Im Jahre 1682 endlich vermählt sich Imre Thököly mit Ilona Zrínyi. Eine großartige Heirat, sie wäre ein Ereignis ohnegleichen und für das ganze Land von Interesse, doch Imre Thököly läßt nur eine bescheidene und stille Feier abhalten. Während des Gastmahls steht er plötzlich auf und läuft auf den Hof hinaus. Kurz danach kehrt er wieder zurück. Ein beschlagenes, verschlossenes Kästchen trägt er unter dem Arm. Er fegt Brot und Fleisch von einem der Tischchen. Schrill zerspringt eine Weinflasche, ihr Blut malt Ungarn auf den Stein. Thököly hat das Kästchen bereits auf den Tisch gestellt und geöffnet. Die Gäste machen große Augen. Fünf winzige Figuren steigen heraus, fünf tanzende, weinende Püppchen. Sie drehen sich, tanzen und weinen.

Sie geben eine Vorstellung!

Niemand versteht, warum der geschätzte Soldat des Fürsten

Thököly, den er zwar nicht ausgezeichnet und nicht zum Leutnant gemacht, auf den er aber doch beständig ein Auge hat, warum der junge Franz Pillinger vom stillen Gastmahl aufspringt und auf den Hof hinausrennt, um dort zu brüllen wie von Sinnen.

»Schert euch zum Teufel!«

Das Jahr 1683 beginnt glorreich. Es hat den Anschein, als könnten die selbstgefälligen kaiserlichen Verbände aus Oberungarn gescheucht werden. Ein eitler und dreckiger Wahn. Obzwar es stimmt, daß Thököly sämtliche Randbezirke von Szolnok einnimmt und auch die Hügel von Balaszentmiklós in seine Gewalt bringt. Pillinger kommt in diesem Jahr nach Mähren und kann über die unermeßlichen Nadelwälder gar nicht genug staunen. Bier trinkt er in großen Mengen. Mit seinen starken, gelben Zähnen beißt er gerne in den Schaum. Anfang Juli plündert er bereits in der Preßburger Burg, als ihm ein Heckenschütze den Goldring vom Ohrläppchen schießt. Darüber lacht er aus vollem Halse. Am Laurentiustag erbeutet er in Tyrnau ein Uhrwerk, das dafür berühmt ist, daß es seit seiner Anfertigung noch nie funktioniert hat. Warum sollte es auch, da es doch den Zeitpunkt der Geburt Jesu Christi anzeigt? Am Siebenten des Monats Juni trifft Thököly in Esseg mit Kara Mustafa zusammen. Der Großwesir entstammt dem Orden der tanzenden Derwische, sein Blick knackt Nüsse, sein Bart hat zehntausend schwarze und zehntausend weiße Haare, doch sein einziges goldenes Haar hält er geheim. Davon darf selbst der Sultan nichts erfahren, er ließe ihn sonst sofort hinrichten. Später erhält der Sultan dennoch Kenntnis von dem Geheimnis des Großwesirs, darin, und nicht in dem schmählichen Fiasko von Wien, liegt der Grund für die Hinrichtung Kara Mustafas. In Belgrad sieht Franz Pillinger den Harem des Großwesirs und die ungeachtet ihrer weichen Bewegungen lebensgefährlichen Eunuchen. Widerwärtiges, lumpiges Volk! Pfui Teufel. Er röchelt vor Ekel, spuckt mehrmals aus. Und zur Sicherheit setzt er hinzu:

»Schert euch fort!«

Doch in diesem Jahr geschieht alles Unheil, das geschehen muß. Vergeblich belagert der Türke Wien, die stolze Kaiserstadt. Dem mächtigen Ungeheuer bleibt die glanzvolle Residenz der Habsburger im Halse stecken. Als Antwort wird Herzog Karl von Lothringen monatelang gegen Buda anrennen. Vorläufig ebenfalls erfolglos. Schließlich wird aus dem Belagerer ein Flüchtender. Doch der Mißerfolg spornt die kaiserlichen Truppen zu noch trotzigerer Entschlossenheit an, mit wachsender Wut hetzen sie die Kuruzen und die Türken. In diesen Monaten gerät Pillingers Leben so oft in Gefahr, daß er es gar nicht mehr zählt.

Bis zum Herbst 1684 geraten Tokaj, Sárospatak und Kaschau unter kaiserliche Oberhoheit. Ist es nach so fürchterlich vielen Mißerfolgen ein Wunder, daß der Pascha von Wardein Thököly gefangennehmen läßt? Die Männer des Fürsten laufen größtenteils zur österreichischen Seite über. Gerüchte kursieren, der erlauchte Herr sei nicht mehr am Leben. Er sei hingerichtet worden, sein Herz sei vor Trauer stehengeblieben, ein Agent des Kaisers habe ihn im Schlaf umgebracht, indem er eine Schlange unter sein geschlossenes Augenlid habe kriechen lassen. Am Ende erweist sich auch das als niederträchtige Verleumdung, daß er zwar lebe, aber in der Gefangenschaft bereits zu Allah, dem einzigen Gott, bete. Als der Fürst im Dezember 1685 freigelassen wird, sind ihm nur ein paar Getreue verblieben. Aber György Jánossy und unser Bruder, Franz Pillinger, sind bei ihm. Thököly versteht nicht, was für ein Wahn den Verstand des jungen Soldaten trübt. Das schweigende Gefolge zieht auf der Straße nach Debrecen dahin, irgendwo am Mittellauf der Theiß. Pillinger bleibt auf einmal zurück, wendet sein Pferd und brüllt, ziellos durch die Luft spuckend, in ein nahes Gebüsch.

»Schert euch zum Teufel!«

Möglicherweise ist im Mai des Jahres 1683 Belgrad wirklich der wichtigste Ort auf der Welt, wie der häßliche Zwerg überzeugt ist. Hier paradiert der Prächtige Padischah durch die Stadt, hier hat sich Velemir Pep in sein Zwergengefolge eingeschlichen. Sultan Mehmed IV. weiß bereits zur Tulpenblüte, daß er in ein paar Monaten das hochmütige Wien in die Knie zwingen und der Macht des Idioten Leopold ein Ende bereiten wird. Arnót Abdurrahman, der spätere Budaer Statthalter, nimmt 1683 als Hofmarschall an der erfolglosen Belagerung von Wien teil.

Und er ist auch am 15. Dezember 1683 in Belgrad zugegen, als der vom Prächtigen gesandte Janitscharenaga vor den sich verlegen räuspernden Kara Mustafa hintritt und ihm das Unantastbarkeit garantierende Siegel des Sultans vom Hals nimmt. Der Großwesir ist zu keiner Bewegung fähig. Seine dichten, buschigen Augenbrauen verbleichen und werden innerhalb weniger Augenblicke grau. Ungerührt verliest der blaubärtige Aga den Ferman des Sultans. Über der Stadt verdunkelt sich der Schein der strahlenden Wintersonne. Der Sultan verlangt in einem seidenen Sack den Kopf Kara Mustafas, der bei der Belagerung von Wien unverzeihliche Verfehlungen begangen hat. Offenbar will der Prächtige selbst das bis dahin erfolgreich verheimlichte Goldhaar in Kara Mustafas Bart finden.

Arnót Abdurrahman, ein gestandener und vielerfahrener Soldat, sieht das aschgraue Gesicht des Großwesirs, und sein Magen krampft sich zusammen. Einige Minuten später erwürgen die Henker Kara Mustafa wie einen Hund und schneiden ihm ohne viel Umstände den Kopf ab. Nach morgenländischem Henkersbrauch singen sie dem Leichnam ein Abschiedsliedchen, sagen ihm ein Gleichnis auf, um ihn dann mit weicher, girrender Stimme um Verzeihung zu bitten. Schließlich ziehen sie ihm die Haut ab und heften sie, ausgestopft mit honiggetränkten Flaumfedern, Wolle und Hundescheiße, zur Abschreckung an die Burgmauer. Der Belgrader Obermuezzin hat sein Abendgebet bereits vergessen, Arnót Abdurrahman steht indes immer noch an der Brustwehr der Burg, im gespenstischen Fackelschein kann er den ausgestopften, kopflosen Leichnam seines einstigen Herrn deutlich sehen.

Er macht sich Gedanken über Ruhm und Tod.

Von der Donau her weht ein lauer Wind, es taut stark. In der Nacht hat sich der Himmel über Belgrad bewölkt. Wie wohl sein eigener Tod sein wird? Ebenso erbärmlich und lächerlich wie der des Großwesirs? Er erinnert sich gut daran, wie nach der erfolglosen Belagerung von Wien der Großwesir in seinem Zorn den Statthalter von Buda umbringen ließ, den greisen Ibrahim, den er zu Unrecht für das Scheitern verantwortlich machte. Ibrahim war an gar nichts schuld. Das zerfurchte Gesicht des von der seidenen Schnur gewürgten Provinzstatthalters hatte die gleiche ungläubige Scham verströmt wie heute der Großwesir. Allah ist groß und gerecht. Was war doch Kara Mustafas liebster Zeitvertreib gewesen? Das Umzeichnen der Landkarte Europas. Abdurrahman denkt sich an den Platz der verunstalteten Leiche des Großwesirs.

Auch ihn erwartet ein solches Schicksal?

Ersticken, wie ein Hund?!

Nein. Also nein!

Wütend führt er einen Schlag in die Luft und wirft unwillkürlich einen Blick auf den Marktplatz. Was ist das für ein gräßliches Geknarre? Fackelschein tanzt dort unten, über dem menschenleeren Platz. In diesem Moment erblickt der alte Hofmarschall den heftig ruckenden Wagen. Wie von einer geheimnisvollen Kraft gezogen, rafft er seinen Mantel zusammen und eilt, so flink er nur kann, zum Burgtor. Durch die Gesichter der überraschten Wachen blickt er hindurch, kein Wort spricht er zu ihnen. Einige Straßen weiter findet er das klapprige, mitgenommene Gefährt. Neben ihm tritt eine seltsame Gestalt von einem Bein auf das andere. Eigenartig, wie er seine Schultern hält. Sein Gesicht liegt im Schatten. Abdurrahman bleibt mit der Sicherheit des zu befehlen Gewohnten vor ihm stehen.

»Was willst du von mir?« fragt er barsch.

»Aber du bist doch auf deinen Tod neugierig, mein Herr«, stellt Franjo Mendebaba gelangweilt fest und tritt aus dem Schatten hervor. Sein gequältes Gesicht wird vom Schein der Straßenfackel erhellt. Auf einmal blitzt sein Auge auf, ganz wie ein Spiegel, in den die Sonne hineinblickt. Als das Glänzen vorbei ist, sieht der alte Türke wirre Bilder. Im Auge des Gauklers erscheint ein unbekanntes Gesicht. Ein deutscher Soldat, vielleicht so ein brandenburgischer Teufel, er hebt sein Gewehr, ja, genau auf ihn zielt er. Staub, Rauch, Schlachtgetümmel im Hintergrund. Indessen verteidigen albanische Reiter sein Leben.

Er sieht die tödliche Kugel, wie sie auf ihn zukommt. Allein, sie wird auf einmal von einem Gesicht verdeckt. Aber was für ein Gesicht! Großer, struppiger Kopf, versonnener Blick, gelb leuchtendes Pferdegebiß.

Die Vision ist vorbei.

Abdurrahman nickt, er lächelt gedankenverloren. Albanische Reiter. Und irgendein großköpfiger Ungar. Na schön. Viele Leute glauben, auch er sei ein gebürtiger Albaner. Niemals hat er dieser Annahme widersprochen, weil er eine Vorliebe für die Landschaften Albaniens hegt. In der Tiefe seines Herzens hat er jedoch immer gewußt, daß er kein Albaner ist. In Albanien gibt es keine solchen zackigen, wundervollen, verschneiten Gebirgszüge, wie sie regelmäßig in seinen Träumen wiederkehren.

»Hast du dir das Bild gemerkt, mein Herr?« fragt der Fremde.

Auf einmal fühlt sich Abdurrahman ernüchtert. Er sieht wieder einen Landstreicher, einen schmutzigen, nichtsnutzigen Kerl. Aber der Elende macht ein Gesicht, als dürfe er alles und jeden anblicken. Mutig? Mehr als das. Tollkühn? Mehr noch als selbst das! Abdurrahman erschaudert.

»Wer bist du«, fragt er verwirrt.

Keine Antwort. Ein Arm langt aus dem Wagen und zieht den unbeholfenen Franjo Mendebaba hinter die Plane. Er ruft dem Zurückbleibenden noch etwas zu.

»Soll ich dir einen guten Rat geben, mein Herr?«

Der Türke nickt zögernd.

»Stehle nie! Niemals!«

Später hätte Abdurrahman schwören können, daß der Teufel auf dem Wagen gereist sei, weil er auch den Blick eines schwarzen, unter der Plane hervorgrinsenden Gesichts aufgefangen hatte. Sogar seinen Goldzahn hat es aufblitzen lassen. Und wie er dem unter lautem Geknarre davonrumpelnden Wagen hinterherstaunt, bemerkt er die seitlich aufgepinselte, gewaltige Träne. So klar und frisch ist ihr Blau, als wäre es gar keine abgerissene, schmutzige Plane, die sie schmücken muß.

Der alte Hofmarschall vergißt die Vision nicht. Wenn es nicht sogar äußerst ernst zu nehmende Wirklichkeit gewesen war. Nachts setzt er sich im Bett auf, schiebt den warmen, weichen Leib seiner liebsten Haremsdame zur Seite und sieht die Kugel, die ihn das Leben kostet. Doch Furcht empfindet er nicht. Auch keine Enttäuschung, denn wenn die Vision wahr wird, dann stirbt er in der Schlacht und wird zum Märtyrer. Mehr kann sich ein ergebener Diener Allahs nicht wünschen. Aber entspricht es auch tatsächlich der Wahrheit? Wird nicht nur seine Aufmerksamkeit mit einem bösen Zauber abgelenkt, damit auch er ein Ende finde, wie schon so viele hohe Persönlichkeiten, die so verblendet waren, daß sie erst, als sich die seidene Schnur um ihren Hals schlang, zur Besinnung kamen?!

Vorsichtig beginnt er, Erkundigungen einzuziehen. Er wirbt Spione und Verräter an, verlockt sie mit prall gefüllten Goldsäckchen, geht beim Geheimdienst des Hofes ein und aus, doch er kommt zu keinem greifbaren Ergebnis. Niemand kann ihm verläßliche Auskunft geben über die Männer, die mit ihren Tränen Kunststücke machen und wahrscheinlich Spione mehrerer Reiche sind. Gleichwohl vermeint jeder etwas zu wissen, eine Nichtigkeit, irgendeine belanglose Kleinigkeit, zum Beispiel wo man sie zuletzt gesehen hat, wen sie verzaubert, wessen Leben sie verändert haben oder auch wer durch sie verschwunden, wem zu entkommen gelungen ist, wen sie als Toten, wen als Säugling verschleppt haben und so weiter. Die meisten Auskünfte sind leeres Geschwätz. Als Arnót Abdurrahman erfährt, daß er bald Statthalter in Buda sein wird, beugt er sich zu dem nach Linden duftenden Janitscharenaga, der ihm die geheime Botschaft gebracht hat. Derselbe Mann, der den in einen seidenen Sack eingenähten Kopf Kara Mustafas bis nach Stambul gekickt hat, um ihn dem Prächtigen dann persönlich zu überreichen. Sein Bart ist blau, wie die vielsagend blitzenden Klingen zur Tat schreitender Meuchelmörder. Jedermann weiß, daß der Prächtige Padischah selbst mit dem einen Auge des Aga blickt, der es deswegen nicht einmal im Schlaf schließen kann. Er würde es auch gar nicht wagen.

»Ich brauche den besten Spion«, flüstert Abdurrahman. Eine Flamme der Leidenschaft schlägt aus seinem Blick und versengt das Gesicht des Aga. Der Geruch verbrannten Haars breitet sich aus. Der Janitschar zupft an seinem Bart.

»Ich helfe dir, mein Herr«, sagt er mit einer Verneigung, und wenn Abdurrahman sein Gesicht sehen könnte, würde er sehen, daß der Aga lächelt. Lächelt, wie einer, der zu töten bereit ist.

Der unwahrscheinlich schöne Mann heißt Josef Bezdan. Seines Zeichens Weltspion und Meuchelmörder. Leider ist er nicht der beste Spion der Welt. Und er weiß noch immer nicht, wer die Tränengaukler sind, die die Welt mit ihren Tränen unterhalten und in den Gäßchen von Venedig ebenso zu finden sind wie auf dem biergetränkten Hauptplatz von München.

Wer sind sie und was wollen sie?

Warum wollen sie wohl, was sie wollen?

Und warum wollen sie ausgerechnet das?

Lauter unbeantwortete Fragen. Die erbittertsten, ewigen Feinde der Spione sind die Fragen. Ohne Haß auf die Fragen kann man gar kein richtiger Spion sein. Josef Bezdan aber haßt die Antworten noch mehr als die Fragen. Kein Agent, Spion oder Spitzel auf Erden, der die Antworten mehr haßt als er.

Im Januar stellt sich endlich der richtige, harte Winter in Buda ein. Es ist der Januar des Jahres 1684. Wagenspuren und Pfützen am Wegrand frieren zu, und wenn sich zischelnd der Wind erhebt, pflückt er armdicke Eiszapfen von den Dachtraufen der Häuser. Wie verstreute, gewaltige Silberlinge schwimmen auf der Donau Eisplatten voller Möwenscheiße dem Belgrader Schiffszoll entgegen. Manche tragen Vögel auf ihrem Rücken, gerade eben neugierige Krähen. Straßen und Plätze leeren sich, denn der Frost macht besser Ordnung als jedes noch so strenge Gesetz. Nur der Markt und das Geschäftsviertel mögen ihr gewohntes Leben führen. Doch das leise Brausen der Bäder von Buda wartet mit zuverlässigeren Informationen auf als der selbst im Winter lärmende Markt oder die sich in ein enges Gäßchen duckende Spelunke, wo auch der Mösthafis heimlich einkehrt auf einen Schluck Palinka, Gewürzwein und Scherbett. Zu dieser Zeit sind die Bäder die besten Orte in der Stadt. Buda ist ein wahres Paradies der Thermen und Heilquellen. Das ist so, trotzdem das aus der Tiefe heraufsprudelnde Wasser zuweilen so sehr nach Essig stinkt, daß die Badenden, um Atem holen zu können, ihre Gesichter in dickes Linnen wickeln müssen. Am Nachmittag verweilen Frauen und Mädchen auf den steinernen Bänken. Sie reden über Kleider und Parfums, schwatzen mit hoher, gurrender Stimme über das Männervolk, wie nur die türkische Frau über Männer reden kann. Mit ihren kleinen Händen nehmen sie schwarzen Schlamm und streichen ihn lachend auf ihre Arme und in ihre weichen Beugen, um sich unter den Achseln und zwischen den Schenkeln der Haare zu entledigen. Die Männer suchen morgens das Bad auf.

Josef Bezdan wickelt das Badetuch um seinen schönen Körper und schreitet langsam in das größte, von einer Säulenreihe eingefaßte Becken. Die anerkennenden Blicke sind ihm wohlbekannt, sie folgen ihm, bis er auf der ersten Stufe stehenbleibt, um sich Schultern und Bauch mit Wasser zu besprengen. Er legt sich ins Becken, lange läßt er das Wasser auf seinen Körper wirken. Ein ausgezeichnetes Wasser ist das! Sogar gegen die Franzosenkrankheit ein Remedium. Man muß drinbleiben, bis die Haut krebsrot wird, sie dann umhüllen, warm halten. Allmorgendlich kommt Josef Bezdan, verbringt einige Stunden im Wasser, läßt seinen Blick schweifen, geht wieder. Er bereitet sich darauf vor, der beste Spion der Welt zu werden.

Nur eine Handvoll Badegäste sind anwesend, und von dem Greis, dessentwegen Josef Bezdan gerade das mit Blei gedeckte, schmucke Bad des Debbaghane Ilidscheje besucht, ist nichts zu sehen. Das ist kein großes Unglück. Der Weltspion regt sich nicht auf, dann wird er eben morgen mit dem Alten sprechen. Also liegt er im Wasser und lauscht aufmerksam. Die türkischen Soldaten, Geschäftsleute und Beamten, die hier Stammgäste sind, würden mit Sicherheit behaupten, daß sie den schönen, statuengleichen Mann schon seit Jahren kennen, und wären äußerst erstaunt, würde man sie darauf aufmerksam machen, daß diese Jahre in Wahrheit nur Tage gewesen sind. An diesem Vormittag begibt sich ein gutgekleideter junger Mann mit weichen Gesichtszügen zu Ali Kraschnoa, dem Bademeister des Debbaghane Ilidscheje. Den goldgesäumten Umhang hochraffend tritt er lautlos an den Rand des Beckens und beugt sich zum Ohr des Dicken. Er flüstert nur einige schlichte Worte. Der Bademeister nickt stumm, während er in dem mädchenhaft haarlosen Gesicht des Boten forscht. Er würde gerne über den weißen, zarten Hals des Eunuchen streichen, auf dem die Adern hervortreten wie blaue Perlenketten. Der Statthalter von Buda, Arnót Abdurrahman, bittet den Bademeister zu sich. Kaum eine Stunde später steht Kraschnoa im Zimmer des Statthalters und schlürft Nelkentee mit Honig. Abdurrahman gibt einen Wink, worauf die Diener zwei seltsame Gestalten hereinführen. Der eine ist eine unglaubliche Bohnenstange, der andere gedrungen wie ein Bierfaß. Stolpernd tappen sie in die Mitte des Raumes, sie sind aneinander festgebunden.

»Macht es!« befiehlt Abdurrahman. Sogleich beginnen die beiden zu weinen. Der Bohnenstange rinnen milchweiße Tränen aus den Augen, die des Gedrungenen sind schwarz wie Teer.

»Sie behaupten, die Tränengaukler zu sein. Die Patrouille hat sie vom Markt hereingeholt«, sagt Abdurrahman gedankenverloren.

Ali Kraschnoa schweigt wie ein Grab. Er weiß, wenn er richtig schweigt, wird ihn Abdurrahman beschenken. Der Statthalter sieht den Bademeister an und fährt mit einem tiefen Seufzer fort.

»Ja natürlich. Du willst sagen, daß sie Betrüger sind. Daß die richtigen Tränengaukler mehr als zwei sind und mit einem Wagen reisen und daß ihr Weinen immer irgendeine Spur hinterläßt. Außerdem weiß man, daß, wo sie auftauchen, immer etwas Wichtiges geschieht. Bei denen da?« Er deutet auf die falschen Tränengaukler. »Nein. Anscheinend ist nicht das geringste geschehen.«

Und wirklich, der Gedrungene und die Bohnenstange stehen da, als hätten sie nicht eine einzige Träne vergossen. Die weißen Tränen sind vollkommen getrocknet, desgleichen die schwarzen. Ist das Ganze tatsächlich nur Blendwerk, böser Zauber gewesen?

Ali Kraschnoa nickt.

»Was soll ich mit ihnen machen«, fragt Abdurrahman lustlos.

Ali Kraschnoa schweigt, nur sein Auge glänzt heller als sonst. Er weiß nicht, was das Ganze bedeuten soll, und vor allem nicht, warum der großmächtige Statthalter gerade ihn in seine Zweifel einweiht.

»Wenn ich sie hinrichten lasse, werden sie zur Legende. Die Elenden, die an sie glauben, warten vielleicht schon bebend am Rand der Stadt und wandern unverzüglich weiter. Sie nehmen ihren Ruf mit und verbreiten ihn. Wenn ich sie ins Gefängnis werfen lasse, werden sie neue Anhänger gewinnen, die sie vielleicht zu befreien versuchen. Soll ich ihnen hohe Ämter übertragen?«

Abdurrahman überlegt.

»Ich lasse sie doch besser hinrichten. Diesem Reich können Legenden keinen Schaden mehr zufügen.«

Der Bademeister neigt sich vor, es hat den Anschein, als wollte er endlich etwas sagen. Doch nein, er tut es nicht. Abdurrahman schüttelt den Kopf.

»Na sicher, Kraschnoa. Ich kenne dich nur zu gut! Du läßt Meuchelmörder, Räuber und Verräter in dein Bad. Auch diesen hier möchtest du beim Sterben zusehen«, sagt er und wendet dem Bademeister den Rücken zu. Der tritt zu dem einen Unglücklichen hin und zwingt ihn in die Knie, indem er ihm den Hals zudrückt.

»Ist es wahr, daß ein unwahrscheinlich schöner Mann im Wasser deines Bades schwimmt?« fragt Abdurrahman, noch immer abgewendet.

»Es ist wahr, Herr«, keucht der Bademeister, die Augen starr auf das blau verfärbte Gesicht des Sterbenden gerichtet.

»Ist es wahr, daß er ein Spion ist?«

»Nichts anderes kann er sein, Herr«, läßt der Bademeister den Leichnam des Erwürgten auf den Teppich fallen, indes sein Blick dem erschlafften Körper folgt.

»Weißt du, was er hier bei uns sucht?« fragt Abdurrahman.

»Ich weiß es nicht, Herr«, antwortet der Bademeister mit atemloser Stimme, weil er bereits dem anderen der beiden Unglückseligen die Kehle zudrückt.

Am nächsten Tag taucht Josef Bezdan seinen schönen Körper nicht vergeblich ins Wasser. Ali Kraschnoa tritt in die Halle, umrundet das Becken und kauert sich lächelnd neben dem Badenden nieder. Seine fleischigen, goldberingten Finger tanzen in der Luft. Der Bademeister berührt die Schulter des schönen Mannes, vielleicht einen Moment zu lange verweilen seine Finger auf der bronzen schimmernden Haut. Josef Bezdan blickt auf. Auch er beginnt zu lächeln. Sodann bohrt sich sein Blick zwischen die halbgeschlossenen Lider des Bademeisters. Einen in Ehren ergrauten vornehmen Türken sieht er, er weiß auch schon, wen er vor sich hat. Im Auge des Bademeisters macht Abdurrahman eine Bewegung, als ob er den Spion zu sich bitten wollte. Josef Bezdan nickt und gibt Ali Kraschnoa ein Zeichen: Alles in Ordnung, er kommt, wenn die Zeit reif ist.

Zuvor muß er noch mit einem anderen alten Mann zu Rande kommen. Der Greis wird ihm helfen, der beste Spion der Welt zu werden. Denn noch ist er es nicht. Deswegen verbringt er Tage im Badewasser, von Angesicht zu Angesicht mit ihm. Als würden sie einander seit Jahrhunderten kennen, so haben sie ihre Blicke aufeinander geheftet. Josef Bezdan ist von Bewunderung für das ausdruckslose, noch im Alter schöne Gesicht erfüllt. Bisweilen hat er das Gefühl, seinen Vater zu sehen, von dem er doch weniger weiß als von seinem ersten Atemzug. Die Zeit hat das Gesicht des Greises nicht verunstaltet, es leuchtet marmorn, vor der Brust kräuselt sich weiß sein Bart. Am nächsten Tag sieht Josef Bezdan, daß aus seinem reglosen Blick etwas Leuchtendes hervorströmt. Tränen, gewiß sind das Tränen! Endlich! Der Spion versteht, daß die Zeit gekommen ist. Vorsichtig durchquert er das Becken und verharrt neben dem Greis.

»Ich habe lange gelebt, aber gewartet habe ich immer gern«, sagt der Alte, und im trüben Wasser seiner Augen glitzert ein fremder Schein. Josef Bezdan wagt nicht, den Mund aufzutun. Der Greis muß lächeln. In seinem Mund sind die Zähne buchstäblich auseinandergefault. Kleine, schwarze Stacheln ragen aus dem blutlosen, weißen Zahnfleisch.

»Die Weltspione wissen selbst nicht, wie viele sie sind. Vielleicht weil sie es nicht wissen dürfen. Es kann sein, daß nach ein, zwei Tagen, wenn sie meinen Körper hier herausfischen, du als einziger und letzter Weltspion übrigbleiben wirst. Mit der Zeit wirst du vielleicht dahinterkommen, daß es keinen Menschen gibt, der nicht in irgendeiner Weise Weltspion ist. Nichts ist gewiß. Die Erde gehört Gott, aber er kultiviert sie nicht. Auch du kultivierst sie nicht, auch die Aufmerksamkeit ist nicht dein. Umsonst denkst du das Gegenteil. Umsonst glaubst du, daß deine Aufmerksamkeit dich über die übrigen Menschen erhebt.«

Josef Bezdan schweigt verlegen, diese Weisheit ist ihm zu hoch.

»Während ich tötete, habe ich den Tod stets geliebt«, spricht der Greis.

»Findest du es lächerlich, daß ich mehrmals gestorben bin?«

Die unerwartete Demütigung zeichnet auf Josef Bezdans schönem Gesicht eine unangenehme Linie.

»Einmal zum Beispiel, es ist lange her, bin ich neben den Weinreben von Wardein als Brazina gestorben. So habe ich geheißen. Eine seltsame Geschichte. Bis heute verstehe ich nicht, wie das geschehen konnte. Einen dummen Italiener hätte ich abstechen sollen, normalerweise ein Kinderspiel. War es aber nicht. Ich bin auf winzigen, schwarzen Steinen ausgerutscht. Als ob mein Tod Teil eines albernen Kunststücks gewesen wäre.«

Erregt richtet Josef Bezdan sich auf.

»Du fragst, ob von den Tränengauklern die Rede ist?«

Josef Bezdan nickt.

»Du fragst, wo sie sind und was sie wollen?«

Josef Bezdan nickt erneut.

»Du fragst, welches Ziel sie verfolgen?«

Ungeduldig berührt Josef Bezdan die verdorrte Schulter des alten Mannes. Der lächelt nur und hebt mit zittrigen Fingern einen Dolch aus dem Wasser, indessen er den eigenen Hals berührt.

»Hier stichst du dann zu«, sagt er.

Er winkt den Badejungen zu sich. Augenblicke später steht, sich mit untertänigem Gesicht verneigend, der Bademeister vor ihnen. Der Greis flüstert ihm einige Sätze zu. Von da an bleiben sie drei Tage lang ungestört. Während dieser drei Tage erläutert der Greis einzig und allein, wie man beim Auslöschen von

Menschenleben vorzugehen hat. Sie sitzen im Wasser, der greise Brazina und der schöne Josef Bezdan, jede unangenehme Begierde, jeder störrische und ärgerliche Wille verdunstet aus ihren Körpern, sie werden wie Vater und Sohn, wie Engel, die im Himmel so viel Zeit nebeneinander verbracht haben, daß ihre Seelen zusammenwachsen, gleich Bäumen, die sich unter der Erde mit ihren Wurzeln verflechten. Vom Tod spricht Brazina, auch davon handeln seine stockenden, müden Sätze, was am jenseitigen Ufer des Lebens von diesem zu sehen ist, was von dort aus wichtig erscheint und was nicht, lange und umständlich erzählt Brazina von den Tränengauklern, daß man mit ihnen besser nicht zusammentrifft, daß es keine größere Tragödie für einen Menschen gibt, als zum Gaukler zu werden, und daß es einerlei ist, ob man mit den Tränen, mit der Seele, dem Verstand oder dem Körper Kunststücke macht.

Auf den tanzenden Flecken des Wassers schwimmt erst der Schatten des Vormittags, dann des Nachmittags davon. Josef Bezdan hört den greisen Brazina, und mit einem Mal versteht er das Gefühl, das sich seiner bemächtigt, von seiner Seele und seinen Gedanken Besitz ergreift. Es ist das Gefühl der Scham. Den Menschen gibt es nicht, in dessen Leben sich niemals der Moment einstellt, da er tiefe Scham empfindet, daß er lebt. Das Leben ist beschämend, weil jeder seiner Augenblicke schmählich ist. Josef Bezdan begreift diesen Augenblick. Am Morgen des vierten Tages verstummt der Greis und berührt seinen Arm. Sie sitzen unter einem schattigen, bemalten Gewölbe. Im weichen Licht glänzen die gelben Keramitwürfel. Vielleicht hat sich nur der Dampf zu dichteren Schwaden zusammengeballt. Der alte Mann nickt müde, ausgesöhnt. Lange betrachtet Josef Bezdan die Ader am Hals. Er sticht nur einmal zu. Eine Bewegung, als würde sie gar nicht geschehen.

»Beinahe gut«, dringt das Flüstern des Greises durch das leise Sprudeln seines Blutes.

Josef Bezdan hält den untertauchenden Körper. Um ihn herum breitet sich ein mächtiger, tränenförmiger Blutfleck im essigsauren Wasser aus.

Oben im Palast erscheinen im selben Moment verschiedene Gestalten im leichten Nachmittagsschlummer Arnót Abdurrahmans. Sie sind sämtlich bekannt. Zigeuner der eine, Jesuit der andere, ein serbischer Händler der dritte, dann noch ein türkischer Tattergreis. In dem Traum erstrahlt schließlich ein Wort.

Szeged.

Das Bild erleuchtet den Namen von Szeged: Stadt des Sultans. Aus dem Namen der Stadt blickt ihm das traurige Gesicht eines Mädchens entgegen. Abdurrahman richtet sich plötzlich auf. Allah, hilf! Wer ist dieses Mädchen? Wie und warum ist es hinter sein Stirnbein geraten? Sofort läßt er den Traumdeuter des Palastes rufen. Der untersetzte, krummbeinige Mann erscheint unverzüglich, und nachdem er einige raffinierte Fragen gestellt hat, macht er eine sonderbare Handbewegung und sinkt in Ohnmacht. Als er wieder zu sich kommt, spricht er den Namen des Mädchens aus.

Diamont.

Diamont heißt das Mädchen, von dem der alte Statthalter geträumt hat.

Einige Monate später, im Herbst 1684 – laut Allah Ende 1095 –, ersucht ein selten schöner Mann, der sich Josef Bezdan nennt, beim Statthalter von Buda Arnót Abdurrahman vorgelassen zu werden. Wortlos hält der Weltspion dem Türsteher den mit Siegel, Blut und Gebißspuren beglaubigten Schutzbrief des blaubärtigen Janitscharenaga unter die Nase. Abdurrahman mustert den unwahrscheinlich schönen Mann, als bezweifelte er, einen echten oder zumindest erfolgreichen Spion vor sich zu haben. Dafür ist er viel zu schön. So oft ist Abdurrahman in den vergangenen Monaten enttäuscht worden. Dabei ist der schöne Mann tatsächlich einer der besten Spione der Welt. Das hat er sorgfältig überprüfen lassen. Bewegungslos steht Josef Bezdan vor dem alten Türken. Endlich räuspert sich Abdurrahman und bittet den Spion mit stockender Stimme, er möge die besten Spione der Region aufzählen, denn nach allgemein verbreiteter Auffassung müßten die Spione einander kennen, zum einen, damit was einer weiß, auch alle anderen erfahren, andererseits damit sie nicht ein und demselben Herrn dienen.

Josef Bezdan muß lachen, als er diese kindliche Argumentation hört, doch er sagt nichts. Abdurrahman hätte beleidigt sein, von fürchterlichem Zorn ergriffen werden können, doch er ist ein weiser Mann und hält seine Gefühle in Zaum. Lange betrachten sie einander, der alte türkische Soldat und der angehende beste Spion der Welt. In Abdurrahmans ägyptischer Lieblingsvase entfaltet eine Rose leuchtend weiße Blüten. Der Statthalter nickt und beginnt zu sprechen.

»Der gegenwärtig beste Spion in dieser Region ist ein fahrender Zigeuner namens Mesdele. Er steht im Dienste des Weltjudentums. Sein Operationsgebiet erstreckt sich von Amsterdam bis Lemberg, von Bremen bis Venedig. Er bietet die Träume ausgewählter Juden feil und treibt damit Tauschhandel. Auch manch einer, der Rache nimmt, bedient sich seiner. Zum Beispiel träumte ein blutbefleckter Hetman namens Bogdan Chmelnizki kurz vor seinem Tod, daß unverschämte jüdische Kinder quietschend mit seinem mächtigen und fürchterlichen, auf alle Fälle als unsagbar schwer geltenden Herzen herumwerfen. Nur Mesdele konnte diesen Traum unter die geschlossenen Augenlider Bogdan Chmels geschmuggelt haben.«

Josef Bezdan nickt. Abdurrahman kann fortfahren.

»Ein ungemein geschickter und gerissener Spion ist der Jesuit Berthold, der gekreuzigt wurde und schließlich unter Wehgeschrei den von uns Isa genannten Jesus anrufend starb, aber nur, um nach einigen Tagen wieder aufzuerstehen. Sein Leidensweg setzt sich fort. Ein Jahr später, zur Zeit des Dsülhidsche des Jahres 1083, wird er von betrunkenen ungarischen Kuruzen an eine zerfetzte Wolke geheftet. An einem sonnendurchfluteten Frühlingstag schwebt der Jesuit vor den kaiserlichen Gemächern der Burg und sieht sich Kaiser Leopold gegenüber, der eben über dem Oratorium ›Das Geheimnis der Schöpfung‹ brütet. So bietet er ihm seine Dienste an. Er wird einer der treuesten Mitarbeiter des kaiserlichen Geheimdienstes.

Der dritte Spion ist ein alter Mann namens Brazina, der seit langem für den blauäugigen Pascha Sejdi arbeitet und auch im Jahre 1660 bei der Einnahme von Wardein zugegen war. Er kann für Tage sterben und hat, indem er das Leben vom Tod aus betrachtet, ein Wissen über Geheimnisse und Zusammenhänge erlangt, das mit Recht beispiellos und einzigartig genannt werden kann.

Der vierte Spion ist der Budaer Serbe Levendel Pekić, der gleichermaßen für den kaiserlichen Hof und den Prächtigen Padischah spioniert, doch so geschickt, daß man sowohl in Wien als auch in Stambul mit ihm zufrieden ist. Wenn Stambul infolge eines Mißverständnisses Meuchelmörder auf ihn ansetzt, retten ihm kaiserliche Spitzel das Leben, wenn ihm hingegen die Kamarilla des Kaiserhofs den Garaus machen will, fangen als tanzende Derwische verkleidete türkische Lebensretter mit ihren Körpern die Spitzen der Pekić zugedachten vergifteten Messer auf.«

Josef Bezdan schweigt, in den Anblick der aufgeblühten Rose versunken. Abdurrahman blickt ihn fragend an. Dann schüttelt er den Kopf und fährt fort.

»Und da gibt es noch einen wertvollen und besonderen Spion.« Er setzt ein schlaues Lächeln auf. »Von ihm weiß man, daß er sein Leben mit einer der qualvollsten Krankheiten der Welt zubringt. Er hat Angst zu sprechen, und vielleicht hat er recht damit. Er weiß, daß kein einziges seiner Worte wahr sein kann.«

Abdurrahman lacht auf.

»Ich will, daß der beste Spion für mich arbeitet«, schmeichelt er. Josef Bezdans Blick ist glasig, sein Gesicht starr, als hätte er keine Gefühle. Schließlich nickt er langsam.

»Hast du schon von den Tränengauklern gehört?« Abdurrahman tritt zu der Vase, nimmt die Rose vorsichtig in die Hand, schnuppert verzückt an ihr. Josef Bezdan lächelt, davon wird sein Gesicht unvermutet häßlich. Seinen schönen, statuengleichen Körper neigt er vor, als wolle er antworten. Freilich sagt er auch jetzt nichts.

»Du hast von ihnen gehört, willst du sagen. Du lächelst über das Wort Tränengaukler. Auch sie sind eher Spione, doch was für Spione, in wessen Diensten sie stehen, wer für sie aufkommt und welche Ziele er damit verfolgt, das weißt du vorläufig selber nicht. Eines jedoch weißt du, daß es sich um keine gewöhnliche Unternehmung handelt. Das Ganze scheint das geheime Unternehmen von Generationen zu sein.«

Abdurrahman verstummt. Der Spion richtet sich langsam auf. Er gleicht wieder einer Statue. Abdurrahman steckt die Rose in die Vase zurück. Er hält sich die Kuppe seines Fingers vors Gesicht. Darauf leuchtet purpurn ein Blutstropfen. Josef Bezdan tritt zu der Vase und bricht den Stachel ab, der den Finger des Statthalters verletzt hat.

»Weißt du, daß auch ich ihnen begegnet bin?«

»Du willst sagen, daß sie mir von meinem Tod erzählt haben?«

Noch immer starrt Abdurrahman den Blutstropfen an.

»Eines Tages wirst du sie vor mich führen. Alle zusammen.«

Josef Bezdan nickt und entfernt sich auch schon. Rückwärts gehend verläßt er das Gemach.

Am nächsten Morgen melden die Spione Abdurrahman, daß ein wunderschöner, wenn auch offensichtlich verwirrter, da vor sich hin brummelnder Mann die Donau entlang in nördlicher Richtung unterwegs sei. Weiterhin melden sie, daß er in der Dämmerung, vor seinem Aufbruch noch seinen Gefährten und Freund, den serbischen Doppelspion Levendel Pekić aufgesucht habe. Der alte Statthalter von Buda nickt zufrieden und verbringt die nächsten Tage in seinem Harem. Erst als ihm sein Sekretär die neusten Meldungen der Agenten vorlegt, erhebt er sich aus den weichen Kissen und trennt sich vom Wald kosender Frauenfinger. Der blaubärtige Janitscharenaga hat ihm tatsächlich den besten Spion zugeführt!

Der Meldung zufolge wurde Levendel Pekić, der in Buda heimische serbische Doppelspion, von einem schrecklichen Tod ereilt. Jemand hatte dem Schlafenden einen Stein auf die Brust gelegt, der bei jedem einzelnen Herzschlag ein Stück wuchs. Am Morgen findet ihn sein Diener unter einem gewaltigen Felsen. Man muß Steinbrecher rufen, um an das zerborstene Bett und den Leichnam heranzukommen.

Über den Zigeuner Mesdele bricht das Verhängnis in der Nähe von Prag herein. Höchst wichtige, aber noch ungültige Träume aus Venedig, Saloniki und Wien will er einem jungen Prager namens Rav Rabenu Taussig Sender bringen. Mesdeles Ende ist grausam und ungerecht. Er wird im Schlaf von seinem eigenen Traum erwürgt.

Um diese Zeit stoßen von Branntwein trunkene Kalkbrenner unter den Bäumen des Wienerwalds auf eine seltsame Leiche. Der zerschmetterte Leib des Priesters weist nicht zu übersehende Wundmale auf, Narben auf Handflächen und Füßen. Er mochte gekreuzigt worden sein. Die Kalkbrenner wissen nicht – und es gehört auch nicht zu ihren Obliegenheiten, es zu wissen –, daß Bruder Bertholds persönliche Wolke von wildgewordenen Krähen in Stücke kleiner als ein Mädchenhalstuch gehackt wurde, so daß er auf die Felsen des Wienerwalds herabstürzte.

Abdurrahman ruft nach seinem Sekretär, dem traurigen Eunuchen, ohne abzuwarten, bis der Morgen der Nacht ein Ende bereitet hat. Ein paar Augenblicke später tritt der Sekretär schlaftrunken vor seinen Herrn. Ist Abdurrahman verrückt geworden? Haben ihm böse Dschinne den Verstand geraubt? Wie soll er den Mann zu nächtlicher Stunde in der Burg von Buda finden, so unwahrscheinlich schön er auch ist?! Gleichwohl macht sich der kleine Sekretär auf den Weg, läuft die Treppen hinunter, steht schon vor der Residenz des Statthalters. Vor Staunen hat er den Mund weit aufgesperrt. Dort steht der schöne Mann im Tor des Palastes. Der Eunuch schüttelt den Kopf und tritt näher.

»Mein Herr läßt dir bestellen, du sollst dich nach Szeged begeben.«

Der schöne Mann nickt.

»Er läßt dir bestellen, daß du deine Aufgabe von allein findest.«

Der schöne Mann nickt neuerlich.

»Herr«, flüstert der Eunuch und scharrt in seiner Verlegenheit mit dem Fuß. Der andere blickt ihn abwartend an. Der Eunuch räuspert sich.

»Das hat mein Herr nicht gesagt.« Er verstummt abermals.

Schließlich nimmt er all seinen Mut zusammen.

»Herr, bevor du dich auf den Weg machst – würdest du mich umarmen?«

In der Mahalleh von Buda geht das Leben seinen gewohnten Gang. Der Chronist sagt, das Leben gleiche einem blühenden Ölbaum. Die Menschen leben und sterben. Die Menschen sind glücklich und unglücklich. Die Menschen hassen und verzeihen, geben und nehmen, schreien und schweigen. Mittwochs versammeln sich Josua Rabimek und seine Freunde zu nächtlicher Stunde, um über den heiligen Schriften Geist und Seele zu erbauen. Am Tag der Chanukka werden an ärmere und bedürftige Juden Kleider und Nahrungsmittel verteilt. Es kommt immer noch vor, daß Familien keine Ruhe finden, ihren Besitz zu Geld machen und nach Jerusalem aufbrechen. Jünglinge mit glühendem Blick ergreifen den Wanderstab, einsam und ohne Geld brechen sie auf in die Heilige Stadt, die greifbare Möglichkeit, zu Hause ihr Glück zu machen, hinter sich lassend. Man hat niemals mehr von ihnen gehört.

»Zion, Zion!« rufen die jungen Leute zum Abschied.

Des öfteren spricht Efraim ha Kohen, der großgewachsene Rabbi, vor der Synagoge. Wie eine alte, strenge Eiche überragt er seine Zuhörer, hält er seine zwei langen Arme über die Jugend, schützend und warnend zugleich. Man sagt, er sei schon einmal im Himmel gewesen. Der Rabbi hat dieses Gerede nie bestätigt, aber auch nicht bestritten. Seine Schüler schweigen höflich, einer unterdrückt sogar ein Niesen.

»Es geschah einmal«, erzählt der Rabbi, »daß der Vater eines jungen Mannes namens Barak im Sterben lag. Der junge Mann achtete die Gesetze, man hatte ihm eine gute und sorgfältige Erziehung angedeihen lassen. Er war bereits verheiratet und hatte Kinder. Was bat ihn dennoch sein Vater kurz vor seinem Tod? Er bat ihn, seine Knochen ins Heilige Land zu bringen. Der junge Mann erfüllte ihm die Bitte. Nachdem sein Vater gestorben war, ließ er seine Knochen vom Fleisch abkochen und nähte sie in ein Säckchen. Er nahm Abschied von Familie und Verwandtschaft und brach auf. Wilde und feindliche Länder durchwanderte er. Söldner und Räuber plünderten ihn aus. Sie schlitzten sein Säckchen auf, suchten nach Schätzen, stießen aber nur auf die Knochen seines Vaters. Die schütteten sie auf die Erde und verstreuten sie mit Fußtritten in alle Richtungen. Der junge Mann wanderte weiter. Doch als er in Jerusalem eintraf, war das Säckchen leer. All sein guter Wille hatte nichts genützt, er konnte die Bitte seines Vaters nicht erfüllen. Statt sie nach Jerusalem zu bringen, hatte er die Knochen in alle Weltgegenden verstreut.«

Dies spricht Rabbi Efraim ha Kohen, alsdann verabschiedet er sich mit einem Kopfnicken von seinen Schülern und tritt in die Synagoge; auf der Schwelle hört er, daß einer von ihnen heftig niest.

Die verschiedensten Gerüchte kursieren in der Mahalleh. Zum Beispiel ist allgemein bekannt, daß David Mendelson, der ausgefuchste Wollhändler mit dem verschlagenen Blick, von irgendwoher Wein stiehlt. Oder wenn er ihn nicht stiehlt, dann kauft er ihn heimlich, obwohl doch die Juden in Buda nicht mit Wein handeln dürfen. Nicht einmal während des Kiddus, des samstäglichen Segens, gestatten die türkischen Behörden den Gebrauch des Weins, Efraim ha Kohen ist schon mehrmals vergeblich bis zu den höchsten Stellen vorgedrungen, um eine Lösung für diese brennende Frage zu finden, denn es ist ja doch unmöglich, den Segen mit Bier oder Honigtee zu sprechen. Obwohl selbst die Janitscharen sich nach geheimen Weinlieferungen häufig betranken, zeigte das türkische Amt in dieser Frage keinerlei Entgegenkommen. Beim letzten Mal, als der Rabbi die Treppe zum Amt des Kadi erklommen hatte und vor dem obersten Beamten stand, winkte dieser nur seinem Sekretär, der sogleich vortrat und dem Rabbi wortlos einen kleinen Sack überreichte. Der grobe Stoff war von frischem Blut durchfeuchtet. Der Rabbi wußte es schon. In dem Sack befand sich der Kopf des kürzlich ergriffenen Jakob Moser, von dem gleichfalls bekannt war, daß er mit Wein handelte. Der Rabbi ging nicht mehr in das Amt. Doch verwickelte er David Mendelson in ein Gespräch, wann immer er konnte. Seltsam nahmen sich die beiden Männer nebeneinander aus. Der riesenhafte, sanfte Rabbi und der kleine, hitzige Wollhändler. Ob es wohl wahr ist, daß der Rabbi sich einmal zu ihm geneigt und gesagt hat:

»Mir gefällt deine Rastlosigkeit, doch sie macht mir Sorgen, Mendelson.«

Ob der andere wohl tatsächlich geantwortet hat:

»Manchmal leide ich auch an ihr, Rabbi.«

»Weißt du, daß ich dich davonjagen müßte?«

»O Rabbi«, blinzelt der kleine Mann, »ich weiß, wie sündig ich bin. Ich weiß, daß ich kein guter Mensch bin und häufig das Gesetz verletze. Zumindest gewisse Punkte des Gesetzes. Aber sieh nur«, und nun kratzte er sich an der Stirn und wurde richtig rot, »manchmal habe ich das Gefühl, daß das Gesetz dazu da ist, uns das Glück zu rauben.«

Und vielleicht muß der Rabbi lächeln, er gibt keine Antwort mehr, weil er weiß, daß es keinen Sinn hat. Mit Mendelson kommt man auf keinen grünen Zweig. Er ist es, der aus der Reihe tanzt, der immer etwas Überraschendes und Ungewöhnliches produziert, ohne den das Alltagsleben grau und eintönig wäre. Vielleicht weiß Efraim ha Kohen, daß Mendelson mit armenischen Händlern ungesetzliche Beziehungen unterhält. Daß es gar kein koscherer Wein ist, den dieser durchtriebene Mendelson süffelt! Auch davon flüstern die Leute, daß Türken sein Haus zum Trinken aufsuchen, natürlich in aller Heimlichkeit, und daß ihm die Gelage riesige Gewinne einbringen. Außerdem wird geredet, er habe den einäugigen Hauptmann der Janitscharenwache bestochen und unter seinen Einfluß gebracht. Wenn das Gerede dem kleinen Juden zu Ohren kommt oder irgendein taktloser Bekannter sich nicht scheut, es ihm geradewegs ins Gesicht zu sagen, beginnt er heftig seinen Bart zu zwirbeln und gibt zur Antwort:

»Merkt euch, der, von dem Schlechtes verbreitet wird, ist immer der bessere Mensch als derjenige, der es verbreitet!«

Was soll nun Efraim ha Kohen auf die Anschuldigungen antworten? Auch Rabbi zu sein ist nicht leicht. Die sich ständig befehdenden, in überflüssige Streitereien verwickelten Juden, reiche Sephardim und arme Aschkenasim, zu versöhnen, zu verheiraten und ihnen nebeneinander ihre Plätze anzuweisen ist zuweilen ein komplizierteres Unterfangen als selbst das Goldmachen. In verwickelten Glaubensfragen weise entscheiden! Wenigstens einmal im Monat den ewig unzufriedenen Josua Rabimek anhören, wie er zähneknirschend seine Anklagen gegen David Mendelson vorbringt! Täglich mit den Türken verhandeln! Wahrlich, wenn das Leben leicht wäre, es würde ewig dauern! Efraim ha Kohen spricht durchaus nicht von diesen Dingen. Lieber blickt er durchdringend mit seinen großen blauen Augen und legt dem Nächststehenden seine gewaltige Hand auf die Schulter.

Der großgewachsene Levi Mos rühmt sich, daß von allen Juden der Schächter die schwerste Aufgabe hat. Daß er durch die meisten Gesetze gebunden ist! Nach Meinung von Levi Mos ist es absolut kein Zufall, daß die Juden in Verbindung mit dem Fleisch so viele Gesetze geschaffen haben. Sie wissen, daß man mit dem Fleisch achtgeben muß! Levi Mos erzählt häufig, wie er die Urkunde erhalten hat, die ihn endlich dazu berechtigt, das komplizierte und ausnehmende Begabung erfordernde Handwerk des Schächtens auszuüben. Mehrmals weigert sich Efraim ha Kohen, Levi Mos die Genehmigung zu erteilen. Seitdem grollt der Schächter dem Rabbi, obwohl er es natürlich nicht zeigt. Bald beruft sich der Rabbi darauf, daß Levi Mos nicht fromm genug sei, bald darauf, daß er die Gesetze des rituellen Schlachtens nicht genau genug kenne. Einmal sagt er sogar, daß Mos seine Hände nicht beherrsche, daß er seine Finger nicht in der Gewalt habe, infolgedessen könne er danebenschneiden und dem Tier Leiden, überflüssige Schmerzen verursachen. Doch durch diese letzte Anschuldigung wird Levi Mos' Selbstachtung in Mitleidenschaft gezogen. Jetzt soll er auch noch seine Finger nicht in der Gewalt haben? Levi Mos hat geduldet, solange er dulden konnte. Eines Tages schließlich erwacht er davon, daß ihn im Traum ein lumpiges kleines Kalb verlacht hat. Auch das noch! Nie wieder soll der Jom Kippur kommen, wenn er es dabei bewenden läßt! Er wird von ingrimmiger Wut gepackt und läuft unverzüglich, noch in Pantoffeln, auf den Tiermarkt, um dort mit einem einzigen Fausthieb das erstbeste Kälbchen totzuschlagen. Auf der Stelle läßt er es ausbluten. Dann packt er ein lebendes Kalb und das totgeschlagene. So schreitet er durch die Mahalleh, auf das Haus des Rabbi zu.

Langsam, voller Würde, damit alle ihn sehen.

Efraim ha Kohen steht auf der Straße, erklärt gerade etwas aus dem Sohar. Um ihn herum aufmerksame Schüler. Schon türmt sich Levi Mos vor ihnen auf, in der einen Hand ein lebendes, in der anderen ein totes Kalb. Lange sehen die beiden Männer einander an. Schließlich nickt der Rabbi, diejenigen, die in seiner Nähe stehen, sagen später, er habe gelächelt. Von diesem Tag an darf Levi Mos schlachten.

Die Schärfe des Messers prüft Levi Mos, indem er es in Honig taucht und das Glas gegen die Sonne hält. Das ist zwar ein höchst seltsames Verfahren, denn es wird vom Gesetz nicht erwähnt, allein, Levi Mos behauptet unablässig, daß koscherer Honig keine Scharte verträgt, weswegen er sie dem Blick immer offenlegt. Ein seltsames Verfahren, muß man schon sagen. Andererseits hat ihn nie jemand dabei ertappen können, daß er die Kehle des Rindes mit einem schartigen Messer durchgesäbelt hätte. Des öfteren erklärt er den Leuten, daß es verboten ist, Talg und Sehnen zu essen. Aus koscherem Fleisch müssen vor dem Einsalzen die unreinen Sehnen und das Schmer entfernt werden, innerhalb von drei Tagen nach dem Schächten. Damit sich das Fleisch nicht verhärtet. Jawohl, von den hundertelf Sehnen des Rindes müssen einundfünfzig entfernt werden. Besonders wichtig ist, die zum Verzehr nicht zugelassenen Teile auf der Rückseite des Rindes zu suchen und herauszuschneiden. Wer das weiß, weiß über die Welt Bescheid. Wer über die ganze Welt Bescheid weiß, der muß zuweilen die Zeche bezahlen. So lange prahlt Levi Mos, wirft sich in die Brust, verkündet seine Großartigkeit, bis eines Tages der kleine David Mendelson vor ihm stehenbleibt und ihn auf eine Weise ansieht, die schon an sich einer Beleidigung gleichkommt. Spott und Mitleid mischen sich in seinem Blick. Man müßte dem Wollhändler eins überziehen, nur so, damit er Bescheid weiß, aber das geht denn nun doch nicht. Der Schächter klemmt seinen gewaltigen Daumen unter den Riemen seines Schurzes und fragt mit erzwungener Ruhe.

»Brauchst du Fleisch, Mendelson?«

»Was habe ich viel über dich nachgedacht, Levi Mos«, schnieft der kleine Jude. Das bedeutet nichts Gutes. Wenn David Mendelson schnieft, führt er etwas im Schilde.

»Wie willst du denn in deinem kleinen Schädel über meine Größe nachdenken?« lacht Levi Mos justament aus vollem Halse.

»Ich habe mir den Kopf darüber zerbrochen, ob du die Sehnen des Rindes auch blind herausschneiden könntest.«

»Na, darüber hättest du nicht nachzudenken brauchen, Mendelson!«

»Ich würde es gerne sehen, Levi Mos«, beharrt der Wollhändler.

Levi Mos hält ihm seine beiden Pranken vors Gesicht.

»Meine Finger können sehen, Mendelson.«

Rasch werden sich David Mendelson und der Schächter einig. Am Morgen des folgenden Tages sollen Levi Mos die Augen verbunden werden, allein auf die Geschicklichkeit seiner Finger vertrauend, wird er die einundfünfzig Sehnen aus dem bereits geschlachteten Rind herausschneiden. Einundfünfzig, nicht mehr und nicht weniger. Auch Rebekka, die gutaussehende, scharfzüngige Frau von Levi Mos, ist Zeuge der Wette. Widerwillig, mit zusammengezogenen Augenbrauen beobachtet sie das Feilschen der beiden Männer. Sie weiß, daß sie ihn nicht davon abhalten kann. In Dingen seines Metiers ist Levi Mos unbeugsam. Zeitig am Morgen pocht Mendelson bei der Familie Mos ans Haustor. Das Rind ist bereits geschlachtet, aufgehängt, ausgeblutet. Nach einem Glas Palinka verbindet Mendelson dem Schächter mit einem wollenen Tuch sorgfältig die Augen. Mos lächelt unter dem Tuch und macht sich an die Arbeit. Zufrieden verfolgt Rebekka seine geschickten, flinken Bewegungen. Ihr Gemahl ist von mächtiger Statur, aber wie behende! Viel Fleisch ist an ihm, aber er weiß seinen Körper zu beherrschen. Es stimmt, er ist ein wenig großsprecherisch, er könnte manchmal bescheidener sein, nichtsdestoweniger ist er ein sorgender und liebender, ein verläßlicher Ehemann. Kurz und gut, Rebekka kann an seiner Seite zufrieden sein. Und wie die Frau so ihren Gedanken nachhängt, nimmt sie gar nicht wahr, daß David Mendelson, wie zufällig, ihr ganz nahe gekommen ist. Noch ein akkurater Schritt zur Seite, und schon steht er neben ihr. Daß Mendelson ihr über den Arm streicht, bemerkt sie aber dann doch. Das kann kein Zufall mehr sein! Was?! Dieser Mendelson glaubt wirklich, daß… daß er sich alles erlauben kann?! Hat er den Verstand verloren, daß er so vermessen ist?!

Rebekka ist eine leidenschaftliche Frau. Selbst auf dem Markt wird sie nicht behelligt, man fürchtet ihre Zunge wie das Feuer. In keiner Zwistigkeit, keinem Streit hat sie sich je unterlegen gezeigt. Sie würde zur Seite springen und schreien, allein ihr bleibt vor Überraschung der Mund offenstehen. Das heißt doch nicht so ganz. Mit einer blitzschnellen Bewegung legt ihr David Mendelson den Zeigefinger seiner rechten Hand auf die Lippen, mit der Linken hingegen, nun, mit der linken Hand umfaßt er ihre Brust. Eine unerwartete Wendung. Doch nicht ohne Folgen. David Mendelson nickt ernsthaft. Langsam nimmt er seinen Finger von ihrem Mund, um mit dieser Hand der anderen zu Hilfe zu eilen. Doch währenddessen säuselt er ihr ins Ohr.

»Weißt du, Rebekka, es gibt eine Stelle im Talmud, die besagt, daß eine Jüdin keinen Ehebruch begeht, wenn jemand vom Dach auf sie herunterstürzt.«

Rebekka ringt mit dem Verlangen, das ihren Leib durchströmt, und der Verwirrung, die sich in ihrem Gehirn ausbreitet. Sie unterdrückt ihre Seufzer und starrt bald erschauernd auf David Mendelsons Hand, bald in das sanfte, vergiftende Lächeln des Mannes. Nun ja. Es gibt Augenblicke, in denen auch der Blick schöner und kluger Frauen den Ausdruck besonderer Einfältigkeit annimmt.

»Auf sie herunterstürzt«, ächzt Rebekka also.

»Auf sie herunterstürzt«, flötet ihr David Mendelson ins Ohr.

»Und wo im Talmud ist diese Stelle?« Rebekka rebelliert mit letzter Kraft und tritt einen Schritt zurück.

»Ein Jude arbeitet auf dem Dach.« David Mendelson bewegt sich im Gleichschritt mit der zurückweichenden Rebekka, während sein glühender Atem ihr an den Hals schlägt. »Und in einem unvorsichtigen Moment stürzt der Ärmste herab. Allerdings, meine teure Rebekka, hat er auch Glück.«

»Glück?« japst sie.

»Gerade geht unten auf der Straße ein bezauberndes Frauenzimmer vorbei. Auf sie fällt er. Das ist kein Ehebruch, Rebekka.« Mendelson greift ihr mit einer unerwarteten Bewegung zwischen die Beine.

»Aber wo ist das Dach?« flüstert Rebekka mit entsetzten Augen.

»Das ist schon eine Frage der Auslegung«, seufzt wohlig der Wollhändler, während er ihren Schoß zart karessiert.

»Ist sie tatsächlich schön, die Frau?« flüstert Rebekka.

»Zauberhaft!« gluckst er vor Glück.

»Wenn sie nicht schön ist, kratze ich dir die Augen aus!« keucht sie.

»Ha, Mendelson, es steht schlecht um deine Sache«, brummt zufrieden Levi Mos, und um seinen Worten Nachdruck zu verleihen, unterbricht er seine Arbeit und wendet sich ihnen zu. Doch seine Augen sind ja verbunden, er sieht nach wie vor nichts.

»Allerhand, du bist ja geschickt!« ärgert sich David Mendelson und streichelt wieder die Brüste, als wären es sanfte Täubchen. Kein Zweifel, Rebekka empfindet bereits Wollust. Deshalb läßt er sie nun los, dort steht sie nun auf dem sonnigen Hof, wie Lots Weib, das geglotzt hat, wohin es nicht hätte sollen. Lautlos huscht Mendelson hinter den Metzger. Aus seinem Mantel zieht er eine Klemme hervor und zwickt so geschickt, daß es der blinde Levi Mos nicht bemerken kann, eine Sehne aus dem Rücken des Rindes. Er hält sie gegen die Sonne, rümpft die Nase. Recht hat er, sie ist ja unrein.

»Aber alle einundfünfzig müssen vorhanden sein, du!« ruft er zurücktretend.

»Ich halte bei der Hälfte«, knurrt zufrieden Levi Mos.

David Mendelson läßt das Sehnchen lächelnd in den Staub fallen und nähert sich erneut der Frau, die bleich und reglos dasteht. Als wäre sie behext. Wie sonst würde sie zulassen, daß der Wollhändler sie von hinten umfaßt, mit Keuchen und Bissen ihren Nacken erhitzt und sich, seine Lenden gegen ihren Hintern drückend und mit beiden Händen ihre Brüste umfassend, an sie schmiegt wie ein hungriger Köter? Rebekka beißt sich in den Finger, um nicht laut aufzukreischen. Mit einem Mal wird sie gewahr, daß David Mendelson kniet und sein struppiger Kopf unter ihrem Rock verschwindet. Doch einige Minuten später schwankt sein Gesicht wieder vor ihren Augen. Rebekka umfaßt Mendelsons Geschlecht, streichelt es, zieht daran, massiert seine Hoden. Ein kleiner Mann mit mächtigem Fleisch.

»Ach verflixt!« knurrt Levi Mos wütend.

»Findest du etwas nicht, Mos?« fragt mit überraschender Selbstbeherrschung David Mendelson, denn Rebekka kniet bereits vor ihm. Nur wenig später lehnt sie sich gegen eine der Säulen des Hofes, ihren Rock hochraffend läßt sie zu, nein, verlangt es, daß David Mendelson in ihren Leib dringt.

»Hier müßte sie sein«, knurrt immer gereizter Levi Mos.

»Dort ist sie auch«, antwortet David Mendelson und hält der Frau dabei den Mund zu, damit nicht der kleine Vogel der Wonne daraus hervorzwitschert.

Kaum ein Stündchen später reißt sich Levi Mos wutentbrannt das Tuch von den Augen. So wütend ist er, daß er ein Rudel Löwen totschlagen könnte. Samson in der Halle der Philister war im Vergleich zu ihm ein harmloses Knäblein. Trotzdem muß er sich mäßigen. Denn vor ihm steht David Mendelson und blinzelt sanft, voll Interesse, hinter ihm aber seine Frau, ja, sie scheint ein wenig verlegen zu sein. Aber wie schön ist sie jetzt! Plötzlich krampft sich Levi Mos' Herz in eisigem Schrecken zusammen. Er betrachtet das schöne, müde Gesicht seiner Frau. Vielleicht ist Rebekka von ihm enttäuscht? Hastig dreht er sich um und beginnt eilends die Sehnen zu zählen, die er alle in ein Schälchen getan hat. Levi Mos hüstelt verzweifelt. Tatsächlich, es fehlt eine Sehne. Ajajaj! Und wie er sich neuerlich räuspernd Mendelson zuwendet, sieht er auf einmal das fehlende Sehnchen. Dort liegt es ja im Staub! Danke, o Gott, danke! Levi Mos grinst und hebt es glückstrahlend auf.

»Sie ist hinuntergefallen, Mendelson!«

»Sie ist hinuntergefallen«, schüttelt David Mendelson den Kopf.

»Ich habe gewonnen«, ruft Levi Mos.

»Du hast gewonnen.« David Mendelson runzelt ärgerlich die Stirn, und der Schächter bekommt noch am Nachmittag des gleichen Tages mehrere Ellen feinster Wolle, den Preis seines Sieges. Seine Freude wird nur dadurch ein wenig getrübt, daß ihn Rebekka am Abend nicht zu sich läßt. Dabei hätte es gerade heute so wohlgetan! Nach solch einem Sieg! Na egal. Wenn nicht heute, dann morgen. Wenn die Seele geduldig ist, dann wird es auch das Fleisch sein. Wohl hält ihn die Frau die ganze Nacht umarmt. Mit allen zehn Fingernägeln klammert sie sich an seinem mächtigen, schwitzenden Leib fest, als ob sich ein Abgrund unter ihr geöffnet und sie Angst hätte, in eine entsetzliche Tiefe zu stürzen.

David Mendelsons Augen glitzern wie falsche Edelsteine. Einmal läßt ihn ein hochgestellter Türke wegen eines geringfügigen Vergehens halbnackt ausziehen und gründlich auspeitschen. Die Vorgehensweise ist ungewöhnlich und steht ganz und gar nicht im Einklang mit den örtlichen für Juden geltenden Gesetzen. Doch Efraim ha Kohen protestiert vergeblich. Die türkischen Behörden sind unerbittlich. Josua Rabimek freut sich insgeheim über die Züchtigung und faßt sie als gerechte Strafe auf. Er ist überzeugt, daß Mendelson seit Jahren die Heiligkeit des Samstags beschmutzt. Und wer den Samstag nicht respektiert, leugnet die ganze Tora! Achmed Bamapidsche wohnt der Bestrafung persönlich bei. Wegen des verstockten Blickes von Mendelson kann er dennoch nicht zufrieden sein. Denn der zeigt selbst in Tränen schwimmend, von Schmerzen verdunkelt keine Demut. Stumm erduldet der kleine Jude die Schläge, die sein Fleisch aufreißen. Nachdem der letzte Peitschenhieb über seinen Rücken gepflügt ist, rappelt er sich langsam auf, und leise, kopfschüttelnd hebt er an.

»Darf ich etwas fragen, Herr?«

Der Türke, der schon im Begriff war, sich zu entfernen, wendet sich um. Ein beleibter, kräftiger Mann, auf einem Ohr taub, notorisch grausam. Überdies steht er im Ruf, zwischen seinen Gedanken giftige Nadeln zu verbergen. David Mendelsons Sturheit und des Türken Gerissenheit wohl kennend, spüren die in der Nähe stehenden Juden, unter ihnen Jizchak ben Juda, sogleich, daß nun ein interessantes Duell seinen Anfang nimmt.

»Nur, wenn du deine Zunge nicht gebrauchst, Jude.«

»Ich gebrauche meine Worte, gnädiger Herr«, verbeugt sich Mendelson, was ihm furchtbare Schmerzen verursachen mochte, dennoch blickt er auf, als hätte er gesiegt.

»Nicht eher die Worte dich, Jude?«

»Vor tausend Jahren lebte ein römischer Kaiser, gnädiger Herr. Er hieß Aurelius, nur daß du es weißt. Du hast sicher noch nie von ihm gehört. Macht nichts. Kaiser Aurelius war ein weiser Mann, gnädiger Herr. Ein sehr kluger Mann. Weißt du, daß er jüdische Diener zu Rate zog, wenn ihn bei der Betrachtung der Donau Traurigkeit überwältigte?«

»Na und?« Bamapidsche zieht die Brauen hoch.

»Damit will ich bloß sagen, gnädiger Herr, daß die ruhmreichen Römer längst verschwunden sind, aber ich, der kleine Jude, bin immer noch da.«

Der Türke bricht in dröhnendes Gelächter aus.

»Aber sicher! Um ausgepeitscht zu werden! Hast du denn noch nicht genug bekommen?«

»Weniger wäre mehr gewesen«, zitiert David Mendelson, woraufhin Bamapidsche zu dem Schergen tritt, ihm die Peitsche aus der Hand reißt und eigenhändig einen weiteren Schlag auf den bluttriefenden Rücken Mendelsons niedersausen läßt.

»Damit du niemals vergißt, wie gut es sich hier am Donauufer lebt, Jude«, schreit er dabei, hierauf wendet er sich um und eilt in Richtung Burg davon.

»Deswegen gehen wir nicht weg von hier«, nickt David Mendelson und zuckt mit den Schultern, was ihm zweifellos schreckliche Schmerzen verursacht.

All jene Mächte, welche nach der alleinigen Verwaltung der Welt streben, zeigen eine gewisse Nachsicht gegenüber den demütigen Verkündern der Armut. Auch das heidnische Rom hat schließlich weise vor den Lehren Christi kapituliert. Warum sollen dann die schlichten, fleißigen Kinder des heiligen Franz nicht im Reich des Halbmondes geduldet werden?! Und wenn ein christlicher Reisender in dem für die Augen so ermüdenden Gewühl der Stambuler Straßen einen Mewlewi-Derwisch erblickt, der seit Stunden tanzt und sich im Kreise dreht, dann fällt ihm vielleicht gar nicht auf, wie es natürlich gewesen wäre, daß der Tanz ein Werk des Teufels ist, sondern er denkt im Gegenteil, daß sich auch unter den Söhnen Mohammeds zu

Höherem bestimmte, gottgefällige Seelen finden, welche die vergänglichen Kleinode des weltlichen Ruhms geringachten und den Sinn des Lebens in der Entsagung, in der Armut und in der Demut suchen.

Hinsichtlich der einfachen Jünger des heiligen Franz teilt auch der weise Kadi der Stadt Szeged diese Ansicht. Zwar wird zum Ruhme Mohammeds aus der Elisabethkirche eine Moschee, deren Kerzen, dick wie Kinderbeine, von dem Christen Endre Bajmok und dem Serben Antonov Pekić ebenso geliefert werden wie von dem Türken Ali Ekbaran. Ein Ort für das Gebet steht jedoch auch den ortsansässigen Ungläubigen zu. Nach langen, entbehrungsreichen Jahren können die Franziskanermönche erstmals wieder 1645 die verwitterten Klostermauern verputzen, die bereits Sonnenstrahlen hereinbrennen und Schneewasser eindringen lassen, zwischen die sich zuweilen Vögel verirren und auf denen die grünen Rosen des Schimmels gedeihen und wahre Blumenbeete hervorbringen. Der Kadi von Szeged ist so großzügig und weise wie eine Wolke, die auch Wiesen begießt, die nicht nur empfangen, sondern auch geben. Er weiß, daß die Genehmigung zum Verputzen nicht nur ihm persönlich, sondern auch dem Reich Nutzen bringen wird.

In den Gärten der Franziskaner in der Unteren Stadt wachsen seltene, heilkräftige Pflanzen, deren Schönheit und Nützlichkeit miteinander wetteifern. Sorgsam gehegte Zwetschen- und Apfelbäume sind schwanger mit dem Fleisch der Früchte, und der mörderisch scharfe Paprikasaft kuriert nicht nur den ungarischen Bauern aus der Unteren Stadt, sondern auch den Janitscharen im Palánk-Viertel von seinem Schüttelfrost. Kadis kommen und gehen, aber das Kloster steht und erfüllt seine Aufgabe, weil es sie erfüllen darf. Die Fratres lesen die Messe und sitzen Beichte, falls erforderlich. Und sie heilen auch, natürlich hauptsächlich durch Gebet, doch wenn Kräuter und Paprikasaft angezeigt erscheinen, dann natürlich auch damit. Bei anderer Gelegenheit sitzen sie neben Sterbenden, halten ihre zitternden Hände, wischen ihnen die Schweißperlen des Todes von der Stirn und bitten Gott mit leisem Gebet, die reisefertige Seele in sein Reich aufzunehmen.

Dieser Tage wird im Kloster mit umfangreichen Arbeiten begonnen. Bruder Tischlermeister Tamás Neszvald ist angekommen, um für das kleine Kirchlein neue Sitzgelegenheiten zu fertigen. Der rotbackige, beleibte Prior Bertalan Kolozsvári bittet die Gläubigen oft, während der Messe nicht herumzurutschen. Nicht, weil das grobe Knarren der Bänke die Worte der Predigt übertönt. Das Hin- und Herrutschen ist dem Zustand der Bänke und Stühle abträglich. Ehe man sich versieht, müssen sie instand gesetzt werden, bei manchen lohnt sich die Reparatur gar nicht mehr, sie dienen als Brennholz. Aber die Kirchgänger der Unteren Stadt sind ein unverständiges Volk. Sie hören nicht auf die sanfte und taktvolle Ermahnung. Sie kratzen sich ungeniert, recken ihre Glieder und zappeln während der Psalmen unruhig hin und her, in empörender Weise schaukeln sich manche sogar und begleiten den Gesang mit rhythmischem Krachen.

Für die Taufe seiner Tochter Kamilla bezahlt Ignác Arnót mit dem Bau des Beichtstuhls. Während der Arbeit weilt sein Blick des öfteren auf dem Franziskanermönch Felix Potári. Der junge, ernst blickende Ordensbruder verbringt die meiste Zeit mit Kontemplation. Er setzt sich hinaus auf die hellste Seite des Klosterhofes – oder eben unter den wolkigen Himmel, auch nieselndes Wolkenwasser stört ihn nicht – und unterhält sich mit verklärtem Gesicht und gesenkten Augenlidern mit Gott, welche Unterhaltung auch aus der ständigen Bewegung seiner Lippen ersichtlich ist. Manchmal setzt sich Arnót zu ihm. Verlegen wartet er, versucht seine leichten, unsteten Finger in der Gefangenschaft seines Schoßes zu verbergen, räuspert sich. Nur bei einer dieser Gelegenheiten sieht Bruder Felix Arnót ins Gesicht. Sein Blick ist verschleiert, der Holzschnitzer spürt den angenehmen Palinkaduft, der den Franziskaner umweht.

»Einmal werden wir über alles reden, Bruder«, sagt er und sucht seinen leichten Schluckauf zu verbergen. Dann fällt der Blick des Holzschnitzers auf sein Töchterchen, das ihm soeben das Mittagessen bringt. Er neigt den Kopf und sieht sie unverwandt an. Und als das Mädchen dem Vater das Speckbrot in die Hand drückt, erwidert es plötzlich den Blick. Und lächelt.

Kamilla wächst heran wie jedes andere glücklichere Kind in der Umgebung auch. Von keiner schweren Krankheit wird sie befallen, aus ihren Erkältungen werden keine Fieberphantasien, kein heimtückischer Schüttelfrost. Kein Alpdrücken greift ihr ans Herz, die Hexenhunde mit den schimmernden Rücken und Häuten zwischen den Fingern versuchen nur einmal, den Schlaf aus ihren Augen zu lecken, um daraufhin wegen des Mädchens Duft rasend vor Wut die Flucht zu ergreifen. Jedoch wird Kamilla nicht schön, wenn wir menschliche Schönheit als körperliche Harmonie, als Glück der Seele, als Liebreiz und Anmut der Formen verstehen. Furunkel verunzieren ihre weiße Haut. Dünn wie schwache Ästchen sind ihre Arme und Beine. Aufgebläht ihr Bauch. In ihren Augen hingegen treibt eine ferne Trauer Blüten und vermindert die mit knausriger Hand bemessene irdische Schönheit eher noch. Ob aus diesem oder einem anderen Grund, die übrigen Mädchen und Jungen empfinden Widerwillen gegen sie. Die Eltern können es den Kindern der Unteren Stadt nicht verdenken. Im Gegenteil. Sie beobachten mit Erleichterung, daß ihre Sprößlinge ähnlich fühlen wie sie. Immer fremder wird dem armen Mädchen die feindliche Welt. Als wäre sie schon bereit für irgendein großes Leid. Nur selten flattert ein Wort von ihren zusammengepreßten, blutleeren Lippen. Sie wird einsam und zurückhaltend. Wenn jemand sie zufällig anlächelt, hebt sie mit einem Ruck den Kopf und blickt argwöhnisch. Wunderliche Kinder werden ihre Freunde. Auch in der Unteren Stadt gibt es einige von ihnen. Manchen rinnt der Speichel, eines wird von Zuckungen geschüttelt, als sei der Teufel in den kleinen Körper gefahren. Es gibt auch ein Bürschchen, das anscheinend völlig gesund ist, allein, wenn jemand sich nach seinem Namen erkundigt, stammelt es wie ein Äffchen, während das trübe Halbdunkel der Verwirrtheit seinen Blick überflutet. Die armen Geschöpfe schließen sich zu einer Gruppe zusammen und leisten Kamilla Gefolgschaft. Ungeschlachte, stumpfsinnig blickende Jungen, kleine Mädchen mit behaartem Kinn folgen ihr wie dem Feldherrn seine Armee. Gemeinsam spielen sie am Ufer des Csöpörke-Bachs, binden Schleifen um bauchige Wasserfrösche, zählen an lauen Sommervormittagen Libellen und Wolken. Wenn im Januar der Frost das Wasser des Teiches erstarren läßt, bohren sie Löcher ins Eis und warten lächelnd, bis der Winter frostige Krägen um ihre eingetauchten Hände wachsen läßt.

Wenn Kamilla am Ende der Straße einen Wagen erblickt, vergißt sie alles, Spielkameraden und Traurigkeit, sie läuft ohne Zögern hin und starrt den Mann auf dem Bock mit weit aufgerissenen Augen und unverhohlener Neugierde an. Der erwidert den Blick, vielleicht ärgerlich, weil er weitermöchte, er ist in Eile, doch als er tief Atem holt, riecht er den Duft des Mädchens. Also ist er nachsichtig und beginnt sich zu fürchten. Ein andermal lauscht die Kleine mit gespitzten Ohren in die Weidenhaine am Theißufer hinein. Irgendwo weint ein Vogel. Truu, truu, weint er, und der kleine Körper des Mädchens wird von lautlosem Zucken geschüttelt, auf ihrem Augenspiegel sammeln sich Tränen, doch sie fließen nicht herab. Arnót würde in Kamilla gern ein holdes Geschöpf sehen. Wäre er aber aufrichtiger, als es möglich ist, würde er sich eingestehen, daß er eher an die Schönheit des Kindes denkt, als daß er sie betrachten könnte. Kamilla sitzt häufig in einer lichtdurchfluteten Ecke des Hofes, während sie der Arbeit des Vaters zusieht. Wie dicke Schneeflocken, so wirbeln die Holzspäne um seine Stirne. Bei solchen Gelegenheiten steigen seltsame Erinnerungen in ihrer Seele auf.

»Tutuu, tutuu«, hört sie immer wieder die Vogelstimme. Es ist, als würde der Schrei ihr gelten, gerade sie rufen. Das Mädchen möchte aufspringen, aufsteigen, wie sich Vögel zum Himmel erheben, doch immerzu spürt sie die schreckliche, grauenvolle Anziehungskraft der Erde.

Es ist kein Zufall, daß Kamilla die Wagen beobachtet, die durch die Straßen der Unteren Stadt rumpeln. Durch ihre zügellosen Träume und ausschweifenden Phantasien rollt häufig ein seltsames Gefährt. Eine Träne leuchtet blau auf seiner Plane. Einen so großen Tränentropfen gibt es vielleicht kein zweites Mal auf der Welt! Und was bedeutet es wohl, daß sie auch Männer sieht, die neben dem rastenden Wagen sitzen? Fünf Männer sieht sie! Wie seltsam sind ihre Blicke! Der mit dem dunklen Gesicht neigt sich über sie. Dann eine rotäugige Gestalt mit

Peies und gezwirbeltem Bart, im Mund blitzt ein Goldzahn. Jetzt wird sie von einem graugesichtigen Mann angestarrt, ihm folgt eine narbige, schwarze Stirn, schließlich spürt sie die Wärme eines neugierigen, forschenden Augenpaars, die ihr aus einem unzufriedenen, wütenden Gesicht entgegenstrahlt. Der Wagen rastet, dann fährt er weiter.

Und von neuem schluchzt der Vogel auf, tuu, tuu, trutu, trutu.

Kamilla hält die Träume vor ihren Eltern geheim. Sie ahnt ein Geheimnis, das sich nur noch vertieft, wenn sie den abwesenden, traurigen Blick des Vaters auf sich fühlt. Und wenn sich die Strahlen der beiden Augenpaare für einen Augenblick ineinanderfügen, dreht Arnót verlegen den Kopf weg. Er ist außerstande, den Blick seiner Tochter zu ertragen. Auch von Frau Arnót erfährt Kamilla nicht mehr. Ihrer Mutter Berührung strahlt ebenfalls zuviel Wärme und Besorgnis aus. Doch auch sie spricht nicht und bewahrt das Geheimnis.

Eines Tages dann schnitzt Ignác Arnót das Gesicht seines Töchterchens. Für das besondere Holz, dessen Name und Art ihm unbekannt ist, bezahlt er dem armenischen Händler eine ungeheure Summe. Als Kamilla ihr holzgesichtiges Ebenbild erblickt, sagt sie nichts, senkt nur den Kopf. Ihre Fingerkuppe wandert zu einem frisch aufgebrochenen Geschwür am Hals, das reibt sie zerstreut, bis ein dünner Streifen Blut herabrinnt. An der Stirn des Mädchens tönt das Summen einer Wespe, es ist wie ein ferner Gesang. In scharfen Garben bricht das Licht durch die Bretterwand der Werkstatt, hell nieselt der Staub. Kamilla verläßt den Raum und läßt die Tür hinter sich offen. Der Holzschnitzer blinzelt verlegen. Er versenkt den Kopf in eine Holztruhe, einige Tage später jedoch, als seine Frau und seine Tochter zum Markt gehen, holt er ihn wieder hervor. Und als er auf dem Gesicht der Holzkamilla Holztränen entdeckt, die er nicht geschnitzt, versteht er, daß er diesmal nicht nur schön, sondern auch auf wahrhaftige Weise gearbeitet hat. Er wirft seinen dicken Kopf zurück und lacht wie jemand, der dem Tod ins Gesicht lacht. An diesem Tag nimmt er den Beitel nicht mehr zur Hand und begießt sich, obgleich das nicht zu seinen Gewohnheiten gehört, gründlich die Nase.

Kamilla ist also nicht schön. Doch sie besitzt eine Eigenschaft, die sie für alle Unzulänglichkeiten entschädigt. Verstörenden und aufreizenden Kamillenduft verströmt sie. Der Wind trägt ihn bis in den Hof der Burg von Szeged. Zwischen den Mauern breitet er ihn dann wie einen unsichtbaren Teppich aus, so daß die Janitscharen, die den Grund ihrer plötzlichen guten Laune selbst nicht verstehen, auf einmal zu lachen und zu scherzen beginnen. Nur Ibrahim Galaburdi, der gefürchtete Janitscharenhauptmann, lehnt reglos mit dem Rücken an der eisenbeschlagenen Tür zur Waffenkammer. Obschon auch er lächelt, wie es seiner Gewohnheit entspricht. Wer jedoch ein wenig näher an ihn herantritt, kann genau sehen, daß auf seiner Stirn schwere Schweißtropfen glitzern und seine Hand zittert, als hätte er ein krankes Herz.

Die Wahrheit ist, daß sich Josua Rabimek durchaus nicht irrt. Aus David Mendelsons Haus dringt jeden Freitagabend auf emsige Arbeit hindeutendes Geräusch und Geklopfe. Dennoch irrt sich Josua Rabimek gewaltig. Im Haus Mendelsons arbeitet niemand. Der listenreiche Herr des Hauses ist gar nicht daheim. Freitags, noch vor Sonnenuntergang, dem Aufflackern der Sabbatkerzen um eine Stunde zuvorkommend, huscht eine geheimnisvolle, in einen Mantel gehüllte Gestalt zum Haustor herein. Niemals früher, doch auch nicht später. Der listenreiche kleine Jude lebt allein. Ein Eheweib hat er niemals gehabt, und des öfteren bemerkt er traurig zu seinen Freunden, daß er gar keines haben will, und wenn er sich auch gegen das Gesetz stellt, nein und nochmals nein. Die in sein Haus huschende Gestalt im Mantel heißt Jusuf Rababár, ein rechtgläubiger, ehrenhafter Türke. Andererseits ist auch er von kleiner Statur, auch er listenreich. Und wenn zwei kleingewachsene, listenreiche Männer sich zusammentun, dann geschieht immer etwas Absonderliches, und wir haben allen Grund, um die Einhaltung der Gesetze besorgt zu sein. Breit lächelnd empfängt David Mendelson seinen Freund. Sie umarmen einander. Er stellt die bauchige Weinflasche neben die Kerze, darin leuchtet golden der Tokajer, den ihm einmal im

Monat armenische Händler bringen. Jusuf Rababárs Augen lächeln. Sein Bart sieht geradezu glücklich aus. Seine dichten, schwarzen Augenbrauen zucken vor Wonne. Er leckt sich die Mundwinkel.

»Allah sei mit uns!« erhebt er das Glas.

»Dagegen habe ich nichts, lieber Rababár«, nickt Mendelson. Sorgfältig zählt er das Geld ab, dann zieht er sich zurück und reibt sich mit hingebungsvoller Gründlichkeit Achselhöhlen und Bauch mit einer nach Minze duftenden Salbe ein. Na aber. Sogar seine Lenden säubert er sich! Seine Augen aber glitzern, lächeln die ganze Zeit über. Auch Jusuf Rababár macht sich bereit. Er knurrt die Hälfte des vorgeschriebenen Abendgebets vor sich hin. Für mehr ist leider keine Zeit. Schon bringt er die Werkzeuge. Steine, Hämmer, alte Töpfe reiht er neben dem Fenster auf.

David Mendelson huscht zum Tor hinaus und schlägt die Richtung zum Donauhafen ein. In heiterer Zerstreutheit schreitet er dahin, sein Gesicht ist so zufrieden, als rechne er damit, reich beschenkt zu werden. Vor einem schön verzierten, wohlhabenden Haus verlangsamt er seinen Schritt. Er drückt sich in die gegenüberliegende Toreinfahrt. Aus dem beobachteten Haus tritt alsbald Josua Rabimek mit sorgenbeladener, strenger Miene. Sein fahles Gesicht ist noch bleicher als gewohnt. Er blickt zum Himmel, prüft den Stand der Sonne. Räuspert sich, nickt. Es ist gut. Noch ein knappes Stündchen hat er bis zum Empfang des Sabbats, der natürlich in der Synagoge erfolgt, gleichzeitig mit dem Entzünden der Kerzen. Gemäß der Sitte nehmen nur die Männer an diesem erhabenen Ereignis teil. Im Schatten nickt auch David Mendelson und blickt lächelnd und zufrieden der sich rasch entfernenden Gestalt Josua Rabimeks nach.

Dieser läuft geradewegs vor David Mendelsons Haus. Dort aber stutzt er, als hätte ihn sein Weg nur zufällig hierher geführt. Mit nachdenklicher Miene seinen Bart streichend, schreitet er langsam an dem Gebäude vorbei. Durch den Spalt des nicht ganz geschlossenen Fensterladens späht Jusuf Rababár hinaus. Sowie er die Gestalt Josua Rabimeks erblickt, führt er einige Schläge mit seinem Hammer. Nicht mehr. Josua Rabimek erbebt, trotzdem setzt er seinen Weg fort, als hätte er nichts gehört. Nach ein paar Minuten taucht er von neuem auf. Nun schlägt der im Haus verborgene Türke Tonscherben aufeinander und produziert mit Hilfe einer schartigen Säge und einiger Leisten unmißverständliche Geräusche, das heißt, er erweckt den Eindruck, daß im Haus gefeilt, gebohrt, geschnitzt werde. Einmal begeht Josua Rabimek sogar die Unbedachtheit, verspätet in die Synagoge zu kommen, nur um seine böse Ahnung bestätigt zu sehen. Und er täuscht sich nicht. Denn die Arbeit nimmt auch nach dem Aufflackern der Sabbatkerzen ihren Fortgang, das heißt, in David Mendelsons Haus wird auch am Samstag gearbeitet. Was für eine Schande! Wenn hingegen jemand anderer an dem Haus vorbeigeht, macht Jusuf Rababár niemals Lärm. Deshalb wird seit Jahren nur Josua Rabimek Zeuge jenes unfrommen Geschehens.

Eben ist Josua Rabimek hinter der Ecke verschwunden. Jusuf Rababár legt eine Pause ein. Ob noch Wein da ist? Oh, Allah ist seinem demütigen, nichtigen Diener gnädig. Ja, es gibt noch Wein, dieser Mendelson hat welchen übriggelassen, ein braver Mann, ein guter Mensch, hm, hm, wenn doch alle Juden so wären! Zärtlich betrachtet Jusuf Rababár die Flasche. Ein köstlicher Tokajer. Gesegnet sei der Mann, der die erste Rebe in die Erde gepflanzt hat! Der Türke schenkt sich ein Gläschen ein, leert es mit einem Zug, und während sich das wohlige Gefühl in seinen Gedärmen ausbreitet, kehrt Rabimek abermals zurück. Also greift er nach dem Hammer und klopft ein paarmal damit.

Na, aber was geschieht zur gleichen Zeit beim Haus von Josua Rabimek? David Mendelson ist nirgends zu sehen. Doch legen wir nicht weit vom Tor entfernt unsere Hand auf die Steine des Hofes, so spüren wir auf einem Fleck von der Größe eines Menschen eine sonderbare Wärme. Als hätte gerade eben jemand die Steine heftig gescheuert. Nur das Übliche ist geschehen. Zuerst haben Mendelson und Marja einander auf den Steinen des Hofes geliebt, dann drinnen im Haus, dort aber gleich mehrmals, in verschiedenen Haltungen und ausgefallenen Stellungen, glücklich, geschickt und sehr verliebt, den heißen Atem aus dem anderen nahezu herausbeißend.

Josua Rabimek und David Mendelson stoßen fast zusammen, als sie den Eingang der Synagoge im letzten Augenblick erreichen. Rabimek knirscht wütend mit den Zähnen, Mendelson hüstelt mit niedergeschlagenen Augen. Die Männer der Mahalleh sind für den Empfang der Königin Sabbat vorbereitet. So wie Rabimek Mendelson anblickt, würde er sogar seine Gedanken vom nächsten Tag lesen, wenn man überhaupt Gedanken lesen könnte. Der Wollhändler erwidert harmlos lächelnd seinen Blick, und als das mit »Komm, meine Liebste« beginnende Lied erklingt, erhebt er seine falsche Stimme zu solcher Lautstärke, daß Josua Rabimek ein Stück von ihm abrücken muß.

Als Josua Rabimek am Abend nach Hause kommt, sitzt Marja, seine Frau, mit müden, dankbaren Augen im Schein der Sabbatkerzen und betet. Die Wohnung glänzt vor Sauberkeit, das Mahl für den Samstag ist bereits gekocht, weicher Hefekuchen wartet unter dem gestickten Tuch. Schwach werdend kann er den Blick nicht von seinem Weib wenden. Was für eine liebe und fromme Frau! Na gut, vielleicht ist sie nicht ganz so schön, vielleicht kann man hübschere Mädchen in der Mahalleh finden, aber demütigere und frömmere wohl kaum. Kein lautes Wort ist von ihr zu hören. Fleißig ist sie, und die Sünde kann nicht einmal ihren Fußspuren nahen. Sie schreit nicht so herum wie zum Beispiel Rebekka, die Frau des Schächters. Und nun bittet er sein teures Eheweib, ihre Hand ein wenig auf seine Stirn zu legen, damit ihn die Sorgen nicht so quälen. Marja blickt ihren Gemahl ergeben an und läßt ihre kleine, leichte Hand auf seine Stirne schweben. Und Josua Rabimek glaubt sich im Himmel. Er seufzt behaglich. Wie der glücklichste Mensch der Welt fühlt er sich, und wenn er dieses Gefühl hat, ist er es auch tatsächlich. Denn kann man mit Gefühlen streiten?!

David Mendelson steht vor dem Spiegel. Seinen Körper hat er vollständig entblößt, was zwar dünkelhaft ist und eine Unziemlichkeit höchsten Grades, andererseits, warum soll er es auch nicht tun. Er ist allein, in seinem eigenen Heim, hier sieht ihn nur Gott, wenn er gerade in seine Richtung blickt. Lächelnd legt er den Kopf zur Seite. Vierunddreißig Bisse, Saugspuren und Kratzer zählt er auf seinem Leib. Zwei mehr als vor einer Woche. Er befühlt, betastet seine Wunden und seufzt zufrieden. Ach, mein Gott, wie angenehm können doch Schmerzen sein!

In letzter Zeit verrichtet Ignác Arnót alle möglichen Arbeiten für die Fratres. Irgendwie arbeitet er lieber für sie als für das Volk der Unteren Stadt, obwohl sie doch kaum etwas bezahlen. Woher sollten sie es auch nehmen?! Und wenn Arnót zuweilen vor dem Klostergebäude stehenbleibt, ja dann hakt sich Bruder Felix Potári schon mal bei dem Holzschnitzer ein und zieht ihn sanft in den Klostergarten. Lange spazieren sie zwischen den Zwetschen- und Pfirsichbäumen, saugen den Duft der heilkräftigen wilden Blumen ein, berühren die mit Pulverschnee bestäubten, rauhreifüberzogenen Äste, klauben die abgefallenen weichen Zwetschen auf, bestaunen die ersten Knospen oder die herabrieselnden herbstlichen Blätter. Der Mönch befragt Arnót über Bäume und deren Fleisch. Der Holzschnitzer hat das Gefühl, daß all das gar nicht wichtig ist, weil den Mönch weder seine Arbeit noch deren Sinn interessiert, sondern vielmehr sein, das heißt Arnóts, Leben, das geheimnisvoll und sinnlos erscheint. Das Leben des Holzschnitzers ist voller unerklärlicher Ereignisse. Ein solches ist beispielsweise ihre lange Wanderung nach Szeged, dann die Umstände des Kindersegens, nicht weniger das Verhalten der Leute in der Unteren Stadt, in dem bereits eine derart starke Zurückhaltung zum Ausdruck kommt, daß sich auch der Ordensbruder darüber seine Gedanken machte. Bei einem dieser Spaziergänge bleibt der Franziskaner plötzlich stehen, legt seine Hand an die Stirn und beginnt mit erstickter Stimme davon zu sprechen, daß wir niemals etwas über die Beschaffenheit des Bösen wissen werden. Wer das Böse erkennen will, stirbt wie die Puppe eines nicht geschlüpften Schmetterlings. Sie hat existiert, aber kein Licht gesehen, sie hat existiert, aber nie einen Windhauch gespürt, nie einen Duft gerochen. Nicht einmal stecknadelkopfgroß ist die Chance, das Böse zu erkennen, denn das Wesen des Teufels liegt nicht in der Möglichkeit des Erkennens, sondern im Gegenteil, in dessen Vergeblichkeit. Gott hat uns den Schlüssel zur Erkenntnis gegeben, und dieser Schlüssel ist die Liebe. Das Böse gibt nichts, es verspricht nur. Jeder Moment verstreicht im Zeichen unerfüllbarer Versprechen, und dem schwachen und elenden Menschen schwindelt angesichts der Fülle der Versprechen, und wenn er etwas zu erhaschen sucht und es auch zu fassen bekommt, kann er keine Freude und Befriedigung finden, denn immer neue Versprechen bedrängen seine Seele, und es ist ihm nicht wichtig, daß sich etwas vollendet, sondern daß es fortdauert.

Die Anspannung verhärtet das schmale Gesicht des Franziskaners, sein Blick flattert hin und her, manchmal verharrt er auf dem Gesicht des Holzschnitzers. Seine Worte werden von jäh auflodernden und jäh verlöschenden Bewegungen begleitet. Er hebt den Arm, seine Finger tanzen an Arnóts Schulter, streichen an seinem Ohr vorbei, berühren sein struppiges Haar und seinen Nacken, wovon der Holzschnitzer gewöhnlich zusammenfährt wie einer, der bei einer Schandtat ertappt wird. Arnót überkommt Widerwille, er möchte zur Seite treten, sich den Mönch vom Leibe halten, doch wenn er in dessen geäderte, verschleierte Augen blickt, wandelt der Widerwille sich in Kraftlosigkeit.

So vergeht die Zeit.

Unentwegt spricht der Franziskaner vom Bösen, dennoch kann sich Arnót nicht entschließen, ihm seine Geschichte zu erzählen, ihm zu sagen, daß er einmal den Teufel geschnitzt hat. Eines Tages geschieht etwas Außergewöhnliches. Sie gehen immer tiefer in den sommerlichen Obstgarten hinein, denn an diesem für Arnót so wichtigen Tag herrscht glühende und erbarmungslose Dürre, es ist der Sommer des Jahres 1680, und der Holzschnitzer tut wieder nichts anderes, als dem Franziskaner zuzuhören; da vernimmt er mit einem Mal einen fernen Klang, wie wenn der Himmel einen Sprung bekommt, wie wenn eine Glocke von selbst zu schlagen beginnt, weil sie eine Gefahr spürt, die im Staub der Erde nicht zu sehen ist.

Arnót bleibt stehen, neben ihm hält auch der Ordensbruder inne.

Der Holzschnitzer hebt sein Gesicht zum Himmel. Seine

Arme hängen kraftlos am Körper. Er wirft einen Blick auf den Mönch. Eine widerwärtige Kälte umschlingt seine Fußgelenke und beginnt ganz langsam im Rhythmus der Worte des Geistlichen aufwärts zu kriechen, seine Waden, seine Knie, die kräftigen Schenkel scheinen einzufrieren, schon glaubt er bis zur Hüfte in der Kälte des Todes zu stehen. Bis jetzt hat der Franziskaner gesprochen, jetzt verstummt er. Sein Blick tastet das versteinerte Gesicht Arnóts ab. Seine blutlosen Lippen pressen sich zusammen, und an der Nasenwurzel, gerade neben der braunen Warze, beginnt ein Nervenstrang zu zucken. Es scheint, als würde er freundlich lächeln. Doch kein Lächeln ist es, sondern äußerste, zu allem entschlossene Aufmerksamkeit. Der Ordensmann hebt seine Arme und packt von beiden Seiten die struppigen Haarbüschel des Holzschnitzers. Ganz nah zieht er ihn zu sich heran. Arnót riecht den süßlichen Palinkaduft.

»Das Böse, Meister Arnót«, schluckst leise der Mönch. Auf einmal beginnen sie zu laufen. Obgleich der Geistliche wesentlich jünger ist als er, erreicht Arnót das Tor seines Hauses als erster, um es mit solcher Gewalt aufzureißen, daß der Torflügel herausbricht und in der Hühnerscheiße des Hofes gewaltige Purzelbäume schlägt. Wie ein wildgewordener Stier stürmt er vor das Haus. In der Mitte des Hofes steht grinsend der stumme Teufel von Ödenburg.

Der Teufel ist zurück!

Allmächtiger Gott!

Arnót stutzt, prallt, eine Staubwolke aufwirbelnd, zurück, denn er sieht, daß die Arme des Teufels den leblosen Leib der ohnmächtigen Kamilla halten. Der Kopf des Mädchens kippt hin und her, das blinde Weiß ihres Blicks richtet sich abwechselnd auf Himmel und Erde. Die arme Frau Arnót lehnt schluchzend an der Hauswand, mit ihren Fingernägeln kratzt sie den Verputz, sie ist nicht bei Sinnen. Endlich erreicht auch der Franziskaner den Hof des Holzschnitzers. Beherzt, wenngleich schwankenden Schrittes tritt er hinzu. Entschlossen betet er, bewirft den Teufel mit lateinischen und ungarischen Worten, schlägt ein Kreuz, zählt die Namen von Heiligen auf, manche nennt er doppelt, dann hält mit einem Mal auch er ein, seine Arme fallen kraftlos herab. Sein Gesicht wird lang, als wäre sein

Kinn schwerer als die Stirn. Plötzlich herrscht Stille. Reife, sommerliche Stummheit legt sich auf sie, wie in einem Glashaus. Arnót schüttelt den Kopf, schnaubt und geht raschen Schrittes auf den Rand seines Anwesens zu, vor dem schwarzen Bäumchen, dessen Samen er vor vielen Jahren von einem Gaukler bekommen hat, bleibt er stehen und reißt es mitsamt den Wurzeln aus der Erde. Mit diesem schwarzen Baum prügelt Ignác Arnót, der alte Holzschnitzmeister, den stummen Ödenburger Teufel, den er doch selbst geschnitzt hat und der jetzt seine Tochter rauben will, zu Tode. Der Teufel jammert nicht und brüllt nicht, aber er läßt Kamilla in den Staub fallen. Vergeblich versucht er seinen Kopf zu schützen, vergebens. Mächtige Schläge führt Arnót, jeden Hieb unter fürchterlichem Gebrüll. Der Ordensmann ist auf die Knie gesunken und betet. Bei jedem Schlag spritzt Blut über den Hof. Gesicht und Kutte des Mönchs sind mit Blut bedeckt, blutig ist die auf dem Boden liegende Kamilla, auch das Gesicht Arnóts ist blutbespritzt, blutig vielleicht sogar der Himmel. Kaum eine Viertelstunde später sind von dem stummen Ödenburger Teufel nur noch ein paar zerbrochene Stöcke und gespaltene Holzstücke übrig. Der Geistliche schaut nur, befingert sein Gesicht. Entsetzen hat ihn gepackt. Keuchend kauert Arnót über seinem Kind. Kamilla aber lächelt mit geschlossenen Augen, dann blickt sie schläfrig auf.

Richtig schön sieht sie jetzt aus.

Ein neunjähriges Blondinchen.

Wieder lächelt sie und beginnt zu sprechen.

»Ich habe geträumt, Väterchen. In meinem Traum hat ein Brachvogel geweint. Mein Traum ist auf einen Wagen gestiegen und in der Zeit gereist, als wäre er ein Mensch. Kann aus einem Traum ein Mensch werden, Väterchen? Zu fünft sind sie auf dem Wagen gewesen, fünf seltsame Männer, und alle haben mich ihre Tochter genannt. Meine Kleine, mein Liebling, mein Augenstern. Diese Männer haben geweint, Väterchen. Und auch der Brachvogel hat geweint.«

Arnót gibt lange keine Antwort. Alsdann hebt er das Kind vom Erdboden auf.

»Vielleicht, Kamilla«, flüstert er, »vielleicht kann aus einem Traum ein Mensch werden.«

Noch in derselben Nacht vermerkt Bruder Felix Potári im Kodex des Klosters folgendes:

»Herr, ich habe das Böse gesehen und erfahren, wie es ist.

Es hatte Menschengestalt, war aus leblosem Holz geschnitzt und hat trotzdem geblutet. Und das Blut schmerzt noch immer auf meinem Gesicht, als wäre auch ich geschlagen worden. Herr, du weißt, daß Gut und Böse gleicherweise im schwachen menschlichen Körper zu Hause sein können. Aber nicht irgendwie, Herr, auch das weißt du genau. Das Böse fühlt sich überall zu Hause; wenn es vertrieben wird, läßt es sich davon nicht stören, auch wenn es gehaßt wird, erfüllt es das bloß mit trübem Glück, wenn es geliebt wird, kümmert es sich nicht um diese Liebe, es haucht immer nur die Flamme der Verirrungen an, mit seiner garstigen, schwefeligen Fratze. Aber nicht das ist es, was ich dir sagen will, Herr. Du weißt es, warum sollte ich es auch verheimlichen: Seit ich mein nichtiges Leben dir geweiht habe, grüble ich über das Böse, unglückselige und unnütze Gedanken hausen seit Jahren in meiner Seele, und du hast mir nicht geholfen. Du weißt, warum. Ich glaube, daß das Böse nicht ewig war wie du. Kein gefallener Engel, wie unsere Verfasser, unsere klugen und feinfühligen Weisen es uns seit Jahrhunderten wissen lassen. Ich habe mir längst Gewißheit verschafft, Herr. Das Böse haben wir erschaffen. Wir waren es, die den Teufel geschaffen haben, wir Menschen, schwache und gräßliche kleine Wesen, und wir schaffen ihn immer und immer wieder, bewußt und unbewußt. Wenn du den Menschen nach deinem Ebenbild geformt hast, ja anders kann ich es nicht sagen, handeln auch wir in gleicher Weise, denn auch wir formen den Teufel immer von neuem nach unserem Abbild, den Teufel, der deshalb so große Ähnlichkeit … Ähnlichkeit …«

Und bei diesem Satz bekommt Bruder Felix Potári von der grenzenlosen Kühnheit seiner Gedanken Schluckauf, und der Gänsekiel fällt ihm aus seinen zitternden Fingern und wirbelt zu Boden. Mit glasigen Augen starrt er die betrunkenen Zeilen an. Lautlos bewegen sich seine Lippen, er scheint noch einmal zu lesen, was er geschrieben hat. Dann tastet er so lange suchend neben sich, bis er die beruhigende Kühle der Palinkaflasche spürt. Er trinkt einige Schlucke, und langsam beruhigt sich seine verstörte Seele. In seinem Körper breitet sich wohltätige Wärme aus. Die Flamme der Kerze bläst er aus und starrt lange ins Dunkel. Von der Unteren Stadt her ist begeistertes Hahnengeschrei zu hören, obwohl die Nacht gerade erst richtig begonnen hat.

Manchmal wird Jizchak ben Juda von seiner Frau bei den Schultern gepackt und durchgeschüttelt. Blutige Streifen zieht der Morgen über der Mahalleh. Sara findet ihren Mann regelmäßig in Tränen aufgelöst. Schläfrig blinzelt der Händler, mit schwerfälligen Gliedern verrichtet er die rituelle morgendliche Waschung. Ihm ist, als wäre er in der Nacht gefoltert, sein Herz mit Beißzangen zusammengepreßt worden und als wäre seine Seele nur ein blutiges jüdisches Tüchlein im Land der Perser. Selbst im strahlenden Morgenlicht kann er sich nicht von den Gedanken befreien, die auch im unruhigen Halbschlaf nicht von ihm abließen. Warum wird gerade ihm das Leiden zuteil? Warum ist gerade er, der nicht besser oder schlechter als die anderen, zum Beschützer der Welt geworden, warum ist er es, der jeden Tag vor dem Angesicht Gottes steht, warum sind sein Schweiß, seine Tränen, sein Seufzen und sein Gefühl auserwählt? In verstohlenen Augenblicken sieht er seine Ehefrau lange an, und er weiß, daß er sie nicht liebt. Daß er unglücklich mit ihr ist. Das Kind springt um sie herum, sein Lachen erfüllt das Haus. Jizchak ben Juda starrt verloren vor sich hin. Vielleicht liebt er nicht einmal seinen Sohn. Ein Stein sitzt an der Stelle seines Herzens, es ist ein Stein, der dort schlägt. Seit er in der Synagoge am Kopf getroffen wurde, trägt er etwas in seiner Brust. Kann jemand lieben, der zum Leiden auserkoren ist? Kann jemand durch eigenes Leiden glücklich sein? Darf er überhaupt lachen?

Eines Tages ergreift Jizchak ben Juda dann doch die kleine, weiße Hand seiner Frau. Nachdenklich blickt er in ihr bleiches Gesicht.

»Wenn sie dich über die Sechsunddreißig befragen, sag nichts.«

»Ich sage nichts, Jizchak.«

»Aber denk an mich!«

»Ich denke an dich, Jizchak.«

Er berührt einen Schweißtropfen an seiner Stirn.

»Wer gewählt worden ist, ist erwählt. Wenn sie mich über die Sechsunddreißig befragen, denke ich an dich, Jizchak ben Juda«, sagt Sara erneut.

Und mit einem Mal verschönt sich ihr Gesicht.

Es beginnt zu strahlen wie frisch gefallener Schnee.

Doch ihr Mann verspürt keine Erleichterung.

Nach der Vernichtung des Teufels tritt im Verhältnis des Holzschnitzmeisters zu den Bewohnern der Unteren Stadt eine neuerliche Veränderung ein. Arnót bemerkt, daß die Aufträge weniger werden. Immer seltener ersucht man ihn, eine Wiege, ein Gewürzkästchen mit Knöpfen, ein Kruzifix zu schnitzen. Andererseits werden die Menschen ihm gegenüber freundlich und aufmerksam. Sie bleiben vor seinem Haus stehen. Die Ellbogen auf den Zaun gestützt, plaudern sie mit ihm über Wetter und Ernte, berichten über den neuesten Klatsch der Stadt. Loben seine Arbeit und bitten ihn niemals um Rat. Und sehen ihm während des Gesprächs immer fest in die Augen. Zuweilen laden sie ihn ein, zum Palinkatrinken, zu Lustbarkeiten und Familienfesten. Arnót blickt nur verlegen, fährt sich durch den dichten Schopf und lungert ohne Arbeit auf seinem Hof herum.

Er weiß nicht, daß man nun überall in der Unteren Stadt die unzähligen Gegenstände zu benutzen beginnt, die er bis dahin geschnitzt hat. Jetzt wird der Säugling in die von ihm angefertigte Wiege gelegt, jetzt sein Holzlöffel in die Fischsuppe getaucht, jetzt sein Kruzifix an die Wand gehängt. Das weiß Arnót nicht, er spürt nur die plötzliche Herzlichkeit, die offenbar mit der Vernichtung des Teufels zusammenhängt. Aber weil sich keine Arbeit, keine Aufträge einstellen, folgen Tage der Not. Bald müssen sie bereits hungern. Und wenn gelegentlich nichts anderes im Haus ist als eine kleine Zwiebel und trokkenes, schwarzrindiges Brot, ja dann verzehren sie es schweigend, aber auch dann atmen sie den Duft ihres Töchterchens, Kamillas, tief ein.

Auch Ibrahim Galaburdi riecht den Kamillenduft, als das Mädchen an einem kalten Wintervormittag an ihm vorbeispaziert. Der Janitschar ist ein äußerst geduldiger Mann. Er weiß seit jener Taufe, als er gemeinsam mit den Ungarn auf das Franziskanerkloster zuschritt, daß er es sein wird, der als erster die Kamillenblume aus dieser Kamillenwolke reißt. Es ist das Fest der heiligen Veronika, man schreibt das Jahr 1685. Kamilla kehrt eben mit Akazienhonig vom frostklirrenden Palánk-Markt zurück, wo jetzt nur einige bettelarme Serben und in Lumpen gehüllte Derwische frieren. Unwillkürlich blickt das Mädchen einem schönen Mann nach, dem man nicht ansieht, zu welchem Gott er betet, wenn er überhaupt betet, und dessen Kleidung weder Herkunft noch Beruf verrät. Josef Bezdan ist an diesem kalten Wintertag in Szeged eingetroffen. Er erwidert das Lächeln Kamillas und tut so, als bemerkte er die ominöse Wolke nicht, die dem Mädchen folgt. Spione sind ja nicht dazu da, Wolken zu vertreiben, sondern um zu berichten, woher sie kommen und wohin sie ziehen.

Da steht Ibrahim Galaburdi auch schon vor Kamilla und saugt die kalte Winterluft in tiefen Zügen ein. So bannen Schlangen kleine Vögel. Das Mädchen wird von solchem Schrecken gepackt, daß es nicht einmal wagt, die Augen niederzuschlagen. Das wäre auch ganz überflüssig. Kamilla schaut bloß, starrt in den abgründigen Brunnen von Ibrahim Galaburdis Blick und spürt, daß sie von aller Kraft verlassen wird. Der Türke nimmt ihr den Honigtopf aus der Hand und stellt ihn in den Schnee. Dann nimmt er sie beim Handgelenk und zieht sie hinter sich her, wie man schwache Tiere zur Schlachtbank zerrt.

Stunden später wankt Kamilla zurück, um den Honig zu holen – vergebens. Der prunkt bereits auf dem Tisch von Josef Bezdan. Wer sich darauf versteht, kann selbst den Honig zum Sprechen bringen. Denn der Honig ist ja einer der größten Geschichtenerzähler! Der Spion verfolgt im güldenen Licht des Honigtiegels, was mit Kamilla geschieht.

Das Mädchen stolpert totenbleich hinter Galaburdi her. In der Straße der Deckenmacher gehen sie bis zum kleinen, weißgetünchten Haus eines Türken aus Adrianopel, eines gewissen Osman Krivdasha. Galaburdi stößt das Tor mit der Schulter auf. Drinnen ist es warm, Flaumfedern wirbeln umher, der Geruch frischgewaschenen Leinens liegt in der Luft. In den Dekken, mit denen Krivdasha handelt, kann man sogar nackt vom Glück träumen. Zumindest behauptet das der Händler. Ibrahim Galaburdi heftet seinen Blick auf den Deckenmacher.

»Allah hat die Erde mit Schnee bedeckt«, sagt er.

Krivdasha nimmt nicht einmal die Nadel aus dem Mund.

»Ob er aber auch im Schnee für das Blümchen Sorge trägt, Ibrahim?«

»Allah ist nicht nur weise, sondern auch großzügig, Krivdasha.«

»Aber nur, wenn es jemand verdient, Ibrahim.«

Der Janitschar drückt das Mädchen auf einen Haufen Gänsefedern. Krivdasha sieht ihnen zu, die starke Nadel zwischen seinen fleischfarbenen, vollen Lippen. Seine Nasenlöcher weiten sich. Mit einem Mal entfährt ihm ein Schrei, ein lauter und gewalttätiger Schrei, der zu einem Greis mit schneefarbenem Bart überhaupt nicht paßt. Einen Moment hält er inne, dann sticht er die Nadel in das Kissen und beginnt neben sich herumzutappen. Zwischen den Lumpen kommt eine Flasche zum Vorschein, und daß sie mit Sicherheit kein Wasser enthält, das wird sogleich offenbar. Krivdasha nimmt einen ordentlichen Schluck. Der Wein rinnt ihm von beiden Mundwinkeln bis zum Hals hinunter und macht seinen Bart blutig.

»Hat sich deine Seele verkrochen, Krivdasha?« fragt Galaburdi.

»Meine Seele hat sich gestern so gut versteckt«, nickt zerstreut der Deckenmacher, »daß sie seitdem nicht wieder zurückgefunden hat. Auch jetzt habe ich nur zur Sicherheit geschrien, damit sie sich nicht zufällig blicken läßt.«

Den Söhnen Mohammeds ist es verboten, Wein zu trinken. Und dennoch trinken und saufen, schlürfen und süffeln sie ihn, weil ein Verbot nicht unbedingt dazu da ist, daß es eingehalten wird, sondern daß die Menschen von ihm wissen. Daß sie wissen, wann es schlecht und falsch ist, was sie tun, und wann nicht. Krivdasha hat geschrien, damit sich seine Seele vor dem Wein verstecken kann. Vergegenwärtigen wir uns nur, was für eine Dummheit das ist! Ja, können sich denn die Seele und der

Wein voreinander verstecken, wo sie sich doch so ähnlich sind?!

Wein trinken kann man zum Beispiel bei Ibrahim Kopata, dem Griechen mit dem türkischen Namen. Jedermann weiß das. Auch die Priester, ja selbst der kopfwehgeplagte Pascha Achmed, trotzdem erhebt niemand Protest. Am meisten trinken die gemeinen Janitscharen, stumm und in eine Ecke gedrückt, und nur ein Blitzen ihrer Augen verrät dem dicken Kopata, daß ihr Becher leer ist und sie noch trinken möchten. Sogar die Janitscharenaufseher mit ihren Hakenstöcken sind geschmiert, was aber keinesfalls bedeutet, daß Opportunismus und Korruption in dieser Gegend der Welt verbreiteter sind als dort, wo die Menschen nach dem Gesetz Christi zu leben hätten. Man könnte vielmehr sagen, es gibt das Gesetz und es gibt die Realität, und im Kraftfeld dieser beiden Faktoren bewegt sich das Leben, indem es unter dem Druck der Sehnsüchte und Möglichkeiten ein weises Gleichgewicht bewahrt. Doch dieses Gleichgewicht kippt. Als im Frühling, am ersten Tag des Ramadan, endlich der Neumond aufleuchtete und das Fasten seinen Anfang nahm, fand Ibrahim Galaburdi im Stadtteil Tabán vor der Schenke des Jeremiek Zaza stockbesoffene Türken. Wie Hunde wälzten sie sich winselnd im Dreck. Vorerst war Jeremiek Zaza, der ebensogut Zigeuner wie Ungar, Türke oder Bosnier sein konnte und dessen Wein von zweifelhafter Qualität und ebenso ungewisser Herkunft war wie er selbst, nur zu einer Geldstrafe verurteilt worden. Dann kostete der Kadi von dem beschlagnahmten Getränk und verschärfte das Urteil auf der Stelle. Jeremiek Zaza mußte sich auf einen Esel setzen, nakkend und verkehrt herum, sich am Schwanz des Tieres festhaltend. So wurde er durch das ganze Palánk-Viertel geschleppt. Dann wurde er an der Mauer des Bades mit Stockhieben gezüchtigt, sein Gesicht in frische Kamelscheiße gedrückt. Die es gesehen haben, behaupten, Jeremiek Zaza sei gar nicht an den Schlägen, sondern an der Schande zugrunde gegangen, daß man ihn nackt und mit Scheiße im Gesicht gesehen hat. Jeremiek Zaza hat sein Schicksal verdient. Unachtsam hat er den Becher des rechten Maßes umgekippt. Ibrahim Kopata kippt niemals einen Becher um. Und auch Krivdasha, der Deckenmacher, läßt das Maß nicht kippen. Eine Flasche Wein trinkt er täglich, und wenn ihn ein großer Kummer bedrückt oder eine besondere Freude zuteil wird, dann zwei, und nur ganz selten drei. Ihn sieht man nicht schwanken, schwadronieren, mit getrübtem Verstand alle möglichen Gottlosigkeiten von sich geben. Wird man auch in Zukunft nicht! Der Deckenmacher wischt sich den Bart ab und wirft dabei einen Blick auf das schlotternde Mädchen.

»Ihr Duft ist wirklich angenehm«, nickt er und näht weiter.

Plötzlich blickt er von neuem auf.

»Ein paradiesischer Duft, Ibrahim!«

Ibrahim Galaburdi lächelt ihm zu. Ein kindliches, fast schon harmloses Lächeln. Dann scheint ein Schatten über seine Stirn zu laufen. Er packt die bebende Kamilla, reißt sie hoch, drängt sie in das hintere Zimmer und drückt sie erneut auf einen Haufen Decken. Mit einer raschen Bewegung dreht er sie auf den Bauch. Zerrt wild an ihrer Jacke. Zerreißt ihr Kleid. So erbarmungslos sie sind, zeugen diese Bewegungen doch von Sachkenntnis. Schmerzen verursachen sie keine. Kamilla keucht. Galaburdi drückt mit der einen Hand ihren Nacken hinunter, mit der anderen faßt er unter den schwachen Bauch des Mädchens. Ein wenig hebt er den vor Entsetzen starren Unterleib, so daß die beiden entblößten Hinterbacken, sich voneinander lösend, sowohl die rosafarbene Ringmuskulatur als auch das kümmerliche, rotblonde Gestrüpp der Vulva aufleuchten lassen. Ibrahim Galaburdi spricht den teuren, tausendfach heiligen Namen Mohammeds aus.

Wie oft hat doch auch der heilige Mann an jenem wundervollen Altar geopfert, der allein durch die richtige Konstellation des weiblichen und männlichen Leibes zustande kommen kann! Das sind nicht ganz genau Galaburdis Gedanken, ihr Sinn ist aber doch ähnlich. Unvermutet fällt ihm ein, daß er vor Jahren in einer überfüllten Karawanserei zwei Pilger hatte streiten hören, die sich in der tiefen bulgarischen Nacht nicht darüber einigen konnten, wie viele Liebchen Mohammed wohl gehabt habe. Damals hatte der Streit ihn so erregt, daß er sich in der Karawanserei zu dem Besitzer eines plötzlich aufblitzenden und sogleich wieder verlöschenden Augenpaars begab und seine Lust an ihm stillte. Bei Allah, es war ihm, als würde er ein Kind lieben, während neben ihm die Pilger aus Adrianopel über die Zahl der Geliebten des Heiligen tuschelten.

»Wie Sterne am Himmel, Mustafa!«

»Nein, nein, Jusuf! Du irrst! Wie Fische im Meer!«

»Flocken im Schnee, Mustafa!«

»Dann schon eher wie Tränen in den Augen, Jusuf!«

Und der Janitscharenhauptmann Ibrahim Galaburdi muß über diese bemitleidenswerte geistige Genäschigkeit lächeln. Oh, es ist ja nie die Menge, die wichtig ist! Auch dieses schlotternde Mädchen unter seiner Hand, was hat es mengenmäßig aufzuweisen?! Ein jämmerliches Ergebnis. Ein häßlicher, grauer kleiner Spatz. Hat gar kein Fleisch an sich, wie die türkischen Mädchen, das spielen, necken und spaßen, das einem Mann Vergnügen machen könnte. Aber ihr Duft!

Ihr Duft ist ein Irrsinn!

Ihr Duft ist geradezu Wahnwitz!

Auf zwei zusammengepreßte Finger läßt er Speichel rinnen, den er mit kreisenden Bewegungen zwischen Kamillas gespreizte Hinterbacken schmiert. Er betrachtet die platzenden Speichelblasen, bis die Pluderhose seinen Hintern zu drücken beginnt. Dann schnuppert er umständlich. Ja, es verhält sich so, wie er geahnt hat. Selbst die Gesäßöffnung des Mädchens atmet Kamillenduft. Wieder drückt Galaburdi zwei Finger zusammen, legt sie auf die Vulva des Mädchens und erzählt mit heiseren, abgerissenen Worten, radebrechend und das Türkische mit dem Ungarischen vermischend, die traurige Geschichte von Gül Baba. Die ganze Zeit über schweigt Kamilla und ist wie vom Schlag gerührt. Außerdem kitzelt eine verirrte Daune, der Lage ganz und gar nicht angemessen, ihre schütteren Augenbrauen. Traumverloren erzählt Galaburdi die Geschichte. Er nimmt seine Finger von der zarten Vulva, um sich dem rosigen, pulsierenden, aus sich selbst herauszugehen bereiten Fleisch mit seinem heißen Atem anzunähern. Die Körperöffnung erweckt den Anschein, als spalte sie sich von dem schmächtigen, kleinen Körper ab. Wie eine blutüberströmte Muschel! Mit jedem Wort vermindert sich die Angst in Kamillas Leib. Mit einem Mal hat das Mädchen das Gefühl, das

Streicheln des Türken nicht länger ertragen zu können. Sie holt tief Atem.

»Ja«, sagt sie leise und schließt die Augen.

Ibrahim Galaburdi verstummt. Mit perlender Stirn zittert, zuckt nun auch er.

»Wie hast du gesagt?« hechelt er in schlechtem Ungarisch.

»Ja«, flüstert Kamilla nochmals. »Ja, ja, ja.«

Ibrahim Galaburdi löst das Band seiner Pluderhose, sein Geschlecht nimmt er in die Hand, starrt es mit blutunterlaufenen Augen an und nickt. Dann stößt er es mit einer einzigen Bewegung zwischen die Hinterbacken, so daß das schreckliche Glied bis zur Wurzel in Kamillas rosiges, warmes Fleisch fährt. Das Mädchen gibt keinen Schmerzenslaut von sich. Rührt sich nicht einmal. Nur ihre Augen verdrehen sich, nur ihr Blick erstirbt auf der Stelle, nur das Licht des Wintertags zerbricht auf ihrem Augenspiegel in tausend Scherben. Blut quillt ihr aus der Nase. Ibrahim Galaburdi sieht es nicht. Er schnauft, seufzt tief über dem Leib des Mädchens, zappelt, ruckt hin und her und vergißt bereits Mohammed, die bulgarische Karawanserei, vergißt Gül Baba. Und als er zum Ende kommt, brüllt er dermaßen, daß ein Haufen Daunen hochwirbelt und langsam herabrieselt, als wäre es Schnee.

»Nach Hause mit dir«, sagt Krivdasha nachher zu dem Mädchen, das zwischen den blutigen Federn kauert. Nirgends sonst blutet Kamilla, nur aus der Nase. Zögernd steht sie auf und verläßt das Haus, als würde sie aus einem Traum unter den kalten, winterlichen Himmel treten.

Künftig ist kein Glockenklang mehr in ihrer Stimme.

Akazienhonig und wilde Kräuter holt sie nicht mehr vom Markt.

Auch die Form der Wolken interessiert sie nicht.

Närrischen Kindern geht sie aus dem Weg, und wenn sie ihr nachlaufen, vertreibt sie sie mit Brennesseln und Rosenzweigen. Wenn sich ein Mann zu ihr neigt, beginnt sie aus der Nase zu bluten. Nur der Kamillenduft bleibt ihr erhalten. Und es ist, als hätte jemand ihr Gesicht mit Tränen benetzt. Ein Tränentropfen bleibt darauf zurück, als wäre es ein Edelstein.

Josef Bezdan kommt zu Fuß nach Szeged. Bei den Christen ist es der Tag der heiligen Veronika. Unterwegs bricht er Eiszapfen von den Ästen und wärmt sie in seiner frostigen Hand. Er sieht zu, wie das Eis weint. Auf der ganzen Reise denkt er über Tränen und die Künstler des Weinens nach. Unleugbar nicht nur wegen des Auftrags von Arnót Abdurrahman, sondern weil die Akrobaten auch für ihn persönlich von tiefgreifender Bedeutung sind. Der Statthalter hat ihn angeworben, um zu erfahren, wer sie sind und was sie wollen. Wie viele sind es und mit was für Nachrichten handeln sie? Wenn Josef Bezdans messerscharfe Gedanken um die Tränengaukler kreisen, packt ihn eine grenzenlose Hoffnungslosigkeit, wie wenn ein Wurm an seiner Herzwurzel nagte.

Der Bezirk Palánk ist der ansehnlichste Teil von Szeged. Hier wohnen vornehme Türken, vermögendere Kaufleute, Pantoffel- und Federbettmacher und Waffenschmiede. Müde und durchfroren, doch zufrieden sieht Josef Bezdan sich um, als ihm plötzlich durchdringender Kamillenduft in die Nase steigt. Ein nicht gerade hübsches Mädchen kommt auf ihn zu, unter dem Arm trägt sie einen Honigtiegel.

Nein wirklich, sie duftet ja nach Kamille!

Erschrocken dreht sie sich um, als sei ihr jemand auf den Fersen. Ihre Ahnung hat sie nicht getrogen. Einige Augenblicke später packt sie ein Janitschar mit rohen Zügen und zerrt sie fort. Kopfschüttelnd hebt Josef Bezdan den Honigtiegel aus dem Schnee und starrt hinein, als sehe er mehr darin als nur das Gelb des gefrorenen Honigs. So ist es in der Tat. Der Weltspion kann den Honig zum Sprechen bringen. Er sieht, wie der Janitscharenhauptmann Ibrahim Galaburdi dem kamillenduftenden Mädchen bei einem Deckenmacher namens Osman Krivdasha Gewalt antut.

Stunden später stiehlt sich Josef Bezdan zu dem Haus des Deckenmachers. Er tritt lautlos zur Tür herein und schneidet kurz darauf dem vor sich hinsummenden Krivdasha die Kehle durch, doch so, daß dieser seinen Mörder nicht zu Gesicht bekommt, nur sein eigenes, süßes Blut, das auf die vor ihm aufgehäuften Federn rinnt. Dann läuft er weiter, auf der Suche nach dem Janitscharen. Die mit Schneehaufen übersäte Demeter-

Straße erreicht er zu spät. Vor Bestürzung sprachlose Türken umstehen einen Aschenhaufen. Daneben beten umherziehende Derwische und Feigenverkäufer, schwankend halten sie sich die Köpfe. Der Gegenstand der Bestürzung ist ein Haufen verkohlter menschlicher Überreste. Einer der Anwesenden, eine Gestalt mit üblem Gesicht und langem Kaftan, scharrt eine Art ledernen Beutel aus der Asche, vielleicht einen Talisman, den nicht einmal das Feuer hat verdauen können. Der Weltspion kauert sich vor dem Feuer nieder. Er blickt so lange in die Asche, bis er ein glückliches, ekstatisches Gesicht sieht. Anerkennend lächelt er, kratzt sich am Kopf. Wieder sind sie ihm zuvorgekommen, nur sie konnten es gewesen sein! Er verdrückt sich in die nahe Kneipe, zu Ibrahim Kopata, dem Griechen mit dem türkischen Namen. Mit breitem Lächeln wischt Kopata über den höckrigen Tisch. An seinen fleischigen Fingern funkeln Goldringe, am Handgelenk rasselt ein dickes Goldarmband.

»Du bist gewiß sehr hungrig, mein Herr.«

Josef Bezdan nickt zerstreut. Er starrt in Ibrahim Kopatas feistes Gesicht, wie der mißlaunige Tod. Das für Kneipenwirte charakteristische eilfertige und unterwürfige Lächeln verwelkt auf Kopatas Zügen.

»Durstig bist du auch, mein Herr?« fragt er leise.

Josef Bezdan nickt abermals. Ibrahim Kopata verschwindet, um ein paar Augenblicke später mit zitternden Händen Reis, frisch gebratene Hammelkeule und in Dillwasser eingelegte süße Gurken zu bringen. Bei der nächsten Runde kommt auch ein dicker Humpen Weins. Dann setzt sich Kopata pflichtschuldigst zu seinem Gast. Er sieht dem schönen, schweigsamen Mann beim Essen zu. Mit seinem Blick folgt er besorgt dem Weg des Schaffleisches. Schließlich ermannt er sich.

»Du hast recht, mein guter Herr, ich habe sogar meinen Riemen beschneiden lassen. Und wenn der Muezzin ruft, wende auch ich mich gegen Mekka und bete zu Allah«, murmelt er. Josef Bezdan hört auf zu essen. Er faßt den Wirt fest ins Auge.

»Verrat mich nicht, ich bitte dich«, fleht Ibrahim Kopata.

Josef Bezdan nickt, obgleich er vorläufig keine Ahnung hat, was der Mann meint. Egal. Er befindet sich bereits in seiner Gewalt und ist ihm verpflichtet. In einer fremden, vielleicht

Gefahren bergenden Stadt gibt es nichts Wertvolleres als einen Kneipenwirt. Herauszufinden, wodurch er Macht über ihn hat, dafür ist auch später noch Zeit. Kopata lächelt an diesem Tag nicht mehr und läßt seinen schönen Gast in Ruhe. Dennoch kann Josef Bezdan sein Mahl nicht unbehelligt einnehmen. Ein anderer Reisender läßt sich neben ihm nieder. Ein betagter Mann mit traurigen Augen und unruhigem Gesicht.

»Ich bin meinem Sohn nachgereist«, sagt er und blickt starr vor sich hin. Josef Bezdan trinkt einen Schluck Wein. Spült sich den Mund damit. Ein guter Wein. Ein köstlicher Wein. Wie gerne würde er ihn in Ruhe genießen!

»Kergis heißt der Junge«, sagt der alte Mann.

Josef Bezdan stopft sich ein Stück Fleisch in den Mund.

»Ich saß vor dem Haus und ließ meinen Blick auf unseren Bergen weilen.« Während der alte Mann spricht, streicht er mit tattrigen Fingern über sein langes, gelbes Haar. »Über meinem Haus plauderten ungeschickte Wolken aus, wo mein Sohn sich aufhält, den sie mir vor Jahren geraubt haben. Weißt du, wieviel die Wolken über Albanien schwätzen? Bei ihnen steht ja der Mund nicht still! Sie stellen sich vor, daß wir, die Albaner, sie nicht verstehen, deswegen plappern sie über unserem Land sogar ihre am besten gehüteten Geheimnisse aus. Auch von meinem Sohn haben sie erzählt. Sie haben ausgeplaudert, daß er hier ist und daß der Arme Badejunge geworden ist. Ich bin gekommen, ihn zu holen und nach Hause zu bringen.«

Mehr sagt der Alte nicht. Mit müden Gliedern erhebt er sich, greift langsam nach seinem Humpen und trinkt den Wein aus. Er blickt sich nicht nach Josef Bezdan um. Zu seinem einzigen Sohn will er, in die Burg von Szeged. Zu dem Badejungen Kergis, dessen Kopf man auf Befehl Ibrahim Galaburdis bereits vom Rumpf getrennt hat, der Kopfschmerzen Pascha Achmeds wegen. Kergis ist nicht mehr am Leben, allein, wir sehen uns vergebens auf der Bühne dieser Chronik um, auch die gedrungene Gestalt Ibrahim Galaburdis, des fürchterlichen Janitscharenoffiziers, ist nirgends zu entdecken.

Im dunkelsten Winkel der Herberge sitzt noch ein anderer Alter, gleichfalls eine zerlumpte Gestalt. Weder türkischer noch südländischer Provenienz und auch nicht aus der westlichen

Hälfte Europas. Ein Rumäne. Oder Armenier. Mit Sicherheit aber ein elender Landstreicher, dem man schon mehr als einmal die Seele gestohlen hat. Unzählige solcher Figuren treiben sich im Reich herum. Einst war es ihnen wohl ergangen, doch weil sie hochmütig und leichtsinnig waren, hat Allah sie mit Not und Entbehrungen geschlagen. Sie sind wie Hunde. Wenn du nach ihnen trittst, fassen sie dein Bein und besudeln es mit ihrem Speichel. Sowie der Albaner die Tür hinter sich zugezogen hat, schleicht auch diese Gestalt zu Josef Bezdan. Seufzend stochert der Weltspion in den Gurken herum.

»Mein Herr, du scheinst ein kluger Mensch zu sein.«

Josef Bezdan nickt müde. Der alte Mann neigt sich zu ihm.

»Ich verstehe nicht, mein Herr. Sag es mir ins linke Ohr, bitte.«

Josef Bezdan zuckt die Achseln. Die Augen des Alten blitzen auf.

»Mein Herr, verrat mir, wer dieser György Dózsa ist!«

In diesem Moment wird die Tür der Kneipe aufgestoßen, und eine Janitscharenpatrouille stürmt herein. Stumm verrichtet sie ihren Auftrag. Die Männer wissen genau, wen sie suchen. Josef Bezdan wird niedergeschlagen, gefesselt und in die Burg geschleppt. Die Anklage ist schrecklich, Mord und Spionage. Er stehe in Verbindung mit jenen geheimnisvollen Fremden, die den Deckenmacher Osman Krivdasha umgebracht und den Janitscharenhauptmann Ibrahim Galaburdi verbrannt haben. Der beste Spion der Welt wird grausam gefoltert, und weil er absolut nichts verrät und nicht einmal ein Wehlaut zwischen seinen zusammengebissenen Zähnen hindurchflattert, läßt man ihn vorläufig am Leben. Irgendwann wird er ja doch reden. Sie werfen ihn in ein Verlies, das von Ratten und Blutsaugern wimmelt. Zwar hat das Loch auch ein spaltbreites Fenster, aber es wäre besser, es hätte keines. Denn davor hat der Kerkermeister der Szegeder Burg, nach gutem Brauch, einen grinsenden Kinderschädel anbringen lassen, damit in der Seele des Gefangenen niemals, auch nicht für einen Augenblick, ein Hoffnungsfunke aufblitzen möge.

Der Wagen mit der blauen Träne rumpelt über die knochenhart gefrorenen Straßen Szegeds. Er durchquert den Stadtteil Palánk und das Tabán-Viertel. Manche sehen ihn auf der schneebestäubten Straße nach Algyő, andere sehen ihm auf der rauhreifbedeckten Feldflur von Tápé staunend nach. Auch in der Oberen und in der Unteren Stadt taucht er für Minuten auf, er fährt durch die Straßen, als wollte er die Einheimischen darauf aufmerksam machen, daß es ihn noch gebe, daß sie ihn nicht vergessen sollen, und wenn sich jetzt auch keine Gelegenheit für einen längeren Aufenthalt biete, so komme doch sicher noch die Zeit für Feste, Vergnügen und Tränenkunststücke. Nur an einer Stelle hält der Wagen der Gaukler etwas länger, in der Straße des heiligen Demeter, vor dem Haus eines Deckenmachers namens Krivdasha. Schließlich holpert er zur Stadt hinaus. Bei den Teleki-Hügeln richtet der unbeholfenste der Gaukler, Franjo Mendebaba, eine sanfte Bitte an seinen Gefährten Aaron Blum, jetzt möchte er erzählen, und wenn möglich, solle er nicht dazwischenreden, denn ab und zu wollen auch andere zu Wort kommen, worauf Aaron Blum beleidigt mit den Schultern zuckt. Franjo Mendebaba holt mehrmals tief Luft und setzt zu einer ernst zu nehmenden Erzählung an. Und während Aaron Blum sich beleidigt in die Tiefe des Wagens verkriecht, verpaßt er dem auf dem Bock sitzenden Peter Schwarzenstein einen ordentlichen Puff, rammt Zoran Vuković, der sein Feuerzeug untersucht, den Ellbogen in die Seite und stößt Goran Dalmatinac gegen den Kopf. Und nachdem das entrüstete Geknurre der Gefährten verebbt ist, kann Franjo Mendebaba beginnen. Es ist eine Legende, die der unbeholfenste Tränengaukler erzählt. Dieselbe, die Kamilla von Ibrahim Galaburdi gehört hat.

»Gül Baba, der Vater der Rosen«, nickt Franjo Mendebaba ernst, »liegt in Buda unter der Kuppel mit dem Bleidach begraben. Gelbe und rote Rosen blühen auf seinem Grab, und die Rose ... äh ... der Sarg Gül Babas ist von frühlingshaft grünem Tuch bedeckt, und auf seinem glücklichen Haupt glänzt die Krone des Ordens der Bektaschi-Derwische ... äh ... Gül Baba lächelt auch im Schlaf ... und eine Träne ist auf seinem Gesicht zurückgeblieben ... äh ... die im Augenblick seines Todes aus dem See seines Augenspiegels gefallen ist. Enthalten in diesem Tränentropfen ist der Name des Todes, und enthalten ist der Name des Lebens... Also bei der Geschichte von Gül Baba geht es darum, daß... äh... Gül Baba war nämlich gar nicht Gül Baba, sondern...«

Und nun breitet sich im Wagen tiefe Stille aus.

Franjo Mendebaba klappert verdächtig mit den Wimpern.

»Ich habe es vergessen«, flüstert er. »Ich habe das Märchen von Gül Baba vergessen.«

»Einmal ist Gül Baba von einem Landstreicher gestohlen worden, nicht?« wirft Aaron Blum ein.

»Ich glaube, ja«, flüstert Mendebaba. »Er hat Gül Baba gestohlen. Aber wie? Ich habe es vergessen.«

»Hast du auch vergessen, wie er bestraft wurde?«

Mendebaba würde sich am Kopf kratzen, wenn er könnte. Plötzlich lächelt er.

»Das habe ich nicht vergessen.«

Aaron Blum kennt das Märchen natürlich, aber er hilft ihm nicht. Weil er jetzt nicht helfen darf. Er zuckt mit den Achseln und zieht den Kopf zwischen die Schultern. Und auch die anderen Tränengaukler wissen, daß sie jetzt nicht helfen dürfen. Sie sprechen kein Wort, tun so, als schliefen sie, als seien sie in tiefen Schlaf gefallen. Auch Peter Schwarzenstein auf dem Bock bohrt seinen Blick in die Ferne, als ob er dort, wo der Bauch des Himmels zur Erde herabhängt, etwas außerordentlich Interessantes sähe.

»Er hätte nicht stehlen sollen«, flüstert Mendebaba vor sich hin und beginnt still zu weinen. Bald ruckt der Wagen mit der blauen Träne, bald rollt er ruhig dahin. Die Tränengaukler schlafen. Oder sie schlafen nicht, starren nur reglos ins Leere. Doch Franjo Mendebabas Augen glühen, und er würde sein Gesicht in den Händen vergraben, wenn das möglich wäre. Er weint nicht mehr. Denn zuweilen sind selbst Tränen vergebens.

Pascha Achmed hat Kopfschmerzen. Nicht der Schmerz an sich ist unerträglich, denn eine Zeitlang ist jederlei Qual auszuhalten, sondern daß er keine Pause einlegt, allgegenwärtig ist und hinter der Stirne tobt, als wäre er eine Strafe des Schicksals. Der Pascha tritt vor die ausgestopfte Taube an der Wand, betrachtet sie entschlossen, aber es hilft nichts. Tränen treten ihm in die Augen. Seine Hand ballt sich zur Faust.

»Wie ist es geschehen?« blickt er sich zu den stumm dastehenden Spionen um.

»Der Herr Hauptmann Ibrahim Galaburdi ging durch die Demeter-Straße«, haspelt der eine.

»Plötzlich bemerkte er den Wagen«, sagt der andere.

»Der Wagen stand vor dem Haus des Deckenmachers Krivdasha«, so der erste Spion.

»Neben dem Wagen lungerten ein paar Landstreicher.«

»Als würden sie warten.«

»Und vielleicht haben sie tatsächlich gewartet.«

»Denn als der Herr Hauptmann Ibrahim Galaburdi auf sie zuging, um zu fragen, wer sie und was sie ...«

»Woher sie gekommen ...«

»Warum sie gekommen ...«

»Ob sie eine Genehmigung haben, sich in der Stadt aufzuhalten ...«

»Da trat einer der Landstreicher vor ...«

»Und begann zu weinen.«

»Aber das waren keine ordentlichen Tränen!«

»Tränen waren das, wie Honig!«

»Und als Hauptmann Galaburdi bei ihnen ankam, ließ dieser weinende Landstreicher all den Honig ...«

»Also das heißt seine Tränen!«

»... dem Hauptmann Galaburdi auf den Kopf rinnen.«

Die Spione verstummen. Pascha Achmed beobachtet mit angehaltenem Atem. Er hat sogar den Schmerz vergessen. Was da die beiden Schwachköpfe daherfaseln, ist unglaublich, andererseits ... nun, es sind ja doch zwei, die es behaupten.

»Weiter!« befiehlt er leise.

»Dann hat dieser Landstreicher«, hebt der erste Spion an, »nachdem er die ganze ekelhafte ...«

»... an Honig erinnernde Absonderung seiner Augen ...«
»... auf Ibrahim Galaburdi geträufelt hat, ein Feuerzeug hervorgezogen ...«
»... und es knacken lassen.«
»Aber Feuer hat er nur mit großer Mühe machen können.«
Die Spione schweigen. Doch ihre Augen glänzen. Achmed hat ganz den Eindruck, daß ihre länglichen, dunklen Gesichter zufrieden sind, weil die Erzählung nach ihrem Geschmack war.
»Weiter!« befiehlt Pascha Achmed.
»Und er hat Hauptmann Ibrahim Galaburdi angezündet!«
»Der hat Feuer gefangen wie eine gewaltige Fackel!«
»Und was hat Ibrahim Galaburdi gemacht?« fragt Achmed, an seiner Stirn herumfingernd. Heiliger Mohammed, was ist das?!
»Er hat nur dagestanden.«
»Er hat sich gar nicht gerührt.«
»Hat er denn nicht geschrien?« Pascha Achmed erhebt sich.
»Es hat ganz so ausgesehen ...«, sagt der erste Spion.
»Und auch mir schien es ganz so ...«, so der andere Spion.
»Daß er glücklich war, als er in Flammen aufging.«
»Daß er dabei lachte.«
»Sein Gesicht strahlte!«
»Als hätte er den Propheten selbst erblickt!«
Endlich schweigen die verfluchten Spione. Und wie sie dort vor dem Pascha stehen, sehen sie mit einem Male, daß Tränen aus seinen Augen quellen! Er weint, diesem gepeinigten Menschen fließen die Tränen! Und er hält sich den Kopf mit beiden Händen, als fürchte er, daß er sich vom Rumpf lösen könnte. Einer der Spione tritt vor. Auf seinem vorgestreckten Handteller liegt ein Beutel.
»Das hat Ibrahim Galaburdi zurückgelassen, Herr.«
Pascha Achmed beugt sich langsam vor.
Bis jetzt hat er nicht gewußt, warum Ibrahim Galaburdi so selbstsicher und unerbittlich war. Nun weiß er es. In den Lederbeutel ist ein glänzendes Steinchen eingenäht. Von dem Steinchen geht ein trauriges Licht aus. Pascha Achmet weiß, daß dieses Glänzen nur die Träne eines Erdgeborenen sein kann. Die Träne eines Unglücklichen ist in diesem Steinchen

eingefroren, und Pascha Achmed weiß nun, daß Ibrahim Galaburdi das Leiden eines anderen über dem Herzen getragen hat. Der Pascha nimmt das Steinchen und badet es im Licht des Fensters. Er betrachtet es lange, doch weiß er schon im ersten Augenblick, was er wissen muß. Das unglückliche Gesicht einer Sklavin namens Diamont sieht er in der Träne glänzen.

Im Gefängnis erhält Josef Bezdan auch Vergünstigungen. Zwar wird ihm das Bitterkraut namens Hoffnung niemals in seine tägliche Reisration gestreut, doch zum Beispiel darf Kopata, der griechische Schankwirt, zu ihm. Nicht wenig Wein und Palinka kostet das Kopata, den türkische Soldaten und Unteroffiziere aus der Burg immer häufiger aufsuchen. Wenn er Einlaß findet, bleibt er lange in Josef Bezdans Verlies. Er starrt dem gepeinigten Mann in die Augen und hofft, daß der andere bald sterben und das Geheimnis mit ins Jenseits nehmen wird oder in einem unvorsichtigen Moment etwas von sich preisgibt, das im heiklen Verhältnis des Wissens, das sie voneinander haben, wenigstens ein Gleichgewicht herstellt. Kopata kann hoffen, soviel er will. Von Josef Bezdan bekommt er kein Sterbenswörtchen zu hören, höchstens mit seinem Nicken, dem Zucken des Gesichts oder der Finger kann er sich unterhalten. Kopata zittert, es könne den Türken zu Ohren kommen, daß er als demütiger Jünger Mohammeds zu Jesus Christus betet. Ähnliches war einmal über einen armenischen Obsthändler ans Licht gekommen. Den hatte man in eine Eselshaut eingenäht und in die Theiß geworfen, nicht ohne zuvor seine Familie in Ketten zu legen und an Menschenhändler zu verkaufen.

In den Augen Kopatas sieht Josef Bezdan nicht nur entsetzliche Angst. Langsam lernt er das Alltagsleben von Szeged kennen. Er sieht die von Geschrei und den Sprechgesängen der Verkäufer hallenden Märkte, das geschäftige Volk der Unteren und der Oberen Stadt, sieht die Türken des immer von Betriebsamkeit erfüllten Palánk-Viertels, das stolze Minarett, die sandfarbene Theiß, Fischer auf dem Eis des Flusses, sieht die weitum berüchtigten Szegeder Fleischer, wie sie handeln, wie sie auch Nachrichten bringen und mitnehmen, er sieht die berühmten Markttage, die sogar Volk aus Kecskemét und Oberungarn anlocken, und er sieht, daß im geheimen aus den Kellern des fernen Tokaj Fässer rollen, geradewegs in die Stadt, durch die Tore wohlhabender Türken ebenso wie in die Höfe von Kopata und anderen Schankwirten.

Auch die arme Kamilla Arnót, die von Ibrahim Galaburdi vergewaltigt worden ist, sieht Josef Bezdan. Was für ein seltsames Ende der Janitscharenoffizier gefunden hat! Er ist zu Asche geworden, nur ein Amulett ist von ihm übriggeblieben. Kamilla schämt sich noch tagelang zu Tode, weil sie es doch gesagt hat, ja, sie will, sie sehnt sich danach, daß Galaburdi eindringt in ihren Leib. Dann sieht Josef Bezdan, daß das Mädchen auf der Straße stehenbleibt und hellauf zum Himmel lacht, weil es sich zum ersten Mal eingesteht, daß die Sache mit Ibrahim Galaburdi gut war, daß sie wundervoll war. Der Weltspion sieht Kamillas Vater, wie er auf seinem Hof bohrt und schnitzt und vor sich hin nörgelt. Er sieht die Ordenspriester, wie sie Fleisch im geheimen Keller des Klosters horten. Und er sieht die Handwerker, die Decken- und Knopfmacher und die Seidennäher im Palánk-Viertel. Bald möchte man glauben, daß das, was Josef Bezdan im modrigen und kalten Verlies des Burggefängnisses nicht sieht, eigentlich gar nicht existiert.

Ab und zu geht Diamont auf dem Burghof spazieren. Dann werfen die Krieger während ihrer Übungen höfliche, wenngleich von Neugierde nicht ganz freie Blicke auf sie. Der Schleier aber verbirgt wohltätig das bleiche, von Traurigkeit gequälte Gesicht Diamonts. Eines Tages kommt dem Mädchen während ihres gewohnten Spaziergangs der Gedanke, daß bei der Liebe die Entfernung das Wichtigste sei, nicht aber, wie gerne geglaubt wird, die Vereinigung, das Einswerden. Sie stutzt und blickt zur westlichen Bastei hinüber, auf der Achmed steht und sie beobachtet. Schon ist es passiert. Der Gedanke steigt plötzlich aus ihrem Kopf, findet durch den Spalt zwischen Gesicht und Schleier hinaus, fliegt ins Freie. Ein unbesonnener Gedanke war es. Warum sonst wäre er geradewegs an sein Ziel geflogen, in jene Zelle, in der Josef Bezdan, der Weltspion, dahinvegetiert und zerstreut mit einem Haar herumspielt? Mit bebenden Schultern läuft Diamont zum Hauptmann der Wache.

Lächelnd verfolgt Achmed das Geschehen. Vergebens durchsuchen die Soldaten ein paar Minuten später jeden Winkel der Zelle, die kleinsten Risse in der Mauer: Den Gedanken finden sie nicht. Vergebens foltern sie Josef Bezdan von neuem, stellen ihn auf glühende Kohlen, kühlen sein Herz mit Eisplatten, kein Wort holen sie aus ihm heraus. Nicht einmal ein Stöhnen entfährt ihm in seiner Pein. Schließlich begibt sich der Pascha persönlich zu dem geschundenen, von Wunden und den Striemen verunstalteten Gefangenen. Josef Bezdan hockt in der sonnengefleckten Ecke und murmelt etwas zu dem Kinderschädel. Er blickt nicht einmal auf, als die Zellentür quietscht. Achmed bückt sich zu ihm nieder. Selbst durch die Qualen hindurch strahlt die ausnehmende Schönheit des Mannes.

»Man sagt, du bist ein Spion«, ergreift Achmed das Wort.

»Du sagst, egal«, antwortet er anstelle von Josef Bezdan.

»Nicht egal, mein Freund. Wenn du tatsächlich ein Spion bist, verrate mir etwas.« Achmed hält ihm das Amulett des Janitscharenhauptmanns Ibrahim Galaburdi hin. Das Steinchen glitzert aus dem kleinen Lederbeutel hervor.

»Siehst du die Träne in dem Stein?«

Josef Bezdan nickt.

»Sag, wessen Träne es ist!«

Eine Ratte huscht über Achmeds Fuß. Der Pascha stampft wütend auf. Josef Bezdan betrachtet lächelnd das zuckende Tier mit den hervorquellenden Eingeweiden. Anerkennend schnalzt er mit der Zunge.

»Die Träne Diamonts?« fragt Achmed ungeduldig.

Noch immer betrachtet Josef Bezdan die mit dem Tode ringende Ratte. Er beugt sich über die Kreatur und wiegt sein Haupt.

»Warum weint das Mädchen?« Achmed packt den Weltspion und reißt ihn an sich. Josef Bezdan sieht auf die Finger herab, die seine Arme umklammern. Er antwortet nicht.

»Foltert ihn!« schreit der Pascha, als er die Zelle verläßt.

Einige Tage später steigt Diamont selbst zu Josef Bezdan hinunter, was strenggenommen nicht erlaubt wäre. Eine Sklavin im Gefängnis? Achmed befiehlt dem Kerkermeister persönlich, auf jeden Schritt des Mädchens achtzuhaben, sie aber auf keinen Fall zurückzuhalten. Wortlos betrachtet Diamont den schönen Mann, der die schmerzenden Beine unter sich begrabend dasitzt. Dem Spion tut es wohl, das Mädchen anzublicken, das nicht einmal hinter dem Schleier seinem Blick standhält. Er weiß, daß sie erröten muß, mit niedergeschlagenen Augen spricht, als sie den Gefangenen bittet, ihr den veruntreuten Gedanken wiederzugeben. Josef Bezdan schüttelt traurig den Kopf.

»Soll ich in einer Woche wiederkommen?« fragt sie stockend.

Der Gefangene nickt müde.

»Hast du ihn so gut versteckt, daß du ihn nicht mehr findest?«

Josef Bezdan muß lächeln und greift sich ins Haar, obwohl ihn auch die kleinste Bewegung unglaubliche Anstrengungen kosten mag. Der beträchtlich angeschwollene Ellbogen verrät, daß sein Arm gebrochen ist. In diesem Augenblick zieht sich die Gestalt mit dem widerwärtigen Gesicht, die Achmed das Amulett Ibrahim Galaburdis überbracht hatte, lautlos von der angelehnten Tür zurück.

Diamont geht wie das Morgengrauen und läßt Licht und Unruhe zurück. Lange noch hört Josef Bezdan die feinen Geräusche des Mädchens, wie es langsam die groben Stufen hinaufsteigt. Nach Ablauf einer Woche tritt Diamont abermals in seine Zelle. Es ist Vormittag. Zu dieser Zeit schwelgt das meiste Licht in dem Verlies, und auch die Ratten sind zahmer. Sie beißen und benagen keinen menschlichen Knöchel, sie knabbern nur an ihm. Auch Josef Bezdan geht es besser. Er kann bereits aufstehen, kann sich an die Wand lehnen und in Gedanken seine Möglichkeiten durchspielen. Er massiert sich das Gesicht. Diamont bleibt vor ihm stehen und lüftet ihren feinmaschigen Schleier. Dem Weltspion verschlägt es den Atem. Bleich ist das Mädchen und schön. Sehr schön! Als hätten Dschinne den Garten ihres Blicks bestellt. Nach einigem Suchen ergreift Bezdan eines seiner Haare und reißt es aus, um es von der Spitze her vorsichtig zu spalten. In der tiefsten Tiefe dieses Haars hat Josef Bezdan den Gedanken Diamonts versteckt.

»Bei der Liebe ist die Entfernung das Wichtigste«, sagt Diamont und bemüht sich, an Pascha Achmed zu denken, doch was sie fühlt, ist eher eine große Verwirrtheit.

Noch am selben Tag wird der Gefangene kahlgeschoren. Der Sekretär Achmeds, ein kleiner Mann namens Hasan, untersucht persönlich jedes einzelne der Haare des Spions, drei Millionen an der Zahl. Besonders befähigte Menschen haben so viele Haare, daß ein Kind zum Beispiel ihr Gewicht kaum tragen kann. Auch in dieser Hinsicht liegt Josef Bezdan über dem Durchschnitt. Er besitzt nicht nur ungewöhnlich viele Haare, sie sind auch überraschend dick. Hasans Verblüffung ist vollkommen, als er nach langer Arbeit eine Bestandsaufnahme macht, was alles er in Josef Bezdans Haaren gefunden hat. Unter anderem steht folgendes auf der Liste:

Zwei wunderschöne, in kalligraphischen Buchstaben geschriebene Ausgaben des Koran.

Die Beschreibung des herrlichen Weges, auf dem Mohammed, geführt vom Engel Gabriel, ins Paradies gelangte.

Die Geschichte eines fürchterlichen Dschihad, den Josef Bezdan gegen sich selbst, das heißt gegen Josef Bezdan, geführt hat. Es fehlen die letzten Seiten des Berichts, die Auskunft über die Person des Siegers geben würden.

Das heilige Buch der Ungläubigen, auch Bibel genannt, in deutscher Sprache, eine Nürnberger Ausgabe von 1566.

Die Taten der Heiligen der Ungläubigen beziehungsweise ein Holzstück von dem Kreuz, an das die Römer einen Propheten namens Isa geschlagen haben.

Eine gewaltige Kiste mit unzähligen zerfetzten und beschädigten Talmuden, Mischnas und Haggadas, das vormalige Eigentum der sephardischen Glaubensgemeinde zu Amsterdam. Kabbalakommentare.

Eine zeitlose islamische Legende, der zufolge vierzig Heilige, die durch ihre Güte und Reinheit die Welt erhalten, heimlich und unerkannt auf dem Erdenrund leben.

Eine Tuschezeichnung, die einen vornehmen Türken abbildet. Dem Aussehen nach ein weiser Mann, der ein hohes Amt bekleidet.

Die vage Erinnerung an den Tod eines Zigeunerspions namens Mesdele, den seine eigenen Träume erwürgt haben.

Die Zahl der Bäume des Wienerwalds.
Eine Studie über das Zähmen von Krähen.
Eine Liste der Bäder des türkischen Reichs.
Ein von Menschenblut besudeltes Messer mit Schlangengriff.
Die Worte des einstmaligen Spions des Reichs und Meuchelmörders Brazina über das Auslöschen von Menschenleben.
Die Erinnerung an eine Budaer Badehalle, wie sich auf dem weich zitternden Wasser der dunkle Schleier ausbreitet.
Kleine, blumengemusterte Kieselsteine, die, über eine menschliche Brust gehalten, rasch zu wachsen beginnen.
Das trübe, von Angst durchtränkte Glänzen in den Augen des ortsansässigen Kneipenwirts Kopata.
Eine Karte von Szeged, geheime Reiserouten aus der östlichen Reichshälfte, von Stambul bis nach Buda.
Ein schimmerndes Stück Stein von der Kaaba.
Die Geschichte des bulgarischen Klimas in den letzten dreihundert Jahren.
Das Verfahren, wie man Honig zum Sprechen bringt.
Ein Haar, das in sich selbst versteckt worden ist.
Verschiedene Rezepte zur Rückkehr aus dem Tod.
Eine Aufzählung der verschiedenen Verfahren zum Ertragen von Kälte, Schmerz, Hunger, Melancholie und Liebe.
Ein Plan zur Eroberung des Neue Welt genannten Erdteils.
Eine Kopie des Gedankens von Diamont, Pascha Achmeds Sklavin und Gemahlin, dem zufolge bei der Liebe die Entfernung das Wichtigste ist.
Und schließlich eine schmerzdurchtränkte, fast bis zur Raserei quälende Frage, die in der Hälfte von Josef Bezdans Haaren so stark leuchtete, daß sie geradezu zu glühen schien.
Wer sind die Tränengaukler?
Gebannt bestaunt Achmed den aus den Haaren des Weltspions geholten Reichtum. Eine wahre Kriegsbeute ist das, genug, eine mittlere Schatzkammer zu füllen. Was der Pascha längst geahnt hat, ist nun klarer als der helle Tag. Beim Barte des Propheten, er hat nicht irgendeinen Gefangenen gemacht! Der wortkarge Spion mochte ein Mensch sein, auf den er keinen Einfluß, über den er keine Macht hat. Er kann ihn foltern, sogar

umbringen lassen, aber damit würde er höchstens die Mißbilligung jenes unbekannten, vornehmen hohen Herrn auf sich ziehen, dessen mit Tusche gezeichnetes Porträt ebenfalls gefunden worden ist, in einem gelockten, wahrscheinlich an der schönsten Stelle der Schläfe getragenen Haar. Der Pascha ist kein Dummkopf. Auf seine Art ist er sogar ein empfindsamer Mensch. Deshalb spürt er auch, daß der Spion an einer seltsamen Krankheit leidet. An einer Krankheit, die sich schon in fortgeschrittenem Stadium befindet und früher oder später ganz von seiner Seele und seinem Körper Besitz ergreifen wird. Er nickt, indes er seine Stirne massiert. Kaum ein paar Wochen vergehen, und Josef Bezdans Gedanken kreisen nur noch um die Frage, wer die Tränengaukler sind. Auch Achmed hat schon von ihnen gehört. Sie sind verschiedentlich in der Stadt gesehen worden und mochten aktiv an der Ermordung Ibrahim Galaburdis beteiligt gewesen sein, falls nicht doch der schweigsame Spion die Tat begangen hat. Sie haben den unglücklichen Janitscharen verbrannt, der laut Meldung der Spione glücklich zugrunde gegangen ist. Was für ein Unsinn!? Wie kann man denn glücklich verbrennen!? Es wäre nur logisch, würde der Pascha davon ausgehen, daß der wortkarge Gefangene mit den Tränengauklern in Verbindung steht, ihr Gefährte oder Komplize ist. Er ist es nicht. Dessen ist sich Achmed inzwischen sicher.

Warum würde sonst die furiose Frage im Haar des Gefangenen leuchten.

Wer sind die Tränengaukler?

Einige Tage später bleibt Achmed vor der ausgestopften Taube stehen. Nicht wegen der quälenden Kopfschmerzen. Der vornehme alte Türke interessiert ihn, wahrscheinlich der Auftraggeber des Gefangenen. Bekannte und dennoch fremdartige Züge. Der Pascha starrt so lange in die Augen des Vogels, bis er die Antwort weiß. Abdurrahman, der Statthalter von Buda, ist der oberste Herr des Gefangenen, für ihn arbeitet der stumme Spion. Erbleichend vergißt er für ein paar Augenblicke sogar sein Kopfweh. Er schreit nach dem kleinen Hasan. Der Sekretär kommt sogleich gelaufen, begeistert schnalzt der

Stein unter seinen nackten Sohlen. Unter Verbeugungen nimmt Hasan den Befehl des Pascha entgegen. Der Spion soll aus dem Verlies geholt und gebadet werden, Eunuchen und Haremsdamen sollen ihm ihre Pflege angedeihen lassen, ihm zu essen und zu trinken geben, ihm jeden Wunsch von den Augen ablesen. Wenn er jungfräuliche Knaben mit süßem Speichel verlangt, soll man sie ihm bringen.

Stundenlang verweilt der Pascha vor dem Gedanken Diamonts. Der dumme Hasan hatte nichts davon gesagt. Doch einmal war Achmed nachts aufgeschreckt und, einem beunruhigenden Gefühl folgend, in den Raum zurückgekehrt, wo der in den Haaren des stummen Gefangenen entdeckte Reichtum aufbewahrt wurde. Er wollte die eingenickten, laut schnarchenden Wachen nicht aus dem Schlaf reißen. Es genügte, sie morgen hinrichten zu lassen. Er schritt über ihre groben und ehrlosen Träume hinweg und betrat vorsichtig das Zimmer. Er brauchte nicht lange zu suchen. Neben einem seltsamen, geradezu lebendigen Steinchen fand er den wie ein Stück Schleier zitternden Gedanken, nahm ihn vorsichtig auf und hob ihn vor sein Gesicht. Und der harte, vom ewigen Schmerz verbitterte Blick des Pascha badete lange darin.

Er eilte in das Gemach seiner Frau. Zusammengerollt wie ein Kätzchen lag Diamont in der Ecke. Der Pascha berührte ihren Körper nicht, doch er zwang sie mit der Macht seines Verlangens, sich ihm zuzuwenden. Und mit schwarzen, ernsten Augen begann er das Mädchen zu betrachten. So lange starrte er sie an, bis im Schoße Diamonts der dem flüssigen Gold so ähnliche liebliche Honig erglänzte. Ein leichter Seufzer entringt sich dem Mädchen. Und seitdem sucht der Pascha sie jeden Abend auf, dringt in ihre Träume ein, bereitet ihr Freude, allein, er weiß genau, wie fern ihr das Glück ist.

Zu Beginn des Jahres 1686 wird Szeged von kaiserlichen Truppen angegriffen. Bereits in den ersten Januartagen kann Josef Bezdan sehen, wie die Kaiserlichen die Stadt plündern. Der Weltspion erspäht das geheime Einvernehmen zwischen den christlichen Mönchen und der deutschen Streitmacht. Er sieht auch, wie die von den Fratres für die Kaiserlichen angehäuften Lebensmittel aus dem Kloster getragen werden. Auch weiß er, daß die Ordensleute die Adressen der wohlhabendsten Türken als Hinweise für die Plünderer weitergeben. Doch die Österreicher wollen noch mehr. Ihr Kommandant ist ein Mann mit tiefblauem Blick und roher Stimme, sein Name Ludwig Metz. Immer lustloser verhandeln die Franziskaner mit Hauptmann Metz, dem Lieblingsoffizier von Oberst Mercy, der sich mit den Informationen über die Lebensmittelvorräte und den Zustand der Stadt und mit dem akribisch gezeichneten Grundriß der Burg nicht zufriedengibt, sondern zu allem Überfluß auch noch die Träume des hiesigen Kadi und des Burgkommandanten fordert, sogar die des Aga Ismail, der die verbündeten Tatarenhorden befehligt. Der Prior blickt Ludwig Metz an, als hätte er den leibhaftigen Teufel vor sich.

»Träume kann man nicht stehlen, mein Herr.«

»Ich habe nicht verlangt, sie zu stehlen, Pfaffe. Du sollst nur von ihnen wissen.«

Nach der Offensive hat Pascha Achmed den Weltspion zu sich bitten lassen. Josef Bezdan hat sich erholt, er ist zu Kräften gekommen, auf seiner Haut glühen die Spuren der Folter mit gleißender Schönheit. Auch sein Haar wächst wieder. Achmed denkt natürlich in einem fort an Diamont.

»Du willst sagen, daß die Ordenspriester Verräter sind?« fragt er.

»Du sagst, daß sie es sind«, nickt er düster.

»Willst du mir nicht noch etwas anderes sagen?«

Josef Bezdan lächelt wie ein Giftmischer. Der Pascha springt auf und beginnt, die Arme auf dem Rücken, unruhig vor dem Weltspion auf und ab zu gehen.

Nach ein paar hinterhältig stillen Tagen wird im Kloster der Franziskaner eine Untersuchung durchgeführt. Nicht ohne Erfolg. Der Prior János Nagy und sein Stellvertreter, Sándor Spányik beziehungsweise der ehemalige Provinzial András Fülöp, des weiteren die Brüder Felix Potári, Antal Farkas und Elezaár Horváth, die für die Kaiserlichen Fleisch – zugegeben, vor allem unreines Schweinefleisch –, geräucherte Hachsen, Rippenstücke und Würste beiseite geschafft und versteckt haben, werden gefangengenommen. Als die Janitscharen beginnen die Klostertür einzutreten, sagt der Prior mit einem Blick zum Himmel nur:

»Lieber Gott, vergib ihnen.«

Schon drängt sich die Wachmannschaft auf dem Klosterhof. Wiehernd versetzt einer der Türken János Nagy einen Stoß, der Prior fällt mit dem Gesicht auf das Eis. Sofort beginnt seine Nase zu bluten. Mit sanfter Entschlossenheit blickt er auf.

»Du kommst in die Hölle, bezopfter Hund.«

Die Fratres werden an den Händen zusammengebunden und unter Schlägen und gottlosem Gebrüll wie Schlachtvieh in die Burg getrieben. So groß ist die Grausamkeit, daß sich der Himmel verhüllt und es leicht zu schneien beginnt. Dem Bruder Antal Farkas zum Beispiel scheuert der Strick das Handgelenk wund, er blutet und verliert auf dem Weg zur Burg mehrmals die Besinnung. Er wird mit Füßen getreten, so daß auch sein Gesicht blutüberströmt ist und einer seiner Eckzähne an der Unterlippe zerbricht. Unterwegs fallen sie auch noch in den eisigen Graben des Palánk-Viertels. Die Janitscharen schlagen mit der Peitsche auf sie ein und lachen schallend dazu. Und das ist erst der Anfang. Pater Fülöp wird über dem Herzen eine halbmondförmige Wunde geschnitten, das hervorsickernde Blut mit einer Handvoll Salz gestillt. Der Pater knirscht mit den Zähnen, doch er verrät nichts. Um nichts in der Welt gesteht er, auch nicht, als sie ihm den Arm verdrehen und ihn auf eine Stange spießen wie der Metzger das rohe Fleisch. Dem Prior János Nagy werden die Wimpern ausgezupft, dennoch ist sein Gesicht unbeteiligt, als wäre es gefroren. Er grübelt darüber nach, ob sie wenn schon nicht Heilige, so doch Märtyrer werden könnten.

Gelangweilt verfolgt Achmed die Tortur, die in Wirklichkeit gar keine Folter ist. So spielen türkische Kinder, daheim, wo die Steine noch in der Nacht wärmer sind als in diesem Land, wenn die Sonne am höchsten steht. Den Pascha quälen schon wieder Kopfschmerzen, obwohl er doch Machlak, eine Art Rauschgift, eingenommen hat. Plötzlich ist er es leid, mit unbedeutenden Mönchen seine Zeit zu vertrödeln. Er denkt an Aga Ismail, den Führer der verbündeten Tataren, der sich für den Fußknöchel des Khans hält in dieser verdammten, hinter dem Rükken Allahs gelegenen Gegend, dabei kann er höchstens der Dreck unter dem Nagel seiner kleinen Zehe sein. Achmed weiß, daß Ismail noch immer die Hoffnung nicht aufgegeben hat, seinen Vater zu finden, mit dem etwas Seltsames passiert ist. Trunken vom herzzerreißend schönen Gesang eines ungarischen Gefangenen ist er hierhergekommen, weil ihn die Melodie der Worte in dieses Land verliebt gemacht hat. Und vielleicht ist der alte Tatar noch hier, womöglich hat man ihn gefangengenommen, und er muß in Ketten schmachten. Der Vater Aga Ismails hieß Bahaj und hatte einen Hundekopf. Deswegen spricht Ismail in seinen verwirrteren Momenten in der wilden und barbarischen Sprache der Hunde des Ostens. Dann versteht er selbst nicht, was er sagt; nur eines fühlt er genau, daß er von wichtigen Dingen spricht und gewiß sehr gut damit bedient wäre, wenn er sich selbst verstünde. So vieles hat Ismail schon versucht. Die besten tatarischen Imitationskünstler ließ er ein solches sich über mehrere Stunden hinziehendes Gekläff nachbellen. Er verstand kein einziges Wort. Vor Jahren kaufte er fünfzig von armenischen Händlern vermittelte Dolmetscher, mitsamt Familie, Mischpoche und dem Land, auf dem sie geboren waren. Die Armenier entlohnte er reichlich, mit tiefen Verbeugungen und verrotzt vor Dankbarkeit nahmen sie die dem Khan nachgebildeten Windstatuen und die Schutzbriefe entgegen, die ihnen im ganzen Reich das Leben verbürgen. Ismail hat vergebens gezahlt. Auch die Dolmetscher verstanden nicht, was er sagte. Da standen sie vor dem Aga, klapperten mit den Augendeckeln, unfähig, ihre tiefe Verlegenheit zu verbergen, und wischten sich den von Ismail versprühten, ätzenden Speichel ab, von dem jeder Tropfen einen lila Fleck auf ihrer Haut zurückließ. Einige von ihnen hatten schon für Ismails Oheim übersetzt, der am östlichen Rand der Welt die Sonnenscheibe an einem aus Pferdedärmen geflochtenen Seil hinter sich herschleppt. Ismail kam der Gedanke, daß er in seinen erhitzten Momenten in einer toten Sprache spricht, die von keinem menschlichen Wesen mehr verstanden wird. Nach dieser schmerzlichen Erkenntnis ließ er die Dolmetscher hinrichten. Einen von ihnen erstickte er in einer aus dem Himmel geschöpften blauen Tiefe, zu einem anderen sprach er den todbringenden, geheimen Namen des Khan, einige setzte er so lange der sengenden Sonne aus, bis ihre Augenlider in Brand gerieten und das Feuer jedes Gefühl und jeden Gedanken aus ihren Köpfen herausbrannte, wovon sie dann tot zusammenbrachen. Ismail lebt hier, er könnte glücklich sein, denn wem wird schon die Ehre zuteil, der wunderschöne Knöchel des Khan zu sein, allein, er ist nicht glücklich.

Es kommt vor, daß Achmed mit dem Aga verhandelt. Doch nur in den allerdringendsten Fällen, denn der Türke und der Tatar, obgleich Verbündete, können einander nicht ausstehen. Dem Pascha kommt also der Tatar in den Sinn – soll er sich doch mit den Mönchen abgeben. An einem kalten, schneebestäubten Morgen wird der Prior an Ismail übergeben. Der Aga ist indes nicht nur der mit einer goldenen Kette geschmückte Knöchel des Khan, bellt nicht nur in einer unbekannten Sprache, er hat auch eine Gewohnheit, die mit ziemlich starken Schmerzen verbunden ist. Er sammelt Körperteile. Nur wenigen ist das Glück beschieden, nach einer Verhandlung, einem Empfang oder einem Verhör sein Zelt heil und unversehrt zu verlassen. Das ist so, seit eine eklige ungarische Hexe am Mittellauf der Theiß Ismails Augengrube herausgebissen hat.

Versonnen betrachtet der Aga den malträtierten Priester, dann zeigt sich ein zerstreutes Lächeln auf seinem Gesicht. Das Schicksal des Priors ist besiegelt. In wenigen Augenblicken hat man ihn splitternackt ausgezogen, sogar eine Hautschicht wollen sie ihm abziehen, doch schließlich begnügen sie sich damit, ihn in den staubenden, feinkörnigen Schnee zu stoßen, damit er sich dort wälzt wie ein Schwein. Der Schnee ist alsbald von Blut und Urin besudelt. Wenn sie dem Priester nicht den Kopf abschneiden, dann zerstückeln sie ihn. Oder es ergeht ihm, wie jenem tatarischen Imitationskünstler, den man in seiner eigenen Seele ertränkt hat. Der Prior beißt entschlossen die Zähne zusammen, krallt seine Hände in den Schnee, während er sichtlich zu Gott betet. In den Straßen von Szeged beginnt verstört der Wind zu murmeln und Eiszapfen abzubrechen. Auch der Nachmittag vergeht. Der Prior liegt immer noch im Schnee. Er rührt sich nicht mehr, spricht nicht. Vielleicht lebt er auch gar nicht mehr. Auf seinem elenden, geschundenen Leib sind Blut und Ausscheidungen gefroren. Auch die Sonne ist müde geworden, in Blut badend, nimmt sie im Westen des Himmelszelts Abschied. So schön macht sie es, und doch vergebens. Niemand schickt ihr einen Gruß hinterher.

Da taucht in den Straßen von Szeged ein seltsamer Wagen auf. Er rumpelt durch die verschneiten Gassen, verweilt vor dem Gotteshaus, vor der Karawanserei, beim Bad und am Fuße des Minaretts, während Individuen mit merkwürdigen Gesichtern aus dem Wagen hervorspähen. Im übrigen eher durchschnittliche Gestalten. Sie sind uns ja wohlbekannt. Schließlich hält der Wagen vor dem von Fackeln erleuchteten Quartier der Tataren, das außerhalb des Palánk-Viertels gelegen ist. Eine zu schadenfrohem Grinsen reizende Gestalt ersucht die Männer Ismails um eine Unterredung. Der Zeitpunkt ist ungewöhnlich. Die Tollkühnheit ist ungewöhnlich. Den goldkettengeschmückten Knöchel des erhabenen Khan zu einer Zeit zu stören, wo sich selbst die Sonne bereits hinter den Horizont getrollt hat, zeugt nicht von Mut, sondern eher von verhängnisvoller Einfalt. Die Tataren sind es längst gewohnt, daß sie von Furcht und Entsetzen empfangen werden, wo immer sie auf den Leib Europas treten, und dieses Gefühl äußert sich bald laut und gellend, bald vermischt es sich mit einem Haß, der sich nur in einem Beben der Wimpern, im Klopfen der Fingernägel verrät. Mit dem Wagen sind fünf durchschnittliche Männer gekommen. Verrückte, Tollkühne sind sie, oder im Besitz eines Geheimnisses, das ihr Leben überall und vor jedermann beschützt. Ihre Kleidung ist verwahrlost, sie sind ungewaschen und stinken. Der Wache der Tataren erklären sie, sie seien Schausteller, sogenannte Künstler des Weinens. Der eine, der darum bittet, beim Aga vorgelassen und angehört zu werden, nennt sich Franjo Mendebaba. Ismail lächelt breit, als man ihm die Ankunft der verrückten Figur meldet. Wegen des fehlenden Fleischstücks in seinem Gesicht ist das Lächeln bei ihm ein ziemlich fratzenhaftes Grinsen. Er denkt, der Himmel ist ihm gewogen, weil er weitere Körperteile sammeln kann. Der Mann im langen Umhang bleibt vor dem Eingang des Zeltes stehen, ohne einzutreten. Geradezu befehlend blickt er den Wachposten an, der knurrend die schwere Winterdecke zur Seite schlägt. Als der Aga die plumpe Gestalt Franjo Mendebabas zu Gesicht bekommt, würde er gerne von neuem lächeln, doch dann fällt sein Blick auf das entschlossene Gesicht. Mendebabas zottiger Bart ist von einem speziellen Gemisch aus Flaum, Werg und Schmutz bedeckt.

»Interessierst du dich für deinen Todfeind, mein Herr?«

Eine Flaumfeder löst sich aus dem Bart des Gauklers und schwebt bis vor die Stiefelspitzen des Tataren. Ismail streicht mit zwei Fingern durch seinen langen, dünnen Bart. Wie meist verirrt sich sein Daumen in jenes Grübchen, das die Hexe aus seinem Gesicht herausgebissen hat.

»Ich habe keine Feinde«, flüstert Ismail.

»Glaubst du, mein Herr?« staunt Franjo Mendebaba.

»Niemand würde es wagen, mein Feind zu sein.«

»Ich meine einen Todfeind«, lächelt Franjo Mendebaba. Der Aga überlegt. Diesen Kerl, der es wagt, vor ihn hinzutreten, und der seiner Tollkühnheit die Krone aufsetzt, indem er ihn schamlos anstarrt, wird er selbstverständlich in handtellergroße Stücke schneiden lassen. Aber warum soll er bis dahin nicht ein wenig mit ihm spielen? Warum nicht so tun, als würde er ihm glauben, bei dem Spaß mitmachen?

»Was willst du dafür, daß du ihn mir verrätst?« fragt er mit schlauem Lächeln. Franjo Mendebaba zwinkert mit den Augen. Mit einer geübten Bewegung wischt er sich die Nase an der Schulter ab und deutet mit dem Kinn zum Ausgang des Zelts.

»Im Schnee liegt ein Mensch, als wär's ein Tier«, antwortet er.

Ismail denkt nach. Den ungarischen Mönch hatte er schon vergessen.

»Nur ein ungläubiger Hund«, zuckt er mit den Achseln.

»Kalt wird ihm trotzdem sein«, nickt der Tränengaukler.

»Wozu brauchst du den?«

»Ich selbst brauche sein Leben nicht«, antwortet Mendebaba.

»Ich überlasse ihn dir, wenn du mir ein Stück von deinem Körper gibst«, knurrt der Aga. Der Tränengaukler, so scheint es, ist nicht wenig erstaunt. In seinem zottigen Bart zittern aufgeregt die Daunen.

»Ein Arm genügt mir«, lächelt der Aga.

»Gilt das Geschäft?« fragt er alsdann.

»Einverstanden, Aga.« Franjo Mendebaba nickt leicht. »Und auch dieses Felleisen, das an meiner Seite hängt, gehört dir. Ein Geschenk, Aga.«

Da weint der Tränengaukler auch schon! Ihm sprudeln die Tränen aus den Augen, als wollten sie niemals mehr versiegen. Einige Minuten nur, und anstelle des Gesichts von Franjo Mendebaba leuchtet blau ein gewaltiger, ferner See. Wie eine Vision! Sein Wasser ist rein und durchsichtig wie eine unschuldige Seele. Aga Ismail beugt sich über den Wasserspiegel und sieht dem, der ihm von dort entgegenblickt, fest in die Augen.

»Na schön«, sagt er verstimmt, »na schön.«

Er schreit ins Freie hinaus.

»Die Soldaten können den Christenpriester freilassen!«

Und damit erhebt er seinen Säbel, mit dem er menschliche Gliedmaßen abzutrennen pflegt. Mit einem wilden Lächeln tritt er zu Franjo Mendebaba und wirft dessen weiten Umhang zurück, um seinen Lohn einzutreiben. Auf einen Menschenarm hatten sie sich geeinigt. Dann aber glotzt er nur. Dem Tränengaukler fehlen beide Arme zur Gänze! Der verlogene Taugenichts hat gar keinen Arm! In diesem Moment fällt das Felleisen mit einem lauten Pochen zu Boden. Was mag darin sein? Der Aga bückt sich danach. Und als er sich wieder aufrichtet, sieht er nur mehr den plumpen Rücken, wie er hinter der Zeltplane verschwindet.

Lange herrscht tiefe Stille im Lager. Schon längst haben die Franziskaner ihren halbtoten Prior geholt, in ihren Armen haben sie den fast zu Tode gefolterten und halberfrorenen Mann nach Hause getragen. Auch der Wagen der Gaukler hat Szeged verlassen. Irgendwann nach Mitternacht kommt im Schwarz des Himmels der grinsende Mond zum Vorschein. In diesem Moment dringt aus dem Zelt von Aga Ismail ein markerschütterndes Geheul. Schreckliche, unerträgliche Laute. So wie Ismail jault, steht zu befürchten, daß nicht nur seine eigenen Leute, sondern sogar die Einheimischen rebellieren. Das Vermeiden unnötigen Blutvergießens hat Vorrang, das weiß auch Pascha Achmed. Deshalb sendet er eine Botschaft ins Lager der Tataren. Das Zelt des Aga wird von seiner eigenen Leibwache gestürmt. Sie nehmen Ismail gefangen, stopfen ihm Vogelfedern in den Mund und winden ihm den Hundeschädel aus der Hand. Der Aga hat seinen Vater gefunden. Dessen Schädel hatte er umklammert, den Schädelknochen seines unglückseligen Vaters, der einst zuhörte, wie ein ungarischer Gefangener dieses Land besang.

Im Morgengrauen wirft die aus ihren Wunden blutende, fliehende Nacht zum Abschied einen Ferman in die Hände Pascha Achmeds. Pascha Abdurrahman, der für seine Weisheit berühmte Statthalter von Buda, befiehlt, den stummen Spion Josef Bezdan, der seit langem in Szeged gefangengehalten wird, unverzüglich zu ihm zu bringen. Zuvor solle ihm jedoch Pascha Achmeds unberührte Haremsdame Diamont ausgehändigt werden.

Im frostgeschüttelten Monat Rebiülevvel bricht der Weltspion mit seinem Gefolge von Szeged auf. Für die Christen ist es Ende Januar. Unterwegs begegnen sie beglückt frierenden Babai-Derwischen, den Wanderern der Liebe. Sie kommen aus Buda und wollen nach Belgrad, weil sie gehört haben, daß Belgrad derzeit der wichtigste Ort der Welt ist. Einer von ihnen, ein blumenäugiger, schöner Jüngling, schenkt Diamont einen leeren Käfig. Das Mädchen lächelt und versteht nicht, warum der Jüngling gerade ein Vogelhaus aus der Tiefe des hinter den Derwischen herfahrenden Wagens holt. Auch der Spion versteht den Sinn der Botschaft nicht so recht, doch er nickt, als ihn die Derwische fragen, ob der Herr einverstanden sei, daß sie auf dem Weg nach Szeged seine im Schnee zurückgelassenen Fußspuren benützen. Daß aber ganz am Ende ihrer Reise Diamont den Käfig beim Überqueren der Donau in eines der Löcher im Eis fallen läßt, beobachtet er mit unbewegtem Gesicht.

Abdurrahman, der nicht nur ein weiser Soldat, sondern auch ein guter Geschäftsmann ist, geht gern auf Nummer Sicher. Als er den von der Reise zwar etwas ermatteten, doch sichtlich zufriedenen Josef Bezdan sieht, ahnt er sogleich, daß der Spion im Zuge der Erfüllung seines Auftrags in den Besitz eines außerordentlich bedeutenden Wissens gelangt ist. Wie und auf welche Weise, ist uninteressant. Der Inhalt des Geheimnisses betrifft unzweifelhaft ihn, Abdurrahman, und zwar bis in die letzten Einzelheiten. Er macht sich keine Vorstellung davon, wie recht er hat. Er empfängt den Spion in seinem Lieblingsraum, dem Rosenzimmer. Auf weiche Kissen gebettet, schlürft er vergorenen Feigensaft und kaut Tabakblätter, sein trauriger, verschnittener Sekretär huscht geräuschlos hierhin und dorthin und wirft sehnsüchtige Blicke auf den Weltspion. Stille herrscht im Rosenzimmer, Todesruhe. Abdurrahman hat verboten, daß auch nur eine Rosenblüte zu Boden fällt. Der Spion steht da, ohne sich zu rühren. Müde und zufrieden. Er spricht kein einziges Wort.

»Zeig dich!«

Mit blitzschnellen Bewegungen schlüpft Josef Bezdan aus seinen Kleidern. Sein ebenmäßiger Oberkörper ist von grauenvollen Narben entstellt. Spuren von Peitschenhieben und glühenden Kohlen, von Nägeln verursachte Löcher bedecken Brustkorb, Hüften und Rücken. Aus der Schulter ist ein Stück von beachtlicher Größe herausgeschnitten. Aber das ist ja gar kein Schnitt, sondern ein Biß – bei manchen anatolischen Henkern ist es üblich, die Delinquenten zu kosten, bevor sie ihnen den Garaus machen. Der Anblick ist ganz und gar nicht abstoßend. Die furchtbaren Folterungen standen im Dienste der Persönlichkeit Josef Bezdans. Sie konnten mit der außergewöhnlichen Schönheit des Mannes nicht fertig werden, und nun verstärken sie diese. Der Pascha nickt zufrieden.

»Ich sehe, du hast viel gearbeitet.«

Josef Bezdan zuckt mit den Schultern.

»Die Rose, die du mir gebracht hast, ist sie schön?«

»Sehr schön, sagst du.«

»Und was meinst du, darf ich ihren Duft tief einatmen?«

»Du fragst, wozu sollte ich das tun?« Abdurrahman lacht laut, aber mißvergnügt. Er schlürft sein Feigengetränk.

»Und du sprichst immer noch nicht?«

»Du sagst, du könntest mehr erzählen als irgend jemand sonst?«

»In Ordnung«, nickt Abdurrahman und erhebt sich schwerfällig. Und tatsächlich. Der alte Statthalter sieht sich, sobald er im Blickstrahl des Spions steht, einem verwirrenden Reichtum gegenüber, er begreift sogleich, allein werde er mit einer solchen Menge an Träumen, Poesie und schöner Lüge niemals zu Rande kommen. Zum Henker mit den Rosenblüten, der traurige verschnittene Sekretär muß bereits laufen.

Abdurrahman schickt nach den sechs besten Schreibern in der Statthalterei, die einen Satz bereits aufzeichnen können, wenn er noch in Form eines Gedankens hinter dem Stirnbein des Diktierenden rumort. Als die Schreiber eintreffen, teilt er ihnen mit, daß er sie mit einer Arbeit betraue, wie sie noch nie eine verrichtet hätten und in Zukunft auch nicht mehr verrichten würden. Sie müßten wissen: Wenn sie diese Arbeit übernähmen, was er ihnen nicht befehlen könne, werde er sie gleich nach deren Beendigung hinrichten lassen. Sie würden allerdings eines schnellen und schönen Todes sterben. Nach kurzem Nachdenken übernehmen fünf der Schreiber die Aufgabe. Der sechste schüttelt mit einem gezwungenen Lächeln den Kopf. Nein, dazu habe er keine Lust, keinen Mut und kein Talent. Abdurrahman nickt. Diesen Schreiber sollen ausgewählte Eunuchen so langsam erwürgen, daß er noch den Augenblick verflucht, in dem seine Mutter ihn geboren hat. Die anderen fünf Schreiber verabschieden sich voneinander und machen sich an die Arbeit. Sie umringen den Weltspion, und sowie er seine Augen öffnet, beginnen sie mit unglaublich schnellen Bewegungen Notizen zu machen. Sie schreiben so flink, daß man mit unbewaffnetem Auge nicht erkennen kann, wann sie eine Zeile beginnen und wann beenden. Die durchschnittlich begabte Aufmerksamkeit kann nur wahrnehmen, wie sich ein Blatt nach dem anderen füllt. Abdurrahman knetet ungeduldig seine flattrigen Finger, an denen Ringe glänzen. Dabei ist Eile ganz überflüssig. Die Schreiber zeichnen eine Legende auf. Und diese Legende ist so schön, als hätte Mohammed selbst sie erzählt. Nein, erzählt hat er sie nicht. Aber sie handelt von ihm.

Als der Heilige sich in den Himmel erhebt, um den verirrten und herrenlosen Menschen die Worte des Korans zu bringen, fällt eines seiner Haare in den Staub. Ein gutartiger, aber neugieriger Dschinn findet es und ist so glücklich, daß er es jahrelang umtanzt, es zum Gegenstand seiner Anbetung macht und ihm die Liebe erklärt. Und schließlich öffnet er es. So erfährt er, daß das Haar nicht zufällig in den Erdenstaub gefallen ist. Mohammed hatte darin das Geheimnis seiner Traurigkeit aufbewahrt, das nun dank der Neugier des Dschinns in die Welt hinausgelangt ist. Der Dschinn erschrickt heftig und möchte seinen Fehler wiedergutmachen. Er versucht, das Haar zurück auf den Kopf Mohammeds zu schmuggeln, der aus dem Himmel zurückgekehrt und völlig erschöpft eingeschlafen ist. Doch die anderen Haare verstoßen es, sie dulden das leere, seines Wissens beraubte Haar nicht mehr in ihrer Mitte. Nun badet der Dschinn das Haar im Atem Allahs, das heißt, er verleiht ihm Ewigkeit. Dann macht er es zum Haar eines Kindes, das gerade zur Welt kommt und den Namen Ali trägt. Der Überlieferung zufolge soll es den Propheten noch gesehen und seine Lehren gehört haben.

»Kein einziges Haar Mohammeds kann verlorengehen, selbst wenn er den Himmel nie betreten hätte.«

So spricht der Hadith über den Fall, denn Mohammed erkennt, als sie einander einmal in Mekka begegnen, in den Haaren des Kindes Ali sein eigenes. Diesem Hadith wird später von gewissenhaften, aber phantasielosen Kritikern der Überlieferung die Glaubwürdigkeit abgesprochen. Sie verfahren genauso herzlos wie die Haare Mohammeds mit jenem verlorenen Haar. Doch ohne Erfolg. Die Legende lebt, weil sie unüberwindlich ist, sie geht ihren Weg, der nicht weniger schön und gerecht ist als der jener Schriften, um die der Lorbeer des Kanons geflochten wird. Sie wird verbreitet von Straßensängern, die Kassare genannt werden, von Mewlewi- und Bektaschi-Derwischen, von den Huruti-Staubkornzählern, von Heilfrauen, die es mit Dschinnen treiben, von Windsöldnern, die nur während des Ramadan glücklich sind. Und Allah, der Gnädige, zürnt nicht wegen dieser Vermessenheit. Als Ali stirbt, wächst Mohammeds Haar auf dem Kopf eines anderen Neugeborenen.

Es ist kein Zufall, daß das Haar an der Seite der Zeit durch die Welt wandert. Man muß wissen, daß es die Köpfe von schrecklichen Herrschern beehrt hat, wie beispielsweise den des Kalifen Harun al-Raschid oder den Tamerlans, den man den Lahmen oder auch Timur Läng genannt hat und der bei Ankara sogar Sultan Bajezid I. gefangennahm. Es findet sich auch auf dem Kopf von Fürst Salamon Sahi, genannt Suleiman II., der Ludwig, den König der ungarischen Ungläubigen, bei Mohács eigenhändig ertränkte. Bei anderen Gelegenheiten baumelt es an den Schläfen weiser Männer. Auch prangt es auf den Häuptern Kalif Osmans, der mit seiner heiligen Rechten den Koran aufgezeichnet hat, Al Bukharinas, des Sammlers der Überlieferung, des Mystikers al Gazali und Hadschi Bektas. Zuweilen siedelt es sich auf den Köpfen Notleidender und von Bettlern an. Auch Mörder und Eidbrüchige, Verräter und Gesetzesbrecher können das Haar Mohammeds bekommen, auf daß sie sich zum Weg Allahs bekehren und die unermeßliche Herrlichkeit Gottes in ihre Herzen aufnehmen.

Das Haar hat eine Sendung.

Einmal wird es demjenigen begegnen, der so viel über die Traurigkeit weiß wie niemand sonst auf der Welt. Wer könnte daran zweifeln, daß der Prophet auch über die Tränen am meisten gewußt hat. Auch Mohammed selbst traten vor Schmerz Tränen in die Augen, als ihn Gabriel bei ihrer ersten Begegnung fast erwürgte, als er ihm befahl, er solle unverzüglich zu den Menschen gehen und sie über die Macht von Allahs Zorn, über den Reichtum seiner Liebe aufklären und sie zu ihm führen. Untröstliche Tränen der Trauer vergoß er auch, als Chadisa, seine Lieblingsfrau, verschied. In seinen zahllosen Visionen, Gesichten und Ekstasen flossen die Tränen Mohammeds. Und dieses Wissen, das Wissen um die Wurzel der Traurigkeit, wird einmal ein anderer in ähnlicher Weise besitzen. Mohammeds Haar wird dereinst dem Kopf dieses Erwählten entwachsen, damit das Wissen über die Traurigkeit endlich zur Ruhe kommen kann und seinen Platz in der Welt findet. Und weil das Haar in Allahs Atem gebadet hat, kann der glückliche Erwählte an ihm in die Ewigkeit emporklimmen.

Sicherlich gäbe es noch mehr aufzuschreiben. Immer ratloser werden jedoch die Schreiber, denn während sie irgendeinen Satz der Legende aufschreiben, schiebt sich beständig eine von blendendem Licht begleitete, verstörende Frage vor alle anderen.

Wer sind die Tränengaukler?

Abdurrahman wartet noch ab. Doch als die fünf Schreiber im Verlauf einer Stunde nichts anderes notieren als diese einzige, sich an sich selbst klammernde Frage, tritt der Statthalter hinter die blinden und stummen Henker, die hinter ihnen Aufstellung genommen haben. Der Reihe nach berührt er ihr ausrasiertes Genick. Die Henker drehen den Schreibern, die sich tatsächlich keinen schöneren Tod hätten wünschen können, mit einer einzigen Bewegung die Hälse um. Allah war ihnen gnädig, dabei hatten sie ihr ganzes Leben lang nur an den Worten und Gedanken anderer gehangen. Die Frage »Wer sind die Tränengaukler?« hatten sie noch im Vollbesitz ihrer Lebenskraft begonnen, ihre Finger langten ohne das Licht der Seele, blind am Ende der Frage an. Zu diesem Satz hat sich ihr Leben, ihr Glück und ihr Unglück sowie ihr schneller und schmerzloser Tod verdichtet, und das ist ein großer Vorzug, denn den meisten Menschen werden im Augenblick ihres Todes nur Wortfetzen, sinnlose abgerissene Sätze zuteil. Alle kommen ins Paradies. Die Henker vergraben ihre Leichen auf dem Berg von Baba Eliász Gürsz, ohne den Ort besonders zu kennzeichnen. Wären sie nicht stumm und blind, würden sie in dieser Nacht unruhig miteinander flüstern. Sie würden einander beteuern, daß jemand beim Ausheben der Gräber ihre Hände ergriffen und ihnen geholfen habe. Und der eine würde von rieselnden Steinchen, der andere von kaltem Blut sprechen, der dritte von Flämmchen, die er an seinem Gesicht gespürt habe, der vierte von blinden Spiegeln und der fünfte von Eis.

Unruhig geht Abdurrahman zu Bett. Lange wirft er sich zwischen seinen weichen Kissen und Seidentüchern hin und her. Ein Stein ist ihm unter dem Herzen gewachsen. Wenn er die Augen schließt, erscheint unter seinen Lidern ein offenbar geheimgehaltener Gedanke Josef Bezdans, der sich aus dem hellsten, mit freiem Auge gar nicht erkennbaren Blickbündel des Spions gelöst hat. Allah, hilf! Der Weltspion weiß, wer die

Tränengaukler sind! Abdurrahman macht eine unbedachte Bewegung, weil ihn vor Aufregung die Nase heftig zu jucken beginnt, worauf der Gedanke sich beinahe ins Nichts davongemacht hätte. Geheimgehaltene Gedanken sind ungeheuer scheu, sie führen ein Dasein wie Mäuse und Ratten, die in tiefen Rissen und Spalten hausen und deren ganzes Leben von der Gefahr bestimmt wird. Darüber hinaus war dieser Gedanke so sehr geheimgehalten, daß sogar Josef Bezdan nichts von ihm wußte. Der greise Statthalter lächelt zufrieden. Seine Nase juckt nicht mehr. Nachdem er sich beruhigt hat, verlangsamt sich sein Herzschlag, sein Atem nimmt den Rhythmus eines schlafenden Menschen an. Der Gedanke leuchtet von neuem auf. Abdurrahmans Aufmerksamkeit ist gespannt, wie die des Jägers auf der Pirsch. Der Gedanke entfaltet sich langsam, nimmt die Gestalt sinnvoller Worte und Sätze an. Das Herz des Statthalters schlägt heftig vor Glück. Er gibt acht und versucht sich jedes Wort zu merken.

Dem geheimgehaltenen Gedanken Josef Bezdans zufolge beträgt die Zahl der Gaukler fünf. Sie haben übermenschliche Fähigkeiten, sie zaubern und vollbringen Wunder, obgleich diese Bezeichnung nicht ganz befriedigend ist. Man könnte auch sagen, sie seien aus Legenden, Träumen, Nebel und Morgendunst, aus Nacht und aus dem Blut der Dämmerung, aus Bruchstücken von Philosophie und aus der Flugasche des Glaubens zusammengeknetet, wenn das nicht wieder zu wenig und vielleicht eine Lüge wäre. In ihren Augen blüht das Geheimnis, denn unter dem unendlichen Himmel Allahs gibt es nichts, das nicht weinen könnte. Es weint ja der Stein, die Erde, das Feuer, und es weint auch das Wasser. Und sie scheinen kein Alter zu besitzen. Es gab sie und es gibt sie und es wird sie wieder geben. Schon beim Triumph von Mohács im Jahre 923 sind sie zugegen, als Sultan Suleiman II. eine Vielzahl von Ungläubigen vernichtet, unter ihnen den feige flüchtenden ungarischen König, den er persönlich, mit seinen eigenen Händen im schmutzig schäumenden Wasser des angeschwollenen Csele-Bachs ertränkt. Und sie sind in Buda, an jenem strahlenden Tag des Jahres 948, als Suleiman die Burg einnimmt, ohne einen einzigen Schwertstreich, ohne einen einzigen vergossenen Blutstropfen.

Auch bei der Belagerung von 1005 werden sie gesehen, als die schon so gut wie eroberte Stadt von einer Jüdin gerettet wird, indem sie eine Kanone, welche sie doch weder vorher noch nachher zu bedienen imstande ist, auf die durch das Wiener Tor hereinflutenden christlichen Söldner abfeuert. Im Jahr 1003 sind sie zur Stelle, einige Tage nach Ende des Ramadan, als in einer Stadt namens Szeged ein kleiner türkischer Junge stirbt, das Kind liegt am Rand des Grabens, wie es dorthin gekommen ist, weiß man nicht, wer es dort zurückgelassen hat, weiß man nicht, man weiß nur, daß es stirbt, etwa zehn Jahre alt ist und daß ihm ein fürchterlicher Engel im Augenblick seines Todes das Herz aus dem Leib reißt.

Die Tränengaukler können immer und überall unter dem Himmel auftauchen. Wenn man sie erwartet, kommen sie. Erwartet man sie nicht, kommen sie auch. Wenn man sie flieht, kommen sie einem entgegen. Schon gut, schon gut, das genügt. Laßt sehen, wer diese Tränengaukler sind!

Bestürzt betrachtet der Statthalter die durchschnittlichen, nichtssagenden Gesichter. Hat er denn mehr erwartet, anderes? Wären seine Augen nicht geschlossen, würde er sicher nicht glauben, was er sieht. Die strohblonde, braungebrannte Gestalt zum Beispiel heißt Jiří, der hat sein ganzes Leben nicht geweint. Ein Giaur. In Prag geht er zugrunde, ohne auch nur eine einzige Träne vergossen zu haben, dabei war sein Leben eine einzige Kette von Tragödien und Katastrophen. Doch als nach seinem Tod ein Prager Doktor den Körper öffnet, stürzen dreiunddreißig Tage lang Bäche von Tränen aus ihm heraus. Die nächste Gestalt ist ein kleingewachsener Jude, sein Name Jonathan Mamas. Er lebte glücklich und ausgeglichen, daher starb er auf schreckliche Weise. Nach der Belagerung Budas von 1005 bringen ihn deutsche Söldner um. Sein Tod ist dennoch schön. Am Ufer der Donau spießen sie ihn auf, in einer wunderschönen Flußbiegung. Während seines langen Todeskampfs gelangt er zu der Erkenntnis, daß in der Tiefe des größten Leidens die Einsamkeit haust. Der dritte Gaukler ist ein junger Türke, Jusuf mit Namen. Noch als Säugling wird er von einem namenlosen siebenbürgischen Magnaten gefangengenommen. Dem vornehmen Herrn sind die Kinder gestorben, deswegen vernichtet er aus Rache das Lachen Jusufs. Im Alter von acht Jahren taucht das Bürschlein seinen Kopf in eine zu tief dahinziehende, im Herbst eingetroffene Frühlingswolke und erstickt binnen Minuten. Der vierte Gaukler ist ein Färber, sein Name Stephan Peer, gleichfalls ein Giaur. Ein weintrinkender Budaer Deutscher. Die Tränengaukler reisen in einem klapprigen, mit einer Träne geschmückten Wagen auf der Landstraße der Zeit. An jenem gesegneten Tag, an dem Suleiman die Burg von Buda einnimmt, pinselt Stephan Peer den Tränentropfen auf die Plane des Wagens. Und nachdem betrunkene ungarische Krieger auf der Militärstraße nach Weißenburg seine Familie massakrieren, schließt er sich der Akrobatentruppe an. Der fünfte Gaukler ist ein rumänisches Mädchen, das in einem Ziegenstall geboren und mit Bärenmilch aufgezogen worden ist, eine gewisse Irina, deren Vulva Tränen vergießt und die mit ihrem Schoß Nüsse knacken kann und die ihre Knöchel in einer Männermütze wärmt, um Kraft zum Weiterwandern zu haben, wenn der Morgen kommt.

Abdurrahman kratzt sich die Stirn. Der Gedanke kann verschwinden. Er hat genug gesehen. Vielleicht schon zuviel. Allerdings ist ihm manches an dieser Historie höchst unklar. Wie kann dieser Jiří bei der Eroberung von Buda zugegen sein, wenn er zu dieser Zeit noch gar nicht geboren sein konnte? Oder wie kann der Weinsäufer Stephan Peer bei der Belagerung von 1005 in Buda sein, wo er doch längst tot ist? Oder gibt es mehr als eine Tränengauklertruppe? Wie viele dann? Die unbeholfene Gestalt, in deren Augen er seinen eigenen Tod gesehen hat, das heißt, er hat gesehen, daß er in einem bald ausbrechenden, grausamen Krieg zum Märtyrer werden wird, nun, diese Gestalt gehört ja auch nicht zu den fünfen. Lügt Josef Bezdans Gedanke? Redet er irre? Sollte sein eigener Spion, der doch auf der ganzen Welt seinesgleichen sucht, ihn betrogen haben?! Sollte jener Spion gelogen haben, der die Lüge so verabscheut, daß ihm sein ganzes Leben lang kein einziges Wort über die Lippen kommt, obwohl er doch ein Dutzend Sprachen beherrscht?! Allah sei uns gnädig und erhelle unseren Verstand!

Abdurrahman konzentriert sich unter Aufbietung all seiner Kräfte. Die Tränengaukler sind offenbar keine Spione. Oder sie machen es über alle Maßen geschickt. Praktischen Nutzen haben sie keinen, denn sie kaufen und verkaufen keine Nachrichten, die Feldherren oder Herrschern, Händlern oder Glaubensgelehrten nutzen könnten. Vielleicht ändern sie gar nichts am Gang der Welt. Oder doch? Und in diesem Augenblick begreift Abdurrahman, daß er trotz aller Unsicherheit, trotz des Dunkels und der Zweifel in den Besitz des Geheimnisses der Tränengaukler gelangt ist. Der alte Türke lacht laut auf. Ein merkwürdigeres Geheimnis gibt es wahrscheinlich nirgends auf der Welt. Man kann es nicht den Worten anvertrauen. Das ist überflüssig. Und vielleicht dennoch notwendig. Denn jeder, der atmet, kann es wissen, aber niemand weiß es, wenn er nur einmal lebt.

Pascha Achmed kämpft mit quälendem Kopfschmerz. Das Mädchen, das er liebte, hat er hingegeben, weil ein unerwarteter Befehl es verlangte. Er hätte sich widersetzen können. Den Zorn des greisen Statthalters von Buda fürchtete er nicht, obwohl doch im ganzen Wilajet davon geredet wird, daß sich Abdurrahman im Besitz eines uralten albanischen Zaubers befindet. Wenn er jemandem den Tod wünscht, bewirkt der Zauber, daß nicht der Betreffende stirbt, sondern der, den dieser auf der Welt am meisten liebt. Achmed hat das Gefühl, es sei richtiger, dem Ferman zu gehorchen, als das Risiko einzugehen. Und sogar Allah selbst schien ihm das einzuflüstern. Vor Jahren hat er, statt sich selbst umzubringen, eine harmlose Taube totgeschossen und sie dann ausstopfen lassen. Wenn ihn sein Kopf unerträglich schmerzt, tritt er vor die Ziertaube hin und verspürt eine gewisse Erleichterung. So auch jetzt. Bestürzt starrt er den Vogel an. Seine Entdeckung ist gänzlich unwahrscheinlich. Wie ist es möglich, daß das Täubchen einäugig ist? Hat er doch so oft vor ihm verweilt, sich so oft an das Glitzern seiner Glasaugen gewandt, um sich Linderung zu verschaffen. Und mit einem Mal begreift er auch, was zu tun ist. Er nimmt das Amulett Ibrahim Galaburdis, das ihm nach dem Tod des Janitscharen in die Hände gefallen ist, und betrachtet es aus nächster Nähe. Ja, richtig. Eine Träne glitzert darin. Der Pascha würde gern glauben, daß es Diamonts Träne ist, mit all seiner Verzweiflung, all seinem Gram will er es glauben. Niemand hatte ihn je in dieser Hoffnung bestärkt, jetzt wird er sie der Welt anvertrauen. Vor etwa einem Jahr hat man den schönen, aber dummen Spion ergriffen, der wahrscheinlich nicht stumm, aber dennoch unfähig zu sprechen ist und der soviel unnützes Zeug in seinem Haar aufbewahrt hat. Zuerst hatte Achmed gedacht, daß ihm unschätzbare Reichtümer in die Hände gefallen seien und daß es im ganzen Reich keinen glücklicheren Menschen gäbe als ihn. Ali Baba hätte in der Räuberhöhle nicht solche Schätze gefunden. Schließlich war er zu der Einsicht gekommen, daß es sich mit einer Ausnahme nur um nutzloses, überflüssiges Zeug handelte. Ausgenommen die Kopie von Diamonts Gedanken, dem zufolge bei der Liebe die Entfernung das Wichtigste ist. Und während Achmed diese Gedanken durch den Kopf gehen, steckt er das Steinchen, das in diesem Moment besonders glänzt, in die leere Augenhöhle des Vögleins. Na bitte. Der Vogel ist ja bereits zum Leben erwacht. Er gurrt zufrieden. Der Pascha tritt zum Fenster, öffnet es weit. Im nächsten Moment greift er sich betroffen an die Stirn.

Allah, sein Kopf schmerzt ja gar nicht mehr!

Die Taube hat sich bereits in die Lüfte erhoben, sie fliegt, fliegt gegen Nordwesten.

Diamont spaziert oft zur Brustwehr des Palastes hinaus und betrachtet die schmutzigblaue, sich gravitätisch dahinwälzende Donau. Sie gehört zu jenen Sklavinnen, denen der Statthalter eine gewisse Freiheit gewährt. Die anderen Mädchen verstehen nicht, warum die gerade eingetroffene Errungenschaft solche Vorrechte erhält, denn sie hat sich ja noch gar nicht bewährt. Keinen einzigen Abend, nicht einmal eine flüchtige Stunde hat sie bis jetzt mit dem Statthalter verbracht, der trotz seines vorgerückten Alters ein vorzüglicher Liebhaber ist. Zuweilen bestellt er zwei Mädchen zu sich, die dann am nächsten Morgen mit Ringen unter den Augen und auf wackligen Beinen in den Harem zurückkehren und zu allem Überfluß auch noch ihre Namen durcheinanderbringen. Diamont wird von ihnen geschnitten. Doch weder Einsamkeit noch Haß setzen ihr zu. Woran sie auch denkt, hinter allen Dingen blickt ihr jemand entgegen. Ein fremder, stummer Mann beobachtet sie mit jenem besonderen Feuer der Liebe, das ohne Unterlaß versengt, aber nie zu Asche verbrennt. Doch nicht nur mit diesem Gefühl kämpft Diamont. Seitdem Achmed auf ihren Gedanken gestoßen ist, sendet er Abend für Abend seinen eigenen zu ihr und bereitet ihr damit solche Freude, daß das Mädchen im Schlafsaal des Harems vor Wonne schaudernd aus dem Schlaf schreckt, um dann ein wollenes Tüchlein minutenlang im unerträglich heißen Saft ihres Schoßes zu tränken.

Oft sieht sie den Intimitäten ihrer unbefriedigten Gefährtinnen zu. Einmal läßt sie zu, daß sich ein persisches Mädchen neben sie legt und sie umarmt. Aus Neugierde läßt sie geschehen, daß die andere ihr heiße Worte ins Ohr haucht und mit zarten Fingern ihre Brust streichelt, ihr mit der Zunge den Nabel wärmt. Die Annäherung des persischen Mädchens mit der schimmernden Haut ist Diamont nicht unangenehm. Sie findet sogar ausgesprochen Gefallen daran, ihr behagt es, die Haut, die sehnsüchtige Scham des anderen Mädchens zu berühren. Wenn sie auch weiß, daß diese Begebenheiten mit der wahren Liebe nichts gemein haben. Auch weiterhin erwacht sie nachts von der Glut, die ihren Leib durchströmt, und es kommt auch vor, daß sich die Perserin gerade in dem Moment über sie neigt, wenn in ihrem Körper die Wonne losbricht. Bewußt bedient sich Diamont der Kraft des von fern her kommenden Verlangens und der unmittelbaren Sinnlichkeit des Augenblicks und schenkt dem persischen Mädchen ein Bruchstück ihrer Wonne. Saha wird ihre Freundin.

»Du bist schön«, sagt Saha manchmal beim Frisieren.

»Deine Augen glänzen«, bemerkt Diamont, während sie sich ankleiden.

»Ich mag deine Schultern«, verrät Saha, als sie aus dem Bad kommen.

Diamont vertraut Saha nicht an, daß ihr immer häufiger ein schöner Mann in den Sinn kommt, den nicht einmal die raffinierten Torturen im Burggefängnis von Szeged hatten verunstalten können. Dabei ist er von Pascha Achmed persönlich gefoltert worden. Zumindest behauptet man das. Ob der Spion unter den Peinigungen wohl ein Wehgeheul erhoben hat? Keineswegs. Diamont hätte es gehört. Die Tage vergehen, und zu dem Gram gesellt sich Langeweile. Bis das Mädchen in einer wolkenlosen, von der Mondsichel erhellten Nacht vom Gurren einer Taube geweckt wird. Minutenlang starrt sie in die Dunkelheit und rührt sich nicht. Dann erhebt sie sich und tut vorsichtig das Fenster auf. Zwischen den Blumen des Fenstersimses spaziert eine Taube. Das Mädchen erkennt den Vogel. Sie nimmt ihn in die Hand, streichelt ihn, gibt ihm Kosenamen. Dann drückt sie ihn mit solcher Kraft, daß der Vogel erstickt. Im Morgengrauen findet ihn eine der Ratten, welche die düstere Unterwelt der Verteidigungsanlagen beherrschen, um auf der Stelle seinen Kopf wegzunagen und mit ihm den Stein, den der unglückliche Achmed der Taube als Auge gegeben hatte.

Abdurrahman hat erfahren, wer die Tränengaukler sind, das heißt, er hat gar nichts erfahren. Trotzdem ist er nicht unzufrieden. Der weise alte Mann jagt keinen Hirngespinsten nach. Zuerst schätzt er das Geld, dann zählt er es. Niemals wollte er die neunundneunzig Namen Allahs aussprechen. Er pflegt alle Möglichkeiten gründlich zu durchdenken. Die Frage besteht einzig darin, ob man Josef Bezdan, dem besten Spion der Welt, vertrauen kann. Beim Mantel des Propheten, was ist, wenn der Spion auf eigene Faust arbeitet und alles, was er über die Gaukler in Gedankenform bewahrt und an ihn weitergegeben hat, nichts anderes ist als abgefeimte Lüge? Lange hatte der Pascha sich nicht mehr so quälend ratlos gefühlt. Er setzt Spione auf Josef Bezdan an, der immer öfter in den Trubel der Stadt eintaucht und sich mit besonderer Vorliebe in das jüdische Ghetto begibt. An einem trüben Vormittag, als oben die Wolken in betrunkenem Taumel einander stützen, wird Abdurrahman der Weltspion gemeldet. Wie eine Statue steht Josef Bezdan vor dem alten Mann.

»Du möchtest etwas sagen«, beginnt Abdurrahman. Josef Bezdan nickt nicht einmal, so eindeutig ist es.

»Du bittest, ich möge dich nicht weiter erniedrigen«, sagt Abdurrahman. Jetzt nickt Josef Bezdan, vielleicht lächelt er auch, jedenfalls bückt er sich zu den Fransen des Teppichs, und als er sich wieder aufrichtet, blitzt der Dolch in seiner Hand. Er zieht zwei blutige, noch zuckende Fleischstückchen von der Klinge und legt sie dem Statthalter vor die Füße.

»Die Zungen der Spione, die dich überwacht haben«, sagt der Pascha mürrisch.

Die Männer starren einander an, als würden sie sich duellieren. Abdurrahman erweist sich als der Unterlegene.

»Na schön. Tu, was du für richtig hältst«, sagt er und gibt auch schon den Wink. Die verstümmelten Spione werden hereingebracht. Da sie nicht nur untauglich gewesen sind, sondern ihrem Herrn auch Schande gemacht haben, müssen sie einander erwürgen. Düster betrachtet Abdurrahman die Leichname. Dann macht er eine heftige Bewegung, Josef Bezdan soll gehen, unverzüglich den Saal verlassen, denn wer will schon seiner eigenen Schande ins Gesicht sehen?

Abdurrahman sehnt sich nach Ruhe und Frieden, nach sanften Genüssen, hingebungsvollen weiblichen Bewegungen. Es ist so lange her, daß er sich in seinem Harem vergnügt hat! Gewiß verdient er es jetzt, ja es steht ihm sogar zu, geht ihm auf dem Weg zu den Gemächern der Frauen durch den Kopf. Er spricht den Namen des neuen Mädchens aus, und kurz darauf tritt Diamont in das mit Samt ausgeschlagene und mit Rosenblüten übersäte Zimmerchen, in dem er schon so viele angenehme Stunden verbracht hat. Der begleitende Eunuch entfernt sich unter tiefen Verbeugungen. Abdurrahman hat noch nie seine Begierde an ihr gestillt. Nun, jetzt ist der Moment gekommen. Wie an eine besondere Delikatesse, so hat er immer an sie gedacht. Er hat sie sich aufgehoben, mit ihr gewartet, wie es die wahren Feinschmecker mit den köstlichsten Bissen tun. Und nun steht sie vor ihm, mit einem traurigen Glanz in den Augen. Abdurrahman winkt ihr, sie legt sich neben ihn. Die Finger des Pascha tanzen über das bleiche Gesicht, der alte Mann saugt ihren Duft in sich ein. Doch im nächsten Moment flattert eine Taube aus Diamonts Blick. Sie fliegt gegen die Wand, schlägt kreischend mit den Flügeln, stößt hier und dort an, bricht sich die Knochen im Leib. Blut spritzt aus dem zukkenden Körper, besprüht alles im Rosenzimmer, die samtenen Wände, die Stacheln der echten Rosen und die Blüten, das Gesicht des Mädchens und den bestürzten Statthalter, den Herrn von Buda, den Albaner Abdurrahman, dem die Tränengaukler zwar den Märtyrertod prophezeit haben, aber daß ihm eine noch größere Gnade zuteil werden würde, haben sie ihm dann nicht mehr verraten.

Unermüdlich streicht der Weltspion durch die Straßen von Buda. Er schnüffelt im türkischen Geschäftsviertel herum, steht stundenlang am Fuß von Minaretten. Breit lächelnd grüßen ihn die Besitzer der Basare. Manchmal rudert er nach Pest hinüber, macht es sich in der schattigen Ecke eines Gasthauses bequem und beobachtet, er merkt sich jedes Wort und jede Bewegung, den harmlosesten Blick prägt er sich ein. Besonders mag er die verschlossenen Mitglieder der Huruti-Sekte, die für ihre Zählkünste berühmt sind und die Ansicht vertreten, daß Allah aus den Gesichtern der Menschen strahlt. Was für ein schöner Gedanke, daß Gott im Gesicht des Menschen wohnt. Josef Bezdan würde ihn nicht nur für schön, sondern auch für wahr halten, wenn sich im Gesicht des Menschen nicht die Mundöffnung befände, durch die Tag für Tag Milliarden erlogener Worte zum Himmel steigen. Trotzdem hält er sich am liebsten im Bezirk der Budaer Juden auf, er weiß selbst nicht, warum. Oft steht er stundenlang andächtig in einer halbdunklen Toreinfahrt. Er friert erbärmlich. Die Müdigkeit hat sein schönes Gesicht zur Fratze verzerrt. Mal meint man alles zu wissen, mal hat man das Gefühl, daß alles, was man weiß, nicht einmal wert ist, vergessen zu werden. Josef Bezdan verlegt sich auf lange, aussichtslose Spaziergänge. An einem späten Nachmittag biegt er in ein enges Gäßchen ein, das zum Judenmarkt der Wasserstadt führt, als er Gelächter vernimmt. Ein höhnisches, boshaftes Lachen treibt seinen Spott mit ihm. Er beginnt wild zu rennen. Doch der Markt auf der anderen Seite der Gasse ist ausgestorben. Die Kaffee- und Bonbonverkäufer haben bereits zusammengepackt, zugedeckt sind die Waren der

Gemüse- und Obsthändler. Einige obdachlose Jammergestalten, Bettler und Kriegsinvaliden lungern auf dem ins Dunkel sinkenden Platz, als wären sie gar nicht da. Ein verkrüppelter Hund jault, als ob alles nur ihm weh täte. Auf einmal gehen zwei Menschen neben dem Weltspion. Vater und Sohn, wie an der Kopfform, der Schulterhaltung und dem strengen Rhythmus der aufeinander abgestimmten Schritte leicht zu erkennen ist. Josef Bezdan beschleicht ein seltsames Gefühl. Nur einen Moment lang sieht er das Gesicht des alten Juden, dennoch ruft es ihm die Träne ins Gedächtnis. Der Spion ist nicht mehr als ein schwarzer Umhang, ein abgründiger Schatten. Die Juden wirbeln herum, bleiben furchtbebend stehen.

»Sagtest du etwas, Herr?«

Doch Josef Bezdan starrt nicht den Fragenden an, sondern forscht im pockennarbigen Gesicht des Sohnes. Der ist über das Alter der Unschuld schon hinaus. Durchschnittliche Größe, offener Blick. Während der Vater von trüben Sorgen gequält wird, sieht er Josef Bezdan klar und direkt in die Augen, die von Messern, Träumen und Lügen sprechen.

»Du fragst, wie wir heißen?« fragt der Jude. »Ich bin Jizchak ben Juda, das ist mein Sohn Abraham. Was willst du von uns?« Der Alte tritt nun bereits ohne Furcht näher.

»Ich sehe, mein Herr, auch du gehörst zu denen, die keine Ruhe finden können. Du fragst, seit wann ich sie kenne?«

Der Jude lächelt bitter und nimmt seine Kopfbedeckung ab. In seinem ergrauenden, schütteren Haar wühlend, zeigt er die Narbe.

»Ihre erste Ankündigung. Ein Stein, der vom Himmel fiel. Er hat das Dach der Synagoge durchschlagen und mein Blut vergossen«, sinniert Jizchak ben Juda. »Das war noch in Wien. Es tat nicht weh. Aus dem Stein ist dann eine Träne geworden. Einmal sind sie gekommen, und der Leichnam des falschen Propheten, Sabbatai Zwis, lag auf dem Boden ihres Wagens. Sie haben ihn gebracht, um ihn all jenen zu zeigen, in denen die Hoffnung morsch geworden war.«

Mit einer heftigen Bewegung schiebt er seinen Sohn vor.

»Siehst du? Sie haben ihn gerettet.«

»Was willst du?« sagt er plötzlich lauernd.

Sein Atem geht heftig.

»Du möchtest, daß sie auch dich retten?«

»Du wartest auf Linderung?«

»Auf Erlösung?«

Josef Bezdan reagiert nicht. Offenbar hat er das, um dessentwillen er die beiden Männer aufgehalten hat, noch nicht gehört. In verworrenem Zorn schiebt Jizchak ben Juda seinen Sohn zur Seite. Gereizt reckt er den Kopf, seine Augen sehen aus, als wollten sie sich jeden Moment mit Tränen füllen. Er beginnt zu schreien. Es hallt über den dämmrigen Platz. Die Bettler unterbrechen ihr Gejammer, einem Derwisch bleibt der krächzende Gesang in der Kehle stecken, sogar der Hund läßt das Jaulen sein.

»Du fragst, wer sie sind?«

»Du fragst nach denen, die mit ihren Tränen Kunststücke machen?«

»Du fragst, welche Absicht sie verfolgen?«

Jizchak ben Juda verliert vollkommen den Kopf. Er packt den Weltspion bei der Schulter. Fast röchelnd stößt er hervor:

»Ich weiß es nicht!«

»Ich weiß es auch nicht!«

Der Jude schnappt nach Luft. Schaum ist ihm vor den Mund getreten. Im nächsten Moment wird er womöglich ersticken. Sein Sohn sieht ihn mit vor Angst gefrorenem Gesicht an. Doch Jizchak ben Juda beruhigt sich, wenn Josef Bezdan in den blutunterlaufenen Augen auch lesen kann, daß er das Wichtigste noch nicht gesagt hat. Abraham klammert sich an den Vater, als wolle er ihn von dem Geständnis abhalten. Aber er hat nicht genug Kraft. Ganz leise, aber verständlich sagt Jizchak ben Juda:

»Weißt du, mir haben sie die Botschaft des Leidens gebracht.«

Josef Bezdan nickt. Er macht eine Bewegung, die ungefähr besagt, daß dieser verwirrte Jude überflüssiges und unerhebliches Zeug daherredet. Gelangweilt spuckt er aus. Er kehrt Vater und Sohn den Rücken und geht langsam quer über den Platz auf die düsteren Umrisse der Burg zu. Es ist schon später Abend. Doch er hört noch, wie ihm Jizchak ben Juda nachruft.

»Ich leide auch für dich, mein Herr.«

Josef Bezdan hört die eigene Antwort aus dem Mund des Juden.

»Du sagst, das hast du vom ersten Augenblick an gewußt.«

»Du sagst, du hast Angst vor der Lüge, und das Leiden geht dich nichts an.«

Josef Bezdan bleibt auf der anderen Seite des Platzes stehen. Sogar von dort hört er, wie mühsam der Jude, der durchaus nicht seines Weges gehen will, nach Luft ringt.

»Es geht dich doch etwas an, mein Herr.«

Der Weltspion wendet sich um. Er kann sie nicht mehr sehen, nur die knarrende Stimme hört er noch.

»Merke dir, mein Herr, du lebst, also lügst du.«

Von Zeit zu Zeit läßt ihn der Statthalter rufen. Eunuchen und Sekretäre mit Mädchengesichtern rütteln ihn in einer Budaer Herberge wach. Wenig später steht Josef Bezdan vor dem mürrischen Alten und erwidert seinen Blick, als wüßte er nicht, daß sein Leben in Gefahr schwebt. Abdurrahman erwägt, ihn hinrichten zu lassen. Natürlich stellt der Spion einen geradezu unschätzbaren Wert dar. Aber wozu ein Schatz, der nicht zu gebrauchen ist?! Des öfteren kommt Abdurrahman der Gedanke, daß die Welt eine unbewohnte Insel ist, das Wissen des Spions dagegen eine gewaltige Kiste Goldes, er aber hockt auf der Insel und begafft vergebens den unnützen Glanz. Josef Bezdan fürchtet den Tod nicht, trotzdem hat er nicht die geringste Lust, vorzeitig ins Paradies einzugehen. Er muß herausfinden, wer die Tränengaukler sind. Dann geschehe, was wolle. Außerdem gibt es noch etwas, was ihn beunruhigt. Seit man ihn im Burggefängnis von Szeged kahlrasiert hat, weil man dahintergekommen war, wo er einen Bruchteil seines Wissens aufbewahrte – denn unter seinen Fingernägeln, in seinen Zähnen oder in seinen Körperhaaren hatte niemand nachgeschaut, was vielleicht auch besser war –, seit also seine Haare wieder nachgewachsen sind, hat er sie sorgfältig durchgezählt. Zu seiner Bestürzung stellte er fest, daß eines fehlt – an der Stelle spürt er ein unangenehmes Kribbeln. Er lächelt bleich, er hat verstanden. Die Legende, welche die Schreiber aus seinem Blick herausgelesen haben, bezieht sich auf ihn. Auf seinem Kopf wird das Haar Mohammeds wachsen. Dann wird ihn also der Statthalter nicht hinrichten lassen. Und noch etwas begreift der Weltspion. Um herauszufinden, wer die Tränengaukler sind, muß er nicht andere, sondern nur sich selbst beobachten. Der Weltspion Josef Bezdan beginnt sich nachzuspionieren. Und wer schon einmal sich selbst nachspioniert hat, der weiß, was für eine mörderisch schwierige, selbstzerstörerische Angelegenheit das ist.

Es gibt Menschen, deren Leben durch die schiere Menge der Fragen kaputtgemacht wird. Was man sie auch fragt, sie antworten stets dasselbe. Sie wiederholen es immerzu, bis sie eines Tages unter dem Gewicht der nicht zum Schweigen zu bringenden Fragen zusammenbrechen und ersticken wie Hunde. Dann gibt es Menschen, die im Laufe eines an Abenteuern reichen Lebens eine einzige Frage von Bedeutung erhalten. Auch Josef Bezdan ist so ein Mensch. Wer glaubt, daß es auf die einzige Frage seines Lebens nur eine einzige Antwort gibt, irrt nicht, sondern ist dumm. Ein heiliger Idiot auf einer dreckigen Straße in Stambul kann aus ihm werden. Mag er im Basar von Belgrad mit irrem Blick um Almosen flehen. Vielleicht darf er in irgendeinem Asyl den Gnadentod erwarten. Josef Bezdan hat solche Leute gesehen, und er verspürt kein Verlangen, selbst so zu enden. Er weiß, daß es nicht nur eine Antwort gibt. Auch Abdurrahman, der alte Statthalter, weiß es. Der ihn letztlich deswegen nicht hat umbringen lassen.

Wer sich selbst belauert, fordert den furchtbarsten Tod heraus. Josef Bezdan kann nicht mehr anders. Er hat nichts mehr mit der Welt zu schaffen. Die ganze Welt blüht auf in seinem Lächeln und erstrahlt in seiner außergewöhnlichen Schönheit. Aber sie schlottert auch in seiner schauerlichen Angst, bei einer Lüge ertappt zu werden, sie ist in den Folternarben, die seinen Körper bedecken, in seinem Haar, in dem Dreck unter den Fingernägeln, in seinen Erinnerungen, Träumen und Gedanken. Und wenn der Weltspion Josef Bezdan über die Welt verfügt, so verfügt er auch über die Antwort.

Wer sind die Tränengaukler?

Und trotzdem steht die Antwort aus, wie das mit Antworten so zu sein pflegt. Am Tag, als Josef Bezdan Josef Bezdan nachzuspionieren beginnt, macht Josef Bezdan die bestürzende Entdeckung, daß ihn jemand beobachtet. Bis dahin hatte er den schlauesten, durchtriebensten Spionen mit Leichtigkeit auflauern können. Das Ausspionieren eines streng bewachten Magnaten, einer sogar vom Sonnenschein behüteten Haremsdame, ja selbst eines Kakerlaken hatte ihm keine Schwierigkeiten bereitet. Aber jetzt hat er das Gefühl, daß diese Aufgabe, nämlich Josef Bezdan nachzuspionieren, über seine Kräfte geht. Besessen folgt er dem Weltspion, sich selbst, in verwinkelten Gassen und auf weiten Plätzen stellt er ihm nach, als Schatten und Körperduft ist er ihm auf den Fersen. Und verliert er ihn auch zuweilen aus den Augen, so läßt er doch nie zu, daß lähmende Hoffnungslosigkeit Macht über sein Herz gewinnt. In zähneknirschender Arbeit kommt er dem anderen auf die Spur, und indem er ihm tief in die Augen blickt, versucht er herauszulesen, was mittlerweile mit ihm geschehen ist.

Josef Bezdan spioniert also Josef Bezdan nach.

Doch Josef Bezdan bemerkt auch, daß ihm jemand folgt.

Seit einigen Wochen hat Abdurrahman Spione auf ihn angesetzt, nicht einmal unbegabte, muß man sagen. Einzeln bekam er die Elenden zu fassen, und zwar an ihren Zungen. Er hängte sie über die Donau, um sie dann, indem er ihre Zungen an der Wurzel kappte, ins Wasser plumpsen zu lassen. Sie kämpften sich ans Ufer und mußten einander schließlich vor dem Angesicht des Statthalters erdrosseln, weil sie sich als untüchtig erwiesen hatten. Der Weltspion gab keine langen Erklärungen ab. Er beteuerte Abdurrahman nicht, daß die Spione ihre Arbeit alles andere als ungeschickt gemacht hatten. Es hätte prahlerisch gewirkt, wenn Josef Bezdan versichert hätte, daß ihm nachzuspionieren ein Ding der Unmöglichkeit sei, weil er jeden Blick nicht nur bemerke, sondern auch ausmerze, natürlich nur, wenn er Lust dazu habe.

Nun, jetzt liegen die Dinge anders. Josef Bezdan weiß, daß er beobachtet wird, aber er weiß nicht, von wem. Er sieht den Schatten wie ein wildes Tier herumschleichen, nimmt den Geruch seines Körpers wahr, weiß, wann er nah ist und wann es ihm gelungen ist, dem Netz seiner Aufmerksamkeit zu entschlüpfen. Mit einem so raffinierten und gewitzten, durchtriebenen und vorsichtigen Spitzel hat er es noch nie zu tun gehabt. Für halbe Tage, Nachmittage nur vermag er ihn abzuschütteln. Wie?! Sollte es noch immer einen besseren Spion geben als ihn?!

Josef Bezdan will ausspionieren, was Josef Bezdan über die Tränengaukler weiß.

Josef Bezdan hat das Gefühl, daß der Beobachter ihm folgt, um zu den Tränengauklern geführt zu werden.

Der Weltspion hat das Gefühl, verrückt zu werden, und er ist nicht weit von der Wahrheit entfernt.

Eines Tages sieht Josef Bezdan, daß Josef Bezdan sich auf dem Markt herumtreibt. Ein schöner und sonnenheller Vormittag, Allah hat seine Augen weit geöffnet. Beim bunten Zelt der Bonbonverkäufer bleibt er stehen, ißt eine Süßigkeit und geht mißmutig weiter. Plötzlich stutzt er. Hinter einem Verkaufstisch lächelt ihn der Honighändler breit an. Ja, ja, die Honighändler sind ungemein gefährliche Menschen. Meuchelmörder, deren Lächeln vergiftete Splitter und abgrundtiefe Fallen birgt. Sie hassen ihre Kunden. Gläser, Tiegel und Kännchen sind auf dem Verkaufstisch aufgereiht. Der Spion sieht das gefährliche Lächeln. Er deutet auf das größte Honigglas und feilscht nicht. Eine Beleidigung ersten Ranges für den Honighändler, nun ist es sicher, daß er Josef Bezdan ans Leben will. Josef Bezdan hält das gewaltige Glas gegens Licht, dann geht er auf eine Ecke des Marktplatzes zu, wo ein ansehnliches Steinbänkchen im Sonnenlicht badet. Er tritt einen bettelnden Krüppel zur Seite und macht es sich bequem. Das Glas stellt er vor sich hin und beginnt es aufmerksam anzustarren. Und alsbald beginnt der Honig zu erzählen. O ja! Der Honig erzählt eine der außergewöhnlichsten Geschichten. Die Geschichte des Honigs ist wunderschön und trotzdem wahr. Die Geschichte des Honigs ist durchscheinend, aber trotzdem schwer. Die Geschichte des Honigs ist wie eine Liebesgeschichte und endet meist tödlich. Der Honig erzählt dem Weltspion von Szeged. Durch verwinkelte Gassen bewegt sich seine Aufmerksamkeit, bis sie vor dem Haus eines einheimischen Holzschnitzers, eines gewissen Ignác Arnót, haltmacht.

»Tutu!« ist plötzlich zu hören.

»Trutuu, trutu!« ertönt es erneut.

Der Honig erzählt Josef Bezdan von einem Brachvogel. Jetzt sieht er das Mädchen Kamilla. Er kennt sie, er hat sie öfter gesehen, bevor sie ihn ins Burgverlies sperrten. Ein bleiches und häßliches Gesicht. Einmal, an einem kalten Wintertag, sind sie einander auch begegnet. Unreife, steife Bewegungen. Trotzdem wird ihm plötzlich schwindlig. Unglaublich intensiver Kamillenduft versetzt ihn in Erstaunen. Er betrachtet ihre Bewegungen, ihr albernes, verträumtes Lächeln. Über dieses Mädchen hat sich Ibrahim Galaburdi hergemacht! Anschließend ist er verbrannt. Aber wie hat der Türke Feuer gefangen? Josef Bezdan kennt das Gerücht: Als Zirkusleute verkleidete deutsche Spione sollen ihn im Menschengewühl der winterlichen Straße angezündet haben. Was für eine Verwegenheit! Das Gerücht behauptet indes noch etwas anderes. Und um sich zu vergewissern, hatte er damals, als ihn Achmed aus dem Gefängnis entließ, die paar Menschen aufgesucht, die beim Tod des Janitscharen zugegen gewesen waren. Aufmerksam beobachtete er ihre Gesten, wie sie beteten, wie sie lachten, wie sie Reis oder Fladenbrot hinunterschlangen. Nun, ja. Das Gerücht konnte auch wahr sein. Ibrahim ist inmitten hoch auflodernder Flammen, tanzend und kreiselnd, singend und mit einem Riesengelächter zugrunde gegangen, nur eine Handvoll Asche und ein Lederbeutel sind von ihm übriggeblieben. Sehr eigenartig. Josef Bezdan weiß genau, daß zwischen der Vergewaltigung Kamilla Arnóts und dem Tod des Janitscharen ein Zusammenhang besteht. Die Sache ist nicht kompliziert. Jene Zirkusleute konnten nur die Tränengaukler gewesen sein! War es Rache oder eine Strafe? Aber was geht sie Kamilla Arnót an, dieser unglückliche kleine Frosch, der gleichwohl einen Duft verströmt, daß einem ganz schwindlig werden kann? Na gut, na gut, soll der Honig weitererzählen! Was sieht Josef Bezdan jetzt? Krumm, von der Last der Jahre gebeugt, stehen Ignác Arnót und seine Frau vor der Loggia. Müde alte Leute, einen Zwirnbreit vom Tod entfernt. Sie blicken ihre Tochter unverwandt an. Kamilla sitzt auf einem Schemel im Hof. Draußen auf der Straße stehen die Leute Schlange und warten geduldig, daß sie an die Reihe kommen. Einer nach dem anderen tritt zu Kamilla und nimmt einen tiefen Atemzug von ihrem Duft. Wenn es ein Mann ist, beginnt Kamillas Nase zu bluten.

Josef Bezdan muß herzhaft lachen.

Aber das ist ja auch ein Kunststück!

Aber das ist ja auch ein Zaubertrick!

Auf einmal verdüstert sich sein Gesicht. Er sieht, wie die Leute zu Kamilla treten. Himmeldonnerwetter! In ihren Bewegungen, im Glitzern ihrer Augen nimmt er die bittere, zu allem bereite Unterwürfigkeit wahr. Und das ist eine höchst gefährliche Sache. Josef Bezdan wird klar, daß das Mädchen in Lebensgefahr schwebt. Und dieses bäurische, verrohte Volk weiß nichts davon. Dabei geht die Gefahr von ihnen aus, wie sie den Duft des Mädchens einatmen, weil sie gesund werden, weil sie am Wunder teilhaben wollen. Diese Menschen werden das Mädchen bei der ersten Gelegenheit ausstoßen. Sie werden sie vernichten wollen, weil die menschliche Natur nicht fähig ist, das von ihr Verschiedene lange Zeit zu ertragen. Wer weiß, vielleicht hat es damit seine Richtigkeit. Wer dazu bestimmt ist, von uns verehrt zu werden, soll nicht lange unter uns weilen.

»Trutuu!«

»Tutuu!«

Der Brachvogel weint. Das Mädchen steht mit den Tränengauklern in Verbindung. Vielleicht ihre Geliebte, ihre Konkubine. Hm. Dieser häßliche, blaßwangige kleine Frosch?! Obzwar den Tränengauklern selbst das zuzutrauen ist! Na, und dieser Duft! Das würde vieles erklären! Erregt lacht der Weltspion auf, sein Lachen kitzelt die gelbe Oberfläche des Honigs. Eine Welle läuft durch seine glänzende, ferne Geschichte. Josef Bezdan wird ernst und runzelt die Stirn. Seine Aufmerksamkeit ist gespannt, als ginge es um sein Leben. Doch auch so kann er den wunderschönen Angriff des Honighändlers kaum abwehren, der zur vornehmsten Kaste seiner Art gehören mochte, denn er hat sich im schweren Licht des Honigs verborgen, um den Moment abzuwarten, in dem er dem Leben Josef Bezdans hinterrücks ein Ende bereiten kann. Mit einem aus Honiglicht und heimtückischem Lächeln geschmiedeten Dolch stößt er zu. Josef Bezdan weicht aus und geht zum Gegenangriff über. Er wird ein Exempel statuieren. Sollen die Honighändler in Zukunft wissen, daß es nicht lohnt, sich mit Josef Bezdan anzulegen. Mit dem engmaschigen, tödlichen Netz seiner Gedanken hat er den Honighändler binnen Sekunden eingefangen. Und während er einerseits Millionen Beispiele anführt, warum das Leben wunderbar ist, beweist er andererseits millionenfach, daß es ein Tal des Elends, der Pein und des Leidens ist. Der Honighändler windet sich verzweifelt im Netz der einander widersprechenden, immer chaotischeren Argumente und Fragestellungen. Schließlich läßt ihn der Weltspion in friedlichen, ewigen Schlaf sinken. Der Unglückliche soll nicht länger leiden, auch wenn er Honighändler gewesen ist.

Bei Anbruch der Dämmerung findet die türkische Patrouille am Rande des Marktes eine honigtriefende Leiche. Staunend starrt der Wachtkommandant in ihr Gesicht. Sehr seltsam. Sieht er es von der einen Seite an, hat es den Anschein, als würde die Leiche glücklich lächeln. Doch wenn er es aus der anderen Richtung betracht, hat er eine vom Entsetzen entstellte, unglückliche Miene vor sich. Der Wachtkommandant hatte den Honighändler gut gekannt. Ein immer gemütlich lächelnder, freundlicher Mensch war er gewesen. Keiner Fliege hatte er etwas zuleide getan. Mit ihm zu feilschen war unterhaltsam, ja sogar vergnüglich, seine Ware vorzüglich gewesen, und wenn man in Schwierigkeiten geraten war, hatte er sogar auf Kredit gegeben. Nun aber ist er in seinem eigenen Honig ertrunken. Wie seltsam!

Schließlich wird der Honighändler auf einem Budaer Friedhof verscharrt. Auf welchem? Niemand weiß es. Auch seinen Namen wird die Welt vergessen. Nur der dicke, süße Honig, in dem er ertrunken ist, dieser Honig dringt heraus und sickert über das Antlitz der Welt, auch heute noch, wenn die Sonne strahlend am Himmel steht.

Zum letztenmal bittet Josef Bezdan, bei Abdurrahman vorgelassen zu werden. Der Statthalter empfängt ihn mürrisch. Die Nachrichten sind beunruhigend. In Stambul greift im Umkreis der Hohen Pforte Kopflosigkeit um sich. Die Wesire und Berater, die den Prächtigen umgeben, denken mehr an sich selbst als an das Reich. Der Sultan wird von bedrückenden, unheilverkündenden Träumen gequält. Spione melden, daß im Habsburgerreich und in den deutschen Kurfürstentümern große Vorbereitungen im Gange sind. Aber nicht nur die Söldner und die Armeelieferanten, die Waffenschmiede und die Kanonengießer wappnen sich. Auch unter den Huren Europas herrscht Unruhe. Das scheint nachgerade das zuverlässigste Zeichen zu sein. In ganz Europa schwatzen die Dirnen von niemals wiederkehrenden, gewaltigen Möglichkeiten, und nicht wenige von ihnen trainieren schon dafür, in einer einzigen Nacht eine ganze Kompanie Soldaten wenn schon nicht glücklich, so doch zufrieden zu machen. Auch Karl von Lothringen, der wortkarge Herzog, der doch eben erst unter den Mauern Budas eine schmähliche Schlappe erlitten hat, ruht nicht. Er war der Initiator des Feldzugs gewesen und mußte dann selbst seine Haut retten. Seitdem hat sich das Blatt gewendet. Im vergangenen Jahr ist im Norden Neuhäusel verlorengegangen, in der Mitte des Herrschaftsgebietes Szolnok, sogar im Süden, in der Stadt Arad, haben die kaiserlichen Streitkräfte geplündert. Wie immer man an seinem Bart auch zieht und zupft, man gelangt zu derselben beunruhigenden Einsicht. Ein Generalangriff steht bevor, vielleicht noch in diesem Jahr. Der Statthalter schüttelt den Kopf, als er dem Weltspion in die Augen blickt.

»Du sagst, es wird einen Angriff geben? Sie werden versuchen, Buda zurückzuerobern? Du sagst, es wird noch in diesem Jahr sein, aber trotzdem willst du mit Diamont sprechen?«

Josef Bezdan nickt.

»Warum?« fragt er grob, dann beginnt er plötzlich zu schreien.

»Das Mädchen ist verrückt! Jetzt kann sie von mir aus tun, was ihr beliebt. Eine freundliche Heilige, aber sie kann leicht wild werden, ich weiß. Man darf ihr nicht in die Augen sehen.«

Josef Bezdan legt dem Statthalter beruhigend die Hand auf den Arm. Einige Minuten später sitzt er dem Mädchen gegenüber. Diamont ist schöner als damals, als sie zu ihm ins Gefängnis kam, um ihren Gedanken zurückzuerbitten. Der Spion dreht das Mädchen zu sich und verscheucht aus ihrem Blick die Dschinne, die Gartenarbeit mimen und dabei lauschen. Diamont sieht ihn an, und aus ihrem Blick flattert alsbald eine verstörte Taube. Sie würde kreischend gegen die Wand prallen, wenn der Blick Josef Bezdans sie nicht zurückhielte und beruhigte. Schließlich wird der Vogel von seinem Schauen einfach verschlungen. Diamont macht große Augen, als sähe sie alles im Traum. Verlegen, fast stotternd spricht sie.

»Du sagst, du gehst jetzt, aber du kommst zurück, mich zu holen?«

Der Spion nickt.

»Du sagst, daß wir jetzt zusammengehören?«

Der Spion lächelt.

»Nun ja, das ist übertrieben«, lächelt auch das Mädchen.

Der Spion steht auf und wendet sich zum Gehen.

»Ich warte auf dich«, hält Diamont ihn zurück und tritt ganz nah an ihn heran. Nun ist Josef Bezdan an der Reihe. Er ist es, der zusammenschauert, sein Körper erbebt, seine Hand wird naß von Schweiß. Zwei unberührte Menschen stehen einander gegenüber. Der eine ist ein Mörder und Spion und lebt ohne Worte. Der andere ist ganz einfach unglücklich. Demnach passen sie zusammen, mit anderen Worten, sie werden einander niemals gehören. Das heißt, in der Liebe ist tatsächlich die Entfernung das Wichtigste.

Einige Wochen später erhält Pascha Achmed in der Burg von Szeged die Meldung, daß der stumme Spion, in dessen Haaren man so vieles gefunden und den man beschuldigt hatte, das Leben des Janitscharenoffiziers Ibrahim Galaburdi sowie eines Deckenmachers ausgelöscht zu haben, neuerlich durch die Stadt streicht. In der Burg hatte vor kurzem der Blitz eingeschlagen, und die Schätze aus dem Haar des schönen Mannes waren zu Asche verbrannt. Tagelang stand der westliche Teil des Palastes in Flammen, und zur Verwunderung seiner Untergebenen gestattete Achmed nicht, das Feuer zu löschen. Sogar ein Trupp Tataren ritt an die Burgmauern heran und wollte wissen, was geschehen sei. Achmed wagte sich nahe an das zeitweise ermattende, dann wieder zu Kräften kommende Feuer heran. Als wollte er zwischen den Flammen wandeln. Der Feuerschein malte ein fratzenhaftes Lächeln auf sein Gesicht. Dann, am dritten Morgen, stieg nur mehr dünner Rauch zum Himmel. Achmed saß zwischen den rauchenden Trümmern und stocherte in der Asche. Von da an verschwand das unangenehme Lächeln nicht mehr von seinem Gesicht. Der Weltspion treibt sich also wieder in der Stadt herum. Der Hauptmann der Janitscharen verneigt sich respektvoll und fragt, ob denn der Spion noch weiterleben solle oder sein Leben bereits überflüssig geworden sei wie der Sommer, der Schnee oder das Glück vom vergangenen Jahr. Achmed zuckt die Achseln. Er hat keine Kopfschmerzen mehr. Statt ihrer ist tiefe Hoffnungslosigkeit eingezogen. Er braucht den Spion nicht. Der hat ihm das geliebte Mädchen genommen, die Schmerzen, er hat ihm alles genommen.

Hätte er um sie kämpfen sollen?

Er hat nicht gekämpft.

Denn mit Allah kämpft man nicht.

Lange hatte sich Achmed der Hoffnung hingegeben, es sei Allah gewesen, der seine Liebe zu sich genommen habe. Dann erzählte ihm das Feuer alles, was über diese dumme Geschichte zu erzählen war. Vielleicht sogar ein wenig mehr. Von den Flammen erfuhr er, daß Diamont ihn nie geliebt hat. Sie hat immer einen anderen geliebt, wenn sie auch selbst nicht wußte, wen. Schon damals, als er ihr auf dem Sklavenmarkt ins Gesicht sah, liebte sie einen anderen, und er hatte ihren zugleich offenen und fernen Blick mißverstanden. Am dritten Tag hat ihm die verleugnete Halbschwester des Feuers auch verraten, wen Diamont liebte. Die verleugnete Halbschwester des Feuers ist die Asche, die Flugasche. Wie Schmetterlinge schwebten die Ascheflöckchen vor seinem Gesicht und erzählten voller Hohn. Diamont liebte den stummen Spion.

Der Pascha läßt den Blick über den Janitscharenhauptmann

gleiten. Der Mann ist vor einigen Tagen vom östlichen Teppich des Reiches, aus dem fernen Persien, angekommen. Eine mittelgroße, unauffällige Gestalt, Abbas mit Namen. Der Schein trügt. Abbas ist ein ausgezeichneter Messerwerfer, und er verfügt über todbringende Worte, gegen die es, sind sie einmal ausgesprochen, kein Gegenmittel gibt. Das ist einer der morgenländischen Kunstgriffe. Solches Wissen zu besitzen wäre Menschen nicht erlaubt, doch die Dschinne des Ostens schließen des öfteren fragwürdige Bündnisse mit den Sterblichen. Offenbar ist Abbas mittels einer Art Übereinkunft in den Besitz dieser außergewöhnlichen Fähigkeit gelangt. Der Janitschar hat Achmed schon am ersten Tag gewarnt, er solle vorsichtig mit seinen Fragen sein, nicht alles von ihm wissen wollen, denn eine seiner Antworten könne auch ohne seinen Willen töten. Achmed hat gleichgültig genickt. Er wird nicht alles von ihm wissen wollen.

Da steht dieser graue Mensch und wartet auf seinen Befehl oder seine Billigung, den stummen Spion zu erledigen. Den Mann, der niemals spricht. Kein einziges Wort. Und ihm seine Liebe genommen hat. Dann nur zu. Soll Abbas es machen. Soll er ihn erledigen.

Josef Bezdan kennt in Szeged die verstecktesten Winkel, jede noch so unbedeutende Straße, jeden verkümmerten Strauch und jedes Grasbüschel, er bewegt sich durch die Stadt, als wäre er in ihr zu Hause. Darüber darf er nicht vergessen, daß der geheimnisvolle Kundschafter sich auch hierher gewagt hat und ihm so gut wie immer auf den Fersen ist. Wie sehr er sich auch bemüht, es gelingt ihm nicht, seines Gegners habhaft zu werden. Nicht einmal zu Gesicht bekommen kann er ihn, geschweige ihn ergreifen oder berühren. Manchmal schafft er es, sich ihm zu entziehen, doch ist dieser Erfolg nur vorübergehend. Ein, zwei Tag später entdeckt er den Schatten des anderen von neuem. Die eine Bewegung ist noch frei, die nächste wird schon beobachtet. Ein unerträgliches Gefühl. Sein Gesicht wird von Pein verzerrt, er leidet wie ein Hund, zuweilen bleibt er in einer Toreinfahrt oder auch mitten auf der Straße stehen und heult wie die vom Teufel Besessenen. In einem ruhigeren Augenblick erdenkt er einen Plan. Der Plan ist mehr als gut. Der Plan ist ausgezeichnet.

Einen seiner Träume läßt er nur halb geschehen.

In dieser Hälfte des Traumes geht es um einen verheerenden Krieg. Abermals wird Buda von den kaiserlichen Streitkräften belagert. Fürchterliches Morden überall, Blut, Pulverdampf und Todesröcheln. Im Rauch der Explosionen erblickt er plötzlich den Wagen der Gaukler. Der rumpelt durch das Chaos, als könnten ihm Granaten, Feuerregen, einstürzende Mauern nichts anhaben. So ist es auch! Josef Bezdan rennt dem Wagen der Tränengaukler nach, stolpert über Leichen und Sterbende, erreicht ihn, klammert sich an ihm fest!

Bis zu diesem Punkt reicht die Hälfte des Traumes, und Josef Bezdan, der Macht auch über seine Träume hat, läßt ihn nicht weiter geschehen. Denn dieser halbe Traum ist eine Falle. Er denkt, wenn er den Spitzel mit diesem halben Traum nicht überlisten kann, dann auch mit nichts anderem. Es ist Nacht. Ausgestorben die Karawanserei, wo er sich verborgen hält. Leise Atemzüge sind aus einer Ecke zu hören. Josef Bezdans Augen öffnen sich im Dunkeln. Er lächelt. Und so, mit dem süßen Honig des Lächelns auf dem Gesicht, schläft er ein, so taucht er in die Wogen der Nacht.

Bei Tagesanbruch betrachtet er bestürzt das Resultat. Durch die Risse in der Mauer der Karawanserei dringt das schmutzige Licht des Frühlingsmorgens herein. Die Welt ist voll von Geschrei und morgendlichem Geschimpfe. Tiere brüllen auf dem Hof. Allah, ach, was ist geschehen! Josef Bezdan hat niemanden gefangen und niemanden überlistet. Der halbe Traum ist einfach verschwunden. Das heißt, er ist mit der fehlenden Hälfte vertauscht worden. Der fehlende halbe Traum aber verlief so:

In Buda herrscht Krieg. Überall Blut, Pulverdampf und Todesröcheln. Aber der Weltspion hat keine Angst. Er sitzt im Inneren eines Wagens, im holpernden, klapprigen Wagen der Tränengaukler. Er weiß schon, wer die Tränengaukler sind, er weiß genau, woher sie kommen und wohin sie gehen, er weiß, was sie im Sinn haben, und starrt deswegen mit glücklicher, verträumter Miene vor sich hin. Manchmal greift er sich an den Kopf und berührt ein Haar, das nicht ihm gehört, aber das er jetzt tragen muß.

Josef Bezdan tut so, als würde er aufgeben.

Er tut so, als würde er sich in das Unabänderliche schicken, als hätte er diesmal seinen Meister gefunden. Er kämpft nicht mehr gegen den Auskundschafter, der seine Träume nicht stiehlt, sondern weiterträumt und vollendet, und der kein kühneres und provokanteres Zeugnis seiner Kraft und Größe hätte ablegen können, zählt doch das Ergänzen von Träumen zu den schwersten Aufgaben der Welt. Schwerer, als glücklich zu sein. Ein Kunststück erster Güte! Resigniert denkt Josef Bezdan, daß er vielleicht nicht mehr der beste Spion der Welt ist. Es wird ihm ergehen wie dem Zigeuner Mesdele oder wie Pekić, dem Serben aus Buda, dem ein Stein über dem Herzen gewachsen ist.

Nach einigen Tagen ziellosen Umherstreunens beschließt er, Kamilla aufzusuchen. Lange folgt er dem Mädchen, schließlich faßt er es zart beim Arm. Augenblicks stockt ihr der Atem. So einen schönen Mann hat sie noch nie gesehen. Ganz gewiß nicht. Dabei kommt er ihr so bekannt vor. Ob sie ihn doch schon irgendwo gesehen hat? Und wenn ja, wann? Staunend tastet sie nach ihrer kleinen Nase, die jetzt, sieh an, nicht zu bluten beginnt. Obwohl der wunderschöne Mann ihr so nah kommt, daß ihr fast schwindlig wird von seinem Blick. Josef Bezdan atmet ihren Duft tief ein. Das Mädchen beginnt zu sprechen. Als würde sie ihre eigenen Worte nicht hören.

»Ich weiß, daß auch du sie suchst. Na schön. Ich sage dir, was ich weiß. Es ist nicht viel, nur liegt mir eben sehr daran. Sie sind zu fünft, auf ihren Wagen ist eine blaue Träne gemalt. Ich liebe sie. Ich weiß, daß auch sie mich lieben. Ich weiß, daß sie dann und wann mit ihrem Wagen unter meinem Fenster stehenbleiben, wenn ich tief schlafe und träume, daß ich schön bin. Meine Träume lügen, sie aber passen immer auf mich auf. Sie verlassen mich nie. Das ist die einzige Wahrheit in meinem verlogenen, häßlichen Leben.«

Josef Bezdan nickt enttäuscht. Das ist nicht viel. Das hat er alles auch vorher schon gewußt. Dennoch lächelt er das Mädchen freundlich an, und bevor er ihren Arm losläßt, saugen sich seine Lungen ein letztes Mal mit Kamillenduft voll.

»Du sagst, mein Leben ist in Gefahr?« fragt das Mädchen.

»Tuu, truu«, weint unweit der Brachvogel.

»Du sagst, der Tod ist darauf aus, meine Träume zu plündern?«

Kamilla senkt den Kopf. Und wie sie so nebeneinanderstehen, das kleine, häßliche Mädchen und der statuengleiche Mann, nimmt Kamilla seine Hand und hebt sie an ihr Gesicht.

»Das weiß ich sehr gut, mein Herr.«

Und im nächsten Moment deutet Josef Bezdan mit kraftloser Hand in die Ferne. Eben wendet der Wagen am Ende der Straße.

»Sie werden immer bei mir sein«, sagt Kamilla.

Abends zieht sich Josef Bezdan in die Szegeder Karawanserei zurück. Das Gebäude liegt neben der Burgmauer, nicht weit vom Ufer der Theiß entfernt. Im Hof stehen häufig türkische und tatarische Pferde, mit Beute beladene Wagen und sanft schnaubende Kamele. Die Nacht ist ruhig, nur die Hunde lokken mit ihrem Geheul den Mond an. Einige Wildgänschen ziehen am dunklen Himmel vorüber, ihr bitteres Geschnatter ist so gespenstisch, als würden herrenlose, verstoßene Seelen auf den Wellen der Nacht dahintreiben.

Neben Josef Bezdan wälzen sich die Händler und müden Wanderer von einer Seite auf die andere. Manche feilschen noch im Schlaf und erwachen dann am Morgen in dem Bewußtsein, ein schlechtes Geschäft abgeschlossen zu haben. Träume darf man nicht teilen, mit Träumen darf man keine Geschäfte machen, eine Regel, die Josef Bezdan gekannt, sie zu befolgen aber nicht für lohnenswert gehalten hat. Eine gewöhnliche und ruhige Nacht ist es, verirrte Grillen zirpen neben einer Bettstatt. Trotzdem schlägt der Weltspion plötzlich die Augen auf. Er hört einen rasch näher kommenden, ungemein ruhigen Herzschlag – eine Warnung, daß sein Leben in Gefahr schwebt. Er schlägt die Decke zurück und stiehlt sich zur Tür der Baracke. Jemand hat sie geöffnet. Ohne Furcht tritt er ins Freie. Im Mondlicht steht ein fremder Janitschar und lächelt. Dem Anschein nach ein unbedeutender Mensch. Josef Bezdan tritt nah an den Fremden heran und gibt ihm Einblick in seine Gedanken.

»Du sagst, du hast keine Angst vor mir?« staunt Abbas.

Josef Bezdan nickt.

»Du sagst, du fürchtest dich nicht vor der Spitze meines Dolches und vor meinen Worten?«

Da lacht Abbas auf.

»Gut, Spion! Aber mich kümmert das nicht.«

Abermals blickt er dem Weltspion in die Augen. Erschrokken prallt er zurück.

»Du kennst ja mein Geheimnis!«

Ja, in diesem Moment weiß Josef Bezdan bereits genau, warum Abbas gefährlich ist. Ein dankbarer, dummer Dschinn mischt das Gift hinter seinen Worten. Wenn Abbas' Dolch zusticht, zeigt der Dschinn seiner Spitze den Weg. Mit Abbas muß er sich nicht abgeben. Der ist in der Tat unbedeutend, ein verstockter Staubmensch. Doch der Dschinn, der sich in seiner Seele angesiedelt hat, als wäre sie eine Flasche, macht ihn gefährlich. Auf den Dschinn muß er achtgeben, auf diesen dankbaren, kleinen dummen Dschinn, der kein Fünkchen Verstand, aber Macht und Geschicklichkeit besitzt. Josef Bezdan nähert sich dem zitternden Janitscharen. Fast berühren sich ihre Nasen. Ja, ja! Ein paar Augenblicke später schreit der Dschinn bereits.

»He, he! Woher weißt du, daß ich hier bin?!«

Abbas versucht zurückzuweichen.

»Paß auf, zurück!« ruft er dem Dschinn zu.

Aber der hat sich schon weit vorgewagt und schwebt beleidigt vor Josef Bezdans diamanten blitzendem Blick. Abbas verliert den Kopf und greift nach seinem Dolch. Im nächsten Augenblick stößt er zu. Allein, der Dschinn, der doch bis dahin Abbas' Stiche gewissenhaft und genüßlich gelenkt hat, dirigiert die Spitze des Dolches nun nicht mehr. Das heißt, doch. Auf einmal führt der Dschinn den Stich in die falsche Richtung. Der Dolch dringt direkt in Abbas' Herz. Genau in die weiche Stelle zwischen zwei Rippen fährt die Klinge. Betroffen stiert der Janitscharenhauptmann Josef Bezdan an, dann bricht er zusammen. Abbas liegt in den letzten Zügen. Josef Bezdan sitzt neben ihm, sieht ihn sanft und teilnahmslos an. Über ihnen verpraßt der Mond sein glänzendstes Licht. Ringsum funkeln glücklich die Sterne, als freuten sie sich darüber, daß schon bald eine Seele zu ihnen heimkehrt. Ab und zu das Aufschnauben eines Pferdes im Hof. Kamele zerren im Schlaf an ihren Strikken. Abbas röchelt, schwarzes Blut quillt aus seinem Mund. Langsam erhebt er den Blick zu Josef Bezdan.

»Willst du was sagen, Spion?«

Josef Bezdan nickt.

»Du willst sagen, daß du keinen Menschen mehr töten wirst. Nur einen noch.«

Josef Bezdan nickt abermals und schließt Abbas die brechenden Augen.

Ein junger Händler bringt die Flasche am Morgen auf schnellstem Wege zu Pascha Achmed. Er beteuert, daß ihn ein unwahrscheinlich schöner Mann im Morgengrauen mit dem Überbringen betraut und ihm eine hohe Summe bezahlt habe, damit er sich zu solcher Tollkühnheit versteige. Man läßt den Händler laufen, um ihm dann doch nachzusetzen und die Kehle durchzuschneiden. Abwesend betrachtet der Pascha die Flasche. Dann spaziert er zum Theißufer hinunter und schleudert sie in die schmutziggelben Fluten. Nicht jeder Dschinn, der in eine Flasche eingeschlossen ist, hat Glück.

Die Folterungen im Januar haben die Franziskaner der Unteren Stadt nicht eingeschüchtert. Das Kloster trotzt weiterhin dem Heidentum, wenn auch auf vorsichtigere und weitblickendere Weise. Sultan Mehmed IV. sichert den Fratres in diesem Jahr zu, daß sie hinfort nicht mehr verpflichtet sind, Gäste aufzunehmen. Es ist außerordentlich kostspielig und erniedrigend, all die geheimen türkischen Sendboten zu versorgen, die zwischen Buda und Stambul wie Brieftauben hin- und herfliegen. Die Vorkommnisse vom Januar, als die Mönche vor Pascha Achmed geschleppt wurden, beeinträchtigen die bis dahin fruchtbringenden und zur beiderseitigen Zufriedenheit gereichenden Kontakte der Franziskaner mit den Türken erheblich. Den Prior János Nagy haben ihre geheimen Beziehungen fast das Leben gekostet. Der Türke kann sie zwar nicht beweisen, in solchen Fällen genügt indes schon der Schatten des Verdachts. Wäre nicht ein seltsamer Wagen neben der Palánk-Burg aufgetaucht, hätte nicht die merkwürdige Gestalt mit dem Führer der Tataren gesprochen, János Nagy unterhielte sich längst in einem der Blumengärten des Himmels mit dem Heiligen aus Assisi. Über die Insassen des Wagens, ihre Absichten und Machtbefugnisse wissen die Fratres nichts. Nach der Affäre ziehen sie sich zurück, wagen sich nicht auf die Straße und versorgen nur mehr Schwerkranke und seelisch Verwundete. Auch Besuche empfangen sie keine. Der Prior lernt wieder laufen und dankt Gott für jeden Schritt. Für das eine Auge sucht er eine Salbe, weil Augenbrauen und Wimpern nach der Folter nicht nachgewachsen sind. Schließlich schicken die Leute der Unteren Stadt Balina zu ihm, den übel beleumundeten und ebendeswegen ruhigen Gewissens zu empfehlenden Schilfbewohner. Balina lebt in der Welt der Szegeder Moore, ein betagter und erfahrener Mann, keine Mücke hat ihn je gepeinigt, Fische und Frösche ißt er mitunter roh, heilt sich mit Viperngift, hält Blutegel in seinen Achselhöhlen und am Ansatz seiner Schenkel, versteht sich auf die Zauberkunst und vermag den Wind zum Tanzen, den Sumpf zum Singen zu bringen. Sein Gesicht ist wie aus einem Knorren geschnitzt. Märchen und Legenden kennt er, die, wenn sie erzählt werden, die Welt ein wenig verändern. Als der Alte über den Klosterhof trottet, wankt ihm plötzlich ein Pater entgegen, der sich sichtlich in bedenklichem Zustand befindet. Sein schmales, bleiches Gesicht und sein ekstatischer Blick zeugen von großen Leiden, überdies umhüllt ihn eine Wolke Palinkadufts. Die beiden Männer sehen einander eine Zeitlang an, dann gehen sie ihrer Wege. Balina schmiert das Gesicht des Priors mit einer schlammigen Salbe ein, und nach einigen Tagen beginnen die Augenbrauen und Wimpern wieder zu wachsen.

In der Nacht schlägt jemand gegen das Klostertor. Ein Fremder steht am Eingang. Er mag ein wandernder Mönch sein, der ein Schweigegelübte abgelegt hat, wie die Kartäuser. Denn er redet nicht, und wenn er gefragt wird, nickt er nur oder schüttelt den Kopf. Aber auch Blicke können sprechen. Sehr seltsam. Die Mönche sind nicht besonders empfänglich für die Schönheiten der Welt, doch auch sie sind betroffen von der außerordentlichen Schönheit dieses Mannes mit dem langen Haar und dem beredten Blick, der feingeschnittenen Adlernase, den ebenmäßigen Backenknochen. Sie weisen ihm eine Zelle zu. Abgesehen von seiner eigenartigen Gewohnheit, den Fratres des öfteren starr ins Gesicht zu blicken, gibt der Schweigsame zu keinerlei Klagen Anlaß.

Felix Potári brennt seinen Palinka selbst. Zwar hat er auch früher schon getrunken, so richtig damit angefangen aber erst, nachdem der Holzschnitzmeister Ignác Arnót in seinem Hof einen hölzernen Teufel erschlug. Das ist Jahre her. Aber seitdem trinkt er mehr und mehr, und es ist wirklich nur der besonderen Geduld und Liebe seiner Gefährten zu danken, daß er im Kloster bleiben darf. Häufig schleppen sie ihn vom Hof herein, wo er sich halb besinnungslos herumgewälzt hat. An lichten Vormittagen kippt er um wie ein Sack. Zufällig stoßen sie im Gemüsegarten auf ihn, wo er ohnmächtig zwischen Zwiebeln und Rüben liegt. Felix Potári ist der einzige, der öfter mit dem schönen Fremden allein bleibt. Offensichtlich wollen beide etwas voneinander erfahren. Doch der eine spricht nicht, der andere fragt nicht. Der Pater meditiert immer noch über das Böse. Nachdem der Teufel erschlagen wurde, machte Felix Potári eine Eintragung in die Klosterchronik, die er auf Verlangen des Priors wieder herausreißen mußte. Dem Prior stand Schaum vor dem Mund, so schrie er. Scandalum, scandalum! Der Mönch erlegte sich mehrtägiges Fasten und Selbstkasteiungen auf, um die unreinen Gedanken aus seiner Seele zu vertreiben. Nur Palinka nahm er zu sich.

Der Kern der Ausführungen bestand darin, daß allein der Mensch das Böse erschaffen haben konnte. Während Gott den Menschen nach seinem Ebenbild formte, schuf dieser das Böse in gleicher Weise nach dem eigenen Ebenbild, woraus sich zwingend ergibt, daß der Teufel ein brillantes Spiegelbild Gottes ist. Deswegen kann man Gut und Böse so schwer voneinander trennen. Wahrlich unsittliche Gedanken. Gott kann sich nicht spiegeln, weil es absurd ist, daß das All sich in sich selbst spiegelt.

Oder doch nicht? Wenn Gott in die Welt wie in einen Spiegel blickt und sich selbst darin sieht, blickt ihm dann dennoch das Böse entgegen? Schrecklich. Darüber möchte er den Fremden befragen, der seinem Gefühl nach mit Mächten in Verbindung steht, die seine unheilvollen Ahnungen bestätigen könnten.

Josef Bezdan weiß, daß es die Gaukler gewesen sind, die im Winter die Franziskaner aus den Händen Aga Ismails gerettet haben. Zuerst hatte Achmed sie gefangengenommen, dem ihre Folterung bald langweilig wurde, worauf er sie Ismail übergab. Die Gaukler aber haben Ismail mit einem Hundeschädel den Verstand geraubt. Noch immer scheint die Raserei des Tataren in der Luft zu strudeln. Der Weltspion kann genau sehen, welche Spuren das Geheul über Szeged hinterlassen hat. An einem schläfrigen Nachmittag tritt er dem über den Klosterhof humpelnden Prior in den Weg und blickt ihm tief in die Augen.

»Du fragst, was geschehen ist, nachdem ich der tatarischen Folter entkommen bin?« fragt der Prior verwundert. »Meine Glieder waren erfroren. Tagelang flossen meine Tränen, doch nicht vor Schmerzen und auch nicht aus Traurigkeit. Ich weiß selbst nicht, warum. Aber eines ist sicher: Die Tränen haben meine gefrorenen Hände und Füße wieder aufgewärmt.«

Josef Bezdan nickt. Er verzieht keine Miene. Nun ja. Doch auch Felix Potári gibt ihm an diesem Nachmittag ein Zeichen. Was will der Mönch? Neugierig folgt er ihm in ein Nebengebäude des Klosters, wo man Spaten und Rechen, Hacken und Körbe in einen wackeligen Bretterverschlag gezwängt hat. Eine übrigens keineswegs unsolide Konstruktion. Sie widersteht Wind und Regen. Holzschnitzmeister Arnót hat sie vor Jahren für die Fratres geschaffen. Der Klosterbruder geht selbstbewußt voran, hinter ihm tappt der Weltspion in das Halbdunkel. Als der Mönch sich umwendet, hat er bereits eine Flasche von beträchtlicher Größe in der Hand, gefüllt mit einer durchsichtigen Flüssigkeit. Er bedeutet Josef Bezdan, sich zu setzen, und läßt sich dann neben ihm nieder. Den Lappen, der die Flasche verschließt, reißt er mit den Zähnen herunter und spuckt ihn in hohem Bogen aus. Er nimmt einen Schluck von dem Palinka und reicht ihn dem Spion.

»Ich weiß, daß auch du sie suchst.«

Das mörderische Getränk dringt Josef Bezdan tief in die Glieder und Gedanken. Es schüttelt ihn. Er muß husten und greift sich an die Kehle.

»Es ist überflüssig, sie zu suchen, Bruder«, sagt der Mönch. Er nimmt ihm die Flasche aus der Hand und tut einen kräftigen Zug. »Der Mensch soll sich überlegen, was er will, das Kunststück oder den Künstler. Hast du schon mal darüber nachgedacht?«

Josef Bezdan sieht ihn nur an, mit leerem, erleichtertem Blick. Der nächste Schluck ist wieder an ihm. Er hustet nicht mehr. Es brennt nicht mehr in seiner Kehle.

»Du hast noch nicht darüber nachgedacht.«

»Weißt du etwa zuviel, um denken zu müssen?«

Der Klosterbruder trinkt.

»Du weißt zuviel, in der Tat. Aber auch du willst das Kunststück«, sagt er nach einer Weile düster und zieht Josef Bezdan, der so betrunken ist, daß er nur noch das Gewicht seiner Augen fühlt, in eine Ecke des Verschlags.

»Du liegst in der Tiefe einer Legende, und dort bleibst du jetzt auch«, sagt der Mönch und stolpert in die Nacht hinaus.

In der ersten Aprilwoche durchstreifen deutsche Dragoner die Gegend von Szeged. Eines Vormittags sieht Josef Bezdan, daß der Prior sich mit einer Taube abmüht. Er möchte ein Brieflein unter ihrem Flügel befestigen, doch es fällt immerzu in den Staub. Schließlich kann es der Spion nicht mehr mit ansehen und hilft ihm. Der Prior sieht ihn vielsagend an.

»Das mußte ich tun, Bruder.«

Und wirft den Vogel auch schon in den Himmel.

Wie der Staub der Erde, der klumpige Morast, Felsen am Wegesrand, Bäume und Steinblöcke voll von den Spuren der Menschen und Tiere, des Windes und des Frostes sind, so verhält es sich auch in der Himmelswelt. Auch wenn die Mehrheit der Menschen nichts davon weiß. Bei windstillem, ruhigem Wetter, wenn die Sonne unbehelligt ihre Strahlen verstreut, leuchten Millionen von Vogelspuren auf den himmlischen Wiesen. Von Schnäbeln und Krallen verletzte schwebende Luftteilchen, von Flügeln entfachte Wirbel, Spuren verlorener Daunen flimmern dort oben. Tausendjährige Landstraßen von Wandervögeln glänzen über uns. Der Steinwurf, das Geschoß, der Engel, der Dschinn und die Menschenblicke von der energischeren Sorte lassen ihre Spuren in der Luft zurück. Es ist demnach nicht leicht, einem in die Nacht hinausfliegenden Vogel zu folgen, doch auch nicht unmöglich.

Josef Bezdan tritt aus dem Kloster. Sein Blick heftet sich an den Nachthimmel, um der Spur des Vogels zu folgen, den der Franziskaner losgeschickt hat. Die öden Gassen, die sich in Schweigen hüllende Stadt läßt er hinter sich und erreicht die endlosen Fluren, die sie umfassen. Lange schreitet er dahin. Manchmal spritzt ihm Moorwasser ans Knie, dann wieder streicht ihm säuselnd frisches, süßes Gras um die Hüften. Grillen zirpen, Blutsauger summen, erschrocken schlägt eine Wildente im Schlaf mit den Flügeln. Es ist noch Nacht, als ihm auffällt, daß sich Menschen auf der Feldflur befinden. Kuruzen vielleicht. Oder stehlen Tataren die Sterne? Ihnen wird der Mönch die Brieftaube wohl nicht geschickt haben! Der Spion lauscht mit dem ganzen Körper. Kuruzen eher, er erkennt sie am Rhythmus ihrer stolpernden Schritte. Josef Bezdan weiß, daß die Kuruzen Thökölys und die Tataren von Achmed Cserkesz vor der Stadt lagern. Die Geräusche kommen rasch näher. Auf einmal beginnt jemand zu röcheln und zu keuchen, und plötzlich wird die Sumpfwelt vom Stampfen trappelnder Füße aufgeschreckt. Ein Rasender nähert sich in der Dunkelheit. Was er da wohl so hetzt? Josef Bezdan blickt in die Nacht, doch bevor er irgend etwas tun kann, ist er schon mitten in einem merkwürdigen Geschehen. Das Röcheln kommt ganz aus der Nähe. Plötzlich trifft ihn ein gehöriger Stoß. Josef Bezdan wirbelt herum und packt den Unbekannten an der Schulter.

Das bärtige Gesicht eines Juden blickt ihm mit blutigen Augen entgegen.

Und Josef Bezdan, in dessen Haaren blind und unglücklich nur mehr eine einzige Frage leuchtet, sieht sich mit einem Male in ihrer Mitte! Dort läuft und keucht er neben den Tränengauklern und könnte sie, wenn er wollte, mit bloßer Hand erreichen! Könnte er, wäre da nicht ihr Verfolger, dieser keuchende, irrwitzig tobende Jemand, von dem ihn nur mehr ein, zwei Schritte trennen und der ihn im nächsten Moment einholen und niederstechen wird. Riechen kann Josef Bezdan die Tränengaukler, ihre Tränen hört er geradezu fließen. Nicht einmal in solchen Situationen hören sie damit auf?! Wieder das tobsüchtige Gebrüll. Im Laufen wendet er sich für einen Moment um. Sein Blick durchdringt die Dunkelheit. Irgendein Kuruze ist hinter ihnen her, er ist der Rasende. Einen großen, struppigen Kopf hat er. Sie starren einander an. Der Weltspion wirft sich zur Seite und fällt hinter einen Erdhügel. Die Geräusche entfernen sich.

Der Spion schüttelt seinen schönen, klugen Kopf.

Er ist ja gar nicht allein!

Auch jemand anderes ist hinter ihnen her!

Wieder blickt er ihnen nach. Vor dem Kuruzen ist die Nacht geborsten. Eine rötliche Blutstrieme auf dem Bauch des Himmels. Der Schatten des Mannes taumelt, fällt hin, brüllt im Morast, stürmt wieder los. So einsam läuft der Unselige, daß selbst die Nacht mitleidig von ihm Abschied nimmt.

Am nächsten Vormittag wird Josef Bezdan aus sicherer Entfernung Zeuge, wie die vereinte Streitmacht von Achmed Cserkesz und Imre Thököly aufgerieben wird. Oberst Mercys Dragoner verrichten schnelle und fachkundige Arbeit. Aber nicht die Schlacht interessiert den Weltspion – er sucht den tobsüchtigen Kuruzen. Vergebens. Der nimmt nicht mehr teil an diesem Gefecht. Noch am selben Tag legt sich der Spion vor dem Franziskanerkloster auf die Lauer. Sein Gefühl trügt ihn nicht. Er beobachtet, wie Felix Potári mit dem großköpfigen und versonnen blickenden Kuruzen spricht, der nun schon ruhiger zu sein scheint. Kein Auge läßt Josef Bezdan von dem jungen Mann und hat mehr und mehr das Gefühl, mit ihm verwandt zu sein. Er versteht diese Affinität nicht, weder ihren Ursprung noch ihre Ursache, doch das Gefühl ist so eindeutig, daß er es ernst nimmt. Also folgt er dem Kuruzen, der sich in die Welt des Röhrichts schlägt und dort mit einem Schilfbewohner, einem Kerl namens Balina, zusammentrifft.

Zu Beginn des Jahres 1686 stehen einige Kuruzenverbände unter dem Kommando von Generalissimus Achmed Cserkesz. Die vereinigten ungarisch-türkisch-tatarischen Streitkräfte wollen an Claude-Florimond Mercy und Johann Donatus Hessler Vergeltung üben. Die deutschen Generäle plagen Szeged, die Hauptstadt des Sandschaks, seit den ersten Januartagen. Wie allgemein bekannt, ist Szeged eine Stadt des Sultans. Das heißt, sie streut ihre Steuern direkt in die bodenlosen Tiefen der Schatzkammer des Reichs. Wer sie behelligt, beleidigt seine Hoheit den Sultan persönlich. In den ersten Januartagen gehen infolge eines Handstreichs der Leute Mercys, besonders des kühnen Obersten Dávid Petneházy, die nach Buda gesendeten Güter verloren, Wein, Mehl, Eier, Mohn, Kaffee und sonstige Lebensmittel. Mit solch unbändigem Enthusiasmus verfolgen die kaiserlichen Einheiten die Türken, daß die Dragoner die Einfriedung des Szegeder Palánk-Viertels anpinkeln können. Mohammed soll es bezeugen, sie tun es wirklich. Manche verstockte Ungläubige wenden gar dem Erdwall den Rücken zu, schieben ihre Hosen hinunter bis zu den Knien und entleeren sich. In Ermangelung von Haubitzen und anderen schwereren Geschützen ist jedoch an eine Belagerung nicht zu denken. Nach einigen Tagen freier Plünderung und Brandstiftung blasen sie daher zum Rückzug.

In wechselseitiger Besorgnis und mit gegenseitigem Belauern vergeht der Spätwinter und ebenso der Beginn des Frühlings in dieser teils storchensumpfigen, teils sandigen, kahlen und mehrfach verheerten Gegend. Auch entlang des launischen Laufs der Theiß wird es schließlich Frühling. Das teure Grün übernimmt die Macht. In dichten Wolken schwärmen die Mükken. Mit den Südwinden treffen weichkehlige Wandervögel ein. Zwischen Fischschwärmen und sacht zerfallenden Wasserleichen tauchen wieder Fischernetze. Landwirte und christliche Händler bereiten sich auf das Fest des heiligen Georg vor. Die Laken zum Tausammeln werden hervorgeholt. Ausgescheuert die Töpfe, damit Brot mit Tau geknetet werden kann.

Andere polieren ihre Schwerter. Seit Tagen liegen Thököly und seine Verbündeten vor Szeged und warten auf die günstigste Gelegenheit zum Angriff. Hier ereignet es sich, daß unser Bruder, Franz Pillinger, bei einer der gelegentlichen Spähpatrouillen eine Einbuße erleidet, die einem Wunder gleichkommt.

»Phallos«, hat dafür der weise Grieche ein schönes Wort.

»Penis«, nennt der Studiosus flüsternd diesen Apparat Apolls.

»Nille«, grinst der deutsche Landser.

»Schwanz«, sagt der Kuruze achselzuckend. Er hat kein besseres Wort. So simpel und so groß ist die Wahrheit, wir lassen es dabei bewenden. Ob einer aus der Bauernhütte kommt oder von einem fürstlichen Herrensitz mit Rosengarten und grünem Labyrinth oder als mäkeliger Kanzleischreiber aus Klostermauern, hier wird auch er nur Schwanz nennen, was ihm zwischen den Beinen baumelt.

In der zweiundzwanzigsten Nacht des Ostermonds schreckt Pillinger wieder davon aus dem Schlaf, daß er seinen Namen nicht mehr weiß. Er weiß nicht, wie alt er ist. Und er weiß nicht einmal, wozu das gut sein soll, was er ist. Sein Körper. Seine Seele. Diese Krankheit hat ihn wieder gepackt, die Schwermut. Item, ist das nicht der schlimmste aller Schicksalsschläge? Das Ziel verlieren, den Willen, der einen durchs Leben führt? Man kann so viele Namen haben, wie man will. Man kann sie stehlen, erben, finden und wählen. Aber seine eigene Bestimmung, sein Schicksal kann man nicht rauben. Ein Schicksal kann man nicht finden. Das Schicksal bekommt man wie die Sonne, den Wind und das tägliche schlechte Brot. Alles, was es gibt, ist umsonst, trotzdem muß man teuer dafür bezahlen. Das Schicksal ist zum Beispiel jenes Wölkchen, das über unserer Mutter schwebt, während sie schreit, weil ihr die Geburt so weh tut. Wenn dann der Mensch aus dem blutigen Fleisch seiner Mutter schlüpft und seinerseits aufschreit, fliegt das Wölkchen in seinen Mund und läßt sich auf seinem Herzen nieder. Von da an existiert ein unabhängiger Wille, und er existiert, nackt und bloß, damit er sich zur Wehr setzt, gegen das Wort, die Äußerung und die Fabeln, die ihn befehden. Mitunter gelingt das, mitunter nicht. Es besteht die Ansicht, daß es ihm eher nicht gelingt, und das sagen wir beileibe nicht mit Genugtuung. Der Mensch besteht vor allem aus Widersetzlichkeit. Was aber, wenn es nichts gibt, wogegen sich widersetzen, wenn er seine Bestimmung nicht kennt?! Die nur ihm allein vom Schicksal zuerteilt worden ist?

Entsetzen befällt unseren Bruder in der Szegeder Nacht. Unter ihm die Erde, über ihm das gestirnte Himmelszelt. Das Universum dreht sich. Er hört es leben, er, das Nichts, das Staubkorn. Zitternd sitzt er im Gras. Er schaudert unter seinem Fell. Ringsum konzertieren die Blutsauger, der Nachtwind rührt schläfrig an das nahe Gestrüpp. Wo bin ich und warum bin ich, würde er fragen, wenn er Kraft dazu hätte. Seine Zähne klappern. Er will nichts von den Tränengauklern wissen, er will sie nicht spüren, will ihren Wagen, ihre Kunststücke nicht sehen, er wünscht sie zur untersten Hölle mitsamt ihrem dummen Grinsen, ihren einfältigen Visagen und giftigen Tränen.

»Franz Pillinger!«

»Franz Pillinger!«

»Franz Pillinger!«

Sieh da, gleich dreimal hat er seinen Namen ausgesprochen.

»Halt's Maul!«

»Schlaf, du Rindvieh«, fauchen gleich mehrere Haudegen im Halbschlaf, sich unruhig hin und her wälzende Krieger, die vielleicht ähnliches bedrückt. Tapferkeit, Virtus also! Er scheißt auf die Tränengaukler. Pfui Teufel! Sein Leben wird von Disziplin und Kommandoworten bestimmt. Wenn getötet werden muß, dann tötet er. Wenn nicht getötet werden muß, tötet er nicht. Hauptsache, sein Bauch ist voll und sein Schwert glänzt, als wären Schnecken darüber gekrochen. Und auch ein Weib soll dasein, wenn sein Schwanz steht, nur damit er nicht umsonst steht. Das und nichts anderes ist die Bestimmung des Mannes, der Franz Pillinger genannt wird. Zum Henker mit dem Trübsinn, mit der widerwärtigen Traurigkeit!

»Ich heiße Franz Pillinger«, sagt er und lacht in die Nacht hinein. Und weil er im nächsten Moment hört, daß in der Nähe ein Wagen knarrt, knurrt er noch im Halbschlaf:

»Schert euch fort!«

In eingebildeter Zufriedenheit schläft er vielleicht noch ein Viertelstündchen. Dann rappelt er sich mühsam hoch, greift nach seiner Waffe. Er ist nicht der einzige. Laut Befehl brechen sie bei Dunkelheit auf. Die Vorhut der kaiserlichen Truppen ist auszukundschaften. Die Szegeder Fleischer haben die Nachricht gebracht, daß Fremde in der Gegend gesehen wurden. Die auf den Straßen protzende kaiserliche Montur deutet auf außergewöhnliche Vorbereitungen hin. Besser, man ist auf der Hut. Sie gehen zu dritt, der alte Répási, der langhaarige Zudar und Franz Pillinger. Pferde nehmen sie keine mit. Hie und da leuchten bereits Tautropfen auf und glitzern auf den Rändern der Blätter, als würden sie zur Perlenernte laden. Hinter ihnen versinkt das Lager rasch in der Dunkelheit. Vor ihnen hat sich leichter Frühlingsnebel über die Landschaft gelegt. Répási ist auf einem Auge blind, aber er prahlt damit, daß er im Traum mit seinem blinden Auge besser sieht. Zudar ist ein junger Mann mit schwarzem, zotteligem Haar, das auf den Rücken herabbaumelt. Still eilen sie dahin, umkehren können sie nicht mehr. Plötzlich spüren sie, daß die Nacht zurückkehren will. All ihre Kälte flutet auf sie zurück. Sie stehen in der blanken Stille und lauschen.

»Na komm!«

Da steht er auf einmal vor ihnen. Ein junger Mann, anscheinend ein kaiserlicher Infanterist.

»Komm schon!«

»Komm«, schreit er, lacht auf und läuft bereits. Wutentbrannt hetzen sie ihn wie Jagdhunde den Fuchs, bloß daß sie dabei verdächtig stumm sind. Sie brechen durch Weidensträucher, Buschwerk, planschen durch im Gras verborgenes Moorwasser, wo eine aufgescheuchte Ente nach ihnen schnappt. Unter ihnen pocht und quatscht die Erde, als sei sie hungrig. Sie treten in Sand und trampeln über Salzboden. Laufen und laufen. Umherirrende Zweige zerkratzen ihnen das Gesicht, Schweiß brennt ihnen unter der Zunge. Und sie laufen und laufen. Auch dorthin, wo der Rand des Himmels aufklafft, und auch dorthin, wo die Nacht bereits zum Greis geworden ist. Sie laufen und laufen.

»Na komm schon!«

Sie laufen, daß ihnen das Herz im Leib zerreißt.

»Komm, komm!«

Sie laufen, als gäbe es nichts anderes mehr, nur laufen, laufen.

»Komm, komm!«

Dann bleibt nur mehr er ihm auf den Fersen, Franz Pillinger.

»Komm, komm!«

Die anderen sind zurückgeblieben, der alte Répási hat das irre Tempo nicht durchgehalten, Zudar ist mit seinen Haaren an einem Ast hängengeblieben. Nur noch Pillinger rennt, seiner bösen Ahnung nicht achtend, sein Schwert umklammernd.

»Komm schon, komm!«

Da scheint ein Jude im Kaftan vor ihm zu laufen! Und wie der sich umwendet, ist gut zu sehen, daß ihm Blut aus den Augen schäumt. Aber nun treibt er schon eine schwarzhaarige Gestalt vor sich her. Auch die blickt zurück, ihr rieseln kleine schwarze Steine aus den Augen. Jetzt wieder sieht er breite Schultern, auf welchen ein struppiger Kopf sich wiegt. Zurückgeblickt hat auch er. Seine Augen stehen in Flammen!

Das sind ja die Gaukler!

Doch auch ein unbekanntes Gesicht taucht plötzlich auf. Langes, buschiges Haar, ein sehr schöner Mann. Einen so schönen Mann hat Pillinger noch nie gesehen. Wer ist das? Was für ein Geschöpf Gottes? Ist auch er Akrobat?! Er hetzt ihn mit noch größerer Wut, erreicht ihn fast, sein Geruch schlägt ihm an die Nase, Menschengeruch, Menschengeruch. Nur noch einige Sätze, und schon rieselt dem Verfolgten Eis aus den Augen. Im nächsten Moment stolpert eine unbeholfene, armlose Gestalt vor ihm. Auch sie sieht sich um. Ein Spiegel anstelle des Gesichts. Und wie Pillinger so läuft, wie er in die vom Verfolgten durchwirbelte Luft beißt, sieht er auf einmal sich selbst.

»Na komm, komm schon!«

Keine Zeit um auch nur soviel zu denken wie der Blitz. Jetzt hat er ihn eingeholt. Einen Stich nur führt Franz Pillinger. Es ist wohlbekannt, wie es sich anfühlt, wenn geschultes Eisen in das komplizierte System der Fasern und Sehnen gelangt. Keinen Laut verursacht ein solcher Stich. Nur das Keuchen des Durchbohrten ist zu hören. Das Herz schlägt heftig. Es kracht der Augenspiegel unter der Last des Todes. Der Verfolgte ist am Ende, ganz und gar. Er liegt auf der Erde, als hätte er nie gelebt. Pillinger durchsucht ihn mit zitternder Hand, doch vergebens. Papier hat er keines bei sich. Wenn er kein Spion ist, wer dann?

Sein Gesicht ist so seltsam. Wenn er den Blick von ihm abwendet, vergißt er sogleich seine Züge. Als würde er in der Nacht den Tag, im Wasser eines Sees den Himmel betrachten. Und woher sprudelt diese Unmenge von Blut? Wer blutet so, gütiger Himmel? Als würde alles Blut des Himmels fließen!

»Na komm schon!«

Plötzlich ist Musik zu hören. Falsche Klänge, auch sie kommen ihm bekannt vor. Und wie bekannt! So musizierte das Kästchen des wunderlichen siebenbürgischen Magnaten Demeter Absolon in seinem der Vergänglichkeit anheimgefallenen Gutshaus, als nur mehr Wind und Erde und keine Menschenseele dort lebte. Er wirft seine Kleider neben dem Leichnam zu Boden. Schwäche ergreift von ihm Besitz, und er erbricht kaltes Licht in die Dämmerung. So viel Blut hat unser Bruder noch nie von sich gewaschen. Nackt ist er, wie die Erde. Jetzt bemerkt er den schrecklichen Verlust. Wo er sich bisher umfassen konnte, ist nichts mehr. Verschwunden die Hoden, das onkelnde Hautsäckchen baumelt nicht mehr zwischen seinen Schenkeln. Ein daumengroßes Stück Fleisch ist im Haargestrüpp verblieben! Ein lachhafter, selbst als Säuglingsschwanz zu kleiner Wurm, somit er wenigstens die Pisse raussprudeln lassen kann. Noch weint, flucht er nicht, schüttelt nur den Kopf. Er möchte aufwachen, herausbrüllen, daß es nur ein ekelhafter Traum war. Scheißzauber! Droben breitet sich der rote Samt des Himmels aus, darunter zittert leichtkaltes Brunnenwasser, in dem sieht er seine silbernen Züge auseinanderfließen, weinend blickt ihm sein Gesicht entgegen. Franz Pillinger hat kein Geschlechtsteil, es ist dahin. Schließlich brüllt er laut, so daß der Spiegel des Brunnenwassers birst und in tausend Scherben zerbricht. Er sinkt auf die Knie. Den Leichnam schüttelt er, der so leicht ist wie die Himmelsluft. Wie kann das Nichts so leicht sein, wie nur?!

»Na komm, komm schon«, hört er trotzdem. Wie von einer letzten Erkenntnis geleitet, reißt er ihm die Kleider vom Leib. Er tut sich schwer, der dicke, fremdartige Stoff will nicht nachgeben. Mit seinem Schwert zerschneidet und zerschlitzt er Gesicht, Flanken und Glieder der Leiche. Kaltes Blut besprüht ihn, als wäre es gar kein menschliches. Er greift zwischen die

Beine des Leichnams. Und diese Berührung ist das, was ihn zuletzt noch an sich selbst erinnert. So finden ihn einige Minuten später Zudar und Répási. Pillinger gleicht einem elenden Köter. Auf allen vieren dreht er sich neben dem Trog im Kreise, bedeckt von Blut und Schlamm, winselnd und würgend, komm, komm. Répási beugt sich zu ihm, rüttelt ihn an der Schulter, versetzt ihm einen Tritt.

»Wo ist der Spion, Pillinger?«

»Komm, komm«, flüstert dieser als Antwort.

Répási schüttelt den Kopf, den Teufel werde ich, du Ochse. Zudar faßt ihn vorsichtig an, besprengt den geschwächten Körper mit Wasser. Da sehen auch sie es. Wie versteinert glotzen sie. Zudar will nicht glauben, was er doch genau sehen kann. Denn was ist, das gibt es, und was nicht ist, das gibt es nicht. Zuweilen ist das die ganze Weisheit und nichts weiter. Zudar trotzt der Erfahrung und greift Pillinger zwischen die Beine, fieberhaft suchend.

»Wo ist dein Riemen, Pillinger?«

Der scheint zu sich zu kommen, blinzelt müde.

»Ich weiß es nicht.«

»Wo ist der Deutsche?«

»Ich hab ihn niedergestochen.«

»Wo ist er?«

Benommen wendet Pillinger den Kopf. Blickt sich um, späht umher. Vergeblich, der Leichnam ist nirgends. Nur sein Blut ist zurückgeblieben. Oder wessen Blut ist das?

»Ich habe ihn doch durchbohrt«, flüstert er, »ins Herz gestochen habe ich ihn.«

Auch der alte Répási steht nachdenklich da.

»Nicht einmal mit meinem blinden Auge sehe ich ihn«, knurrt er.

»Rindvieh! Wen hast du durchbohrt?!« zischt Zudar angewidert.

Sie kleiden ihn an und bringen Franz Pillinger, den sie von beiden Seiten stützen, zurück ins Lager. Und weil das Ganze so unwirklich ist, sagen sie unterwegs nichts mehr. Jeder unterhält sich mit seinen eigenen Gedanken. Ausgenommen Pillinger, der vor sich hin starrt, als wären seine Augen aus Glas. Sowie sie das Lager erreichen, meldet sich der alte Répási sofort bei Hauptmann Jánossy zurück. György Jánossy, der brave ungarische Offizier, Held zahlloser Abwehrschlachten, kühner Ausfälle und Handstreiche, der nur einmal im Laufe seines abenteuerlichen Lebens schwach geworden ist, er mustert staunend seinen Soldaten. Seit Jahren ist Pillinger einer seiner nützlichen, guten Männer. Er kennt ihn wie der Bauer seinen Acker. Ein schöner Mann von wuchtiger Statur ist Hauptmann Jánossy. Trinkt er Rotwein, fängt er die Schwalbe im Fluge. Aber weil er ein braver Mann ist, niest er den Vogel bloß an und wirft ihn zurück in den Himmel, soll er nur die Freudenbotschaft hinauftragen, daß man den Rausch auch hier unten gut kennt, doch mehr noch die Disziplin. Na, aber diese Begebenheit hier gehört nicht mehr in die nebelhafte Sphäre des Rausches. Das ist etwas anderes. Sollte es sich allerdings nur als plumper Scherz erweisen, wird er die drei Taugenichtse persönlich bestrafen, sie just bei ihren stinkigen ungarischen Schwänzen nehmen. Es schwankt ja genug Brennesselgewächs rund um die Zelte, um die Schwänze hübsch darin einzuwickeln. Wenn die Meldung hingegen richtig gewesen ist, mag Hexenwerk, teuflische Arglist mit im Spiel sein. Was, du Heilige Jungfrau im Himmel, ist mit diesem Pillinger passiert? War ihm nicht genug, daß ihn die kaiserlichen Hunde bei Käsmark beschnitten haben, so daß ihn seine Gefährten zu unserer Schande hinterrücks einen Juden nannten? Hat seine gottverdammte Schwermut nicht gereicht, die ihn ungerufen und heimtückisch anfiel und von der sein Gesicht anschwoll wie schlecht aufgegangener Teig? Tagelang hat sie ihn so geschwächt, daß er sogar das Schwert aus der Hand legte. Und war ihm nicht genug, daß er sogar traurig wurde, wenn er eine Frau bestieg?!

So grollt Hauptmann Jánossy. Lieber möchte er diesen Stuß gar nicht glauben. Allerdings muß die Sache doch inspiziert werden. Also bedeutet er Pillinger mit zwei aneinandergelegten Fingern, daß er nähertreten soll. Und als der Soldat eine halbe Elle vor ihm stehenbleibt, kann er nicht anders, als mit sachtem Widerwillen zwischen Pillingers Beine zu äugen. Die Röte steigt ihm denn auch in die Schläfen, kriecht hübsch abwärts und verliert sich in der Kinnbehaarung. Mit solcher

Offenheit vor fremden Blicken hat er bisher nur Lagerweiber bedacht, auch das nur in nicht ganz nüchternem Zustand und auch nicht gestern. Hauptmann Jánossy schnaubt wie ein von Wespen gepeinigtes Pferd.

»Na allerhand! An dieser beschissenen Stelle fehlt doch tatsächlich der Schwanz!«

Entgeistert glotzt er in das große, bleiche, silbrige Gesicht.

»Vor der Patrouille war er noch vorhanden, Pillinger?«

»Kann ich nicht sagen, Herr Kapitän«, flüstert unser Bruder.

»Was ist denn das für ein Krieger, der seinen Schwanz im Stich läßt?«

»Ein schlechter?« fragt Pillinger verlegen.

Hauptmann Jánossy überlegt und findet die richtige Antwort.

»Kein schlechter, gar kein Krieger, Pillinger.«

Wieder schweigen sie, ohnmächtig, unter ihnen das grüne Gras, über ihnen der blaue Himmel, auch ein Falke pfeift irgendwo.

»Das ist ja gar kein Mensch mehr«, sinniert Jánossy.

»Kein Mensch?!«

»Weder Mann noch Frau!«

»Was für ein Geschöpf Gottes wäre ich dann, Herr Hauptmann?«

»Ich bin nur ein stinkender ungarischer Kriegsmann«, knurrt Jánossy, »woher soll denn ich das wissen!«

Wieder schweigen sie. Dem Hauptmann Jánossy ist seine Stirn so schwer, als würde sich jemand an die dicken Wülste seiner Stirnrunzeln klammern. In seiner Pein fletscht er die Zähne und rückt instinktiv, ohne es zu bemerken, seinen eigenen Riemen zurecht. Da ist er, gottlob. Ach, mein Gott, wie gut, ihn zu umfassen, in unserer Hand zu halten. Pillinger rührt sich nicht, und dadurch wird er doch irgendwie schön. Zudar fingert an seinen Haaren, auch Répási schlatzt verlegen und schnupft.

»Nimm deine Decke und geh, Pillinger!«

Kein Befehl ist es, eher eine Bitte. Ein Rat. Einsicht in das Unabänderliche. Hilfestellung von der menschlicheren Sorte. Franz Pillinger faltet seine Decke zusammen, wirft Répási seinen Schweifriemen zu, sein krummes Schwert sticht er in die Erde und empfiehlt sich. Fast hätte er auch seinen Dolch ins Gras geworfen, um ihn dann mit einer plötzlichen Bewegung doch in seinem Bündel zu verbergen. Zum letzten Mal blickt er zurück, nickt und geht davon. Nur sein Schatten irrt wohl noch eine Viertelstunde im Lager umher, dann wird auch er vom matten Wind der Dämmerung hinweggefegt.

Es ist der dreiundzwanzigste April 1686, Vormittag, wie es sich gehört. Achmed Cserkesz' Tataren spielen Dschirid, saufen Scherbett und stampfen zum Dudelsack den schlechten ungarischen Salzboden. Die Franziskaner von Szeged signalisieren, daß die Truppen der kaiserlichen Generäle Mercy und Hessler in der Nacht das türkisch-tatarisch-ungarische Lager überfallen könnten: Prior János Nagy läßt die Taube los, unter deren Flügel ein Pergamentstückchen befestigt ist. Nur ein einziges Wort steht darauf.

Jetzt!

Als der deutsche Wachkommandant den über dem Lager kreisenden Vogel bemerkt, macht er General Mercy Meldung. Der General überlegt, betrachtet den langsamen Flug des Vogels und wartet vergeblich auf Anzeichen der Ermüdung. Die Taube kreist, als wollte sie es bis ans Ende aller Tage tun. Schließlich bereitet er mit einem einzigen wohlgezielten Schuß der Eigenmächtigkeit ein Ende, er findet das Pergamentstückchen und darin das Loch, denn die Kugel hat das einzige Wort der Botschaft durchschlagen. Der General lächelt. Vor seinem harten Gesicht schweben Flaumfedern, als träumte er. Dabei wird es erst Mittag. Der General stellt sich das Gebimmel der Glocken von Szeged vor, dann gibt er Alarm. Der Angriff beginnt, die Schlacht ist kurz, doch überhaupt nicht heftig. Nicht einmal zu türkischen, tatarischen oder ungarischen Flüchen ist noch Gelegenheit, so schnell ist der Kampf zu Ende. Die Streitmacht von Achmed Cserkesz und Fürst Thököly wird aufgerieben, zahllose Tataren werden niedergemacht, Ungarn desgleichen. Hauptmann Jánossy kann sich mit knapper Not retten. Répási wird die Kehle durchgeschnitten, Zudar der

Bauch aufgeschlitzt. Franz Pillinger zählt in Szeged hunderttausend und einen Blutsauger, dann rüttelt er am Tor des Franziskanerklosters.

So etwas hat Felix Potári noch nie gesehen. Aber nein. Rudern wir nicht leichtfertig voran auf dem blinden Wasser des Geschehens, wenn wir Zeuge einer so tiefen Verbitterung der Seele sind, wie sie Pillinger im Augenblick seiner Ächtung verspürt. Die Hand ist eine Hand. Der Fuß ist nicht mehr, als was er ist. Aber was für ein Ding ist ein Schwanz?! Ihn beim Namen zu nennen ist leicht, ihn zu gebrauchen wie jeden anderen Körperteil auch ist gleichfalls eine der belanglosesten Angelegenheiten dieser Welt! Doch das Wesentliche eines Penis zu erfassen! Zu dieser Zeit denken nur die weitgereisten Komödianten, daß Mann und Frau leicht ihre Kleider und Rollen tauschen können. Das ist bloß Spiel, billige Heuchelei, und die Imitatoren gieren früher oder später selbst nach Demaskierung. Der Hochverehrte kann dann befreit losprusten, daß Mann geworden ist, was Mann war, und Weib, was Weib. In der sogenannten Wirklichkeit tritt indes der Unterschied zwischen Mann und Frau beim ersten Schritt zutage. Kein Mann mehr, aber auch keine Frau ist Franz Pillinger, vormals ungarischer Soldat. Was aber dann?

Er wimmert wie ein verrotztes Kind. Wühlt in der Erde. Ein haltlos wehklagendes Wesen auf der Szegeder Feldflur, soviel ist fürs erste gewiß. Als wäre er aus der natürlichen Ordnung des Lebens herausgerissen worden. Was wäre sonst der Kern der Geschichte, als aus dem ursprünglichen Leben in ein anderes, tiefgründigeres, reicheres und umfassenderes Dasein hineingeboren zu werden. Pillinger hat den ersten Schritt dazu getan. Auch wenn er gar nichts davon weiß. Aus seinem Versteck in den Weiden sieht er dem Gemetzel zu, wie die Tataren und Türken von Achmed Cserkesz und die nichtsahnenden Ungarn Thökölys von den gepanzerten Deutschen, die sich sogar mit dem Mittagsläuten verbündet haben, niedergeschossen und niedergesäbelt werden. Im Leben geht es darum, daß man töten muß, andererseits kann man auch selbst sterben.

Langsam verebbt der Schlachtlärm, das Feld füllt sich mit Seufzen und Stöhnen. Es ist Nacht. Bei Fackelschein untersuchen die Kaiserlichen die Leichen, sie suchen nach ihren Verwundeten. Franz Pillinger verläßt sein Versteck. Auch er untersucht die Toten und Verwundeten. Schließlich entdeckt er die Leiche Zudars. Die Gedärme seines Gefährten sind ausgeflossen, kringeln sich neben seinem Leib. Sein langes Haar ist über die Erde gebreitet. Er mochte vor seinem Tod fürchterlich gelitten haben. Nicht weit davon röchelt der alte Répási. Blut sprudelt aus seiner Kehle. Pillinger neigt sich über sein Gesicht. Worte kann er von dem alten Kämpfer nicht mehr erwarten. Aber in sein blindes Auge möchte er blicken, es könnte ja sein, daß er von dort noch irgendeine Erklärung bekommt, Trost oder... Pillinger stößt seine Stirn gegen die Erde, wieder und wieder, und wimmert leise. Langsam beruhigt er sich, betastet seine Lippen. Wo Hauptmann Jánossy wohl sein mag? Er ist nirgends zu sehen. Vielleicht ist ihm die Flucht gelungen. Gebe der Himmel, daß es so ist. In diesem Moment seufzt Répási tief auf und stirbt. Der junge Mann, der einen Schnitt an seinem Geschlecht erlitten hat, der ausgestoßen wurde und der immer schon eher ein Soldat des Trübsinns als sonst einer Macht gewesen war, fährt dem alten Soldaten mit der Hand vors Gesicht und macht mit dem kleinen Finger eine schnelle Bewegung. Wie man einen Faden um den kleinen Finger wickelt. Schon ist die fliehende Seele gefangen. Als silbriger Schleier schwebt sie, Nacht und Sternenhimmel schimmern durch sie hindurch. Pillinger kann das. Eine herrenlose Seele fangen, sie narren, mit ihr spielen. Baron Demeter Absolon, der wunderliche siebenbürgische Magnat, der sein Vater, sein Lehrmeister war, hat ihn in die Finessen des Seelenfangs eingeweiht. Noch weiß Pillinger nicht, wie wichtig sich diese Fertigkeit im weiteren erweisen wird. Unschuldige Unbewußtheit waltet in seinem Tun, nicht der Verstand leitet ihn, sondern das Schicksal, das, sieh da, Mitleid mit ihm hat. Plötzlich vernimmt er ein ganz nahes Geräusch. Mit unnatürlicher Ruhe blickt er auf. Kaiserliche Soldaten ragen vor ihm in die Höhe, Verletztenträger, Leichenfledderer, das ist jetzt einerlei. Sie starren den Ungarn an, entsetzt, wortlos. Sie könnten ihn gefangennehmen, sogar niederstechen, doch sie tun es nicht.

»Na, komm«, sagt Franz Pillinger und lächelt.

In diesem Moment spürt er zum ersten Mal, wenn auch nur flüchtig, dort, wo er die Einbuße erlitten hat, eine anders geartete Kraft aufkeimen. Die Seele des armen Répási gibt er frei, sie schießt wie ein ungeduldiger Blitz zum Himmel. Die Dragoner flüchten Hals über Kopf. Pillinger richtet sich langsam auf, guckt ihnen nach und sieht sie nicht.

Den folgenden Tag verbringt er in dichtem Gebüsch, mit unbewegtem Blick zählt er die Blutsauger vor seinem Gesicht. Er hat keine Gedanken. Keine Gefühle. Keine Sehnsüchte. Seine Erinnerungen verlieren sich in dichten Nebelschwaden.

Zu mitternächtlicher Stunde kommt ein Gast in das Franziskanerkloster. Sofern man den Kuruzenkrieger als Gast bezeichnen kann. Als er ans Tor klopft, knirscht in der Unteren Stadt noch immer der Schotter unter den Sohlen der abziehenden Männer Pascha Achmeds. Nach dem Angriff von General Mercy werden die Fratres einen ganzen Tag lang ausgeforscht, der Verdacht bestätigt sich auch diesmal nicht. Die türkischen Behörden können nichts beweisen, doch das spielt überhaupt keine Rolle. Zur Sicherheit brechen sie dem Prior abermals den Fuß, reißen ihm nochmals die Augenbrauen aus und verfluchen ihn. Elezaár, den jungen ungeweihten Ordensbruder, nehmen sie mit. Sie drohen, ihn so lange in den Harem des Pascha zu sperren, bis er spricht. Vor Aufregung fällt der junge Mönch in Ohnmacht. Die im Kloster zurückgebliebenen Fratres lassen die Nacht nicht zur Ruhe kommen, sie beten für das Leben des armen Elezaár, für die Welt, für sich selbst. Schließlich gehen sie zu Bett. Nur Bruder Felix geht unstet auf dem nächtlichen Hof auf und ab. Etwas leuchtet matt in seinen Händen. Nein so was, er wird doch nicht ebenfalls eine Seele gefangen haben? Das nun nicht gerade. Ab und zu hebt er eine Flasche an die Lippen, in die das Mondlicht vergebens versuchen würde hineinzuschlüpfen.

Als an das Tor gepocht wird, glaubt auch er, daß Achmeds Leute zurückgekehrt sind. Sollen sie, wenn sie wollen. Es ist besser so, leichter kann man Fürchterliches erdulden als darauf warten. Vor dem Tor des Klosters harrt jedoch ein Fremder. Seine Lumpen lassen am ehesten an einen gemeinen Soldaten denken, aus irgendeinem gottlosen Trupp von Marodeuren. Wie er hierhergelangt ist und was er um diese Zeit wollen mag, davon kann sich Bruder Felix keine Vorstellung machen. Er ist durchaus kein schreckhafter Mensch, denn wer trinkt, zittert nur vor den Ungeheuern, die in der eigenen Seele hausen, und die sehen anders aus. An einem Tag des Grauens hat er sogar den Teufel aus dem Haus des Holzschnitzers Ignác Arnót vertrieben. Ein seltsames Gefühl beschleicht ihn. Er starrt den Fremden an und weiß bereits, daß er ihn einlassen wird, obwohl er damit nicht nur sein eigenes Leben, sondern auch das seiner in Freiheit verbliebenen Mitbrüder aufs Spiel setzt, vom eben verschleppten Bruder Elezaár ganz zu schweigen. Dennoch kann er nicht anders. Er muß diesen seltsamen Gesellen einlassen, weil er weder Besucher noch Bettler ist. Als sei er aus der Tiefe einer Legende gekommen, so mutet er ihn an. Das Gesicht des Fremden verströmt eine traurige, unruhige Kraft. Bruder Felix ist nicht nur im Bäumepflanzen und im Kurieren von Koliken, Gliederreißen und Schüttelfrost und in der Anwendung von Blutegeln bewandert, sondern er versteht sich auch einigermaßen auf Alchimie. Vom Schnapsbrennen gar nicht zu reden! Zwar ist er gerade tüchtig betrunken, doch Scharfsinn und Urteilskraft werden bei ihm durch Alkohol eher noch gestärkt. Also berührt er den Fremden am Ellbogen. Der tritt auch sogleich durch das Klostertor. Leise, als wandelten sie auf dem Pfad der Sünde, durchqueren sie das Refektorium. Voran Bruder Felix Potári, schwankend, sich immer wieder umblickend, ihm nachstolpernd der Fremde. Der Franziskaner denkt überhaupt nicht daran, daß ihm etwas passieren könnte. Erst vor dem Dormitorium stutzt er, lauscht in das schwere, von Flüstern und Wortfetzen durchwobene Atmen der Gefährten hinein. Der Prior redet wirr in seinem Schmerz. Einige beten vielleicht noch immer. Felix Potári eilt weiter. Indessen kommt ihm der Gedanke, daß noch nie ein so seltsamer Mensch seinen Fuß über die Schwelle des Klosters gesetzt hat. Was für einen großen Kopf er hat! Wie dümmlich sein Blick! Schließlich führt er ihn in jenen zellenartigen Raum, dessen einziges Fenster auf die nächtliche Straße glotzt. Darin ein massiver Holztisch, daneben eine Bank, gegenüber ein dazu passender schwerer Stuhl. An der kahlen Wand hängt ein Kruzifix von bescheidener Größe. Bruder Felix entzündet noch eine Kerze und bedeutet dem Fremden, sich auf die Bank zu setzen. Einem in der Wand versenkten, holzvertäfelten Fach entnimmt er eine weitere Palinkaflasche. Er schüttelt sie, tausend Blasen steigen in der Flüssigkeit empor.

»Auch den habe ich selber gebrannt«, sagt er lächelnd. Er stellt Holzbecher auf den Tisch, füllt sie vorsichtig bis zum Rand. Dann nimmt er dem Fremden gegenüber Platz, verschränkt seine langen, dünnen Finger und heftet seinen Blick auf ihn. Endlich kann er ihn gründlich in Augenschein nehmen. Ein junges, aber nicht jugendliches Gesicht sieht ihm entgegen, dunkle Augen über tiefen Furchen, das Haar struppig, auf seinem Schnurrbart glitzert silbrig Abendtau oder Rotz.

»Also wo fehlt es, mein Sohn?« fragt Bruder Felix.

»Ich würde Euch gerne etwas zeigen, Vater«, sagt der Fremde.

»Warte, mein Kind«, tut der Ordensmann vertraulich. Er leert seinen Becher und ermuntert den Fremden, es ihm gleichzutun. Der junge Mann schneidet eine unangenehme Grimasse und rührt den Palinka nicht an. Die größte Sünde des Menschen besteht darin, ständig die wunderschöne, wenngleich komplizierte Komposition der Schöpfung berichtigen zu wollen, denkt der Franziskaner. Der Mensch will in einem fort vereinfachen, nach Schweineart essen, sich entleeren und befruchten, die Seele unter sich begraben. Das ist das Alpha und Omega der Sünde. Na gut. Dieser Elende will nicht trinken. Aber warum nicht? Trinken ist gut. Zumindest besser als nicht trinken, folglich will auch der Unglückselige etwas berichtigen, will, daß etwas anders ist, als es ist, aber das geht nie gut aus.

»Ich würde Euch gerne etwas zeigen, mein Vater«, beginnt der Fremde erneut und windet sich. Und als sei er der peinlichen Situation plötzlich überdrüssig, beginnt er entschlossen, sich zu entblößen.

»Mein Glied, Pater«, murmelt er und hat auch schon seine Kleider gelöst. Da steht er vor dem Mönch und stellt sich splitterfaserselbst zur Schau. Bruder Felix glaubt, was er sieht, und glaubt es auch wieder nicht. Er beugt sich vor. Der Mann stinkt ungemein, aber darum geht es jetzt nicht. Er hat nämlich kein Gemächt! Nur ein blaßrotes Würmchen ringelt sich aus dem Haargestrüpp hervor. Von Blut, von einer Wunde keine Spur. Auch nicht von Gewalt. Franz Pillinger kleidet sich wieder an, Bruder Felix kippt einen weiteren Becher Palinka, darauf zur Sicherheit noch einen, um dann ernsthaft in Gedanken zu versinken. Er darf nicht zulassen, daß seine angeborene Schamhaftigkeit sich vor seinen hellen Verstand drängt, mit dem ihn Gott ebenfalls reichlich bedacht hat. Welche Torheit, die Kraft des Verstandes zu verachten! Auch unser Herr Jesus hat seine Jünger angespornt, schlau zu sein wie eine Schlange. Man muß den seltsamen Dingen auf den Grund gehen!

»Du bist also mit einem Mangel geboren, mein Sohn?«

In dem Ordensmann regt sich plötzlich ein neues Gefühl, das für gewöhnlich Neugierde genannt wird. Er hat schon von Männern gehört, die keine Männer sind.

»Ich bin mit keinem Mangel geboren, mein Vater.«

Somit ist ein gewaltsamer Eingriff erfolgt.

»So hat man ihn dir abgeschnitten«, nickt der Klosterbruder.

»Ich weiß nicht.« Der Fremde schüttelt seinen großen, dikken Kopf.

»Oder ist es beim Zeugen passiert?«

»Wie meint Ihr das, mein Vater?«

»Daß er abgebrochen ist ... ich habe schon mal von so etwas gehört, daß ... er abgebrochen ist.«

»Er ist nicht abgebrochen.«

»Na dann verstehe ich nicht.«

»Es ist beim Töten geschehen.«

»Du hast getötet?«

»Ich habe getötet«, nickt bleich der Fremde.

Bruder Felix wird von grenzenloser Traurigkeit übermannt. Er braucht noch ein klein wenig Palinka. Zugleich ermuntert er den Bedauernswerten, dem angebotenen Getränk ebenfalls zuzusprechen, doch der seufzt nur, allen Heiligen zuliebe würde er nicht trinken.

»Ich verstehe.« Der Palinka läßt ihn erschauern. »Und wen hast du getötet?«

»Einen Feind ... einen Menschen ... glaube ich.«

»Hast du ihn gekannt?«

»Kann man jemanden kennen, den man nur töten will?«

Das wiederum ist eine große Wahrheit.

»Du willst damit sagen, mein Sohn, dein ... ist während des Mordens verlorengegangen?«

»Er ist verlorengegangen.«

»Und wie ist er verlorengegangen?«

»Das weiß ich nicht«, murmelt der Fremde.

Der Verfall der Welt ist nur durch Wunder wieder in Ordnung zu bringen, das ist evident. Na, und das Lebenselement des Wunders ist, wie für den Fisch das Wasser, die Zeit. Alles ist einmal vorbei, dadurch werden die Dinge ja erzählbar. Die Wundertaten unseres Herrn Jesus dienten einerseits der sündigen Welt als Warnung, andererseits dazu, die göttlichen Fähigkeiten, die Ernsthaftigkeit der Absichten und die Unbegrenztheit der Möglichkeiten des Mannes aus Nazareth zu offenbaren. Zwischen Gott und den Menschen vermittelt im Alltag das Gebet, an Feiertagen das Wunder. Oh, gewiß kann nicht nur die Heilung der Gadarener Besessenen, der an Blutfluß leidenden Frau, des von einem unsauberen Geist Besessenen aus Kapernaum ein Wunder sein! Nicht nur die Brotvermehrung, das Auf-dem-Wasser-Gehen, sondern auch die stille und demütige Ekstase, wenn wir unsere Seele als so blau empfinden wie den Frühlingshimmel, wenn wir plötzlich das Gefühl haben, daß die innige Liebe der Welt das größte Wunder ist, wenn wir entdecken, daß das, was wir Jammertal nennen, zugleich ein Garten des Glücks ist, weil ja zum Beispiel eine Wiese voll Kamillenblüten ...

Der Fremde räuspert sich.

Bruder Felix blinzelt verlegen. In seiner plötzlichen Konfusion weiß er gar nicht, wo er ist und was dieser großköpfige Fremde von ihm will. Ach ja, er erinnert sich wieder, und ob. Er starrt seinem Gegenüber ins Gesicht. Nun ja. Dieser Mensch hat sein Gemächt eingebüßt und sich in seiner Verzweiflung an ihn, den untertänigen Diener Gottes, gewandt. Kein einfacher Fall. Wenn wir es nun also für offenkundig erachten, daß der junge Mann das Opfer irgendeines verzwickten Wunders oder gar einer göttlichen Intervention geworden ist, so kann ihm auch nur durch ein Wunder oder einen Zauber geholfen werden. Dazu aber reicht all seine Kunst, all sein guter Wille und Glaube nicht aus. Höchstens im Gebet kann er die Hilfe des allmächtigen Gottes bei der Wiederherstellung der natürlichen Ordnung erbitten.

»Auf Wunder habe ich keinen Einfluß, mein Sohn«, erklärt der Mönch.

»Ja, was soll ich dann tun?« Der junge Mann läßt den Kopf sinken.

»Ein Gemächt kann nicht einfach so verlorengehen«, sagt Bruder Felix ernst.

»Ihr glaubt, nicht?«

»Es muß hier irgendwo sein«, blickt der Ordensmann in dem engen Raum um sich, »hier, irgendwo in der Welt.«

»Die ganze Welt soll ich nach ihm absuchen?«

»Das habe ich nicht gesagt.«

»Ungarn genügt?«

Der Franziskaner zuckt die Achseln, starrt die Palinkaflasche an.

Sie schweigen.

»Ich kann dir nicht helfen«, sagt der Ordensbruder leise.

»Wer kann mir dann helfen, mein Vater?«

»Ich bete für dich, mein Sohn.«

Bruder Felix blinzelt zur Decke. Im Halbdunkel glitzert das Silber eines Spinnennetzes. Die Spinne macht gerade ihrem Opfer den Garaus, einer kleinen, blaurückigen Fliege. Der Mönch murmelt etwas vor sich hin. Als würde er bereits beten. Den Fremden kümmert das nicht. Ungeduldig unterbricht er ihn.

»Bin ich behext worden, mein Vater?«

Der Franziskaner beginnt zu sprechen. Im schwankenden Kerzenschein wirken seine Worte wie eine Art Offenbarung.

»Was existiert, kann verlorengehen. Was verlorengegangen ist, kann ersetzt werden. Ich glaube dir, mein Sohn. Ich sage gar nicht, du sollst dich damit abfinden. Hier ist kein abgehauener Arm, kein von Kugeln durchbohrtes Bein in den Staub gefallen und vom Leib getrennt worden, dem zu nutzen sie erschaffen wurden. Hier, mein Sohn, lauert ein dunkles und unbegreifliches Geheimnis, und Demut und sich Abfinden wäre nur dem Teufel wohlgefällig. Möglich, daß du behext worden bist. Du hast getötet und deine Strafe erhalten. Aber paß gut auf. Es wird ein Krieg kommen. Einer, wie es ihn in dieser Gegend noch nicht gegeben hat, und es kann sein, daß Ungarn in ein, zwei Monaten«, er deutet mit dem Kopf Richtung Palánk-Viertel, »vom bezopften Teufel befreit sein wird. Dieser Krieg wird sein wie ein Strafgericht.«

Bruder Felix würde gerne noch fortfahren, denn er spürt, daß er wirklich schön gesprochen hat, doch da sieht er auf einmal, wie der entkräftete Mann auf die Bank hinabrutscht und dort liegenbleibt, in unmöglicher Haltung, trotzdem in tiefen Schlaf gesunken. Speichel fließt ihm aus dem offenen Mund.

»Quaere«, flüstert Bruder Felix. »Suche!«

Dann schenkt er sich vom Palinka ein, stürzt ihn hinunter und wartet vergeblich darauf, daß er zusammenschauert.

An einem späten Frühlingstag des Jahres 1686 macht ein aufgeputzter Wagen am Ufer des Flusses Reka halt. Grün wogt die Landschaft, an den Berghängen schmilzt der Schnee. Ein lauer Wind weht über den Wiesen. Der Wagen ist mit frischen Blumenkränzen, bunten Bändern, leichten Tüchern und schellenden Häubchen geschmückt. Nach einigen Minuten des Wartens wird die Plane zurückgeschlagen, und fünf Männer kommen zum Vorschein. Keine alltäglichen Gestalten. Augenscheinlich vermögende Herren.

Einer von ihnen ist ein vornehm gekleideter kleiner Jude. Auf seinem Kopf trägt er ein spitz zulaufendes Hütchen, das von einem grellgelben Turban umschlungen ist. Sein Wollmantel ist von dunkelblauer Farbe und vorne offen. Sein Kaftan aus feinster Seide. Um die Hüften spannt sich ein seidener Gürtel, daran ein praller Lederbeutel. Seine Hosen sind weit geschnitten und so blau wie der Himmel über Jerusalem.

Nach dem Juden tritt ein großgewachsener Serbe ins Gras. Seine Kleidung ist furchterregend. Er trägt das Fell und die Klauen eines Bären, ein so wildes Tier lebt nur am Unterlauf der Donau. Dorthin treibt es den Wanderer, bis es einmal seinen Meister findet. Denn niemand kann einen Bären so schön erwürgen wie ein serbischer Edelmann, der das Pelztier mit dem Duft seiner Lenden in die Falle lockt.

Der dritte sieht aus wie ein ungarischer Gutsherr! Eine Mütze aus Marderfell ziert sein Haupt. Er ist mit einer weichselfarbenen, damastgefütterten Husarenjacke angetan, der Kragen aus Luchsfell.

Den vierten könnte man auch für einen rechtgläubigen Beg aus einem bosnischen Sandschak halten. Seine Kleidung besteht aus einem roten Samtkaftan, einem blauen Seidengürtel und einem federbesetzten Turban. Safrangelb seine Stiefel, aus bestem Saffianleder. Nur die weiten Ärmel des Kaftans hängen leblos zu beiden Seiten herab.

Der fünfte könnte ein einheimischer dalmatinischer Nabob sein. Das Silber des Mondes schmückt seinen weiten Umhang. Sein Bundschuh duftet, als sei er bis dahin durch Wiesen voller Kamillen gewandert. Würde der Frühling nicht für den türkischen Sultan ins Land ziehen, wäre er hier der Herr. So wie er geht und sich bewegt, ist ihm jedoch auch deutlich anzumerken, daß er niemals vergißt, die halbwüchsigen Töchter seiner Bauern in den Hals zu beißen, wenn sie zur Vollmondzeit bereits blutiges Linnen untereinander tauschen.

Kurz, fünf reiche und begehrenswerte Herren.

Ausgesprochen schön.

Ungeheuer vornehm.

Nimmt man sie aber genauer in Augenschein, erinnern sie eher an eine Künstlertruppe. Eine Schauspielergesellschaft aus Venedig, die sich mit der Aufführung von Komödien ihr Brot verdient. Ihre Gewandung ist nur Trug, Vortäuschung von Anmut und protzendem Reichtum. Aber wem wollen die denn hier, am Ufer des Reka-Flusses, eine Vorstellung geben? Ein Windhauch weht zwischen ihnen hindurch. Ja, was ist denn das? Da ist ja auch schon eine Windfee, mit geblümter Stirn, die sie belauert! Aber die räkeln sich arglos, holen ihre Fressalien aus dem Wagen, Wein, weiche Brötchen und gebratenes Fleisch. Ach so! Das Schauspiel gilt den Feen, die beim Betrachten der Menschenwelt nicht jener Art der Unterscheidung fähig sind, die weise das Echte auf die eine Seite stellt, das Falsche auf die andere. Im Nu verbreitet sich unter den Feen des Reka-Flusses die Nachricht, daß fünf reiche Herren zu Gast sind. Glückliches Quietschen, festliche Aufregung breitet sich in den Wipfeln aus. Vom Schein der erhitzten Feengesichter beginnen die Unterseiten der Blätter zu strahlen. Wie lange ist es her, daß die armen Feen einen Menschen geraubt haben! Der Winter hat die Reisenden vertrieben. Wegen der Schneeschmelze und des Schlamms auf den Straßen rumpelten im Frühling keine Wagen und Fuhrwerke durch diese Gegend. Höchstens ein paar Räuberbanden oder türkische Spähtrupps stampften den Schnee fest. Feen rauben keine Türken, Wegelagerer, Räuber!

Im April aber kommt Leben in die Gegend. Die Hirten treiben ihre Herden hinaus, auf den kurvigen Bergstraßen folgt ein Wagen dem anderen. Und was gleich der erste für einen Reichtum mit sich führt! Während die Feen feiern und einen sausenden Tanz vollführen, schaukelt eine von ihnen mißvergnügt auf dem knospenden Zweig einer jungen Eiche. Eine komische Fee, muß man sagen. Zum Beispiel ist sie haarig geblieben. Stoppelig! Außerdem stinkt sie immer noch! Keine solche blasse Männerfee, wie sie am häufigsten in diesem Landstrich vorkommt.

Aber natürlich!

Wir kennen den Ärmsten.

Er ist es, Angelo, der Diener Demeter Absolons, des wunderlichen Magnaten. Wo ist der Baron, wo sein prächtiges Gutshaus geblieben? Alles der Vergänglichkeit anheimgefallen! Soll doch der Himmel erblinden. Pfui Teufel. Angelo ist zur Fee geworden, als er das bestrafte Fränzchen Pillinger aus Venedig nach Hause beförderte. Nicht zufällig haben sich die Feen gerade ihn ausersehen. Bei den Feen sind Männer eine Seltenheit, und wenn man hie und da einen antrifft, so ist es dann eine bleiche, blutleere Gestalt, der selbst Weidenruten Halt bieten. Angelo ist keine solche Fee. Wenn aus einem Welschen ein Windmensch wird, ist das für seine Gefährten Wonne und große Freude, für ihn selbst aber ein fürchterlicher Schicksalsschlag. Die Feenwelt ist genaugenommen eine Hölle. Tapfer erduldet Angelo die schweren Prüfungen. Wenn er zuweilen die Brust oder die Schenkel eines Feenmädchens berühren möchte, wird er enttäuscht, denn er greift in den Wind. Ein Windbursche erwacht mit dem Wind. Kalten Wind findet er zwischen den Schenkeln des Windmädchens. Feen können nicht zeugen. Zumindest kann sich keine Fee mit einer Fee paaren. Deswegen müssen sie regelmäßig die Menschenwelt aufsuchen und Mädchen, kleine Jungen oder junge Frauen rauben. Die sich zurückerinnernden Feenwinde schreiben die Feenchroniken in die Wurzeln hundertjähriger Bäume, auf die Spiegel von Gebirgsbächen, auf die Rücken von Felsen, die über das Kitzeln wütend sind. Oft stehlen die Feen bei den Kartäusermönchen, die in Pleterje, im Kloster mit den hohen Mauern, wohnen und nur mit ihren Blicken sprechen. Sie entwenden ihren stinkenden Käse und ihren greulichen, Cvicek genannten Wein und sehen dann amüsiert zu, wie die stummen Ordensleute einander beschuldigen und verdächtigen. Den Cvicek gießen die Feen auf den Boden und patschen darin herum, als würden sie in Blut baden. Mit dem stinkenden Käse hingegen bewerfen sie die Wanderer auf den Straßen.

Der heilige Christophorus, der Ferge, war auch an der Save tätig. Auf den Schultern trug er die Pilger durch den hochwasserführenden, vor sich hinsingenden Fluß. Einmal machte sich eine Schar Feen auf den Schultern des riesenhaften Fergen breit. Sie kitzelten und neckten ihn so lange, bis er ins Wasser stürzte und unterging. In seiner Wut züchtigte und verfluchte Christophorus den Fluß, dann ging er fort und kehrte niemals wieder zurück. Jedenfalls wird es so von den Feenchronisten erzählt, die schon wieder ihre Windfedern spitzen. Diese fünf reichgekleideten Herren sind mit ihrem aufgeputzten Wagen ganz in der Nähe! Der Tag verspricht eine gute Beute, einen leichten Fang, neue Gefährten!

Wortlos schmausen die Reisenden, trinken Wein, stopfen sich voll, wie jeder, den das Gerüttel des Wagens ermüdet hat. Nur ihre ständig niedergeschlagenen Blicke verbergen sie. Schämen sie sich, einander in die Augen zu sehen? Die Lichtung wird von einem Wirbelwind erfaßt, als sich die Feen um sie scharen. Ungestört schmausen die Herren weiter. Schon greifen die nichtsahnenden Feen mit Windfingern nach ihnen, ihre Windmünder küssen Gesichter und Hälse. Sie drängeln sich um sie, umklammern sie, hauchen ihnen in den Schoß. Holla! Das ist eine Überraschung! Unversehens springen die fünf reichen Herren auf und werfen all den Firlefanz von sich. Nun ist es klar, niemand sonst sind sie als die alten Feinde der Feen!

Tatsächlich, sie sind es, die Tränengaukler!

Husch, husch, ihr fiesen Tränengaukler!

Kreischend flüchtet die Feenschar. Es hallt und gellt durch den Wald. Doch die Gaukler tun den Feen nichts. Nur auf eine von ihnen haben sie es abgesehen. Ruck, zuck, schon ist sie gefunden! Windborstig, windstoppelig schaukelt sie, seht nur, auf dem Ast einer jungen Eiche. Sie laufen hin, packen sie. Im Nu haben die Gaukler sie mit ihren Tränen blutig gemacht. Schwarze Kerne werden auf sie gestreut. Mit Feuer wird sie gewärmt. Mit Eis gekühlt, wenn ihr zu heiß geworden ist. Vor ihre bartstoppelige Visage halten sie einen Spiegel, sie soll sehen, daß sie bereits ein Mensch ist!

Wieder ein Mensch!

Angelo zwinkert, reibt sich den Kopf, geht auf und ab. Auf dieser Lichtung hatten ihn die Feen entführt, und jetzt fühlt er wieder Schmerz, Hunger, Durst, na und auch ein wohliges Kribbeln in seinen Lenden. Heilige Madonna! Er ist ja wieder zum Menschen geworden, er hat einen Geruch, er hat Mut und fliegt nicht nur so herum wie der körperlose Wind. Wie gut, wie wundervoll ist es doch, zu leben! Was ist eigentlich geschehen? Wer hat ihm das Leben zurückgegeben, und warum? Nachdem Angelo sich beruhigt hat, sieht er sich gründlich in der Gegend um. Zwischen den Baumstämmen am Rande der Lichtung hindurchspähend, entdeckt er die dem Fluß folgende Straße.

Dort unten fährt, heftig ruckend, ein klappriger Wagen. Ein Planwagen mit einer blauen Träne! Angelo brüllt ihm nach, so daß die trauernden Feenwindchen vor seinem Gesicht erschreckt entfliehen. Er läuft abwärts, bricht durch Sträucher und Buschwerk, doch der Wagen ist verschwunden. Mangels einer besseren Idee trottet er zurück auf die Lichtung, er könnte ja den Proviant verzehren, den die Gaukler zurückgelassen haben. Aber er kann weder essen noch trinken. Das Essen ist nicht echt, genausowenig wie der Wein.

Holzhumpen, Holzeisbein und Holzbrötchen!

Als hätte er sich eben sattgegessen, rülpst er in seiner Wut die Oberfee an und bricht nach Norden auf. Er versteht selbst nicht, warum. Denn seine Heimat liegt gegen Sonnenuntergang hin. Trotzdem hat er sich nach Norden gewandt. Als hätte man es ihm zur Pflicht gemacht, diese Richtung einzuschlagen. Als wäre das sein Schicksal, seine Bestimmung. So ist es auch. Wenig später trifft er nahe der Save auf weitere Wagen. Hungrig ist er und sehr müde. Er steht am Rand der morastigen Straße und winkt wie von Sinnen, sie mögen ihn mitnehmen, Erbarmen mit ihm haben, wer immer sie sind.

Die Wagen machen halt, und Angelo weiß sofort, daß er verloren ist. Glockenhelles, glückliches Gelächter grüßt ihn unter den Planen hervor. Madonna! Madonna! Mit diesen Wagen reisen ja nur Frauen, nichts als Mädchen! Angelo kann nicht wissen, was die Spione in Wien, München und Stambul bereits seit Wochen melden. Unter den europäischen Huren herrscht seit den ersten Tagen des Jahres große Unruhe. Hohe Herren haben den Mädchen ausgeplaudert, daß zur Jahresmitte ein Angriff gegen eine der weithin strahlenden, teuren Perlen der Türken, die Burg von Buda, unternommen wird. Und der Krieg ist nicht nur für die Waffenschmiede und die jüdischen Armeelieferanten ein Geschäft, sondern auch für die Huren.

Zitternd vor Glück will Angelo den ersten Wagen erklimmen. Doch er ist mit seiner Kraft gänzlich am Ende. Er fällt zurück in den Schlamm. Die Mädchen kommen unter großem Gelächter von den Wagen herunter und baden ihn gründlich im Wasser eines nahen Baches. Zurückgekehrt zu den Wagen, geben sie sich ihm hin, obwohl er keinen Groschen Geld bei sich hat. Eine nach der anderen.

Einige Tage später meldet sich ein aufgeregter Spion beim Rat des Sultans.

Bei Allah, großes Unheil droht!

Buda ist in Gefahr!

Auch der König der Huren ist schon unterwegs.

Pillinger verläßt das Kloster und schlägt den Weg zur Theiß ein. Es ist früh am Morgen, dunkel, die Straßen sind noch leer, der Muezzin rappelt sich mühselig von seinem Lager auf. Der Versehrte vertraut sich dem Reich des Sumpfes an, dringt immer weiter vor, durchbricht die Mauer aus Schilf, ohne eine Ahnung, wohin es geht, was er überhaupt will, was diese wahnwitzige Flucht soll. Da tritt ihm unversehens ein sumpfgesichtiger Mensch entgegen, Balina, der Szegeder Fischer und Vogler des Moors. Der Schilfbewohner kennt die Moorwelt von Szeged besser als Gott die Erde. Beim Anblick des erschöpften Mannes zögert er nicht lange. Er könnte den Fremden umbringen. Er tut es nicht. Balina tötet nicht ohne Grund. Statt dessen zieht er ihn mit sich in die Tiefe des Sumpfes, in sein Heim. Kaum ein Wort fällt. Pillinger folgt ihm wie jemand, dem alles egal ist.

Sie werden in Balinas Lehmhütte wohnen. Einen Schornstein hat das Bauwerk nicht. Der schwarze Schleier des Rauches wird vom Luftzug durch eine Öffnung im Schilfgeflecht gezerrt. Das Wetter ist bereits mild, man braucht nicht mehr zu heizen, das Feuer ist zum Braten der Fische da. Die Innenwände der Lehmhütte sind mit Vogelflügeln, Tiernasen, Pelikanköpfen und auf Stöcke gezogenen Schlangenhäuten geschmückt. In der Ecke befindet sich eine Bettstatt aus Segge, Heu und duftenden Gräsern. Balina bereitet für sich ein zweites, notdürftiges Lager direkt vor dem Eingang, auf dem anderen soll der großköpfige Mann schlafen, dem ein Zauber widerfahren ist, von dem selbst Balina noch nie etwas gehört hat.

Sein Glied verlieren? Was für ein haarsträubender Unsinn! Der Schilfbewohner bietet seine ganze Kunst auf. Sofern man Kunst nennen kann, wenn man mit dem Leben umzugehen weiß. Balina blickt in die Sonne, denn die zeigt ihm immer, wo sich ein verlorenes Kleinod befindet. Die Sonne hilft jedem, der ordentlich sucht. Aber auch im Schein der Sonne sieht Balina es nicht. Übler Laune zieht er hinaus in das Riedgras und kommt tagelang nicht zum Vorschein. Franz Pillinger sitzt nur da, starrt vor sich hin und rührt keinen Finger. Er kommt gar nicht auf die Idee, daß er etwas essen oder trinken sollte. Wütend kracht das Frühlingsschilf, Balina kommt zurück. Er beugt sich über Pillingers Gesicht, und mit seiner schnarrenden Stimme beginnt er zu erzählen.

»Der Troll ist ein Vogel. Er frißt die Sonne, er frißt den Mond und verursacht deren Finsternisse. Die Helligkeit verdaut er, danach scheißt er Licht. Auch das Licht ist geschissen, verstehst du. Der Troll sieht aus wie ein Papagei. Leuchtend, prächtig und grell. Aber auch ihn finde ich nicht.«

Franz Pillinger schweigt und zuckt nicht einmal mit den Achseln. Er stiert vor sich hin, wie schon seit Tagen. Balina dreht sich erbittert um, spuckt aus und verflucht sich, daß er diesen Unglücksmenschen zu sich genommen hat. Wärmere Tage kommen, die Zeit der Blutsauger. Balina gibt Pillinger, der nun richtig krank wird, Paprikasaft zu trinken. Das Fieber hat ihn gepackt. Schweiß glitzert auf seinem Körper, als hätte man Perlen auf ihn gestreut. Seine Scham beginnt zu eitern. Wie ein Bienenstock gelb von Honig ist, so sind es Pillingers Lenden von Geschwüren. Blut mischt sich in den Eiter. Pillingers Körper beginnt zu glühen, Wellen von Schweiß überströmen ihn, er redet irre.

»Tutu!« schreit er.

»Trutuu!«

Anderntags scharrt Balina zwischen den Wurzeln einer vermodernden Eiche Würmer hervor. Winzige weiße Tierchen, die sich begeistert am Boden der Holzkiste winden. Der Moorbewohner entkleidet den Kranken, um dann die Würmer auf seine entblößten Lenden anzusetzen. Würmer sind gut. Würmer fressen den Eiter. Bis zum nächsten Tag hat sich das Leiden gebessert, ohne jedoch ganz zu vergehen. Auch nach Tagen schwärt seine Scham. Balina betrachtet ihn konzentriert, schüttelt den Kopf, schließlich klopft er eine Pfeife aus und streut Asche auf die Wunde. Auch Asche ist gut. Auch sie frißt den Eiter. Doch es ist alles zwecklos. Denn wenn auch die Wunde zu heilen beginnt, die gelben Blumen des Eiters zu roten Schorfstückchen getrocknet sind und Pillingers Scham in kreisrunden Streifen umgeben, wenn auch die entzündlichen Schmerzen abklingen, die Qualen der Seele vergehen nicht. Der Blick Franz Pillingers ist wie der eines traurigen Tiers, das zur Schlachtbank geführt wird.

Balina begibt sich in die Stadt. Keine ungefährliche Angelegenheit. Der Türke schätzt den unerwartet aus der Schilfwelt auftauchenden Menschen nicht, der sich seinem Machtbereich entzieht und in seinem eigenen Reich tut, was ihm gefällt. Diese Selbständigkeit ist gefährlich. Deswegen muß er die Patrouillen und die Wachposten an den Toren und auf den Straßen und natürlich die hinter Brennesselblüten lauernden Spitzel meiden. Balina bricht im Morgengrauen auf. Menschen trifft er für gewöhnlich nicht, doch neuerdings hat er zuweilen das Gefühl, daß ihm jemand folgt. Daß ihm jemand hinterher ist, ihm nachspürt. Er befragt das Schilf, doch es antwortet nicht. Er fragt den rülpsenden Sumpf, doch der lügt. Blutsauger und Vögel wollen gleichfalls nicht mit der Sprache heraus. Der Alte wird wütend. Er flucht und bedroht alles ringsum.

Eines Morgens entdeckt er seinen Schatten. Sein Verfolger ist ein atemberaubend schöner Mann. Ein Gesicht wie aus Ebenholz geschnitzt. Naturgemäß hütet sich Balina vor allzu schönen Gesichtern. Schilffederkronen und Wasserenten belehrt er ständig, daß das Schöne im Übermaß unerträglich ist. Auf dem Markt des Palánk-Viertels verliert er die Geduld und packt seinen Verfolger am Arm.

»Du bist zu schön, Fremder«, knurrt er Josef Bezdan ins Gesicht. Im nächsten Moment ist der Sumpfbewohner wie vom Donner gerührt. Kein Sterbenswörtchen hat der andere gesagt, trotzdem hört er ihn. Der Fremde spricht mit seinem Blick.

»Du sagst, du weißt, daß ich noch warte und ihn dann zum Oberlauf des Flusses bringe?« fragt Balina. Er staunt so sehr, daß seine Augenbrauen zu zucken beginnen. Wer in den Gedanken eines Sumpfbewohners lesen kann, ist tatsächlich nicht irgendwer. Im Kopf eines Sumpfbewohners wimmelt es von Fischgräten, Froschknochen, todbringenden Natternhemden und verwundenden Schilfhaken, so daß sich in diesem Getümmel nur sein Besitzer auskennen kann. Und dieser wunderschöne Fremde sieht ihm trotzdem hinter die störrische, hartknochige Stirn. Und spioniert seinem Schützling nach.

»Ja, ich werde ihn zu einer Frauensperson bringen«, sagt Balina und schneidet ein Gesicht, als würde ihm ein Zahn gezogen.

Der Fremde nickt und ist verschwunden.

Balina bringt vor allem Kraniche, Trappen und wilden Honig auf den Markt von Szeged. Aus Teichrosen fabriziert er schönklingende Schilfinstrumente, und er verkauft sie billig. Brot, Kleidungsstücke, Stoffe und Eisenklingen tauscht er dafür ein. Auch fahrende Händler zählen zu seinen guten Bekannten, für Schlangengift und Froschschenkel geben sie ihm ihre seltensten Schätze. Eines Tages breitet der Alte merkwürdige Dinge vor Pillinger aus. In einem Holzschüsselchen dampfen weiße, holzapfelgroße Knollen. Sie heißen Kartoffeln. Vor kaum einem halben Menschenalter haben Studiosi sie von ausländischen Universitäten heimgebracht. Doch nur ein paar, denn die französischen und deutschen Grenzposten suchen nach Kartoffeln wie ausgehungerte Spatzen. Und wenn sie bei einem beklagenswerten Reisenden welche finden, ja dann machen sie seinem Leben auf der Stelle ein Ende. So gilt die Kartoffel als seltene Kostbarkeit. Pillinger glotzt das Schüsselchen gelangweilt an. Wie winzige Kindergehirne kommen sie ihm vor.

»Was ist das, Balina?«

»Du hast Augen im Kopf. Knollen«, knurrt der Alte.

»Eßbare Knollen?«

»Sie sind gekocht. Ich habe sie von einem fahrenden Studenten. Aus Fränkistan, gut für alles, sagt er. Die Londoner gehen dafür über Leichen.«

»Und sind sie auch für mein Gebrechen gut?« Pillinger wiegt seinen großen Kopf.

Der Wind bläst über die Schilfwelt hinweg und nimmt die vorjährigen Federkronen mit sich. Balina denkt nach, während er sich den Mund vollstopft.

»Der Student, von dem ich sie habe, hat gesagt, daß es auch dafür gut ist.«

»Auch dafür?«

»Aber sicher. Davon wächst der Schwanz, dumme Frage.«

Pillinger beäugt die Knolle, nimmt sie in die Hand. Ziemlich heiß.

»Woher kommen solche Früchte?« fragt er argwöhnisch.

»Ein Mann namens Christoph Kolumbus hat sie mit dem

Schiff aus Indien mitgebracht. Bloß ein paar Säcke. Du ahnst nicht, was für ein Schatz das ist. Ich sage ja, in Fränkistan geht man dafür über Leichen.«

»Ich glaube nicht, daß er wächst«, mäkelt Pillinger, aber schon mit vollem Mund. Balina lächelt nur. Gegessen werden muß. Was auch passiert, essen muß man trotzdem. Kein Unfall, kein Unglücksfall, der den Hunger verdrängen darf. Erst kommt das Essen, dann die Traurigkeit. Erst essen wir, dann machen wir uns über das Frauentier her. Erst essen wir, dann bedenken wir die Möglichkeiten.

Die Knollen haben nicht geholfen. Sie haben den Schwanz nicht wachsen lassen. Doch Pillinger ist von ihnen so satt geworden wie von nichts sonst zuvor. Am nächsten Tag deutet Balina auf eine Teichrose. Sie ist aus dem schwarzen Schlamm erblüht. Ein seltenes Wunder des stinkenden Sumpfs. Die Rosenblüte ist strahlend sauber geblieben. Wenn die Nacht kommt, sinkt sie unter den Wasserspiegel, am Morgen oder bei Vollmond steigt sie indes von neuem an die Oberfläche, um ihre prächtigen Blüten auszubreiten, die mit weißen, rosa, roten und blauen Farben protzen.

Dann erzählt der alte Sumpfbewohner mit knarrender Stimme vom nächtlichen Sternenhimmel und stochert dabei mit seinem schlangenköpfigen Hakenstock in der Luft herum.

»Die Milchstraße kann man im Nachsommer oder im Frühherbst sehen. Auf dem nördlichen Himmelsgewölbe strahlt sie schwächer, auf dem südlichen hingegen wie ein Diamant. Auch die Milchstraße hat es nicht immer gegeben. Sie ist dadurch entstanden, daß unser Vater Árpád von seiner Mutter träumte. Eine schöne Mutter hatte er. Bei Nacht war sie so schön wie die Sonne, am hellen Tag wiederum so schön wie der Mond. Als unser Vater Árpád von seiner Mutter träumte, begann Milch aus ihren Brüsten zu strömen, und diese Muttermilch floß quer über den Himmel. Hundert Jahre lang floß sie und markierte eine Straße. Über sie zog auch Árpád mit seiner Schar, deswegen trägt sie den Namen Milchstraße.«

Am nächsten Tag kommt Balina mit einem weiteren Märchen.

Sie hocken am Feuer, schwere Pelzdecken auf den Schultern,

und starren in die Glut der Holzscheite. Funken steigen in die Höhe wie Leuchtkäfer, dem Mond vors Gesicht. Der Mond, der Mond! Dort scheint jemand zu musizieren! Balina schnieft kräftig, spuckt aus und beginnt.

»Das Licht des Mondes musiziert, verstehst du? Es waren einmal zwei Menschen, und sie waren gerade so wie wir. Bloß daß der eine Mensch eine Frau war, der andere aber ein Mann. Gott fragte sie, was sie am liebsten tun würden. David hieß der Mann, der antwortete, er würde wohl am liebsten musizieren. Caecilia hieß das Mädchen, sie gab zur Antwort, sie würde am liebsten zu Davids Musik tanzen. So geschah es auch. Hand in Hand schlenderten sie in den Mond. David musizierte, Caecilia tanzte dazu. Was für ein Vergnügen, was für eine schöne Liebe! Aber weil das Mädchen vergessen hatte, um ewige Jugend zu bitten, alterte sie beim Tanzen, sie wurde steinalt, ihre Haut vertrocknete, ihr Fleisch verdorrte, doch ohne Unterlaß tanzt und tanzt Caecilia seitdem immerzu. Und wenn du das Licht des Mondes hörst, so klappern in diesem Licht die Knochen Caecilias.«

Franz Pillinger hört dem Märchen pflichtschuldigst zu. Er neigt seinen großen dicken Kopf, aufmerksam, als würde es ihm gefallen. Seine Wimpern zittern, seine Mundwinkel zukken. Dann sagt er mit einem Blick in das abgrundtiefe Dunkel der Schilfwelt nur:

»Auch das Wort heilt nicht, Balina.«

Der Moorbewohner zuckt mißmutig mit den Schultern. Was kann man hier noch tun, was nur?! Also gut. Eine einzige Möglichkeit ist geblieben. Der schöne Fremde wird doch recht behalten. Eines Morgens bringt Balina ein Vögelchen. Ein durchschnittlicher, winziger kleiner Vogel mit braunrotem Gefieder, er blinzelt, als fürchte er sich nicht. Dabei bebt der kleine Körper. Balina betrachtet ihn wohlwollend, geradezu liebevoll.

»Ein Brachvogel. Aber noch ein Küken«, knurrt der Alte, seine Augen leuchten verdächtig. Ein klein wenig drückt er das Vögelchen, das sogleich aufkreischt.

»Trutuu!«

»Tutu!«

Pillinger erstarrt. Er sieht den Moorbewohner entgeistert an, als hätte der soeben seine sämtlichen Morde aufgezählt. Ah so! Balina lacht aus vollem Halse. Ich hab dich, Junge, jetzt hab ich dich! Den Vogel wirft er zum Himmel, er kann schon zu seiner Mutter fliegen. Balina hat es ja gewußt, daß er einmal eine Bresche in die Traurigkeit des jungen Mannes schlagen würde. Zwar weiß er nicht, warum diese Betroffenheit, aber das ist im Moment gar nicht so wichtig.

»Gut«, nickt Balina. »Im Morgengrauen brechen wir auf.«

Die Moorbewohner und die Sumpfmenschen, die dem entenverschlingenden Riesenwels seit Jahrzehnten nachstellen, die Schmugglerkistenträger und die Flößer mit ihren Wasserseelen, die in den Fluß verliebten und ihm opfernden Heiden, alle wissen sie, daß am Mittellauf des Flusses eine Erdfee lebt, die mit der Stimme des Brachvogels weint. Die Jahrhunderthexe heißt Brachvogel-Borbála. Pillinger packt den alten Moorbewohner am Arm.

»Woher weißt du das, Balina?«

»Das Wasser hat ihre Stimme bis hierher geplätschert.«

»Und was hat die Stimme geplätschert?«

»Sie hat immer nur von sich selbst gesungen.«

Der Schilfbewohner und der junge Mann, der sein Glied eingebüßt hat, brechen am nächsten Tag zur Brachvogel-Borbála auf. Tagelang wandern sie auf gewundenen Schilfpfaden und in Wasserläufen, doch immer entlang der Theiß, so daß sie ständig den süßen Duft des sich krümmenden Flusses in der Nase haben, auch wenn ihn das silbrige Band der Pappeln oder die Grauweiden verdecken. Der Moorbewohner hört den Fluß. Er hört auch das Moorwasser, hört darin seine Tiefe, und stapft furchtlos in jeden Schlamm und Sumpf. Das Schilf bricht entzwei, es knackt die Weidenrute unter seinen Stiefeln. Manchmal stutzt er und deutet auf eine glänzende Wasserfläche, groß wie ein Kindergesicht.

»Der Tod.«

In weitem Bogen umgeht er die Stelle. Sie rasten kaum, nur für kurze Stunden machen sie halt. Dann bereitet Balina ein notdürftiges Lager, schläft reglos, mit halboffenen, ins Weiße verdrehten Augen, als wäre er tot. Kurz darauf erwacht er, wartet nicht einen blitzstrahllangen Augenblick, läuft rasch weiter.

Immer schwerer wird die Stirn unseres Bruders. Mit weit aufgesperrtem Mund, hechelnd holt er Luft, indes er sich hinter Balina herschleppt. Gelegentlich bleibt er zurück, und die schmalen Schultern des Moorbewohners verschwinden endgültig im Weidendickicht und im Gestrüpp der sich in die Höhe schlingenden Beerensträucher. Pillinger ruft ein paarmal, dann steht er nur da, setzt sich schließlich auf einen Holzklotz und wartet schicksalsergeben. Plötzlich ist das lächelnde Gesicht Balinas ganz nah vor dem seinen. In seiner Faust zappelt ein meterlanger schwarzer Wels.

»Vielleicht hilft dir Welsfleisch«, sagt er, wieder glänzen seine Augen verdächtig. Der Fisch wird gebraten und mit Genuß verzehrt, dann macht sich Balina lange mit den Fischgräten zu schaffen. Am Morgen des vierten Tages erreichen sie einen schlängelnden Wasserlauf, der kaum aus dem Reich der hüfthohen, blühenden Wildblumen hervorglitzert. Sie befinden sich am Mittellauf der Theiß, eine ausgeplünderte und armselige Gegend. Balina streunt am Ufer des Bächleins, er sucht etwas. Seine Aufmerksamkeit gilt dem Wasser. Plötzlich wird sein Gesicht starr. Er beugt sich weit vor, seine herabfallenden Haare berühren fast den Wasserspiegel. Richtig. Das Wasser scheint hier sowohl abwärts als auch aufwärts zu fließen.

»Der Tinóka«, lacht der Moorbewohner.

»Trutuu!« schreit er.

»Truutuu!« schreit auch Franz Pillinger.

Da steht Brachvogel-Borbála auch schon vor ihnen, duftend und üppig, wie aus Frühlingserde geknetet. Im Haar Wildblumen, um den Hals einen Blumenkranz, auf ihren dicken Waden tummeln sich Bienen und Käfer. Balina lächelt und knurrt irgend etwas. Er tritt näher, befestigt das aus den Welsgräten geschnitzte Gehänge vorsichtig an Borbálas Ohren und flüstert ihr etwas zu.

»Er ist krank«, zeigt er dann auf Pillinger.

»Und du hast ihn nicht heilen können?« wundert sich Borbála, während ihr Ohrgehänge tanzt. Balina wird verdrießlich.

»Ich habe ihn nicht heilen können«, knurrt er.

Ernst mustert Borbála den jungen Mann, dann gibt sie ihm einen Wink.

»Weißt du«, sagt sie zu ihm, während sie ihn bei der Hand nimmt, »mich kann jeder besteigen, aber Freude hat er daran nur, wenn ich es will.«

Balina schüttelt den Kopf und beobachtet neidisch, wie die Hexe seinen Schützling an der Hand zu ihrer Hütte zieht, die der seinen ähnlich ist. Pillinger folgt ihr gehorsam. Er fühlt sich schwach. Auf einmal fällt ihm ein, wie krank er hier, in dieser Gegend, geworden ist, noch in seiner kriegerischen Zeit, als er zuviel Pilze gegessen hatte. Tagelang hatte er auf seinem Lager geschwitzt und nur gestöhnt, so daß ihn Hauptmann Jánossy schon hatte eingraben wollen, nur damit er nicht mehr leiden mußte. Damals hatte er die gleiche Schwäche gefühlt, eben damals, und daß es nicht die Pilze waren, die den Schmerz verursacht hatten, der seinen Körper mit Krämpfen schüttelte und seine Seele peinigte, auch daran zweifelt er nicht mehr. Weiter seinen Gedanken nachzuhängen, hat er keine Zeit. Er steht bereits in der Kaluppe. Halbdunkel, feiner Sumpfgeruch. Brachvogel-Borbála erhebt den Blick zu dem jungen Mann.

Sollten die Menschenforscher einmal den grundlegenden Unterschied zwischen Mann und Weib festhalten wollen, dürfen sie nicht mit den körperlichen und seelischen Verschiedenheiten beginnen, sondern mit dem Blick. Im Blick einer Frau offenbart sich alles Gute und alles Böse, und dem Mann bleibt nur festzustellen, daß ihm, mag er auch über mehr Fleisch und mehr Gedanken verfügen, das Wesentliche, das die Welt lenkt, vorenthalten bleibt.

Brachvogel-Borbála sieht den jungen Mann unverwandt an, der beginnt, ohne sich dessen bewußt zu sein, seine Lumpen von sich zu werfen. Einige Augenblicke nur, und er vereinigt sich bereits mit der Sumpfhexe. Er umarmt ihren Leib, nimmt die sich unter ihren Achseln schlängelnden Zöpfe in den Mund, trinkt aus ihrem Schoß, hebt ihre schweren Brüste.

»Erzähl von ihm«, flüstert auf einmal Brachvogel-Borbála.

»Ich verstehe nicht«, sagt Pillinger in die Dunkelheit.

»Was man verloren hat, davon muß man erzählen.«

Und Pillinger beginnt mit einem Mal zu erzählen. Anfangs spricht er langsam und überlegt. Er wählt sorgfältig seine Worte, korrigiert sich manchmal überängstlich, entschuldigt sich, um dann rasch etwas richtigzustellen, oder er nimmt einen Anlauf und verliert den Faden, dann besinnt er sich und schweigt, grübelt lange, um schließlich ohne Übergang mit einer anderen Geschichte zu beginnen, doch dann findet er unversehens zu dem verlorenen Erzählfaden zurück, bekommt neuen Schwung, doch ist es gar nicht das, was an dem Ganzen interessant ist, sondern daß Pillinger, während er erzählt, die Wärme von Brachvogel-Borbálas Körper spürt, das lebendige Fleisch, die Hitze des vom Begehren erfaßten Leibes, das Erzittern der wie schwere Früchte zu beiden Seiten herabfallenden Brüste, die Straffheit der aus dem schwarzen Hof aufragenden Warzen, die feurigen Glutstückchen ähneln, den wogenden Bauch, wie auf ihm das Fleisch in Wülsten zittert und erschauert, er spürt die Zöpfe und die Stelle, wo sich die gespreizten, mächtigen Schenkel berühren, wo sich ein blutendes Tier eingenistet zu haben scheint, ja dort, in dem Haargestrüpp, das sich bis zur Kuppe des Bauches hinaufkräuselt, Pillinger kann sehen, wie das Tier zappelt, strampelt, seine lange, blutrote Zunge herausstreckt, und schließlich blickt er in Borbálas Gesicht, in dieses zerfließende, erdige Gesicht. Er sieht, während er erzählt, die voneinander abstehenden Zähne, die Zunge, den gewölbten Rachen und die Mandeln. Und wie Pillinger so erzählt, brechen auch aus Borbálas Mund Laute, Seufzer, Röcheln und Schreie, Keuchen und Stöhnen hervor. Ihr ganzer Körper lebt und spricht, wie ein brausender Wald, ein reißendes Gewässer und ein krachender Himmel, es ist, als würde das Licht singen.

Und mit einem Mal ist es vorbei.

Er liegt im taunassen Gras und friert wie jemand, der lebt.

Über ihm verpraßt ein Morgen den Glanz des Lichts. Ein Greisengesicht schiebt sich vor die Sonne.

»Bist du geheilt, Junge?« erkundigt sich Balina.

Pillinger betastet sich.

»Nein, aber es war gut.«

»Wie kann es dann gut gewesen sein«, grinst der Sumpfbewohner.

»Ich weiß nicht. Es war eben gut.«

»Hat sie etwas gesagt?«

»Ich glaube, sie hat mir eine Kamillenblüte gegeben.«

Balina betrachtet die Kamille, beschnuppert sie.

»Selbst der Teufel kuriert sich an seinen schwächeren Tagen mit verdünntem Kamillensaft.«

Pillinger stützt sich auf seine Ellbogen und blinzelt um sich. Borbála sitzt vor ihrer Kaluppe und spielt zerstreut mit ihrem aus Welsgräten geschnitzten Ohrgehänge.

»Also wenn du nicht geheilt bist, gehe ich eben auch zu ihr hinein«, sinniert Balina und nähert sich brummelnd der Hexe.

Franz Pillinger sitzt einen ganzen Tag lang vor der Hütte, doch er hört nicht einen einzigen Seufzer. Pfui Teufel. Was geschieht denn dort drin? Erzählt auch Balina? Am nächsten Morgen steckt Balina sein bleiches, stark mitgenommenes und mit Kratzspuren übersätes Gesicht zur Tür heraus. Schwerfällig tritt der Sumpfbewohner aus der Hütte. Sein Körper ist mit Abschürfungen, Blutergüssen und Flecken bedeckt. Er schnupft kräftig. Dann spuckt er genüßlich aus. Räkelt sich ausgiebig, kleidet sich an. Er sagt nichts, bedeutet Pillinger nur mit dem Kopf, daß sie gehen können. Sie haben bekommen, was sie wollten. Falls nicht, werden sie es auch künftig nicht bekommen.

Flußabwärts kommen sie schneller voran, Balina hat ein Boot besorgt. Sie rudern an kleineren Erdfesten und türkischen Lehmwällen vorbei. Der Sumpfbewohner hat die Strecke schon einige Male zurückgelegt und kennt die Lage der türkischen Garnisonen, die den Fluß überwachen, genau. Als Pillinger seinen Blick über den leise glucksenden Fluß schweifen läßt, erinnert er sich plötzlich an Brachvogel-Borbálas Körper, der zu ihm gesprochen hat, und der Sinn der Worte wird ihm klar. Von einem Mädchen, das in Szeged wohnt, erzählen sie, ihr Gesicht ist bleich, tiefe Ringe liegen unter ihren Augen, sie hat ihre Unschuld verloren. Pillinger beginnt fieberhaft in seinen Lumpen herumzusuchen, bis er endlich die Kamille findet. Er betrachtet sie, besieht sie von allen Seiten. Scheinbar nichts Besonderes. Doch eine abgerissene Kamillenblüte verwelkt innerhalb von Minuten, diese aber ist immer noch so frisch, als würde sie den Tod nicht kennen.

Josef Bezdan hat noch nie in der Welt des Schilfs spioniert. Der hoffnungslose Kampf mit dem heimtückischen Sumpf und den Blutsaugern stellt seine Fähigkeiten auf eine harte Probe. Aber er ist nicht der beste Spion der Welt, damit er dann den Tod übersieht, der hinter einer zahmen Grasinsel lauert. Wenn ihm auch nicht mehr übermäßig viel daran liegt, ob er ein guter Spion ist oder nicht. Seit einigen Tagen hat sich das Jukken auf seinem Kopf verstärkt. Ganz entsetzlich juckt es ihn, an jener Stelle, wo sein Haar nicht nachgewachsen ist. Der Spion leidet und lächelt. Die Mücken einzeln verscheuchen, den unter seinen Sohlen lauernden Tod entdecken, giftige Schlangen zähmen und dabei einen Einheimischen beobachten, ohne daß er es merkt, ist nichts Besonderes. Aber dieses Haar! Das Haar Mohammeds! Immer näher fühlt sich Josef Bezdan dem großköpfigen, jungen Mann, der, er weiß ja auch das bereits, einen Schnitt an seiner Scham erlitten hat. Er spürt, daß ihre Schicksale miteinander verknüpft sind. Wie der Schatten, so folgt er ihnen entlang der Theiß, bis zum Ufer des Tinóka. Er beobachtet Balina und Franz Pillinger, belauscht sie aus dem Schilf, wenn sie haltmachen, rasten oder ihre Mahlzeiten verzehren. Das schöne Gesicht des Spions wird von Blutsaugern zerstochen, den Blutegel fegt er häufig von seinen Füßen. Nachdem sich Pillinger und Balina von Brachvogel-Borbála verabschiedet haben, wartet er einige Stunden, bevor dann auch er die aus Lehm und Weidenruten erbaute Kaluppe der Hexe betritt. Ein schwarzes Gesicht, ein gänzlich verklärter Blick starrt ihn an. Borbála liegt auf ihrem Lager und klaubt Käfer von ihrem Leib. Josef Bezdan hat das Gefühl, mit der sich öffnenden Erde selbst zu sprechen.

»Trutu!«

»Tutuu!«

Josef Bezdan lächelt unsicher.

»Du fragst, was ich von ihnen weiß?« lacht gurgelnd Borbála.

»Von den Tränengauklern?«

Die Hexe fummelt an einem Ohrgehänge, das aus Welsgräten geschnitzt ist. Plötzlich erhebt sie ihren Zeigefinger, blickt sich scheu um und winkt ihn zu sich heran. Sie flüstert.

»Meine Bräutigame. Meine Geliebten sind sie! Sie befruchten meine Träume, und ich gebäre ihnen Bastarde. Sie aber kommen wieder und verstreuen meine Kinder in der Welt. Sie sind meine ewigen Bräutigame, sie können tanzen, deklamieren, sie können schöne Dinge sagen, und auch die Macht der Zeit kann ihnen nichts anhaben. Sie essen wie der Wind. Sie trinken wie die Erde. Sie weinen wie die Wolken.«

Josef Bezdan nickt ergeben. In diesem Moment beginnt sein Kopf so entsetzlich zu jucken, daß er laut schreien muß. Die Welt schwankt vor seinen Augen. Er sieht noch Borbálas erdiges Gesicht, wie sich die Hexe erhebt und sich ihm zuneigt. Dann gerät er in den Mittelpunkt des eigenen Gebrülls, das Überschaubare dreht sich mit ihm, er hat das Gefühl, daß sein Kopf sich auftut und alles Wissen, alle Gedanken und Gefühle, die er bis jetzt in sich angesammelt hat, aus ihm herausströmen. Allmählich kommt er zu sich. Wieviel Zeit vergangen ist, ob es Abend ist oder Tag, Josef Bezdan weiß es nicht. Aber es kommt ihm so vor, als sei sein Kopf schwerer geworden. Er greift sich an die Stirn. Zögernd fährt er sich durchs Haar. Er beginnt die Haare zu zählen. Es sind ja alle vorhanden! Er zählt nochmals. Dasselbe Ergebnis!

Auf seinem Kopf ist das verlorene Haar Mohammeds gewachsen!

Wie es prophezeit ward!

Und Josef Bezdan, der beste Spion der Welt, dieser selten schöne Mann, ist nun dazu verdammt, seine Unschuld zu verlieren. Sonderbar, doch er, der so vieles wußte, hat noch keine Frau berührt. Der Spion, der so sehr vor der Lüge zitterte, daß er nicht mit Worten, nur mit seinem Blick sprach und zuließ, daß statt seiner andere sprachen, irrten, logen und den Lauf der Welt mißverstanden, er hat sich bisher auch der Berührung der Frau enthalten. Er dachte, zwischen dem Sprechen und der Frau bestünde im wesentlichen das Verhältnis der Identität, daß auch die Frau ein Teil jener erdkugelgroßen Lüge sei, durch welche das Leben ununterbrochen hervorgebracht werde, und weil das Leben auch an sich Lüge sei, müsse auch die Frau das Gefäß dieser Lüge sein. So gesehen hat Josef Bezdan nicht unrecht. Höchstens darüber lohnt es sich nachzugrübeln, um wieviel die Wahrheit wertvoller als die Lüge ist, wo doch das Wahre und das Falsche bei der Gestaltung des Lebens gemeinsam, sozusagen Schulter an Schulter tätig sind und ohneeinander kaum auskommen können. Auch der Weltspion grübelt gerade darüber nach. Er blinzelt geraume Zeit, um seine Augen endlich weit zu öffnen. Sein Kopf ruht im nach Erde riechenden Schoß der Brachvogel-Borbála. Zerstreut und genießerisch streichelt die Hexe das Gesicht des Weltspions, dreht Löckchen in seine Haarbüschel. Mit einer solchen Schönheit von einem Mann hat sie es noch nicht zu tun gehabt, dabei hat sie bereits vor fünfhundert Jahren die Gutsherren der Umgebung in ihre Lenden gebissen. Sogar einen tatarischen Liebhaber hat sie schon gehabt. Ihre schmutzigen, kralligen Finger tanzen aufgeregt vor Josef Bezdans Gesicht. Jetzt neigt sich Borbála ganz nahe zu ihm hin.

»Tutu, trutu!«

»Du bist schön«, flüstert sie.

»Und du bist feige«, singt sie noch, dann beginnt sie leise zu summen. Josef Bezdan schließt die Augen. Eine wohlige Müdigkeit übermannt ihn. Wie gut wäre es, immer nur so zu liegen. Für Hunderte von Jahren in diesem Zustand zu bleiben.

»Denn wer viel weiß, wird feige!« philosophiert Borbála singend. Josef Bezdan sieht sich genötigt, aufzublicken und seine Augenbrauen zusammenzuziehen. Er fegt Borbálas fummelnde Finger von seinem Gesicht und setzt sich ärgerlich auf. Er will sprechen. Borbála lächelt, wenn die Erde überhaupt lächeln kann, und legt Josef Bezdan ihren Zeigefinger auf den Mund.

»Pssst!«

Josef Bezdan fühlt, wie er noch nie gefühlt hat. In seinen Lenden regt sich etwas mit Macht.

»Du bist schön«, summt Borbála.

»Ich weiß, daß auch ich schön bin.« Sie rutscht unter den ungeschickten Körper des Mannes und beginnt sich in langsamen Wellen zu bewegen.

Als sie fertig sind, wendet sich die Hexe lächelnd dem verlegen hüstelnden Weltspion zu. Josef Bezdan hockt auf dem aus Gras und Heu bereiteten Lager und versucht zu begreifen, was geschehen ist. Nun ja. Selbst für einen Weltspion ist es nicht leicht, sich mit dem Gedanken anzufreunden, daß er seine Unschuld verloren hat. Josef Bezdan kann sich nicht darüber klarwerden, ob das nun gut ist oder nicht. Unbestreitbar war es ja gut, ein einfach wunderbares Gefühl war es, mit diesem Geschöpf herumzukugeln, ja, sie zu lieben war viel besser, als zum Beispiel zu töten oder zu spionieren und jemanden zu bespitzeln. Er zieht am Haar Mohammeds. Doch das Haar antwortet ihm nicht. Die Hexe beugt sich über ihn. Verzückt bestaunt sie die Folterspuren auf seinem Körper.

»Während wir uns liebten, hat uns jemand beobachtet«, lacht sie. Jeder Muskel in Josef Bezdans Körper spannt sich an. Er packt die Frau bei der Schulter und reißt sie zu sich.

»Du fragst, wer es war?« Borbála sieht ihm auf einmal sehr ernst in die Augen.

»Du fragst, wer dir nachschnüffelt, wer jeden deiner Schritte beobachtet, von jedem deiner Atemzüge und deiner Gedanken weiß?«

Josef Bezdan nickt wie von Sinnen.

»Du fragst, wer es ist, der dich nicht in Frieden läßt und dir früher oder später das Leben nehmen wird?«

»Du selbst«, sagt nach einigem Schweigen Borbála und streichelt den kalkweißen, zitternden Mann.

»Schluß damit«, befiehlt sie alsdann. Sie lacht auf, herzhaft, gurgelnd.

»Du stirbst mir noch an dieser Narrheit. Denn du müßtest doch selbst am besten wissen, daß, wer sich selber nachspioniert, am Ende daran zugrunde geht. Seine Worte sterben, seine Bewegungen, seine Gedanken, und nur seine Seele blinzelt, als würde sie leben. Tutuu!«

»Tutuu«, bedankt sich Josef Bezdan gellend.

»Tuutuu«, singt Borbála und umarmt ihn von neuem.

Einige Tage später sitzt Balina, der Schilfbewohner, allein auf der Lichtung vor seiner Lehmhütte. Mit ärgerlicher Miene schnitzt er an irgend etwas herum.

Da steht Josef Bezdan vor ihm. Wie der Tod, so ist der Weltspion jetzt. Aber Balina erschrickt nicht. Wenn er sich bisher vor nichts gefürchtet hat, warum sollte er jetzt damit anfangen?

Er räuspert sich, spuckt zur Seite, der Rotz fliegt dem Speichel hinterher. Er langt nach seiner Pfeife, tut einen Zug und hebt langsam den Kopf.

»Er ist fort«, knurrt er und sticht plötzlich mit seinem Messer ins Gras. Von der Klinge durchbohrt, windet sich eine selten große Ringelnatter im Todeskampf.

»Er ist fort«, wiederholt Balina. Den Kopf der Natter hat er bereits abgeschlagen. Er hebt ihn hoch, untersucht ihn, nickt. Ein feiner Schmuck wird das.

Auf dem Weg zurück in die Stadt spürt Pillinger das Kribbeln einer seltsamen Kraft in seinen Gliedern. Er hat sich von Balina gar nicht verabschiedet. Als wüßte er, daß sie einander noch begegnen und er Gelegenheit haben würde, ihm die Dankbarkeit zu erweisen, die er dem Schilfbewohner gegenüber empfindet. Es dämmert. In zornigem Rot trieft der Saum des Himmels, lilafarben brillieren die sich aufeinandertürmenden Wolken. Auch der Wind ist ermattet. Der junge Mann mit dem großen Kopf gleicht einem kranken Bettler. Betrunkene Burschen suchen mit ihm Streit, treten wiehernd nach ihm. Pillinger blickt sie unverwandt an, lächelt nur sanft, woraufhin die Burschen stutzig werden und ihn mißtrauisch anstieren. Einer von ihnen tritt näher, blinzelt Pillinger mit vom Palinka geäderten Augen ins Gesicht. Einen Moment später brüllt er auf. Die fröhliche und lautstarke Gesellschaft macht sich aus dem Staub, als wäre sie dem Teufel persönlich begegnet.

Pillinger aber hält unentwegt die Kamillenblüte in der Hand, betrachtet und beriecht sie. Die Nacht verbringt er im Graben, in leichtem, ruhigem Halbschlaf. Es ist, als gehöre sein Körper nicht mehr ihm, als wären die Schmerzen im Herzen, in den Knochen, in den Muskelfasern, in der Seele nicht mehr die seinen. Ein streunender Hund beschnuppert ihn erst ausgiebig, legt sich dann neben ihn und schläft ein. Pillinger sitzt nur da, den Rücken gegen die Böschung gelehnt, den Blick auf die Kamille geheftet, die ihm die Seele erhellt. Halbiert leuchtet der Mond vom Himmel. Mit dem ersten Hahnenschrei steht Pillinger auf. Er treibt sich auf den staubigen Straßen herum, sieht den Leuten unverwandt ins Gesicht, und es kümmert ihn nicht, daß sie erschrocken oder aus Widerwillen einen Bogen um ihn machen, daß sie ihn anschauen, als wäre er ein Schlafwandler, böser Geist oder Magier. Da kommt ihm das Mädchen auf einmal entgegen.

Endlich! Endlich!

Kamilla Arnóts Gesicht ist bleich, ihr Blick traurig wie meist. Als wäre ihr ein großes Unglück zugestoßen, das sie zwar nicht verheimlichen, über das sie aber auch nicht sprechen will. Pillinger steht mitten auf der staubigen Straße. Das Mädchen stutzt, furchtlos starrt sie den Fremden an, ihre Augenbrauen zucken, zwei Schritte, noch einer, schließlich steht sie dicht vor ihm. Dann fährt sie sich mit der Hand vor den Mund. Ein Schrei flattert zwischen ihren Lippen hervor.

»Ach, mein Gott, ach, mein Gott!« wiederholt sie immer wieder.

»Sie kennen sie, nicht wahr? Ihre Verwandten, nicht wahr?« fragt sie keuchend, seufzend. Pillinger lächelt und nickt. Das Geständnis tut ihm gut.

»Also kommen Sie!« sagt das Mädchen. Gehorsam folgt Pillinger der Kamillenduftwolke.

Argwöhnisch mustert Holzschnitzmeister Ignác Arnót den seltsamen Ankömmling. Verwahrlost, wie er ist, kann es sich auch um einen Wegelagerer, Mörder oder Banditen handeln. Er befragt ihn, woher er komme und wie er heiße, doch der Fremde gibt kaum etwas von sich. Höchstens ein Nein oder ein Ja bringt er zwischen den fest geschlossenen Lippen heraus. Um so mehr leuchten seine Augen aus dem großen, struppigen Kopf. Ein dümmlicher Blick, doch irgendwie nicht nur das. Frau Arnót spürt mit der Weisheit der alten Frauen, daß der Ankömmling, sollte er bisher auch gestohlen oder getötet haben, dergleichen nun nicht mehr tun wird. Mit so einem Blick kann man nicht mehr töten. Sie schneidet Brot, setzt ihm Speck und Zwiebel vor. Pillinger ißt schweigend. Unterdessen schielt er nach Kamilla, er vergißt zu kauen und muß lächeln. Das Mädchen schüttelt schamhaft den Kopf. Nach der Mahlzeit darf sich Pillinger im Hof am Brunnen waschen. Die Augen des Mannes blitzen. Ständig betrachtet er das Mädchen, versinkt in ihren Anblick, bis in seiner Seele eine blasse, ferne Erinnerung aufdämmert. Der Tag vergeht, wie es so seine Gewohnheit ist. Pillinger wird am Rande des Gartens in einem schuppenähnlichen Verschlag sich selbst überlassen. Ignác Arnót steht lange in der Tür des Verschlags und sieht den Fremden an, schließlich nickt er und geht.

Jetzt weiß er es.

Er weiß, wer dieser großköpfige junge Mann ist.

Er hat es herausbekommen, weil er von Zweifeln und geradezu schmerzhafter Unsicherheit geplagt wird, seit er diesen großen Kopf, dieses dümmliche Augenpaar in seinem Haus weiß. Vom ersten Augenblick an hat er gewußt, daß sie einander schon begegnet sind, daß er diesen Menschen schon mal irgendwo gesehen hat. Mit müder Zufriedenheit ruht Arnóts Blick auf seiner Tochter. Das Mondlicht strömt ins Zimmer, silbrig glänzen die Kanten der Gegenstände, in der Nacht, die auf dem Hof zerfließt, scheinen die Dinge fortschwimmen, davontreiben zu wollen. Laut knacken und krachen die Möbel, der Holzschnitzer weiß genau, was das bedeutet. Also ist die Zeit gekommen! Arnót zündet eine Lampe an, dabei wird er von einem Hustenanfall gepackt, er muß sich an der Tischkante festklammern. Der alte Mann hustet häufig in diesen Tagen. Dann hält er sich einen Lappen vor den Mund, in den spuckt er Blut.

»Eine Fee, mein Väterchen, eine Fee«, hebt Kamilla schließlich an und streichelt das zerfurchte, müde Gesicht des Holzschnitzers. Mit seinen großen, fleischigen Fingern befühlt er Späne auf der dunklen Tischplatte.

»An seinen Augen konnte ich sehen, daß er eine ist«, nickt Kamilla.

»Ich weiß, daß er es ist«, hustet der Alte.

»Er hat mich angeblickt wie nie jemand zuvor«, flüstert Kamilla.

»Er wird niemals mehr töten«, kommt die Stimme Frau Arnóts aus der Dunkelheit.

Ein Brachvogel klagt in der Nacht. Ganz in der Nähe schreit ein Kauz. Frau Arnót bekreuzigt sich. Arnót beginnt zu sprechen.

»Weißt du, Kamilla, der Kinderwunsch von deiner Mutter und mir blieb lange Jahre unerfüllt. Wie wendeten uns an Magier, baten mondgesichtige Menschen um Rat, steckten Zauberkräuter ins Bett und trieben allen möglichen Humbug. Vor sehr langer Zeit, wir lebten noch nicht hier, kam ein Wagen zu unserem Anwesen. Auf seine Plane war ein mächtiger Tränentropfen gemalt. Zu fünft reisten sie darin, fünf Schausteller. Mit ihren Tränen machten diese Leute ihre Kunststücke. Sie brachten die Nachricht, daß unser Warten ein Ende haben wird. Aber das ist es gar nicht, was ich sagen will. Diese Schausteller haben ihren Wagen bei mir reparieren lassen. Und deine Mutter, die schon so sehr auf den Kindersegen wartete, sah in das Innere ihres Wagens. Ein kleiner Junge lag dort zwischen bunten Lumpen. Er schlief. Ungefähr fünf Jahre mochte er sein, er hatte einen großen Kopf und struppiges Haar.«

Der Alte will weitersprechen, doch Kamilla schreit dazwischen.

»Ich habe es gewußt!« Sie schlägt die Hände zusammen. »Er gehört zu ihnen.«

Arnót wartet geduldig ab, daß sich das Mädchen beruhigt.

»Diese Gaukler brachten die Nachricht, daß wir dich bekommen werden. Mein Kind, wir müssen dir etwas sagen. Ich habe dich aufgezogen, aber dein Vater bin ich nicht. Und auch deine Mutter ist nicht deine leibliche Mutter. Dich ...«

Aber da unterbricht ihn das Mädchen, ihre Augen lächeln.

»Ich weiß, mein Väterchen, ich weiß es ja. Ich habe es geträumt.«

Arnót sagt nichts mehr. Dieses seltsame Gör hat ihn wieder einmal bezwungen. Aber nun ist sein Leben in Ordnung. Sonst gibt es keine Geheimnisse mehr, und was er bis jetzt nicht erfahren hat, wird er auch in Zukunft nicht mehr erfahren. Seine Finger zum Beispiel haben alles gewußt. Das Mädchen, das mit verzücktem Blick vor sich hin starrt, läßt er allein. Er stolpert hinaus unter den Sternenhimmel, hört den Lauten der Nacht zu, der von weit her brausenden Musik des Wolkenhimmels. Im Laub der Bäume regt sich der Wind. Alles ist in die Ferne gerückt. Wo er bis jetzt gewohnt hat, dieses Städtchen, die Straßen und der Fluß, das Anwesen, das ihm gehört. Das war sein

Zuhause? Es ist, als würden ihm die Dinge allesamt ihren Gruß entbieten, die Bäume und Werkzeuge, die seinen leichten Fingern doch immer schon gehorcht haben. Was ist, ist nicht mehr schlecht, doch auch nicht gut. Egal. Schließlich geht Arnót ins Haus und legt sich nieder.

»Danke, mein Gott, daß ich gelebt habe«, flüstert er schwer atmend.

Er betastet seine Brust.

Der Tod hat bereits seine mächtige, leichte Stirn auf sein Herz gesenkt.

Kamilla aber wartet ungeduldig, daß sich ihr Vater zur Ruhe begibt. Als sie hört, wie er das Haus betritt, nimmt sie ein Tuch, breitet es über ihre Schultern und huscht in den Garten, zu dem Verschlag. Sie lauscht, doch drinnen ist alles still. Nicht einmal Atemzüge sind zu vernehmen. Ach, sollte der Raum leer sein? Der Fremde fort?! Kamilla erbebt. Ach, das kann nicht sein! Ganz in der Nähe schluchzt ein Brachvogel auf. Vorsichtig öffnet das Mädchen die Tür des Verschlags, die mit einem leisen Knarren aufgeht. Der Mann ist nicht fort. Dort sitzt er in der Mitte des Raumes, die Beine untergeschlagen, die Arme verschränkt, und lächelt. Seine Augen leuchten eigenartig. Kamilla Arnót seufzt, schüttelt den Kopf und beugt sich so nahe zu ihm, daß sich beinahe ihre Wimpern berühren.

»Ich weiß, daß du bei ihr gewesen bist, ich habe es geträumt.«

Wieder weint ein Brachvogel in der Nähe.

»Tuutuu!«

»Ich bin bei ihr gewesen«, nickt Pillinger.

»Ich weiß, daß sie es war, die mich geboren hat«, flüstert Kamilla. Abermals hören sie den Vogel draußen in der Nacht, die immer mächtiger ist als der Tag. Pillinger nickt.

»Ein Brachvogel. Meistens klagt sie bei Sonnenuntergang, und wenn ihr zu vieles in den Sinn kommt, dann schreit sie die ganze Nacht hindurch. Eine wunderschöne Frau. Wie die lehmige Frühlingserde, so schön. Borbála heißt sie.«

»Und weißt du auch, wer meine Väter sind?« Die Augen des Mädchens glühen.

»Ich weiß es. Die Gaukler. Mein ganzes Leben lang habe ich sie vor mir hergetrieben.« Sein Kopf fällt zur Seite.

»Ich treibe sie nicht mehr vor mir her.«

Kamilla rückt zu ihm, erst hält sie sich an seinen Schultern fest, dann schläft sie ein, ihre dünnen Arme umfassen seinen Körper, ihre Atemzüge und ihr Herzschlag gleichen sich seinen Atemzügen und seinem Herzschlag an, und wenn ein geheimnisvolles Zucken seinen Körper durchläuft, zuckt auch sie.

Am Morgen erwacht sie von einer üblen, verdorbenen Stille. Zu dieser Zeit ist ihr Vater gewöhnlich schon auf, geht auf dem Hof hin und her, mißt Hölzer und wählt sie aus oder bohrt und schnitzt an etwas herum, nagelt und raspelt. Ihre Mutter wiederum füttert die Tiere, dann macht sie sich mit dem Unkraut zu schaffen. Doch im Haus herrscht unheimliche Stille. Kamilla läuft mit bloßen Schultern hinein. Aus der Tür des Verschlags sieht Pillinger ihr nach, in seiner Hand hängt ihr Tuch, gleich einem dunklen, abgerissenen Flügel. Kaum ist Kamilla ins Haus getreten, läuft sie auch schon wieder heraus, Entsetzen in den Augen. Die Alten liegen im Sterben.

Sie läuft auf die morgendliche Straße hinaus.

»Mein Vater stirbt!«

»Meine Mutter stirbt!«

In eine leere, teilnahmslose Welt scheint sie es hinauszuschreien.

Doch nein, so ist es nicht. Das Rufen dringt bis zum Franziskanerkloster und schlägt Bruder Felix Potári ans Ohr. Er sitzt auf einer der Bänke des Dormitoriums. Die anderen haben gar nicht mehr versucht, ihn zum Morgengebet wach zu rütteln, sie haben sich damit abgefunden, daß der Bruder nicht mehr zu retten ist, ein Raub des Alkohols, außerstande, die einfachsten Regeln des Klosterlebens einzuhalten. Der Ordensmann blinzelt verkatert. Felix Potári hört Kamilla gut. Deutlich hört er die verzweifelten Rufe des Mädchens, nur kann er sich vorläufig nicht bewegen. Aufstehen müßte man. Der Klosterbruder stützt sich auf und versucht sich von der Bank zu erheben. Der erste Versuch mißlingt, der zweite ebenfalls. Als er endlich steht, gerät er ins Wanken. Er lehnt sich gegen die Wand und keucht wie einer, der viel gelaufen ist. Schließlich macht er sich mit dem raschen, schwankenden Gang des Betrunkenen auf den Weg zum Haus des Holzschnitzers Ignác Arnót.

Der Mönch kommt gerade noch rechtzeitig. Er wirft einen flüchtigen Blick auf Pillinger, der im Hof herumsteht, es ist ungewiß, ob er ihn erkannt hat. Der Franziskaner erteilt noch die Letzte Ölung, dann sackt er auf die Bank im Hof. Langsam hebt er den Kopf, ein Schleier liegt vor seinen Augen, seine Hand zittert. Doch als sein Blick auf Kamilla fällt, lächelt er, wie Männer nur mit jenem gewissen Gefühl im Herzen lächeln können, seien sie Könige, Henker oder versoffene Mönche.

Kamilla steht auf dem Hof, sie wehklagt nicht.

Wie jemand, der erfroren ist.

Manchmal knarrt ein Tor, oder ein Tier brüllt, doch wenn jemand zufällig vorbeikommt, kehrt er lieber um und geht auf einem Umweg nach Hause. Es bleibt nichts zu tun, das Ehepaar Arnót ist tot, Hand in Hand und fast im gleichen Moment haben ihre Seelen den Körper verlassen. Geistesabwesend hebt Pillinger hinten im Garten die Gräber aus. Gesichter huschen am Zaun vorbei. Ein forschender Blick streicht über den unkrautbewachsenen, vernachlässigten Garten des Holzschnitzers.

Josef Bezdan hat es gewußt. Dieselben Menschen, die bis dahin immer gekommen sind, um Kamillas außergewöhnliche Eigenschaften anzustaunen, die sie in unzähligen Angelegenheiten um Hilfe gebeten oder sich auch nur an dem ihrem Körper entströmenden Kamillenduft erfreut haben, werden mit einem Mal zu Feinden. Mit dem Tod ihrer Eltern ist die Welt aus den Fugen geraten. Wem kann man vorwerfen, daß er das Leben und den Lauf der Dinge, die sich von Tag zu Tag weiterspinnenden, aus einander hervorgehenden Geschehnisse verstehen will? Wenn man zu lange zum Unverständnis verdammt ist, zu lange mit dem nüchternen Verstand nicht zu begreifende Dinge als Teil seines Alltagslebens hinnehmen muß, ja dann wird aus schwärmerischer Demut irgendwann Bitterkeit, Wut und leidenschaftlicher Haß.

Ein schwerer Stein fliegt in den Hof. Vor Kamillas Füßen prallt er auf die Erde. Weitere folgen, einige kommen von der gegenüberliegenden Straßenseite, andere aus den Nachbargärten. Jemand tritt den Zaun ein. Wie Knochen, so krachen die Bretter. Ein größerer Junge rennt in den Hof, packt Kamilla beim Haar und schlägt sie. Die Nachbarin wirft eine verreckte

Katze am Schwanz über den Zaun. Anstelle der Steine ergießt sich nun eine Flut von Verwünschungen und Geschrei über Kamilla. Es geschieht, was Josef Bezdan vorhergesehen hat. Flammen lodern auf der Straße auf. Und als der erste Feuerbrand in die Höhe steigt, geschieht ein Wunder. Wer hätte dem sanften, stillen Kuttenträger, diesem trüb und schüchtern dreinblickenden, regelmäßig angetrunkenen Priester zugetraut, daß er brüllen würde wie ein Stier?

Gleichwohl fängt Felix Potári angesichts der aufsteigenden Feuerzunge zu brüllen an. Eine unwahrscheinlich lang ausgehaltene, an einen rumänischen Bergdudelsack erinnernde Tonfolge gurgelt aus seiner Kehle hervor. Dann hickst er. Der Ruf scheucht die lärmenden Menschen auseinander wie ein Stein die Hühner. Verlegen treten die Burschen das Feuer aus. Der Mönch steht im Hof, dreht wie von Sinnen seinen Kopf hin und her, schluckst. Es ist wieder still. Das Mädchen kniet auf dem Hof, ihre Stirn blutet, der eine Arm hängt leblos am Körper. Pillinger steht neben ihr, die Augen spaltbreit geöffnet. Der Ordensbruder tritt hinzu, hilft dem Mädchen auf und zieht es an sich. Seine Finger wühlen in ihrem zerzausten Haar. Ratlosigkeit überkommt ihn. Die Leute draußen auf der Straße haben sich noch nicht davongemacht. Plötzlich spricht Pillinger einen Namen aus.

»Balina. Ihn mußt du finden!«

»Balina, der im Schilf wohnt.«

Der Mönch kennt Balina, der Moorbewohner kommt im Frühling oft ins Kloster und tauscht Fische gegen Obst und Gemüse. Der Ordensmann zieht das Mädchen mit sich fort. So wie er zwischen den nun endgültig verstummten, mit langen Gesichtern dastehenden Dorfbewohnern hindurchschreitet, wagt niemand, ihm den Weg zu vertreten. Bei jedem zweiten Schritt hickst er.

Kaum eine Stunde später läßt Balina vor Überraschung die Schlangenhaut fallen. Ein Mönch und ein Mädchen torkeln durchs Schilf. Was für ein Betrieb in den letzten Tagen in seinem Reich herrscht! Spione und Wundermenschen kreuzen auf, aber daß es auch einen Mönch hierher verschlägt, das geht doch etwas zu weit! Zugegeben, der Ordensbruder scheint ziemlich betrunken zu sein, das muß man ihm zugute halten. Das Mädchen aber, die Tochter von Meister Arnót, bewegt sich so seltsam einseitig. Richtig, ihr Arm ist gebrochen.

Balina bindet den verletzten Arm an eine Holzschiene, schielt dabei aber immerzu nach dem Ordensmann. Der sitzt mit ausdruckslosem Gesicht vor Balinas Kaluppe. Felix Potári wird langsam nüchtern. Doch so richtig ins Staunen gerät der vielerfahrene Schilfbewohner, als er in der Nacht vom Summen der schlafenden Kamilla erwacht und selbst die Blutsauger von diesem Lied zahm werden. Seinen Kopf in ihrem Schoß haltend, beruhigt das Mädchen den Klosterbruder. Als würde es ihr gar nicht weh tun, streichelt sie mit der Hand ihres zwischen Zweigen eingeklemmten Armes die schweißperlende Stirn des keuchenden, heftig schlucksenden Mannes.

Das Duell trägt sich vor dem Hause Arnóts zu. Vielleicht ist es gar kein Duell, sondern einfach Mord. Eine Hinrichtung. Das Auftauchen des vornehmen Türken bringt die Menschen, die gerade auf den im Hof zurückgebliebenen Pillinger losgehen wollen, endgültig durcheinander. Es ist nicht zu glauben, daß Achmed, der vom Kopfschmerz geplagte, ewig verbiesterte Pascha von Szeged, den so viele in der Gegend wegen seiner grausamen Launen hassen und fürchten, ohne Begleitung hierherkommt. Auch wenn in seiner Hand ein Krummschwert blitzt. Dennoch ist es so, der ungarische Bauer, auf dessen Rücken das Schwert zuerst niederklatscht, könnte es bezeugen. Was so weh tut, kann keine Einbildung sein!

Als der Muezzin kurz vor Tagesanbruch erwacht, steht Pascha Achmed neben ihm. Der Morgen graut noch nicht, aus dem gewaltigen, schwarzen Himmelsrücken blinken die Sternennägel hervor.

»Stimmt etwas nicht, Herr?« fragt er.

»Mein Kopf tut nicht mehr weh«, sagt der Pascha leise.

»Allah ist gnädig, Herr«, sagt der Muezzin unsicher. Gleich ist der Morgen da, und der Pascha hält ihn auf. Was er wohl will? Im nächsten Moment packt Achmed ihn bei der Kehle.

Der Muezzin wagt sich nicht zu rühren. So stark ist der Druck, daß er das Gefühl hat zu ersticken. Vor seinen Augen drehen sich feurige Ringe, der Nachthimmel scheint näher zu kommen. Es herrscht Stille, schwere, hoffnungslose Stille. Blinzelnd sieht er den gestirnten Himmel, den Mond und die Wolken mit ihren bemalten Bäuchen. Der Schatten des Todes senkt sich vor sein Gesicht. Vor Sonnenaufgang kann der Muezzin von Szeged die Gedanken der Menschen noch erraten, nach der Ankunft des Lichts ist er selbst bei den einfachsten Entscheidungen so unsicher wie jeder andere Sterbliche auch. Nun aber weiß er nicht, was der andere will. Nur den keuchenden Atem des Pascha hört er. Der Druck läßt nicht nach. Und auf einmal spürt der Muezzin, daß der Moment gekommen ist. Noch ein paar Augenblicke, und es tagt.

»Allah ist groß!« ruft er viermal, indessen Achmed die Hände an seiner Kehle hat.

Nach dem Ruf zum Gebet steigt Achmed den Turm hinab und nimmt am gemeinsamen Beten teil wie der einfachste Soldat. Neben ihm liegt ein junger Spion auf den Knien. Nach den letzten Silben berührt er wie zufällig den Saum von Achmeds Umhang.

»Er ist zurückgekommen«, flüstert er, ohne den Pascha auch nur anzusehen.

Auf dem Gesicht macht das Lächeln einen seltsamen Eindruck.

»Er erwartet dich«, sagt er. Jetzt sieht Achmed, daß der Junge stirbt. Lächelnd ringt er mit dem Tod, sein junges Gesicht ist in tödliches, glückliches Staunen getaucht. Sie gelangen hinaus vor die Moschee. In diesem Moment wird Achmed klar, daß sein Spion nicht seine eigenen Worte gebraucht, sondern die Worte desjenigen, dem er nachspioniert hat, und daß sie, sobald sie ausgesprochen waren, Gift unter seine Zunge geträufelt haben. Der schöne und stumme Spion soll seine Worte ausgeliehen haben? Es bleibt keine Zeit zum Nachdenken. Der Junge taumelt in den Staub, zuckt ein paarmal, dann starrt er Achmed mit steifem Genick ins Gesicht. Aus seinem Mund sickert Schaum, auf seinen Wimpern wiegt sich der Tod. Der Pascha versetzt dem Mufti und dem Kadi einen Stoß. Er rennt in Richtung des Stadtteils, der Untere Stadt genannt wird. Nach Sekunden der Erstarrung folgen ihm einige Soldaten, laufen ihm rufend hinterdrein. Achmed hält ein, befiehlt die Janitscharen brüllend, mit ausholenden Bewegungen zurück.

Josef Bezdan steht tatsächlich vor Arnóts Haus, mitten auf der Straße. Die Menschen sind in vollkommene Verwirrung geraten. Im Hof des Holzschnitzers der großköpfige, absonderlich dreinblickende Fremde, auf der Straße hingegen der schöne Mann, dessen Blick nicht weniger seltsam ist. An der Ecke taucht der Pascha auf, im Vorbeilaufen schlägt er auf Zaunlatten und sich an ihren Stock klammernde Ungarn ein. Einige gehen in die Knie. Es wird still. Atemlos bleibt der Pascha vor dem Weltspion stehen.

»Ich weiß, daß sie dich liebt. Ich weiß, daß du sie weggebracht hast, um mich zu bestrafen. Du hast mich beleidigt, stummer Mensch, deswegen töte ich dich.«

Josef Bezdan lacht. Als würde er gar nicht leben, so ist sein Lachen. Als würde er den anderen aus dem Tod heraus anlachen. Einige Leute aus der Unteren Stadt ertragen es nicht. Sie schlagen die Hände vors Gesicht. Josef Bezdan wirft seine Lumpen von sich, Achmed soll wissen, was nun geschehen wird und warum das und nichts anderes geschehen wird. Allah ist gerecht. Wie ein verirrtes Kamel in der Wüste. Allah ist groß und gerecht. Achmed sieht die Folterspuren auf Josef Bezdans wunderschönem Körper. Wie Schmuckstücke an den Muskeln muten sie an.

»Du sagst, du wirst mich foltern«, schreit Achmed.

Josef Bezdan nickt geistesabwesend.

»Du wirst mich also foltern«, lächelt der Pascha verächtlich.

»Du zahlst deine Schuld.«

»Im Namen Allahs, des Gütigen und Barmherzigen!« ruft Achmed aus, um im nächsten Moment vorzuschnellen. Doch mitten in der Bewegung erstarrt er. Etwas kracht, etwas knackt, als hätten alle seine Knochen gleichzeitig aufgeschrien. Ein Schmerz tobt hinter seiner Stirn, wie er noch nie einen gefühlt.

Sein Kopfschmerz ist zurückgekehrt!

Der Spion hat seinen Schmerz gestohlen, ihn verstärkt, vervielfältigt, und nun hat er ihn mit seinem Blick zurückgegeben!

»Allah, hilf!« ächzt der Pascha.

Nein, einen so entsetzlichen Schmerz kann es nicht geben. Der Pascha sinkt auf die Knie. Doch er fällt nicht. Er verharrt so, kniend im Staub. Er brüllt nicht einmal. Auf seinem Gesicht und am Hals treten die Adern hervor. Und in dem Moment, als Josef Bezdan Mitleid bekommt und der Qual ein Ende bereiten will, hält es der Pascha nicht länger aus. Kaum mehr als ein Aufblitzen ist es. In seinem Schmerz erstarrt er zu einem Fels. Da haben sich die Leute aus der Unteren Stadt schon alle aus dem Staub gemacht. Einige haben sogar die Fenster ihrer Häuser zugenagelt und den Eingang ihrer Anwesen verrammelt. Achmed wird zu einem Fels an dem Tag, als der Holzschnitzer Ignác Arnót und seine Frau sterben. Achmed wird zu einem Fels an dem Tag, als Franz Pillinger zu Josef Bezdan tritt, damit sie von nun an ihren Weg gemeinsam fortsetzen. Achmed wird zu einem Fels an dem Tag, als mitten im Szegeder Moor ein versoffener, doch in der Seele nüchterner Mönch ein kamillenduftendes Mädchen zu sich dreht, staunenden, trunkenen Blicks ihren Körper befühlt und ihren Hals, ihre Brüste und ihren Schoß berührt.

Der Felsen bleibt jahrelang auf der Straße liegen, bis ihn eines Nachts der Blitz trifft und in kleine Stücke bricht. Achmeds Staub fällt auf die Erde, auf der er lebte und auf der er starb und die ihm so große Schmerzen bereitet hat. Und wenn sich uns in Szegeds Straßen ein seltsamer, grundloser Schmerz auf die Seele legt, wundern wir uns nicht. Durch das Staubkorn, das der Wind soeben in unser Auge gehaucht hat, spüren wir Achmeds Schmerz, den Schmerz des hoffnungslos Verliebten.

In Gedanken versunken kleidet sich Josef Bezdan wieder an. Hinter ihm steht Pillinger. Er tritt vor und berührt Josef Bezdan an der Schulter. Der ehemalige Spion nickt. Sie sprechen nichts, nicht einmal soviel wie das Gras. Warum sollten sie auch? Josef Bezdan weiß es, Pillinger weiß es. Sie gehören nun zusammen. Und sie gehen gemeinsam, wandern gemeinsam, solange es auf der Welt Wege gibt.

Das erste Mal fällt es Pillinger in der Nähe eines Dörfchens namens Cegléd auf. Der Wind verstreut Sand und pfeift dazu. Die Häuser stehen auf der sandigen, salzigen Erde, als seien sie zur Strafe dort. Zu zweit wandern die beiden, Franz Pillinger und Josef Bezdan. Unser großköpfiger, versonnen blickender Bruder hat bemerkt, daß sein Gang nicht mehr so ist wie bisher. Wie also dann? Auf keinen Fall so, wie eine Frauensperson die Füße voreinandersetzt, sie geht naturgemäß geradliniger als ein Mann. In seinem Gang gibt es mehr Kurven und eckige Schlenker, was offensichtlich an den Hoden liegt, die, an den Innenseiten der Schenkel reibend, ständig die Bewegungsrichtung korrigieren. Die Hoden weisen die richtige Richtung. Der Mann wendet sich leichter und freier nach Osten und Westen als die Frau. Auch diese Fähigkeit ist auf die Hoden zurückzuführen. Denn im Grunde sind die Hoden der versteckt lenkende Ballast, die verborgene Schwerkraft des Lebens. Nachdem er geschnitten worden war, wollte der Kuruzenkrieger Franz Pillinger weiterhin so gehen, wie er es gewohnt war, als Mann.

Dennoch ging er ganz und gar nicht wie ein Mann und auch nicht wie eine Frau.

Er war weder das eine noch das andere, wenn auch seine Augen noch sahen, seine Hände noch fühlten, der Schnurrbart, die Borsten am Kinn weiterhin wuchsen, in seinem Herzen das Leben sich mehrte. Die Welt war seltsam geworden, aber trotzdem nicht unvollständig. Pillinger ging. Einen Fuß vor den anderen setzend. Der Himmel über ihm, die Erde unter ihm. Aber es kam ihm gar nicht mehr in den Sinn, zu sagen, schert euch fort, schert euch fort.

Ab und zu bleibt Josef Bezdan stehen und zwingt Pillinger, auch ihm Aufmerksamkeit zu schenken. Der einstmalige Weltspion braucht nicht lange in seinem dichten Haar zu wühlen, dessen Locken ihm nun wieder auf die Schultern fallen. Als er das gesuchte Haar findet, zieht er es vorsichtig zwischen den übrigen heraus und erhebt sich äußerst langsam, fast unmerklich von der Erde in die Höhe.

Ein Wunder, wie auch immer!

Ein Kunststück, daß die Erde erbleicht!

Da schwebt der einstmalige Weltspion vor Franz Pillinger, er gibt eine Vorstellung. Der ehemalige Kuruze nickt anerkennend, fingert an seinem dicken Kopf herum, und als ihn nach einer Viertelstunde das Schweben des selbstzufriedenen Josef Bezdan zu langweilen beginnt, haucht er ihn einfach an.

Sogleich ist der Zauber dahin.

Der einstmalige Weltspion fällt mit einem gewaltigen Purzelbaum auf die Erde. Er betastet seinen Scheitel und bricht in Gelächter aus, als hätte er sich nicht gerade das Haar Mohammeds angeschlagen. Und würde jemand verwundert fragen, was denn das schon bedeute, sich ein Haar anzuschlagen, dann können wir nur antworten, daß Allah den Unglücklichen davor bewahren möge, auch nur den Bruchteil des Schmerzes fühlen zu müssen, den Josef Bezdan fühlte, als er sich das Haar Mohammeds anschlug.

Die Zeitverantwortlichen schreiben das fragwürdige Jahr 1683. Es ist Frühling, doch wozu bloß. Unweit von Belgrad nehmen von Stutenmilch trunkene Tataren den umherirrenden Velemir Pep gefangen. Sie werfen ein Netz über ihn und lachen lauthals, denn sie glauben, ein serbisches Waisenkind erwischt zu haben. Ihre Bestürzung ist groß, als sie das strampelnde Geschöpf nach der Rückkehr zu ihrem Lagerplatz ausgewickelt haben. Der Zwerg hat teuflisches Glück. Er ist so häßlich, daß selbst der mörderischste Tatar die Lust verliert, sein Blut zu vergießen. Sie bieten ihn unverzüglich zum Verkauf an. Die auf Schnelligkeit und Beweglichkeit angewiesenen Tataren pflegen sich überflüssigen Besitzes unverzüglich zu entledigen. Ihre Gefangenen werden sogleich niedergemetzelt, im günstigeren Fall an die Türken verkauft. Mit Velemir Pep machen sie ein gutes Geschäft. Für tausend Piaster wechselt er den Besitzer, obgleich sie damit gerechnet hatten, ihn nicht anzubringen und den Erbärmlichen doch noch töten zu müssen. Velemir Pep fühlt sich gedemütigt, denn für einen halbwegs vornehmen Gefangenen kann man zu dieser Zeit auf dem Sklavenmarkt zehntausend Piaster lukrieren. Für tausend Piaster bekommt man einen Hund und ein mürrisches Achselzukken. Vergeblich beharrt er darauf, noch vor wenigen Tagen als der außergewöhnlichste Galazwerg im Gefolge des Sultans geritten zu sein. Die Tataren glauben ihm nicht. Immerhin bemerkt Velemir Pep, daß ihm diese schlitzäugige, reisfressende Bande sein Gekrähe nicht übelnimmt. Sie fahren nicht zusammen, wenn er das Wort ergreift, sie zucken nicht gequält, wenn er sie etwas fragt. Höchstens antworten sie nicht. Oder hauen ihm auf den Mund. Eine weit zurückliegende Reise rettet ihn, jene Reise nach Paris, wo er gerade eben zweihundert französische Worte gelernt hat, daraus kann er einige Sätze bilden.

Die von den Tataren feilgebotenen Gefangenen werden in einen mächtigen Pferch getrieben. Dieser Pferch ist einer der belebtesten Orte des Belgrader Menschenmarktes, von hier aus kann man die Minarette der Stadt und die Burg sehen. Ringsum erstreckt sich das Land des Tasmajdan, ein ausgeraubter und abgelebter Landstrich, in dem raschelnde Halme pausenlos Konzerte geben. Im Winter ziehen Wolfsrudel durch die Gegend. An der Seite des Pferchs befindet sich das Stambultor, von dort führt eine wunderschöne, tödliche Straße geradewegs bis zum Bosporus. Zu dieser Zeit trägt Belgrad noch immer den Namen Dar-ul-Dschihad, was soviel besagt wie Schwelle des Heiligen Krieges, allein, die Stadt ist schon lange keine Schwelle mehr, eher ein strahlender Diamant an der westlichen Stirn des Reiches. In dem Pferch sind deutsche Dragoner, verkleidete Reisende, ungarische, rumänische und serbische Bauersleute, nicht einmal mehr zum Sklaven taugende Greise und ein paar schmächtige, wimmernde Kinder zusammengedrängt. Velemir Pep verkriecht sich in eine Ecke, scharrt trockenes Gras unter sich zusammen, rollt sich ein und versucht zu schlafen. Im Schlaf schreit der Zwerg auf französisch.

»Der Mensch ist ein Schilfrohr!«

Velemir Peps Herr wird ein führender Belgrader Händler namens Jusuf, er ist der Verrückte, der für den Zwerg tausend Piaster zum Fenster hinauswirft. Mitnichten, Jusuf ist nicht verrückt. Ein äußerst mächtiger Mann ist er, der in ungarischen Sandschaks und Wilajets regen Handel treibt. Auch in Ragusa und Venedig besitzt er Freunde, noch lebende oder bereits ermordete Geschäftspartner. Landauf, landab arbeiten Armenier und Juden für ihn. Mitunter kauft und verkauft er Nachrichten, und die größten Gewinne hat er vor Jahren gemacht, als er die Träume eines bulgarischen Traummachers in Europa zu verkaufen und zu fälschen begann. Neuerdings beliefert er die Armee. Jusuf ist ein Mann von mächtiger Statur, dick und rotwangig, und im Grunde weiß er selbst nicht, warum er die Franzosen mag. Der Händler ist verrückt nach dem Geschmack des Kaffees, und wenn er über die Maßen glücklich ist, läßt er zumeist einige seiner Sklaven hinrichten. Man weiß nie im voraus, wer der Unglückliche sein wird. Mal läßt er den unterwürfigsten Diener rädern, mal verzeiht er selbst dem, der bei der Flucht ertappt wird, obwohl bei den Türken die Flucht ein todeswürdiges Verbrechen ist – In-den-Sack-Nähen, Kreuzigung, Feuertod steht darauf. Mit dem Kommandanten des Belgrader Burggefängnisses unterhält Jusuf blühende Beziehungen, in unversehens aufwallendem Zorn läßt er einige seiner Diener in das berüchtigte Brunnenverlies schaffen, wohin sich niemals ein Sonnenstrahl verirrt, denn die Verurteilten werden an einem Seil hinuntergelassen.

Jusuf wird also gemeldet, daß sich unter den Gefangenen ein kleiner Junge befinde, der mit Sicherheit kein Franzose ist, aber so tut, als wäre er einer. Am frühen Morgen des folgenden Tages steht Velemir Pep vor dem Händler. Enttäuscht beäugt Jusuf die verschrumpelte Gestalt. Das ist ja ein uralter Tattergreis! Überdies so häßlich, Allah steh mir bei, wie ein Dschinn, der in eine Jauchegrube gefallen ist und es dann jahrzehntelang nicht schaffte, herauszugelangen!

»Wie heißt du?« fragt er schließlich mißgelaunt.

»Velemir Pep, Efendi!« brüllt Velemir Pep. Der feiste Händler erhebt sich bleich von seinen weichen Kissen. Entgeistert starrt er den Zwerg an. Er reibt sich das Gesicht. Schließlich findet er die Sprache wieder.

»Hör mal her«, röchelt er mit krebsroter Miene, »wenn du noch einmal in meiner Gegenwart sprichst, zieh ich dir die Haut ab, werfe dein Fleisch in die Zisterne und lasse dich mit heißer Kamelscheiße ausstopfen! Sprechen ist verboten! Beten verboten! Wenn ich dich ansehe, ist auch atmen verboten! Verschwinde!«

Velemir Pep bekommt dennoch eine wichtige Aufgabe. Er muß Kaffee kochen. Keine einfache Kunst, doch wird er so lange geprügelt, bis er sie erlernt hat. Das heißt, er wurde nur einmal verkamisolt, denn Velemir Pep ist ungeheuer begabt, wenn es um sein Leben geht. Zuerst mahlt er die Bohnen. Dann begießt er drei Lot Kaffeepulver mit vier Pfund Wasser, macht das Ganze auf dem Feuer heiß, läßt es zwei- oder dreimal aufbrodeln, gibt Zucker hinzu, träufelt allenfalls noch Honig hinein, und fertig ist das wunderbare Getränk. Einmal und nie wieder kostet Velemir Pep davon. Nach dem ersten Schluck verdreht er die Augen und hat das Gefühl, gleich werde sein Buckel abreißen. Danach kotzt er stundenlang.

Jahre vergehen so. Einerlei, was für ein Tag vergangen ist, einerlei, welcher folgen wird. Manchmal blitzt zwar der Freiheit trügerische Hoffnung auf, doch um so bitterer dann die Ernüchterung. Jusuf läßt Velemir Pep nicht fort, denn der Zwerg kocht die bittere Brühe so gut wie kein Diener bisher. Absichtlich verderben kann er sie nicht mehr, denn die Türken wissen bereits, wozu er fähig ist. Sollte er dennoch den Mut aufbringen, schlechten Kaffee zu machen, würden sie ihm das Herz aus seinem Buckel heraussäbeln. Velemir Pep kocht den Kaffee voll Hingabe, und weil er unglücklich ist, sind sie äußerst zufrieden mit ihm. Wenn dann die stille Nacht anbricht, murmelt er im Halbschlaf auf seinem kleinen Lager den in seiner Phantasie herumfliegenden Fleischstücken zu. Zack, zack. Niemals wird er seine Kunst vergessen, die in Wahrheit einer akrobatischen Darbietung gleichkommt! Süßes Fleisch unter den Himmel zu werfen, Koteletts, Keulen, Schulterstücke wirbeln, rotieren lassen!

Der Zwerg kocht das miserable Bohnengesöff nicht nur für seinen Herrn. Jusuf betreibt in Belgrad mehrere Kaffeehäuser, manche zum Beispiel allein aus Freude am Verlust. Jenes, in das man auch Velemir Pep vor genau drei Jahren gesteckt hat, liegt kaum zwei Gäßchen von der verhaßten Stelle des Vracar genannten Viertels entfernt, wo ein türkischer Pascha den Leichnam des heiligen Sava öffentlich hat verbrennen lassen. Ein unverzeihlicher Frevel. In den Herzen der Serben ging ein Messer auf und nicht wieder zu. Das Kaffeehaus wird von unzähligen

Türken besucht, von vornehmen Einheimischen, Händlern, hier stationierten Soldaten, von Janitscharenagas, Spionen und Spitzeln, Lustknaben mit blauen Wimpern. Auch ein Deli namens Bas und sein guter Freund, Spahi Omar, halten sich häufig dort auf. Sie sind Bosnier, mögen einander und trinken hier nicht nur Kaffee. Sie rauchen auch Hanf, dann werden ihre Gesichter friedlich, ihre rohen Züge sanft. Velemir Pep ist nicht umsonst so viel in der Welt herumgekommen. Er weiß, daß die Bosnier nicht gefährlich sind, zumindest gibt es Augenblicke, wo man auf ihr Wohlwollen zählen kann. Sie frönen der aus Hanf hergestellten Alfanzerei. Die Opiumraucher, deren es im Reich nicht wenige gibt, sind unangenehmere Menschen. Sie haben gelbe, staubfarbene, manchmal ganz pergamentene Gesichter. Vor allem sind sie unberechenbar. Wenn sie an einem Tag etwas versprechen, erinnern sie sich am nächsten Tag an das Gegenteil, falls sie sich überhaupt erinnern. Zuweilen nicken sie nur benommen und versprechen aufs neue etwas, um es sogleich wieder zu vergessen.

Deli Bas und Spahi Omar sitzen im Kaffeehaus auf Seidenkissen, die Beine in bequemer Haltung untergeschlagen. Ihr Diskurs ist auf den ersten Blick ganz und gar nicht interessant. Deli Bas schlürft nachdenklich seinen Kaffee.

»Man erzählt, er sei auf der Suche nach seinem Vater in diese Gegend gekommen. Kraft seines Einflusses und seiner Abstammung erwirkte er, daß ihn der Khan zu seinem stützenden Ellbogen ernannte. Jahrelang suchte er seinen Vater, und schließlich fand er ihn auch.«

Spahi Omar lacht schallend.

»Das habe ich auch gehört. Er soll einen Hundeschädel bekommen haben.«

Deli Bas zieht an der Hanfpfeife und behält den Rauch lange in seinen Lungen.

»Eine höchst seltsame Geschichte, lieber Freund! Bei Allah, man munkelt auch von so einer Gauklertruppe. Die soll ihm den Hundeschädel gebracht haben, dadurch hat er dann den Verstand verloren.«

Velemir Pep erbebt und lauscht mit gespannter Aufmerksamkeit. Wie lange hat er auf diesen Augenblick gewartet! Die

Bosnier schwätzen von denen, die ihn gerettet haben! Die ihn aus dem Grab gehoben und ihm gezeigt haben, wo sein Herz klopft. Einmal haben sie ihn auch aus dem Preßburger Pestkeller befreit! Und wenn er ihnen begegnet, fragen sie immer, ob er schon mal in Venedig gewesen ist. Fünf eigenartige Gestalten, die mit ihren Tränen Kunststücke machen.

»Ich bin noch nie in Venedig gewesen!« knarrt Velemir Pep dazwischen.

»Wie?« Deli Bas blickt zerstreut auf.

»Aber das ist gar nicht das Interessante daran!« lacht Spahi Omar, sein Gesicht wird lang, als würde von zwei Seiten daran gezogen.

»Ich weiß, was du sagen willst«, wendet sich Deli Bas ihm zu.

Die Bosnier verstummen. Das Gesicht in die Hände gestützt, starren sie vor sich hin. Sie sind schon völlig hinüber. Vor ihren Augen Nebel, Ferne, Strahlen, dichtes Dunkel. Unvermutet lachen sie hell auf, sodann fallen sie sich schluchzend in die Arme. Vergeblich macht sich Velemir Pep um sie herum zu schaffen. An diesem Tag bekommt er nichts mehr von ihnen zu hören.

Einige Tage nach diesem aufwühlenden Gespräch reitet ein vornehmer Tatar mit seinem Gefolge an dem Kaffeehaus vorbei. Untertänig wirbelt der Staub auf und dreht sich trichterförmig hinter den stummen Reitern her. Der Tatar heißt Ismail. Man sagt, er sei der stützende Ellbogen des Khan in dieser reichen, aber verfluchten Gegend. Und zwischen Szeged und Belgrad habe nur ein einziger Grashalm seinen Namen nicht gewußt, den habe der hohe Herr persönlich aufgesucht und mitsamt der Erde verschlungen, auf der er zu wachsen wagte. Velemir Pep sieht selbst, daß der Tatar einen Hundeschädel in der Hand hält. Man sagt, er lege ihn niemals nieder und lasse ihn niemals los, noch im Schlaf halte er ihn umarmt. Und da ist noch eine Sonderbarkeit, die über Ismail im Kaffeehaus, auf dem Markt und im Bad verbreitet wird. Manchmal verstehe er sich selbst nicht, er verstehe nicht, was er röchelt und brüllt. Regelmäßig beschäftige er Dolmetscher, die aber immer versagen. Die Worte, die er in die Nacht hinausbrüllt, habe noch niemand übersetzen können. Der Tatar reitet, und vor seinem Blick fliehen Wolken und Vögel. In der einen Hand der Hundeschädel, in der anderen die Nohajka, die fürchterliche Schmerzen hervorrufende Tatarenpeitsche. Die Zügel hängen über den abgewinkelten Armen. Velemir Pep grübelt. Was hat der Tatar mit den Gauklern zu tun? Warum haben sie dem Aga einen Hundeschädel gebracht? Er seufzt, geht wieder in das Kaffeehaus und macht sich an die Arbeit. Er tut sich sehr leid. Niemanden interessiert es, daß auch er, der elende Zwerg, traurig, fröhlich oder verzweifelt sein kann! Als ob zugleich mit seinem Körper auch seine Gefühle kleiner wären! Schnupfend liest Velemir Pep die schlecht gerösteten Kaffeebohnen aus. Zum Beispiel haben ihn einmal die Kuruzen aufgeknüpft. Die ganze Nacht hat er gehangen, trotzdem hat er es ausgehalten. Hohn und Gewieher war die Antwort auf seine Heldentat. Immerhin, ein großköpfiger, dümmlich blickender Kuruze hat ihm zugehört. Er allein, seit Velemir Pep denken kann. Nicht genug, daß er ein Zwerg und potthäßlich ist, auch seine Stimme ist grauenhaft! Wie teuer hat er für jene leichtfertige Baumkletterei auf der Feldflur von Debrecen bezahlen müssen! Tränen treten ihm in die Augen. Aber selbst die sind so schleimig, klebrig. Der Arme schnieft, schluchzt unterdrückt. Und liest dabei sorgfältig die Kaffeebohnen aus.

In den folgenden Tagen kann er seine Unruhe nicht bezähmen. Er schusselt, fängt mehreres auf einmal an, findet sich nicht zurecht. Trotzdem kocht er einen so köstlichen Kaffee, daß ihm Jusuf, sein Herr, zur Belobigung ein paar Backenstreiche und Fußtritte verabreicht, um dann nach Venedig weiterzureisen, wo Velemir Pep noch nie gewesen ist. Der Zwerg zerbricht sich in einem fort über den Tatarenaga den Kopf. Er hat ein rundes Mondlichtgesicht, eine Stumpfnase und spaltbreit geöffnete Augen gesehen, in denen die Blume der Traurigkeit prangte. Gerade schichtet er Kaffeesäcke auf, als die Kupferglocke über der Tür des Kaffeehauses bimmelt. In Velemir Pep flammt Zorn auf. Soll der Gast warten! Er hat jetzt keine Zeit. Er arbeitet! Möge sich gedulden, wer immer es sei! Sogar Mohammed kann warten! Ein gutes Viertelstündchen vergeht, bis Velemir Pep geruht, sich mit den kaffeegefüllten Schalen hinauszubemühen. Als er die Gäste sieht, läßt er fast das Tablett fallen. Mit weichen Knien stellt er es auf den Boden.

Sie sind es, die Tränengaukler!

Aaron Blum, Peter Schwarzenstein, Zoran Vuković, Franjo Mendebaba und Goran Dalmatinac in eigener Person, sie sitzen in der Ecke wie müde Reisende. Als würden sie einzig und allein auf einen guten Kaffee warten. Mit zittriger Hand stellt Velemir Pep ihnen die Tassen hin. Die Gaukler räkeln sich, lassen genüßlich ihre Glieder knacken. Sie nehmen keine Notiz von dem verdatterten Velemir Pep. Als wäre er gar nicht da.

»Ich habe die Kiste ja selbst gesehen«, nickt Franjo Mendebaba ernst.

»Ist es nicht nur Einbildung?« nörgelt Aaron Blum.

»Es war eine große Kiste. Eine schwere Kiste.« Mendebaba schlürft seinen Kaffee. Goran Dalmatinac hilft ihm dabei, indem er ihm die Tasse an die Lippen hält.

»Und ist wirklich ein Mensch darin?« fragt Peter Schwarzenstein, der Grimassen schneidend an dem Kaffee schnuppert, er trinkt ihn aber trotzdem.

»Ja, bloß in mehreren Teilen«, nickt Mendebaba und bedeutet Goran Dalmatinac, er möge ihm noch etwas Kaffee zu trinken geben.

Nur Zoran Vuković nimmt an der Unterhaltung nicht teil. Er steht in der Tür des Kaffeehauses. Der Rahmen wird von seiner mächtigen, düsteren Gestalt geradezu gesprengt. Er starrt zur Burg und beißt sich die Lippen blutig. Wenn er seinen Blick ein klein wenig zur Seite lenkt, sieht er das in den Himmel ragende Minarett der stolzen Barakjali-Moschee. Ein verhaßter Anblick. Im Herzen von Zoran Vuković summen heimatlose Hajduken und serbische Festungsverteidiger ihr endloses Lied. Wer nicht weiß, daß Serbien einmal ein unschuldiges Kind war, wer nicht weiß, daß Serbien als mit Bändern geschmücktes kleines Mädchen zwischen schroffen Felsen herumsprang, am Ufer von Seen, die vom Himmel abgerissen waren, der sei ein räudiger Hund, ein schartiger Stein, ein sich selbst peinigender Wasserfall! Aus Zoran Vukovićs Blick fließt Honig auf die Schwelle. Einige Tropfen entzünden sich von selbst. Gelbe Flammen tanzen aus den Spalten der Bodenbretter hervor.

Aus den Flämmchen blicken die Gesichter von Helden.

Janko Sibinjanin!

Die Brankovićs, die Cillei, die Djordjevićs!

Velemir Pep schlägt sich verblüfft auf seinen kleinen, häßlichen Kopf. Ein so in schönes Kunststück hat er noch nie gesehen!

»Eine Kiste voll menschlicher Gliedmaßen«, hört der Zwerg nun das zerstreute Gebrumme von Goran Dalmatinac, während er sich bemüht, das Feuer zu löschen. Ausgerechnet auf den wunderschönen Janko Sibinjanin gießt er das graue Spülicht. Velemir Pep wirbelt herum, als hätte man ihn mit glühenden Kohlen beworfen. Die Gaukler verulken ihn! Zoran Vuković kommt von der Tür zurück und läßt sich neben die anderen nieder. Mit finsterer Miene schlürft er seinen Kaffee. Dann brechen sie schon wieder auf. Enttäuscht sieht Velemir Pep ihnen nach. Doch Aaron Blum dreht sich in der Tür noch einmal um.

»Bist du schon mal in Venedig gewesen, Velemir Pep?«

Verzückt und in fieberhafter Erwartung bringt der Zwerg die Zeit bis zur Nacht hin. Sie waren hier, die Tränengaukler sind wieder bei ihm gewesen! Allmählich wird es ruhig im Kaffeehaus. Einige Zugekiffte haben es wie üblich nicht geschafft, auf die Beine zu kommen und sich nach Hause zu trollen, jetzt liegen sie schnarchend über die Teppiche verstreut. Von ihnen ist nichts zu befürchten. Doch Jusufs Leute, die Sklaven und Diener beaufsichtigen und sie am Ende der Nacht zählen, haben sich Wein besorgt. Sie sind stockbesoffen. Dank Allah, der groß und gnädig ist, sägen auch sie bereits im Vollrausch. Velemir Pep packt sorgfältig zusammen, dann huscht er hinaus.

Er hat Glück. Der auf der Straße marschierenden Patrouille entgeht er knapp, ein paar Minuten später treibt er sich bereits beim Tatarenlager herum. Weil er sich keine Gedanken darüber macht, wie er es anstellen soll, ist es für ihn ein leichtes, sich zum prächtigen Zelt des Aga zu schleichen. Lautlos, wie eine Katze. Ohne zu überlegen, schlägt er den Vorhang am Zelteingang zurück.

Ismail sitzt mitten im Zelt und brütet vor sich hin. Dabei könnte er auch schlafen, hol's der Henker! Tatarische Kerzen erleuchten das Zelt, tatarisch sind Flamme und Licht. Vor dem stützenden Ellbogen des Khan liegt noch der Schatten des letzten hingerichteten Dolmetschers. Die Schatten der Toten bleiben nämlich immer länger als ihre Körper. Velemir Pep erstarrt. Damit hat er nicht gerechnet. Eigentlich weiß er gar nicht, womit er gerechnet hat. Er hat sich das Ganze nicht so recht überlegt, er hat keine List, keinen Plan ausgeheckt, sondern ist einfach nur gekommen, hierhergelaufen, wie einer, der den Verstand verloren hat. Als wäre es die natürlichste Sache der Welt, in das Zelt dieses berüchtigten Kriegers zu treten und dessen teuersten Schatz an sich zu nehmen.

Müde hebt der Aga den Blick. Er ist weder überrascht, noch wird er wütend.

»Wenn du mir sagst, was es bedeutet, darfst du verlangen, was du willst. Wenn nicht, hacke ich dich in kleine Stücke«, sagt er leise. In dem Zwerg regt sich seine zweite Leidenschaft. Was für ein ferner und mächtiger Mann, und wie heiß und nah ist jetzt sein Schmerz! Er nickt verwirrt. Ismail erhebt sich schwerfällig und legt los. In Röcheln und Schluchzen erstickte Worte brechen aus seiner Kehle hervor, er jault anhaltend und gedehnt, wie er es schon so oft vergeblich für tatarische Imitationskünstler getan hat. Erschüttert hört Velemir Pep dem Aga zu. Er kann nicht begreifen, was diese langgezogenen, dann wieder unversehens entzweibrechenden, schrundigen und glitschigen Worte bedeuten sollen. Schließlich ist Ismail fertig.

»Also?« keucht er.

Velemir Peps Blick fällt auf den Hundeschädel in den Händen des Aga.

»Du hast von deinem Vater gesungen, großer Herr.«

Ismail sackt erschöpft zusammen.

»Was hast du gesagt, du Aas?« röchelt er.

»Das Lied handelt von deinem Vater«, flüstert Velemir Pep.

»Oh, ich habe es gewußt«, knurrt Ismail vor sich hin.

»Dein Vater war ein Held, ein großer Krieger!« schnarrt Velemir Pep.

»Habe ich von seinem Leben gesungen?«

»Von seinen Heldentaten, großer Herr!«

Ismail starrt nachdenklich zur Erde.

»Was verlangst du, elender Frosch?« sagt er nach einer Weile. Velemir Pep zaudert. Der Aga hilft ihm. Eine mächtige, goldbeschlagene Kiste steht neben ihm. Er berührt sie.

»Sie ist dein, wenn du sie tragen kannst.«

Er schließt die Augen und spricht kein Wort mehr.

Eine so prächtige Kiste hat Velemir Pep noch nie gesehen. Er überlegt nicht, denn es gibt Fälle, wo man nicht überlegen darf. Schon hat er sie gepackt. Die Kiste hat ungeheures Gewicht. Es gibt unmenschliche Lasten, die gerade noch zu bewältigen sind, jedoch außergewöhnliche Anstrengungen, die volle Hingabe der Seele verlangen. Unter den Bürden der Welt sind die edlen jene, die den ganzen Menschen erfordern. Was können wir denn von einer Flaumfeder lernen?! Und was von einem Granitblock, dem wir uns gar nicht erst nähern, so unwahrscheinlich ist es, daß wir ihn jemals bewegen können?! Die Kiste Ismails suggeriert, daß man sie bewegen, tragen und mitnehmen kann. Velemir Pep weiß nicht, daß in Honig eingeweichte menschliche Gliedmaßen schwerer sind als der wildeste Fluch, schwerer noch als Traurigkeit am Meeresstrand, ja selbst als der Zopf eines geschändeten Mädchens. Durch die Zähne schnaufend, unter lautem Gestöhn zerrt er an der Kiste. Leise flucht er, wischt sich den Schweiß von der Stirn. Unvermittelt richtet er sich auf, spuckt aus und will zum Eingang des Zeltes. Er läuft, läuft und hält doch wieder inne. Soll er es bleibenlassen? Im nächsten Moment packt er sich beim eigenen Schopf und bringt sich zur Vernunft. Er rennt zur Kiste zurück und beginnt von neuem an ihr zu zerren. Er weiß selbst nicht, wie sie unter den Sternenhimmel hinausgelangt, er versteht selbst nicht, wie er sie an den tatarischen Wächtern vorbeiziehen kann, die zuweilen den herabhängenden Bauch des Mondes mit ihren Lanzen pieken, damit er heller leuchtet. Velemir Pep versteht nicht, warum sie ihn nicht ergreifen und warum er keine Angst hat, daß sie ihn ergreifen. Jetzt versteht er schon so vieles nicht, daß es so gut wie keine Rolle mehr spielt. Irgendwie gelangt er bis an den Stadtrand von Belgrad, doch hier hat er bereits das Gefühl, sein Buckel reiße ihm vor Erschöpfung ab.

Als er sich gerade neben einem dunklen Wagen dahinschleppt, wird er plötzlich samt seiner Kiste von starken Armen gepackt und findet sich inmitten von Menschengeruch und Körperwärme wieder. Er versteht sofort. Abermals hat er ihren Weg gekreuzt! Schon wieder die Tränengaukler! Warum schlägt ihn der Himmel mit Begebenheiten, die er niemals wird verstehen können?! Er fürchtet sich nicht einmal mehr vor ihnen! Wenn er sich wenigstens vor ihnen fürchten würde, wenn er sich schon in der selbstgegrabenen Grube, im Pestloch, im Kuruzenlager und vor Jusufs Blick nicht gefürchtet hat. In der Kiste weichen menschliche Gliedmaßen in güldenem Honig. Er hat menschliche Körperteile bekommen, und vielleicht vermag er die Ordnung des Lebens wiederherzustellen, wie er es insgeheim geplant hat. Nicht einmal im Wagen der Tränengaukler darf Velemir Pep sprechen. Sogar sie halten sein Gequake nicht aus. Nur eben flüstern will er etwas, und schon kleben sie ihm den Mund zu. Der Zwerg beruhigt sich. Er paßt auf, welche Richtung der Wagen nimmt, späht durch die Risse in der Plane. Es wird Morgen, dann wieder Nachmittag. Die Zeit vergeht, wie Wasser im Sand verrinnt. Oft ruckt der Wagen heftig, bleibt jedoch nie stecken. Die Tage verstreichen, sie werden zu Wolken. Sie fahren durch eine heruntergekommene, trostlose Gegend. Irgendwo zwischen Szeged und Kecskemét könnten sie sein, mutmaßt der Zwerg. Doch sie machen nicht halt. Später erfährt er, daß sie ihn bis zur Ebene von Pest gebracht haben. Dort stoßen sie ihn aus dem Wagen, die Kiste hinterher. Nicht mal bedanken kann er sich. Der Wagen fährt bereits davon. Ringsum ödes, kahles Land. Wenn einmal Menschen hier gelebt haben, so hat der Himmel sie vergessen. Velemir Pep seufzt tief, lehnt seinen kleinen Rücken gegen die Kiste und gibt sich seinen Träumen hin. Die Ordnung der Welt wird er wiederherstellen. Wenn er einen Freund hätte! Das wäre das beste! Ihn hat bis jetzt noch niemand geliebt. Schon öffnet er den Deckel der Kiste. Der Anblick von Gliedmaßen, menschlichen Überresten, die in goldgelbem Honig schwimmen, bietet sich ihm dar. Hier eine Nase, dort ein Ohrläppchen, purpurne Vulva, Bauchwand, Schenkel und Brüste, Finger und Ohren. Wundervoll! Wundervoll!

»Es gibt eine Vorstellung unter dem Himmel!« flüstert er. Aufblickend wird er plötzlich von grausigem Entsetzen ergriffen. Eine kleine Gruppe von Schäfchenwolken weidet friedlich am westlichen Rand des Horizonts. Es sieht nicht so aus, als ob sie es eilig hätten. O weh, er kann doch sein Kunststück nur unter klarem Himmel ausführen!

»Verschwindet!« brüllt Velemir Pep und staunt selbst über das unerwartete Resultat. Binnen weniger Augenblicke sind die Wolken geflohen. Auch sie können Velemir Peps Gekrähe nicht ertragen.

Endlich kann die Vorstellung beginnen. In langsamem Rhythmus wirft er die Glieder unter den Himmel und gibt dabei gut acht. Er erbebt, seine Arme erschlaffen, so wundervoll und unmenschlich schön ist der Anblick, der sich in der Kaskade der rotierenden und wirbelnden Menschenteile abzeichnet. Und diesen Anblick kann Velemir Pep nicht länger ertragen. Mit zitternder Hand legt er die Glieder in die Honigkiste zurück. Lange steht er daneben, läuft auf und ab, rollt entsetzt mit den Augen und stößt Seufzer aus, die selbst einer Stalltür zur Ehre gereicht hätten. Dann macht er es schließlich doch. Von neuem beginnt er mit den Gliedern zu jonglieren, läßt sie in die Höhe steigen, kreiselt und tummelt sich mit ihnen und macht das fürwahr sechs volle Tage lang.

An seiner einen Seite sitzt ein grinsender schwarzer Hund, der wild und schnaufend knurrt, an der anderen ein grinsender weißer, der dem schwarzen völlig gleicht. Die Augen der wilden Tiere funkeln, wenn ihnen ein Wurf fehlerhaft dünkt, legen sie den Kopf schief. Die Tiere schützen den Zwerg vor den Armeen, die sich vor den Toren Budas sammeln, vor umherstreifenden Ungarn und Türken und vor jenen Ruchlosen, die keine menschliche Sprache mehr sprechen und vor Raubgier und Mordlust nicht mehr wissen, ob sie nun Ungarn, Türken, Deutsche oder Serben sind. In der Tiefe der Zeit verbergen sich Ungeheuer, und wenn sie etwas Wundersames sehen, dann kommen sie hervor und beschützen den Urheber der Darbietung. Die beiden Hunde sind wegen Velemir Peps Kunststück gekommen. Am Abend des sechsten Tages verliert der Zwerg die Besinnung. Er sackt zusammen, wie ein herrenloses Mäntelchen. Die beiden Hunde knurren kurz, beschnuppern erst den ohnmächtigen Zwerg und dann das aus den menschlichen

Gliedmaßen hervorjonglierte Wesen, bevor sie sich in das mit menschlichem Auge nicht mehr sichtbare Licht des am weitesten entfernten Sterns emporschwingen.

Als Velemir Pep erwacht, ruht sein Kopf im Schoß einer bildschönen Frau. Es ist Morgen, taubenetzt, leicht, glücklich. Die Finger der Frau spielen mit seinen Haarbüscheln. Sie summt etwas.

»Hat es geklappt?« fragt Velemir Pep.

»Es hat geklappt«, nickt die Frau ein wenig müde.

Velemir Pep wendet sich dem dunstigen Morgenhimmel zu.

»Ich möchte dir, bitte schön, meine Braut vorstellen.«

Auch eine Pfütze voll Froschspeichel redet er an.

»Darf ich dich mit meiner Verlobten bekannt machen?«

Velemir Pep dreht sich zur Erde und flüstert.

»Das ist meine Liebste!«

Die Schönheit steht da, als wäre ihr egal, ob sie lebt und ein Ganzes ist oder in Einzelteilen in Ismails Honigkiste schwimmt. Velemir Pep will den gelangweilten Blick seines Geschöpfs nicht zur Kenntnis nehmen.

»Meine süße Geliebte!« knarrt er beglückt und hopst um sie herum.

Die Schönheit rührt sich kein bißchen.

»Dein Name sei Della!«

»Gut, in Ordnung. Du heißt also Della«, nickt der Zwerg.

»Ich habe dich schon mal gesehen«, erklärt Velemir Pep. »Sie haben mir dein Porträt gezeigt. Ach ja! Sie haben gesagt, du bist mein Todfeind.«

Einen Moment lang läßt Della ihren Blick über die Gestalt des Zwerges gleiten. Auch jetzt bleibt sie stumm. Seltsam. Diese Entwicklung erfüllt Velemir Pep mit Unruhe. Wenn ein Könner mit Fleisch Kunststücke macht, beginnt es zu singen. Das Fleisch kann singen, sprechen und weinen.

»Bist du schon mal in Venedig gewesen?« fragt Velemir Pep.

Es ist zwecklos. Della antwortet nicht. Die bildschöne, kalte Della und der grundhäßliche, doch warmherzige und hoffnungsfrohe Velemir Pep brechen nun auf und spazieren einige Stunden später Hand in Hand mitten in die Belagerung von Buda hinein.

Wenig später erreicht Ismail unter fürchterlichem Gebrüll die Stelle, wo Velemir Pep seine Vorstellung gegeben hat. Der tatarische Anführer, nicht unverdient bereits die Sohle des Khan, versteht sich darauf, wie man die Erde zum Sprechen bringen kann. Nach stundenlangem Verhör erzählt sie ihm, zu welchem Ergebnis das Kunststück des Zwergs geführt hat.

Über den Dachziegeln von Buda strahlt das Licht des Halbmonds, und unzählige begeisterte Pferdeschwänze, türkische Fähnchen, flattern im Wind. Der Legende nach geht der Name der Stadt auf den Bruder des gefürchteten Hunnenkönigs Attila zurück. Attila befahl seinem Bruder, er solle, während er selbst im Westen kämpft, eine Burg erbauen und nach ihm benennen. Das tat Buda auch, allein, die Burg benannte er trotzdem nach sich selbst, woraufhin der heimkehrende Attila in solchen Zorn geriet, daß er seinen Bruder sofort ermorden ließ. Vergebens. Die Hunnen hatten sich bis dahin so sehr an den Namen Buda gewöhnt, daß sie ihn trotz des Verbots auch weiterhin gebrauchen.

Von den Deutschen wird die Stadt heute Ofen genannt. Die einstigen Befestigungsanlagen und Domizile der Römer sind unter dem Namen Scimbria auch jetzt noch auf den Feldern nördlich der Stadt zu sehen. Blendend weiße Steine und mächtige Marmorblöcke, Heerstraßen, auf denen Legionäre und Kampfwagen ihre Spuren zurückgelassen haben, Ruinen und eingestürzte Kasematten sind dort zu finden.

Ein englischer Reisender namens John Burberry und der türkische Reisende und Weltspion Evliya Çelebi besuchen und beschreiben die Stadt fast zur gleichen Zeit – in den sechziger Jahren des Jahrhunderts. Der Engländer berichtet übellaunig vom erbärmlichen, vernachlässigten Zustand der Gebäude. Suleiman der Große, der Buda für die schönste Stadt der Welt hielt, als er sie vor gut hundert Jahren einnahm, würde heutzutage seine Meinung gewiß revidieren. Hingegen versichert uns der Türke Evliya Çelebi seiner schwärmerischen Hingerissenheit. Buda sei eine wunderschöne, reiche Stadt, ein Schmuckstück des mächtigen Osmanischen Reiches, es besitze zahllose

Bäder, Märkte und Minarette. Wohl wahr. Was sich von Osten her schön ausnimmt, mag aus westlicher Sicht abscheulich sein.

Die Donau wälzt sich breit an der Ostseite der Burg und des Palasts vorbei. Nach Westen erstreckt sich eine prachtvolle Ebene, mit fruchtbaren Obstgärten voller Äpfel und Pfirsiche, in der Ferne leuchten golden Getreidefelder. Auf den nahen Hügeln reifen Melone, Kürbis, Gurke und Wein, verschiedenstes Gemüse schwillt in der Erde. Die nördliche Ansiedlung der Burg wird Wasserstadt, ihr südlicher Teil Untere Stadt genannt. Der Palast mutet an wie einem Märchen entsprungen. Evliya Çelebi vergleicht ihn mit einer gewaltigen türkischen Galeere, die am Fuße des Berges Anker geworfen hat. Die Burg verfügt über eine angenehme Lage, denn sie ist auf einer Anhöhe erbaut, von dort bietet sich eine schöne Aussicht auf die umgebenden Hügel und die Ebene von Pest. Obzwar die imposanten Bauwerke früherer ungarischer Könige, Marmorsäulen und Brunnen, schmuckvolle Balkone und Steinbänke, nicht mehr vorhanden sind, oder wenn es sie doch noch gibt, dann erwarten sie kahl und verfallend ihren baldigen Tod. Auch in den mit Blumen und exotischen Gewächsen bepflanzten einstigen königlichen Ziergärten steht längst eine Moschee.

Das Volk Mohammeds zieht im Jahre 1541 ohne einen einzigen Schwertstreich in die Burg ein. Seitdem haben christliche Heere mehrmals versucht, die Festung zurückzuerobern, 1598 und auch 1602, bis schließlich im Jahr 1683 der unbesiegbare Großwesir Kara Mustafa, gewissermaßen als Gegenschlag und Strafaktion, mit seiner furchterregenden Armee gegen Wien zieht und die entsetzte Kaiserstadt zwei Monate lang im Würgegriff hält. Die Unzahl der türkischen Zelte vergleicht der Chronist mit einem wogenden Meer. Auf zweihunderttausend Mann wird Kara Mustafas Streitmacht geschätzt, Abenteurer, Huren, Leichenfledderer und Kanonenschußzähler nicht mit eingerechnet.

1684 wird mit dem Segen von Papst Innozenz XI. unter Teilnahme Venedigs, des römisch-deutschen Kaisers Leopold I. sowie des Polenkönigs Sobieski das Bündnis der Heiligen Liga geschlossen. Noch im selben Jahr erfolgt unter dem Oberkommando von Herzog Karl von Lothringen der Angriff gegen die Burg von Buda. Die erfolglose Belagerung kostet mindestens zehntausend christliche Söldner das Leben. Seine Heiligkeit der Papst läßt sich davon nicht die Laune verderben, täglich träumt er von einem neuerlichen, siegreichen Feldzug, die nächste Belagerung ist nur eine Frage der Organisation. Nicht daß es keine Hindernisse oder ernsten Widersacher gäbe. Wie Papst Innozenz von Buda, so träumt Ludwig, der Sonnenkönig, von den längs des Rheins gelegenen Teilen der Pfalz. Ihm ist der Krieg recht, wenn im Westen Europas der Einfluß der kaiserlichen Politik geschwächt wird, aber auf keinen Fall soll Leopold allzu triumphal daraus hervorgehen. Der Erfolg des Feldzugs hängt vor allem davon ab, in welchem Maße Wien die zerstrittenen deutschen Fürstentümer dazu bringen kann, die Unternehmung sowohl mit Geld als auch mit Soldaten zu unterstützen. Den bayrischen Kurfürsten Maximilian Emanuel mußte man nicht lange drängen. Der stolze junge Mann lief auf dem Münchner Fürstenhof herum, als wäre ihm der Weltruhm bereits sicher. Kurfürst Friedrich Wilhelm von Brandenburg stellt siebentausend Mann seines gefürchteten und erfahrenen Heers, vor ihnen zittern die Türken während der Belagerung am meisten, sie nennen die Brandenburger Feuermenschen. Der sächsische Kurfürst Johann Georg unterstützt den Feldzug gleichfalls, schwäbische und fränkische Truppen treffen ein. Bis zum Frühling sind die für die Kampagne notwendigen materiellen und menschlichen Ressourcen aufgebracht. Streit gibt es natürlich genug. Die Pläne für den Feldzug stimmen auch nicht überein. Herzog Karl von Lothringen plädiert für die Belagerung Budas, während Maximilian Emanuel im Alleingang Stuhlweißenburg oder Erlau belagern möchte. Karl setzt sich durch. Am ersten Mai gibt der bescheidene und wortkarge Kaiser Leopold in Wiener Neustadt seine Zustimmung zur Belagerung Budas. Am zwölften Juni 1686 setzen sich in Párkány die verbündeten Streitkräfte in Marsch.

Die sich in goldene Schüsseln entleerenden Herrscher und Feldherren sind der Meinung, sie persönlich lenkten den Gang der Geschichte und der Welt, ihre Entscheidungen und plötzlichen Eingebungen beeinflußten die Richtung des Geschichte genannten Monstrums – als wären sie nicht Teil eines dem menschlichen Verstand nicht zugänglichen Willens, als wären sie nicht ein Staubkorn auf der Fingerkuppe des vom Schöpfungsakt müden Gottes. Wenn in diesen Monaten der Name Budas fällt, geht ein Schauer durch den Leib Europas, dieser wunderschönen und vielerfahrenen dreckigen Hure. Aufgeregt besprechen Ströme und Gebirge, daß nun alles anders wird, als es war. Wegweiser werden umgeworfen. Grenzen, Herrschaftsgebiete und Reiche zerfallen und werden neu geordnet. Die Menschen, die in steinernen oder aus Erde erbauten Hütten wohnen, werden künftig besser und schöner leben, unserem Herrn Jesus Christus zur Ehre. Wenn ein Reitertrupp Richtung Osten oder Westen begeistert über den Leib Europas hinwegstampft, so dröhnt die erregte Erde zurück, daß stets geschieht, was geschehen darf, und daß das Mögliche immer nur ein schäbiger Zierat auf dem Mantel der Ereignisse ist. Vor dem Aufmarsch der Truppen überschwemmen Weltspione, Agenten und verdächtige Gestalten die verwinkelten Gassen von Pest, die benachbarten Dörfer und die Hügel der Umgebung. Der Krieg zieht stets den Abschaum der menschlichen Rasse an. Wir sehen glutäugige Abenteurer, die sich noch nicht entschieden haben, für welche Macht sie arbeiten sollen, für die Erde, den Himmel oder das Höllenfeuer. Französische Huren senden geheime Botschaften in die nach Fisch stinkenden Amsterdamer Docks: In den vielgeschundenen östlichen Leibesgegenden des Kaiserreichs böten sich außergewöhnlich günstige Möglichkeiten. Venedigs Freudenmädchen lassen das Gondelzählen, sie schmieren ihren Schoß mit Haifischfett ein, legen in der Nacht eine Maske an und treiben es mit dem Mondlicht. Deutsche Waffenschmiede würden sich angesichts neuer Aufträge die Hände reiben, hätten sie nicht alle Hände voll zu tun. Jüdische Armeelieferanten berechnen die zu erwartende Höhe der Einnahmen. Auch Marketender, Wasserhändler und Fleischbrater, waffenschmiedende und kesselflickende

Zigeuner haben ihre Zelte am Fuße der Budaer Hügel aufgeschlagen. Sie arbeiten in erster Linie für das ungarische Kriegsvolk. Überall in Europa beugen sich blinde Landkartenzeichner über die Schreibtische und grübeln darüber nach, wie die Grenzen zu korrigieren seien, denn daß zahlreiche Grenzpfähle und Wegweisertafeln ihren Platz wechseln werden, scheint gewiß. Abertausende von Freiwilligen schließen sich den Armeen der Heiligen Liga an. Selbst aus Ländern, deren Herrscher schon auf das diskreteste Niesen der Habsburger gereizt reagieren, treffen junge Männer ein. Spanier und Schotten, Schweden und Franzosen werden von der Krankheit namens Ruhmsucht befallen, dem dümmsten und sinnlosesten aller Übel, mit denen die Menschheit geschlagen ist. Ein ungenannter junger Franzose meldet sich als Freiwilliger, um die Zustimmung seines Vaters zu der heißersehnten Heirat mit der Dame seines Herzens zu erreichen. Er kommt in einem der ersten Gefechte um. Vielleicht ist es besser so. Als die Mauern der Burg in der tödlichen Umarmung der christlichen Heerscharen zusammenbrechen, hat seine Herzensdame ihr Jawort schon einem anderen jungen Mann gegeben, der durchaus kein Held sein und nicht im Krieg büßen wollte, sondern nur eben geschickter und in größerer Nähe gewartet hat.

Abdurrahman, der Pascha von Buda, wird von seinen Soldaten nicht eben gemocht. Der Pascha ist weise genug, um zu spüren, daß ihm von der Liebe seiner Untergebenen kaum etwas zuteil wird, überdies ist er der Ansicht, daß es für einen Kommandanten vorteilhafter ist, wenn ihn seine Leute fürchten, denn wen man liebt, den verrät man leichter. Von seinen Feinden wird verbreitet, er sei feige. Doch diese Verleumdungen werden seine Taten bei der Belagerung Lügen strafen. Andere werfen ihm Habgier und Selbstsucht vor. Wenn er sich zurückzieht, um nachzudenken, und jede Störung strengstens untersagt, kommt ihm häufig der stolze Kara Mustafa in den Sinn, der in Belgrad erbleichend die seidene Schnur entgegengenommen hat. Abdurrahman stand neben dem Großwesir, als dieser von sich verkündete, er sei zwar sterblich, aber unbesiegbar.

Abdurrahman ist auch zu Ohren gekommen, daß Sultan Mehmed von schweren Träumen gequält wird. Nachts zerfleischen ihn Löwen und Greife. Um vor diesen bösen Ahnungen zu fliehen, verbringt er seine Zeit mit Jagdvergnügungen, bei nicht enden wollenden Abendmählern und im halbdunklen Saal seines Harems. Das Reich aber verrottet. Man spricht davon, daß in einem Zahn des Prächtigen Padischah ein bösartiger Dschinn haust, der das Heilmittel gegen Hader und Zerwürfnis kennt, aber nicht gewillt ist, es zu verraten. In einer unheimlichen Nacht ziehen über Zauberkräfte verfügende Doktoren heimlich den Zahn des mit einer Mohnpfeife betäubten Sultans, den Dschinn bringen sie nach einigem Foltern und Umschmeicheln zum Reden, allein, sie schweigen lieber darüber, was das überirdische Wesen alles daherschwafelt. Seine Worte sind so gefährlich, daß die mit den Doktoren zusammenarbeitenden Schriftgelehrten sie in ein Märchen einschließen, welches sofort vergessen, niemals mehr zu hören sein, niemals mehr erzählt werden wird, das heißt eingeschlossen im Gefängnis des Vergessens auf das Ende der Welt wartet. Kennen wir eine schwerere Strafe? Die Leibwache des Sultans liquidiert die Zahnärzte mit solcher Diskretion und Umsicht, daß diese erst nach Tagen bemerken, daß sie nicht mehr leben.

Am Hof ist die Zwietracht allgegenwärtig. Sultan Mehmed ist so willensschwach und gleichgültig, daß er beim Aufwachen das Fehlen des Zahns gar nicht bemerkt. Pascha Abdurrahman ist über alles unterrichtet. Die Nachrichten erreichen ihr Ziel auch donauaufwärts. Lange Zeit war das schrecklichste seiner Gefühle, auch er werde sterben wie Kara Mustafa. Wie ein Hund. Sie zerstückeln ihn und nageln ihn an das Burgtor, damit auch der dreckigste Bettler seine Schande sehen möge. Und dazu braucht man gar keinen besonderen Fehler zu begehen. Es genügt, wenn irgendein Übelwollender erfolgreich gegen ihn intrigiert.

Ob aber die Vision wahr ist, die ihm diese seltsame Gestalt verschafft hat? Ein Spiegel hatte in den Augen des Unbekannten geglänzt, und in diesem Spiegel hatte er sich als Märtyrer zugrunde gehen sehen. Wenn die Prophezeiung sich erfüllt, warten die Wonnen des Paradieses und der Blick Allahs auf ihn.

Er hat den besten Spion der Welt angeworben, um den Tränengaukler genannten Spionen, oder was für eine Spezies sie auch sein mögen, auf die Spur zu kommen und ihre Absichten herauszufinden. Doch der Mann ist fort, er hat sich verselbständigt. Und obwohl Josef Bezdan als Agent in der Tat außergewöhnliche Fähigkeiten bewiesen hat, konnte auch er nicht übermäßig viel über sie erfahren. Wohl gab es einen Moment, als der Pascha zu spüren meinte, daß er endlich einen Gedanken des Spions enträtselt und aus diesem Gedanken erfahren hat, wer die Tränengaukler sind. Fünf Namen und fünf Schicksale flirrten vor seinen Augen. Vergebens. Es waren nicht sie.

Auch an Diamont, der Sklavin aus Szeged, kann er sich nicht recht freuen. Sie hat offenbar vor Liebeskummer den Verstand verloren. Nur neben seiner Lieblingssklavin Saha kommt sein Gemüt zur Ruhe. Oft bittet er das Mädchen, die Haare seines Bartes zu zählen. Dann liegt der Pascha mit halbgeschlossenen Augen da, seine Lippen bewegen sich langsam zu den schnurrenden, weichen Worten der Perserin. Doch wenn Saha sich irrt und ein bereits gezähltes Haar versehentlich mit einrechnet, reißt der Greis seine Augen sogleich weit auf, und sie muß von vorn beginnen. Und Saha irrt sich oft. Dann zählt sie die ganze Nacht und darf erst am Morgen, nach dem Ruf des Muezzins, zurück in ihr Gemach, wo sie sich dann zitternd vor Erschöpfung an Diamonts tröstenden Körper schmiegen kann.

Als die feindlichen Streitkräfte die Burg einschließen, befiehlt Abdurrahman einen Teil der Bevölkerung und der Soldaten auf den Sankt-Georg-Platz. In Gedanken versunken stapft der Pascha den Stephansturm hinauf. Oben hält er sich an der Brüstung fest und blickt über die schimmernde, sich langsam dahinwälzende Donau. Drüben ein Gewimmel winziger Pünktchen. Ein feindlicher Reitertrupp plündert gerade eines der Pester Derwischkloster. Das Gebäude beginnt zu rauchen, dann fängt es plötzlich Feuer. Der Pascha seufzt. Wird er hier nie mehr lebend herauskommen? Niemals mehr etwas anderes von der Welt sehen als diese harten, schroffen Mauern, diese Gassen? Sich nie mehr über die weise Donau beugen, um mit den Fingern die Kühle des Wassers zu fühlen? Die Vision will ihn glauben machen, daß er den Märtyrertod stirbt. Vorläufig leidet er nur an fürchterlichen Hüftschmerzen und verspürt eine allgemeine Schwäche und Übelkeit. Natürlich. Auch jetzt hat er in der Nacht nicht geschlafen. Es ist auch besser, wenn alte Menschen nicht schlafen. In einer Welt, von der man bereits Abschied nimmt, muß man möglichst viele Minuten wach verbringen. Abdurrahman steigt vom Turm herab und läßt sich zum Sankt-Georg-Platz bringen, auf dem sich die Menschen drängen. Dort verbietet er mit weithin hallenden, scharfen und funkensprühenden Worten unter Androhung der Todesstrafe jedes feige Gerede von Kapitulation. Er erinnert die Menge daran, daß die Burg auch vor zwei Jahren eine schwere Zeit durchgestanden hat, doch Allah mit ihnen war und sie auch jetzt nicht verlassen wird. Der Lothringer und der Bayer Maximilian Emanuel werden sich abermals als gedemütigte Hunde aus dem Staub machen, Schätze und Gold in Massen, wie auch Leichenberge ihrer Soldaten zurücklassend. Die Menge jubelt. Mittlerweile betrachtet Abdurrahman die Gesichter seiner höchsten Stellvertreter, jenes des Pascha Ismail und die harten Züge des silberhändigen Mehmed Çolak, den man hinter seinem Rücken den Verstümmelten nennt. Auch sie lassen entschlossen und vollkommen furchtlos den Blick über die mehreren tausend Menschen schweifen.

Am frühen Vormittag empfängt Abdurrahman den Führer der Rotköpfe, der Freiwilligen. Ein junger Freiwilliger hat sich in der Nacht betrunken und auf den Zahlmeister gestürzt, der ihn zurechtgewiesen hatte. Auch Blut ist geflossen, der Bursche war kaum zu bändigen. Das wird fortan auch nicht mehr nötig sein. Der unbedachte Rotkopf ist inzwischen gevierteilt worden, jetzt, zu Beginn der Belagerung, will der Pascha nicht die geringsten Disziplinlosigkeiten einreißen lassen. Mit strengen Worten tadelt er den verlegen von einem Bein auf das andere tretenden Führer der Rotköpfe. Das nächste Vergehen, sei es noch so gering, wird bereits ihn den Kopf kosten. Der Freiwillige nickt stumm und verläßt rückwärts gehend den Raum.

Die Nacht stellt sich ein wie eine düstere Vision. Rings um die Burg brennen Feuer, die Häuser von Pest stehen in Flammen. Abdurrahman wandert unstet auf und ab, der Schlaf meidet ihn. Auf einmal verbeugt sich sein Sekretär, der weichgesichtige Eunuch, vor ihm. Eine sprechende Taube sei eingetroffen, gesandt von Herzog Karl von Lothringen, dem Oberkommandierenden der Belagerer. Der Bote ist ein gelangweilt blickender Mann unbestimmbaren Alters. Seine Kleidung ist einfach, nicht nach deutscher Art, er erinnert eher an einen der armenischen Händler von Buda. Doch das Siegel, womit er sich ausweist, kann nur dem Stillen Herzog gehören. Abdurrahman nickt mit steifer, abwartender Miene.

»Ich überbringe die Worte Seiner Hoheit Karl von Lothringen.«

Abdurrahman winkt ungeduldig. Die Umschweife sind überflüssig.

»Du darfst sprechen!«

Der Abgesandte lächelt. Seltsam wirkt das Lächeln auf diesem gleichgültigen und nichtssagenden Gesicht. Als ginge ein Riß durch eine graue Marmorwand.

»Ich weiß, ehrwürdiger Pascha, daß auch du sie seit Jahren suchst. Ich weiß, daß du nicht nur von ihnen gehört hast, sondern ihnen auch begegnet bist. Tränengaukler? Hervorragende Spione, Agenten vielleicht. Jahrelang hast du gedacht, daß dein Tod erst dann einen Sinn hat, wenn du wirklich Gewißheit über sie erlangt hast. Ist das jetzt noch wichtig? Jedenfalls nimmt eine Belagerung ihren Anfang – die letzte, wie ich hoffe. Ich werde dir noch öfter, wie es sich in solchen Fällen gehört, die Übergabe der Festung und der Stadt befehlen. Ich fordere dich in des Kaisers Namen auf, keinen Widerstand zu leisten. Ich lasse deine Burg beschießen, werde dein Volk dezimieren. Die Burg wird in Flammen aufgehen. Ich nehme dich gefangen oder bringe dich um, verehrter Pascha. Nur eines wünsche ich dir: Bringe vor deinem Tod in Erfahrung, wer sie sind. Aus ganzem Herzen wünsche ich, du mögest erfahren, wer die Tränengaukler sind und zu welchem Ende sie auf dieser Welt ihre Kunststücke machen.«

Der Abgesandte verstummt. Seine Züge glätten sich, mit steifem Oberkörper und an den Körper gepreßten Armen steht er da.

»Ist das alles?«

»Das ist alles.« Der Bote bewegt ein wenig den Kopf.

Abdurrahman nickt zerstreut. Der Abgesandte rührt sich nicht. Er steht da, als hätte er nichts gesagt. Fragend zieht der Pascha die Augenbrauen hoch.

»Mein Herr, Karl von Lothringen, hat befohlen«, verneigt sich der Bote, »daß ich vor deinen Augen sterben soll.«

Abdurrahman lächelt. Wenn das der Wunsch ist, so sei es. Er winkt seinem Schreiber. Der Bursche soll mit der größtmöglichen Schonung erwürgt werden, lautet sein Befehl. Der Henker streut ihm Rosenblüten auf die Augen und Mohn unter die Zunge und senkt erst dann die schwere Stirn auf seinen Hals.

Kaum daß der Morgen graut und der Muezzin die Bewohner der Burg zum Gebet ruft, hat Diamont bereits ihren Platz am Fenster eingenommen. Sie läßt ihren Blick über das in Trümmern liegende, ausgeplünderte Pest hinweg in die Ferne schweifen, die sie beruhigt. Geruch von Kamelscheiße und Milch liegt in der Luft. Ab und zu flattern traurige Tauben aus dem Blick des Mädchens, doch es ist bereits vergebens. Die Nachricht vom Tod Achmeds ist zu ihr gelangt. Aber nicht in Wortgestalt, als Botschaft oder konkrete Mitteilung. Was sie auch ansah, eine Wolke am Himmel, eine abgefallene Rosenblüte zu Füßen einer Vase, der Flug eines Vogels, die Schritte der Wache auf dem Korridor des Palastes, alles, ja, alles, berichtete dasselbe.

»Achmed ist tot.«

»Achmed ist an dem Schmerz zugrunde gegangen!«

»Sie, Diamont, hat ihn umgebracht!«

»Und als ihn der schöne Mann tötete, hat er an dich gedacht, Diamont!«

Und das Mädchen nickt und weiß, daß die Nachricht wahr ist. Saha tritt zu ihr, die Lieblingsharemsdame des Pascha, ihre Freundin.

»Träum nicht«, sagt Saha und beugt sich nahe zu ihrem Hals.

Diamont blickt sie mit verschleierten Augen an.

»Ich träume doch seit langem nicht mehr«, sagt sie leise. »Mich träumt jemand. Bloß weiß ich nicht, was er mit einem Traum anfangen will, in dem ich in seinen Armen sterbe.«

Seit Wochen werden in der Burg Lebensmittel und lebende Tiere, Waffen, Schießpulver und Baumaterial gehortet. In der Stiefelmacherstraße protzt im Schatten einer schlanken Moschee ein dickes Minarett. Wagenladungen Reis und Getreide, Butter und Maismehl sowie Ölfässer werden in dem Gebäude gelagert. Selbst ein neugeborenes Kamel fände keinen Platz mehr. Verzweifelt winkt der Verwalter des Minaretts dem Lenker eines weiteren Wagens, er möge zu einem anderen Minarett weiterfahren. Der wieder springt vom Bock und bricht wild gestikulierend einen lautstarken Wortwechsel vom Zaun. Er ist bereits an einigen Orten abgewiesen worden. Die Bevölkerung versteckt in fieberhafter Eile ihre Schätze. Ein dummer jüdischer Geldwechsler ist seit Tagen Gegenstand allgemeiner Erheiterung. Er hatte mehrere Säckchen Goldes verborgen, aber jede Nacht ein neues Versteck ersonnen, so daß er schließlich völlig durcheinanderkam und nun selbst nicht mehr weiß, wo die Säckchen stecken. Sich den Bart raufend, die Kleider zerreißend, läuft er auf den Straßen umher.

Jizchak ben Juda hält ein hübsches Kollier gegen die Sonne. Vor einigen Tagen ist die Lieferung aus Saloniki eingetroffen. Mißmutig schüttelt er den Kopf. Wen interessieren denn Ohrgehänge, Perlen und Armreife, wo doch die Menschen ihren Schmuck jetzt eher verbergen als anbieten und kaufen? Mit einem Mal erstarrt er und lauscht mit hochgerecktem Kopf. Margit, ihre christliche Bediente, summt in der Küche. Seit er bei ihr gelegen hat, sieht sie ihn nicht mehr an, obgleich er sich ihr nie wieder genähert hat. Jizchak ben Juda hat sich nicht mit dem Mädchen eingelassen, weil er ihren plumpen, schwerfälligen Leib begehrt hätte. Nein. Er hat es eher aus Dankbarkeit getan. Wegen Abraham. Der Händler lächelt. Wie schicklich und doch selbstbewußt sich der Junge vor einigen Monaten bei der Einweihungsfeier betragen hat! Und dann das Gastmahl! Sogar der verrufene, pfiffige David Mendelson erhielt eine Einladung. Josua Rabimek und Levi Mos machten ihre Aufwartung. Die Gäste fühlten sich wohl, sangen und tanzten. Sara machte ihre Sache prächtig, sie hatte Köstliches gebacken. Alles schien in bester Ordnung. Dann aber bemerkte Jizchak ben Juda etwas, woran sich zu erinnern er sich eigentlich schämt.

Doch das Bild drängt sich ständig vor wichtigere Gedanken und stört seine Tage mit dem Gift der Unruhe, obschon er gar nicht sicher ist, daß sich die Sache tatsächlich zugetragen hat. Vielleicht ist es nur die Phantasie, die ihm diese Absurdität wieder und wieder vorgaukelt. Es ist also geschehen, daß David Mendelson während der Tafel eine weitere Lammkeule aus der Schüssel genommen und Sara dabei zugezwinkert hat. Die Menschen reden viel. Ob es stimmt, daß sich Mendelson gegen die Heiligkeit der Samstage vergeht? Jedenfalls kann ihm Jizchak ben Juda nicht ernstlich böse sein, denn der streitbare kleine Wollhändler hat beträchtlichen Mut unter Beweis gestellt, als er sich vor Jahren am Purimfest den verblendeten Sabbatianern entgegenstellte, die den Rabbi verspotteten. Jizchak ben Juda lebte damals noch nicht in Buda, hat aber von der Geschichte gehört. Einmal hat Efraim ha Kohen sie ihm sogar selbst erzählt. Auch von den großmächtigen, peitschentragenden türkischen Kommandanten ließ sich David Mendelson niemals einschüchtern, er stritt sich mit ihnen und machte sie zum Gegenstand seines Spotts.

Und trotzdem.

Hat dieser Mendelson gezwinkert oder hat er nicht?

Beim Mahl nach der Einweihungsfeier stand Jizchak ben Juda mit dem Palinkaglas in der Hand auf und bat seine Freunde, sie mögen des Rabbi Efraim ha Kohen gedenken, der an der Pest verschieden ist. Einen hervorragenderen Menschen kennenzulernen, würden sie kaum je Gelegenheit haben, was freilich nicht bedeuten solle, daß der neue Rabbi nicht gleichfalls ein weiser Mann von edler Gesinnung sei. David Mendelson nickte beifällig, ein wenig ungehörig schleckte er seinen Zeigefinger ab, um dann, wie zufällig, Sara abermals mit schamloser Offenheit anzusehen. Diese wieder, und in Wahrheit war es das, wovon sich Jizchak ben Judas Magen zusammenkrampfte, erwiderte den Blick auf eine Weise, die ihrem Mann unbekannt war.

Jizchak ben Juda seufzt.

»Sara!« ruft er. »Sara!«

Alsbald tritt die Frau ins Lager und blickt ihn mit ehrlicher Neugierde an. Lange sagt er nichts, doch eine Perlenkette, als wäre sie aus gefrorenen Tränen, klimpert leise in seiner Hand. Schließlich überwindet er sich.

»Hast du Mendelson schon einmal zwinkern sehen, Sara?« fragt er leise und gewichtig. Die Frau aber lacht unbefangen auf.

»Hast du den Verstand verloren, Jizchak, daß du dir in solchen Zeiten wegen so etwas den Kopf zerbrichst«, sagt sie und geht bereits wieder an ihre Arbeit.

»Sara!« brüllt Jizchak ben Juda.

Wie von Feuer versengt, wirbelt sie herum. Ihr Blick ist kalt und mitleidlos.

»Du bist ein Zwerg, wenn du Angst hast, Jizchak.«

Sara neigt sich vor.

»Aber ein Riese, wenn du leidest«, sagt sie sehr leise und lächelt.

David Mendelson strolcht durch die Gassen der Wasserstadt. Nicht daß er kein gutes Geschäft mit dem jüngst beschafften groben Tuch machen könnte, das in solchen Zeiten gefragter ist als selbst der feinste Samt oder Taft. Doch es hat keine Eile. Später wird ihm das Tuch mehr einbringen. Er begibt sich zum Eislager unweit des Wiener Tors und holt sich zum dritten Mal an diesem Tag Eis, obwohl mehr als zweimal sich nicht gehört. Zumindest ist es zweimal gratis. Der kleine Jude zahlt jedoch auch das dritte Mal nicht. Was Mendelson wohl mit soviel Eis anfängt?! Er bringt es Armeniern, die in der Stadt festsitzen, mit ihnen feilscht er an einem weniger auffälligen Ort des Sankt-Georg-Marktes. Der Wein ist ihm ausgegangen, na deswegen feilscht er. Tokajer sollen sie ihm bringen, wenn dieser Wahnwitz zu Ende ist. Die Armenier schütteln sorgenvoll die Köpfe. Das Heer der Christen scheint sehr entschlossen. Sie sind überaus zahlreich! Wie Heuschrecken auf der Wiese! Es wird ein Unglück geben, ein großes Unglück! Aber David Mendelson lacht sie aus. Mögen sich die verehrten Herren Händler doch daran erinnern, wie stolz und selbstgefällig die christlichen Söldner vor kaum zwei Jahren unter der Burg aufmarschiert sind, um schließlich bis Wien zu fliehen. Da erblickt David Mendelson seinen Freund, Jusuf Rababár, der auch gleich zu ihm tritt, ihm auf die Schulter klopft und bereits mit gedämpfter Stimme eine geschäftliche Unternehmung zu erörtern beginnt, wobei er häufig vom dröhnenden, gutgelaunten Gelächter des kleinen Juden unterbrochen wird.

Levi Mos, der bärenstarke Schächter, der auch mit verbundenen Augen alles Unreine aus einem Rind herausschneiden kann, ist in seinem Hof bei der Arbeit. Er zieht ein Kalb zu sich heran. Ein sanftes und junges Vieh. Es lahmt ein wenig. Leben würde es aber doch. Könnte auf der Wiese herumhinken, hüpfen und springen, wenn nicht... Ach was, genug der Gefühlsduselei! Der Schächter seufzt.

»Ich schlachte dich morgen«, sagt er zu dem Tier.

Levi Mos schüttelt den Kopf. Nochmals seufzt er tief.

»Nicht doch, sei mir nicht böse«, knurrt er und überwindet sich, in die glotzenden Augen des Kalbes zu sehen. Niemand in der Mahalleh, vielleicht nicht mal Mendelson, der seine Nase überall hineinsteckt, weiß, daß der ständig prahlende Kraftprotz Levi Mos jedes einzelne Tier um Verzeihung bittet, bevor er ihm die Kehle durchschneidet.

Durch die Mendelstraße hastet Marja, Josua Rabimeks neuerdings trübsinnige Frau, als ob sie jemand verfolgte. Niemand verfolgt sie, niemand hetzt sie, keine Menschenseele ist hinter ihr her. Oder vielleicht doch? Wie unstet ist ihr Blick, das Fieber, das ihre Seele verzehrt, hat ihre rosigen Wangen ausgebleicht. Kein Wunder. Armenische Händler haben vor einigen Tagen die Nachricht gebracht, daß einer ihrer Brüder aus Brandenburg verbannt und sein Haus von einem herzlosen Regierungsrat des Kurfürsten Friedrich Wilhelm französischen Hugenotten überlassen wurde. Sollte Marja, diese stille und demütige Frau, die Josua Rabimek so viele glückliche Stunden bereitet hat, wegen ihres Bruders so bleich sein? Mitnichten. Gerade lief ihr David Mendelson über den Weg, und der Atem stockte ihr, so wie er sie ansah. Das nächste Mal wird sie ihm sagen, daß er nicht mehr kommen soll, er soll sie nicht mehr aufsuchen, nicht mehr belästigen. Ja, ja, sie sagt es ihm, gelobt Marja, wie schon so oft. Nun läuft sie wie von Sinnen.

Mit ihrer kleinen Faust schlägt sie sich an den Kopf.

»Ich bin der Fluch des Hauses!«

Frauen rufen ihr nach.

»Was hast du gesagt, Marja?«

Ohne sich umzusehen, hastet sie weiter und schlägt sich mit ihrer kleinen Faust die Stirn blutig.

Das erste Gefecht in der Umgebung der Burg findet in den zeitgenössischen Kriegsberichten keine Berücksichtigung. Das ist auch ganz in Ordnung so. Wozu glorreiche Ereignisse mit ordinären Dingen vermengen! In dieser Schlacht spielte Strategie und Taktik keine Rolle, der rechte Flügel ging nicht unerwartet zum Angriff über, während die linke Flanke zurückwich, um den Feind in einen tödlichen Ring einzuschließen, das Fußvolk rückte nicht todesverachtend vor, keine heldenhafte Verteidigung hat sich zugetragen, welche Momente schon so viele Kriegsereignisse nachgerade zu Kunstwerken gemacht haben.

Vor der Ankunft der lothringischen Hoheit stehen einige wackelige Fuhrwerke am Westufer der Donau, kaum eine Viertelstunde Fußweg von der Burg entfernt. Vor dem größten, mit einer zerschlissenen Plane bedeckten Gefährt verweilt ein großer, kräftiger Mann mit behaarter Brust und grauen Schläfen. Der Herkunft nach ein Welscher. Gemäß seiner Natur ein allbekannter, wenngleich in letzter Zeit nicht wirklich verwöhnter Verehrer des weiblichen Geschlechts, der das Pech hatte, einige Jahre als Fee am schönen und wildromantischen und gehörig verabscheuten Ufer des Flusses Reka zubringen zu müssen. Er ist es, Angelo, der einstige Diener des wunderlichen siebenbürgischen Magnaten Demeter Absolon, der nebstbei auch Franz Pillinger aufzog, solange er ihn aufziehen konnte. Seine Augen beschattend, späht er in die Ferne. Von ausgemergelten Kleppern gezogene Wagen zockeln auf die Niederung zu, wo er mit seinen Mädchen sein Lager aufgeschlagen hat. Seitdem er sich zum König der Huren ernannt und die überraschten Venezianerinnen in einer stürmischen Nacht auf der Brücke von Esseg darüber informiert hat, erfüllt ihn zum erstenmal jene Zufriedenheit, nach der er sich sein Leben lang vergeblich gesehnt hat. Seine Untertanen sind, um die Wahrheit zu sagen, vorläufig noch nicht sehr zahlreich. Über einige Dutzend venezianische Dirnen mit gespaltenen Fersen kann er die sorgenschwere, gleichermaßen Geduld, entsprechende Entschlossenheit, seelisches Feingefühl und Tugend erfordernde Kunst des Herrschens üben. Erst lachten ihn die Mädchen aus, dann rebellierten sie gegen ihn, bei der Brücke von Esseg wollten sie ihn, hm, nein, sie warfen ihn auch tatsächlich aus dem Wagen, allein, da stellte ihnen Angelo unermeßliche Schätze, unvorstellbaren Reichtum und eine goldene Zukunft in Aussicht.

»Ihr werdet sogar zum Arschwaschen Diener haben!« brüllte Angelo im Schlamm zappelnd, worauf die Huren zu überlegen begannen, ihre juckenden Schamhügel kratzten, ihre Titten drückten, ein paar von ihren Geschwüren und gelblichen Pickeln aufrieben, na schön, was können sie schon dabei verlieren, wenn sie den Worten dieses elenden Penisträgers eine Chance geben. So ziehen sie Angelo eben aus dem Dreck und gestatten ihm, sich ihr König zu nennen, wenn sie es nicht hören. Aber nur dann. Die erste Schlacht hatte Angelo gewonnen. Kein spektakulärer, aber ein um so wichtigerer Sieg. Trotzdem überspannte er den Bogen nicht. Vorläufig regierte er vorsichtig, beinahe unmerklich, ließ die Huren ihr gewohntes Leben weiterführen, auch Geld verlangte er keines von ihnen, drängte sie nicht zu mehr Fleiß, gleichwohl wußte er, daß die Zeit für ihn arbeitete, denn die Zeit ist etwas, das immer für irgend jemanden arbeitet, und die Begabung eines Menschen besteht darin, dieses Wirken für sich nutzbar zu machen. Im übrigen ist er ungeheuer stolz. Wenn die Huren als Vertreter des ältesten Gewerbes der Welt gelten, und wer würde das bestreiten, dann kann auch ihr König nur ein Mensch sein, der sich auf die ältesten Tricks der Machtausübung versteht.

Mit umsichtiger Sorgsamkeit und fürsorglicher Zuneigung, wie es sich für einen Vollblutmonarchen geziemt, rückt er seinen Riemen zurecht, der langsam unruhig wird.

»Schon gut, hör auf zu weinen!« knurrt er ihm zu und richtet seinen Blick wieder geradeaus. Ungefüge Wagen bewegen sich auf sie zu, schwerfällige Gefährte, wie die der russischen Bauern in den unendlichen slawischen Steppen. Unterwegs hat Angelo Neuigkeiten aufgeschnappt, er hat in Erfahrung gebracht, daß sich vor allem slawische Huren auf den Weg zur Belagerung von Buda machen, Polinnen und Russinnen, Ukrainerinnen und Weißrussinnen, die krummfingrigen und dünnlippigen Slowakenhuren mit ihrem harten Schoß, Mädchen von Völkern der Ostkarpaten treffen ein, die bestenfalls zehn- oder zwanzigtausend Seelen zählen und deren Sprache aus Steinen, Holzspänen, Bärengebrumm und Bachgeplätscher zusammengesetzt ist.

Die slawischen Frauen sind gewöhnlich weizenblond, haben riesige Münder und so dicke Schenkel, daß der darauf gesudelte Männersamen nicht von ihnen herunterfindet. Sie drükken die Preise und sind zu Abscheulichkeiten bereit, wie sie den geschmackvolleren flämischen, französischen oder spanischen Freudenmädchen niemals einfallen würden, höchstens im Schlaf, aber dann wachen sie sofort auf. Man muß wissen, daß einige der slawischen Huren vom Blick des furchtbaren Bogdan Chmel schwanger geworden sind. Der jahrzehntelang sengend über die ukrainische Erde streichende Blick des Feuermenschen hat alles Schlechte und Unnütze ausgetilgt, nur was sein empfindsames, verfeinertes und launisches Wohlgefallen erregte, blieb am Leben.

Eine kräftig gebaute Frauensperson säubert sich vor ihrem Wagen das staubbedeckte Gesicht. Ihr Haar ist blond, wie festgestampftes Stroh, und zu einem dicken Zopf geflochten.

»Woher kommst du, mein Täubchen?« schmeichelt Angelo, der glaubt, in der Sprache der slawischen Huren sprechen zu können, welche weniger aus der sinnvollen Abfolge von Worten als aus Gesten, Kopfwackeln und verschiedenen Arten von Seufzern besteht.

»Was geht dich das an, Bauer?!« knurrt aufblickend die Dirne, hebt ihren Rock, geht in die Knie und beginnt, mit erleichtertem Seufzen neben den Wagen zu pinkeln. Angelo betrachtet mit schräggelegtem Kopf den unter der Frauensperson hervorquellenden, wilden, goldgelben Strahl. Einen Gestank hat diese Pisse, das ist nicht zu leugnen. Schöne, stinkige Pisse! Minutenlang uriniert die Frauensperson, zuweilen läßt sie einen fahren, woraus Angelo ersieht, daß er es mit der Anführerin der slawischen Huren zu tun hat. Gnadenlose Lenka wird das Mädchen genannt, sie ist dafür berüchtigt, daß sie mit ihrem Hinterteil töten kann. Wie und auf welche Weise, weiß Angelo noch nicht, auf alle Fälle übt die Lebensgefahr anregende Wirkung auf ihn aus.

»Aber, aber, mein Täubchen. Warum so zornig?«

»Was willst du, Bauer?« In Lenkas kaltblauen Augen flackert ein schwarzes, unheimliches Licht.

»Ich bin ein König, dumme Gans«, sagt Angelo und tritt näher.

»Der König der Narren?« spottet Lenka und fischt aus den Falten ihres Kleides ein Stückchen Fleisch, an dem sie schmatzend zu nagen beginnt.

»Du bist doch gar nicht närrisch, Gnadenlose Lenka«, lächelt Angelo und streicht mit der Zunge über die obere Zahnreihe.

Das Mädchen macht große Augen. Ein halbgekautes Fleischstück fällt ihr aus dem Mund. Dieser dahergelaufene Bauer kennt ihren Namen? Und wagt es trotzdem, diesen frechen Ton anzuschlagen? Die Gnadenlose Lenka steht auf, zupft ihr Kleid zurecht und tritt näher, sie kann seinen Atem, den Dunst seines Körpers spüren. Tief blickt sie dem dummen Kerl in die Augen, und plötzlich weiß sie, daß sie verloren ist. Aus ist es mit ihrer Herrschaft. Doch der uralte slawische Trotz, der sogar die Wolga für Momente zum Stillstand bringen kann, steigt in ihr hoch. Sie wird ihr Königreich teuer verkaufen, jetzt erst recht! Verächtlich deutet sie mit der Stirn auf den Wagen.

»Na komm, du Drecksau!«

»Ich komme, mein Täubchen, ich komme«, säuselt Angelo, und schon schiebt er die Weibsperson regelrecht vor sich her. Nicht umsonst hat die Gnadenlose Lenka ihren Namen bekommen, in einer stummen Nacht, irgendwo in einem Dörfchen an der Wolga. Sowie die Wagenplane zurückschwingt, wirft sie sich auf Angelo, ringt ihn zu Boden und beginnt ihn zu küssen, indem sie ihm nachgerade die Zunge aus dem Mund reißt. Gleichzeitig packt sie mit aller Kraft seinen schwellenden Riemen, ein Wunder, daß er bleibt, wo er ist. Nachdem er sich von der ersten Überraschung erholt hat, geht Angelo zum Angriff über. Er packt die Lumpen der Hure, um den gewaltigen

Leib mit einem einzigen heftigen Ruck völlig zu entblößen. Na, jetzt ist es an Angelo, große Augen zu machen.

Diese melonengroßen Brüste!

Diese massigen Arme, wabbelnden Schenkel!

Die hinreißenden, sich wie Kissen auftürmenden Fettwülste des Bauches!

Der mörderische Schenkelansatz!

Im nächsten Moment kitzelt Angelo das Mädchen, das mit diesem heimtückischen, typisch mediterranen Winkelzug nicht gerechnet hat und loskichert. Damit ist es um sie geschehen. Angelo nimmt alle Kraft zusammen, wälzt sie unter gewaltigem Gebrüll auf den Bauch, drückt ihren Nacken hinunter und preßt sich an ihre Hinterbacken. Angelo weiß, daß man mit slawischen Frauen, anders als beispielsweise mit französischen, spanischen oder welschen, anfangs grob und erbarmungslos umgehen muß und sie erst danach kosen, verwöhnen, verhätscheln darf. Gewalttätig durchstößt er die von Haaren überwucherte, mörderische Schwärze von Lenkas Hinterbacken. Wie ein Schmiedehammer, so langt er zu, so rammelt er.

»Mein kleiner Augenstern, mein Goldschatz, mein Herzchen, bis jetzt hast du nur gemordet und nicht genossen, das ist es, was dir gefehlt hat«, flüstert er in den mächtigen Nacken des Mädchens. Lenka keucht verloren vor sich hin. Dann dreht Angelo sie wieder um, zieht ihren Kopf an den Haaren hoch und drückt ihr seinen Riemen zwischen die Lippen. Noch immer gibt das Mädchen sich nicht geschlagen. Aber als sie den Druck ihrer Zähne verstärken will, wird sie entsetzt gewahr, daß Angelo ihr Gesicht zu streicheln beginnt, und das ist furchtbar, denn bis jetzt ist ihr Gesicht immer nur geschlagen, angespuckt und getreten, aber nie, nie gestreichelt worden. Keine Viertelstunde vergeht, und ihre Lippen sind blutig vom heftigen und schonungslosen Reiben. Angelo beugt sich zu ihr, schleckt das Blut ab, dann dreht er das Mädchen auf den Rükken und nimmt sie gleich zweimal nacheinander, und als Lenka nur mehr leise wimmert und kaum mehr Kraft hat als eine Sterbende, flüstert er ihr plötzlich zu:

»Mein Täubchen.«

»Mein süßes, kleines Täubchen.«

»Mein Liebchen, mein Herzblatt.«

Die Gnadenlose Lenka möchte aufblicken, allein, das Licht ihres Blicks wird sanft weggeküßt, und von neuem geschieht mit ihr, was schon hundertmal und tausendmal geschehen ist, diesmal aber zart und kosend, hätschelnd und innig, so daß sich jede einzelne ihrer Zellen, selbst der versteckteste Winkel ihres Körpers geliebt fühlt. Als würden frische Birkenblätter auf ihn herabrieseln. Als würde ihn Frühlingsgras überdecken, weich und lind, wie der Schlaf. Als würde die Wolga von Gold funkelnde Schuppen über ihren Schoß, ihren bebenden Bauch und die mächtigen Polster ihrer Schenkel spülen. In ihrem vor Haß schlüpfrigen Schoß spürt sie Honig und Wärme. Lenka schluchzt leise und würde gewiß auch Freude empfinden, wenn ein Mensch Freude empfinden könnte, der aus Bogdan Chmels schrecklichem Blick geboren ist. Aber dennoch ist es beinah Glück.

Nach dem ungewöhnlichen Schäferstündchen stehen die Huren rings um den Wagen. Bestürzt starren sie Angelo an, der hinter der Plane hervortritt und sich zerstreut mit seinen Hosen zu schaffen macht. Lange darf er nicht damit herummurksen, denn ein königlicher Anblick ist es ja doch nicht, wenn einer öffentlich an seinem Schwanz herumfummelt. Im übrigen spielt es keine Rolle. Hier kann er bereits tun, was ihm beliebt. Lächelnd blickt er in die Runde.

»Auf die Knie«, sagt er leise, aber bestimmt.

Die Huren schauen bloß verdutzt, als wäre ihnen Schlamm in die Augen gespritzt.

»Auf die Knie!« brüllt Angelo.

Und all die fleischigen, großmündigen slawischen Huren sinken langsam, wie im Traum, auf die Knie. Und beileibe nicht nur sie, auch die mit den gespaltenen Fersen aus Venedig, denn auch sie sind Zeuge, wie die Gnadenlose Lenka vor den Wagen hinauswankt, sich an der Plane festklammert und keuchend nickt, indem sie flüstert: Hier ist der König.

Die Gnadenlose Lenka heftet ihren dämmrigen Blick auf Angelo. Und sie zeigt auch auf ihn.

»Er ist der neue König!«

Und als einige Tage später die kaltärschige bajuwarische, die pickelige sächsische und die watschelnde brandenburgische Abordnung Angelo der Reihe nach huldigen, stiehlt sich ein venezianisches Mädchen, einer seiner ersten Untertanen, ein kleiner Spatz mit entzündeten Augen und schütterem Haar, zu dem im Lehnstuhl sitzenden und zerstreut an seinem Glas nippenden Angelo.

»Du, Angelo, sag mal ...«, beginnt sie, doch da stockt sie bereits, denn Angelo schüttelt mißbilligend den Kopf. Er seufzt, als sei er gerade schwer enttäuscht worden. Das Mädchen räuspert sich und fährt zaghaft fort.

»Hoheit!«

»Schon besser«, winkt gnädig Angelo.

»Unser lieber König!« Das Mädchen errötet.

»Also sprich, mein Kind«, lächelt Angelo. »Willst du dich beklagen oder hast du einen Vorschlag?«

»Kriegen wir wirklich Diener zum Arschwaschen?«

Am achtzehnten Juni tauchen die Hügel und die stolze Burg von Buda vor ihnen auf. Karl streicht sich über die zerfurchte Stirn. Bis jetzt ist alles nach Plan gelaufen. Er hatte es nicht leicht gehabt. Der Herzog weiß, daß die Einnahme von Buda, ungeachtet ihres jämmerlichen Scheiterns vor zwei Jahren, die wichtigste strategische Aufgabe darstellt. Die Quertreibereien seiner Feinde und Neider blieben erfolglos. Erst hatten sie das Verbrennen der Brücke von Esseg dringend empfohlen, nur damit Maximilian Emanuel, dieser kindisch eitle und eifersüchtige Bayer, sich gegen Stuhlweißenburg wenden kann, während er, Karl, zum Abwarten verurteilt gewesen wäre. Ja, sogar die Burg des fernen Munkács war als Angriffsziel in Betracht gezogen worden, um mit dem Türkenfreund Thököly endgültig abzurechnen. Alles unnütze und sinnlose Ideen! Weniger Dummheit und mangelnder Sachverstand als vielmehr Eitelkeit und übersteigerter Ehrgeiz können einem Feldherrn wirklich gefährlich werden. Zum Glück ist es Karl gelungen, den von Bauchschmerzen geplagten Kaiser bei der letzten Beratung zu überzeugen, daß der Belagerung Budas absolute Priorität einzuräumen ist. Der Herzog lachte herzhaft, als man ihm die Nachricht überbrachte, Maximilian Emanuel habe gebrüllt und getobt, als er erfuhr, daß er wie schon vor zwei Jahren ihm untergeordnet sein würde.

Am Abend sendet der Herzog einen Boten zu Pascha Abdurrahman, dann läßt er sich einen köstlichen Bordeauxwein bringen. Während seine Soldaten die Zelte aufbauen, trinkt er sich zufrieden in den Schlaf. Im selben Moment, da der kaiserliche Abgesandte vor dem Budaer Pascha erscheint, tritt auch Stephan, der allwissende Privatsekretär des lothringischen Herzogs, an die Lagerstatt seines Herrn. Karl ist ein schlechter Schläfer. Gestern hat ihn die Gicht geplagt, manchmal hätte er brüllen können vor Schmerz. Auch jetzt ist seine Stirne feucht von Schweiß. Er schläft unruhig, den Mund weit aufgesperrt, laut schnarchend. Stephan tut es nicht gerne, trotzdem muß er seinen Herrn aufwecken. Vorsichtig berührt er die Schulter des Herzogs. Karl reibt sich schlaftrunken die Schläfe.

»Was willst du, Stephan?«

»Eine Botschaft, Hoheit.«

»Zu so später Stunde?!«

Einige Minuten später betrachtet Karl den kleinwüchsigen Türken. Er läßt den Blick auf seinen starren, sich schwer dem Lächeln und der Leidenschaft öffnenden Gesichtszügen ruhen, während er sich den fein gewebten, seidenen Schlafrock um die Hüften schlingt. Vorsichtig, damit der schlafende Schmerz nicht aus seinen Knochen herausfindet, nimmt er dem Boten gegenüber Platz. Der Türke verneigt sich.

»Ich überbringe die Botschaft des ruhmreichen Pascha Abdurrahman.«

Der Herzog winkt ihm, fortzufahren.

»Mein Herr sendet dir eine Geschichte, Hoheit.«

Karl hebt erstaunt die Augenbrauen.

»Es geschah, erlauchter Herr«, beginnt der Abgesandte mit leiser, gleichgültiger Stimme, »daß sich Mohammed, der Prophet, auf einer seiner Reisen in der Wüste verirrte. Tagelang war er bereits umhergeirrt, als Iblis, der Fürst des Bösen, vor ihm erschien und zu ihm sprach. Er bitte ihn nur um eines, wenn ihm Mohammed das gebe, werde er ihn auf dem kürzesten Wege aus der Wüste herausführen. Mohammed überlegte.

Wenn er sein Kamel hergibt, versinkt er im Sand. Wenn er seine Trinkflasche hergibt, verdurstet er. Wenn er Iblis seinen Turban gibt, verbrennen ihn die tödlichen Strahlen der Sonne. Wenn er hingegen seine Seele gibt, könnte er überleben. Voll Abscheu blickte der Prophet den Versucher an. Alles, was ich habe, gebe ich hin, sprach er zu ihm, aber meine Seele bekommst du niemals. Mit langem Gesicht wich Iblis von dem Propheten. Noch am selben Nachmittag fand Mohammed eine Oase, wo er zu dem Herrn der Zufluchtsstätte, einem blinden, aber scharfsinnigen Beduinen, den folgenden Hadith sprach:

»Auch in der Wüste ist unsere Seele das höchste Gut.«

Der Herzog muß lächeln. Er hat den Geschmack des französischen Weins auf der Zunge.

»Nun, was wünschst du noch?«

Der Bote verneigt sich.

»Mein Gebieter hat den Wunsch, daß ich vor deinem Angesicht sterben soll, erlauchter Herr.«

Karl kratzt sich am Kopf und lächelt. Er gibt Stephan ein Zeichen. Der Bote soll so schonend wie möglich umgebracht werden. Da erscheint auch schon der Henker, ein greiser Märchenerzähler vom Rhein, so ein Lagerfossil, dem jede Nacht Merlin, der Zauberer, erscheint. Der Alte flüstert dem Boten, der wahrscheinlich glücklicher stirbt, als er gelebt hat, ein schönes, todbringendes Märchen ins Ohr.

Am Morgen des nächsten Tages schlendern zwei merkwürdige Subjekte über die Ebene von Pest auf die Burg zu. Als verfügten sie über außergewöhnliche Macht, hält sie kein umherstreifender Tatar oder Türke auf, Spione und Schnüffler meiden sie, ja selbst die Patrouillen der kaiserlichen Streitkräfte blicken sie nur befremdet an, wie sie in aller Ruhe zu der vor einigen Tagen besetzten Fährenstation spazieren. Ganz unbefangen nehmen sie ein Boot und rudern auf das andere Donauufer zu. Drüben kneift der kaiserliche Wachposten die Augen zusammen.

Zu welcher Spezies gehören die denn, daß sie wie zum Zeitvertreib eine Bootspartie auf der Donau machen?! Zerlumpt wie der Himmel vor dem Sturm. Der eine ist ein unwahrscheinlich schöner Mann, sein Gesicht wie aus Marmor gehauen. Groß und struppig der Kopf des anderen. Dümmlicher Blick. Franz Pillinger und Josef Bezdan sind gerade auf dem Weg ins Tal von Buda, das die meisten Weibsgeschöpfe auf seinem Rücken trägt und wo die Maulwurfshügel aufs unanständigste auseinandergewälzt und plattgedrückt werden.

Ende Juni treffen Baron Hans Karl Thüngen mit den Franken und Markgraf Karl von Baden-Durlach mit den schwäbischen Einheiten vor der Burg ein. Die in geschlossener Formation marschierenden düsteren Brandenburger werden von Johann Adam Schöning angeführt. Am letzten Tag des Brachmonds hat Herzog Karl die Türken aus der Unteren Stadt vertrieben. Sechsundzwanzig fürchterliche mauerbrechende Kanonenrohre starren von den feingeschwungenen Hängen des Gellért- und des Napberges herab. Der tödliche Ring hat sich geschlossen, und es nimmt seinen Anfang, was bei einer solchen Belagerung die Nerven am meisten strapaziert und worauf man sich im Grunde nicht vorbereiten kann. Infolge des ständigen, auch in der Nacht nicht aussetzenden Geschützfeuers kommen die Belagerten keinen Augenblick zur Ruhe. Sie schlafen nicht, und wenn sie irgendwann vor Erschöpfung halb besinnungslos auf ihr Lager sinken, ja dann zuckt hinter dem Ohrläppchen bei jedem Krach ein Nervenbündel. Was Granaten und Geschoßsplitter mit den Mauern und Befestigungsanlagen, das richten Geschützdonner und das Kreischen der Luft mit den Nerven an.

Das ständige Gedonner stört freilich nicht jeden. Wer sich nicht in der Burg befindet, hat es besser. Der König der Huren liegt auf den Strohsäcken seines Zeltes ausgestreckt, nimmt ab und zu einen Schluck Wein und zählt die Kanonenschläge. Gerade ist er bei hundert. Plötzlich zischt er durch die Zähne, sagt aber nichts. Die Gnadenlose Lenka schnitzelt mit einem riesigen, krummen Messer ihre kralligen Nägel von den Zehen. Angelo langt erneut nach der Flasche, die neben seinem Lager steht. Er nimmt einen kräftigen Zug, fünfmal vielleicht hüpft sein Adamsapfel. Der Rotwein rinnt ihm auf die Brust. Die Gnadenlose Lenka lacht blubbernd auf.

»Schon wieder hast du dich blutig gemacht, Hoheit.«

Angelo überlegt, ob er wegen dieser Ungezogenheit zürnen soll. Dann entschließt er sich, gnädig zu sein.

»Komm, mein Kind«, rülpst er.

Mit dem Messer in der Hand kriecht die Gnadenlose Lenka auf ihn drauf.

»Ich könnte dich erstechen, Hoheit«, flüstert sie.

»Warum solltest du?«

»Ich könnte dir die Kehle durchschneiden und dir die Gedärme aus dem Leib reißen, ich könnte dir deinen…«

»Aber Täubchen, warum solltest du denn solche Scheußlichkeiten mit deinem Herrn anstellen?«

»Du hast ein Verbrechen begangen, Angelo.«

»Hoheit«, nickt er.

»Hoheit«, sagt Lenka resigniert.

Sie lächelt auch mit den Augen. Die üppigen Lippen sind zusammengepreßt. In ihrer Hand zittert das Messer. Damit krault sie bedächtig Angelos Kehle. In der Ferne wird die Burg beschossen. Nicht einen Augenblick lang schweigt der Kanonendonner.

»Eine Dirne darf man nicht lieben«, flüstert Lenka.

»Wer hat behauptet, daß ich dich liebe, mein Herzblatt, mein Täubchen?!« lacht Angelo. Plötzlich erhebt sich Lärm in der Nähe, ein Mädchen stürzt ins Zelt.

»Sie sind zu zweit!« schreit sie.

»Schon gut, na ist ja schon gut. Brüll doch nicht so!« knurrt Angelo und wälzt die verdrossene Gnadenlose Lenka zur Seite.

»Sie sind zu zweit!« kreischt das Mädchen, als wäre es übergeschnappt. Sie sind zu zweit! Na und?! Ist etwa der Papst gekommen, Hand in Hand mit dem Kaiser, daß die Nutte so brüllt?! Angelo schlüpft in seine Stiefel, wirft sich den Umhang über und tritt würdevoll wie ein richtiger König vor das Zelt, die Hand in die Hüfte gestemmt.

Nun ja, in der Tat. Zwei komische Gestalten sitzen im Schatten des Zeltes gegenüber. Zusammengewürfelte Kleidung. Mörder, Wegelagerer gehen in solchen Lumpen. Angelo räuspert sich bedeutsam. Die Fremden könnten wirklich grüßen. Die aber lassen sich nicht stören. Ja, ganz so, als wären sie hier zu Hause. Angelo tritt näher, um die Unverfrorenen in Augenschein zu nehmen. Zwei merkwürdige Augenpaare starren ihn an. Im Laufe seines Lebens hat Angelo schon einiges erlebt, Diener ist er gewesen, Fee ist er gewesen, aber so einem Blick ist er noch nicht begegnet. Das heißt, das heißt, vielleicht doch, irgendwann einmal. Aber wann? Kalt läuft es ihm über den Rücken. Er ist doch nicht König geworden, damit ihm jeder hergelaufene Strolch einen Schreck einjagen kann. Da erhebt sich einer der Burschen. Ein junger Mann mit großem Kopf. Wie bekannt der ihm doch vorkommt! Wer ist das? Wo ist er ihm begegnet? Heftig schlägt Angelos Herz, seine Handflächen werden feucht.

»Wir sind von weit her gekommen, Herr«, sagt er lächelnd.

Der Zauber ist vorbei. Angelo richtet sich auf. Na sicher. Jedermann ist von weit her gekommen, auch er, auch die Gnadenlose Lenka und die anderen Mädchen, seine Untertanen, alle sind sie von weit her gekommen. Wir sind von weit her gekommen und gehen weit fort, deswegen sind wir Menschen. Er wirft einen Blick an dem Fremden vorbei auf die andere Gestalt. Ein langhaariger, schöner Mann von dunkler Hautfarbe. Angelo schüttelt seinen buschigen Schopf.

»Fühlt euch wie zu Hause«, sagt er mit breitem Lächeln. Unruhe ist in sein Herz eingezogen. Angelo ist Fee gewesen, er kennt diese Kreaturen. Die beiden sind von einer ähnlichen Spezies. Auf alle Fälle wird den Fremden ein separates Zelt aufgestellt. Er befiehlt den Mädchen, sie ordentlich zu behandeln, und falls sie irgend solche Wünsche haben sollten, ihnen diese zu erfüllen. Die Fremden begehren jedoch nichts, was von Freudenmädchen üblicherweise verlangt wird. Manchmal bleiben sie tagelang fort, um dann wieder vor ihrem Zelt herumzuliegen und sich die Füße waschen und den Rücken abreiben zu lassen. Sonst wünschen sie nichts. Die Huren schwärmen für Josef Bezdans langes, nachtschwarzes Haar. Häufig kämmen sie es, schnuppern daran und reiben es mit verschiedenen Salben ein. Einmal ziehen sie ihn halbnackt aus und betasten mit erschauernder Wonne die Spuren der entsetzlichen Folter.

Mit glücklichem, fieberhaftem Eifer dirigiert Angelo die vielfältigen Angelegenheiten des Lagers. Rasch verbreitet sich der Ruf der Huren unter den christlichen Söldnern, die sie häufig aufsuchen. Wenn am nächsten Morgen ein Angriff bevorsteht, kommen besonders viele Besucher, nicht selten unerlaubt und Verboten zuwiderhandelnd. Diese hartherzigen, rauhen Kerle wollen, bevor sie sterben, noch den Geschmack der Liebe kosten. In solchen Fällen sind auch die Mädchen netter zu den Soldaten, die dann mehr und mehrmals dürfen, sie trinken mit ihnen und erlauben ihnen auch, sie anders anzureden, mit den Namen in der Ferne weilender Mädchen oder von Damen, die die Söldner im sonnigen Andalusien, im Piemont oder im starken Brandenburg zurückgelassen haben und vielleicht niemals wiedersehen werden. Die Gnadenlose Lenka hilft Angelo, meist ist sie es, die das Geld verwaltet, sie zählt es nachts, wenn die Hoheit bereits mit offenem Mund laut schnarcht.

»Von irgendwoher kenne ich ihn«, richtet sich Angelo manchmal auf seinem Lager auf. Die Gnadenlose Lenka beruhigt ihn.

»Na, dann kennst du ihn eben.«

»Aber woher kenne ich ihn?« starrt Angelo vor sich hin. »Woher nur?«

Unterdessen nehmen die Kriegsereignisse ihren Lauf. Feiglinge und Spione fliehen aus der Burg. Informationen und Lügen wechseln ihren Besitzer, mitunter werden die größten Absurditäten verbreitet. Manche geben sich als Ungarn aus, die Intelligenteren täuschen Fahnenflucht vor, sie liefern scheinbar wertvolle Informationen über den Zustand der Burg, über Wassermangel, über den verhaßten Abdurrahman, der immer ein besserer Händler als Soldat gewesen sei. Den größten Teil der Geflohenen hat jedoch der Pascha selbst geschickt. Er ist es, der verbreiten läßt, seine Soldaten würden ihn hassen und seinen Sturz wünschen, sollen die Christen nur glauben, sie hätten deshalb leichteres Spiel. Mehrmals stürmen die Verteidiger hinter den Mauern hervor und verwüsten Feuerstellungen und die Grabensysteme rings um die Burg. Blutige, erbarmungslose Kämpfe sind es. Ein Gemetzel Aug in Auge, wen du tötest, dessen Blut spritzt dir ins Gesicht, und es ist nicht sicher, daß du es jemals abwaschen kannst. In der Stadt deckt man wegen des pausenlosen Kanonenfeuers die Dächer ab. Die Bevölkerung leidet vorläufig noch keinen Mangel, Unzufriedene oder Feiglinge, die über die Kapitulation der Burg sprechen, nachdenken oder davon träumen, werden von den Janitscharen rasch zum Schweigen gebracht. Allgemein herrscht die Ansicht, daß die Armee des Großwesirs Suleiman, des größten lebenden türkischen Helden, den Belagerten bald zu Hilfe kommen wird. Suleiman hebt bereits in Bulgarien Truppen aus. Gegen Ende des Monats Juni entführen als Türken verkleidete junge Serben vierhundert Hammel aus dem Burggraben. Ein anscheinend empfindlicher Verlust, doch die Lebensmittellager platzen immer noch aus allen Nähten.

Bei der Belagerung werden verschiedenste außergewöhnliche Methoden angewandt. Besonders ein Konstabler namens Gonzales tut sich bei der Kanonade hervor. Seine schrecklichen Mörser bombardieren die Wasserstadt. Wer während des Kampfes von einem Schuß oder einem Splitter getroffen wird, kann schwerlich genesen. Es verbreitet sich die Kunde, daß die Kugeln der Türken vergiftet sind. Deswegen gibt es für Gefangene keine Gnade. Unmengen von Kugeln prasseln auf die Stadt nieder. In der Nacht wird das Gedonner von den Bergen Budas zurückgeworfen, auf ein einziges Krachen erfolgt mindestens dreifache Antwort. In gespenstischem Schein strahlt der Palast, der Beschuß entfacht sonderbare, jenseitige Feuer unter dem Himmel.

Angelo steht vor seinem Zelt und betrachtet das grauenhafte Bild. Neben ihm die Gnadenlose Lenka. Auf einmal beginnt er zu sprechen. Er vertraut ihr an, daß er sich an seine Kindheit gar nicht mehr erinnert, wohl aber daran, daß er Diener im Haushalt eines blauäugigen und grausamen Türken war. Oft ist er davongelaufen, und wenn sie ihn erwischt haben, wurde er geschlagen, zum Tode verurteilt und begnadigt. Schließlich geriet er irgendwo bei Wardein in eine ähnliche Belagerung wie die jetzige. Das ist lange her. Und da ist es ihm endlich gelungen, seinem Herrn zu entkommen, eine schwarzhaarige Gestalt hat ihm geholfen, aber er, Angelo, hat die größte Torheit begangen, die man sich nur denken könne: Wegen eines Mädchens hat er sich in die belagerte Burg begeben.

Die Gnadenlose Lenka zieht die Augenbrauen hoch.

»Was für ein Mädchen?«

Angelo zuckt gleichgültig die Achseln. Wieso, was für ein Mädchen?! Ein Mädchen gibt es doch in jeder belagerten Burg! Bloß daß er in der Wardeiner Burg kein Mädchen gefunden hat, sondern einen Säugling, ein Neugeborenes, das in einer zerschossenen Scheune unter einem Korb lag. Und der schwarzhaarige Fremde hat ihm den Namen des Säuglings verraten: Franz Pillinger.

»Und wer war der Schwarzhaarige?« fragt die Gnadenlose Lenka.

Abermals zuckt Angelo mit den Schultern. Irgendein Gaukler oder eine Fee, was weiß er. Später sei er in den Dienst eines mächtigen und wunderlichen siebenbürgischen Magnaten, Baron Demeter Absolons getreten. Einmal in Venedig habe sein Herr ihn und das Kind im Zorn heimgeschickt, bloß weil der Kleine in dieser prachtvollen Stadt ein wenig auf Trebe gegangen sei.

Und wie Angelo so erzählt, merkt er gar nicht, daß die Gnadenlose Lenka entgeistert an ihm vorbeistarrend langsam zur Seite tritt. Wie aus dem Nichts hervorgetreten, steht hinter ihnen der Fremde, der Angelo soviel Kopfzerbrechen bereitet. Da steht er, der großköpfige junge Mann und hat offenbar jedes Wort gehört, denn ein so seltsamer und unerschütterlicher Blick ist der Gnadenlosen Lenka noch nie untergekommen, dabei hat sie doch schon ein, zwei Mannsbildern tief in die trüben Augen gesehen.

Was will dieser Mensch?

Morden?

Rauben?

Sie will Angelo schütteln, der noch immer verlegen vor sich hin murmelt, aber sie kann ihre Hand nicht heben, als hätte alle Kraft sie verlassen. Doch sie braucht ihn nicht aufmerksam zu machen. Angelo spürt etwas und wendet sich um. Nur einige Momente hat er den Blick auf den jungen Mann geheftet, als er aufbrüllt wie ein glücklicher Esel. Er umarmt und küßt ihn, und die überraschte, zu keiner Bewegung fähige Gnadenlose Lenka hört aus den zusammenhanglosen Worten, den vom Stöhnen erstickten, abgerissenen Sätzen den Namen heraus.

Franz Pillinger! Franz Pillinger!

Er ist es, sein Sohn, das Kind auf dem Absolongut, das er am Reka-Fluß verloren hat. Madonna, teure Madonna!

Die Gnadenlose Lenka wendet sich verächtlich ab.

»Männer«, spuckt sie das Wort aus.

»Männer«, sagt sie kopfschüttelnd. Sie zieht das große, krumme Messer hervor und betrachtet düster, wie das Metall im Schein der brennenden Burg blitzt.

Am neunten Tag des Heumonds verdüstert sich der Himmel. Die ganze Nacht hindurch lassen die Belagerer die Bomben und die feurigen Kartätschen sprechen. Gegen Morgen breiten sich träge, graue Regenwolken über den Himmel, als gäbe es zuviel an Helligkeit, nächtlichen Flammen und Bränden in der Stadt. Und beim ersten, zögernden Hahnenschrei beginnt es zu regnen. Als ob die Verteidiger darauf gewartet hätten. Im Morgengrauen wagen die Türken einen Ausfall. Eine ausgewählte Janitschareneinheit stürmt auf die Laufgräben und Schanzen los, an denen Tag und Nacht gearbeitet wird. Die Janitscharen durchbrechen die verstärkten Linien der Brandenburger und bedrängen bereits die kaiserlichen Truppen. Das Gefecht ist kurz und heftig. Zahlreiche Brandenburger finden den Tod, den Türken gelingt es, ein kaiserliches Rondell in die Luft zu sprengen, aber schließlich müssen auch sie sich unter schweren Verlusten zurückziehen. Am Abend schwankt am Turm der Stephanskirche ein schwacher Lampenschein. Das kann nichts anderes bedeuten, berichtet man Karl von Lothringen, als daß die Verteidiger nicht länger durchhalten könnten. Wütend wirft Karl den Boten hinaus. Diese Erklärung kann vorläufig nicht stimmen. Der Herzog weiß natürlich nicht, daß das Licht einem gewissen Josef Bezdan gilt, der in diesen Tagen im Lager der Huren wohnt, einst Weltspion war und ein so schöner Mann ist, daß die Mädchen von ihm träumen.

Der einstmalige Weltspion hat Diamont vor einigen Tagen eine Botschaft zukommen lassen. Bei ihrer letzten Begegnung hatte er dem Mädchen versprochen, einmal zu ihr zurückzukehren. Für Josef Bezdan ist es überhaupt kein Problem, eine Botschaft in die Burg zu befördern. Er versteht sich bestens darauf, mit Blicken Gedanken zu übermitteln. Als ein bayrischer Kanonier nach vollbrachter Tat aus dem Zelt der französischen Mädchen tritt, packt ihn Josef Bezdan am Kragen und schleppt ihn wortlos mit sich.

»Laß mir mein Leben!« fleht der entsetzte Bayer, ein durchaus stattlicher und kräftiger Mann, der Angriff kommt indes so überraschend, daß ihn seine ganze Kraft verläßt. Josef Bezdan denkt nicht daran, den Kanonier zu töten. Er bringt ihn hinaus auf das Feld, wo nur das Zirpen der Grillen und der unzähligen Heuschrecken zu hören ist. Dort dreht er das bleiche Gesicht des Bayern zu sich und lenkt seinen Blick auf seine Stirn. Der Kanonier kehrt taumelnd ins Lager zurück. Er versteht nicht, was mit ihm geschehen ist, was der stumme Fremde, dessen Blick ihn nahezu schmerzte, von ihm gewollt hat. Im morgendlichen Geschützfeuer stürmt er unter Einsatz seines Lebens bis zur Burgmauer; ohne sich um Granaten und Gewehrsalven zu kümmern, dringt er weiter vor, bis er den Blick eines Türken auffängt. Dem starrt er ins Gesicht. Das Ganze dauert nur ein paar Augenblicke. Er kehrt in die Geschützstellung zurück und erfüllt seine Aufgabe, als wäre nichts geschehen.

In der Burg reibt sich der türkische Soldat verlegen die Stirn. Was ist geschehen?! Da riskiert dieser ungläubige Hund sein Leben, kommt bis an die Mauer heran, blickt ihm in die Augen und spaziert seelenruhig wieder zurück. Unglaublich! Anderntags hält der Soldat auf der Treppe des Palasts einen eben hinaufeilenden Eunuchen auf, den ersten Diener des Pascha, der Abdurrahman gerade eine wichtige Nachricht bringen will. Der Eunuch blickt überrascht in das fleckige, narbige Gesicht des Janitscharen. Was für eine ausgesuchte Dreistigkeit ist denn das?! Im nächsten Moment aber überkommt ihn das Gefühl, als hätte sich ein fremder Gedanke in seinem Hirn eingenistet. Der Janitschar ist bereits verschwunden. Er versteht selbst nicht, warum, doch zuerst hastet er in den Harem des Pascha. Verwundert sieht Diamont in das weiche, mürbe Gesicht des Eunuchen. Dann beginnt sie zu lächeln.

»Eine Botschaft von Josef Bezdan«, sagt sie.

Der Eunuch weiß natürlich, von wem das Mädchen spricht.

»Und wie lautet die Botschaft?«

»Daß er hier in der Nähe ist und mich besuchen wird.«

So geschieht es, daß Diamont am neunten Tag des Heumonds aus dem Harem flieht und den breiten Stephansturm erklimmt, um Josef Bezdan Lichtzeichen zu geben. Abdurrahmans Spitzel drückt sich in eine Mauernische und liest eifrig die Botschaft des Lampenscheins.

Einige Tage später verkleidet sich Josef Bezdan als französischer Freiwilliger. Die Uniform nimmt er in Angelos Lager an sich. Der junge Franzose sieht den schönen und kräftigen Fremden an wie eine Erscheinung. Hinter ihm kichert die Hure, ihre entblößten Schenkel sind noch rot von den Fingern des Franzosen. Am Eingang des Zelts blickt Josef Bezdan sich um. Er zuckt mit den Schultern. Der Franzose steht nur da, er versteht nicht, warum er sich nicht zur Wehr setzt, warum er dem Fremden nicht zu verstehen gibt, daß das so nicht geht, er versteht nicht, warum der Blick des Fremden bei ihm eine derartige, nie empfundene Schwäche hervorgerufen hat.

Und Josef Bezdan spaziert einfach hinüber in die Burg, als wüßte er nicht, daß der Aufenthalt zwischen den Frontlinien überaus gefährlich ist. Die türkischen Verteidiger bemerken ihn und ziehen ihn an den Händen über die Palisaden ins Innere der Burg. Josef Bezdan lächelt ihnen zu, klopft dem überraschten türkischen Konstabler auf die Schulter und geht davon. Der Türke zwirbelt seinen Bart und murmelt ein geisterbannendes Gebet.

Sein erster Weg führt ihn nicht zu Diamont. Er eilt in die Mahalleh, geht durch die verwinkelten Gassen, verweilt in Toreinfahrten, während er die zur Arbeit einberufenen Juden beobachtet, die bei der Verteidigung mithelfen. Sie schleppen Holz, Munition und Lebensmittel für die Soldaten. Einige tollkühne junge Männer nehmen, ohne sich um die Verachtung der anderen zu scheren, freiwillig am Kampf teil. Sie machen sich bei der Esztergombastei nützlich, dort, wo die Gefahr am größten ist, weil dieser Teil der Burg von den meisten Bomben und Granaten getroffen und von den Christen am vehementesten angegriffen wird. Josef Bezdan findet Jizchak ben Juda am frühen Nachmittag. Der ehemalige Weltspion vergißt nicht, was ihm der jüdische Händler bei ihrer letzten Begegnung gesagt hat. Bis heute hallt in ihm der Satz wider.

»Du lebst, also lügst du.«

Überrascht starrt Jizchak ben Juda in das marmorne Gesicht.

»Wie bist du hergekommen, Herr?«

Ein Schatten huscht über Josef Bezdans Stirn. Der Jude versteht, was der andere will.

»Soll ich dir meinen Sohn noch einmal zeigen, Herr?«

Josef Bezdan nickt.

»Was willst du von ihm, Herr?«

Josef Bezdan beginnt zu lächeln.

»Du willst sein Gesicht kennenlernen, Herr?«

Jizchak ben Juda rafft seinen Umhang zusammen und geht los. In raschem Tempo eilt er voran, und wenn eine Patrouille oder ein Trupp Soldaten sie aufhalten will, so tritt Josef Bezdan hinter ihm hervor und sein Blick verschafft ihnen sogleich freie Bahn. Abraham steht vor dem Haus und starrt in das blendende Licht der Sonne, seine Lippen bewegen sich lautlos. Wie ein Dichter, so steht er da. Richtig, als würde er deklamieren. Ein hagerer, pockennarbiger Bursche, dem schon der Bart sprießt. Josef Bezdan tritt ganz nah an ihn heran. Lange, sehr lange blickt er ihm in die Augen. Was soll aus dir werden, du junger Jude, wenn die Mauern brechen? Was wird mit dir, wenn die Söldner eindringen? Nun gut, was Josef Bezdan zu sehen wünschte, hat er gesehen. Was er sich merken wollte, hat er sich gemerkt. Was er fragen wollte, hat er gefragt. Doch da wirbelt er herum, als hätte ihn jemand geschlagen.

Der Hansdampf in allen Gassen David Mendelson wartet an der Ecke von Jizchak ben Judas Haus, in der Hand ein kleines Säcklein. Auf einmal bemerkt Jizchak ben Juda, daß Josef Bezdan lächelt. Aber was ist das für ein Lächeln?! Wie wenn man im schönsten Sonnenschein eine Klinge aufblitzen läßt. Wie wenn man vom Fleisch des Flußwassers einen Eimer voll abtrennt, doch so, daß die Wunde des Wasserspiegels nie mehr verheilt und der Verlust mit der Zeit davonzieht, ins Meer hinaus, ins Unendliche, um auch dort Verlust zu bleiben.

Auch der kleine David Mendelson beginnt zu lachen, hemmungslos, sein Bart baumelt hin und her, das Säcklein wirft er Josef Bezdan zu. Jizchak ben Juda grübelt noch tagelang, woher sich der schöne, geheimnisvolle Spion und der Hansdampf David Mendelson wohl kennen und was sie miteinander zu tun haben.

Am Nachmittag beginnt ein neuerlicher Angriff. Drei zu allem entschlossene Sturmtrupps stoßen gegen die Esztergombastei vor. Mit wechselndem Schwung, doch immer erbitterter wird gekämpft, bis dann zwischen sieben und acht sämtliche kaiserliche Kanonen zugleich abgefeuert werden, als würde auch der Himmel Feuer auf die Burg gießen. Doch die von den Kugeln geschlagenen Breschen sind nicht groß genug, die hinter ihnen errichteten Stützmauern halten stand, auch die Palisaden sind solide. Die Belagerer sind außerstande, sich einen brauchbaren Weg in die Festung zu bahnen. Zu guter Letzt versuchen sie es noch mit einem Generalangriff. Eine Dreiviertelstunde dauert die Schlacht, eine Unzahl von Toten bleibt am Fuß der Burg zurück, auch Engländer und Spanier, und natürlich vor allem kaiserliche Söldner.

Josef Bezdan befindet sich im Palast. Der Eunuch wagt nicht, ihn zurückzuhalten. Abdurrahman erreicht von der Esztergombastei die Meldung, daß es zum Ruhm Allahs gelungen sei, die Christen zurückzuschlagen und ungläubige Hunde sonder Zahl in den tiefsten Grund der Hölle zu schicken, wiewohl auch die Rechtgläubigen Verluste erlitten hätten. Doch die Verteidiger hätten unter Beweis gestellt, daß sie entschlossen seien und die Burg unter keinen Umständen übergeben würden. Der Pascha hebt die Hand an die Stirn. Seine Finger verweilen auf dem kleinen, braunen Fleck, der sich auf der Stirn jener Mohammedaner befindet, die viel beten und die Erde mehrmals am Tag berühren. Plötzlich hat er das Gefühl, allein zu sein. Und wirklich, der Beratungssaal ist leer. In diesem Moment läßt eine Rose ihre Blüte auf den Teppich fallen. Auch das Geschützfeuer hat aufgehört, nur da und dort knallt blindlings ein Gewehr in die Nacht. Irgendwo schreit eine Eule. Der Pascha hört das trockene, gezwungene Räuspern seines Sekretärs. Dort steht der Eunuch in der Tür, doch hinter ihm tritt ein

Schatten hervor, der weder erwartet noch bittet, angemeldet zu werden. Der Pascha erkennt den einstmaligen Weltspion.

»Du bist also zurückgekommen«, brummt der Pascha. Dann hebt er den Blick. Seine Nasenlöcher weiten sich, als würde er schnuppern. Der Greis würde gern zuschlagen, kämpfen. Aber er versteht selbst nicht, für wen und womit.

»Warum?«

Josef Bezdans schöner Kopf kippt zur Seite, ruhig und forschend verharrt sein Blick auf dem Pascha. Seine Lippen verziehen sich zu einem Lächeln, die makellosen Zahnreihen leuchten auf. Auf einmal erschließt sich aus seinem Blick die Zukunft.

»Nein«, erbleicht plötzlich Abdurrahman, der letzte türkische Statthalter von Buda.

»Das kann nicht wahr sein!« sagt er und packt den anderen an der Brust.

»Du bist gekommen, um mir das zu sagen?!«

»Es ist nicht wahr, du Spion!«

»Doch, Abdurrahman«, spricht Josef Bezdan zum ersten und letzten Mal in seinem Leben. Nur dieses eine Mal sagt er etwas. Denn es ist unvorstellbar, daß irgendeine Macht der Welt an der Wahrheit der überbrachten Botschaft etwas ändern könnte.

Es ist Morgen im Himmel, und Morgen ist auch auf der Erde. Gegenüber der Burg, an den Abhängen des Gellértberges und unmittelbar neben den bayrischen Linien, befindet sich ein Laufgraben. Nur einen einzigen Pistolenschuß von der Burg entfernt, deshalb lernen die Verteidiger und die Angreifer, die Belagerer und die Belagerten Angst und Haß aus ihren Blikken, so nah sind sie einander schon.

Gemelli Carreri heißt der feine italienische Herr, er ist Berater am Hof des neapolitanischen Königs, Spion und Reisender, Reisebeschreiber und Mörder, besser gesagt, er gehört zum Lager der hochehrwürdigen Humanisten. Carreri sieht auf die rohen und ungehobelten Deutschen herab, die in einer unmöglichen Sprache beten, er verachtet die charakterlosen, groben und jederzeit zum Verrat bereiten Ungarn. An diesem Morgen steigt der Humanist abermals in den Laufgraben, schiebt sich möglichst nah an die Basteimauer heran und wartet mit mörderischer Konzentration. Er hat die wunderschöne Frau schon ein paarmal am Fenster der Burg gesehen. Ein besonderes Wild, eine Sklavin vielleicht. Gestern hatte sich das Mädchen sogar auf die Brustwehr hinausgelehnt und das Lager der Christen beobachtet, als suchte sie jemanden. Ein übermütiger, leichter Windhauch hatte ihren Schleier zur Seite geweht, und für einen Moment wurde das hübsche Gesicht, das tiefe Feuer der Augen, die Stupsnase sichtbar. Eine typische südliche Schönheit, hatte Carreri gedacht und vergnügt gelächelt. Selbst Mohammed hätte sich keine Schönere wünschen können. Was würde er nicht alles dafür geben, sie nur ein einziges Mal zu umarmen! Die Kleine würde lernen, was für eine feine und vielseitige Angelegenheit die Liebe in den Armen eines Humanisten ist. Das hiesige Pack ist wie das Vieh. Sie stoßen ihn rein, reißen ihn raus und brüllen natürlich mächtig dabei. Brrr!!

Endlich erscheint das festlich gekleidete Mädchen erneut in einem der Fenster der Burg. Wie gestern wirft sie auch jetzt besorgte Blicke auf das betriebsame Lager der christlichen Heerscharen. Sie wartet auf jemanden, das ist klar. Weit lehnt sie sich aus dem Fenster, sogar das Zucken ihrer Wimpern ist zu erkennen. Herr Carreri, der Humanist, fummelt hingegen an seiner Arkebuse respektive seinem Gewehr. Geladen hat er bereits. Er will schon die Waffe heben, als sich ein Schatten vor sein Gesicht schiebt. Aus einem struppigen, großen Kopf starren ihm forschende Augen entgegen. Da steht so ein Kerl neben ihm im Laufgraben. Der Italiener staunt. Nanu, wer ist wohl der Hergelaufene? Offenbar irgendein Spion. Der Fremde beginnt zu sprechen.

»Das ist doch eine Frau, Signore«, sagt er mit einer Stimme, die aus einem abgrundtiefen Brunnen kommt. Der neapolitanische Rat macht ein Gesicht, als hätte man ihn beleidigt.

»Gewiß doch, eine Frau«, knurrt er.

»Eine äußerst schöne Frau.« Der Fremde rührt sich nicht von der Stelle.

»Eine schöne Frau«, wiederholt Carreri.

»Und trotzdem würden Sie auf sie ballern.«

Carreri überlegt, das Gewehr legt er auf seine Knie. Was will diese Gestalt von ihm? Und überhaupt, er spricht so ein gebrochenes Italienisch, als hätte er ein paar Jahre auf dem Stiefelschaft gelebt oder einige Zeit in Gesellschaft fideler Italiener verbracht. Ach, ist ja auch egal, wer immer es ist, er soll ihn nicht aufhalten. Und schon gar nicht belehren! Doch so plötzlich sein Zorn aufgeflammt ist, so rasch ist er auch wieder verflogen.

»Eigentlich ist es gar keine Frau«, sagt er ruhig.

»Ich verstehe nicht.« Der Fremde fährt sich mit seinen schmutzigen Fingern durchs Haar.

»Es ist Krieg. Das dort ist nur ein Ziel«, sagt Gemelli Carreri, der neapolitanische Humanist, hebt sein Gewehr, zielt und drückt ab. Der Fremde steht nur da und sieht den Italiener an. Ein schauerlicher Blick. Als hätte der Kerl einen Stein anstelle des Gesichts. Und auf einmal überkommt ihn ein würgendes und kitzelndes, zugleich schmerzhaftes und zum Lachen reizendes Gefühl.

Großer Gott, was geschieht hier?!

Plötzlich spürt Carreri, wie seine Nasenlöcher sich weiten, als wollte irgendeine Wolke durch sie entweichen. O nein! Das kann nicht wahr sein! Seine Seele macht sich ja daran, seinen Körper zu verlassen, und sieh nur, Welt, das Wunder – als hätte der Blick sie behext und das in ihm flackernde Lichtlein des Kosmos aus der sterblichen Hülle gelockt. Der Fremde mit dem großen Kopf kommt ihm ganz nah und schnappt wie ein Hund nach dem Zipfel von Carreris Seele. Falls eine Seele einen Zipfel, eine Ecke, einen Rand oder eine Seite haben kann. Ein Gefühl, wie wenn man einen Windflor zwischen den Zähnen hält. Carreri winselt, aus seinen Augen strömen die Tränen, in blutigen Tropfen tritt ihm der Schweiß auf die Stirn. Dann verdunkelt sich die Welt, der Humanist sinkt besinnungslos zu Boden. Als er wieder zu sich kommt, ist es Nacht. Am Himmel blitzen die Sterne. Neben ihm hockt ein deutscher Söldner. Der räuspert sich geräuschvoll und spuckt in die Nacht hinaus. Gelangweilt, aber aufmerksam bohrt er in der Nase.

»Der Herr hat gut geschlafen«, sagt er.

»Wie bitte?!« blinzelt der Rat aus Neapel.

»Sie haben so herzhaft geschnarcht, bestimmt haben Sie wunderbar geträumt.«

»Wunderbar sagst du?« stottert Carreri.

»Wunderbar.« Der Dragoner prüft den Inhalt seiner Nase, um ihn dann wegzuschnippen.

»Geradezu märchenhaft.«

Carreri betastet seinen dumpf schmerzenden Brustkorb. Er wird die Begebenheit, wie er auf die wunderschöne Sklavin geschossen hat und wie daraufhin seine Seele von einem dahergelaufenen Kerl gequält worden ist, immer für sich behalten.

In den Frauengemächern der Burg, in einem kleinen, halbdunklen Raum, liegt Diamont im Sterben. Von Zeit zu Zeit wischt Saha mit einem kühlenden Tuch über ihr bleiches Gesicht. Der Arzt ist soeben gegangen. Zuvor hatte er Diamont noch ein schmerzstillendes Mittel zwischen die Lippen gedrängt, und wie es scheint, wirkt die Arznei, denn mit einem Mal hört das Mädchen zu keuchen auf, ihr Gesicht entspannt sich, und zum erstenmal, seit sie das verirrte Geschoß getroffen hat, sind ihre Worte wieder verständlich.

»Er ist hier. Ich spüre, daß er hier ist«, flüstert Diamont.

»Wer, meine Liebe?« fragt Saha.

»Er hat versprochen, daß er noch einmal kommt.«

»Wer soll kommen, Diamont?«

Leise geht die Tür auf. Als würde eine Wolke vor die Sonne treten, so beugt sich Josef Bezdan über das Mädchen. Sanft, aber entschieden schiebt er die überraschte Saha zur Seite. Betroffen betrachtet sie den schönen Mann. Wie aus Marmor ist sein Gesicht. Unberührbar. Trotzdem breitet sich jetzt der Schmerz über seine Wangen, auf seine Nasenflügel, läßt sich auf seiner Stirne nieder, legt sich auf seine Wimpern, blüht auf in seinem Blick. Diamont stößt einen müden Seufzer aus.

»Du hast Pascha Achmed getötet, nicht?«

Josef Bezdan nickt.

»Warum?«

Er macht eine unbestimmte Bewegung, als würde er einen

Käfer von seinem Gesicht scheuchen. Sein Blick ruht auf ihrem Brustverband, durch den Blut sickert. Die Finger des Weltspions legen sich auf das Linnen.

»Weil du mich liebst?« flüstert das Mädchen.

Er nickt.

»Weil du mich immer geliebt hast?«

Josef Bezdan hebt das Mädchen auf, zieht es an sich. Mehr als seltsam ist, was geschieht. Und mehr als wundersam. Vielleicht ist es auch gar nicht geschehen, und die Leute haben nur darüber geredet. Vielleicht haben sie auch gar nicht darüber geredet, sondern sich nur danach gesehnt, nur gewollt, daß es so sein möge. Saha erzählt es Abdurrahman stockend, fast wie im Halbschlaf. Und der alte türkische Statthalter, der sich seit einigen Tagen so sonderbar benimmt, zeigt außergewöhnliches Verständnis für die märchenhafte Geschichte.

Als Josef Bezdan das letzte Mal nickte, hauchte Diamont ihre Seele aus, wie man zu sagen pflegt. Im selben Moment fiel aus dem Auge des Mannes eine Träne herab und vereinigte sich mit der davonfliegenden Seele des Mädchens. Dort, in dieser Träne, die aufgehört hatte, zu fallen, strahlte die Seele. Wie ein Edelstein, wie ein kleiner Diamant, den die eigene Schönheit über der toten Erde hält. Die Träne fiel nicht auf Diamonts Gesicht. Nein. Mit einer kaum merklichen Handbewegung fing Josef Bezdan sie auf und warf sie, wie in einen See, in sein eigenes Auge zurück.

Während der Belagerung kursiert ein Gerücht unter den christlichen Söldnern. Eine schöne Frau, von einem entsetzlich häßlichen Zwerg geführt, tauche regelmäßig bei den Scharmützeln auf. Der Anblick sei so überraschend, daß niemand sie aufhält oder ihnen etwas zuleide tut, als befürchtete man, daß es sich um böse Geister, Zauberer oder Magier handeln könnte. Der Zwerg plappert in einem fort, während die Schönheit gelangweilt neben ihm hergeht und ungerührt dem Morden, der Zerstörung, dem Sterben zusieht.

»Ich bin noch nie in Venedig gewesen!« schreit der Zwerg.

Neben ihnen krepiert eine Granate, jemand stirbt vor ihren Füßen.

»Bist du schon mal in Venedig gewesen?« fragt der Zwerg, dann greift er sich an den Kopf und lacht schallend.

»Wie sollst du auch in Venedig gewesen sein?!«

In der Nähe stürzen Mauern ein.

»Du bist nicht die erste in meinem Leben«, sagt der Zwerg und wird bis über beide Ohren rot. Doch die Schönheit antwortet auch jetzt nicht.

Manche behaupten, daß es sich um Feen handelt, die in den Krieg geraten sind und denen Feuer und Granaten nichts anhaben können. Das Gerede ist teilweise wahr. Ohne Unterlaß spricht Velemir Pep zu Della, erzählt von seinen Abenteuern, seinem elenden und doch aufregenden Leben und tritt unterdessen zerstreut zur Seite, wenn eine Bombe neben ihm einschlägt. Das Mädchen hört ihm gelangweilt zu, doch sie würdigt ihn keines Blickes, wenngleich sie ihm ihre Hand nicht entzieht. Als wäre ihr egal, ob sie geführt wird oder nicht.

Eines Vormittags kommen sie bei der Werkstatt von Don Gonzales vorbei, dem größten spanischen Feuermeister aller Zeiten. Der Meister stapelt gerade Granaten auf einen Holztisch. Ein ziemlich gefährliches Unterfangen. Velemir Pep kann sich trotzdem nicht verkneifen, ihm zuzurufen.

»Sind Sie schon mal in Venedig gewesen, Amigo?«

Bestürzt richtet sich der Feuermeister auf. Wer quakt hier dermaßen unerträglich? Erbittert versucht sich Don Gonzales zu erinnern. Ach je, bei allem verwässerten Malaga, der jemals durch seine Kehle geronnen, so murmelt er vor sich hin, jetzt weiß er es wieder, er erinnert sich genau, daß es dieser schauderhaft häßliche Zwerg war, der ihm damals in Compostella seine Berechnungen durcheinandergebracht hat.

Er war es!

Don Gonzales speit Feuer vor Wut, und vielleicht ist gerade das Velemir Peps Glück. Schon explodiert eine der Granaten, und der Feuermeister verdankt sein Leben allein dem Umstand, daß Feuer dem Feuer nicht schadet, denn sein Blick hatte vor Zorn gelodert, und auch aus seinem Mund hatte eine Flamme gezüngelt. Allerdings wird er von der Explosion meterweit fortgeschleudert. Am nächsten Tag kommt er zu sich, flucht ausdauernd und hustet eine Rauchwolke aus, die den ganzen Himmel eintrübt.

Velemir Pep ist dem Zorn von Don Gonzales entkommen, doch seinem eigenen Schicksal kann er nicht entfliehen. Der Zwerg wird von zwei Kugeln zugleich getroffen, eine wird aus der Burg von einem Türken, die andere von den Schanzen aus von einem Kaiserlichen abgefeuert. Gleichzeitig dringen sie in den Zwergenkörper ein, gleichzeitig treffen sie sein kleines Herz, eine von vorn, die andere von hinten. Zu einer einzigen Kugel verschmelzen sie in diesem Herzen, das trotzdem nicht aufhören will, zu schlagen und Blut zu pumpen. Das kleine Fleischstück müht sich, es will sein Leben so teuer wie möglich verkaufen. Velemir Pep hat das Gefühl, daß fremde Wolken sich auf seine Augen senken. Das ist nicht schlecht, nur leicht. Della läßt langsam seine Hand los. Der Zwerg rutscht in den Schlamm. Ohne ihn eines Wortes oder auch nur eines Blickes zu würdigen, läßt das Mädchen ihn allein, als hätte sie ihn nie gesehen, als würde sie ihm nicht ihr Dasein verdanken. Der arme Velemir Pep liegt im Sterben. Aber nicht lange. Denn auf einmal hört er die alte Frage.

»Bist du schon mal in Venedig gewesen?«

»Noch nicht«, keucht der Zwerg, »o weh, ich war noch nicht in Venedig!«

Franz Pillinger und Josef Bezdan lassen sich neben dem kleinen Körper nieder. Pillinger knüllt einen Lumpen unter den Zwergenkopf. Auf einmal erkennt Velemir Pep Pillinger, den einzigen Menschen, Della natürlich ausgenommen, der sein Geplapper angehört hat. Weder geschlagen noch getreten hat er ihn, nur mit seinen dümmlichen, traurigen Augen angeschaut, vor Jahren, als ihn die Kuruzen fingen und aufknüpften. Zugegeben, auch die Tataren ließen ihn reden, aber das spielt jetzt keine Rolle. Die Tataren haben sein Geschwätz nur deswegen geduldet, weil sie gar nicht richtig hingehört haben. Aber Velemir Pep wird nicht mehr plappern. Nur zu fragen hat er noch Kraft.

»Wo ist sie?« flüstert er.

»Sie ist fortgegangen«, nickt Pillinger und fährt sich durchs Haar.

»Wohin ist sie gegangen?« fragt Velemir Pep, und aus den Wolken in seinen Augen fällt ein trauriger Regen auf seine Seele. Josef Bezdan beugt sich über ihn. Er blickt den kleinen Sterbenden fest an. Velemir Pep meint zu verstehen.

»Du sagst, verehrter Herr, daß das Kunststück niemals uns gehört?« fragt der Zwerg. Sein Kopf fällt zur Seite, durch den Vorhang des bitteren Regens blickt er in das schöne Gesicht. Der Mann nickt.

»Wem gehört es dann?«

»Das Kunststück«, sagt Franz Pillinger, »gehört niemandem. Würde es jemandem gehören, wäre es kein Kunststück mehr.«

»Das Kunststück gehört also allen«, besagt auch Josef Bezdans zustimmendes Nicken.

Der sterbende Zwerg wird in das Lager der Huren gebracht und ihnen anvertraut. Für die beiden seltsamen Männer tun die Dirnen alles. Erst ein paar Tage ist es her, daß der schöne Mann Ohrgehänge und Perlen aus einem Säckchen genommen und sie damit behängt hat, falsche Steine freilich, aber glitzern und funkeln können sie doch. Die Huren pflegen den häßlichen Zwerg mit einer Hingabe, als wäre er ihr eigenes Kind. Velemir Pep schmerzt das Sterben nicht, er fühlt sich wie im Paradies, wie unter Jungfrauen in einem duftenden Blumengarten. Und er, der mit dem Fleisch Kunststücke machen konnte, der oft ungereimtes Zeug daherredete, der unglücklich und grundhäßlich, doch begeistert und gutwillig war, nun, dieser Velemir Pep denkt mit einem Mal, daß das Sterben die schönste Sache der Welt ist, daß noch nie etwas so gut gewesen ist, auch zu leben nicht, und daß auch der Tod nicht so wunderbar sein kann, und wie gut es doch wäre, bis in alle Ewigkeit in diesem Zustand zu bleiben. Und während dem Zwerg solche Gedanken durch den Kopf gehen, sitzt Franz Pillinger am Donauufer und wartet.

Als sich die Kunde von der Belagerung Budas verbreitet, erhält in Venedig Luigi Escapolo Firabolla eine Nachricht. Wie gewöhnlich sitzt er apathisch und traurig auf bemoosten Steinen und spuckt die Schalen von Sonnenblumenkernen in den Kanal. Er starrt ins Wasser, das sich grün kräuselt. In der

Nähe lärmen betrunkene Söldner. Eine Equipage rasselt auf die Paläste zu. Unter der Patrouille des Dogen knallen die Steine. Ein gewöhnlicher Tag. Ein Tag wie alle anderen. Er hat keinen Passagier gehabt. Auch heute nicht. Der Zwerg seufzt und will sich gerade räkeln, als er einen unangenehmen Duft verspürt. Ein junges Mädchen hat sich zu seinem Ohr geneigt. Luigi kennt sie. Francesca heißt die Unglückselige. Sie ist Hure und ansteckend. Francesca sind die Zähne ausgefallen, und ihre Augen sind so eitrig, als hätte man Honig hineingeträufelt. Ihre Haut ist mit Furunkeln übersät, ständig kratzt sie sich, und ihr Haar hat vermutlich noch nie einen Kamm gesehen. Nicht einmal betrunkene Söldner fangen etwas mit ihr an. Doch nun reibt sich Francesca so stolzgeschwellt den Schlaf aus den Augen, als wäre sie gerade dem Seidenbett des Dogen entstiegen.

»Was ist, Francesca?« Der Zwerg spuckt die Schale aus. Er ist es gewohnt, verspottet, ausgelacht zu werden. Sicher haben sie diese elende Hure, um die sogar streunende Hunde einen Bogen machen, auch jetzt für irgendeinen dummen Scherz eingespannt.

»Mach dich auf den Weg, Luigi. In Buda wartet ein Passagier«, schnieft das Mädchen.

Der Zwerg blickt gleichgültig auf.

»Spottest du?«

Francesca setzt sich neben Luigi, überkreuzt die Beine und blickt verträumt vor sich hin.

»Buda – wie schön es dort sein muß. Einmal war ein Mann aus Buda bei mir. Seitdem bin ich krank.«

Luigi sieht sie sehr ernst an.

»Warum kränkst du mich, Francesca?«

Das Mädchen schüttelt sich, wirft ihm einen abfälligen Blick zu und flüstert ganz nah an seinem kleinen, zerknitterten Gesicht.

»Man erwartet ein Kunststück von dir, Luigi!«

»Wer?«

Doch Francesca zieht nur die Schultern hoch und dreht ihre schwärigen Handteller nach oben. Luigi Escapolo Firabolla, der einzige Zwergengondoliere der Welt, lacht auf. Zart streicht er über das Haar des Mädchens, das den Fingern des kleinen Mannes dankbar nachblickt. Luigi versteht etwas von der Natur des Menschen. Das ist ein Privileg der Gondoliere, die Seele und den Charakter zu verstehen, gewiß, ein Gondoliere weiß immer, ob sein Passagier ein Lügner ist oder ob die Güte in seinem Herzen wohnt. Freilich hat Luigi noch nie einen Passagier gehabt. Doch da er eine Gondel besitzt, überdies nicht nur irgendeine Gondel, er nennt ja die vollkommenste Gondel der Welt sein eigen, besitzt er dieses Wissen ebenso wie die praktizierenden Gondolieri. Inzwischen weiß er, daß das Mädchen nicht lügt. Er greift in die Tasche und bietet ihr Sonnenblumenkerne an. Es dämmert bereits, doch der Zwerg und die kranke, heftig hustende Hure sitzen noch immer dort am Ufer des leise glucksenden Kanals und spucken die Schalen ins Wasser. Ab und zu entfährt Francesca ein Lachen. Dann streicht ihr der Zwerg übers Haar und schüttelt staunend seinen kleinen Kopf.

»Luigi«, beginnt das Mädchen auf einmal leise.

Der Zwerg guckt wie der Mond.

»Sie waren mit mir zusammen«, flüstert Francesca, »alle fünf waren mit mir zusammen. Der Jude hat gesagt, daß ich jetzt nicht mehr ansteckend bin. Der Dunkelhaarige hat mir Körner zu essen gegeben.«

Sie beugt sich zu dem Zwerg.

»Komm mit mir, Luigi, nur auf ein Stündchen. Ich bin nicht ansteckend.«

Im Morgengrauen des nächsten Tages reibt sich der Zollhauptmann von Venedig die Augen. Er sieht, wie der Zwergengondoliere durch den venezianischen Zoll rudert. Der Hauptmann macht so große Augen, als sähe er Teufelsspuk. Die Zwergengondel gleitet dahin, sie gleitet über das ruhige, blaue Wasser der Adria. Noch am frühen Vormittag meldet der betroffene Zollhauptmann, daß der Zwergengondoliere Luigi Escapolo Firabolla den Freitod gewählt hat, denn er ist aufs offene Meer hinausgerudert. Aber Luigi hat keineswegs Selbstmord begangen. Nicht jedes Kunststück endet mit dem Tod, wiewohl die Gaukler viel mit Tod und Verderben zu tun haben, oder wenigstens mit jenem Entsetzen, das zum Tod dazugehört. Luigi rudert und rudert, nach einigen Tagen durchquert er den Bosporus, um dann durch das Schwarze Meer in das weitverzweigte Donaudelta zu gelangen. Keine Kleinigkeit, auf einem so mächtigen Strom flußaufwärts zu rudern. Bei der sumpfigen Mündung legt der Zwerg für einige Stunden an. Wie viele Legenden und Märchen ergießen sich in das Salzwasser, wie viele Geschichten strömen aus diesem gewaltigen, ganz Europa durchmessenden Fluß ins Unendliche! Und das Meer nimmt alle diese Geschichten in sich auf und macht daraus Wellen und Strömungen, Tiefen und seichte Strände, Felsen, an denen Schiffe zerschellen! Der Zwerg reibt sich den Kopf.

»Ich muß fort, Meer«, nimmt er Abschied.

Es ist, als würde er sich im absurden Traum einer absurden Welt bewegen, wo Wunder und Legenden mit dem Wasser dahineilen, um schließlich von dem alles aufnehmenden, unendlichen, mitleidlosen Meer verschlungen zu werden. Keineswegs ist es so! Luigi zeigt, daß es auch eine andere Art von Legenden gibt, nicht nur jene, die sich der Strömung, den Strudeln und dem Gerede unterwerfen. Ohne Rast und Ruh fährt er stromaufwärts, und an einem brütendheißen Tag Ende Juli kommt er in Buda an. Er blickt um sich und nickt. Mit flinken Bewegungen legt er am Ufer an. Zögernd geht er zwischen den knorrigen Weiden auf und ab und blickt unverwandt zu der Burg hinüber, die in Rauchwolken gehüllt ist und gewaltig kracht. Die Donau hingegen kommt aus dem Staunen nicht heraus. Wohl noch nie zuvor hat eine Gondel auf ihr geschaukelt. Sie leckt an der Flanke des kleinen Fahrzeugs, als würde sie erst jetzt bemerken, daß es auf ihr schwimmt, daß es sich ihre Kraft, ihre Wellen zunutze macht. Obendrein ist es eine Zwergengondel, die beste Zwergengondel der Welt.

Im Lager der Huren lispelt eine schläfrige, einbeinige Amsterdamer Nutte, eine gewisse Agatha, die Nachricht, daß ein winziges Boot mit einem winzigen Menschen am Ufer der Donau angelegt hat. Die Nachricht ist ungemein wichtig, also interessiert sie niemanden. Wenig später wird Velemir Pep von Franz Pillinger und Josef Bezdan hingetragen. Der ungarische Zwerg liegt noch immer im Sterben.

»Ich bin noch nie in Venedig gewesen«, sagt er von Zeit zu Zeit.

Mit bedächtigen, behutsamen Bewegungen legen Josef Bezdan und Franz Pillinger Velemir Pep in die Gondel. Luigi Escapolo Firabolla blickt forschend in ihre Gesichter. Besonders die dümmlich blickende Gestalt mit dem großen Kopf beäugt er gründlich. Da tritt Franz Pillinger auf einmal an das kleine Boot heran und beugt sich zu dem Zwerg.

»Wollen wir Freunde sein, Luigi?«

Zum zweiten Mal in seinem Leben muß der Zwerg lachen.

»Das sind wir doch schon seit Jahren, mein Herr.«

»Und wie geht es Francesca?« fragt Pillinger unvermittelt.

»Wie soll es einer Blume schon gehen, die gegossen, mit Sonnenlicht gewärmt und mit vielen Namen bedacht worden ist?« fragt der Zwerg zurück.

Nun lacht auch Franz Pillinger, und auch Josef Bezdan lächelt übers ganze Gesicht. Doch da hört Luigi unversehens zu lachen auf. Seine Züge spannen sich an. Er wirft einen Blick auf den sterbenden Velemir Pep. Abermals nickt er. Er hat einen Passagier. Er hat eine Verpflichtung. Zwar liegt der Ärmste im Sterben, ein Passagier ist er trotzdem. Na, und in Venedig ist er auch noch nicht gewesen, wie man ihm sagte.

»Du bist noch nie in Venedig gewesen?« fragt er das garstige kleine Gesicht.

»Ich bin noch nie in Venedig gewesen«, keucht der andere.

Luigi stößt sein Schiff vom Ufer ab, winkt den beiden Freunden zu, dem großköpfigen, den er einmal als Kind gesehen hat, vor langer, sehr langer Zeit, und auch dem anderen, der so schön ist, als wäre sein Gesicht aus Marmor gehauen. Franz Pillinger und Josef Bezdan stehen am Ufer, bis die kleine Gondel hinter der ersten Flußbiegung verschwindet.

Wie Franz Pillinger es gesagt hat: Das Kunststück gehört in der Tat nicht uns. Und wie Josef Bezdan es mit seinem zustimmenden Nicken bekräftigt hat, das Kunststück gehört allen. Die schöne Della, entstanden aus einem verliebten Kunststück, war zur Liebe unfähig. Selbst zum geringsten Gefühl war sie unfähig, so wie wir zum Beispiel etwas einfach für gut, schlecht, angenehm oder unangenehm halten. Solche Erfahrungen konnte Della nicht machen. Daran ist nicht der arme Velemir Pep schuld. Manchmal kommt es vor, daß Kunststücke zwar schön und märchenhaft sind, aber nichts als Tod und Leere hervorbringen. Hätte Velemir Pep der holden Della auch nur einmal in die Augen geblickt, hätte er sehen können, daß dort, wo das menschliche Auge die Welt in sich aufnimmt und mit Hilfe seiner Sehnsüchte und Gedanken neu erschafft, nun, daß dort das Nichts, gähnende Leere klafft. Della läßt den sterbenden Velemir Pep zurück, ohne ihn eines Blickes zu würdigen.

Das Mädchen spaziert allein inmitten der zunehmend grausamen Belagerung umher. Dank ihres nichtssagenden und teilnahmslosen Blicks schont man ihr Leben. Betrunkene, rabiate Söldner vergewaltigen sie. Mit gespreizten Schenkeln und schlammbesudeltem, beschmutztem Schoß liegt sie im Morast, um sich schließlich zu erheben, als sei nichts geschehen. Ein andermal wird sie von Huren des Nordens ergriffen, schwerfälligen, aber zähen schwedischen Schlampen, die von den blutigsten Legenden des Dreißigjährigen Krieges leben und den müden Abendwind um ihre Haare schlingen können. Sie schleppen Della vor Angelo, ihren guten König. Die Schönheit widersetzt sich nicht, denn das wäre, ebenso wie Zustimmung, mit ihrer Natur unvereinbar gewesen. Sie steht nur teilnahmslos da, starrt glasig vor sich hin und läßt das Licht auf ihren Wimpern gefrieren.

Der König der Huren erschaudert bei ihrem Anblick. Hinter ihm steht die Gnadenlose Lenka. Sie merkt selbst nicht, daß sie in ihre Lumpen greift und ihr langes, krummes Messer hervorzieht. Angelo wird plötzlich von solchem Grausen gepackt, daß er beinahe kotzen muß. Er weiß Bescheid! Er ist ja am Ufer des Reka-Flusses Fee gewesen!

»Laßt sie los!« brüllt er aus vollem Halse.

»Scheucht sie fort!« röchelt er wie ein Hund.

Am nächsten Tag irrt Della zwischen den Weißdornsträuchern auf den Feldern rings um die Burg umher. Da gerät sie in einen Trupp von Gefangenen, von Schmerzen erschöpften Janitscharen. Der Oberaufseher, ein Wiener Söldnerhauptmann, reibt sich zufrieden die Hände, als er das Mädchen erblickt. Er läßt sie nackt ausziehen und untersucht sie gründlich. Doch um ganz sicher zu sein, daß kein Trugbild, kein Alb und keine bösartige Fee ihn narrt, spuckt er das Mädchen mehrmals an, schließlich schneidet er ihr in die Arme und Beine. Della blutet wie jedes andere lebende Geschöpf, außerdem ist alles an ihr vorhanden, perfekte Arbeit, könnte man sagen. Sie ist keine Fee, kein Alb, auch kein Trugbild. Der Wiener Hauptmann kommt gar nicht auf die Idee, daß ein Kunststück mit im Spiel sein könnte.

Anderntags geht Della weiter, wie eine Wolke. Alsbald erreicht sie die nach Osten gerichteten Zelte der Tataren, die auf der Pester Ebene aufgeschlagen sind. Eine kleine Einheit des tatarischen Entsatzheeres steht unter dem Kommando von Aga Ismail. Seit einiger Zeit glaubt der Aga, er sei in dieser verfluchten Gegend der stützende rechte Ellbogen des Khan. Vor einigen Monaten ist er von einem Gaukler, der ihm den Schädel seines Vaters brachte, fast in den Wahnsinn getrieben worden. Seitdem läuft er nur mehr mit dem Hundeschädel in der Hand herum, nicht eine Sekunde lang legt er ihn weg, selbst im Schlaf hält er ihn umklammert. Na, und das war nicht das einzige, was passiert ist. Seine teuersten Schätze sind ihm vor einigen Wochen in Belgrad geraubt worden, wofür wiederum ein verfluchter Zwergengaukler verantwortlich ist. Ismail hat jahrelang menschliche Körperteile gesammelt. Ohren, Nasen und Gliedmaßen, alle möglichen menschlichen Organe hat er in einem Kistchen verstaut, das einmal versengt, einmal eingefroren worden ist und dem der Fluch eines Morgenzauberers vom Ural die Eigenschaft verliehen hat, die darin befindlichen Dinge haltbar zu machen. Diese Kiste hat man ihm in Belgrad geraubt. Und nun ist er hier vor den Mauern Budas, er, der stützende Ellbogen des Khan, und weil er ein ehrlicher, wenngleich grausamer Mensch ist, gesteht er sich ein, daß es schon mal besser um ihn bestellt war. Ismail weiß, daß die Chancen für die Verteidiger nicht besser stehen als für den Blick einer Schwalbe. Auch von Großwesir Suleiman ist keine wesentliche Hilfe zu erwarten, ganz einfach, weil er keine Möglichkeit dazu hat, das heißt, die Burg wird fallen und ist dem Untergang geweiht. Diese fatale Schlußfolgerung interessiert den vom bitteren Rausch des Trübsinns übermannten Tatarenaga indes nicht wirklich. Nur der Hundeknochen spendet ihm ein wenig Trost.

Eines Tages, als der Morgen bereits milchig riecht und der

Dunstvorhang sogar zum Aufhängen von Menschenleichen geeignet scheint, erhält Aga Ismail Besuch. Es ist Della, die aus einem Kunststück entstanden ist und deren Körperteile der Aga eigentlich selbst gesammelt hat. Delikater, taktvoller kann nicht einmal das Morgenlicht sein. Della tritt in das Zelt, wo Ismail mit nacktem Oberkörper auf dem Teppich sitzt. Im ersten Moment ist sein Blick wie gestampfte Erde. Wenn ein Tatar einen Menschen anschaut, beginnt diesem irgend etwas weh zu tun. Della aber ist kein Mensch, deswegen tut ihr auch nichts weh. Ismail weiß nicht, wer diese Frau ist, ein Geist, Alb, Dschinn oder gar der Schatten des Morgenwinds. Der Liebesakt ist wild, grausam und kurz. Ismail, der das Weib binnen weniger Augenblicke entkleidet und mit einem einzigen Griff niedergeworfen hat, glaubt mit einem Mal zu ersticken. Hinter seinen geschlossenen Lidern lodern rote und gelbe Flammen. Della würgt jedes einzelne seiner Glieder, ganz als hätten die verschmolzenen Teile ihres Körpers auf einmal entdeckt, wer ihr Peiniger, ihr Mörder und ihr Räuber ist. Das Kunststück kehrt schließlich zum Kunststück zurück. Ismail spuckt röchelnd Blut. Und das ist vielleicht sein Glück. Unter allen Todesröcheln ist jenes der Tataren das melodiöseste, deswegen hält der Tod einen entrückten Moment lang inne. Soviel Zeit genügt Ismail, zur Besinnung zu kommen. Mit einer letzten Anstrengung löst er sich aus der furchtbaren Umarmung, schnappt sich den Hundeschädel und rennt aus dem Lager. Aus, vorbei. Auch Ismails Schicksal hat sich entschieden. Lange, lange läuft Ismail, wie jene Verrückten, die von ihren eigenen Worten gehetzt werden.

Er läuft auf dem Körper Ungarns.

Er läuft wie sein Vater Bahaj.

Schließlich stolpert er nur noch durch das verlassene, kahle Land, wo auch sein Vater einst wanderte. Eine schmerzliche, glückliche Liebe bemächtigt sich seiner. Er hat das Gefühl, jeden Moment müsse er ihn finden, den er sein Leben lang gesucht hat, seinen Vater. Bald begrüßt er den hell werdenden oder verlöschenden Himmel mit Gesang, bald liebkost er tagelang Erdhügel und Sandhaufen, küßt sämtliche Grashalme einer Wiese, bereitet sich ein Lager aus Disteln.

Der Wind erbarmt sich Ismails.

Noch bevor die Wolfsmilch blüht, schnitzt er an einem schläfrigen Morgen eine Bildsäule aus ihm. Seither taucht die Bildsäule häufig im Gebiet des Karpatenbeckens auf. Eine seltsame Erscheinung. Die Unglücklichen, die sie gesehen haben, sprechen nicht davon.

Ein wunderschöner Tatar mit Hundeschädel.

Della verläßt das Tatarenlager und begibt sich wieder in das Kampfgebiet. In der Budaer Burg wird sie von den verzweifelten türkischen Verteidigern, die von den Engeln Allahs nichts mehr erhoffen, erneut vergewaltigt und gefoltert. Einen aus dem Licht des Mondes geschmiedeten Dolch stoßen sie ihr ins Herz, verrußen ihre Lunge, verfluchen den Ansatz ihrer Schenkel. Im Lager der Angreifer werden ähnliche Grausamkeiten an ihr verübt. Nutten mit blutenden Schößen und schartigen Zähnen, denen sie auf der vom Zirpen der Grillen erfüllten Feldflur begegnet, reißen sie an den Haaren, weil sie eine Konkurrentin in ihr vermuten.

Della ist stumm wie der sternenlose Himmel. Kein Schmerz, den sie nicht ertragen, keine Grausamkeit, die ihr nicht widerfahren könnte, und keine Greuel, die sich nicht in ihrem Körper heimisch fühlen würden. Eines Morgens erklimmt sie abermals die Burg, klettert über Schanzen und blutbesudelte Palisaden. Es ist der zweiundzwanzigste Juli, nach der Zeitrechnung der Christenhunde. Niemand kann sie aufhalten, denn Legenden breiten sich wie Krankheiten aus, heimtückisch und schlau. Wenn sie durch einen staunenden Blick hindurchgeht, träumt sein Besitzer Tage hindurch blind, hört nichts als Stimmen und riecht einen bitteren Duft, und nachdem er sein Augenlicht wiedererlangt hat, weiht er sein Leben dem Gedanken, daß die Welt nicht schön sein kann, wenn er nur einmal lebt. Das Mädchen bleibt vor dem gewaltigen Munitionslager am Ostflügel des Palastes stehen. Am Tor machen sich Soldaten zu schaffen, einige nehmen Sprengmittel und Schießpulver auf, andere holen Waffen. Della blickt hinüber zum schmutziggrünen Ufer von Pest. Später wird sich ein armenischer Schneidermeister namens Gabriel in seinem Agentenbericht als Urheber der Explosion bezeichnen. Er habe, so behauptet er, einen einfältigen, halbtauben Zahlmeister dazu gebracht, das Pulverlager in die Luft zu sprengen. Das ist allerdings eine abgefeimte Lüge, doch weil Kriege stets voll von Lügen sind, ja so gut wie nur aus Lügen bestehen, wie es also in einem Krieg keine Wahrheit gibt und auch nicht geben kann, so ist die Behauptung des armenischen Schneidermeisters nur eine von vielen, infolgedessen mag ihr jeder, dem es so gefällt, ganz ohne schlechtes Gewissen Glauben schenken.

Wir aber sehen die schöne Della vor dem stark frequentierten Munitionslager, wie ihr Blick einer Bombe folgt, die sich luftfressend, mit brennender Lunte soeben von der schmutziggrünen Pester Seite auf den Weg gemacht hat.

»Tod?« fragt sie die Bombe.

»Tod«, antwortet die Bombe.

Und das Mädchen wartet.

Ist es denkbar, daß sie im Moment vor der Explosion einen Gefährten findet? Leider wissen wir auch das nicht genau. Auf alle Fälle hat in der Stadt Ödenburg ein leichtfertiger Holzschnitzer, ein gewisser Ignác Arnót, einmal aus hochwertigem Holz einen stummen Teufel geformt. Ob es wahr ist, daß der stumme Teufel von Ödenburg im Augenblick der Explosion zu Della tritt und sie umarmt? Ob es wahr ist, daß er ihr ins Ohr flüstert, weil dieser arme, elende Teufel sich einbildet, er hätte einen Mund und könnte sprechen? Wir wissen es nicht. Woher sollen wir auch wissen, ob es so ist?! Im Krieg gibt es keinen wahren Moment. Hingegen gibt es Momente, die Tausende das Leben kosten. Und die Explosion war ein solcher Moment.

Am zweiundzwanzigsten Juli versuchen die Verteidiger einen neuerlichen Ausfall. Erst gegen Mittag können sie zurückgedrängt werden. Im Ostflügel des Palastes fliegen mindestens achttausend Zentner Schießpulver in die Luft. Die Explosion ist so gewaltig, als hätte Allah selbst sich im Schlaf bewegt. Wer das Ereignis aus der Ferne betrachtet, hat das Gefühl, die ganze Burg bewege sich und unter ihr auch der Berg.

Sekunden später schlägt der Fluß so hohe Wellen, daß am anderen Ufer die Kähne und die mit Steinen beladenen Flöße wie Spielzeug herumgeworfen und übergossen werden. Gewaltige Karpfen und Welse werden an Land geschleudert. Im Lager der Christen bricht Panik aus. Markgraf Ludwig von Baden wird von seinen kopflos fliehenden Soldaten mitgerissen und niedergetrampelt. Der Markgraf fällt mit dem Gesicht in den Schlamm und verliert seinen edelsteinbesetzten Kommandantenstab. Zum Glück wird der Stab später gefunden und zurückgegeben. Die Donau ist von Trümmern bedeckt. Klafterdicke Balken, Bretter, herausgerissene Stalltüren treiben auf dem dreckigen, haßerfüllten Wasser. Selbst eine mächtige Kanone ist von der Explosion in die Luft geschleudert worden. Ihre fruchtbare Kraft katapultiert auch Steine und kopfgroße Felstrümmer auf die Pester Seite, einige arglose, von der Explosion benommene Dragoner des Styrum-Regiments werden von ihnen erschlagen.

György Jánossy, der brave ungarische Hauptmann, speist gerade in einer der Schanzen vor der Esztergombastei zu Mittag. Ein fürstliches Mahl, könnte man sagen, Brot und Zwiebel, Wein und Salz. Und ein ordentliches Stück gekochte Hachse. Wer könnte sich mehr wünschen im Krieg, wo es Gerechtigkeit nicht gibt und nicht geben kann?! Als die Explosion erfolgt, hebt der alte, erfahrene Krieger den Kopf. Sackerment, was ist denn das? Geht die Welt unter? Minutenlang bimmelt es in seinen Ohren, und feurige kleine Sterne führen vor seinen Augen einen Rundtanz auf.

»O du gammeliges, angesautes Himmelherrgottsakra!« knurrt er. Rings um ihn regnet es kleine, doch wütende Steine und träge Latten. Der Hauptmann blinzelt, mit dem Ellbogen wischt er über die Augen. Doch das Schicksal meint es gut mit dem erfahrenen Soldaten. Weder Stein noch Holzstück, noch verirrter Splitter trifft ihn. Nur die gekochte Hachse ist ganz weiß vom Staub. Plötzlich spürt er eine seltsame Wärme auf seinem Scheitel. Das Warme rinnt ihm auf die Stirn, von dort auf sein Gesicht, dann weiter auf seine große, fleischige Nase.

Zum Henker, was ist das!?

Vielleicht Blut?

Es ist kein Blut.

Oder Hirnmasse?

Auch das nicht.

Der alte Kriegsmann betastet sich. Nirgends tut ihm etwas weh, nur in seinen Ohren saust und braust es immer noch. Klebrig ist es, aber kein Blut. Warm und stinkend, und hat noch nie gedacht. So eine Substanz also. Der Hauptmann hebt seine Hand vors Gesicht und betrachtet sie lange, sehr lange. Die Hachse fällt zu Boden. Und Hauptmann György Jánossy beginnt dermaßen zu brüllen, daß die in der Nähe herumsitzenden Kämpfer sich auf den Boden werfen, weil sie glauben, daß gleich wieder etwas in die Luft fliegt.

»Heilandszack und Donnerwetter! Schon wieder! Schon wieder haben sie mich angeschissen!«

Und Hauptmann Jánossy schüttelt die Faust gegen den in hunderttausend Stücken grinsenden, geborstenen, rauchigen Himmel.

Ende Juli werfen die Belagerer einen weiteren türkischen Ausfall zurück, wobei sich die Heiducken von János Fiath besonders auszeichnen. Ein Franziskanerpater, Fra Gabriele de Gautieri de Nizza, den die Ungarn nur den Feurigen Gábor nennen, versucht mittels seiner explosiven Erfindungen die feindlichen Palisaden in die Luft zu jagen. Mal gelingt die Sprengung, mal produziert der raffinierte Pater nur eine Rauchwolke, aus dem Rauch jedoch sendet Jesus Christus persönlich den christlichen Kämpfern seinen ermutigenden Segen. Deswegen ist es durchaus kein Zufall, daß die Belagerer am siebenundzwanzigsten Juli erneut angreifen. Hauptmann Baglioni vom Croey-Regiment erreicht mit seinen Grenadieren als erster die in die Burgmauer geschlagene ansehnliche Bresche. Im selben Moment bekommt er eine Kugel in den Unterleib. Sie drückt ihm einen Silberknopf ins Fleisch, dieser Knopf bleibt sein ganzes Leben lang im Körper des Hauptmanns. Der Angriff beginnt am frühen Morgen, fünf Sturmtrupps rücken gegen die Burgmauern vor. Im Norden schlagen die Kaiserlichen los, das Wiener Tor greifen wie gewöhnlich die Brandenburger an. Grenadiere, leichte Schützen und Musketiere sind emsig am Werk. Die Heiducken des Raaber Generalleutnants János Esterházy hingegen versuchen die Wasserstadt einzunehmen.

Doch die Verteidiger halten sich.

Am letzten Tag des Monats ergreifen ungarische Infanteristen einen türkischen Bankert. Verhört wird er von einem deutschen Offizier namens Metz. Der Junge schwafelt in irgendeiner fremden und widerwärtigen Sprache. Metz versteht kein Wort. Schließlich nimmt er zu Protokoll, daß der Junge mindestens dreimal gegen die kaiserlichen Truppen spioniert hat. Dabei ist der Arme vor Jahren aus der Bulgarei aufgebrochen, so lange ist es her, daß er unterwegs aus mehreren Kleidergarnituren herausgewachsen ist. Für Metz läßt seine türkische Kleidung und braune Hautfarbe keinen Zweifel am Tatbestand der Spionage. Der Kopf des Jungen ist klein, vogelartig, die langen Arme baumeln am schmalen Rumpf. Als man in den Falten seiner zerlumpten Kleidung ein paar schmutzige, abgegriffene Akschas findet, wird er zum ersten Mal geschlagen. Der Junge wimmert, doch weder auf ungarisch noch auf deutsch, auch nicht auf türkisch, in einer vollkommen fremden Sprache stammelt er, während er abwehrend herumfuchtelt. Ludwig Metz, den kaiserlichen Offizier, hat vor zwei Tagen ein glühender Eisensplitter an der Stirn verletzt. Mürrisch verhört er das Kind. Und wie er die bedauernswerte Kreatur zwischen zwei Schlägen anstarrt, fällt ihm plötzlich eine seltsame Geschichte ein. Es ist schon lange her, viele Jahre, aber ereignet hat sie sich doch.

Sie waren bei den Hügeln unweit von Prag stationiert. Weil er keinen Schlaf finden konnte, wanderte er im Lager umher wie ein Gespenst. Er unterhielt sich mit den Wachen und blickte gedankenverloren zu den Schleiern der mondbeschienenen Wolken hinauf, die an der Osthälfte des Himmelsgewölbes standen, als würden sie einen lang ausgestreckten Körper bedecken. Und als er gerade einem herumschnüffelnden Hund mißgelaunt in die Rippen trat, bemerkte er die aus der Tiefe der Erde heraufblinkende Helligkeit. Das Licht! Ganz recht, dort, bei den Hügeln von Prag, schien die Erde zu leuchten. Der schlaflose Soldat beugte sich nieder und beobachtete. Wie er die

Sache auch besah, untersuchte, es konnte nichts anderes sein als ein Lichtstrahl, der aus der Erde hervorleuchtete. Und Ludwig Metz, als wäre er hinter einem vergrabenen Schatz her, begann mit allen zehn Fingernägeln zu graben. Aber dann auf einmal riß er seine Hand zurück, es war ihm, als hätte jemand nach ihr gegriffen, allmächtiger Gott, als hätte jemand von dort unten seine Finger umklammert! Und als er sich die Hand vor die Augen hielt, da blieb ihm vor Entsetzen fast das Herz stehen.

Fünf kleine Flammen zitterten an seinen Fingerspitzen.

Fünf kleine Irrwische!

Ludwig Metz saugte seine Lungen mit der frischen Nachtluft voll und tötete die Irrwische mit einem einzigen verzweifelten Pusten.

Er versteht nicht, warum ihm der Vorfall gerade jetzt einfällt. Er hat ihn nie erwähnt, mit niemandem darüber gesprochen, weil man derartiges besser für sich behält. Sonst sagen die Leute vielleicht noch, man habe den Verstand verloren oder zuviel gesoffen, obwohl sich Ludwig Metz doch vollkommen sicher ist, daß sich die Geschichte so zugetragen hat. Seither tauchen die fünf Irrlichter häufig in seinen Träumen auf. Sie sehen ganz so aus wie brennende Tränen, denkt der Söldner. Und wie er dem Jungen in die Augen blickt, da hat er das Gefühl, daß dieser Bengel seine geheime Geschichte kennt. Er betastet den durchgebluteten Verband auf seinem Kopf. Die Wunde pulsiert stark und schmerzhaft.

»Du bist ein Spion«, knurrt er schließlich. Das Kind reißt die Augen auf, dann beginnt es wieder zu sprechen. Würde der deutsche Offizier die bulgarische Sprache verstehen, hätte er Gelegenheit, die Legende von den Wolkendorfern kennenzulernen. Das Kind spricht, als hätte es die Worte von einer Wolke gelernt. Langsame und umständliche, doch durchsichtige Sätze.

»Vor sechzehn Jahren geschah es, daß über unserem Dorf eine Wolke hängenblieb. Zuerst freuten wir uns darüber, dann aber wuchs unsere Angst, daß unser Himmel nun in Ewigkeit so bleiben könnte. Da beteten wir viel. Und das Gebet half, gnädiger Herr. Fünf seltsame Männer kamen ins Dorf, sie weinten, und jeder von ihnen weinte anders. Dann nahmen sie die Wolke mit. Sie schleppten sie fort, wie ein Tier. Es war gut, daß unser Himmel klar und rein war. Es war gut, daß er strahlte. Aber die Wolke, die nach der Legende aus dem Weinglas von Fürst Asparuch zum Himmel aufgestiegen ist, als er zum ersten Mal auf die Gesundheit der jungfräulichen Huren von Vitjepelska trank, fehlte dann doch wieder. So sehr fehlte die Wolke, daß die Wolkendorfer weinten. Der Dorfrat traf schließlich eine Entscheidung, und fünf Männer machten sich auf den Weg, weil auch fünf die Wolke fortgeschafft hatten.«

»Was quasselt der da?!« erbost sich der Offizier. Plötzlich spürt er etwas. Der seine Stirn wie ein Ring umschließende Schmerz läßt nach. Er blickt auf seine Hand. Zwar sieht er die Flammen nicht, doch er fühlt sie. Seine Fingerspitzen kribbeln wie Salz im Blut. Er beutelt den Jungen.

»Wie viele Irrwische sind es, du?«

Doch der schnattert nur weiter.

»Lieber Herr Offizier! Haben Sie schon von den Tränengauklern gehört?«

»Wie oft hast du spioniert?« ruft ein anderer Offizier dazwischen, der von Metzens unsinnigem Wüten genug hat.

»Sie sind zu fünft«, spreizt der Junge seine schmutzigen Finger und lacht hell auf. So herzhaft lacht er, daß er sich dabei auf die Knie schlägt. »Sie waren zu fünft und sie werden zu fünft sein, guter Herr!«

Ludwig Metz ist ob der Dreistigkeit des Kindes empört. Es spioniert, redet unverständliches Zeug und wiehert noch dazu! Unerhört! Er versetzt dem Jungen einen Tritt, der wankt und fällt dann langsam zu Boden. Von dort sieht er auf mit fragendem, nachgerade unschuldigem Blick.

»Ich hänge dich eigenhändig auf«, knurrt Metz wütend und greift auch schon nach einem Strick, zieht das Bürschchen hinter sich her und sieht bereits den dicken Ast, an dem der kleine Dreck hängen wird. Ludwig Metz irrt sich. Das Kind, es heißt Vasilika Drajan und ist aus Wolkendorf hierhergekommen, wird nicht aufgehängt.

Der kaiserliche Offizier erzählt es später so, daß in dem Moment, als er den kleinen Spion unter die Eiche gestellt habe, zwei Gestalten vor ihm aufgetaucht seien. Irrwische, Hexen oder Feen seien es gewesen. Der eine habe die Schönheit einer gemeißelten Statue gehabt. Beim anderen sei ihm der große Kopf und der dümmliche Blick aufgefallen. Sie hätten geschwiegen, kein Wort gesprochen, nicht mal guten Tag gesagt. Nur den Jungen hätten sie bei der Hand genommen und von dem Baum weggeführt. Er hingegen, Ludwig Metz, habe sich zu bewegen versucht, doch seine Glieder hätten ihm nicht gehorcht. Er habe um Hilfe rufen wollen, doch kein Ton sei ihm über die Lippen gekommen. Er habe gewinselt wie ein kleiner Hund. Wie ein Traum sei es ihm vorgekommen! Wie ein Zauber! Wie ein Wunder!

Doch warum er seit dem Vorfall an der rechten Hand einen schwarzen Handschuh trägt, verrät der Soldat niemandem. Denn als die zwei Fremden mit dem kleinen Spion davongingen, sah der Großköpfige mit dem dümmlichen Blick sich um. In diesem Augenblick fingen die Finger von Ludwig Metz abermals Feuer. Sie brannten wie damals vor den Hügeln von Prag. Der arme, schlichte Söldner ahnte nicht, daß er gerade mitten in eine neuerstandene Legende hineingetappt war.

Am letzten Julitag verhandelt der Herzog von Lothringen mit den Türken wie schon so oft über die Übergabe der Burg. Der Parlamentär des Oberkommandierenden ist Baron Creux, der im Rufe eines großen Gourmets steht und diese Reputation mit seinem beachtlichen Körperumfang untermauert. Die Türken fassen ihn unter den Achseln und tragen ihn zu Pascha Abdurrahman, obwohl der Baron ein Gewicht besitzt, als hätte ihn der Krieg selbst mit Tod und Mord gemästet. Nun aber sieht er sich Annehmlichkeiten anderer Art gegenüber. Man wartet ihm mit Reis, Hühnchenfleisch, Pastete und heißem Kaffee auf und lächelt ihm dabei zurückhaltend zu. Das Lächeln hat eine Bedeutung.

Die Burg wird nicht übergeben.

Abdurrahman lacht leise und gurgelnd über das Angebot des Herzogs und streichelt seinen Bart. Auch der Silberhändige und der andere stellvertretende Befehlshaber von Buda, Pascha Ismail, sind zugegen. Zwischen zwei braungebratenen Hühnerkeulen wiederholt der Baron das großherzige Angebot Karls von Lothringen. Falls der Pascha die Burg übergibt, bekommt er freien Abzug bis Erlau oder, wenn er es wünscht, sogar bis Szeged.

Lächelnd gibt der Pascha einen Wink, schon hastet ein Diener davon. Kurz darauf führen die Türken einen Gefangenen vor. Ein einfacher Mann mag es sein, an seiner Kleidung gibt es nichts Provozierendes, sein Kopf ist kahl geschoren, der kurze Bart wölbt sich spitz vom Kinn. Scheu blickt er um sich.

»Seht Ihr diesen Mann, Herr Baron?« fragt Abdurrahman. Der Baron nagt gierig an der Hühnerkeule. Er überlegt, wie viele Lebensmittel den Türken wohl noch geblieben seien. Wollen sie ihm mit einem solchen Gelage zu verstehen geben, daß sie ausreichend Vorräte besitzen? Die Spione melden unausgesetzt, daß in der Burg bereits gehungert werde. Daß das Schießpulver zur Neige gehe. Auch der Kampfgeist sei nicht mehr der alte. Nun ja. Der Baron nickt unaufmerksam, natürlich sieht er diesen Menschen, er sieht auch, daß er ein Gefangener ist, denn seine Hände sind auf dem Rücken zusammengebunden.

»Ein guter Soldat«, nickt Abdurrahman. »Furcht kennt er nicht, er hat zahlreiche Ungläubige auf den Grund der Hölle geschickt«, setzt er noch hinzu.

»Zahlreiche gute Christen«, bemerkt der Baron und rülpst leise.

»Unsere Feinde«, nickt der Pascha.

Der Baron lutscht vertieft an einem Hühnerknochen.

»Trotzdem hat er geträumt, daß wir die Burg übergeben und auf dem Stephansturm die weiße Fahne hissen«, sagt der Pascha.

»Kein tadelnswerter Traum, mein Herr«, bemerkt der Baron seufzend und schielt vorsichtig nach der dampfenden Kaffeeschale. Schon springt einer der Diener hinzu und reicht ihm das fürchterliche Getränk. Indessen spricht Abdurrahman weiter und deutet auf den Gefangenen.

»Weil er ein guter Soldat ist, erlauben wir ihm, auch seinen eigenen Tod zu träumen.«

Und der alte und weise Abdurrahman gibt dem Gefangenen einen Wink.

Der schließt daraufhin die Augen und bricht einige Augenblicke später tatsächlich tot zusammen. Der Hühnerknochen verharrt reglos in der Hand des Barons.

Der Monat August bringt hart erkämpfte, meterweise Fortschritte der Belagerer beziehungsweise die zunehmende Ermüdung der Verteidiger. Die Oberfläche und die Tiefe der Erde haben sich an das ständige Dröhnen gewöhnt, auf den umgebenden Hügeln beginnen langsam, des Rauches und des Feuerregens nicht achtend, die ersten Trauben zu reifen. Den Melonen dagegen fehlt die Zeit dazu. Umherstreifende Soldaten und sich versteckt haltende Einheimische verschlingen die halbreifen Früchte.

Zwischen den beiden Hauptakteuren der Belagerung, Abdurrahman und dem Herzog von Lothringen, gehen Briefe hin und her, die von Mut und edler Gesinnung zeugen. Der Pascha von Buda ist unter keinen Umständen gesonnen zu kapitulieren, wie sollte er auch. Noch immer vertraut er darauf, daß Hilfe eintrifft, so wie vor zwei Jahren. Und wenn der Pascha seinen Blick in Betrachtung der ausgebeuteten, verletzten Wolken zum Himmel hebt, ist sein Hoffen gar nicht einmal so unbegründet. Am dritten August beginnen die Christen einen Generalangriff. Zwar gelingt es einigen Soldaten des Bayern Maximilian bis zum Palast vorzudringen, jedoch nur, um dort, unter Wehgeschrei und Flüchen aneinandergeklammert, den Tod zu finden. In seiner Wut läßt Maximilian den Stephansturm fast gänzlich dem Erdboden gleichmachen.

Auf der Ebene von Pest tauchen Reiter auf. Über das Lager der Angreifer ziehen immer häufiger blutige, verwundete Wolken hinweg, und wer die Sprache der Wolken versteht, könnte berichten, daß einige von ihnen gelobt haben, nie mehr hierher zurückzukehren. Der Wind trägt Heulen und Todesröcheln in das Lager der Christen, die Abenddämmerung scheint rascher zu kommen, während das Morgengrauen länger auf sich warten läßt. Diese Anzeichen verraten den Belagerern, daß Tataren durch die Gegend streifen.

Auch das Heer des Großwesirs Suleiman ist schon ganz nah an Buda herangekommen, am Morgen des achten August taucht seine Vorhut im nahen Kamarawald auf. Aufgeregt nagen die kleinen türkischen Pferde an der Rinde der Bäume. Vereinbarungsgemäß ziehen die Tataren flußaufwärts bis Esztergom, um den Christen den Nachschub an Lebensmitteln abzuschneiden. Suleiman ist indes nicht in der Lage, die an seine Person geknüpften Hoffnungen zu erfüllen. Seine Vorhut weicht feige und nichtswürdig zurück. Eine Schande für Allah. Unversehens wird die Vorhut von ungarischen Husaren attackiert. Das Gefecht ist so kurz, daß manche Kämpfer sich am nächsten Tag nicht mehr daran erinnern. Dabei hat es wirklich stattgefunden. Einige Minuten lang ist auch ein tatarischer Kleinkhan Gefangener der Ungarn, ès gelingt seinen Leuten jedoch, ihn wieder zu befreien. Daß es sich dabei um keine Legende oder Lüge handelt, beweisen die aus dem Rücken des Khan herausgebissenen Fleischfetzen, welche die ungarischen Husaren ihrem Anführer, dem hochwohlgeborenen Ádám Batthyány, vor die Füße spucken.

Man erzählt sich, daß die Juden gegen die Belagerer spionieren. Ob an dem Gerücht etwas Wahres ist, bleibt ungewiß, sicher ist hingegen, daß es schwerwiegende Folgen nach sich ziehen wird. Jedenfalls hat ein junger Prager namens Rav Rabenu Sender bereits einen Traum gehabt, in welchem ein uralter Mann, vielleicht Moses, vielleicht aber auch Abraham, ihn dazu auffordert, er solle versuchen, den Juden der Gemeinde von Buda zu helfen, deren Leben einem grausamen und achtlosen Schicksal preisgegeben sei. Mitte August zählt der junge Mann bereits das Geld der besorgten Gemeinden von Prag und Amsterdam, das die Brüder als Beistand für die in Not Geratenen geschickt haben. Einige Wochen später wird er in Buda eintreffen, wo die erbosten Christen die ansässigen Juden mit ebenjenen, übrigens hervorragenden Waffen niedermachen, die infolge der Geschäftstätigkeit eines betuchten jüdischen Armeelieferanten, eines gewissen Samuel Oppenheimer, in den Besitz der kaiserlichen Streitkräfte gelangt sind.

Im Zuge der Belagerung kommen neue Moden auf. Die Christen schmücken ihre Schanzen mit erbeuteten türkischen Fahnen und auf Lanzen gespießten Janitscharenköpfen. Immer wieder versuchen Freiwillige aus Suleimans Heer in die

Burg zu gelangen. Ein unmögliches Unterfangen, die Freiwilligen werden auf der endlos scheinenden, obwohl nur ein paar hundert Meter langen Strecke bis zur Burg regelmäßig niedergemetzelt. Den abgeschlachteten Türken wird die Haut abgezogen, das Fett der Leichen sorgfältig ausgelassen. Die Geschlechtsteile werden abgeschnitten und in der glühenden Augustsonne getrocknet. Aus getrockneten Menschenschwänzen lassen sich ausgezeichnete Arzneien herstellen, die bei Fieber, Frostschauer, Entzündungen und düsteren Gedanken helfen. Wenn ein paar hundert Türken es dennoch zuwege bringen, in die Burg zu gelangen, stärken sie die Entschlossenheit und den Haß der Verteidiger. Auf der Hauptmoschee weht eine rote Fahne. Dies wiederum bedeutet, daß die Verteidiger, das schemenhafte Bild des Paradieses vor Augen, todesbereit weiterkämpfen.

Karl von Lothringen nimmt eine gewaltige Unternehmung in Angriff. Er läßt ein Schanzensystem um das Lager der Christen graben, um dem noch immer in der Gegend stationierten Suleiman, wie feige und ohnmächtig er auch sein mag, keine Chance zu einem Überraschungsangriff zu geben. Der Großwesir erscheint von Zeit zu Zeit in der Nähe der Burg. Zu mehr, als sich regelmäßig zur Schau zu stellen, reicht seine Kraft nicht aus. Er ist in der Tat schön, aber das ist jetzt zu wenig. Eine Demonstration, dann ein Rückzug – Suleiman kann nicht helfen. Der Großwesir ist nichts als ein schmucker Knopf auf einer Kriegsmontur, es ist egal, ob er im Loch steckt oder frei herumbammelt. Auch Abdurrahman weiß das, folglich schwindet seine Hoffnung. Der Pascha ist unruhig. Eines Nachts komplimentiert er Saha, seine Frau und teure Haremsdame, aus dem Gemach und läßt zwei gefallene Helden bringen. Alsbald kommen die Diener mit den Leichen der Janitscharen. Dem einen ist die Kugel durchs Auge gedrungen, den anderen hat ein Splitter am Schenkelansatz getroffen, infolgedessen er binnen weniger Augenblicke verblutet ist. Abdurrahman legt sich zwischen die entblößten Leichen, um sich an den Tod zu gewöhnen. Erstmals seit Beginn der Belagerung schläft er tief und erquickend. Entgeistert lauschen die Türsteher. Noch nie haben sie den Pascha schnarchen gehört.

Täglich berichten die Geheimdienste über drei merkwürdige Gestalten. Es sind Feen, Zauberer oder Hexen. Sie wandeln durch den Feuerregen und den Rauch der Explosionen, als hätte der Tod keine Macht über sie. Krepiert in ihrer Nähe eine Bombe, trotten sie ungestört weiter. Geraten sie in einen Angriff, Nahkampf oder Feuerregen, zeigen sie keinerlei Furcht. Vor Sterbenden und Verwundeten, Feigen und geistig Umnachteten verweilen sie indes immer ein wenig. Sie reiben sich die Augen, warten ein wenig, dann wandern sie weiter.

Einer von ihnen ist ein unwahrscheinlich schöner Mann.

Sein Gefährte hat einen großen Kopf, einen zerzausten Schopf und einen dümmlichen Blick.

Neben ihnen stolpert ein türkisch aussehendes Bürschchen einher. Es plappert in einer unverständlichen Sprache, blickt oft zum Himmel und bricht häufig in helles Lachen aus.

Die Dämmerstunde des neunundzwanzigsten August ist angebrochen. Es ist der Tag der Enthauptung Johannes des Täufers. Für die Türken einer ihrer größten Glückstage, denn an ihm haben sie Belgrad erobert, wenn auch vor langer Zeit, 1521. Ferner haben sie im Jahr 1541 an diesem Tag Buda eingenommen. Außerdem fiel die Schlacht von Mohács auf den neunundzwanzigsten August. Der Prächtige Padischah ertränkte Ludwig, den König der Ungläubigen, mit seinen eigenen heiligen Händen im schmutzig schäumenden Wasser des Csele-Baches. In der Tat werden die christlichen Belagerer von einem Unglück heimgesucht. Oberst Mercy, einer ihrer hervorragendsten Soldaten, stirbt an diesem Tag. Im Handgemenge wird ihm das Stirnbein gespalten.

Pascha Abdurrahman sitzt mit versteinertem Gesicht in den Herrschergemächern des Palastes. Er hat die Nachricht erhalten, daß die längs der Donau angerückten dreitausend Janitscharen von den Belagerern bis auf den letzten Mann niedergemetzelt worden sind. Das ist die eine Hälfte des Malheurs. Denn es wurde auch gemeldet, daß die Pester Ebene bereits von Zehntausenden satter und ausgeruhter Soldaten, den Männern des siebenbürgischen Grafen Scheffenberg, beschmutzt wird. Scheffenberg ist eben eingetroffen.

Unmerklich wird es Abend. Schwere, tückische Stille sickert in das Gemach. Der Türsteher vernimmt Schritte, er täuscht sich nicht. Allerdings sind es drei sehr merkwürdige Gestalten, die bei Abdurrahman vorgelassen werden möchten. Der Wächter erschrickt zu Tode, er reibt sich mit der Faust die Augen und schlägt sich mit der Spitze seiner Lanze an den Kopf. Wer sind die und was wollen sie? Der Arme betet zu Allah. Wie irgendwelche Dschinne kommen sie ihm vor. Wortlos weicht er zurück und läßt sie auch schon ein, obwohl er sich damit, er weiß es sehr gut, einer Verfehlung schuldig macht, die ihn den Kopf kosten kann. Diesmal hat er Glück. Im Blick des Pascha entdeckt er keine Spur von Zorn. Mit einer knappen Handbewegung schickt Abdurrahman die vor seinen Knien kauernde Saha fort und nickt dem Türsteher zu, er solle sie in die Frauengemächer zurückbegleiten.

»Was willst du?« fragt er, den Blick auf Josef Bezdan richtend. Der ehemalige Spion tritt vor, während sich der großköpfige und dümmlich dreinschauende junge Mann und der frech grinsende Bursche in den Hintergrund zurückziehen. Josef Bezdan heftet seinen Blick auf den Pascha.

In diesem Moment erblickt Abdurrahman mächtige Berge, die im Winter und im Sommer gleichermaßen strahlen und auf deren Gipfeln weiße Hauben prangen. Nadelwälder und reiche Almen sieht er, auf welchen Ziegen und Rinder weiden. Die Männer heißen Karl, Michael und Joseph. Die Frauen hören auf die Namen Magdalena, Helga oder Katharina. In ihren einfachen, schmucklosen Kirchen beten sie zu einem Heiligen namens Isa. Das Gesicht einer kleinen, bleichen Frau erscheint. Weiche, aber entschlossene Züge. Ihr Streicheln ist wie ein Segen, warm und schmerzlich. Wortlos nähert sich ein Mann dem in die Vision vertieften Greis, drückt ihm ein Ziegeneuter in die Hand und zeigt ihm, wie man melkt. Er zeigt, wie man Nüsse knackt, Brennholz hackt und aus Strohbündeln Puppen flicht. Auch Kinder sieht Abdurrahman, mit denen er am Berghang Fangen spielt und sich balgt. Allah, hilf! Das Ganze ist wie ein Bild aus dem Paradies. Aber nein, das kann nicht sein, denn es tut so weh, ist von einem so drückenden und unerträglichen Schmerz begleitet, wie er nur mit Kindheitserinnerungen einhergeht.

In diesem Moment begreift Abdurrahman, der letzte Pascha von Buda, daß in der Tiefe eines jeden Schmerzes die reine Zeit selbst thront. Er ist bereits ein alter Mann, und siehe, jetzt muß er erfahren, wo er geboren ist, wo er seine Kindheit verbracht hat, deren Erinnerungsbilder seine Seele mit der Zeit immer häufiger gemartert haben. Nun ja. Die Schweiz war der Ort, wo die Berge die blaue, ferne Mauer des Himmels durchstoßen. Und dann kommt ihm die Belagerung von Kandia in den Sinn, da war er bereits Janitscharenaga. Er sieht die Gegenden der Welt, wo er sich als erfahrener Soldat oder geschickter Händler aufgehalten hat. Er sieht das von Geschäftigkeit erfüllte Bagdad, den glühenden, unendlichen Sand Ägyptens, die am Haß erstickenden bosnischen Berge. Auch Polen sieht er, wo er ebenfalls gewesen ist. Und Wien fällt ihm ein, wo er vor drei Jahren an der Seite Kara Mustafas diente. Der Großwesir wurde erwürgt und ausgestopft und dann an die Burgmauer von Belgrad genagelt.

»Gut«, nickt schließlich der Pascha.

Schwerfällig steht er auf. Beinah wäre er zusammengesackt. Der Junge springt flink hinzu und greift ihm unter den Arm. Er blickt zu dem Pascha auf, der das Grinsen, das über das schmierige Kindergesicht läuft, auch als Unverschämtheit hätte auffassen können. Auch Josef Bezdan muß lächeln, er nickt. Ebenso Franz Pillinger, und dann nickt auch der freche Vasilika Drajan. Es scheint, als hätte das Licht ihrer Augen Tiefe. Kein Glanz ist darin, nur Unruhe.

»Gut«, brummt der Pascha.

»Es wird geschehen, wie ihr es wünscht«, flüstert er noch und faßt sich zögernd, mit zitternden Fingern an die Augen.

Im christlichen Lager beginnt der Generalstab unter größter Geheimhaltung mit den Vorbereitungen zum entscheidenden Angriff. Er soll am ersten September stattfinden. Maximilian Emanuel, der bayrische Kurfürst, träumt, er sei ein stolzes

Banner auf dem höchsten unversehrt gebliebenen Turm des eroberten Buda, und dieser Traum wird ihn sein ganzes Leben begleiten. Herzog Karl von Lothringen vergißt seine Gicht, den Schmerz, der seine Knochen quält, und lächelt in seiner Aufregung seinen Diener Stephan an, was er noch nie zuvor getan hat. Tobend, mit Schaum vor dem Mund fordert Maximilian Emanuel, der Generalangriff solle um einen Tag verschoben werden, was schließlich auch geschieht, und diese eintägige Verzögerung nutzt der bayrische Herzog dazu, seine Streitmacht weiter vor, näher an die Burg zu schieben.

Es ist der zweite September. Um die Verteidiger und Großwesir Suleiman in die Irre zu führen, dirigiert Karl von Lothringen einige Reitereinheiten vor die Schanzen, als stünde eine Attacke gegen den Großwesir bevor. Auf Befehl Abdurrahmans sprengen die Verteidiger bei der Esztergombastei einen Graben in die Luft. Um drei Uhr nachmittags verstummen die Kanonen.

Auf einmal ist es still, wie vor dem Tod.

Wer gekämpft hat, weiß, wie das ist.

Er kennt diese Stille, die nicht die Stille der Erde, doch auch nicht die des Himmels ist.

Eine Salve der sechs auf dem Kleinen Schwabenberg aufgestellten Batterien gibt das Zeichen zum Angriff. Im Norden stoßen drei Sturmtrupps gegen die zerschossene Esztergombastei vor, während die Brandenburger gleichfalls in drei Sturmtrupps angreifen. Sie unternehmen aber nur einen Scheinangriff gegen den östlichen Flügel der Verteidigungsanlagen, das Wiener Tor. Auch an der Südseite der Burg dringen drei Sturmkolonnen vor. Indessen brechen die Angreifenden im Norden unerwartet schnell durch die türkischen Schanzen, die ermatteten Verteidiger sind außerstande, Widerstand zu leisten. Mancher kann vor Müdigkeit nicht einmal spucken, geschweige denn kämpfen, töten. Wider Erwarten haben auch die Brandenburger mit ihrem Scheinangriff Erfolg, schon tauchen sie oben auf den türkischen Schanzen auf. Die Verteidiger im Norden fliehen Richtung Palast.

Pascha Abdurrahman sammelt seine verbliebene Streitmacht auf dem sogenannten Schulplatz, doch die Männer von Feldmarschall Herzog Karl Eugen de Croey drängen sie mühelos zurück. Der Palast wird vom stellvertretenden Festungskommandanten Pascha Ismail verteidigt, doch alles ist vergebens. Auf dem Arsenalplatz drängen sich dreitausend Türken, Soldaten, Frauen und Kinder, hier fällt den Siegern Pascha Ismail in die Hände, den man ein Jahr später loskaufen wird. Auch Çolak Beg, wegen seiner verkrüppelten Hand der Verstümmelte genannt, später Renegat und unter dem Namen Joseph Leopold Zungaberg christlicher General, gerät hier in Gefangenschaft.

Nach Ansicht mancher Historiker befindet sich Herzog Croey, kaiserlicher Feldmarschall, bereits innerhalb der Burg, in der Judengasse oder noch wahrscheinlicher auf dem Bassa-Bali-Platz, als er auf jenen kleinen, jedoch um so entschlosseneren Trupp türkischer Soldaten stößt, der Pascha Abdurrahman verteidigt. Augenzeugen berichten, daß sich die Türken in dem Moment, als die blutdürstigen Christen auftauchen, vor einen grauhaarigen, rotbärtigen Soldaten hinknien und ihn beschwören, er solle mit ihnen kommen, fliehen, Buda sei verloren. Abdurrahman aber stürmt, ein krummes Schwert schwingend, auf den Feind los.

Der türkische Chronist Silahtar Mehmed schreibt, daß Pascha Abdurrahman von einer Kugel getroffen zum Märtyrer wird. Seinen Leichnam läßt man tagelang auf dem Platz liegen, an seinem Fleisch nagen Ratten und Aasvögel, endlich wirft man ihn in die Donau, wie auch andere türkische Krieger und gemeine Leute im feuchten Grab ihre letzte Ruhe finden, was wir so sagen könnten, wenn wir nicht Kenntnis von der unruhigen Natur der Wasserleichen hätten.

Dem am ehesten glaubwürdigen venezianischen Ritter Francesco Grimani zufolge wird der Pascha im Laufe der Belagerung verwundet, dennoch läßt er sich auf die Mauer bringen, dort will er als Held fallen, was auch alsbald geschieht.

Auch nach Meinung des englischen Kriegsingenieurs Jacob Richard stirbt Abdurrahman den Heldentod in einer Bresche der Burgmauer. Ein anderer, allerdings ungenannter englischer Augenzeuge gibt gleichfalls eine Bresche als Ort von Abdurrahmans Tod an und fügt hinzu, daß der Pascha mit dem Schwert in der Hand fällt, was im Widerspruch zur Behauptung steht, er sei mit einer schweren Kopfverletzung, zumindest aber verwundet dorthin gebracht worden. Glaubhaft ist freilich auch, daß Arnót Abdurrahman in Wirklichkeit auf dem Schulplatz zu Boden stürzt und nicht sofort stirbt und daß kopflos fliehende Türken und mit Schaum vor dem Mund angreifende Christen gleichermaßen über den bei klarem Bewußtsein stumm betenden Sterbenden hinwegtrampeln.

Dem Stuhlweißenburger Propst Giovanni Paolo Zenarolla zufolge ereilt ihn der Tod draußen, in der vordersten Linie. Wir sehen den Pascha mit dem Schwert in der Hand, eine Gewehrkugel trifft ihn in die Stirn, und er stirbt als Held.

Der ungarische Augenzeuge Árpád Károlyi weiß zu berichten, daß das Leben von Arnót Abdurrahman im letzten Augenblick der Abenddämmerung verlischt, genau in dem Moment, als die rotglühende Sonnenscheibe hinter dem Jánosberg versinkt.

Andere wieder behaupten, eine Kanonenkugel habe ihn in Stücke gerissen.

Ob man sagen kann, daß ein Festungskommandant nicht stirbt, wenn die Burg fällt, die zu verteidigen er berufen war? Ob man sagen kann, daß das Leben Arnót Abdurrahmans weitergeht, so wie auch ein Regentropfen Teil des Flusses wird, in dessen ewig brausende, wilde Strömung er fällt? Wir wissen es nicht. Wir wissen nur eines, daß wir in einem Krieg die Wahrheit nicht suchen können, weil im Krieg die Lüge regiert. Und auch mit den Berichten über den Tod des Pascha verhält es sich nicht anders.

An jenem entsetzlichen Tag des Jahres 446 ist siebenundzwanzigster Juli, das Fest des Schabbat Hason. An diesem Tag wird das erste Kapitel der Schrift des Propheten Jesaja der Tora beigefügt, welches mit dem Wort Hason, das heißt Vision, beginnt. Bomben, knisternde Feuerkugeln und knatternde Kanonengeschosse regnen auf die Mahalleh herab. Die Häuser stehen in Flammen, wie beim Jüngsten Gericht. An diesem letzten Tag betet Jizchak ben Juda gemeinsam mit Abraham und seiner Frau vom Morgen bis zum Abend in der Synagoge. In den Stunden der Eroberung der Burg rennen die Juden wehklagend in das Gotteshaus. Ein junger Bursche stürzt herein, vorgebeugt steht er auf der Schwelle und zittert am ganzen Körper.

»Sie sind da!«

Der Händler steht auf, drückt den Gebetsriemen und das Gebetbuch an sich. Der Bursche ist von der Menge schon wieder mitgerissen worden. Christliche Musketiere dringen in das Gotteshaus ein. Hinter ihnen bahnt sich ein Dutzend brüllender ungarischer Husaren mit blitzenden Krummschwertern den Weg. Augenblicklich entsteht ein gewaltiges Chaos. Das Massaker nimmt seinen Anfang. Ein Toraschüler namens Jakob Samter klammert sich an der Bank fest, als könnte ihn noch irgend etwas auf dieser Welt halten. Zuerst schneiden sie ihm die Finger ab, dann schlitzen sie ihm die Kehle auf, daß sein Blut erst wie eine Fontäne hochspritzt, um dann still vor sich hin zu sprudeln. Einige bekommen nur einen Tritt oder eine leichte Schnittwunde ab und können auf die Straße fliehen, um dort in ein Bajonett oder ein Schwert zu laufen. Ein kleines Kind namens Adam Baar flüchtet sich auf das gut drei Stufen hohe Almemor. Von dort wird es herabgerissen, so daß es sich den Hals bricht. Dem Geldwechsler Salamon Raam zerschneidet ein einziger Hieb die Augen, jetzt brüllt er blind, wankt mit ausgebreiteten Armen, er findet seine Frau und seine Kinder nicht, die sich ebenfalls in das Allerheiligste geflüchtet haben. Er schreit ihre Namen, zerreißt seinen Kaftan. Schließlich wird er von hinten durchbohrt, so daß die Schwertspitze vorn aus dem Bart hervorlugt. Aus einer der engen Gassen stürmt mit zerfetzten Kleidern und blutverschmiertem Gesicht ein junges Mädchen hervor. Sie versucht ihre blutbefleckte Brust zu bedecken. Es nützt nichts. Ein wildgewordener Söldner ist hinter ihr her. Und wie absichtlich läuft das Mädchen in ein starrendes Bajonett. Ungarische Husaren haben einen unglückseligen Bahur eingefangen, und nun schlagen sie ihn tot, als hätten sie Vergnügen daran.

Ein alter Jude stolpert eine Hausmauer entlang, sein Körper

ist gekrümmt, das leise Klopfen seines Stockes dringt dennoch durch den Lärm. Seltsam, der Alte läßt sich überhaupt nicht stören. Ah, der Mann geht ja spazieren! Seit fünfzig Jahren geht der taube Abraham aus Chelm Tag für Tag hier spazieren, Tag für Tag klopft er über die schadhaften Pflastersteine der Mahalleh, Tag für Tag schlurft er über die Stufen, seit fünfzig Jahren registriert er die Schatten und die Lichtflecke, ja warum soll er es jetzt anders machen. Nur weil hier gemordet wird? Was ist dieser einzelne Tag im Vergleich zu den Tagen der vergangenen fünfzig Jahre und zu dem Leben der Steine? Nur ein einziger läppischer Tag, und der wird auch gleich vergangen sein. Und er vergeht wirklich. Abraham aus Chelm ist zwar taub, aber nicht blind. Den Schrei hört er nicht. Aber das Schwert, das auf ihn niedersaust, sieht er wohl. Und wie er langsam zusammenbricht, durchströmt das Staunen seinen alten, den Tod begrüßenden Körper. Er klammert sich an einen seltsamen, rauhen Stein, betastet ihn mit zitternden Fingern. Darauf fließt sein Blut. Abraham aus Chelm kennt diesen Stein nicht, er weiß nichts von ihm, dabei geht er seit fünfzig Jahren Tag für Tag hier spazieren, doch dieser Stein ist seiner Aufmerksamkeit irgendwie entgangen. Und der alte Mann stirbt, indem er einen belanglosen Pflasterstein inständig um Verzeihung bittet, während seine zum Aufbruch bereite Seele von brennender Scham erfüllt ist.

Nicht jeder gibt sein Leben billig her. Vor der Synagoge kämpft Levi Mos wie ein Löwe. Mit seinen gewaltigen Messern nimmt er den Kampf auf, tagelang hat er sie unter dem Kaftan getragen und seiner Frau mehrmals versichert, daß ihn keiner lebend kriegt. Keiner Macht der Welt wird er sich ergeben! Zu Füßen des Schächters häufen sich die blutüberströmten Leichen von Musketieren und ungarischen Husaren. Unmöglich, dem Tobenden nahe zu kommen. Schließlich schießt man ihm ins Gesicht. Blind brüllt jetzt Levi Mos, der Schächter, der mit geschlossenen Augen alle unreinen Sehnen des Viehs herausschneiden kann. Sein Gesicht ist lebendes, wucherndes Fleisch. Sein letztes Messer blitzt in seiner Hand. Und in dem Moment, als ein Dragoner auf den Wehrlosen losschlagen will, tut er das, was er in seinem Leben schon mit so vielen Tieren getan hat. Er bölkt wie ein Rind.

»Verzeih mir, Levi Mos«, röchelt er zu sich selbst. Nur einmal blitzt das Messer vor seiner Kehle.

David Mendelson stürmt mit wildem Blick an ihm vorbei. Für einen Moment bleibt er vor dem zuckenden Leib des Schächters stehen und betrachtet ihn nachdenklich. Dann rennt er weiter. Finger grabschen krampfhaft nach ihm. Ja, aber das ist doch Josua Rabimek, der Mendelson verfolgt, während er seine Frau, die sich an seinen Kaftan klammert, hinter sich herschleppt. Marja kreischt wie von Sinnen.

»Verzeih mir, Josua!«

Josua Rabimek hört ihr Flehen nicht. Mit ausgebreiteten Armen rennt er hinter David Mendelson her. Endlich hat er ihn, er hat den kleinen Teufel gefunden! Die tückische Schlange! Den elenden Hund! Diese Ratte! Die Frau hat alles gestanden! Gestern Abend hat Marja Josua Rabimeks Hand ergriffen und zerknirscht geflüstert, daß sie mit reiner Seele, ihre Sünden bereuend, sterben will, weil sie ohnehin sterben, wenn die Mauern der Burg dem Ansturm der Christen nicht mehr standhalten. Ja, hat die Frau unter Tränen gestanden, sie hat sich David Mendelson hingegeben. Sie hat es getan. Und nicht nur einmal. Regelmäßig. Josua Rabimek soll ihr doch verzeihen, er soll ihr verzeihen, wenn er kann! Marja hat es getan, weil es mit David Mendelson gut war. So gut war es, daß sie vor jedem Mal dachte, daß sie sterben, an der Wonne zugrunde gehen würde, und einen schöneren Tod hätte sie sich nicht wünschen können. Sie wollte sterben, ihr ganzes Leben lang wollte sie sterben, aber sie war zu feig dazu, das Messer oder den Strick zu nehmen, und dachte, daß David Mendelson ihr einmal den Tod bringen würde. Josua Rabimek soll seiner Frau verzeihen, weil der Wollhändler sie sicher behext, verzaubert hat, denn so was gibt es ja gar nicht, etwas so verflucht Wunderbares, ah, ist ja auch egal. Der Tod kommt die Burgmauern herauf.

Schluchzend bedeckte Marja ihr Gesicht mit den Händen.

Vor Bestürzung brachte Josua Rabimek kein Wort heraus. Er hatte eine Schlange im Hals, die wand sich in seiner Speiseröhre, und er rang nach Atem. Gerechter Gott! Wie? Was!? Seine Frau, dieses demütige Wesen, soll das getan haben?! Und nicht nur einmal?! Und es hat ihr auch noch gefallen?! In diesem Moment war seine Frau für ihn gestorben. Er konnte sich nicht bezähmen. Er spuckte sie an, dann schlug er sie. Und noch einmal spuckte er, nun aber bereits ruhig, fast bedächtig, wie jemand, der ein für allemal eine Illusion zerstört. Gut. Marja existiert also nicht mehr. Aber diesen Mendelson wird Josua Rabimek noch kriegen. Diesem widerlichen Dreckskerl wird er den Hals umdrehen, erwürgen wird er ihn, in Stücke reißen! Und er begann ihn in der brennenden, von Bomben erschütterten Stadt zu suchen, ging seinen Namen brüllend von Haus zu Haus, von Straße zu Straße, aber Mendelson war nicht zu finden. Der verfluchte Kerl hatte sich versteckt. Als aber die Christen in die Mahalleh einbrachen, erblickte er ihn endlich. Die Mörder sind hier?! Gleichviel! Er hat eine Rechnung mit dieser tückischen Schlange zu begleichen, dann geschehe, was will.

Unermüdlich läuft Josua Rabimek hinter ihm her, er jagt und hetzt David Mendelson, der vielleicht gar nicht so recht weiß, was hinter ihm vorgeht. An Josua Rabimeks zerrissenen Mantel klammert sich die arme, schluchzende Marja. Plötzlich prallt Rabimek zurück. Ein hünenhafter Dragoner mit rußigem Gesicht ragt vor ihm auf.

»Wohin so eilig, Jude?« fragt er auf deutsch.

»Geh mir aus dem Weg«, röchelt der andere.

Der Dragoner schlägt nicht allzu fest zu. Nur eine Armbewegung ist es, doch vor Josua Rabimek wird es dunkel. Ohnmächtig fällt er zu Boden. Marja wirft sich über ihn, o mein Mann, mein teurer Mann. Einige Augenblicke steht der Dragoner über den beiden, dann entschließt er sich, den Juden nicht zu töten. Er packt den Besinnungslosen und schleppt ihn zusammen mit der kreischenden Frau aus dem Inferno. An der nächsten Straßenecke zittert bereits eine Gruppe zusammengetriebener, von Soldaten bewachter Juden, bekannte Familien, auch ein kleines, an der Stirn blutendes Kind, einige alte Frauen und Greise. Der Dragoner stößt Josua Rabimek und seine Frau in diese Gruppe. Er hat nicht getötet. Diese Großherzigkeit ist bereits Teil des geschäftlichen Kalküls.

Nach dem anfänglichen Gemetzel fällt den Soldaten ein, daß

nicht nur die in den Kellern, auf den Dachböden und unter der Erde versteckten Säcke Goldes wert sind. Auch das Leben der Juden kann man zu Geld machen. Das Leben hat einen Wert, wenn es verkäuflich ist. Während der Plünderung der Synagoge findet einer der brandenburgischen Soldaten die morsche Kiste der Genisa. Sein Triumphgeheul übertönt das Röcheln und die Schmerzenslaute der Sterbenden. Er glaubt, den Schatz der Schätze gefunden zu haben. Grobe Worte hervorstoßend, versucht er die Kiste aufzusprengen. So richtig flucht er aber erst, als der Deckel der Kiste aufbricht. Zerfledderte Gebetsbücher, beschädigte Devotionalien von Generationen sind darin. Sie zu begraben, sieh an, war keine Zeit geblieben.

Wie ein Besessener läuft David Mendelson in all dem Morden umher. Er ist durchaus nicht auf der Flucht. Sein Blick ist verklärt, er zeigt keine Spur von Angst. Zuweilen taucht er an den gefährlichsten Orten auf, mitten im blutigsten Massaker. In diesen krisenhaften Momenten tut der kleingewachsene, pfiffige Wollhändler zweierlei. Zum einen sucht er fieberhaft nach jemandem. Blickt hierhin und dorthin, dreht seinen Kopf in alle Richtungen. Wen er wohl sucht? Wenn ihm aber ein Dragoner oder Musketier nahe kommt, dann klappt dieser nach kurzem, erbostem Staunen zusammen. David Mendelsons Dolch blitzt zwischen den Falten seines Kaftans hervor.

»Nein!« brüllt David Mendelson aus vollem Halse.

»Nein!« schüttelt er die Fäuste. Als ob er im Streit läge mit dem Massaker, dessen Teil er doch selbst ist. Auf den Schrei hin blickt sich Sara um, soviel genügt, daß sie einige Schritte hinter Mann und Kind zurückbleibt.

»Nein!« brüllt David Mendelson.

Da glaubt Sara plötzlich durch den Blick des Mannes zu verbrennen. Schon stürzt er auf sie zu. Ein vom Morden trunkener Dragoner greift nach ihm, packt ihn bei der Mähne. Der kleine Jude stößt mit dem Ellbogen nach hinten. Brüllend hält sich der Dragoner die Nase. Auch David Mendelson brüllt, seine Hand schnellt vor zum Magen des Soldaten. Der hört erstaunt zu schreien auf, betastet seinen Magen, dann blickt er Mendelson an und sackt schließlich langsam zusammen. Der Jude rennt auf Sara zu, die gleich einer Salzsäule dasteht. Wie jemand, den alle Kraft verlassen hat. Sie sieht, wie ihr Mann und ihr Kind sich entfernen. Jizchak ben Juda blickt sich noch einmal verzweifelt um, dann sind sie auch schon hinter einer rauchenden Ecke verschwunden. Und Sara sieht, daß David Mendelson auf sie zuläuft, manchmal weicht er einem Stich oder Hieb aus, springt über Leichen und sich in ihrem Blut wälzende Menschen. Sara sieht, daß auch ein brandenburgischer Söldner auf sie zukommt. Zum Zeichen ihrer Bereitschaft hält sie den Kopf so, daß es den Schnitt durch die Kehle erleichtert. Schon steht der Brandenburger vor ihr. Zuerst schlägt er mit der Faust zu. Sara geht in die Knie, sie hat das Gefühl, daß ihre Schulter abbricht. Sie wird wild an den Haaren gerissen. In diesem Moment sieht sie eine Klinge blitzen. Allein, sie sieht auch, wie das Schwert plötzlich in der Luft innehält. Vielleicht glitzert es sogar im Licht der Sonne. David Mendelson steht dicht neben dem reglosen Soldaten, schmiegt sich geradezu an ihn. Dem Söldner weiten sich die Augen, er staunt, rülpst leise. Blut strömt auf seinen Bart. David Mendelson beugt sich zu Sara, zieht sie hoch und zerrt sie mit sich fort. Jetzt stürzt der Brandenburger hin, aus seinem Rücken, gerade über dem Herzen, steht David Mendelsons kleiner Dolch hervor.

Jizchak ben Juda wurde im Kampfgeschehen von seinen Bewachern getrennt und zurück auf den Hof der Synagoge gedrängt. Dort fallen ungarische Husaren über ihn her. Sie sind zu dritt, zerren ihn hin und her, reißen an seinen Kleidern und brüllen ihn an. Geld wollen sie. Jizchak ben Juda streut vor sie hin, was er bei sich hat, und fleht, man möge ihn doch gefangennehmen. Der ranghöchste Soldat nickt und bedeutet, daß ihnen das Geld für Jizchak ben Judas Leben nicht genügt. Dieser gestikuliert, da und dort gäbe es noch Geld, er wisse es genau, er kenne die Verstecke. Die Husaren stoßen ihn vor sich her, na dann los, vorwärts, Jude. Er weiß selbst nicht, warum, doch er führt sie zu seinem eigenen Haus. Die Straßen sind von den blutüberströmten Leichen der abgeschlachteten Türken und Juden bedeckt. Plötzlich stürmt ein kleiner Trupp zu allem entschlossener Janitscharen auf sie zu. Der Tumult nimmt noch an Heftigkeit zu. Kaiserliche rennen brüllend an ihnen vorbei. Jizchak ben Juda hält die Hand seines Sohnes so fest, daß dessen Knochen krachen. Ein kaiserlicher Offizier packt Abraham an der Schulter.

»Der Junge gehört mir!« brüllt er.

Jizchak ben Juda wirft sich auf die Knie, laut schreiend beschwört er den Offizier. Doch der ist nicht bei Verstand und holt aus. Der Jude taumelt zurück und stürzt am Straßenrand in den Keller eines Hauses. Dort ist es still und dunkel. Auf einmal wird ihm der Mund zugehalten, obwohl er gar nicht hatte schreien wollen. O weh, was ist mit Abraham, zuckt es ihm durch den Kopf. Erst als jemand ihm seine Hand aufs Gesicht drückt, bemerkt er, daß er nicht alleine ist. Wunderschöne Männeraugen leuchten ihm aus der Dunkelheit entgegen.

»Beruhige dich. Ich weiß, daß dein Sohn noch oben ist«, sagt der Blick, und Jizchak ben Juda kennt dieses Schauen, er kennt den bildschönen, stummen Besitzer dieses Augenpaars. Die Hand gibt den Mund Jizchak ben Judas frei. Er atmet tief durch und versteht selbst nicht, wie es möglich ist, daß er ein Gefühl der Ruhe, gemischt mit Bewunderung, empfindet. Das Augenpaar blickt ihn aus solcher Nähe an, daß er den Körpergeruch des anderen wahrnimmt. Im nächsten Moment erkennt er, daß die Augen nicht auf ihn gerichtet sind, sondern auf etwas hinter ihm, hinter seinem an die Kellerwand gedrückten Nacken. Ein Schatten zuckt vorüber, dann hört er ein kurzes Wimmern. Als hätte jemand ein Katzenjunges gepackt. Aber kein Katzenjunges ist es, sondern eine stattliche, fette Ratte. Der schöne Fremde hält das zappelnde Tier in seiner Faust. Dann ist nur ein leises Knacken zu vernehmen. Die Spitze eines Messers blitzt, und schon ist der Bauch der Ratte aufgeschnitten. Der Fremde gräbt mit seinen Fingern in den Eingeweiden. Jizchak ben Juda sieht, daß er dem Bauch des Tieres einen kleinen Stein entnimmt, einen Edelstein, der einer gefrorenen Träne ähnlich sieht. Und was nun folgt, ist vielleicht wahrhaftig Zauberei. Denn der wie vom Donner gerührte Jude könnte schwören, daß der Fremde das Steinchen in sein eigenes Auge, in seinen eigenen Blick wirft und daß es darin verschwindet wie ein glänzender Kiesel im Spiegel eines Bergsees.

»Wie hat der Offizier ausgesehen?« fragt plötzlich der Blick.

Jizchak ben Juda stottert.

»Im Gesicht hatte er eine Wunde und um den Kopf einen blutigen Verband«, ächzt er und fällt zur Seite, von Müdigkeit überwältigt. Ein Schatten huscht durch den Keller. Schon ist er allein. Oder doch nicht? Ein Kindergesicht beugt sich über ihn. Ein Kind, so groß wie sein Sohn vielleicht, nur daß es einen ebenso seltsamen Blick hat wie der schöne, bekannte Fremde. Wolken! Ja, kein Zweifel. Bauchige, zu allem entschlossene Ostwolken ziehen im Blick des Kindes dahin.

David Mendelson zittert gemeinsam mit Sara in einem benachbarten Keller. Aus einer Entfernung von fast nur einer Armlänge hören sie das Röcheln und die Wehlaute, die Todesschreie ihrer Nachbarn und Bekannten. Das Massaker spielt sich vor ihren Augen ab, und sie können nichts tun. Sara spürt plötzlich David Mendelsons Finger. Sie tasten an ihrer Hüfte herum.

»Sara, Sara«, gurgelt mit leiser, tierischer Stimme der Mann.

Offenbar ist der Wollhändler nicht bei Sinnen. Mit Sicherheit hat ihm das Morden den Verstand geraubt. Was macht dieser David Mendelson?! Er fummelt schon an ihren Schenkeln herum!

»Bist du verrückt geworden, David Mendelson?« ächzt Sara und rückt zur Seite. Aber da wird ihr der Mund schon zugehalten, die Augen des kleinen Juden schwanken bereits vor ihrem Gesicht wie zwei betrunkene Glühwürmchen. Schon drückt er sich an sie. Vom Kellereingang her erschallt ein Ruf, die Treppe kracht unter Soldatenstiefeln, eine lodernde Fackel leuchtet in den bereits geplünderten und verwüsteten Raum. Gellende deutsche Worte sind zu vernehmen. Beim Eingang geht ein Sack in Flammen auf, knisternd und knackend sprüht er Feuer und Funken. Wie ein lebendiger Körper brennt er. Die Frau will sich erheben, doch David Mendelson drückt ihren Kopf zurück.

»Wir werden verbrennen, David Mendelson!« keucht sie in seinen Mund.

»Wir brennen bereits, Sara«, keucht Mendelson und stößt in ihren Unterleib.

»Wir verbrennen, David«, kreischt die Frau, während ein unerträglich heißes Gefühl ihren Körper durchströmt. Sie klammert sich an seinen Hals, alle zehn Fingernägel gräbt sie in sein Fleisch.

»So laß uns brennen, liebste Sara!«

»Brennen wir! Brennen wir! Brennen wir!« röchelt das glückliche Tier David Mendelson.

Jizchak ben Juda blinzelt benommen durch das Dunkel des Kellers. Sein Sohn ist verschwunden. Seine Frau ist verschwunden. Alles ist verloren. Im Inferno der Straße jammern Freunde und Bekannte. Langsam rappelt er sich auf und stapft, die Hand vor die geblendeten Augen haltend, die blutbesudelte Treppe hinauf. Er tritt hinaus in den strahlenden Sonnenschein. In der Nähe stehen Häuser in Flammen, Balken und Mauern krachen. Auf der anderen Seite des Platzes weint eine Gruppe gefangener Juden. Sie wird man nicht mehr töten. Jizchak ben Juda betrachtet sie benommen. Josua Rabimek kniet im Staub, dreht wie von Sinnen seinen Kopf hin und her, seine Frau neben ihm rauft sich die Haare.

Jizchak ben Juda blinzelt verlegen. Seine Stadt, sein Leben gibt es nicht mehr. Sein Haus steht in Flammen. Sein Laden steht in Flammen. Seine Vergangenheit liegt in Schutt und Asche. Die ganze Welt hat er verloren, und doch liegt nun die Last der ganzen Welt auf seinen Schultern. Jetzt endlich nimmt er auch mit der Tiefe seiner Seele an, was er bisher nur mit seinem Verstand gewußt hat.

Da steht er wie so viele andere, inmitten der Vernichtung.

Er lebt.

Und ist ein Gerechter geworden.

Er ist endgültig einer der Sechsunddreißig, die die Welt auf ihren Schultern tragen. Langsam geht er auf die gefangenen Juden zu. Und er wundert sich überhaupt nicht, daß ein vom Blut berauschter ungarischer Husar vor ihm stehenbleibt, ihn nur ansieht, mit zur Seite geneigtem Kopf glotzt und nicht zuschlägt.

Ludwig Metz ist der deutsche Offizier, der Abraham gefangengenommen hat. Wütend starrt er den Jungen an. Dieses Kind wird ihn zu keinen Schätzen führen. Bei einem fremden Leutnant erkundigt er sich nach dem Aufenthaltsort der gefangenen Juden. Als er hört, daß man sie zum Wiener Tor treibt, macht auch er sich auf den Weg, das leichenblasse, am ganzen Körper zitternde Kind zieht er am Schopf mit sich. Plötzlich taucht ein dümmlicher Blick, ein großer Kopf vor ihm auf. Er will ihm ausweichen, doch es geht nicht. Der Großköpfige vertritt ihm den Weg. Ludwig Metz würde den Taugenichts gern zur Seite stoßen, ihn sogar schlagen, doch wie er die Hand erhebt, stockt sein Atem. Ein anderes Gesicht starrt ihm entgegen, ein sehr schönes. Er hat den Kerl schon einmal gesehen, es ist gar nicht lange her, nur ein paar Tage, er hatte gerade einen strubbeligen kleinen Spion aufhängen wollen. Er seufzt auf. Seine Knie geben nach, langsam sinkt er in den Staub. Er kniet nieder, wie zum Gebet oder zur Hinrichtung. Wie von Sinnen zwinkert er und atmet so heftig, als wäre er meilenweit gelaufen. Ein bekanntes Kindergesicht taucht auf und grinst ihn frech an. Das ist doch der kleine Spion, den er aufknüpfen wollte, aber nicht konnte, weil ihn die zwei Fremden mitnahmen! Wie der Junge ihn angrinst, spürt er ein Kribbeln in den Fingerspitzen. Herrje, was ist das! Er reißt die Hand vors Gesicht. Aber es ist schon zu spät. Der deutsche Hauptmann Ludwig Metz sieht, daß seine Finger von neuem brennen, fünf kleine Flammen flackern auf seinen Fingerspitzen, als würden sie nun auf ewig dort bleiben.

Am ersten Tag des September wird Marcus Antonius Justinianus, dem Dogen von Venedig, gemeldet, daß am Canale Grande ein Aufruhr droht. Eine so ungeheure Menge hat sich versammelt wie selbst bei Prozessionen oder zur Faschingszeit nicht. Am Ufer drängeln und treten sich die Menschen, manche fallen ins Wasser, andere werden einfach mitgerissen, verlorene Kinder schreien nach ihren Eltern.

»Was ist der Grund des Aufruhrs?« blickt der Doge zerstreut auf. Gerade schreibt er Seiner Majestät dem Sonnenkönig, er möchte ihm ein Geschäft bezüglich ehemaliger venezianischer Gebiete vorschlagen. Wenn Ludwig gewillt ist, auf diese Gebiete zu verzichten, ist er wiederum bereit, die französischen Interessen im östlichen Mittelmeer heimlich zu unterstützen. Erwägenswerte Argumente. Verzwickte, von Gift und Lust am Spiel durchdrungene venezianische Sätze. Nicht einmal ihr Gegenteil kann wahr sein.

»Eine Gondel«, sagt der Schreiber leise.

Der Doge scheint nicht zu hören.

»Eine Gondel«, wiederholt er und betrachtet die Zeilen des Briefes. Er ist ungemein zufrieden mit sich. Wenn Ludwig das Angebot zusagt, kann Venedig vielleicht wieder im alten Glanz erstrahlen. Vielleicht. Unter Umständen.

»Wie ich zuvor zu bemerken wagte, eine Gondel, Herr«, verbeugt sich tief der Sekretär. Irgendwie zu tief. Der Doge blickt auf. Er scheint auf einmal ernüchtert zu sein.

»Machst du dich über mich lustig, Baretto?« fragt er leise, feindselig, den Zeigefinger gegen den Schreiber erhoben.

»Eine Zwergengondel, Herr«, räuspert sich der Sekretär und wagt dabei nicht, dem Dogen in die Augen zu blicken. Lieber sieht er dessen Finger an. Zu dem er auch spricht.

»Ja so«, lächelt der Doge erleichtert. »Magie.«

»Das kann ich nicht sagen, Herr«, murmelt Baretto unruhig. »Aber die Leute sind außer Rand und Band.«

Der Doge schreibt schon wieder weiter.

»Überdies«, setzt der Sekretär in immer größerer Verlegenheit hinzu, »ist es die vollkommenste Gondel der Welt, Herr.«

Der Doge springt so heftig auf, daß sein schwerer Lehnstuhl umstürzt. Laut kracht es auf dem Marmorfußboden. Der Doge eilt zu Fuß, ohne Begleitung zum Ufer hinunter. Die Leibwächter winkt er mit einer knappen Bewegung zurück. Nur der Sekretär Baretto keucht wie ein treuer Hund hinter ihm her. Die Menschen erkennen den Dogen, tiefe Stille tritt ein, man macht ihm schweigend Platz, tritt ehrerbietig zur Seite. Am Ufer des Canale Grande stutzt der Doge und beschattet seine Augen mit der Hand.

In der Mitte des Kanals schaukelt eine Zwergengondel, darin sitzt ein Zwerg. Luigi, der Welt einziger Zwergengondoliere, ist nach Venedig zurückgekehrt. Ein solches Aufsehen hat nicht einmal Admiral Francesco Morosini erregt, als er nach der Einnahme der peloponnesischen Festung Koron Einzug hielt. Das winzige Fahrzeug schaukelt auf dem belebtesten Teil des Canale Grande, zwischen prächtigen, stolzen Gondeln und mit zahlreichen Rudern bestückten Schiffen. Schmetternde Rufe, begeisterte Bravos erschallen, hier und da brandet Applaus auf. Plötzlich ruft jemand in der Menge.

»Ah, ein Wunder ist geschehen!«

»Ah, Luigi hat ja einen Passagier!«

»Sieh das Wunder, ruhmreiches Venedig, Zwerge gondeln auf dem Canale Grande!«

Das geflügelte Exkrement des wunderlichen Siebenbürger Fürsten Demeter Absolon trifft am vierten September über der eroberten Burg von Buda ein. Es war vielleicht die wichtigste Lehre, die der Baron dem kleinen Pillinger erteilt hat, als er ihm an einem taubenetzten Morgen zeigte, daß sie in einer Gegend leben, wo selbst die Scheiße fliegen kann. Darüber hinaus können wir diese schwerwiegende Weisheit durch die Feststellung ergänzen, daß es geschehen kann, daß wir schon lange nicht mehr leben, unsere Ausscheidung indes immer noch durch die Luft schwebt, fliegt und segelt wie die Seele. Die Ausscheidung des Barons hat im endlosen Blau des Himmels die ganze Welt bereist. Über fernen Ozeanen und öden Schneefeldern, über endlos scheinenden Wüsten und erdteilgroßen Wäldern ist sie geflogen, um schließlich über dem eroberten und verwüsteten Buda anzukommen, im Jahre des Herrn 1686. Ein Franziskanermönch aus Nizza, Zeitrechner und Feuermeister, hat es gewußt. Er hat das Ereignis berechnet, hat den Zeitpunkt seines Eintretens vorhergesagt, doch weise darüber geschwiegen. Denn wer hätte ihm schon geglaubt?

Es ist früher Morgen.

Der Himmel ist wolkenlos und ein wenig dunstig.

Herzog Karl von Lothringen wird erneut von seiner widerwärtigen Gicht geplagt. Dennoch hält sich die Hoheit im Freien auf, verfaßt an der frischen Luft einige Briefe, um sich anschließend zur bevorstehenden Dankesfeier zu begeben. Müde, doch mit Behagen seufzt er, denn es fehlen nur noch ein paar Sätze, und fertig ist die diplomatische Note. Er schreibt weiter. Doch da fühlt er etwas Warmes auf seinem Gesicht. Der Herzog achtet gar nicht darauf. Mit kraftvollen Schwüngen malt er die Buchstaben. Nur ein schöner Schlußsatz fehlt noch. Gut, auch den bringt er noch zuwege. Allein, er fühlt abermals dieses Warme. Nanu, Regen? Der Herzog blickt zum Himmel, aber es regnet ja gar nicht. Er unterzeichnet den Brief. Dann blickt er nochmals nach oben. Der Himmel ist klar, Wolken türmen sich nur im Westen des Firmaments.

»Da soll doch der ...«, murmelt er vor sich hin. Dann starrt er lange auf das braune Fleckchen auf dem Papier. Er schreit nach dem Offiziersburschen. Stephan kommt gelaufen, keuchend macht er vor dem Herzog halt, der ihn seltsam anblickt.

»Deine Meinung würde mich interessieren. Sag bloß, Stephan, was ist das?« zeigt der Herzog auf den gar nicht kleinen Tupfen. Ausgerechnet dort befindet er sich, wo der Herzog seinen Namen hingesetzt hat. Der Diener beugt sich vorsichtig darüber.

»Ja, Hoheit«, sagt er und schmiert den Tupfen umständlich auf seine Fingerspitze, um ihn unter oftmaligem Räuspern zu beschnuppern. Stephan wird rot bis zu den Haarwurzeln. Nochmals riecht er an seinem Finger, hüstelt hochrot, erstickt fast. Er will absolut nicht den Mund aufmachen.

»Ich warte geduldig auf deine Meinung, Stephan.«

Zum dritten Male schnuppert der Offiziersbursche an seinem Finger. Er schweigt, als hinge sein Leben davon ab.

»Na schön, wenn du es nicht sagen willst, dann sage ich es. Lieber Stephan, das ist ganz eindeutig Scheiße«, so Karl von Lothringen, der Stille Herzog, Kommandant der vereinigten Truppen vor Buda. Geplättet schüttelt er den Kopf, dann blickt er seine Augen beschattend zum Himmel. Abermals schüttelt er sein Haupt. Rasch versiegelt er den Brief. Kaum ein paar Minuten bleiben noch bis zum Beginn der Feierlichkeit.

Der neapolitanische Weltreisende Gemelli Carreri, der für den Tod der Sklavin Diamont verantwortlich wäre, wenn man in einem Krieg die Verantwortung so einfach zuweisen könnte, steht am Fuße der eben erst von den Trümmern befreiten, stark beschädigten Stephanskirche. Der feierliche Umzug erreicht in diesem Augenblick den Platz vor der Kirche. Im Beisein des erlauchten Herzogs wird eine Votivmesse zelebriert, danach die Siegeshymne des heiligen Ambrosius angestimmt. In der Kirche erklingt das Tedeum. Nach dem Abfeuern dreier Kanonenschüsse knallen Böller und Feuerkugeln. Gemelli Carreri hustet und räuspert sich, er hat sich in der letzten Nacht, die zu einer Orgie ausgeartet war, ein wenig erkältet. Müde und glücklich betrachtet er die feiernde Menge. Man merkt diesen Menschen gar nicht an, was sie in den drei Monaten vor den Mauern Budas alles durchgemacht haben. Helden sind sie! Heldenhafte, großartige Männer! Und wie ihm diese Gedanken durch den Kopf gehen, rinnt ihm etwas Warmes über die Stirn, und weiter auf die Augenbrauen, auf die Nasenspitze. Unmutig greift er sich ins Gesicht, doch weil die Bewegung unvorsichtig ist, schmiert er sich die unbekannte Substanz in die Augen. Wütend wischt er sich ab, doch dann veranlaßt ihn eine böse Ahnung, seine Finger vor die Nase zu halten. Blaß vor Bestürzung steht er nun da, im Schatten der Stephanskirche, und wagt sein mit Scheiße beschmiertes Gesicht nicht zu berühren.

Nicht weit entfernt beobachtet der Franziskaner Fra Gabriele de Gautieri de Nizza den Italiener. Er schweigt. Während der Belagerung hat er fieberhaft daran gearbeitet, das Ende des Krieges zu beschleunigen, um der himmlischen Scheiße zu entgehen. Vor Jahren hat der Mönch berechnet, daß dieser besondere Himmelssegen auf die Erde fallen wird. Und er dachte, endet der Krieg früher, ist die Schmach abgewendet. Aber die Scheiße verspätete sich nicht, und auch der Krieg endete nicht vorzeitig. Der Franziskaner erzählte niemandem etwas von seiner Entdeckung, und deswegen plagt ihn sein Gewissen. Um sich zu beruhigen, stellt er sich vor, wie er vor Karl von Lothringen oder Maximilian Emanuel hintritt und sagt:

»Du wirst siegen, Herr, aber trotzdem wirst du angeschissen!«

Am vierten September haben die Belagerer alle ihre Toten gefunden und eingesammelt. Jetzt werden die Leichen der Türken und sonstigen Volks zum Ufer gebracht. Auch während der Feier muß gearbeitet werden. Die türkischen Leichen läßt man von den Juden zusammentragen. Mit dem Ausheben von Gruben gibt man sich nicht ab, dazu ist auch keine Zeit. Die Juden müssen die Leichen in den Fluß werfen. Die Arbeit geht rasch vonstatten, bis im Mund eines dicken Türken etwas hell aufblitzt. Der beaufsichtigende Dragoner bemerkt es und brüllt dermaßen, daß die Gefangenen den Leichnam vor Schreck fallen lassen. Wie ein Sack Weizen plumpst er in den Schlamm am Donauufer. Der Dragoner kniet sich auf ihn und drückt ihm mit seinem Messer den Kiefer auseinander. Kein Schwert und auch keine Kugel hat den Unglückseligen getötet, er ist erstickt, als er eine Perlenkette verschlucken und in seinem Magen verstecken wollte. Der Dragoner angelt das Schmuckstück mit seinem Messer aus dem Magen des Türken, taucht es in das Wasser der Donau und hält es zufrieden gegen die Sonne. Von nun an müssen die Juden jeder einzelnen Leiche den Bauch aufschneiden und in ihren Gedärmen nach Schmuck, Geld oder sonstigen Wertgegenständen suchen. Es stinkt dermaßen, daß niemand bemerkt, wie sich der Himmel für einen Augenblick verdunkelt und braune Bröckchen, so groß wie Weinbeeren, herabregnen, auf die Leichen und ihre Träger ebenso wie auf den Dragoner mit dem rohen Gesicht, der in heraushängenden und grauenhaft stinkenden menschlichen Gedärmen herumwühlt.

Eine kleinere Gruppe ungarischer Offiziere hält sich bei den Ruinen der Esztergombastei auf. Natürlich unterhalten sie sich darüber, welche Heldentaten sie bei der Belagerung vollbracht haben. Besonders drei der wackeren Ungarn haben sich durch ihre Kühnheit hervorgetan.

Major János Fiath, der Kommandant der Heiducken, stammt aus Örményes. Seine Männer haben gekämpft wie die Löwen. Weil der ungarische Heiduck im Staubsturm geboren wird, ist sein Zorn tierisch, das heißt schön.

Husarenoberst Dávid Petneházy wiederum behauptet, daß er es war, der als erster die Burgmauern überwand. Er kann die Stelle zeigen, denn die Erde hat vor Glück, daß endlich ein ungarischer Christ auf sie tritt, seinen Fußabdruck bewahrt. Früher hat der Oberst an der Seite von Fürst Thököly gekämpft. Er brummt zufrieden, selbst die Fleischfliege scheucht er nicht von der Spitze seines Schnurrbarts.

»Ich aber habe gekämpft, als wäre ich ein blutrünstiger Panther! Ich war als allererster auf der blutgetränkten Erde innerhalb der Mauern, mit meinen braven Heiducken an der Seite. Der deutsche Kaiser hat mir auch schon den Grafentitel geschickt, ich weiß nur noch nicht, soll ich ihn annehmen oder anspucken und zurückschicken. Ich überlege mir die Sache noch.«

Der Blick des Husarenhauptmanns András Ramocsaházy glitzert sanft und mit dem warmen Licht der Nachsicht. Er ist absolut nicht eitel, soviel ist sicher. Was seine Gefährten auch daherschwafeln, die größte Heldentat hat dennoch er vollbracht. Nickend erzählt er.

»Ich selbst bin als erster auf dem Sankt-Georg-Platz gewesen. Die türkischen Hunde drangen auf mich ein, und obwohl ich zwanzig von ihnen niedermachte, oder vielleicht auch nur neunzehn, rangen sie mich am Ende doch nieder. Warfen mir einen Strick um den Hals, Donnerwetter, sein Abdruck ist noch immer da, und knüpften mich kurzerhand an einen Baum. Der Baum war jedoch zu niedrig, der Ast bog sich und so hielt ich auf den Zehenspitzen stehend aus, bis meine Gefährten kamen, den Strick durchschnitten und meinen Lebensfaden erretteten.«

Nicht weit von ihnen steht für sich allein ein stiller, alter Husar, Hauptmann György Jánossy. Er hat schon unter Fürst György Rákóczi II. gekämpft und an der Seite des großen Thököly, na warum dann ausgerechnet hier nicht, vor den Mauern Budas?! Der Hauptmann läßt sich auf einen großen Felsbrokken nieder und rotzt verächtlich in den Staub.

Wie sie sich brüsten, diese Schafe!

Sollen sie sich lieber freuen, daß sie am Leben sind! Daß ihnen kein Schwert den Schädel abgehauen, keine Granate sie zerrissen und keine Feuersbrunst ihnen die Scheiße aus dem Arsch gebrannt hat! Dummes Vieh. Blödhammel. Anstatt sich ihres Lebens zu freuen, schmücken sie es mit Lügen wie die Wolken den Himmel.

Aber was ist denn das für ein Schatten?!

Hauptmann Jánossy blickt zum Himmel. Und auf einmal

setzt der braune, übelriechende Sprühregen ein. Der Hauptmann betrachtet seine Hand. Reibt sein Gesicht. Fingert an seinen Haaren. Wie?! György Jánossy sieht, daß er schon wieder, daß er von neuem angeschissen worden ist. Zum dritten Mal. Keuchend wie ein Wahnsinniger springt er auf und brüllt.

»Ich hab's!«

Die anderen blicken ihn an, wie einen Irren. Einige machen sich davon, doch wozu, denn auch sie sind ja angeschissen, weil nun einmal alle angeschissen sind. Der Hauptmann wiederum ist harmlos und ungefährlich, nur glücklich, er brüllt nur wie von Sinnen und schüttelt seine großen Fäuste vor der Brust.

»Was ein tapferer Ungar ist, auf den scheißt der Himmel gleich dreimal!«

Die Sendung Baron Absolons verschont auch die französische Delegation nicht, die in diesen Minuten vor der Burg ankommt. Die Abgesandten des Sonnenkönigs, feine, französische Herren mit bemalten Fingernägeln, starren einander entgeistert an und wittern selbstverständlich eine Kabale und Hinterlist hinter dem Vorfall.

Im vollgepfropften Lazarett haben jene Glück, die unter einer Zeltplane liegen oder noch gehen oder kriechen können und genug Kraft haben, unter einem Dach oder einem Baum Schutz zu suchen. Doch einige verwundete kaiserliche Infanteristen bleiben unter freiem Himmel, ihnen wird der ungewöhnliche Himmelssegen in reichem Maß zuteil. Wie auch den Feldschern und den aus den umgebenden Siedlungen herbeigeholten Badern sowie deren Gehilfen. Die Letzte Ölung erteilende Feldprediger säubern sich ärgerlich.

Das Exkrement des wunderlichen siebenbürgischen Magnaten Demeter Absolon geht auch auf die türkischen Kriegsgefangenen nieder, die gequält von Wunden und Demütigungen auf einem in aller Eile eingefriedeten Sammelplatz warten. Ein Tumult erhebt sich unter den Türken, doch da beginnt ein junger Spahi zu lachen, vielleicht hat ihm seine Verletzung den Verstand geraubt. Aus vollem Halse lacht der junge Soldat, und es macht ihm überhaupt nichts aus, daß ihm Blut von der Stirn herabrinnt und einen braunen Tupfen neben seiner Nase fortwäscht. Schließlich stimmen die anderen in sein Lachen ein.

Schallend lachen die türkischen Kriegsgefangenen, etwas Passenderes hätten sie auch gar nicht tun können.

Getreu seiner Gewohnheit steht Angelo vor seinem Zelt und betrachtet mit seitwärts geneigtem Kopf das Feuerwerk. In der Burg, wo gefeiert wird, läuten die Glocken. Der Klang einer kaputten, gesprungenen Glocke ist es, mit der Musik römischer Glocken nicht zu vergleichen. Wird er nie mehr nach Rom zurückkehren? Plötzlich wirft er den Kopf auf und schnuppert ausgiebig, gleich einem Jagdhund. Angelo ist schon mal Fee gewesen, das heißt, er hat ein Gespür für feenhafte Ereignisse. Außerdem war er Bedienter beim Baron, deswegen tritt er im letzten Augenblick ins Zelt und reißt den gewichtigen Leib der Gnadenlosen Lenka mit sich. Der König der Huren deutet aufgeregt ins Freie.

»Siehst du es, meine Liebe?«

»Ich sehe nichts, Hoheit«, blinzelt Lenka.

»Es regnet Scheiße, Lenka«, kratzt sich Angelo am Schopf.

»Und warum freut dich das so, Hoheit?« erkundigt sich Lenka unschuldig und betastet ihre Scham.

»Eine Botschaft meines früheren Herrn«, schüttelt Angelo den Kopf und späht forschend zum Himmel.

»Was für eine Botschaft sendet denn dein früherer Herr, Hoheit?« tapst die Gnadenlose Lenka zwischen ihren Beinen herum. Sie scheint etwas zu suchen.

»Es ist ein warmer Gruß an alle«, nickt der König der Huren und windet der Gnadenlosen Lenka das krumme Messer aus der Hand, das sie zwischen ihren Schenkeln bereitgehalten und mit dem sie gerade meuchlings zustechen wollte. Angelo betrachtet gedankenverloren das Mordwerkzeug und riecht daran. Er nickt. Tief saugt er den Duft des Dolches ein und seufzt zufrieden. Dann streichelt er die Wange der schmollenden Lenka und kneift sie mit zwei spielerischen Fingern.

»Aber, aber, mein Täubchen, mein Herzblatt.«

»Und trotzdem darf man eine Dirne nicht lieben«, trotzt das Mädchen.

»Weißt du, wie man so was in besseren Kreisen nennt?«

Die Gnadenlose Lenka schnieft wie ein ertapptes Schulmädchen.

»Hochverrat«, brummt Angelo, schleckt das Messer beidseitig ab und wirft es hinaus ins Gras. Mag der gute Baron Absolon nun auch darauf scheißen.

Sie sind zu fünft.

Fünf Tränengaukler auf den Landstraßen der Zeiten. Franz Pillinger, Josef Bezdan, Vasilika Drajan, David Mendelson und Arnót Abdurrahman mit Namen, reisen sie in einem Wagen mit blauer Träne, von Sofia bis Venedig, von Rostock bis Stambul. Letztlich sind sie Menschen wie du und ich, ihre Tränen aber sind trotzdem etwas so Besonderes, wie es die Welt noch schwerlich gesehen. Weinen könnten wir vor Freude, daß sie endlich alle vor uns, im Mittelpunkt unserer Aufmerksamkeit stehen und bereitwillig lächeln.

Vielleicht sind die Tränen von Franz Pillinger am gefährlichsten. Dabei sind sie wie deine, süß und salzig, warm und menschlich. Doch sie locken deine Seele aus dir heraus und verleiben sie sich ein, wenn sie Lust dazu haben. Erst wenn der Gaukler es will, wird sie wieder frei.

Aus den Tränen des frech grinsenden bulgarischen Kindes Vasilika Drajan entsteht eine Wolke, doch sie ist sanft wie die Vergebung, denn sie folgt dir nur, wenn du es willst.

Für den schönen Josef Bezdan sprechen seine Tränen, und nur sie können sprechen. Denn der Mann mit dem schönen Gesicht, obgleich er einmal Weltspion war, hat in seinem ganzen Leben nur ein einziges Sätzchen auszusprechen gewagt, so sehr fürchtete er sich vor der Lüge. Josef Bezdans Tränen kennen alle deine Geheimnisse, als wären sie aus deinen eigenen Augen geflossen.

Auch die Tränen des vormaligen Händlers David Mendelson sind nicht irgendwelche. Mit den Tränen dieses kleinen, pfiffigen Mannes kann man verführen. Keine Frau weit und breit, kein noch so gewitztes, noch so stolzes Weib, das man mit seinen Tränen nicht zur Sünde verleiten und verderben könnte.

Die Tränen des letzten Statthalters von Buda könnten wir auch Heiltränen nennen. Arnót Abdurrahmans Tränen zeigen den Gegenstand deiner Befürchtungen, Beklemmungen und

Ängste, und auch, wie du sie überwinden kannst, diese Tränen zeigen, daß das Weinen nicht nur der Regen des Wehlautes ist, sondern auch als Waffe dienen kann in jenem Kampf, in dem das Leben einer fürchterlichen Macht zu unterliegen und ihr elender Untertan zu werden droht.

Gewiß, so vieles könnte man noch erzählen, denn die Geschichten gehen niemals aus, nie versiegen sie, gleichwie wir auch nicht bis zum Ende des Menschenlebens blicken können. Noch rauchen die Ruinen von Buda, und auf den Wiesen liegen unbegrabene Tote in Mengen, des öfteren glühen die Trümmer auf, doch die Tränengaukler haben mit ihrer Tätigkeit bereits begonnen. Aber wer wird das erste menschliche Geschöpf sein, dem sie ihre Zaubereien darbieten?

Vor langer, langer Zeit einmal, als wir noch gar nicht lebten, vielleicht strichen erst unsere Träume über taunasse Wiesen und blutgetränkte Weidenhaine, vor so langer Zeit vielleicht, daß noch nicht einmal unsere Träume Namen, Gestalt und Geschichte hatten, sprach eine sanfte, doch entschlossene Stimme im Traum zu uns. Sie forderte uns auf, an die serbische Nonne Kumrina zu denken.

Unsere Seele war aufs höchste erstaunt.

Na aber warum auch nicht?!

Und da dachten wir an diese merkwürdige Frauensperson, wir vergegenwärtigten sie uns. Ach, was reden wir da, bei der Belagerung von Buda war sie ein Kind von gerade acht Jahren! Lassen wir es dabei bewenden, daß wir ganz fest an dieses achtjährige serbische Mädchen dachten, das bei dem entscheidenden Angriff, der an Grausamkeit alles Vorstellbare übertraf, seine Eltern und seine Geschwister verloren hat, und nicht nur sie, auch ihr Nachbar, der Hehler Sib Gezit, der ihr die Unschuld genommen hatte, wird vor ihren Augen von rasenden ungarischen Husaren angesengt. Schon allein das ist ein Wunder, daß das Kind am Leben geblieben ist. Es kann kaum ein paar Worte Ungarisch, aber das interessiert die Gaukler nicht im geringsten, genausowenig wie es sie bisher interessiert hat, in welcher Sprache jemand Gott, die Hölle oder das Herzklopfen preist oder schmäht.

Im Haar des Mädchens befinden sich trockenes, leichtes

Gras, Schmutz, Dreck und Läuse. Ihr Kleid ist aus einfachem, grobem Tuch, irgendeinen zerrissenen roten Samt hat sie um die Schultern geschlungen, er mag noch vor einigen Tagen den Turban eines Janitscharen geschmückt haben. Ihre bloßen Waden sind von Geschwüren und Wunden übersät. Ihre Rippen stehen hervor wie Holzstäbchen, die jeden Moment zerbrechen können. Verängstigt und staunend reibt sie sich mit ihren schmutzigen kleinen Fingern die Augen. Die kann sie getrost reiben. Anderes, als sie sehen darf, wird sie doch nicht sehen, und das ist auch schon genug. Die Tränengaukler stellen sich schön ordentlich vor ihr auf und weinen, sie geben ihr eine Vorstellung.

Kumrina, du kleiner serbischer Wurm.

Du dreckige kleine Heilige, nichtiges Geschöpf, Niemandsmensch.

Dir gehört die erste Vorstellung.

Sei glücklich oder sei unglücklich damit. Diese traurigen Taugenichtse weinen für dich, und wir wissen, denn auch das wurde uns gesagt, daß du, Kumrina, dich bald mit dem Sohn Gottes verloben wirst, und wie es auch sein wird, ob du betest, beichtest oder sündigst, deine Träne wird diese Vorstellung niemals vergessen.

Die Lehmhütte von Balina, dem alten Bewohner der Szegeder Sümpfe, badet im matten Septemberlicht. Doch ihr Besitzer ist nirgends zu sehen. Vor der Hütte sitzt Kamilla Arnót im Schneidersitz, ihr kleines, häßliches Gesicht der Sonne zugewandt. Hinter ihr steht ein Mann, schütteres Haar, glasiger Blick. Der verstoßene Franziskaner Felix Potári kämmt und streichelt das Haar des Mädchens, manchmal beugt er sich darüber, um den Duft einzusaugen. Balina ist nicht zu Hause. Vor ein paar Tagen ist er brummend nach Norden davongerudert. Als der Wagen der Tränengaukler auftauchte und die Taugenichtse dieses merkwürdige Liebespaar bei ihm abluden, fand er vor Überraschung keine Worte, dabei hat er schon dies und das zu Gesicht bekommen in seinem Leben. Ein versoffener Priester und die jämmerliche Tochter des Holzschnitzers, der sich mit dem Teufel eingelassen hat. Balina kannte die Familie Arnót gut, und ob er sie kannte! Er schüttelte den Kopf, dann steckte er die Perlen, die David Mendelson aus seinen Augen hat rieseln lassen, in seine Lumpen. Wenn die beiden Unglücksmenschen hier bei ihm wohnen sollen, na dann bitte. Eine Zeitlang können sie in seiner Hütte hausen, wenn sie es satt haben, ziehen sie schon weiter.

Balina ist gerade bei der Biegung angelangt, welche die Theiß bei Bala beschreibt. Leise legt er die Ruder vor sich hin. Eine Weile sitzt er nur da und ruht sich aus. Er sieht bereits die Stelle, wo der Tinóka gleichzeitig aufwärts und abwärts fließt. Auf einmal entfährt dem Alten ein Schrei. Doch er schreit nicht mit menschlicher Stimme. Es ist ein Schrei wie das Weinen eines Vogels. Wenig später sitzt der alte Sumpfbewohner vor Brachvogel-Borbála und erzählt mit schilfbuschigen, nach Sumpf riechenden Worten.

»Na und weiter?« fragt Borbála neugierig.

»Dann blickte ihn das Mädchen auf eine Weise an, daß ich gleich wußte, das wird noch ein böses Ende nehmen«, knurrt der Alte und wühlt in seinen Lumpen. »Wo habe ich sie nur hingetan?«

Borbála lacht, wie das Gras, wenn es vom Wind gestreichelt wird.

»Aber Balina, was für ein böses Ende soll denn das nehmen?!«

»Sie hätte ruhig auch mich so anblicken können«, knurrt der Alte, wie einer, der sich nicht beruhigen will. Wie hätte Kamilla Arnót Balina anblicken sollen? Endlich findet er, was er gesucht hat. Perlen funkeln auf seinem Handteller.

»Für dich bin doch ich da«, lacht die Hexe auf.

»Na und dann in der ersten Nacht sehe ich, daß dieser Trunkenbold sich zum Lager des Mädchens schleicht und ...« Balina kann den Satz nicht beenden.

»Sprich nicht weiter, Balina!« säuselt Brachvogel-Borbála, die Perlen hat sie bereits an sich genommen. »Erzähl nicht weiter, Alter«, raunt sie, und langsam, wie die weiche, warme Erde, läßt sie sich auf Balina nieder, der so gewaltig seufzt, daß ein Marienkäfer auf Borbálas Rücken erschreckt davonfliegt.

Im Morgengrauen des nächsten Tages hält ein armseliger Wagen auf den Hügeln von Balaszentmiklós. Einst standen hier Lehmhäuser, in den Höfen scharrte das Geflügel. Häuser gab es hier und Höfe und am Ende des Dorfes einen Friedhof. Jetzt nur Ödnis, dichtes Gewächs, Unkraut, dürre Stengel. Fünf Gestalten steigen aus, fünf Gaukler. Einer von ihnen, ein kleiner, flinker Jude, zeigt heftig gestikulierend in den Wagen, wo alsbald ein Junge seinen Kopf heraussteckt. Es ist Abraham, der Sohn von Jizchak ben Juda. Was er wohl in dieser öden, ausgeplünderten Gegend verloren hat, wo nur das Lied des Brachvogels etwas vom Morgen weiß? Da taucht die Brachvogel-Borbála zwischen den Grauweiden auf. Hinter ihr bricht der mürrische Balina durch die Zweige.

»Na, der hat mir gerade noch gefehlt«, schüttelt er beim Anblick Abrahams den Kopf.

Die Schulter des jungen Juden zuckt, doch er wagt nichts zu sagen.

»Kommt nicht in Frage«, protestiert Balina.

Brachvogel-Borbála beäugt den Jungen. Eine Ameise turnt auf ihrer Augenbraue. Ihre dicken Finger mit den abgekauten Fingernägeln tasten in ihrer mit Blättern und Grashalmen üppig begrünten Haarflut. Sie hat sich herausgeputzt, das sieht man.

»Das kommt überhaupt nicht in Frage!« knurrt nach wie vor Balina.

»Wir sind nicht hier«, ergreift David Mendelson das Wort, »um uns mit euch zu streiten. Der Bursche wird eine Zeitlang hier leben. Aber vielleicht macht er sich schon morgen auf den Weg und kehrt zu den Seinen zurück.«

Der Gaukler überlegt.

»Oder er geht nicht zurück. Das können wir nicht wissen. Wir können auch nicht wissen, warum uns der Wagen gerade hierher gebracht hat und nicht in die entgegengesetzte Richtung, nach Wien oder Prag. Der Junge ist hungrig. Gebt ihm etwas zu essen! Und er ist durstig. Gebt ihm zu trinken! Er hat Angst. Zu viel sollt ihr nicht auf ihn einreden, denn er versteht eure Sprache nicht.«

»Weinen dürfen wir?« fragt Borbála plötzlich.

»Weinen schon«, nickt David Mendelson. Und ehe Abraham sich's versieht, hat sich hinter den Tränengauklern, die ihn vor ein paar Tagen aus dem Inferno gerettet hatten, der Schilfvorhang des Moors geschlossen.

Jetzt nimmt Abraham die zwei merkwürdigen Gestalten näher in Augenschein. Ein zerlumpter alter Mann mit mürrischem Blick und zerfurchtem Gesicht, ihm ist nichts Gutes zuzutrauen. Und eine Hexe. Und wie der Bursche so schaut, beginnt Brachvogel-Borbála mit der Stimme des Brachvogels zu singen.

»Trutuu!«

»Trutuu!«

Und Abraham, er weiß selbst nicht warum, fühlt sich zum ersten Mal seit Monaten ganz seltsam beruhigt.

Am Zehnten des Monats September trifft Hauptmann Bálint Homonnai-Nagy mit seiner kleinen Schar vor der zerschossenen Burg von Buda ein. Mit unbewegter Miene betrachtet der tapfere Kuruze die Verwüstung. Kein Muskel seines Gesichts zuckt, während er den Blick über die Ruinen schweifen läßt. An einigen Stellen der Stadt rauchen und glühen die Trümmer immer noch. Der Wind weht unangenehm, er läßt Flugasche aufsteigen und atmet Ruß. Über den Resten der Burg knattert stolz die kaiserliche Fahne. Hauptmann Bálint Homonnai-Nagy springt vom Pferd. Verflixt, da wird doch nicht ein Maulwurfshügel unter seine Sohle geraten sein. Er hat sich ein wenig den Fuß gezerrt, doch er zeigt den Schmerz nicht und richtet sich mit zusammengebissenen Zähnen auf. Noch immer beobachtet er mit sorgenvoller Miene. Er beschattet seine Augen, dabei scheint die Sonne gar nicht so blendend hell.

»He, ihr hündischen Habsburgerknechte!« krächzt er vor sich hin. Sodann seufzt er so tief, daß er, bei Gott, feuchte Augen bekommt. Doch da taucht plötzlich ein runzeliges, ernstes Gesicht vor ihm auf. Ein aufmerksamer und weiser Blick sieht den Kuruzenhauptmann forschend an. Der Blick eines stattlichen ungarischen Soldaten. Nicht gerade ein Jüngling, dafür riecht er um so kräftiger. Man könnte auch sagen, er stinkt wie Scheiße. Der alte, unbekannte und stinkende Kriegsmann ergreift schließlich das Wort.

»Ich heiße György Jánossy.«

Der tapfere Kuruze Bálint Homonnai-Nagy schnuppert argwöhnisch.

»Wenn du es sagst, wird es wohl so sein«, sagt er.

»Dreißig Jahre lang war der Krieg meine Hure, Kamerad«, so Jánossy.

»Dann waren es eben dreißig Jahre und nicht weniger«, knurrt der Kuruze. Der andere schweigt. Also ist nochmals Bálint Homonnai-Nagy an der Reihe. Er merkt schon, der alte Krieger möchte sich seiner kleinen Schar anschließen. Na schön. Er kann es ja mit ihm versuchen.

»Weißt du denn, wer György Dózsa war, du Hund?« fragt er.

»Das soll ich nicht wissen, Wildesel?!« röchelt Jánossy freundlich.

»Esel hast du mich genannt?!« brüllt markerschütternd der Kreuzfahrer.

»Hund hast du mich genannt?!« trifft ihn ein sanfter Blick.

Plötzlich herrscht Stille.

»Und warum stinken Euer Gnaden so penetrant?« fragt Hauptmann Homonnai in überraschtem, doch freundlicherem Ton.

»Ich habe gekämpft«, verdüstert sich die Miene des bejahrten Kriegers.

In diesem Moment nimmt einer der Leute Hauptmann Jánossys, ein blasser, junger Bursche, all seinen Mut zusammen und lenkt sein Pferd unaufgefordert näher an die beiden heran. Er steigt ab und geht mit dem Zügel in der Hand auf Bálint Homonnai-Nagy zu, bang und respektvoll, geradezu als würde er vor das Angesicht Gottes treten. Der Hauptmann ist so ein stolzer Mann! Der Jüngling öffnet den Mund zum Sprechen. Dann überlegt er es sich anders, tief seufzend auch er, und macht kehrt. Ob aus Taktgefühl oder aus Furcht, spielt keine Rolle. Allein Bálint Homonnai-Nagy faßt ihn an der Schulter und dreht ihn wieder um. Aufmerksam blickt er in die unschuldigen, traurigen Augen. Er wird nicht wütend. Er brüllt nicht mit schrecklicher Stimme, die selbst das Eis des Januars bersten läßt. Seine Augen sind nicht blutunterlaufen, und auch durch Gesten gibt er keinen Unwillen zu erkennen.

»Du willst sagen, wir sind zu spät gekommen«, spricht leise der Hauptmann.

Der andere nickt nur.

»Du willst sagen, daß wir schon wieder zu spät gekommen sind.«

Wieder nickt er, seine Wimpern beben.

»Du willst sagen, daß wir nie rechtzeitig kommen.«

Dem Burschen stehen bereits Tränen in den Augen.

»Und wir kommen immer zu spät und niemals zur rechten Zeit.«

Die Schultern des Jünglings zucken. Hauptmann Bálint Homonnai-Nagy schnupft so gewaltig, daß die Falten auf seiner Stirn aneinandergeraten.

»Und wenn wir davonreiten, dann auch im falschen Moment?!«

Er räuspert sich gründlich, spuckt endlich aus. Plötzlich umarmt er den jungen Soldaten. Auch er wischt sich mit dem Ärmel seines Mantels eine Träne aus dem Auge. An der Wimper des Jünglings hängt immer noch das Tröpfchen, das braucht nur mehr angehaucht zu werden. Weg mit dir! Ganz ernsthaft sagt es der Hauptmann, das Ende seines prächtigen Schnurrbarts zittert aber doch.

»Wenn wir auch zu spät gekommen sind, Junge, oder auch zu früh, so sind wir doch hier gewesen.«

Auf dem Gesicht des jungen Mannes dämmert das Verstehen.

»Wir sind hier gewesen, mein Sohn, und das ist nicht wenig!«

So spricht Bálint Homonnai-Nagy, Hauptmann und Kreuzfahrer, und blickt wieder in die Landschaft.

Ob er will oder nicht, er sieht ihn.

Den Wagen dort in der Ferne, und darauf die blaue Träne.

Glossar

Das Verzeichnis beschränkt sich auf jene historischen Gestalten und Begriffe, die sich nicht auf Anhieb in einem allgemeinen Lexikon finden lassen.

Akscha (türk. akça) Geld

Asparuch Khan der Protobulgaren, um 643 – um 701. Besiegt 680 Kaiser Konstantin IV. Im Frieden mit Byzanz 681 wurde seine unabhängige Herrschaft zwischen Donau und Balkangebirge bestätigt. Mit ihm beginnt das bulgarisch-slawische Reich.

Besestan (türk.) Bazar, überdachter Marktplatz, mit Buden wie auf einem Jahrmarkt.

Gábor Bethlen wurde mit osmanischer Unterstützung zum Fürsten gewählt und kämpfte seit 1619 mit dem Ziel der territorialen Erweiterung des selbständigen Siebenbürgen gegen den Kaiser und die habsburgische Rekatholisierung Ungarns. Unter seiner Herrschaft erlebte Siebenbürgen eine wirtschaftliche und kulturelle Blüte. Er starb 1629 in Weißenburg.

Evliya Çelebi 1611 - 1682. Berühmter Chronist, der das »Buch der Reisen« verfaßte, eine wichtige Quelle über das Leben in Konstantinopel und im Osmanischen Reich.

Bogdan Chmelnizki Der Hetman führte 1648 - 57 den Aufstand der Kosaken an, in deren Folge Polen die Ukraine verlor.

Cohen Ursprünglich die hebräische Bezeichnung für die Priester und ihre männlichen Abkömmlinge, die in Abwandlungen oft Familienname wurde. Für die Nachkommen gelten gewisse Beschränkungen, z. B. das Verbot, eine geschiedene Frau zu heiraten.

Dizdar (türk.) Festungskommandant

György Dózsa 1470 - 1514. Kämpfte als Offizier gegen die Türken, 1514 wurde er an die Spitze eines Kreuzzugs gegen die Türken berufen. Als die Feudalherren Angst vor den rekrutierten Bauernmassen bekamen und die Auflösung des

Heers befohlen wurde, gehorchte Dózsa nicht, worauf es zur militärischen Konfrontation kam. Dózsas Schar eroberte einige Städte, wurde aber schließlich aufgerieben, ihr Anführer grausam hingerichtet.

Dschami (türk. cami) Größere Moschee mit Minarett und Kanzel

Dschirid (türk. cirit) Alttürkisches Reiterspiel mit Wurfspeeren

Ferman Erlaß des Sultans

Hadith Bericht über die Aussprüche und Taten des Propheten Mohammed gemäß der islamischen Überlieferung

Heiducken Freischärler oder Söldner, die aus sozialer Not zu Soldaten geworden sind.

Isabella 1519-1559. Tochter des polnischen Königs Sigismund, wurde durch ihre Ehe mit János Szapolyai ungarische Königin. Nach dem Tod ihres Mannes 1540 war sie als Vormund ihres 1539 geborenen Sohnes einer der Regenten des Landes.

Jedikule »Schloss der Sieben Türme«, Festungsanlage in Istanbul

Kitjesch Eine altrussische Legende berichtet von der Stadt, die vor dem Ansturm der Mongolenhorde unsichtbar wird.

Kuruzen Ungarische Aufständische, die im 17. und 18. Jh. gegen die habsburgische Besatzungsmacht kämpfte.

Mehmed Köprülü 1596-1661, seit 1656 Großwesir. Das Geschlecht der Köprülü, aus Berat in Albanien stammend, stellte im 17. Jh. mehrere der höchsten Minister im osmanischen Reich und trugen durch ihre Politik zu dessen Wiedererstarken bei.

König Ludwig II. 1506-1526, bis zu seiner Volljährigkeit (1521) regierten seine drei Vormunde. Während seiner Herrschaft (seit 1516) vertieften sich die inneren Gegensätze, die Macht der untereinander zerstrittenen Magnaten wuchs weiter auf Kosten der Zentralgewalt. Nach der verlorenen Schlacht von Mohács ertrank er auf der Flucht im Csele-Bach.

Mahalleh (türk. mahalle) Stadtviertel. Im Roman die Bezeichnung für das jüdische Ghetto in Buda.

König Matthias I. 1443-1490, auch bekannt als Matthias Hunyadi und Matthias Corvinus. Unter seiner Herrschaft (1458-1490) erlebte Ungarn eine Blütezeit, seine Gerechtigkeit war sprichwörtlich, machte seinen Hof zu einem bedeutenden Zentrum des Humanismus, förderte großzügig Wissenschaft und Kunst, schuf die berühmte »Bibliotheka Corvina«.

Medrese Hochschule für Theologie, Jurisprudenz und Literatur in islamisch geprägten Ländern

Mekteb (türk. mektep) Schule

Mesusa (hebr.) Türpfosten; eine am Türrahmen angebrachte längliche Kapsel, die eine Pergamentrolle mit zwei kurzen Abschnitten aus dem 5. Buch Moses enthält. Sie muß an jeder Zimmertür eines frommen Hauses angebracht sein.

Mohács Die Schlacht am 29. August 1526, als das kleine ungarische Heer von den Türken vernichtend geschlagen wurde, besiegelte das Ende der ungarischen Unabhängigkeit und die Dreiteilung des Landes.

Mösthafis (türk. müstahfız) Landsturmmann

Ödenburg Heute Sopron im Nordwesten Ungarns. Fiel nach der Schlacht von Mohács 1526 mit der ungarischen Krone an Österreich.

György Rákóczi II. 1621-1660, Fürst von Siebenbürgen, Sohn von György Rákóczi I. Ab 1642 Regent, Thronbesteigung 1648, ab diesem Zeitpunkt strebte er nach dem polnischen Königsthron. 1653 Lehensherrschaft über Moldawien und die Walachei. Der 1657 trotz eines Verbots der Hohen Pforte durchgeführte Angriff gegen Polen scheiterte, während des Rückzugs geriet ein Großteil seines Heeres in tatarische Gefangenschaft. Bei seiner Rückkehr nach Siebenbürgen wurde er abgesetzt, 1658 gelangte er wieder auf den Thron, doch das hatte einen Angriff der Türken zur Folge. Er starb an einer Kopfwunde, die er in der Schlacht von Százfenes erlitt.

Rebiülevvel 3. Monat des islamischen Mondjahrs (März/April)

Safar (türk.) 2. Monat des islamischen Mondjahrs (Januar/Februar)

Schewat (hebr.) 5. Monat des jüdischen Kalenders

Spahi (pers. Soldat) Osmanische Kavalleristen

János Szapolyai 1487-1540, war seit 1526 König von Ungarn, wurde von Kaiser Ferdinand I. vertrieben und konnte nur mit türkischer Hilfe auf den Thron zurückkehren. 1514 schlug er den von György Dózsa geführten Bauernaufstand blutig nieder.

Szekler Ungarisch sprechende Volksgruppe in Siebenbürgen

Tammus (hebr.) 10. Monat des jüdischen Kalenders (Juni/Juli)

Imre Graf Thököly 1657-1705. Fürst von Oberungarn (1678/82-85) und Siebenbürgen. Ab 1678 Anführer der Kuruzen, besetzte bis 1680/82 dank französischer und osmanischer Unterstützung bald ganz Oberungarn, konnte sich aber nicht halten.

Vila (serb./bulgar) Fee, Nixe

Wardein Heute Várad in Rumänien

Miklós Zrínyi, Graf 1620-1664, Feldherr und Dichter, entstammte einer der bedeutendsten ungarischen Adelsfamilien. Kämpfte 1663 erfolgreich gegen die Türken, wurde jedoch daraufhin vom Wiener Hof, dem der Friede wichtiger war als die Vertreibung der Türken, als Oberbefehlshaber abgesetzt. Sein plötzlicher Tod führte zu dem langlebigen Gerücht, die Habsburger hätten sich eines potentiellen Rivalen durch ein Attentat entledigt, heute wird nicht mehr bezweifelt, daß er einem Jagdunfall zum Opfer fiel. In seinen Prosaschriften behandelte er militärische und politische Fragen, sein Heldenepos »Burg Szigets Not« entfaltete besonders im 19. Jh. große Wirkung.